Karen Joisten

Philosophie der Heimat – Heimat der Philosophie

Karen Joisten

Philosophie der Heimat – Heimat der Philosophie

Akademie Verlag

Gedruckt mit Unterstützung der Deutschen Forschungsgemeinschaft

(Die vorliegende Arbeit wurde vom FB 11: Philosophie/Pädagogik der Johannes Gutenberg-Universität Mainz 2001 als Habilitationsschrift angenommen.)

ISBN 3-05-003838-1

Das eingesetzte Papier ist alterungsbeständig nach DIN/ISO 9706.

Lektorat: Mischka Dammaschke
Satz: Julia Brauch, Berlin
Druck: Primus Solvero, Berlin
Bindung: Druckhaus „Thomas Müntzer“, Bad Langensalza

Printed in the Federal Republic of Germany

Meinem Mann, Werner Manthei

Inhaltsverzeichnis

Einleitung

1. Problemsituation

Nimmt man die allgemeine geistige Bewußtseinslage in den Blick, dann steht es gegenwärtig, salopp gesagt, um die Heimat nicht zum besten. Weltweit treten die Medien, die Technik, die Wirtschaft, die Wissenschaft und die Politik ihren Siegeszug an, um im Aufbau von Super- und Netzstrukturen die Welt zusammenschrumpfen zu lassen, im Zuge dessen die bisherigen Kategorien der ‚Nähe' und ‚Ferne' bedeutungslos werden. Denn in dem Beseitigen einer räumlichen und zeitlichen Entfernung verschwinden die Abstände, wodurch letztlich jeder Ort zur Heimat werden kann, bzw. umgekehrt betrachtet, wodurch letztlich kein Ort emotional und intellektuell in der Weise ausgezeichnet wird, daß er für einen Menschen seine ‚Heimat' sein könnte.

So wird z. B. insbesondere von den Industrienationen unaufhaltsam eine Vernetzung vorangetrieben, durch die noch der hinterste Winkel der Erde in weniger als Sekundenschnelle erreicht werden kann und eine ‚Kommunikation' via Bildschirm möglich ist, mit deren Hilfe der Tausende von Kilometern entfernte Mensch auf der anderen Seite der Erdkugel scheinbar ebenso in die Nähe rückt, wie der Nachbar im nächsten Haus. Hand in Hand mit dieser weltweiten Vernetzung ist zur Zeit unter dem bereits zum Schlagwort verkommenen Wort der ‚Globalisierung' eine wirtschaftliche Bewegung im Gang, bei der primär auf der Basis von Kosten-Nutzen-Erwägungen Standortfragen geklärt werden und jede Ecke der Welt ebenso gut durch eine andere ersetzt wird, wenn nur genügend Gewinn zu erwarten ist. Auch im gegenwärtigen Europa hat die Entscheidung für die länderübergreifende Währung des ‚Euro' diese Tendenz der Zusammenführung des Vielfältigen in einer vereinfachenden Einheit bestätigt, durch die es in zahlungstechnischer Hinsicht gleichgültig wird, ob man in Italien, in Deutschland oder in Spanien einkaufen geht.

All den genannten, grob angedeuteten Phänomenen ist es gemeinsam, daß die mit dem Einzelnen und seiner Leiblichkeit gegebene Nahsphäre, die er unmittelbar erfahren und erleben kann und – was entscheidend ist – an die er gebunden ist und an die er im Laufe seines Lebens die Bindung vertiefen kann, ‚außer Konkurs geraten' ist, weil statt dessen der Blick über sie hinweg auf das Allgemeine, Unspezifische, Weite und Überall fokussiert wird. Von hier aus betrachtet haben die von Martin Heidegger bereits 1950 in seinem Vortrag *Das Ding* aufgeworfenen Fragen mehr denn je Bedeutung: „Was geht da vor sich, wenn durch das Beseitigen der großen Entfernungen alles gleich fern und gleich nahe steht? Was ist dieses Gleichförmige, worin alles weder fern noch nahe, gleichsam ohne Abstand ist?“[1] Und ich möchte fragend hinzufügen: Was wird aus der Heimat, wenn das „gleichförmig Abstandlose“[2] herrscht? Und: Welche ethischen Konsequenzen ergeben sich für den Menschen in einem Raum ohne Entfernungen?

Hatte Friedrich Nietzsche, dieser feinfühlige Seismograph und scharfsichtige Diagnostiker, im 19. Jahrhundert in seinem bekannten Gedicht *Vereinsamt* im letzten Vers noch klagend formuliert „Weh dem, der keine Heimat hat!“, scheint sich auf dem skizzierten Hintergrund die Einstellung des modernen Menschen in ein ‚Wohl dem, der keine Heimat hat!‘ umgekehrt zu haben. Heimat, so gewinnt man von hierher den Eindruck, hat nur noch für einen Provinzler Bedeutung, der engstirnig und borniert, vielleicht sogar reaktionär und anti-demokratisch, am Ewiggestrigen festhält und der in seiner kleingeistigen Haltung nicht in der Lage ist, über den Tellerrand seiner engen Grenzen zu blicken. Demgegenüber scheint der Kosmopolit den Anforderungen des 21. Jahrhunderts gewachsen zu sein, weil er weltgewandt und weitsichtig den offenen Horizont eines unbegrenzten Reichtums an Möglichkeiten ausschreitet und dabei jede vermeintliche Grenze spielend leicht überwindet.

Das mit dem Verschwinden der Heimat einhergehende Verschwinden der „tatsächlich erlebte(n) Welt, (d. i.) die der wirklichen Erfahrung“[3] hat Edmund Husserl in seiner wichtigen Schrift *Die Krisis der europäischen Wissenschaften und die transzendentale Phänomenologie* bereits in den dreißiger Jahren herausgearbeitet.

Hier übt Husserl bekanntlich Kritik an einer „positivistischen Reduktion der Idee der Wissenschaft auf bloße Tatsachenwissenschaft“, die dazu geführt hat, daß die Geschichte, „die Fragen nach Sinn oder Sinnlosigkeit dieses ganzen menschlichen Daseins“, den „jeweils haltgebenden Lebensbindungen, Ideale(n), Normen“ und die sog. „Lebenswelt“ prinzipiell von ihnen ausgeschlossen werden und keine Beachtung finden.[4] Ohne die Idee von Wissenschaftlichkeit aufgeben zu wollen, versucht Husserl dabei aufzuzeigen, daß die Krise der Tatsachenwissenschaften sich zugleich als eine Krise der universalen Philosophie darstellt, insofern ihre untrennbare Einheit, die sie als „Sinn der einen *allbefassenden Wissenschaft*, der Wissenschaft von der Totalität des Seienden“[5] hat, nun zerfallen ist. Diese Einheit der Philosophie ist – und hier tritt seine Intention deutlich hervor – wiederzugewinnen, und zwar, wie der Titel seiner Schrift bereits anzeigt, in Gestalt einer transzendentalen Phänomenologie.

---

1 Martin Heidegger: Das Ding, 158. In: ders.: Vorträge und Aufsätze. 5. Aufl. Pfullingen 1985, 157–179.

2 Ebd., 158.

3 Edmund Husserl: Die Krisis der europäischen Wissenschaften und die transzendentale Phänomenologie. Eine Einleitung in die phänomenologische Philosophie. Hrsg. v. Walter Biemel. 2. Aufl. Den Haag 1962, 11 (13). (= Husserliana. Edmund Husserl. Gesammelte Werke. Bd. VI) Die bei der *Krisis*-Schrift angegebenen Seitenzahlen beziehen sich auf den Bd. VI der *Husserliana*. In Klammern habe ich die Seitenangaben der im Meiner-Verlag erschienenen Einzelausgabe, herausgegeben, eingeleitet und mit Registern versehen von Elisabeth Ströker, 2. verb. Aufl. Hamburg 1982, hinzugefügt.

4 Vgl. Husserl: Die Krisis der europäischen Wissenschaften, 3 f. (4 f.).

5 Ebd., 6 (7).

Auch wenn ich in der vorliegenden Arbeit einen anderen Weg als den Husserls gehe, stimmt seine Motivation, die seiner leider nicht mehr zum Abschluß gekommenen Schrift zugrundeliegt,[6] mit meiner überein, nämlich das scheinbar unumstößliche Faktum, daß ,die tatsächlich erlebte und gelebte Welt für den heutigen Menschen bedeutungslos geworden' ist, in Frage zu stellen und in einer radikalen Rück- und Neubesinnung auf solches, was Philosophie ist und sein kann, einen ,Ausweg' zu suchen. Während Husserl allerdings in seiner phänomenologischen Epoché bei den sinnkonstitutiven Leistungen und Akten einer transzendentalen Subjektivität ansetzt, von der her für ihn allererst Geschichte und Lebenswelt begriffen werden können, deute ich den Menschen als ein heimatliches Wesen, das von vornherein in einer wesentlichen Beziehung zum Raum, zur Zeit und zum Mitmenschen steht, was zum einen an den Grundphänomenen der Geborgenheit, der Ruhe und dem Vertrauen und zum anderen in den verschiedenen Weisen seines Sich-Bewegens auf seinen Wegen sichtbar gemacht werden kann.

Bevor ich meine Idee des Menschen, die mit dem Aufweis seiner anthropo-ontologischen Grundverfaßtheit Hand in Hand geht, darlege, möchte ich wenigstens in groben Zügen die Husserlsche Position skizzieren. Dabei kann ich natürlich keine umfassende Würdigung seines in der *Krisis*-Schrift vorgelegten Denkens leisten – dazu wäre angesichts seiner Bedeutung eine eigene Arbeit erforderlich. Vielmehr versuche ich, die Dringlichkeit der Stoßrichtung seines Denkens angesichts der heutigen Bewußtseinslage herauszuheben.

Husserl hat selbst nur den ersten Teil seiner Abhandlung *Die Krisis der europäischen Wissenschaften und die transzendentale Phänomenologie* 1936 publiziert, und zwar – aufgrund eines Publikationsverbotes während der Naziherrschaft in Deutschland – in der Zeitschrift *Philosophia* in Belgrad.[7] Walter Biemel brachte Husserls Manuskripte, in denen er sich um eine vertiefende Fortsetzung der Lebensweltproblematik bemühte, 1954 in der kritischen Gesamtausgabe der *Husserliana* auf der Grundlage der Bearbeitung seines damaligen Assistenten Eugen Fink als Band VI heraus.[8]

---

6 Im Anschluß an Husserl haben sich bei der Ausarbeitung dessen, was unter „Lebenswelt" zu verstehen ist, insbesondere Landgrebe, Janssen, Brand, Fellmann, Schütz, Luckmann und in unserer Zeit Waldenfels große Verdienste erworben. Vgl. dazu: Ludwig Landgrebe: Phänomenologie und Geschichte. Gütersloh 1967; Paul Janssen: Geschichte und Lebenswelt. Ein Beitrag zur Diskussion von Husserls Spätwerk. Den Haag 1970; Gerd Brand: Die Lebenswelt. Eine Philosophie des konkreten Apriori. Berlin 1971; Ferdinand Fellmann: Gelebte Philosophie in Deutschland. Denkformen der Lebensweltphänomenologie und der kritischen Theorie. Freiburg/München 1983; Alfred Schütz und Thomas Luckmann: Strukturen der Lebenswelt. Band 1 und 2. Frankfurt am Main 1979 und 1984; Bernhard Waldenfels: In den Netzen der Lebenswelt. 2. Aufl. Frankfurt am Main 1994.

7 Dieser erste Teil wurde als Teil I und II im Band VI der *Husserliana* publiziert.

8 Veröffentlicht als Teil III desselben Bandes: *A. Der Weg in die phänomenologische Transzendentalphilosophie in der Rückfrage von der vorgegebenen Lebenswelt aus* und *B. Der Weg in die phänomenologische Transzendentalphilosophie von der Psychologie aus.* 2. Aufl. Den Haag 1962.

Die Krise der europäischen Wissenschaften ist, wie gesagt, für Husserl zugleich eine Krise der Philosophie. Unter Philosophie versteht er, in der Descartes-Kantischen-Tradition stehend und unter ausdrücklicher Bezugnahme auf die griechische Antike, die Idee einer universalen Wissenschaft der Vernunft, die die Totalität des Seienden umfaßt und die auf die Unendlichkeit ausgerichtet ist.[9] Diese „europäische Philosophie",[10] diese „Einheit eines geistigen Lebens, Wirkens, Schaffens",[11] die durch eine „innere Verwandtschaft im Geiste"[12] ausgezeichnet ist, hat das „mit der Geburt der griechischen Philosophie eingeborene Telos, ein Menschentum aus philosophischer Vernunft sein zu wollen und nur als solches sein zu können".[13] Rationale Selbstbestimmung und Selbstbesinnung des Erkennenden auf sich und sein Leben werden so zum Motiv des Rückfragens einer transzendentalen Philosophie, die als radikaler transzendentaler Subjektivismus durch die in der bisherigen Geschichte der Philosophie erfolgten Sedimentierungen hindurchstoßen möchte, „deren inneren Sinn, ihre verborgene Teleologie, befragend, aufweisend, erprobend."[14]

In der neuzeitlichen Wissenschaft kommt es Husserl zufolge, angeregt und vorangetrieben durch Galilei, dem Urstifter der neueren Naturwissenschaft, und durch Descartes, dem Urstifter „sowohl der neuzeitlichen Idee des objektivistischen Rationalismus als auch des ihn sprengenden transzendentalen Motivs",[15] zu einer Mathematisierung der Natur. Genauer gesagt kommt es zu einer Verabsolutierung der Strenge und Exaktheit der wissenschaftlichen Methode, insofern sie zum Maßstab jeder möglichen wissenschaftlichen Erkenntnis wird und darüber die Einsicht in *„die ursprüngliche Sinngebung der Methode*, aus welcher sie den Sinn einer Leistung für die *Welt*erkenntnis"[16] hat, verlorengeht. Parallel zu dieser Herausbildung eines alles berechnenden und quantifizierenden Objektivismus geht der Verlust des Subjekts bzw. der Verlust der transzendentalen Subjektivität einher und gleichermaßen das Sich-Abwenden von „Fragen nach Sinn oder Sinnlosigkeit dieses ganzen menschlichen Daseins".[17]

---

9 Vgl. dazu insb. den instruktiven Aufsatz von Paul Ricœur: Husserl und der Sinn der Geschichte. In: Husserl. Hrsg. von Hermann Noack. Darmstadt 1973, 231–276.

10 Zum Problemkreis Europa vgl. Husserls Abhandlung *Die Krisis des europäischen Menschentums und die Philosophie* (Husserliana Bd. VI, 314–348, insb. 318–325), die er 1935 im Wiener Kulturbund unter dem Titel *Die Philosophie in der Krisis der europäischen Menschheit* vorgetragen hatte.
Husserl versteht Europa „nicht geographisch, landkartenmäßig", sondern im „geistigen Sinn" (318). Dem geistigen Europa ist eine philosophische Idee, eine Teleologie, immanent, die in der griechischen Antike im 7. und 6. Jh. v. Chr. als Urstiftung zum Durchbruch gelangte. Philosophie wird hier bestimmt im ursprünglichen Sinn „als universale Wissenschaft, (als) Wissenschaft vom Weltall, von der Alleinheit alles Seienden"(321).

11 Husserl: Die Krisis des europäischen Menschentums und die Philosophie, 319.

12 Ebd., 320.

13 Vgl. Husserl: Die Krisis der europäischen Wissenschaften, 13 (15).

14 Ebd., 16 (18).

15 Siehe dazu den gleichlautenden Paragraphen 16 der *Krisis*-Schrift, 74–76 (82–86).

16 Husserl: Die Krisis der europäischen Wissenschaften, 46 f. (50).

17 Ebd., 4 (4 f.).

Das bedeutet, daß die Tatsachenwissenschaften, die auch bloße Tatsachenmenschen aus sich hervorgehen lassen, aufgrund ihrer Sinnentleerung nicht die Freiheit und Verantwortung des Menschen berücksichtigen, sich also von der Dimension seines vernünftigen Verhaltens abkehren und ihre Bedeutung und Bedeutsamkeit für das Leben verlieren. Anders gesagt: Das irrelative, subjektunabhängige Denken des Objektivismus, dessen Wahrheit absolute Identität, Ansichsein, Unbedingtheit und Gültigkeit für jedes Vernunftwesen beansprucht, schiebt die mathematisch substruierte Welt der Idealitäten der vorwissenschaftlich anschaulichen Natur unter.[18] Auf diese Weise wird die Lebenswelt als Sinnesfundament vergessen und es gerät aus dem Blick, daß sie ein „*subjektives Gebilde*, (...) Leistung des erfahrenden, des vorwissenschaftlichen Lebens (ist). In ihm baut sich der Sinn und die Seinsgeltung der Welt auf, und jeweils *der* Welt, welche dem jeweilig Erfahrenden wirklich gilt."[19]

Und hier zeigt sich aus meiner Sicht die Motivation und die Leistung Husserls. Denn seine Destruktion der bisherigen abendländischen Geschichte der Lebensweltvergessenheit hat, wie ich mit Ulrich Claesges herausheben möchte, neben einer diagnostischen eine therapeutische Funktion.

> „Die diagnostische Funktion soll die Theorie der Lebenswelt dadurch erfüllen, daß sie zeigt, wie die objektiven Wissenschaften der Neuzeit die Lebenswelt als den Boden vergessen haben, auf dem sie (historisch) erwachsen sind und den sie (systematisch) als ihr ständiges Sinn- und Geltungsfundament voraussetzen müssen."[20]
>
> „Die therapeutische Funktion der Lebenswelt liegt, sofern die Einsicht in das Übel als Therapie nicht schon zureicht, darin, daß sie (die Theorie) die Absprungsbasis für eine radikale Selbstbesinnung abgeben soll, die als transzendentale Phänomenologie ein Leben aus universeller Verantwortung ermöglichen soll."[21]

M. E. hat Husserl die Lebenswelt insbesondere in der Perspektive ihrer diagnostischen Funktion betrachten können. Auch wenn man die im Band VI der *Husserliana* abgedruckten Texte, die Husserl nicht mehr publizieren konnte, über die 1936 veröffentlichte Abhandlung hinaus berücksichtigt, konnte er eine präzise Bestimmung über die Art und Weise ihrer Strukturierung in seinem Spätwerk nicht leisten, weshalb seine Ontologie der Lebenswelt unvollständig und eine zu übernehmende Aufgabe bleiben mußte.[22] Darüber hinaus bewegt sich sein transzendentalphänomenologischer Ansatz

---

18 Vgl. ebd., 49 f. (52 f.).

19 Ebd., 70 (75).

20 Ulrich Claesges: Zweideutigkeiten in Husserls Lebenswelt-Begriff, 85. In: Perspektiven transzendental-phänomenologischer Forschungen. Den Haag 1972, 85–101.

21 Ebd., 86.

22 Der Begriff der Lebenswelt wird von Husserl auf der Fundierungsebene im engeren Sinne und auf der konkreten Ebene im weiteren Sinne verwendet. So schreibt er: „Konkrete Lebenswelt also zugleich für die ‚wissenschaftlich wahre' Welt der gründende Boden und zugleich in ihrer eigenen universalen Konkretion sie befassend". (Husserliana Bd. VI, 134)
„Es ist klar, was da den radikalen Unterschied macht. Die Lebenswelt ist die ständig vorgegebene, ständig und im voraus seiend geltende, aber nicht geltend aus irgendeiner Absicht, Thematik, nach irgendwelchem universalen Zweck. Jeder Zweck setzt sie voraus, auch der universale Zweck, sie in wissenschaftlicher Wahrheit zu erkennen." (Husserliana Bd. VI, 461)

letztlich in den Grenzen einer Analyse der konstituierenden Leistungen des Bewußtseins,[23] wodurch seine Konzeption der Tendenz nach egologisch ausgerichtet ist und nur ungenügend berücksichtigen kann, daß wir, wie ich es sagen möchte, in der Heimat wohnend und gehend immer schon bei und mit dem Raum, der Zeit und dem Mitmenschen sind.[24]

Mit Waldenfels lassen sich daher zwei Schwierigkeiten benennen, die auch für die Aufgabe der vorliegenden Arbeit von besonderer Relevanz sind. Die erste lautet: „sofern die Lebenswelt konkret-geschichtlich ist, ist sie kein universales Fundament, und insofern sie ein solches ist, ist sie nicht konkret geschichtlich.“[25] Die zweite Schwierigkeit ist auf die „Einigungsfunktion der Lebenswelt“ zu beziehen:

> „Das letzte Fundament ist für Husserl zugleich *Einheitsgrund* für alle Verschiedenheiten und Sonderheiten. Die Lebenswelt ist ein und dieselbe Welt für uns alle; sie ist gegeben in

---

„Hier ist wieder ein Verwirrendes: Jede praktische Welt, jede Wissenschaft, setzt die Lebenswelt voraus, sie als Zweckgebilde wird kontrastiert mit der Lebenswelt, die immer schon und immerfort ist, ‚von selbst‘. Andererseits ist doch jedes menschheitlich (individuell und in Gemeinschaftlichkeit) Werdende und Gewordene selbst ein Stück Lebenswelt: also der Kontrast hebt sich auf.“ (Husserliana Bd. VI, 462)

23 Hier tritt die von Husserl deutlich erkannte und mehrmals formulierte „Paradoxie der menschlichen Subjektivität“ zutage: „Wie soll ein Bestandteil der Welt, ihre menschliche Subjektivität, die ganze Welt konstituieren als ihr intentionales Gebilde? (...) Der Subjektbestand der Welt verschlingt sozusagen die gesamte Welt und damit sich selbst! Welch ein Widersinn!“ (183) (Vgl. dazu insb. den gleichlautenden Paragraphen 53 mit dem Untertitel „das Subjektsein für die Welt und zugleich Objektsein in der Welt“, 182–185, in dem die genannte Stelle zu finden ist.)
Husserl versuchte diese Paradoxie mittels seiner Unterscheidung vom mundanen und transzendentalen Ich aufzulösen, die bekanntlich die größte, allgemein akzeptierte Kritik nach sich gezogen hat. Siehe dazu die Kritik von Brand: Die Lebenswelt, 105 ff.

24 Husserl blendet den Mitmenschen bei seiner Fokussierung auf das Ich natürlich nicht völlig aus, holt er ihn doch theoretisch über die Sprache, mittels derer wir uns unmittelbar und mittelbar stets in einer Sprachgemeinschaft bewegen, wieder in die Ich-Welt-Korrelation hinein: „So sind Menschen als Menschen, Mitmenschheit, Welt – die Welt, von der Menschen, von der wir je reden und reden können – und andererseits Sprache untrennbar verflochten und immer schon in ihrer untrennbaren Beziehungseinheit gewiß, obschon gewöhnlich nur implicite, horizonthaft.“ (Husserliana Bd. VI, Beilage III, 370)
Vgl. ferner: „In der Welt wach lebend, sind wir ständig, ob wir darauf achten oder nicht, der Welt bewußt, ihrer bewußt als Horizont unseres Lebens, als Horizont von ‚Dingen‘ (realen Objekten), unserer wirklichen und möglichen Interessen und Betätigungen. Immer ausgezeichnet im Welthorizont ist der Horizont unserer Mitmenschen, ob irgendwelche anwesend sind oder nicht.“ (Husserliana Bd. VI, Beilage III, 369)
Und: „Objektive Welt ist von vornherein Welt für alle, die Welt, die ‚jedermann‘ als Welthorizont hat. Ihr objektives Sein setzt Menschen als Menschen ihrer allgemeinen Sprache voraus.“ (Husserliana Bd. VI, Beilage III, 370)

25 Waldenfels: In den Netzen der Lebenswelt, 20. Landgrebe arbeitet dies bei Husserl als Gegensatz eines „Universums der Anschaubarkeit“ und einer „konkreten Universalität“ heraus. Ludwig Landgrebe: Lebenswelt und Geschichtlichkeit des menschlichen Daseins, 42. In: Waldenfels, Bernhard u. a. (Hrsg.): Phänomenologie und Marxismus. Bd. 1–4. Frankfurt/Main 1977–79, Bd. 2: Praktische Philosophie, 13–58.

‚schlichten', das heißt nicht schon präparierten und bearbeiteten intersubjektiven Erfahrungen; nur so gilt sie als Garant einer ‚synthetischen Totalität'. Doch daß die Welt gemeinsame Aspekte hat, besagt nicht schon, daß sie als Welt gemeinsam gegeben ist. Das nämlich entspräche der Annahme, wir hätten eine gemeinsame Sprache, weil alle Sprachen dasselbe physische Material verwenden oder weil sie allesamt bestimmten universalen Regelungen unterliegen. Eine solch abstraktive Einigung kann keinen Boden abgeben für die konkrete Einigungsform, die wir voraussetzen, wenn wir von einer gemeinsamen Welt sprechen."[26]

Den von Waldenfels herausgehobenen Schwierigkeiten sieht sich m. E. jeder transzendentalphilosophische Ansatz gegenüber. Sobald die Intention in den Mittelpunkt rückt, ein universales bzw. letztes Fundament erkennen zu wollen, kann es als Bedingung der Möglichkeit für gelebte Wirklichkeit in dieser selbst nicht aufgehen, wie umgekehrt die konkret-geschichtlichen Lebenswelten in ihren Besonderheiten den Anschein erwecken, als könnten sie – will man die jeweilige Spezifik wahren – nicht auf einen letzten, gar abstrakten Einheitsgrund zurückgeführt werden. Diese Schwierigkeiten möchte ich nicht als Einwand gegen eine transzendentalphilosophische Position gelten lassen. Im Gegenteil: Eine Philosophie, die sich diesen gegenüber sieht, hat die Möglichkeit, eine Grundlegungs- und Fundierungsebene mit der konkreten Wirklichkeit ins Gespräch zu bringen und die rationale und die empirische Betrachtungsweise aufeinander zu beziehen.

Wenn ich in dieser Arbeit im ersten Teil eine Philosophie der Heimat vorlege, dann muß auch sie insofern abstrakt bleiben, als die einzelne konkrete Heimat nicht von ihr beschrieben wird und nicht von ihr beschrieben werden kann.[27] So vermag der Philosoph zwar auf die Individualitätsbezogenheit hinzuweisen, die jede Heimat zu allein dieser Heimat eines Einzelnen werden läßt, er kann ihre Besonderheit in seinem jeweiligen Gehalt allerdings nicht schildern.[28] Im folgenden geht es mir daher nicht um die Betrachtung einer bestimmten Heimat, vielmehr nehme ich durchaus in transzendentalphilosophischer Perspektive eine Deutung des Menschen vor, der aus meiner Sicht auf den Vorgang des Beheimatens nicht verzichten sollte, weil ihm selbst Heimat stets als

---

26 Waldenfels: In den Netzen der Lebenswelt, 20.

27 Dies vermag m. E. nur die Literatur zu leisten, weshalb viele Dichter ‚ihre' Heimat auch zum Gegenstand ihres Schreibens machen konnten. Hier setzt Ina-Maria Greverus an. In ihrer Habilitationsschrift *Der territoriale Mensch. Ein literaturanthropologischer Versuch zum Heimatphänomen*, Frankfurt am Main 1972, zielt sie in ihrem „‚literaturanthropologische(n) Versuch' (...) auf ein Verfahren, das über Literatur den Zugang zu den betroffenen Menschen und ihrer Umweltauseinandersetzung gewinnen will" (1), also „das Postulat einer über die Literatur möglichen Erkenntnis menschlicher Selbst- und Umweltdarstellung" formuliert. (15)
In ihren materialreichen Ausführungen legt Greverus einen Literaturbegriff zugrunde, der „Literatur als schriftlich und mündlich tradierte Sprachverdichtung auffaßt, die einen Teilbereich der kulturellen Möglichkeiten des Menschen zur Umweltaneignung und Umweltauseinandersetzung darstellt." (6)

28 Hier kann an Theodor W. Adornos „Utopie des Besonderen" in seiner *Negativen Dialektik* erinnert werden, in der er theoretisch für das Nichtidentische, individuell Besondere und konkrete Einzelne gegen ein in einem System dominierendes Allgemeines eintritt. Vgl. dazu Theodor W. Adorno: Negative Dialektik. Frankfurt am Main 1966, 164ff., 312.

Möglichkeit einwohnt. Von dieser Deutung her erweist sich Heimat als ein ideales Strukturgefüge, das in der konkreten Heimat nicht im vollen Sinne ausgeschöpft wird, da diese stets relativ und bedingt sein muß. Der Mensch hat in dem Ausschnitthaften seiner Welt stets eine Fülle weiterer Möglichkeiten, die er nicht realisiert, ja gar nicht realisieren kann, weil für ihn in der Besonderheit seines Wohnens und Gehens die Grenze konstitutiv ist, die er zwar verschieben, aber nicht aufheben kann.

Versuche ich, mich dem Thema der vorliegenden Arbeit ‚Philosophie der Heimat – Heimat der Philosophie' zu nähern, dann sehe ich mich zum einen nicht nur am Beginn des 21. Jahrhunderts in der geistigen Situation der Zeit dem Faktum der Heimatlosigkeit gegenüber, dem man, wie der Verweis auf Husserl zeigen sollte, in einer Neubesinnung philosophisch begegnen muß, man hat darüber hinaus mit Heimat selbst seine Schwierigkeit, genauer gesagt, mit einer inhaltlichen Bestimmung dieses Wortes. So läßt sich die berühmte Erwiderung Augustinus' im elften Buch seiner *Bekenntnisse* auf die Frage nach dem, was Zeit sei: „Wenn niemand mich danach fragt, weiß ich's, will ich's aber einem Fragenden erklären, weiß ich's nicht", durchaus auf die Frage nach dem, was Heimat sei, übertragen. Denn jeder Einzelne hat ein unreflektiertes Vorwissen, das ihm die Sicherheit vermeintlichen Wissens vortäuscht. Und erst das Fragen vermag, wie Sokrates' maieutisches Verfahren vorbildlich gezeigt hat, diese Sicherheit ins Wanken und vielleicht sogar zum Einsturz zu bringen, um dem echten Wissen der Epistemé Platz machen zu können.

Würde man daher die Verwendung des Begriffs ‚Heimat' geschichtlich nachzeichnen, würde man also danach fragen, wie Heimat im Laufe der Jahrhunderte inhaltlich gefaßt wurde, dann ließe sich damit zunächst eine negative Absicht verfolgen. Mit diesem Abriß könnte man nämlich die Unmöglichkeit einer eindeutigen, präzisen, widerspruchsfreien Begriffsklärung unter der Voraussetzung aufzeigen, daß man am „gewordenen Begriff"[29] festhält. Anders gewendet: Will man heutzutage das Wort Heimat verwenden, sieht man sich in diachronischer Perspektive einer Fülle von inhaltlichen Deutungen gegenüber, da der Begriff Heimat im Laufe der Jahrhunderte zahlreiche Bedeutungsverschiebungen zu verzeichnen hat. Dabei löste nicht eine Bedeutung eine andere endgültig ab, sondern es kam und kommt zur gleichzeitigen Präsenz zahlreicher Denotationen, die häufig sogar divergierend sind. Auch wurde und wird der Begriff von jedem einzelnen höchst subjektiv mit Konnotationen gefüllt, die sich dem Versuch einer eindeutigen Bestimmung widersetzen. Diese subjektive Seite ist vielfach von Emotionalität und Affekten getragen, die eine sachliche Auseinandersetzung blockieren. Nicht zuletzt die ideologischen und politischen Mißbräuche, aber auch die kommerziellen Vereinnahmungen, die Klischeebildungen und Trivialisierungen erschwerten und erschweren stets von neuem eine unvoreingenommene Betrachtung dieses Phänomens.

Auch wenn es nicht darum gehen kann, diesen Bedeutungswandel referierend nachzuzeichnen, zeigt sich doch bereits in der Kontrastierung des ursprünglichen und der

---

29 Greverus: Der territoriale Mensch, 27.

allein im 20. Jahrhundert aufweisbaren Verständnisvielfalt die begrifflich sich vollziehenden Veränderungen.[30]

So meint Heimat, wenn man mit Michael Neumeyer der Etymologie folgt, zunächst das „Lager" und den „Ort, wo man sich niederläßt" (6). Nach der Zeit der Völkerwanderung verringert sich die Verwendung der Begriffe Heimat und Heim, was vermutlich darauf zurückzuführen ist, daß beide vor allem dann von Interesse sind, wenn sie nicht realisiert werden können, wenn also ein Ort des Wohnens und des Friedens nicht gefunden ist. Während sich zunächst die Begriffe Heimat und Heim nicht deutlich voneinander abgrenzen lassen, tritt im deutschen Sprachraum mit der sachlichen Betonung der räumlichen Komponente allmählich, wie Neumeyer unter Bezugnahme auf von Bredow und Foltin heraushebt, die Bestimmung für Heimat als der „um das Heim herumliegende Bezirk" hervor und für Heim das Haus als „innerer Bereich von Heimat" (7). Das Heim, das als Haus den unmittelbaren Wohnraum und nächsten Lebensbereich bezeichnet und eindeutig emotional positiv besetzt ist, wird vom Begriff Heimat in sich aufgenommen und räumlich erweitert. Dabei wird nach außen hin allerdings keine Grenzziehung vorgenommen, es wird also nicht die räumliche Schnittstelle, die Grenze, genannt, an dem die Nicht-Heimat, die Fremde, beginnt.[31] Beide Begriffe sind daher, auch mit der räumlichen Festlegung des Heims auf die Nähe und der Erweiterung dieses engen und nahen Lebensbereichs in der Heimat, zunächst wechselweise aufeinander angewiesen, will man sie in ihrer vollen Bedeutung erfassen.

M. E. wird hier bereits sichtbar, daß Heimat ohne Heim nicht zu denken ist, daß also der Ort des Wohnens derjenige ist, an dem man sich geborgen fühlt. Das Heim ist die Bedingung der Möglichkeit für Heimat und das heißt, ein Mensch kann nur dann seinen wesentlichen Bezug zu ihr entfalten, wenn es ihm gelingt, in seiner Geborgenheit zu wohnen. Dieses Wohnen ist für mich kein statisch-unbewegliches Festhalten und Verharren an einem Ort, ist ihm doch auch das Gehen immanent, durch das das Außen und das Innen, die Wege und das Haus, mit- und ineinander verschränkt sind.

Um die Wende zum 20. Jahrhundert entsteht in Deutschland im Zuge der Reichsgründung von 1871 die sog. Heimatbewegung. Sie war eine Antwort auf die mit dem neuen Staat einhergehende Zentralisierung und auf die rasant voranschreitende Indu-

---

30 Dies hat bereits Michael Neumeyer in seiner Untersuchung mit dem Titel *Heimat. Zu Geschichte und Begriff eines Phänomens* (Kiel 1992) geleistet, die interessanterweise an der Mathematisch-Naturwissenschaftlichen Fakultät als Dissertation vorgelegt wurde. Sie kann aus philosophischer Sicht keine Anregungen bezüglich einer inhaltlichen Ausdeutung des Phänomens Heimat geben, stellt aber in komprimierter und sachkundiger Weise die geschichtliche Entwicklung des Heimat*begriffs* dar und veranschaulicht die genannte Unmöglichkeit, über den Begriff ‚zur Sache selbst' kommen zu können. Die Angaben in Klammern im Text beziehen sich auf diese Publikation.

31 Wie Michael Neumeyer schreibt, ist dieser „ambivalente Charakter von Heimat in Form sowohl einer emotionalen Besetzung als auch eines sachlich-konkreten Raumbezugs" bis ins 19. Jh. hinein feststellbar. Und er fährt fort, „daß der Begriff im Schrifttum vorher nur selten auftaucht und damit – zumindest für die Gruppe der Schreibkundigen – offensichtlich nicht besonders wichtig oder problematisch erscheint. Er wird für die Literatur erst von den Dichtern der Romantik entdeckt und von ihnen mit einer ausschließlich emotionalen Bedeutung belegt". Neumeyer: Heimat, 7.

strialisierung. Aus den unterschiedlichsten Gruppierungen zusammengesetzt, war die Heimatbewegung ein

> „Konglomerat von diversen Aktivitäten einzelner Gruppen, die mit mehr oder weniger regionalem Bezug und jeweils in Teilbereichen des geistig-politisch-kulturellen Lebens den ihrer Meinung nach zerstörerischen Tendenzen der sozioökonomischen Entwicklung entgegenzuarbeiten versuchten.“ (25)

Quer durch die Bevölkerung hindurch wird die Vergangenheit gegenüber der Gegenwart ausgezeichnet und das Alte, die Tradition und das ländliche Leben wird zum Inbegriff aller Wünsche, Sehnsüchte und Ziele angesichts des Neuen, Unüberschaubaren und Anonymen. In diese aufs Ganze gesehen eher als reaktionär einzuschätzende Bewegung geht auch die sog. Heimatkunst ein, die das Programm einer deutsch-nationalen Kunst verfolgte und die in das Verständnis von Heimat die politische Dimension einfließen läßt. So soll, wie Neumann zufolge Bartels in der damaligen Zeit schreibt, das „deutsche Volk (...) die Kunst haben, die die Wurzeln seiner Existenz befruchtet und stärkt, die sein Leben schön, reich, groß macht, die seine nationale Widerstands- und Expansionskraft hebt“ (29).

Nach dem verlorenen Ersten Weltkrieg tritt beim Verständnis von Heimat, wie bereits im Bürgertum des 19. Jahrhunderts, die kompensatorisch-fiktive Komponente verstärkt in den Vordergrund und sie erfährt dabei eine Verschiebung ins Mystische, Ideologische und Unwirkliche. Insbesondere der am 21. April 1923 von Eduard Spranger in der „Staatlichen Stelle für Naturdenkmalpflege in Preußen“ gehaltene Vortrag „Der Bildungswert der Heimatkunde“ von Eduard hat eine enorme Wirkung auf seine Zeitgenossen ausgeübt. Auch wenn es an dieser Stelle nicht darum gehen kann, diesen Vortrag genauer auszulegen, so läßt sich dennoch sagen, daß in ihm neben dem Religiösen insbesondere die Erlebnisseite betont wird, die bei Spranger das Identischsein von Gedachtem und Gefühlten bedeutet. Heimat wird von ihm daher als Ortsgebundenheit bestimmt, die ein Hineinleben und ein innerliches Verwachsensein mit diesem Ort beinhaltet. Sie ist, wie er schreibt, ein *„geistiges Wurzelgefühl.* Eben deshalb kann die Heimat nie als bloße Natur angesehen werden: sie ist erlebnismäßig angeeignete, folglich durchgeistigte und zuletzt durchaus persönlich gefärbte Natur.“[32] Spranger wendet sich explizit gegen ein Heimatverständnis, in dem der ‚Ort‘ ausschließlich rein objektiv

---

32 Eduard Spranger: Der Bildungswert der Heimatkunde. Mit einem Anhang „Volkstum und Erziehung“. Leipzig 1943, 12. Und gerade hier liegt m. E. der Ansatzpunkt für ein Mißverständnis vor. Denn Spranger ging es nicht darum, wie zumeist gesagt wird, in die Heimat keine rationale Dimension einfließen zu lassen, was nicht zuletzt durch sein Verständnis von Heimatkunde belegt werden kann, sondern er will auf die Notwendigkeit der subjektiven Anverwandlung und Aneignung eines bestimmten Ortes aufmerksam machen, will man ihn Heimat nennen. Bei dieser Akzentuierung gerät zwangsläufig die politische Dimension außer acht, weshalb auch etwa Vorländer, wie mit Neumeyer angeführt werden kann, hier die Basis für einen Mißbrauch unter den Nationalsozialisten angelegt sieht. (35)

als Gegenstand betrachtet wird. Dieses Wißbare muß für ihn ins Emotionale einfließen, will es nicht äußerlich und damit bedeutungslos bleiben.[33]

Dabei wird die emotionale Bindung zur engeren Heimat auf das größere, allgemeinere und abstraktere Gebilde Vaterland und Staat übertragen, wodurch eine Identifikation, die insbesondere im Zuge einer Mobilisierung der Bevölkerung für eine kriegerische Auseinandersetzung von Bedeutung ist, möglich wird.

Nach dem Zweiten Weltkrieg wird zunächst das Verständnis von Heimat primär durch die Heimatvertriebenen und Flüchtlinge bestimmt, ohne dabei allerdings eine inhaltliche Klärung zu erfahren. Der zurückgelassene Ort, nach dem man sich in der Fremde sehnt, dient ihnen als „Maßstab und Urbild der Wirklichkeit", ist also der Halte-, Orientierungs- und Fluchtpunkt, auf den man sich im jetzigen Neuen, Unsicheren und Ungewohnten bezieht (41).[34] Mit dem wirtschaftlichen Aufschwung in den sechziger Jahren kommt eine Versachlichung des Heimatverständnisses in Gange, die Hand in Hand mit einer stetigen Abnahme der in den ersten Nachkriegsjahren weit verbreiteten Heimatfilme und Heimatromane geht. So wird beispielsweise das Unterrichtsfach Heimatkunde durch Sachkunde ersetzt und an Stelle des Wortes Heimat spricht man von „Umweltbedingung", „Milieu" oder „Environment" (48).

Paradigmatisch für diese distanziert-kritische Haltung ist Martin Walsers Stellungnahme in seinem Essay *Heimatkunde* aus dem Jahre 1968, die in dem Satz: „Heimat, das ist sicher der schönste Name für Zurückgebliebenheit" einmündet.[35]

In den siebziger und achtziger Jahren kam es, bedingt durch das Entstehen einer skeptisch-ablehnenden Haltung gegenüber der Kehrseite der Fortschrittsgesellschaft und einem wachsenden „Unbehagen an der Modernität",[36] zu einer Wiederentdeckung von Heimat. Angesichts der Plünderung der Erde,[37] des erwachenden Bewußtseins für

---

33 Im Unterschied zur Vielzahl heutiger Interpreten sehe ich im Denken Sprangers trotz notwendiger Kritik wichtige Ansatzpunkte für Überlegungen, die in ein philosophisches Verständnis von Heimat einmünden. Vgl. dazu den ersten Paragraphen „Sich-Orten" der vorliegenden Arbeit.

34 Christoph Meckel zeichnet im *Suchbild. Über meinen Vater* (Düsseldorf 1980) in plastischen Worten seine kritische Sicht des Verständnisses von Heimat in den Nachkriegsjahren: „HEIMAT – das war die Fetteinreibung gegen den Weltfrost. Behagliche Feste Burg gegen Abbruch, Wahnsinn, Nihilismus und Zweifel. Gegen Wüste, Zittern, Verlust und Tod, Gefährdungen aller Art und Ohrensausen. Heimat, seine Tintenfischwolke, einzig mögliche Sicherung des Geschwächten. Das war der Dunstkreis, in dem jeder Zweifel erstickte. Das war die Selbstbeschränkung des Menschen auf seine bescheidenste Einheit und lebenslange Wahrnehmung dessen, was von Geburt her vorgegeben war. Heimat, das einzige, worauf er sich einließ. Was nicht zu Heimat gemacht werden konnte, wurde abgedrängt oder ausgeschieden. Das war die mentale Abwehr gegen Gedankensysteme, Denkmethoden oder Ideologien". (174; zit. n. Neumeyer: Heimat, 43)

35 Martin Walser: Heimatkunde, 40. In: ders.: Heimatkunde. Aufsätze und Reden. Frankfurt am Main 1968, 40–50.

36 Peter L. Berger, Brigitte Berger und Hansfried Kellner arbeiten differenziert die Nuancen dieses Unbehagens in der Moderne heraus, die mit der Vielfalt der sozialen Lebenswelten einhergeht. Vgl. dazu: Peter L. Berger u. a.: Das Unbehagen in der Modernität. Frankfurt am Main/New York 1975.

37 Vgl. dazu etwa Herbert Gruhl: Ein Planet wird geplündert. Die Schreckensbilanz unserer Politik. Frankfurt am Main 1978.

die Grenzen des Wachstums[38] und der Einsicht, daß eine Wende des auf Ausbeutung angelegten materiellen Denkens der Industrieländer erfolgen müsse[39] – angesichts dieser Bedrohungen geschieht eine Hinwendung zu der überschaubaren Nahsphäre, in der man sich geborgen fühlen kann.[40] Ein Beleg für diese zunächst eher restaurative Tendenz ist die zeitgleich festzustellende Nostalgiewelle, die, wie im *Spiegel* plakativ formuliert wird, ein „neues Gefühlsgemisch aus Landschaft und Altbewährt, Sehnsucht nach unverschmutzter Natur und verflossener Kultur" darstellt.[41]

Allerdings bleibt das Verständnis von Heimat in dieser Vergangenheitsorientiertheit nicht stecken. Es entsteht – gerade bei der sogenannten politischen Linken – ein „vorwärtsgewandter, prozeßhafter, zukunftsträchtiger Heimatbegriff", der in sich nun die Zukunft aufnimmt, also die Dimension des Noch-nicht, die zwar in die Gegenwart hineinragt, aber schaffend und selbsttätig hervorgebracht werden muß (56).

Ich möchte hier wenigstens an den berühmten Schluß von Ernst Blochs materialreichem Werk *Das Prinzip Hoffnung* erinnern, in dem dieses Verständnis einer künftigen, noch zu verwirklichenden Heimat beispielhaft formuliert ist:

> „Der Mensch lebt noch überall in der Vorgeschichte, ja alles und jedes steht noch vor Erschaffung der Welt, als einer rechten. *Die wirkliche Genesis liegt nicht am Anfang, sondern am Ende,* und sie beginnt erst anzufangen, wenn Gesellschaft und Dasein radikal werden, das heißt sich an der Wurzel fassen. Die Wurzel der Geschichte aber ist der arbeitende, schaffende, die Gegebenheiten umbildende und überholende Mensch. Hat er sich erfaßt und das Seine ohne Entäußerung und Entfremdung in realer Demokratie begründet, so entsteht in der Welt etwas, das allen in die Kindheit scheint und worin noch niemand war: Heimat."[42]

Aus dem bisher Gesagten dürfte deutlich geworden sein, daß die vorliegende Arbeit sich vermutlich zwei grundsätzlichen Schwierigkeiten gegenüber sieht. Die erste betrifft die gegenwärtige Bewußtseinslage, derzufolge scheinbar die Heimatlosigkeit das Primat hat, wodurch nun der Philosoph unter Legitimierungs- und Begründungszwang zu stehen scheint, sich ausgerechnet dem anachronistisch anmutenden Thema der Heimat zuzuwenden.

Und die zweite Schwierigkeit geht von der Sache selbst, dem Begriff ‚Heimat' aus, der quer durch die Jahrhunderte hindurch eine Vielzahl von Bedeutungsverschiebungen erfahren hat, die häufig sogar im Widerspruch zueinander stehen. Darüber hinaus weist er verschiedene Dimensionen auf, etwa die rechtliche Dimension, die beispielsweise im sog. Heimat-Recht sichtbar wird, die soziologische Dimension, die volkskundliche, die psychologische, die kulturanthropologische, die theologische und die philosophische.

---

38 Vgl. etwa: Dennis L. Meadows u.a.: Die Grenzen des Wachstums. Bericht des Club of Rome zur Lage der Menschheit. Stuttgart 1972.

39 Vgl. etwa: Erhard Eppler: Ende oder Wende. Von der Machbarkeit des Notwendigen. München 1976.

40 Vgl. dazu auch die Ausführungen von Wilfried von Bredow und Hans-Friedrich Foltin: Zwiespältige Zufluchten. Zur Renaissance des Heimatgefühls. Berlin/Bonn 1981.

41 Der Spiegel, 1973, 92.

42 Ernst Bloch: Das Prinzip Hoffnung. In 5 Teilen. Bd. 5, Kap. 43–55. Frankfurt am Main 1985, 1628.

M. E. wird primär derjenige mit den genannten Schwierigkeiten konfrontiert, der den Zeitgeist und die Sammlung von Begriffsbedeutungen über die Einsicht in das Phänomen Heimat stellt. Denn so wenig aus meiner Sicht der Mensch offen und frei sein kann, ohne sich zuvor gebunden zu haben,[43] so wenig läßt sich die Bedeutung und der Sinn eines wesentlich Gegebenen in der Summation seiner vermeintlichen Einzeltatsachen erhellen. Man sollte sich daher – „im Sinne Blochs" –, wie Rainer Piepmeier treffend formuliert, „gute Begriffe nicht durch ihren Mißbrauch wegnehmen lassen."[44]

Das Gesagte möchte ich mit einem kurzen Verweis auf ein Gleichnis, das Immanuel Kant in der „Einleitung" seiner *Kritik der reinen Vernunft* angeführt hat, veranschaulichen. Hier schreibt er:

> „Die leichte Taube, indem sie im freien Fluge die Luft teilt, deren Widerstand sie fühlt, könnte die Vorstellung fassen, daß es ihr im luftleeren Raum noch viel besser gelingen werde. Eben so verließ Plato die Sinnenwelt, weil sie dem Verstande so *enge Schranken setzt* (A: *so vielfältige Hindernisse legte*;), und wagte sich jenseits derselben, auf den Flügeln der Ideen, in den leeren Raum des reinen Verstandes. Er bemerkte nicht, daß er durch seine Bemühungen keinen Weg gewönne, denn er hatte keinen Widerhalt, gleichsam zur Unterlage, worauf er sich steifen, und woran er seine Kräfte anwenden konnte, um den Verstand von der Stelle zu bringen." (B 8–9)

Es kann mir in dem vorliegenden Zusammenhang nicht um die Platon-Interpretation Kants gehen, vielmehr möchte ich an dem von ihm genannten Problem der Spekulation anknüpfen. Die Taube benötigt jedenfalls, wenn sie fliegen möchte, den Widerstand der Luft – auch wenn dadurch ihre Flugkraft begrenzt wird. Ihre Vorstellung, in der Grenzenlosigkeit eines luftleeren Raums besser fliegen zu können, muß als bloßer Wunsch bezeichnet werden, die der kritischen Prüfung der Vernunft und des Verstandes nicht standhält. Denn nur in einer vernünftigen Einsicht in die Grenze eines Sachverhalts läßt sich andererseits auch die Freiheit erkennen, die in der Abhängigkeit zu dieser Begrenzung hervorgeht.

---

43 Vgl. dazu die kluge Äußerung von Jean Améry: „Man muß Heimat haben, um sie nicht nötig zu haben, so wie man im Denken das Feld formaler Logik besitzen muß, um darüber hinauszuschreiten in fruchtbarere Gebiete des Geistes". Jean Améry: Wieviel Heimat braucht der Mensch? 81. In: Jenseits von Schuld und Sühne. Bewältigungsversuche eines Überwältigten. 2. Aufl. Stuttgart 1980, 74–101

44 Rainer Piepmeier: Philosophische Aspekte des Heimatbegriffs, 96. In: Heimat. Analysen, Themen, Perspektiven. Hrsg. von der Bundeszentrale für politische Bildung. Schriftenreihe Bd. 294/I. Gesamtkonzeption Willi Cremer, Ansgar Klein. Bonn 1990, 91–108. Piepmeier sieht daher die Notwendigkeit eines neuen Heimatverständnisses – ich würde sagen, die Notwendigkeit einer Umkehrung der Blickrichtung, nämlich von der Heimat weg hin zum Menschen als einem heimatlichen Wesens, um von ihm her erneut Heimat in den Blick nehmen zu können. Dennoch stimme ich mit seiner inhaltlichen Ausdeutung überein: „Der neue Heimatbegriff ist nicht mehr kompensatorisch. Mit dem neuen Heimatbegriff wird Heimat als Bereich realer Lebenswelt beansprucht. Gegen die Komplexität, und das heißt oft Undurchschaubarkeit gesellschaftlicher Zusammenhänge, wird Heimat als Nahwelt gefordert. Man wendet sich gegen die beschleunigte Veränderung der gewohnten Umwelt, das heißt, gegen den Verlust der Vertrautheit alltäglicher Lebenswelt." (96)

Dieser Gedanke ist auf die heutige Einstellung übertragbar. So wenig die Taube im luftleeren Raum die Möglichkeit ihres Fliegenkönnens verwirklichen kann, so wenig ist es dem Menschen möglich, in einem heimatlosen Raum seine Möglichkeit des Heimischseins zu verwirklichen. Schärfer gesagt: Der Mensch ist auf die Heimat als seine konstitutionell bedingte (partikulare) Grenze bezogen, an die er, im Zusammenhang mit der Möglichkeit universaler Ent-grenzung stehend, unhintergehbar gebunden ist. Allererst in dieser wesentlichen Bezogenheit auf eine Sinn-Grenze im Kontext universal erschließbaren Sinns kann er sich öffnen und frei werden und die Möglichkeiten, die ihm immanent sind, verwirklichen.

Heimat wird von mir daher als *philosophisches Grundproblem* verstanden, also als ein, wenn nicht sogar *das* zentrale Problem in der Philosophie. Das heißt, daß der vorliegenden Untersuchung die Intuition zugrundeliegt, daß die Philosophie als das Denken von Heimat verstanden werden kann und daß die Fragen nach dem Woher und Wohin, dem Ort des menschlichen Wohnens, seines Sich-Zeitigens und Sich-Begegnens in ihrem Mittelpunkt stehen. Dies hat bereits Novalis in dem Fragment *Philosophie ist eigentlich Heimweh, ein Trieb überall zu Hause zu sein*[45] angesprochen, ohne es allerdings ausgeführt zu haben.

Von hier aus betrachtet sehe ich den ‚Ausweg' aus einer geistigen Situation, die die Heimatlosigkeit in den Vordergrund rückt, darin, einen anderen Weg einzuschlagen und eine *Philosophie der Heimat*, die vom Wesen des Menschen und seiner Grundverfaßtheit ausgeht, zu entfalten. Dieser Versuch geht von der Voraussetzung aus, daß der Mensch ein heimatliches Wesen ist, das sich binden und sich ausrichten muß und konstitutionell bedingt zu wohnen und zu wandern hat.

Der Gefahr, mich in der Fülle an historischem Material mit geringer systematischer Relevanz und einem Mangel an Präzision zu verstricken, möchte ich auch über das Beschreiten eines anderen Weges möglichst entgehen. Im zweiten Teil der vorliegenden Arbeit *Heimat der Philosophie* werde ich die Analyse auf die drei grundlegenden Modelle des Theozentrismus', Anthropozentrismus' und Trans-Anthropozentrismus' beschränken und damit drei prinzipielle Weisen untersuchen, wie Heimat in der philosophischen Tradition gedacht werden kann, genauer gesagt, wie die Deutung des Menschen als eines heimatlichen Wesens je differierend eingelöst wird.

2. Ziele der Untersuchung

Nimmt man Heimat vom Menschen als einem heimatlichen Wesen aus in den Blick, dann kann sie als ein *Urphänomen* verstanden werden, in dem Grundphänomene des menschlichen Lebens, das sind das Sich-Orten, das Sich-Zeitigen und das Sich-Begegnens, zusammenlaufen. Das meint, daß Heimat der Möglichkeit nach im Menschen als dessen unabtrennbares Korrelat von vornherein vorgezeichnet ist und von ihm hervor-

45 Novalis: Schriften. Hrsg. v. J. Minor. Jena 1923, Bd. 2, 179.

gebracht werden kann, wenn er den ihm einwohnenden Raum, die ihm einwohnende Zeit und den Bezug zu dem ihm einwohnenden Mitmenschen entfaltet, und zwar in der Fülle der latent in ihm vorhandenen Möglichkeiten seines Sich-Bindens. Will die Philosophie diesen inneren Zusammenhang zwischen Mensch und Heimat erfassen, kommt ihr die ureigenste Aufgabe zu, eine Philosophie der Heimat zu entwickeln, in der diese Phänomene aufgedeckt und ihre Strukturelemente offengelegt werden. Dabei geht es folglich nicht um eine historische Inblicknahme eines nostalgisch anmutenden Themas, sondern um die systematische Aufarbeitung des philosophischen Grundproblems Heimat, dessen Relevanz bisher nicht ausreichend erkannt wurde.

Die Explikation dieses Begriffs in einer philosophischen Dimension ist unverzichtbar, will man ihn sinnvoll, ideologiefrei und undogmatisch verwenden. Es treten folglich zwangsläufig Divergenzen zwischen dem Heimatbegriff des Alltags und dem in dieser Arbeit aufgewiesenen philosophischen Verständnis auf. Trotzdem besteht zwischen beiden ein Zusammenhang. Denn die in dieser Arbeit entwickelte philosophische Ausdeutung der Heimat hat ihre Konkretion im alltäglichen Heimatbegriff. Das bedeutet, daß in einer philosophischen Dimension Heimat, als Urphänomen betrachtet, Wesenszüge aufweist, die im alltäglichen Verständnis in einer vor-philosophischen Dimension ihre Entsprechung finden.

Um die Ziele, die ich in der vorliegenden Arbeit verfolge, deutlicher herausheben zu können, möchte ich daher zunächst – gleichsam auf einer vor-philosophischen Ebene – das Verständnis von Heimat darlegen, wie es uns im Alltag begegnen kann, und im Anschluß daran die in meinem Ansatz erfolgende Umkehrung der Betrachtungsrichtung kenntlich machen.

Heimat ist der Ort, an dem man geboren wurde und seine Kindheit verbracht hat.[1] Man hat zu ihr ein Verhältnis, das mit dem zwischen Eltern und ihren Kindern insofern vergleichbar ist, als auch sie in die Beziehung ‚hineingeworfen' werden und keine Möglichkeit der Wahl haben. So suchen sich die Eltern ihre Kinder so wenig aus, wie sie sich ihren eigenen Geburtsort aussuchen konnten. Heimat ist aus dieser Sicht – und ich gehe vom idealtypischen aus – der Ort, den man vorfindet, und der dem Menschen Geborgenheit und Sicherheit gibt. Ein Zurückkommen ist immer möglich – gleichgültig, was passiert ist und was das Kind ‚angestellt' hat.[2]

Die Bestimmung von Heimat als Kindheit greift allerdings zu kurz, wenn sie verabsolutiert wird. Das bedeutet, daß Heimat zwar Kindheit ist, aber nicht in ihr aufgeht. Die alleinige Bestimmung der Heimat als Kindheit führt vielmehr zu einem naiven Festhalten am ‚kleinen Glück', das der Wirklichkeit nicht Stand halten kann. Man sucht und beschwört die harmonischen Zustände, ohne den Blick über die ‚Heimat' hinaus zu wa-

---

1 Der Aspekt Kindheit ist *strukturell* zu verstehen. Er bedeutet nicht, daß man nur den Ort, an dem man aufgewachsen ist, als Heimat erfahren kann. Vielmehr meint er umgekehrt, daß man erst dann einen Ort zu seiner Heimat machen kann (Stichworte: Zweite Heimat, Wahlheimat), wenn man Kindheit, d. i. Geborgenheit und Sicherheit erlebt.

2 Dies kommt im biblischen Gleichnis vom verlorenen Sohn ebenso zum Ausdruck, wie in den sentimental-trivial klingenden Worten, die man häufig in Poesiealben findet: Vergiß nie die Heimat, wo Deine Wiege stand, / Du findest in der Fremde, kein zweites Heimatland!

gen. In dieser Sichtweise weiß man immer schon, was Heimat ist – immerhin ist man doch in ihr aufgewachsen –, und man weiß auch, was nicht zu ihr gehört, ja nicht zu ihr gehören darf.

Um dieser Vereinseitigung zu entgehen, ist es daher notwendig, ein zweites Moment hervorzuheben, das mit dem der Kindheit im inneren Zusammenhang steht.[3] Auf dem Boden dieser grundlegenden Erfahrung kann sich zumeist in der Fremde, in einer räumlichen Entfernung, eine Sehnsucht herausbilden, die auch Heimweh genannt wird. Der Mensch sehnt sich nach seinen Mitmenschen, den räumlichen Gegebenheiten und spezifischen Eigenarten zurück, mit denen er verbunden ist, ja mit denen er seit seiner Geburt identisch ist.[4]

Allerdings kann die Sehnsucht auch entstehen, wenn wir uns an dem heimatlichen Ort befinden. Wir sind dann mit dem, was wir erleben und erfahren, nicht wirklich zufrieden, möchten eigentlich doch lieber woanders sein – und doch wieder nicht. Die Sehnsucht zeigt sich aus dieser Sicht als der ‚Motor', der unsere innere Unzufriedenheit antreibt. Sie kann dazu führen, daß wir uns ‚bewegen', also die Dinge in die Hand nehmen und das, was wir vorfinden, mitgestalten und umgestalten wollen. Heimat als Heimweh geht dergestalt nicht in dem auf, was ist, sondern es macht unruhig und nervös für das, was sein kann.

Damit können zwei weitere Aspekte hervorgehoben werden, die in dem Begriff Heimat mitschwingen: die Verbundenheit und das Fremdsein bzw. die Fremde.

Heimat bedeutet von hier aus betrachtet immer auch eine tiefe Verbundenheit. Die Bindung an einen Ort, die sich in der Geborgenheit, dem Vertrauen und einem In-sich-Ruhen sichtbar machen läßt, fordert den Einzelnen dazu auf, die Kräfte innerhalb dieses bestimmten Bereiches auszurichten und sie nicht in einem beliebigen Allerlei aufzuzehren. Man fühlt sich nicht primär für die Befreiung der gesamten Menschheit verantwortlich, sondern zunächst für den Menschen von nebenan und für die Zustände und Gegebenheiten vor Ort. Diese Konzentration, die Heimat bedeuten kann, wird dann gefährlich und kehrt sich ins Negative um, wenn sie nicht mit dem Aspekt der Fremde und dem Fremdsein verbunden wird.

Die Fremde in der Heimat nimmt nicht ausschließlich das Ausland bzw. den Ausländer in den Blick.[5] Sie ist nicht an einen anderen Ort gebunden, sondern sie gehört inner-

---

3 Klaus Lindemann hebt in seiner sachkundigen und bemerkenswerten „Einleitung" zu Recht hervor, daß für Heimat das „Oszillieren im Spannungsfeld zwischen Nähe und Ferne, Begrenzung und Offenheit, Geborgenheit und Fremde, Sicherheit und Erschütterung stets von Bedeutung ist". Klaus Lindemann: Einleitung, 11. In: „Heimat". Gedichte und Prosa. Arbeitstexte für den Unterricht. Hrsg. v. Klaus Lindemann, Stuttgart 1992, 8–32.

4 In diesem Sinne sagt Franz Kafka 1924 in einem Gespräch mit Gustav Janouch: „Man muß in die Ferne gehen, um die Heimat, die man verlassen hat, zu finden." Gustav Janouch: Gespräche mit Kafka. Aufzeichnungen und Erinnerungen. Erw. Ausgabe. Frankfurt am Main 1968, 251.

5 In diese Richtung weisen z. B. auch Willi Cremer und Ansgar Klein: „Auch Heimat kann nicht ohne Konflikt gedacht werden. In aller Vertrautheit – sogar in der Selbstvertrautheit – existiert zudem das Unvertraute, Fremde. Fremdheit fordert ein Verständnis von Heimat heraus, das Zukunftsoffenheit mit einem wachen Gegenwartsverständnis verbindet, das selber noch offen bleibt für die Vielzahl möglicher Perspektiven und die Möglichkeiten neuer Erfahrungen auch in der für

strukturell zur Heimat und stellt eine wichtige Seite von ihr dar. Heimat bedeutet daher nicht einfach nur ein Heimischsein, das in Formulierungen wie z. B. ‚mir geht's hier doch so gut', oder: ‚so schön wie es ist, muß es bleiben' zum Ausdruck kommt. Heimat hat in sich vielmehr den Stachel der Fremde und des Andersseins, wodurch Offenheit und ein inneres Aufgeschlossensein eingefordert wird. Das Element des Fremden in der Heimat nimmt nämlich den Anderen und das Andere in den Blick und verhindert es, die Menschen und Gegebenheiten auszugrenzen, die man als störend empfindet und in dem vermeintlichen Harmonischen seiner sogenannten Heimat nicht haben will.

Heimat als Fremde führt demnach dazu, die Heimat am Leben zu erhalten, sie nicht zum ‚Friedhof des Vergangenen und Toten' zu machen, sondern zu dem Ort, an dem ein lebendiger Prozeß stattfindet.[6] Heimat ist dann nicht das Bekannte, Allzubekannte, sondern das Mögliche und Machbare.

Die Aspekte bzw. Momente der Verbundenheit und des Fremden bedingen sich daher gegenseitig. Die Bindung an einen Ort wird durch das Fremde stets aufgesprengt und in Frage gestellt. Umgekehrt darf sich das Fremde nicht so weit ausdehnen, daß die Bindung aufgelöst wird und der Ort nun unüberschaubar, abstrakt, überfüllt und anonym erscheint.

Es zeigt sich: Heimat ist – auf einer vor-philosophischen Ebene – kein eindimensionaler Begriff, beinhaltet sie doch wesentlich das Aushalten und das Austragen von Differenzen, Spannungen und Gegensätzen. Heimat steht demnach im Spannungsfeld zwischen Sicherheit und Unsicherheit, Geborgenheit und Ungeborgenheit, Nähe und Ferne, Vertrauen und Mißtrauen. Die Geborgenheit und Sicherheit wird in immer wieder neuen Erschütterungen in Frage gestellt, wodurch ein sentimental-naives Festhalten an dem, was man schon hat, verhindert wird. Die Bindung wird durch das Fremde vertieft und steht dadurch einem Sich-Öffnen und Freiwerden des Menschen nicht im Weg. Aus dieser Sicht ist Heimat eine komplexe dynamische Einheit, die an Widersprüchen wächst und vorankommt. Bricht man das Phänomen Heimat daher – bildlich gesagt – auseinander und wendet man sich nur einer Seite zu, dann wird man entweder zu jemandem, der nur Nabelschau betreibt und sich nur um sich selbst dreht, oder man wird zu einem Globetrotter, einem Weltumsegler, der sich mit Esperanto verständigt und den nirgendwo irgendetwas angeht: warum auch, man geht ja weiter.

Wie zu Beginn dieses Abschnittes bereits erwähnt, nehme ich in der vorliegenden Arbeit eine Umkehrung der Betrachtungsrichtung vor. Die oben genannten Merkmale,

---

vertraut gehaltenen Heimatwelt." Willi Cremer, Ansgar Klein: Heimat in der Moderne, 53. In: Bundeszentrale für politische Bildung (Hrsg.): Heimat. Analysen, Themen, Perspektiven, 33–55.

6 In diese Richtung weist auch Bernhard Waldenfels: „Das Heimischwerden in einem Hier schließt andere Zentren aus und markiert Grenzen – bewegliche, aber unaufhebbare. Die Überfülle der Gegenwart reduziert sich, indem wir in der Welt heimisch werden. Doch wie definitiv das geschieht, darauf kommt alles an. (...) Heimat gibt es nicht ohne einen Bodensatz an Unheimlichen und Unheimischen. Heimat ist, ‚worin noch niemand war', ich füge hinzu: wo auch niemand sein wird; denn eine heimische Welt, die alle Fremdheit abstreifen würde, wäre keine Lebenswelt mehr, sondern ein Mausoleum." Bernhard Waldenfels: Heimat in der Fremde, 121. In: Bundeszentrale für politische Bildung (Hrsg.): Heimat. Analysen, Themen, Perspektiven, 109–121.

die man auf einer vor-philosophischen Ebene bei der Heimat herausheben kann, das sind die Geborgenheit, die Sicherheit, das Heimweh, die Sehnsucht, die Verbundenheit und das Fremde, lassen sich aus dieser Sicht im Menschen selbst aufweisen, entspringen sie doch seiner eigenen Verfaßtheit. So ist der Mensch seiner Möglichkeit nach das Pendeln zwischen Geborgenheit und Ungeborgenheit, Sicherheit und Unsicherheit, Zufriedenheit und Sehnsucht, Binden und Verabschieden, Eigenem und Fremdem.

Entsprechend dieser Umkehrung der Betrachtungsrichtung versuche ich daher im ersten Teil *Philosophie der Heimat* die Frage zu beantworten, wie der Mensch strukturell zu bestimmen ist, für den der Prozeß des Beheimatens stets von neuem zu übernehmen ist. Ich rücke demnach den Menschen selbst, genauer gesagt, seine anthropo-ontologische Grundstruktur in den Mittelpunkt, um *von ihr her* den Blick auf Heimat freilegen zu können. Denn der Mensch ist für mich durch eine Doppelstruktur ausgezeichnet, für die einerseits das Sich-Binden und andererseits das Sich-Ausrichten in dem Vollzug seines Sich-Ortens, Sich-Zeitigens und Sich-Begegnens konstitutiv ist.[7] Sie fordert den Menschen dazu auf, zu wohnen *und* zu gehen, und das heißt, er hat gemäß der Tendenz seiner Verfaßtheit zu einem Sich-Binden, Geborgenheit, Ruhe und Vertrauen hervorzubringen und gehend in ihnen zu wohnen, wie er, von der anderen Seite seiner Conditio her, sich Wege eröffnen muß, um in und auf ihnen wohnend gehen und sich ausrichten zu können.

Dieser Umkehrung der Blickrichtung liegt die Überzeugung zugrunde, daß der Mensch dasjenige Wesen ist, das sich entsprechend seiner auf Heimat hin seienden Verfaßtheit verhalten kann und dadurch Heimat hervorzubringen vermag oder aber sein Gespür für seine Bindungsqualitäten buchstäblich ‚verschütten' kann. Der Mensch steht dann in der Gefahr, die Möglichkeit seines Tieferwerdens nicht zu verwirklichen, und ein gutes und richtiges Leben, das aus der Einsicht in seine anthropo-ontologischen Bedingungen und Bedingtheiten hervorgeht, zu verfehlen. Die vorgelegte Deutung des Menschen geht daher mit der ethischen Forderung einher, diese zu übernehmen, um im Handeln sich selbst als ein heimatliches Wesen bewähren zu können. Dabei soll sich die

---

7 Rainer Piepmeier arbeitet „vier Dimensionen des neuen Heimatbegriffs" heraus:
„1. Heimat ist erlebter, gelebter Raum, der vom Menschen gestaltet wurde und wird.
2. Heimat ist erlebte und gelebte Zeit. Heimat ist so und vor allem Erinnerung; aber sie kann nicht darin aufgehen. Sie ist auch Zeit in der Dimension der Gegenwart und Zukunft.
3. Heimat ist Ort der Arbeit und des Handelns.
4. Heimat ist personale Kommunikation, ist Sichkennen, Freundschaft und Liebe; ist institutionelle Kommunikation. Was ‚Heimat' ist und sein soll, wird in kommunikativen Verständigungs- und Selbstverständigungsprozessen festgelegt." (Piepmeier: Philosophische Aspekte des Heimatbegriffs, 97.)
In der vorliegenden Untersuchung wende ich mich in den ersten drei Paragraphen dem Sich-Orten, Sich-Zeitigen und Sich-Begegnen des Menschen zu und versuche auf diese Weise, Heimat als räumliches, zeitliches und mitmenschliches Korrelationsgefüge kenntlich zu machen. Die von Piepmeier erwähnte dritte Dimension der Heimat als „Ort der Arbeit und des Handelns" wird dabei bewußt vernachlässigt, weil man ihr m. E. eher in einer soziologischen Dimension, die an der Faktizität ansetzt, gerecht werden kann. Unverzichtbar sind hier die Untersuchungen von Emile Durkheim, Max Weber, Ferdinand Tönnies, Jürgen Habermas, Ralf Dahrendorf und Claus Offe.

Deutung in ihrer integrativen ‚Leistung' bewahrheiten, durch die nicht diese oder jene Haltung und Perspektive verabsolutiert wird, sondern jede einzelne je nach Nähe zum Ursprung des Heimischen im Menschen ihren Ort findet, folglich ‚situiert' werden kann.[8]

Deutet man Philosophie als das Denken von Heimat, dann lassen sich in ihrer Geschichte auch unterschiedliche Denkmodelle aufzeigen, die unterschiedliche Typen des Denkens von Heimat repräsentieren. Im zweiten Teil der vorliegenden Arbeit *Heimat der Philosophie* versuche ich daher die Fragen zu beantworten: In welchen grundsätzlichen Weisen wurde Heimat in der bisherigen Geschichte der Philosophie gedacht? Dabei geht es mir, genauer betrachtet, um die Deutung des Menschen, die jeweils dieser Weise zugrunde liegt, da eine Korrelation zwischen ihr und der Deutung von Heimat besteht.

Anders gesagt: Der zweite Teil macht es sich zur Aufgabe, anhand von drei Modellen drei markante Etappen innerhalb der Geschichte der abendländischen Philosophie und ihrer metaphysischen Tradition zu kennzeichnen, in denen 1. ein *Gott-Welt-Mensch*-Gefüge zum Ausdruck gelangt, 2. innerweltlich das Verhältnis *Mensch-Welt* in den Mittelpunkt gerückt wird und schließlich 3. in unserer Zeit die göttliche und anthropologische Dimension verschwinden und alles zur *Welt* wird. Diese drei Modelle werden paradigmatisch am Denken von Augustinus, Albert Camus und Vilém Flusser in ihrer Spezifik gekennzeichnet, um dem jeweiligen Bedeutungsgehalt von Heimat eben in Entsprechung zur Typik des Modells herauszuarbeiten. Auf diese Weise können die Eigenarten des jeweiligen Heimatverständnisses benannt, die Differenzen untereinander sichtbar werden, und es kann aufgrund des im ersten Teils der vorliegenden Arbeit erfolgten Phänomenaufweises die Bedingtheit der jeweiligen Deutung von Heimat hervortreten.

Die Arbeit hat daher im wesentlichen folgende *Ziele*: Übergeordnet verfolgt sie die Aufhellung des inneren Zusammenhangs zwischen Philosophie und Heimat, um zu verdeutlichen, daß die eigenste Aufgabe der Philosophie das Denken von Heimat ist.

Im ersten Teil *Philosophie der Heimat* geht es dabei um den Aufweis und die Analyse des Menschen, den ich als ein heimatliches Wesen deute, und um die Freilegung der verschiedenen Weisen seines Wohnens und Gehens hinsichtlich seines wesentlichen Bezuges, den er zum Raum, zur Zeit und zum Mitmenschen hat.

Im zweiten Teil *Heimat der Philosophie* intendiert sie die Herausarbeitung der grundlegenden Weisen, in denen bisher Heimat gedacht wurde, und die Problematisie-

---

8 Ute Guzzoni schreibt in ihrer schmalen, aber dichten Untersuchung *Wohnen und Wandern* (Düsseldorf 1999): „Wenn die Welt ein Haus unseres Wohnens ist, dann ist dieses Haus heute in vielem einer Ruine ähnlicher als einem ‚gastlichen' Ort des Geborgenseins. Und wenn wir die Welt durchwandern, dann ähnelt unser Gehen heute mehr einem Getriebenwerden, einem Hasten und Fliehen und Wettlaufen als einem Gang unter Sternen. Die über den Städten ohnehin kaum mehr zu sehen sind, so, wie auch die Erde von Beton überbaut ist." (22) Von hierher fragt auch sie danach, was Wohnen und Wandern bedeuten können, wenn der Mensch in den genannten Weisen des Getriebenwerdens nicht aufgehen möchte.

rung und Kritik des je spezifischen Heimatverständnisses auf dem Hintergrund der vorgelegten Deutung des Menschen.

In der *Schlußbetrachtung* hat sie die Ziele, den inneren Zusammenhang zwischen der anthropo-ontologischen Grundverfaßtheit und der ethischen Forderung sichtbar zu machen, diese zu übernehmen sowie eine erste Betrachtung der Dringlichkeit des Erzählens für den Prozeß des menschlichen Tieferwerdens voranzustellen.

3. Methodische Überlegung

Methodisch betrachtet, weist die Freilegung und Herausarbeitung der Grundverfaßtheit des Menschen zwangsläufig eine Kreisstruktur auf. Das Kreisförmige meint dabei kein argumentatives Um-sich-selbst-Kreisen, vielmehr macht es kenntlich, daß der Gegenstand der Untersuchung und das Gesuchte übereinstimmen. So frage ich danach ‚Wie ist der Mensch, für den der wesentliche Bezug zum Raum, zur Zeit und zum Mitmenschen konstitutiv ist, strukturiert?' und setze dadurch bereits sachlich diese wesentliche Bezugnahme an den Anfang. Sie kann natürlich nicht bewiesen werden und muß stattdessen in dem von mir erfolgten Aufweis, der auch als eine Besinnung auf die menschlichen Wesensmöglichkeiten gelesen werden kann, ihre Plausibilität erweisen.

Die Plausibilität des Aufweises soll durch die im zweiten Teil der Arbeit erfolgte Kennzeichnung von drei prinzipiellen Weisen, wie Heimat gedacht werden kann, gesteigert werden. An diesen läßt sich zugleich der in der abendländischen Tradition sichtbar werdende Prozeß des Entheimatens erkennen, der Hand in Hand mit einer Reduktion der menschlichen Möglichkeitsfülle seines Wohnens und Gehens geht. Will der Mensch diesem entgegenwirken, hat er sich selbst als heimatliches Wesen zu ergreifen. Auf diese Weise erfährt die Kreisstruktur in der Übereinstimmung zwischen dem Untersuchungsgegenstand und dem Gesuchtem ihre Bestätigung, insofern der Mensch im Handeln sich selbst entsprechen will und im Sich-selber-Wollen das vermeintlich Objektive seiner selbst in das Subjektive seines Tuns übernimmt.

Methodisch ist der vorliegende Versuch der Phänomenologie verpflichtet. Die Phänomenologie ist keine einheitliche philosophische Schule, sondern inzwischen der flüssige Sammelbegriff von vielfachen, teils einander überschneidenden, teils kritisch zueinander stehenden Konzeptionen. So kann beispielsweise die viel zitierte imperative Zielsetzung Husserls „auf die Sachen selbst zurück(zu)gehen"[1] im Sinne seiner „Bewußtseinsphänomenologie" als Rückgang auf das transzendentale Bewußtsein verstanden werden oder aber – um den bekanntesten Schüler Husserls anzuführen – in die fundamentalontologische Wendung des frühen Heideggers einmünden, in der die Philosophie stattdessen als „universale phänomenologische Ontologie" verstanden wird,

---

1 Edmund Husserl: Logische Untersuchungen, 10. In: Husserliana Bd. XIX/1. Logische Untersuchungen. 2. Bd. 1. Teil: Untersuchungen zur Phänomenologie und Theorie der Erkenntnis. Den Haag 1984.

die von der „Hermeneutik des Daseins“ ausgeht.[2] An die Stelle der Analyse der intentionalen Bewußtseinserlebnisse rückt hier eine hermeneutische Phänomenologie des Daseins, bei der beabsichtigt ist, über den Weg einer Auslegung der Grundstrukturen des seins- und selbstverstehenden Daseins den Sinn von Sein aufzudecken.[3] Nicht übersehen werden sollte auch der wesens- und wertphänomenologische Ansatz Max Schelers, der insbesondere in seinem ethischen Hauptwerk *Der Formalismus in der Ethik und die materiale Wertethik*, an Husserls Lehre von der Korrelation zwischen Bewußtseinsakt und Gegenstand anschließend, diese hin zu einem „intentionalen Fühlen und Vorziehen“ ausweitet, dem eine „objektive Rangordnung der Werte“ entspricht, die durch die sog. „Wesensschau“ erschlossen wird.[4]

In Frankreich[5] entwickelte sich in der Auseinandersetzung mit den Ansätzen von Husserl, Scheler und Heidegger, aber auch mit Kierkegaard, Nietzsche, Cassirer, dem Hegelianismus, dem Marxismus, Freud und der Gestaltpsychologie eine der Tendenz nach stärker an der Leiblichkeit orientierte „phénoménologie existentielle“,[6] bei der die Phänomenologie als spezifische Methode Hand in Hand mit ihrer auf die Existenz gerichteten Thematik geht. Hauptvertreter sind Gabriel Marcel, Jean-Paul Sartre und Maurice Merleau-Ponty, von dem ich selbst die meisten Anregungen erhalten habe. Für ihn ist die phänomenologische Welt „nicht Auslegung eines vorgängigen Seins, sondern Gründung des Seins; die Philosophie nicht Reflex einer vorgängigen Wahrheit, sondern, der Kunst gleich, Realisierung von Wahrheit.“[7]

---

2 Zur Abhebung von Husserls „Phänomenologie des Bewußtseins“ von Heideggers „Phänomenologie des Daseins“ vgl. zur ersten Orientierung: Friedrich-Wilhelm von Herrmann: Der Begriff der Phänomenologie bei Heidegger und Husserl. 2. Aufl. Frankfurt am Main 1988.

3 Siehe dazu ins. den § 7 von *Sein und Zeit*. Hier legt Heidegger sein Verständnis von Philosophie dar: „Ontologie und Phänomenologie sind nicht zwei verschiedene Disziplinen neben anderen zur Philosophie gehörigen. Die beiden Titel charakterisieren die Philosophie selbst nach Gegenstand und Behandlungsart. Philosophie ist universale phänomenologische Ontologie, ausgehend von der Hermeneutik des Daseins, die als Analytik der *Existenz* das Ende des Leitfadens alles philosophischen Fragens dort festgemacht hat, woraus es *entspringt* und wohin es *zurückschlägt*.“ (38) Zu der Auseinandersetzung Heideggers mit Husserls Phänomenologie kommt, was hier nicht dargelegt werden kann, der im SS 1925 gehaltenen Vorlesung *Prolegomena zur Geschichte des Zeitbegriffs* (hrsg. von Petra Jaeger. Frankfurt am Main 1979) eine besondere Bedeutung zu.

4 Zu berücksichtigen ist darüber hinaus das mit dem ‚Formalismus‘ zeitgleich erschienene wichtige Buch Schelers *Zur Phänomenologie und Theorie der Sympathiegefühle und von Liebe und Haß*. Es wurde 1922 umgearbeitet und erweitert und unter dem neuen Titel *Wesen und Formen der Sympathie* neu herausgegeben. Siehe dazu: Max Scheler: Wesen und Formen der Sympathie. Die deutsche Philosophie der Gegenwart. Bern und München 1973, 333 ff. (= Gesammelte Werke Bd. 7)

5 Eine detaillierte und differenzierte Betrachtung findet sich bei Herbert Spiegelberg: The Phenomenological Movement. A Historical Introduction. 3rd rev. and enl. Ed. The Hague 1982. Und: Bernhard Waldenfels: Phänomenologie in Frankreich. Frankfurt am Main 1983.

6 Diese Kennzeichnung der Phänomenologie in Frankreich stammt von Paul Ricœur. Siehe dazu: Paul Ricœur: Phénoménologie existentielle. In: Encyclopédie Française, Vol. 19, Paris 1957, 19.10.8–19.10.12.

7 Maurice Merleau-Ponty: Phänomenologie der Wahrnehmung. Berlin 1965, 17.

Die unvollendete Welt wird nicht dadurch vollendet, daß man ihre Rätsel löst, also die ihr bereits immanenten Antworten aufspürt, sondern sie wird im denkerischen Vollzug in ihre Ganzheit gebracht. Auf diesem Weg der „Enthüllung der Welt" ist Philosophie eine „radikale Reflexion", die jeglichen sicheren Rückbezug aufgibt:[8]

> „Und so muß sie denn auch sich selbst in die Frage stellen, in die sie alle Erkenntnis zieht, muß also ständig sich selbst überholen; sie ist notwendig, mit Husserl zu reden, endloser Dialog, endlose Meditation, und gerade wenn sie ihrer Absicht treu bleibt, wird sie nie wissen, wohin sie geht. Die Unvollendung der Phänomenologie, ihr beständig inchoativer Charakter sind nicht Zeichen des Scheiterns, sondern unausweichlich, sofern ihre Aufgabe ist, das Geheimnis der Welt und das Geheimnis der Vernunft zu enthüllen. (...) So ist es weder Zufall noch Trug, wenn die Phänomenologie eher als eine Bewegung denn als System und Lehre sich gibt."[9]

Phänomenologie läßt sich auf diesem Hintergrund als der Weg des hellsichtigen Denkens und Redens über Wesentliches deuten, das in der Präsenz der alltäglichen Welt unreflektiert übersehen wird. Wir haben zunächst immer schon einen wesentlichen Bezug zur Welt, weil wir als heimatliche Wesen sinnlich, emotional und rational, mit all unserem Vermögen in ihr wohnen und uns zugleich in ihr bewegen. In diesem unabtrennbaren Bezug zur Welt ist die Präsenz von Menschen, Tieren, Dingen, Sachverhalten und Gegebenheiten, aber auch von Vorstellungen, Werthaltungen etc. stets vorausgesetzt. Das In-Beziehung-Sein wäre ansonsten eine leere Bezugnahme ohne Welt, weil es auf die Notwendigkeit seiner möglichen Ausrichtungen verzichten würde, oder es würde vollständig verschwinden.

Die permanente Präsenz der Welt in der alltäglichen Weise des Umgangs mit ihr ist ein Vertrautsein-mit, das man als *Heimisch-sein* bezeichnen kann. In ihm liegt die Verbundenheit mit dem Ort, in dem sich eine Bewegung vollzieht. Der Aufenthalt im Lebensraum Heimat, in dem der Mensch unterwegs ist, bringt die Präsenz der alltäglichen Welt mit sich. Stets mit ihr vertraut kommt es dazu, daß der Mensch über-sieht oder fern-sieht. Das Über-sehen, das als ein Darüberhinwegsehen bereits das nächste oder das übernächste Objekt in den Blick genommen hat, und das Fern-sehen, das auf das Nächste verzichtet und den Blick direkt in die Weite lenkt, zieht die im Vertrautsein-mit gegebene Welt in die Dunkelheit des Nahen und Nächsten.

Erst im phänomenologischen Suchen des Denkens und Redens kann die Wahrheit dieser alltäglichen Welt wieder hervorgebracht werden. Einsehend und daher immer auch nahsehend durchdringt die Phänomenologie dasjenige, in dem der Mensch mit sich identisch ist, weil er in sich ruht, sich geborgen fühlt und mit ihm vertraut ist, und legt es in seinen Wesenszügen frei. Sie holt es aus der Präsenz hervor und läßt sein Eidos sichtbar werden. Weil der Mensch wesentlich ein Unterwegs-sein ist, das im ‚Heim' im Sinne von Ur-heim seine wahre Heimat hat und sich, latent gerichtet, im Lebensraum zunächst vom Hier nach Dort bewegt, steht das Über- und das Fern-sehen auch nicht im Gegensatz, sondern in einem inneren Bezug zum Ein- und Nahsehen.

---

8 Vgl. ebd., 18.
9 Ebd., 18.

Die Phänomenologie legt diese Bewegung frei und bringt dadurch Licht in die entlegenen, verborgenen und versteckten Winkel der alltäglichen Welt, von der aus es weiter in größere Ferne leuchten kann. Sie baut folglich die in der Präsenz entstandene Entfernung zum Nahen und Nächsten wieder ab und läßt es im hellen Licht allererst sichtbar werden.

Im Vorwort seiner 1945 erschienenen Dissertation *Zur Phänomenologie der Wahrnehmung* weist Merleau-Ponty nachdrücklich-scharf auf den *Sinn* hin, der als das zentrale Phänomen seines Denkens herausgehoben werden kann:[10] „Zur Welt seiend, sind wir *verurteilt zum Sinn*".[11]

Jean-Paul Sartre setzt sich in seinem 1946 geschriebenen Aufsatz *Ist der Existentialismus ein Humanismus?,* der im Französischen als Feststellung und nicht als Frage formuliert ist, deutlich von dieser Position in einer beinahe zum Schlagwort gewordenen Wendung ab: „Der Mensch ist verurteilt, frei zu sein."[12]

Hier spricht sich Sartres Überzeugung aus, daß der Mensch von der zentralen Kategorie der *Freiheit* aus zu deuten ist und, wie es richtig aus dem Französischen übertragen heißen müßte, verdammt dazu ist. Für ihn ist Freiheit nicht eine Eigenschaft oder Qualität des Menschen unter anderen, sondern sie ist ontologisch zu verstehen: Der Mensch ist für ihn als solches ein Wesen der Freiheit.[13]

Im Unterschied zu Merleau-Ponty und Sartre liegt der Arbeit die Auffassung zugrunde, daß wir zur *Heimat* verurteilt sind. Wir sind von Kindheit an nicht irgendwo in der Weite des Meeres ausgesetzt und schwimmen nun frei und sinnsuchend auf neue Ufer zu, vielmehr bewegen wir uns zunächst auf dem sicheren Boden einer begrenzten Sinn-Welt, mit der wir uns verbunden fühlen. Auf Grund unserer Leiblichkeit sind wir gezwungen, uns zu orten, zu zeitigen und Mitmenschen zu begegnen, und zwar nicht in dem Sinne, daß das Leib-sein der Ortung, der Zeitigung und der Begegnung vorausgeht, sondern sie notwendig zu seiner Bedingung hat. Der Leib findet sich von vornherein handelnd in einer Raum-Zeit-Stelle vor. Diese steht ihm nicht fremd, gleichsam ‚uferlos' gegenüber, sie ist ihm auch nicht neutral oder objektiv gegeben; stattdessen ist er als Handelnder innerhalb seiner Heimat in der Geborgenheit, der Ruhe und im Vertrauen zentriert. Er ist an sie wesentlich gebunden und in ihr und auf sie hin ausgerichtet.

---

10 Vgl. dazu den klugen Beitrag von Xavier Tilliette und Alexandre Métraux: Maurice Merleau-Ponty: Das Problem des Sinnes. In: Grundprobleme der großen Philosophen. Philosophie der Gegenwart II, 3. Aufl. Göttingen 1991, 181–230.

11 Merleau-Ponty: Phänomenologie der Wahrnehmung, 16.

12 Jean-Paul Sartre: Ist der Existentialismus ein Humanismus?, 16. In: Drei Essays. Ist der Existentialismus ein Humanismus? Materialismus und Revolution. Betrachtungen zur Judenfrage. Ulm 1983, 7–51.

13 Vgl. hierzu Sartre: „Die menschliche Freiheit geht dem Wesen des Menschen voraus und ermöglicht es, das Wesen des menschlichen Seins ist hineingehalten in dessen Freiheit. Was wir Freiheit nennen, kann also unmöglich *vom Sein* der ‚menschlichen Realität' unterschieden werden. Der Mensch ist keineswegs *zunächst*, um *dann* frei zu sein, sondern es gibt keinen Unterschied zwischen dem Sein des Menschen und seinem ‚Freisein'." Jean-Paul Sartre: Das Sein und das Nichts. Versuch einer phänomenologischen Ontologie. Hamburg 1962, 66.

Die Standortgebundenheit des Menschen bringt es mit sich, daß er zunächst handelnd, und das heißt immer auch wahrnehmend, auf das in seinem Handlungs- und Wahrnehmungsraum Vorfindbare bezogen ist. In dieser Bezugnahme, die von einem vom Handelnden eingenommenen Standpunkt ausgeht und in Heimat geschieht, liegt, wenn es begriffen wird, das Perspektivische jeden Sehens. Das bedeutet: Weil der Mensch ein heimatliches Wesen ist und als solches in einer strukturierten Heimat latent gerichtet und in ihr auf sie hin ausgerichtet ist, ist ihm ein grenzenloses Sehen nicht möglich. Seine Grenzen sind seine Gesichtspunkte, die er innerhalb seines Horizontes einnimmt, ja einnehmen muß, es sei denn, er würde sich als Mensch übersteigen und ein allessehender Gott werden.

Die Phänomenologie setzt es sich zum Ziel, diese unhintergehbaren Grenzen des Menschen, die er in seinem Bezug zur Heimat hat, aufzudecken und sichtbar werden zu lassen, wie wir und die Welt je schon aufeinander verwiesen sind und zusammengehören. Auf diese Weise ermöglicht sie eine Verabschiedung dieser Grenzen im Kontext eines universal erschließbaren Sinns, ermöglicht also eine Ent-grenzung, die für den Menschen eine lebenslange Aufgabe darstellt.

Erster Teil: Philosophie der Heimat

Einführung: Der Mensch als Heim-weg

In der Wortverbindung ‚Philosophie der Heimat' benennt der Genitiv ‚der Heimat' keinen bestimmten Aspekt, auf den sich die Philosophie neben einer Vielzahl weiterer Aspekte konzentrieren kann, er benennt vielmehr ihr Wesentliches, d. i. das Erzählen des menschlichen Seins, in dem ein Sollen stets mitgesagt wird. Das bedeutet, daß ich die ureigenste Aufgabe der Philosophie darin sehe, eine Deutung des menschlichen Seins vorzunehmen, die sie in der mit ihr untrennbar verbundenen Ethik zu vertreten hat. Anders gewendet: Vergißt die Philosophie ihre wesentliche Aufgabe, stets von neuem in einer Anthropo-Ontologie nach dem Wissen um den Menschen zu streben, das sie in einer hieraus resultierenden Ethik zu verantworten hat, stirbt sie ab und wird zur reinen Logik, zu purem Ästhetizismus oder philosophiegeschichtlicher Sammlung von Kenntnissen. Sie bedenkt dann nicht, daß die Liebe zum Wissen und zur Weisheit hin zu der grundlegenden Frage führt, was der Mensch ist und wie er handeln soll.

Im folgenden versuche ich, diese Aufgabe auf mich zu nehmen, und eine Philosophie der Heimat als eine Philosophie des Menschen als Heim-weg vorzustellen, die das Wohnen und das Gehen des Menschen im Raum, in der Zeit und mit dem Mitmenschen aufzuweisen beabsichtigt. Denn der Mensch hat nicht nur in einem Haus zu wohnen und in der Geborgenheit, der Ruhe und dem Vertrauen seinen wesentlichen Bezug zum Raum, zur Zeit und zum Mitmenschen zu entfalten, er hat darüber hinaus sein Unterwegssein auf seinen Haupt- und Nebenwegen einzulösen.

Um Mißverständnisse zu vermeiden, möchte ich allerdings eigens betonen, daß diese Antwort auf die Frage ‚Was ist der Mensch?' nicht als essentialistisch beurteilt und abqualifiziert werden darf. Ich versuche dies kurz zu erläutern.

Der Mensch ist das einzige Lebewesen, das nach sich und nach seiner Stellung in der Welt fragt. Die Antworten auf diese Frage, die in der nach dem genuin Menschlichen gipfeln, die deshalb geradezu als die ‚menschlichste' aller Fragen bezeichnet werden kann, sind vielfältig: Sie reichen – um wenigstens einige der wichtigsten zu nennen – von der Deutung seines Wesens als *animal sociale* und als *animal rationale* bis hin zu der des Menschen als eines sprechenden, symbolischen, schöpferischen, arbeitenden und spielenden Wesens.[1]

---

1 Diese Kennzeichnungen des Menschen wurden – um die jeweiligen Hauptvertreter zu nennen – von Aristoteles, der Sprachphilosophie, Ernst Cassirer, W. E. Mühlmann, Karl Marx, Theodor Litt und Johan Huizinga vorgelegt. Eine Zusammenstellung von Wesensbestimmungen des Menschen findet sich bei Gerhard Vollmer: Evolutionäre Erkenntnistheorie. 5. Aufl. Stuttgart 1990,

Die Kritik an einem Wesensbegriff als solchem, die u. a. Friedrich Nietzsche, Ernst Mach, Bertrand Russell und Karl Raimund Popper geübt haben, dürfte bekannt sein. Stellvertretend kann Popper angeführt werden, der gegen den sog. Essentialismus und für „das Aufgeben der Idee einer letzten Erklärung" eintritt. Popper zufolge

> „(...) müssen wir ‚Was ist?'-Fragen aufgeben: Fragen, die danach fragen, was ein Ding ist, was seine wesentliche Eigenschaft oder Beschaffenheit ist. Denn wir müssen die für den Essentialismus charakteristische Ansicht aufgeben, nach der es einen wesentlichen Bestandteil, eine inhärente Beschaffenheit oder ein innewohnendes Prinzip in jedem Ding gibt (ähnlich wie den Weingeist im Wein), die ‚Natur' des Dinges, die es begründet oder erklärt, daß es ist, was es ist, und sich daher auf seine besondere Weise verhält. Diese animistische Auffassung erklärt nichts (...)."[2]

Die Deutung des Wesens des Menschen als eines *heimatlichen Wesens*, die in dieser Untersuchung vorgelegt wird, möchte nicht, wie gesagt, in diesem angedeuteten Sinne als „essentialistisch" mißinterpretiert werden. Sie ist vielmehr Ausdruck der strukturellen Verfaßtheit des Menschen und gibt solcherart Antwort auf die ‚Wie ist?'-Frage. Das heißt, daß die hier unternommene Analyse der Grundstruktur des heimatlichen Menschen nicht im Sinne einer substanzialistischen Begründung oder Erklärung zu verstehen ist, bei der man durch den Aufweis *einer* Invariante in einer Menge von Elementen den Schlüssel zum Verständnis der einzelnen Elemente gefunden zu haben glaubt. Der hier vorgelegte Versuch zielt stattdessen darauf ab, im Aufweis eines einheitlichen Strukturzusammenhangs und seiner dabei zutage tretenden Strukturelemente, den wir als *Heim-weg* bezeichnen, ein Bedingungsgefüge freizulegen, das für den Menschen und seine Welt konstitutiv ist, wie umgekehrt, er dieses selbst in seiner Welt hervorzubringen vermag.

Menschliches Leben vollzieht sich in und an einer spezifischen Raum-Zeit-Stelle: an einem konkreten Ort, zu einer bestimmten Zeit, mit benennbaren Bezugspersonen, in einem sprachlichen Kontext, innerhalb einer bestimmten Tradition und Geschichte und mit jeweiligen Werthaltungen und Verhaltensregeln, die für diesen gelebten Raum Geltung beanspruchen. Es vollzieht sich demnach im ‚Lebensraum Heimat', bei dem die Bedingungsverhältnisse mit ihren Bedingungen und Bedingtheiten variieren, wodurch die jeweilige Heimat in ihrer Eigentümlichkeit hervortreten kann. Dieser ist als gelebte Wirklichkeit durch seine Sprache, seine Moral, seine spezifische Geschichte, die Art und Weise seiner Architektur oder auch durch die ihm eigene Landschaft nicht neutral, vielmehr hat er seinen jeweiligen, für den mit ihm verbundenen Menschen unverwechselbaren und nicht ohne weiteres austauschbaren Charakter. In diesen wird der Mensch hineingepflanzt und entfaltet, allmählich in diesem Boden wurzelnd, die Fülle seiner Möglichkeiten. In all seinem Fühlen, Wollen und Denken ist der Mensch rückge-

---

78, und bei Eike Winkler und Josef Schweikhardt: Expedition Mensch. Streifzüge durch die Anthropologie. Wien 1982, 14 f.

2 Karl Raimund Popper: Objektive Erkenntnis. Ein evolutionärer Entwurf. 4. Aufl. Hamburg 1984, 203.

bunden an diese Heimat, ja ihm gelingt ein Sich-Öffnen und ,Freiwerden für' erst aufgrund dieser ihm auferlegten Bindung.

Im folgenden geht es mir allerdings nicht um diese konkrete gelebte Heimat, d. h. ich möchte mich nicht konkreten menschlichen Vollzugsformen in einer deskriptiven Betrachtung nähern. Stattdessen geht es mir um die Herausarbeitung der anthropo-ontologischen Verfaßtheit des Menschen, die, wie gesagt, Heim-weg genannt wird. Was heißt das?

Der Mensch ist im Unterschied zum Tier ein heimatliches Wesen, dem das Wohnen Notwendigkeit und Aufgabe zugleich ist. Er lebt nicht wie das Tier, das aufgrund seiner Instinktsicherheit in den festgelegten Bahnen einer ihm angepaßten, nicht austauschbaren, spezifischen Umwelt haust, sondern er „*führt* sein Leben"[3] und kann überall auf der Welt seinen ,Lebensmittelpunkt' finden. Als „Mängelwesen" ist er, wie Arnold Gehlen treffend herausgearbeitet hat, in der Lage, „die Mängelbedingungen seiner Existenz eigentätig in Chancen seiner Lebensfristung um(zu)arbeiten", die Natur in seinem Sinne in Kultur umzuwandeln und sie dadurch zu einem Lebensraum umzugestalten, in dem er überlebensfähig ist: „*An genau der Stelle*, wo beim Tier die ,Umwelt' steht, steht daher beim Menschen die *Kulturwelt*, d. h. der Ausschnitt der von ihm bewältigten und zu Lebenshilfen umgeschaffenen Natur."[4]

Konstitutiv für den Menschen ist dabei die oft übersehene Tatsache, daß er sich von Geburt an aufgrund seiner leiblichen Verfaßtheit in und an einer vorgebenen Raum-Zeit-Stelle vorfindet: Der Mensch ist, ob er es will oder nicht, zunächst in einen Ort hineingezwungen, der ihm als seine ihn bergende und schützende Welt allererst die Möglichkeit zur Entfaltung seiner Person gibt. Die Formulierung ,hineinzwingen' ist – analog zu der Wendung ,verurteilt' – nicht negativ gemeint, zeigt vielmehr an, daß der Mensch zunächst in einen räumlichen und zeitlichen Standort hineinversetzt ist, der jedem freien Entschluß vorausgeht. An diesem Ort – mit all seinen ihn strukturierenden Elementen – liegen Antworten bereits vor, die Verhaltenssicherheiten gewähren. Das Gewohnte und Bekannte zeigt sich als das Selbstverständliche, in dem man heimisch ist, insofern es die bewohnt-begrenzte Welt der Heimat darstellt.[5]

---

3 Arnold Gehlen: Der Mensch. Seine Natur und seine Stellung in der Welt. 12. Aufl. Wiesbaden 1978, 17.

4 Gehlen: Der Mensch, 38. Kultur ist für Gehlen „der Inbegriff der vom Menschen tätig, arbeitend bewältigten, veränderten und verwerteten Naturbedingungen, einschließlich der bedingteren, *entlasteten* Fertigkeiten und Künste, die auf jener Basis erst möglich werden." Der Mensch, 39. Siehe auch 80 f. Zu diesem Problemkreis vgl. von Gehlen insb. *Das Bild des Menschen im Lichte der modernen Anthropologie* aus dem Jahre 1952 und *Zur Geschichte der Anthropologie* aus dem Jahre 1957. Beides in: Anthropologische und sozialpsychologische Untersuchungen. Reinbek bei Hamburg 1986.

5 Völlig zu Recht hebt etwa Erich Rothacker hervor, daß der Mensch umweltgebunden *und* distanzfähig ist. Die Tatsache des Handelnmüssens verweist auf die Verbundenheit menschlichen Lebens mit der Umwelt, die dasselbe wie Situation ist: „Alles Handeln vollzieht sich in Situationen, kommt aus Situationen gar nicht heraus." (Philosophische Anthropologie. 5. Aufl. Bonn 1982, 147.) Der Mensch kann sich aus seiner Situationsgebundenheit nicht lösen, weil er handelnd an sie zurückgebunden ist. Das heißt, daß auch eine intellektuell vorgenommene Distanzierungslei-

Das Heim von Mensch und Welt steht nicht für einen konkreten geographisch benennbaren Ort, vielmehr bringt es als Strukturgefüge die vorgegebene, der Sache nach erste Mensch-, Weltform zum Ausdruck. Der Mensch, der als Heim-weg gedeutet wird, weil er durch ein Heimischsein und ein Unterwegssein zu kennzeichnen ist, und die Heimat sind apriorisch aufeinander bezogen. Das meint, daß eine korrelative Seinsweise zwischen dem Menschen und der Heimat besteht, und zwar nicht erst auf einer konkreten, quasi ‚gelebten' Ebene, sondern dieser vorausgehend in einer transzendentalen Dimension. Der Mensch kann von Heimat affiziert werden, weil er der Möglichkeit nach Heim-weg ist, wie umgekehrt, die Welt stets Welt für den Menschen ist und als solche dem Menschen zunächst nicht objektiv oder neutral gegenübersteht, sondern er mit ihr und sie mit ihm als Heimat verbunden bleibt. Der Mensch als Heim-weg und die Welt als Heimat fallen im Heim von Heim-weg und Heim-at zusammen. Das Heim dieser nur in einer ersten Annäherung zu trennenden Seiten ist daher das Erste und das Letzte in einem: Es ist der Raum, in dem eine Sinngebung bereits vollzogen ist und von dem her der Mensch seine eigene Sinnfindung vollzieht. Als Erstgegebenes bzw. als ‚*Von woher*' ist es dergestalt einerseits der Boden bzw. das Fundament, auf dem Orientierungen bereits vorgenommen wurden, wodurch Orientierungen wiederum möglich werden; und als Horizont bzw. als ‚*Woraufhin*' aller Ausrichtungen des Menschen ist es Flucht- und Zielpunkt aller Sinnbildung.

Anders gewendet: Im Menschen fließen die subjektive und die objektive Seite, die vorschnell gerne in der Entgegensetzung von Welt und Mensch konstruiert und infolgedessen auseinandergerissen wird, zusammen. Der Mensch wird von mir nicht als weltunabhängige Größe verstanden, der die Welt gegenübersteht, sondern er ist als Heimweg stets ein Heim-weg-zur-Welt und hat dadurch von vornherein eine wesentliche Beziehung zum Raum, zur Zeit und zum Mitmenschen. Der Mensch ist folglich *Einwohner*, dem als Heim-weg sowohl seiner Möglichkeit wie seiner Wirklichkeit nach stets die Welt und die genannten Phänomene einwohnen. Sie kommt in ihm und durch ihn hindurch zum Austrag, weil er an sie gebunden zugleich auf sie hin ausgerichtet ist. In den genannten Dimensionen Raum, Zeit und Mitmensch, die bedeutende philosophische Grundprobleme darstellen, spricht sich dieses Welthafte des Heimat-seins aus. Wenn sie in den nächsten Paragraphen folglich analysiert werden, ist diese Analyse gleichbedeutend mit der des Heim-wegs Mensch.

---

stung, die die Situation ‚klärt' und durchschaut, das Situative nicht aufhebt, weil der Mensch trotzdem in sie praktisch hineinversetzt ist und sie zu bewältigen hat: „Das scheint mit entscheidend dafür zu sein, daß die menschlichen sog. Welten *Umwelten, konkrete Umwelten bleiben*, nämlich dank der handelnden Natur des Menschen. Die Situation *muß* bleiben, weil die Seele und der Geist handelnd an den Leib gebunden bleiben. Der Leib ist hic et nunc, d. h. er hat einen räumlichen und zeitlichen Standort und steht unausweichlich unter dem Druck des jeweiligen Außen = Situation. Der konkrete Mensch behält ein bestimmtes Gegenüber in einem gelebten Raum und in einem gelebten Augenblick. Nur für den Theoretiker ist das ein Erdenrest. Der Handelnde, d. h. der Situationen Bewältigende, findet, wenn wir genau sehen, gerade hier, in der Enge der Situation den Boden, von dem er abspringt, und auf dem er sich bewährt, auch sittlich bewährt, auf dem er seine Siege erringen kann." (157)

Der Mensch wird, wie gesagt, als ein Heim-weg gedeutet: Er ist das in Spannung zueinander stehende Zugleich von Wohnen und Gehen, ist also *homo et habitans et iens*.[6] Die Bestimmung ist nicht eine unter und neben einer Vielzahl weiterer Bestimmungen, sondern sie spricht die wesenhafte Verfaßtheit des menschlichen Seins aus. Die Wendung Heim-weg besteht, sprachlich betrachtet, aus zwei Elementen.

Betont man die Wendung Heim-weg auf dem Bestandteil *Heim-*, dann kommt zum Ausdruck, daß das Wesen des Menschen in diesem möglichen Verhältnis zu sich als einem Heim, in seinem Wohnen, besteht. Der Mensch hat sich zwar stets von Neuem von sich, von anderen Menschen, von anderen Dingen und vom Ganz-Anderen, d. i. von Gott, zu unterscheiden,[7] aber alle Weisen der Alterität entspringen letztlich dem Heim des Heim-wegs und münden auch wieder in es ein. Der Mensch ist, wenn er nicht zerreißen will, stets in sich selbst zentriert und nimmt von seinem je eigenen Heimischsein aus, seine Ausrichtungen und Überschreitungen vor. Wir stehen folglich primär nicht in einem irgendwie gearteten Seinsverhältnis in der Welt, sondern wir wohnen in uns und sind in diesem Wohnen zugleich gebunden.

Das meint: Beim Menschen als Heim-weg ist das Heim das Primärphänomen. Es steht am Anfang und verweist durch ihn hindurch auf Transzendenz, in dem ein ursprüngliches Eins-sein und sein wahres Zuhause-sein ist. Es verweist folglich auf den Ort, wo eine ursprüngliche Einung geschieht und die Struktur des Heim-wegs ihre volle Bestimmung erhält. In diesem Ort der Urheimat kann sich der Philosoph nur durch Erzählungen bewegen, die einen anderen Status als das begrifflich strenge Denken für sich in Anspruch nehmen.

Ins Leben hineinversetzt ist der Mensch zur Heimat verurteilt. Er findet sich im Konflikt zwischen einer Unbehaustheit und Behaustheit, zwischen einem Zuhause und einem Un-zuhause vor und hat sich nun zu richten und auszurichten. Dies ist ihm möglich, weil er als Heim des Heim-wegs der zu verwirklichende Bezug bereits latent ist. Die Tendenz seines Wesens zielt demnach auf ein Sich-Binden, das etwa in den Phänomenen Geborgenheit, Ruhe und Vertrauen sichtbar wird. Das bedeutet nicht, daß dem Menschen ein elementares Geborgensein, ein Leben in völliger Ruhe und ein naives Grundvertrauen zu eigen ist, von dem getragen er sich primär in einem engen, umgrenzten Bereich bewegt. Denn es muß bedacht werden: Die Ungeborgenheit, das Fremdsein, gehört zur Geborgenheit, die Unruhe zur Ruhe, das Unvertrauen, das Mißtrauen, gehört zum Vertrauen. Im Menschen als Heim-weg einer Heimat kommt dieses

---

6 Die Untersuchungen von Otto Friedrich Bollnow und das jüngst erschienene, bereits in der Einleitung erwähnte Buch von Ute Guzzoni mit dem sprechenden Titel *Wohnen und Wandern* weisen, wenn auch mit anderen Akzentsetzungen und anderen Ausgestaltungen ebenfalls in diese Richtung. Ich werde mich in den folgenden Paragraphen häufig auf sie beziehen.

7 Richard Wisser arbeitet in seiner Anthropologie die „kritisch-krisische Grundbefindlichkeit“ des Menschen heraus, von der her allererst ansichtig wird, daß dem Menschen, strukturell bedingt, das Unterscheidenmüssen zu eigen ist. Vgl. dazu etwa von Richard Wisser die beiden Aufsätze *Die Frage nach dem Menschen* und *Von der Unumgänglichkeit des Nicht-Anderen für alle Arten des Anderen*, in: ders.: Kein Mensch ist einerlei. Spektrum und Aspekte „kritisch-krisischer Anthropologie“. Würzburg 1997, 23–46 und 287–314.

zwiefache Geschehen zum Austrag, d. h. in ihm stehen die wechselweise aufeinander bezogenen Wesenszüge in einem permanenten Streit miteinander.

Geborgenheit und Ungeborgensein, Ruhe und Unruhe, Vertrauen und Unvertrauen, stehen daher nicht unentschieden nebeneinander und sind einander gleichgestellt, sondern im Menschen ist in Entsprechung zu seiner Verfaßtheit als Heim-weg auch der Wille und Wunsch angelegt, dieser zu entsprechen und aus dem zwiefachen Geschehen, Geborgenheit, Ruhe und Vertrauen hervorzuholen und zu realisieren. Das Mißtrauen und die Ungeborgenheit sind folglich als Negation von Vertrauen und Geborgenheit auf diese bezogen und in ihnen fundiert.

Das Heim im Heim-weg bringt folglich keinen statisch-ruhenden Sachverhalt zum Ausdruck, ist ihm doch stets die Differenz immanent. Dieses innerstrukturelle Verhältnis zwischen dem Heim und seinem vermeintlichen Gegensatz läßt sich im logisch-ontologischen Sinne des Aristoteles als Privation bzw. Steresis denken; und zwar in der Bedeutung, die Aristoteles in der *Metaphysik* folgendermaßen umschreibt:

> „Weiter spricht man bei etwas von Privation, das, wiewohl es seiner Natur nach etwas haben kann und zu dem Zeitpunkt, da es etwas seiner Natur nach haben kann, es nicht hat. Denn Blindheit ist zwar eine Privation, aber blind heißt einer nicht zu jeder Zeit seines Alters, sondern nur dann, wenn er zu der Zeit, wo er der Natur nach über das Sehen verfügen müßte, darüber nicht verfügt – ebenso, wenn jemand nicht hat, worin, wonach, wozu und wie er es der Natur nach haben müßte." (1022b 26 f.)

Der Verweis auf Aristoteles ist derart zu verstehen, daß das Heim des Heim-wegs, logisch-ontologisch betrachtet, das Primärphänomen ist, von dem her die unhintergehbaren, konstitutionell notwendigen Gegensätze konträr und nicht kontradiktorisch zu denken sind. Jede Weise der Alterität ist und bleibt antithetisch auf den Menschen als Heim bezogen und erfährt von ihm her seine Bedeutung. Sie stellt folglich keine bloße Negation dar, sondern sie ist eine inhaltliche Entgegensetzung, die als Mangel an dem für den Einzelnen allein Wirklichen, dem Heim, letztlich keine eigene Wirklichkeit besitzt.

Von hierher sind die zahlreichen vergangenen und gegenwärtigen Bemühungen innerhalb der Philosophie, der Psychologie, der Pädagogik und zuweilen auch der Kunst zu verstehen, z. B. durch Katharsis, Analyse, Erziehung oder Erzählung für die dem Menschen gemäße Weise seines Wohnens einzutreten. Diese Antworten sind unterschiedliche Versuche, sich auf das Heim des Heim-wegs zu besinnen und ihn folglich davor zu bewahren, dem Gegensatz eine zu große Mächtigkeit einzuräumen. Wie gesagt: Es geht nicht darum, die für den Menschen konstitutive Unterschieds- und Gegensatzstruktur aufheben zu wollen. Allerdings wird sie, bildlich gesagt, ins ‚rechte Lot' gerückt und darauf aufmerksam gemacht, daß sie stets sinnvoll und fruchtbar aufgrund des Heimischseins des Menschen auszudeuten ist.

So sprechen wir auch, konkret betrachtet, beispielsweise von der ‚Zerrissenheit eines Menschen' oder davon, daß er ‚völlig außer sich und nicht mehr er selbst ist'. Mit diesen Wendungen machen wir auf den Sachverhalt aufmerksam, daß der Mensch gegen sein eigenes Wesen handelt, seine Gegensatz- und Doppelstruktur, die ihre integrale Mitte in dem Heim hat, aufbricht, und sich in der Fremde, außerhalb dieses Zusammenhangs, entwirft.

Das durch das Heimische des Menschen sichtbar werdende Sich-Binden ist nicht äußerlich zu verstehen, kann es doch als eine *wesentliche Bindung* bezeichnet werden. Das meint, daß die Bindung nicht nur zeitlich und entwicklungsmäßig dem Bewußtsein und Selbstbewußtsein vorausgeht, sondern daß es auch prinzipiell diese Bindung voraussetzt. Wir sind, strukturell betrachtet, jeweils bereits angebunden, bevor wir überhaupt dessen ansichtig werden können. Schärfer gesagt: Für den Menschen als Heim-weg einer Heimat ist das Sich-Binden Ausdruck seiner Wesensverfaßtheit.

Ein weiteres kommt hinzu: In dieser wesentlichen Bindung zu all dem, was Heimat meint, stehend, muß sich der Mensch notwendig ausrichten. Seine zwiefache Struktur, bei der das Heim das Primärphänomen ist, das seinen Gegensatz bzw. sein Gegenwesen als Modifikation von sich selbst stets in sich selbst hat, bringt zwar die Tendenz zum Beheimaten zum Ausdruck, allerdings muß sie vom Menschen erfaßt und ihr entsprochen werden. Anders gesagt: Die Offenheit des Menschen fordert ihn dazu auf, sich in seinem Zurückgebundensein zu diesem zu verhalten und seine Deutung vom Raum, der Zeit und dem Mitmenschen vorzunehmen. Er muß sich, weil er auf diese hin ist, auch auf sie hin überschreiten, muß also innerhalb dieser Strukturphänomene stets von Neuem seinen Standpunkt einnehmen, indem er die Deutung übernehmend sie in seinem Gehen annimmt.

Der untrennbare Bezug des Menschen als Heim-weg einer Heimat verweist darauf, daß der Mensch nur durch die Heimat zu dem werden kann, was er der Möglichkeit nach ist, wie umgekehrt, Heimat stets durch den Menschen als Heim-weg bedingt ist. Das Sich-Binden ist folglich jeweils dem Sich-Orten, dem Sich-Zeitigen und dem Sich-Begegnen immanent. Das heißt: In allen Strukturelementen des Strukturzusammenhangs Heim-weg läßt sich eine Bindung aufweisen, die sowohl im Sinne von *Sich*-Binden als auch im Sinne von Sich-*Binden* als Bindenlassen bzw. Gebundensein zu verstehen ist.

Jeder Mensch steht demnach in der unaufhebbaren Spannung zwischen eigener selbsttätiger Aneignung und einem bereits bestehenden Angeeignetsein. Sachlich betrachtet, kann diese Spannung niemals überwunden und das Sich-Binden niemals aufgelöst werden, auch wenn, entwicklungsgeschichtlich betrachtet, der Akzent zunächst auf der Seite des Sich-Bindens als Gebundensein zu setzen ist, der sich im Zuge der Herausbildung des Selbstbewußtseins und der Vernunft zugunsten der Eigentätigkeit verschiebt.

Allererst von diesem mit dem Menschen als Heim-weg einer Heimat einhergehenden Sich-Binden wird verständlich, warum, konkret betrachtet, die Verbundenheit mit einem Ort für den Menschen eine besondere Bedeutung haben kann. Denn diesen Ort haben wir primär im Blick, wenn wir vom Lebensraum Heimat eines Menschen sprechen. Wir denken dann an den Geburtsort, an dem wir unsere Kindheit verbringen, an dem wir in den Kindergarten und zur Schule gegangen sind und der, wie wir sprechend sagen, ‚uns an das Herz gewachsen ist'. In unserer Verbundenheit mit unserem Geburtsort, den wir als Heimat bezeichnen, lösen wir folglich unsere Wesensverfassung des Menschen als Heim-zum-Raum ein.

Auch die Fähigkeit des Menschen, Bindungen eingehen zu können, schärfer gesagt, stets in Bindungen stehen zu müssen, erwächst aus der konstitutionellen Verfaßtheit des Menschen als Heim-weg einer Heimat. Weil der Mensch stets ein Heim-zum-Mitmenschen ist, kann er sich auf diesen hin und von diesem her verwirklichen. Verabsolutiert man dieses Bindungsphänomen, d. h. bricht man das Strukturelement des Sich-Begegnens aus seinem Strukturzusammenhang heraus und spricht ihm als einzigem Geltung zu, dann wird Heimat allein auf die Präsenz des Mitmenschen reduziert. Heimat geht dann nicht in dem Gefüge von Raum, Zeit und Mitmensch auf, sondern sie wird ausschließlich auf die Dimension der Begegnung festgelegt. Diese Position finden wir heutzutage besonders stark vertreten, so daß wir heute häufig hören, ‚Heimat ist dort, wo meine Familie ist'. Die geliebten Menschen, zu denen man eine unvergleichliche Nähe fühlt, werden als Inbegriff der größtmöglichen Anbindung verstanden und dergestalt allen anderen möglichen Weisen der Anbindung vorgezogen.

Das Sich-Binden läßt sich demnach auch als prinzipielle Voraussetzung jeglichen zwischenmenschlichen In-Beziehung-Seins aufweisen. So spricht es sich – in entwicklungsgeschichtlich-ontogenetischer Argumentation – zunächst als eine Verbindung zwischen Eltern und Kind aus, die aus der Perspektive des Kindes jenseits seiner Verfügungsgewalt liegt. Das ‚sich' in der Wendung Sich-Binden ist hier ein Angebundensein, das über den anderen in der unmittelbaren Nahsphäre (die Eltern, Geschwister oder auch Großeltern) ohne eigenes Zutun geschieht.

Im Laufe des Lebens eines Menschen erfährt daher das wechselweise Zusammengehören zwischen dem Menschen als Heim-weg einer Heimat unterschiedliche Ausformungen und Akzentuierungen. Die Notwendigkeit und die Aufgabe, die an das Kind ergeht, nämlich beheimatet zu werden, kann zunächst nicht von ihm eingelöst werden, liegt es doch in der Verantwortung der Eltern, dieses zu verwirklichen. Das Kind wird bei seiner Geburt an Eltern angebunden, die es sich nicht aussuchen durfte und die von nun an zu ihm gehören. Die Anbindung an das Kind ist nicht negativ zu beurteilen, auch wenn man bisweilen von Eltern beklagend hört, daß sie aufgrund ihrer ‚Kinder angebunden' sind und nicht ‚ins Kino oder Theater gehen können'. Die hier gemeinte Anbindung liegt als phänomenale Gegebenheit außerhalb jeglichen Bewertens. Sie verweist, wenn man schließlich vom erwachsenen Menschen ausgeht, auf ein wechselweises Verbundensein, das idealiter nicht wieder getrennt werden kann.

Idealtypisch betrachtet versuchen nun die Eltern bzw. die dem Kind Nahestehenden auf den im Sein liegenden Anspruch zu hören und dafür Sorge zu tragen, das Kind aus dem Unzuhause heraus in ein Zuhause und ein Wohnen zu führen. Geht man vom erwachsenen Menschen aus, dann wird das zunächst in elterlicher Hand befindliche verantwortliche Hören in die eigenen Hände gelegt. Die Aufgabe des Sich-Beheimatens unterliegt nun der eigenen Obhut und muß von jedem Einzelnen bewahrt werden. Das heißt: Auch wenn das in der Anbindung verbindende Band zunächst in die Hand der elterlichen Verantwortung gelegt ist, öffnet sich diese im Laufe des Heranwachsens und gibt das Kind frei. Das Freigeben zerreißt nicht das Band, sondern es versetzt Eltern und Kind in die Freiheit der Bindung, in der jeder das Band in seiner Hand hält.

Aus dieser Sicht sind Eltern dafür verantwortlich, daß eine allumfassende Anbindung gelingen kann, bei der darüber hinaus Kontinuität und Zukunft Berücksichtigung finden. Sie erstreckt sich auf alle Fähigkeiten des Heranwachsenden, seien diese emotionaler oder intellektueller Natur. Die Anbindung bedeutet als Gebundensein an die Eltern zugleich ein Gehaltenwerden. Das Kind bewegt sich nicht selbständig in der grenzenlosen Offenheit einer Welt, sondern es wird buchstäblich an die Hand genommen und geführt: Es wird in seiner Nahspähre, in der es geborgen ist, an die ihn unmittelbar umgebenden Menschen, Dinge und Sachverhalte herangeführt. Schrittweise wird es auf diesem Weg heimisch und das bedeutet schließlich, es vermag eine Haltung einzunehmen, sie zu festigen und Charakter auszubilden.

Diesen Prozeß der Herausbildung einer tugendhaften Grundhaltung hat bereits Aristoteles in der *Nikomachischen Ethik* benannt:

> „Also entstehen die sittlichen Vorzüge in uns weder mit Naturzwang noch gegen die Natur, sondern es ist unsere Natur, fähig zu sein sie aufzunehmen, und dem vollkommenen Zustande nähern wir uns dann mit Gewöhnung. (...) Mit einem Wort: aus gleichen Einzelhandlungen erwächst schließlich die gefestigte Haltung. Wir philosophieren nämlich nicht, um zu erfahren, was Tugend sei, sondern um tugendhafte Menschen zu werden.“[8]

Das Heimische des Menschen als Heim-weg, das im Sich-Binden an die Heimat realisiert wird, ist in dieser Bindung ein Zusammengehören, das wir oben bereits formelhaft als ein Heim-zur-Heimat bezeichnet haben. Diese Bindung ist die Voraussetzung für ein Sich-Öffnen des Menschen zu seiner Freiheit. Das bedeutet, daß der Mensch nicht von vornherein im Sinne von Immanuel Kants Formel des Menschen als Bürger zweier Welten eine Doppelstruktur aufweist, bei der die Naturseite sich ins Reich der Notwendigkeit erstreckt, während die andere Seite die Vernunftseite benennt, die im Reich der Freiheit ihre Entsprechung findet.

Freiheit setzt vielmehr Bindung voraus – und zwar nicht nur in zeitlicher und entwicklungsgeschichtlicher Hinsicht, sondern in dem Sinne, daß wir stets gebunden sind, wenn wir uns unserer Freiheit bewußt werden. Die Grundbedingung unseres Freiwerdens ist das Sich-Binden des Menschen, das wir permanent vollziehen, ja vollziehen müssen, weil wir als Heim-weg jeweils bereits in untrennbarer Beziehung zur Heimat stehen. Wenn wir diese reflektieren, können wir sie nicht überschreiten, sondern sie in einer anderen, in einer freieren Weise realisieren.

Auf diesem Weg ist uns ein Tieferwerden möglich. Auch wenn das Wort Tiefe problematisch ist, weil es sich nicht definieren und exakt bestimmen, sondern nur erzählen läßt, kommt in ihm doch Wesentliches zum Ausdruck. Es verweist auf eine spezifische Ausdeutung des eigenen Wesens, der sog. Realität, des Verhältnisses von Nähe und Ferne, der Zeit und der Begegnung. Dieses wird uns im folgenden insbesondere im Rahmen der Untersuchung des Sich-Ortens, Sich-Zeitigens und Sich-Begegnens näher beschäftigen.

Und damit kann ich mich der Analyse des Wortbestandteils *-weg* in der Wendung Heim-weg zuwenden. Er macht kenntlich, daß für den Menschen nicht nur das Hei-

---

8 Aristoteles: Nikomachische Ethik 11, 1–2; 1103 a23–b28.

mischsein, sondern auch das Unterwegssein konstitutiv ist, daß er also ein *homo habitans* und ein *homo iens* ist.[9]

Das Unterwegssein benennt keine äußerliche Schrittfolge, das durch ein langsames oder schnelles Tempo, etwa als Schlendern, Joggen oder Rennen, charakterisiert werden kann. Es ist vielmehr die aus dem Menschen hervorgehende und der Physis des Menschen entsprechende Weise seines Seinsvollzuges. Das meint: Das Eigentümliche des Menschen liegt in seinem Auf-dem-Wege-sein-Müssen, das untrennbar mit seiner Endlichkeit verbunden ist.[10] In die Zeitlichkeit hineinversetzt, unterliegt der Mensch zwangsläufig der Veränderung: Er unterscheidet sich, sei es bewußt oder unbewußt, in dieser Sekunde von der vorhergehenden, er ist heute nicht mehr derjenige, der er früher gewesen ist.

Diesen Prozeß des Werdens und der Veränderung der Dinge, der allem zukommt, was ist, hat bereits Heraklit mit der Strömung eines Flusses verglichen. Der Mensch ist von hierher derselbe und doch nicht derselbe: Er ist der Eine, der als sich ändernder und verändernder permanent anders wird. Die Veränderung desselben und nicht desselben treibt die Differenz in der Selbigkeit hervor. Der Mensch hat konstitutionell einen Abstand zu sich selbst, nicht zuletzt dank seiner geistigen Fähigkeiten, die ihn stets von Neuem sich selbst kritisch gegenübertreten lassen. Kein Zustand kann festgehalten werden, keine wirkliche Dauer kann dem Strom des Werdens begegnen. Der Mensch unterscheidet sich daher stets von sich selbst: er ist, der er ist, aber immer anders. Jean-Paul Sartre bestimmt diese Wirklichkeit des Menschen als „Für-sich" und damit als das, „was es nicht ist, und das nicht das, was es ist".[11]

Dieses Unterscheiden kommt allerdings nicht nur dem Selbstverhältnis des Menschen zu, sondern es spricht sich auch im Verhältnis zum Mitmenschen, zu den Dingen und Sachverhalten und sogar zu Gott aus. Richard Wisser kennzeichnet die „Grundbefindlichkeit des Menschen" angesichts dieser Unterschiedsstruktur daher als „kritisch-krisische":

---

9 Gabriel Marcel deutet den Menschen daher, wie der Buchtitel seiner „Philosophie der Hoffnung" sprechend lautet, als *Homo viator* (Düsseldorf 1949), wobei er die Ausrichtung auf das Jenseits als das zu erreichende Ziel besonders betont. Martin Heidegger war auf seinem eigenen Denkweg, wie kaum ein anderer Philosoph des 20. Jahrhunderts, dem Weghaften des Denkens auf der Spur. Geradezu programmatisch sagt er in einem „Gespräch von der Sprache": „Das Bleibende im Denken ist der Weg." Martin Heidegger: Aus einem Gespräch von der Sprache, 99. In: ders.: Unterwegs zur Sprache. 8. Aufl. Pfullingen 1986, 83–155.
Vgl. darüber hinaus insb. Richard Wisser: Philosophische Wegweisung. Versionen und Perspektiven. Würzburg 1996. Ders.: Kein Mensch ist einerlei. Spektrum und Aspekte „kritisch-krisischer Anthropologie". Würzburg 1997. Ders.: Vom Weg-Charakter philosophischen Denkens. Geschichtliche Kontexte und menschliche Kontakte. Würzburg 1999.

10 Siehe dazu etwa Eugène Minkowski: „Pour l'homme, la vie est une route à parcourir, et cette route n'a rien de métaphorique en elle. Au fond, c'est la seule route que je droive parcourir nécessairement dans la vie, tout en la tracant et en la vatissant de mes mains." Eugène Minkowski: Vers une Cosmologie. Paris 1936, 216f.

11 Jean-Paul Sartre: Das Sein und das Nichts. Versuch einer phänomenologischen Ontologie. Reinbek bei Hamburg 1985, 33 und 773.

„Der Mensch ist *kritisch* gegenüber etwas, sei es etwas anderes, sei es ein anderer oder sei es er selbst. Er prüft, ihm kommen Zweifel, etwas stimmt ihn bedenklich, zwingt ihn zu einem Urteil, zu einer Unterscheidung, schließlich zur Entscheidung. Und der Mensch ist als Mensch kritisch im Sinne von *krisisch.* (...) Er mag riskieren, was er will, das Risiko liegt immer bei ihm. Es gehört gewissermaßen zu seiner Natur, nicht natürlich, sondern kritisch *und* krisisch zu sein. (...) Eines steht mit dem anderen im unlösbaren Zusammenhang."[12]

Der Mensch ist von hierher betrachtet strukturell durch Unsicherheit geprägt. Er ist ein Wagnis,[13] eine Gefahr,[14] eine Krise und ein Risiko.[15] Die Notwendigkeit des Unterscheidens fordert vom Menschen stets von Neuem ein Entscheiden und Wählen, d. h. sie zwingt ihn dazu, sich auszurichten und innerhalb des Unterwegsseins einen Standpunkt zu wählen. Anders gesagt: Das Weghafte des Menschen als Heim-weg benennt die die Bindung voraussetzende Freiheit, der im Heim angelegten Tendenz des Beheimatens zu entsprechen. Der Mensch ist als *homo iens* daher das in seiner Zeitigung sich verändernde Unterwegs, das innerhalb des zwiefachen auf das Heim hin bezogenen Prozesses seine Ausrichtungen vornimmt.

Die Wendung Heim-weg verweist darauf, daß der Mensch, der sich von vornherein und unhintergehbar in einem umgrenzten Bereich vorfindet, in seinem Unterwegs auf Heimat hin stets bereits ausgerichtet ist und sich zugleich in ihr ausrichten muß. Wir bewegen uns nicht nur in uns selbst innerhalb unseres Horizontes, den es lebenslang zu verschieben gilt, sondern wir leben auch räumlich innerhalb von Markierungen, Wegweisern und Grenzen. Das bedeutet: Der Mensch ist der Tendenz seines Wesens nach auf sein Beheimaten ausgerichtet, ist also emotional, sensitiv, volitiv und rational als Heim-zum-Raum, -zur-Zeit, -zum-Mitmenschen, und dadurch zu all dem, was Heimat meint. Wollten wir dieses wesentliche Zusammengehören zwischen dem Menschen und

---

12 Richard Wisser: Kritik und Krise als Wege zum Selbstverständnis des Menschen, 374. In: Philosophische Wegweisung, 361–380.

13 Vgl. Peter Wust: Ungewißheit und Wagnis. 8. Aufl. München 1986.

14 Vgl. dazu Friedrich Nietzsches zentrale Antwort auf die Frage nach dem Menschen in der „Vorrede" zu *Also sprach Zarathustra*: „Der Mensch ist ein Seil, geknüpft zwischen Thier und Übermensch, – ein Seil über einem Abgrunde. Ein gefährliches Hinüber, ein gefährliches Auf-dem-Wege, ein gefährliches Zurückblicken, ein gefährliches Schaudern und Stehenbleiben. Was gross ist am Menschen, das ist, dass er eine Brücke und kein Zweck ist: was geliebt werden kann am Menschen, das ist, dass er ein *Übergang* und ein *Untergang* ist." (4, 16f.; ich zitiere die Schriften Nietzsches nach der Kritischen Studienausgabe in 15 Bänden. Hrsg. v. G. Colli und M. Montinari. Berlin/New York/München 1980). Siehe dazu meine Auslegung in: Die Überwindung der Anthropozentrizität durch Friedrich Nietzsche. Würzburg 1994, insb. 76–97.

15 Vgl. dazu Arnold Gehlens Deutung des Menschen: „Sofern der Mensch auf sich selbst gestellt eine solche lebensnotwendige Aufgabe auch verpassen kann, ist er das gefährdete oder ‚*riskierte Wesen*', mit einer konstitutionellen Chance, zu verunglücken." (Herv. K. J.) Arnold Gehlen: Der Mensch, 32. Vgl. ders.: Zur Systematik der Anthropologie, 73, 86. In: Philosophische Anthropologie und Handlungslehre. Hrsg. v. Karl-Siegbert Rehberg. Frankfurt am Main 1983, 63–112. Gehlen spricht hier von der „konstitutionellen Riskiertheit" des Menschen, die im Zusammenhang mit seiner „konstitutionellen Unsicherheit" und „des ‚Auf-sich-selbst-Gestelltseins'" gesehen werden müssen.

seiner Welt sprachlich zum Ausdruck bringen, dann müßten wir, entsprechend der vorliegenden Terminologie, von dem Heim-weg-zur-Heimat sprechen.

Das Sich-Ausrichten des Menschen kann als Kehrseite der Bindung verstanden werden: Wo eine wesentliche Bindung ist, geschieht eine Weise des Sich-Ausrichtens, wie umgekehrt, jedes Sich-Ausrichten eine Bindung nach sich zieht, durch die die Einheitlichkeit und Zusammengehörigkeit der einzelnen Strukturelemente im Strukturzusammenhang Heim-weg gewährt ist.

In allen Strukturelementen läßt sich, wie gesagt, eine Ausrichtung aufweisen, die sowohl im Sinne von Sich-Ausrichten, als auch im Sinne von Sich-Ausrichten als Ausgerichtetsein zu verstehen ist. Analog zum Sich-Binden steht der Mensch auch hier in dieser unumgänglichen Spannung zwischen eigener, selbstbestimmter Entscheidung und fremdem, bereits sich vollzogen habendem Entschiedensein.

Das Sich-Ausrichten in dieser zweifachen Hinsicht erwächst aus dem Unterwegssein des Menschen, erwächst also aus der Notwendigkeit, sich in seiner Offenheit verhalten zu müssen. Dieses Verhalten steht als ein ‚Verhalten zu' in der Differenz zwischen Handelndem und Handlung. Sie kann emotionaler oder intellektueller Natur sein und macht den Wesensunterschied zwischen Mensch und Tier kenntlich. Denn für das Tier besteht aufgrund seiner Instinktgebundenheit, aus der die Sicherheit seiner Aktion erwächst, die Einheit in der Tat.

Der Mensch kann sich, grundsätzlich betrachtet in einer Weise ausrichten, der eine Weise des Gehens entspricht: das Hinübergehen, das *Transire*.

Das Transire spricht ein Grundproblem in der Philosophie aus, das üblicherweise im Grundbegriff des Transzendierens ausgesagt wird. Ich verwende das Wort Transire, um Konnotationen, die zwangsläufig mit dem Wort verbunden sind und die eine Begriffsklärung eher behindern, zu vermeiden.[16]

Formal gesagt, benennt das Transire den Vorgang des Sich-Ausrichtens des Menschen auf etwas. Das besagt nicht allein, daß wir uns denkerisch auf Gegenstände ausrichten, wie es beispielsweise Ernst Bloch, geradezu programmatisch, im Vorwort seines berühmten Hauptwerks *Das Prinzip Hoffnung* formuliert: „Denken heißt Überschreiten."[17]

Es besagt auch nicht ausschließlich, daß wir uns, entsprechend den drei großen Themen der abendländischen Philosophie auf Gott, Welt und Mensch hin überschreiten. Dieser Aufgabe unterzieht sich etwa Karl Jaspers explizit in seinem dreibändigen Werk von 1932 *Philosophie*. Der Methode nach faßt er hier die „echten philosophischen Schritte" als „Weisen des Transzendierens", die er in Entsprechung zu seinem Gedankengang der Philosophie in die drei Weisen der „Philosophischen Weltorientierung", der „Existenzerhellung" und der „Metaphysik" aufgliedert.

Das Transire geht auch nicht darin auf, über das Denken und Philosophieren hinaus, wie z. B. bei Martin Heidegger, als Transzendenz in die menschliche Seinsverfassung,

---

16 Vgl. zum folgenden meine Ausführungen in meiner Untersuchung *Die Überwindung der Anthropozentrizität durch Friedrich Nietzsche*, insb. 123–127, an die ich mich eng anlehne.

17 Bloch: Das Prinzip Hoffnung, 2.

das „Dasein" bzw. die „Existenz", hineinverlegt zu werden, in der alle anderen Verhaltungen wurzeln.[18] Das Transzendieren wird in dieser Auslegung nicht als der punktuelle Vorgang gefaßt, in dem sich der Mensch auf ein Ziel hin entwirft, vielmehr wird der Mensch als solcher als ein Wesen des Überstiegs angesehen. So schreibt Martin Heidegger in seiner Marburger Vorlesung *Metaphysische Anfangsgründe der Logik* vom Sommersemester 1929: „Existieren besagt ursprünglich Überschreiten. Das Dasein selbst ist der Überschritt."[19]

Das Transire benennt primär die in der Struktur des Heim-wegs bereits vorgezeichnete Weise des auf Raum, Zeit und Mitmensch hin Geöffnetseins. Das bedeutet, daß diese dem Weghaften des Menschen als unabtrennbares Korrelat von vornherein innewohnt. Wir sind aufgrund unseres konstitutionellen Unterwegsseins stets in der Weise des Transire unterwegs, wodurch die Bindungsphänomene Raum, Zeit und Mitmensch sich gleichzeitig als Ausrichtungsphänomene erweisen. Sie wohnen uns ein, d. h. wir sind in sie hineinversetzt und in sie eingeführt, bevor wir uns dessen bewußt werden. All unser Fühlen, Wollen und Denken, das in der Leiblichkeit zusammenläuft, steht infolgedessen unablöslich in einem wechselweisen Bezug zur Heimat. Das Transire spricht daher beim menschlichen Sein-zur-Heimat, das wir als Heim-zur-Heimat bezeichnen können, die im ‚zur' gelegene, untrennbare Gerichtetheit aus, durch die wir stets und von vornherein in Heimat und auf Heimat sind. Auch wenn sich im Laufe des menschlichen Lebens das Denken stetig von dieser Bezugnahme entfernt und die Distanz vergrößert, bleibt sie dennoch unüberschreitbar. Es gelingt dem Menschen nur eine Grenzverschiebung i. S. einer ‚Horizonterweiterung', ohne allerdings den Horizont selbst ‚wegwischen' zu können, wie es Nietzsche provokativ angesichts seiner Feststellung des Todes Gottes formuliert hat.

Denken wir nun das Sich-Binden und das Sich-Ausrichten zusammen. Das Transire benennt, wie gesagt, die Weise des menschlichen Gehens, die in seiner Struktur Heim-*weg* vorgezeichnet ist. Blicken wir auf das Heim- des *Heim*-wegs, dann läßt sich die hier genannte Weise des Gehens als ein Zurückgehen, ein *Redire*, bezeichnen. Das meint: Der Mensch ist nicht nur eine wesentliche Bindung zur Heimat, sondern er ist der Möglichkeit nach in jeglichem Zugang auch ein Rückgang. Denn jedes Sich-Ausrichten auf Welt entspricht der Verfaßtheit des Menschen als Heim-weg, wenn er sich angesichts des in ihm zum Austrag kommenden zwiefachen Geschehens gemäß der im Heim angelegten Tendenz entscheidet. Das Sich-Ausrichten als Transire und das Binden als Redire fallen dann in dieser Entscheidung im Geheimnis der Tiefe zusammen.

Der Strukturcharakter dieser Weise des Denkens ist jedem Denkmodell immanent, das logo-logisch ist. Das bedeutet, daß der Logos hier ontologisch das Erste und das Letzte ist – sei es in der Ausdeutung von Gott, dem Sein, der Wahrheit oder auch dem Weltgeist, der allem, was ist, innewohnt. Durch diesen Logos ist der Mensch in einem

---

18 Siehe dazu: Martin Heidegger: Sein und Zeit. 14. Aufl. Tübingen 1977, 364 ff. Vgl. ferner: Ders.: Vom Wesen des Grundes. 5. Aufl. Frankfurt am Main 1965, insb. 18, 20, 43, 54.

19 Martin Heidegger: Metaphysische Anfangsgründe der Logik im Ausgang von Leibniz. Gesamtausgabe II. Abt.: Vorlesungen 1923–1944. Bd. 26. Hrsg. v. Klaus Held. Frankfurt am Main 1978, 211. Vgl. auch 203 ff.

größeren Bedeutungs- und Sinnzusammenhang eingebunden, von dem her er sich seine eigene Bedeutung zuweisen kann. Daher versucht der Mensch, diesen Weltlogos mit Hilfe seines eigenen Logos zu erfassen, versucht also, von sich selbst abzusehen und sich dem, was gegeben ist, hinzuwenden. Dies geschieht im Hören auf das bereits bestehende Wort, wobei diese Wendung nicht christlich verstanden werden will, sondern Ausdruck einer Ursetzung ist, die jeder Begründung vorausgeht.

In der Deutung des Menschen als Heim-weg spricht sich eine Denkfigur aus, die auf diesem Hintergrund zu lesen ist. Sie benennt angesichts der Voraussetzung ‚x ist eine sinnhafte Ursetzung' die an den Menschen ergehende Forderung ‚Du sollst auf x hören, also auf x achten'. Diese auf ethischem Feld liegende Forderung hat folglich ihre Begründung in dieser dem Ethischen vorausgehenden ontologischen Ursetzung, die außerhalb jeglichen Beweisens liegt. Diese Denkfigur und diese Weise des Denkens soll kurz mit Hilfe von Hans Jonas' Verständnis von Verantwortung verdeutlicht und auf die vorliegende Deutung des Menschen bezogen werden.

Dabei kann auf seine Ausführungen in seinem vielbeachteten Buch *Das Prinzip Verantwortung* mit dem Untertitel *Versuch einer Ethik für die technologische Zivilisation* zurückgegriffen werden. In ihm denkt Hans Jonas mit vollem Recht die elterliche Verantwortung geradezu als „Archetyp" bzw. „Prototyp" aller Verantwortung,[20] und er bringt zum Ausdruck, daß Verantwortung zunächst ein „*nicht-reziprokes Verhältnis*" ist: „Eine deutliche Unebenbürtigkeit der Macht oder Befugnis gehört zu diesem Verhältnis."[21]

Für Jonas ergeht nun aus dem faktischen Sein des Kleinkindes an die Eltern das Sollen, es auch zu erhalten: „das immanente Seinsollen des Säuglings, das jeder Atemzug verkündet, (wird) zum transitiven Tunsollen Anderer".[22] Das bedeutet, daß Jonas den Grund der Verpflichtung nicht in das Subjekt legt,[23] sondern in das Objekt. Dieses fordert uns dazu auf, den ihm immanenten Anspruch zu vernehmen, auf ihn zu hören und für es Sorge zu tragen: „Das Erste ist das Seinsollen des Objekts, das Zweite das Tunsollen des zur Sachwaltung berufenen Subjekts."[24]

Der appellierende Ruf des Kindes setzt in mir eine Bereitschaft voraus, sich nicht zu verschließen, um diesen Ruf vernehmen zu können und ihm handelnd zu antworten.[25] Denn jede Weise des Nicht-Antwortens in jeder Weise des Nicht-Tuns steht für eine spezifische Form des handelnden Antwortens – und damit für die Weise der Realisation der Verantwortung.

---

[20] Hans Jonas: Das Prinzip Verantwortung. Versuch einer Ethik für die technologische Zivilisation. 5. Aufl. Frankfurt am Main 1984, 189 und 236.

[21] Ebd., 176.

[22] Ebd., 240.

[23] Vgl. dazu seine Äußerung: „Worauf es ankommt, sind primär die Sachen und nicht die Zustände meines Willens." Ebd., 170.

[24] Ebd., 175.

[25] Wichtig ist für Jonas daher auch, die Gefühlsseite als „Bedingung im Subjekt" der elterlichen und der staatsmännischen Verantwortung herauszuarbeiten. Vgl. dazu insb. ebd., 193 f.

Das vertikale Treueverhältnis zwischen Eltern und Kind läßt sich mit Jonas näher durch die Eigenschaften der Totalität, der Kontinuität und der Zukunft bestimmen. Die Totalität verweist darauf, daß die Verantwortung das „totale Sein" des Kindes umfaßt,

> „(...) das heißt alle Aspekte desselben, von der nackten Existenz zu den höchsten Interessen. (...) Das Kind als ganzes und in allen seinen Möglichkeiten, nicht nur den unmittelbaren Bedürfnissen ist ihr Gegenstand. (...) Mit einem Wort: das pure Sein als solches und dann das beste Sein dieser Wesen ist es, was elterliche Fürsorge in toto im Auge hat."[26]

Zu dieser allumfassenden Fürsorge für das Kind tritt als weitere Eigenschaft der Verantwortung die Kontinuität hinzu: „Weder Eltern- noch Regierungssorge kann sich Ferien erlauben, denn das Leben des Gegenstandes geht unausgesetzt weiter und gebiert seine Anforderungen von Mal zu Mal neu."[27] Mit der Zukunft als dritte Eigenschaft der Verantwortung, hat es „die Verantwortung für ein Leben, sei es individuelles oder kommunales, über dessen unmittelbare Gegenwart hinaus zu tun".[28]

Auch an den Menschen als Heim-weg einer Heimat ergeht die Forderung, angesichts seiner anthropo-ontologischen Verfaßtheit buchstäblich einen Schritt zurückzutreten und auf die Tendenz zur Bindung, die aus dem Heimischen hervorgeht, zu achten. Der Mensch muß hören, d. h. er hat von sich abzusehen und solches aufzunehmen, was bereits von ihm und seinem Sein gesagt wurde, um es in sein Handeln übernehmen zu können. Dieses Achten kann nicht erzwungen oder bewiesen werden, es hat dem Einzelnen vielmehr im Gedankengang selbst einzuleuchten und muß dann in die Tat umgesetzt werden.

Der Mensch ist von hier aus betrachtet als Heim-weg stets an ein Heimischsein gebunden, das ein Unterwegssein nach sich zieht, wie umgekehrt, ein Unterwegssein ein Heimischsein aus sich hervorgehen läßt. Ja, der Mensch *ist* dieses Pendeln, er *ist* dieses Zugleich, weshalb er als Heimweg zugleich als ein *Zwischen-sein* gedeutet werden kann: Der Mensch ist weder nur situiert und seßhaft noch allein flüchtig und nomadenhaft, sondern *et habitans et iens*, d. h. in seinem Wohnen gehend und in seinem Gehen wohnend.[29] Anschaulich und treffend beschreibt Guzzoni diese menschliche Grundsituation:

---

26 Ebd., 189f. Elterliche und staatsmännische Verantwortung überschneiden sich im Gegenstand. Vgl. dazu: Ebd., 191.

27 Und er fährt fort: „Wichtiger noch ist die Kontinuität dieser betreuten *Existenz* selbst als ein *Anliegen*". Ebd., 196.

28 Ebd., 197.

29 Paradigmatisch möchte ich wenigstens zwei Positionen innerhalb der Philosophie anführen, in denen der Mensch in je differierender Weise als ein Zwischensein gefaßt wird. So bewegt sich für Sören Kierkegaard der Mensch zwischen den beiden entgegengesetzten Polen von Ewigkeit, Freiheit, Unendlichkeit und Zeitlichkeit, Notwendigkeit, Endlichkeit hin und her und bringt in diesem Bewegungsprozeß in Akten der Entscheidung sich selbst hervor. Denn „das Existieren als ein einzelner Mensch (...) ist nämlich nicht Sein in demselben Sinne, wie eine Kartoffel ist, aber auch nicht in demselben Sinne, wie die Idee ist. Die menschliche Existenz hat Idee in sich, ist aber doch nicht Idee-Existenz." Sören Kierkegaard: Abschließende unwissenschaftliche Nachschrift. 2 Bde., Düsseldorf/Köln 1957/58, Bd. 2, 33. Und für Friedrich Nietzsche hebt sich der

„Ein Wohnen ohne Wandern ist unbeweglich, ein Wandern ohne Wohnen voller Unruhe. Sie brauchen einander wie Einatmen und Ausatmen, wie Licht und Dunkelheit, wie Innen und Außen. Sie bestehen nicht bloß neben- und nacheinander, sondern ineinander, so daß das Wohnen selbst ein wanderndes, das Wandern ein wohnendes ist. Diese Doppelbestimmung gibt dem Leben auf der Erde die Leichtigkeit und die Schwere, deren es bedarf, um wissentlich-willentlich gelebt zu werden."[30]

Das menschliche Zwischen-sein ist als ein zwischen den beiden Seiten des Heimischen und Weghaften Ausgestrecktsein unhintergehbar, weshalb Heimat nicht feststeht, sondern in den Eroberungsbewegungen des Menschen, in denen er wohnend auf Welt hin ausschreitet, stets von Neuem aktiv angeeignet und dergestalt hervorgebracht wird. Sie ist ein dynamisches Sinngefüge, in das der Mensch eingebunden ist und an das er sich in ständig neuen Anläufen bindet, indem er es eigentätig hervorbringt.

Zusammenfassend kann gesagt werden: Der Mensch als Heim-weg ist durch ein Binden und Richten zu kennzeichnen. Das Binden meint einerseits ein Zurückgebundensein an eine ursprüngliche Heimat, die auf den Ort des Ursprungs zurückverweist. Dieses Zurückgebundensein spricht sich andererseits im Sich-Binden des Menschen im konkreten Leben aus, das in allen Strukturelementen (Raum, Zeit und Mitmensch) sichtbar gemacht werden kann und besonders deutlich in den Phänomenen Geborgenheit, Ruhe und Vertrauen hervortritt.

Der Mensch als Heim-weg bringt das im Unterwegssein zu vollziehende Ausrichten zur Sprache, das wiederum in zweierlei Hinsicht betrachtet werden kann: Einerseits aufgrund der ursprünglichen Bindung an die göttliche Dimension und als Bindung an den Lebensraum Heimat ist es ein Gerichtetsein, das aber andererseits den Menschen nicht von der Notwendigkeit seines Sich-richten-Müssens befreit.[31] Im Gegenteil: Das Gehen des Menschen fordert ihn stets von neuem dazu auf, Entscheidungen zu treffen,

---

Mensch vom Tier gleichsam durch sein ‚Zwischen-sein', sein ‚Inter-esse' ab, das durch und in der Moral entstehen konnte und ihm die Möglichkeit eröffnet, den ‚super-essenten' Übermenschen in Zukunft aus sich hervorzubringen. Nietzsche bezeichnet den Menschen daher in der „Vorrede" zu *Also sprach Zarathustra* als ein „Seil", eine „Brücke" und als „ein *Übergang* und ein *Untergang*": „Der Mensch ist ein Seil, geknüpft zwischen Thier und Übermensch, – ein Seil über einem Abgrunde. Ein gefährliches Hinüber, ein gefährliches Auf-dem-Wege, ein gefährliches Zurückblicken, ein gefährliches Schaudern und Stehenbleiben. Was gross ist am Menschen, das ist, dass er eine Brücke und kein Zweck ist: was geliebt werden kann am Menschen, das ist, dass er ein *Übergang* und ein *Untergang* ist." (KSA 4, 16f.) Vgl. die Deutung dieser Wesensauffassung des Menschen in meiner Untersuchung *Die Überwindung der Anthropozentrizität durch Friedrich Nietzsche*, 76–97 und 160f.

30 Guzzoni: Wohnen und Wandern, 13. Vgl. auch 18f.

31 Bereits Immanuel Kant hat bekanntlich in seinem Aufsatz *Was heißt: sich im Denken orientieren?* zwischen einem geographischen Sich-Orientieren im Raum, das mathematisch ist und einem Sich-Orientieren im Denken, das logisch ist, unterschieden. Mir geht es um das aus dem Menschen als Heim-weg hervorgehende konstitutionell bedingte Sich-Orientieren, das von dem elementaren bis zu den hochspezialisierten Fähigkeiten des Menschen, also quer durch alle Vermögen seines Seins eine Ausrichtung erforderlich macht. Siehe dazu: Immanuel Kant: Was heißt: sich im Denken orientieren? In: Werke in 10 Bänden. Hrsg. v. Wilhelm Weischedel. Bd. 5: Schriften zur Logik und Metaphysik. Darmstadt 1983, 265–283.

ja, sie treffen zu müssen, um die mit dem Gehen einhergehende Offenheit bewältigen zu können. Dem Menschen, der sich in dieser Weise ergreift und begreift, ist ein Tieferwerden möglich. Sein Gehen bewegt sich nicht bindungslos auf der Oberfläche, bei dem in moralischer Hinsicht jeglicher Standpunkt und jegliche Haltung ebensogut durch einen anderen und durch eine andere ersetzt werden könnten. Es führt als gebundenes Gehen vielmehr zur Freiheit der Bejahung von Bindungen, also zum Einlösen der im Heim-zum-Raum, Heim-zur-Zeit und im Heim-zum-Mitheim liegenden Qualitäten. Diese Strukturelemente werden daher von mir nicht als neutrale, objektive Größen verstanden, sondern aus ihrem wesentlichen Bezug zum Menschen her gedeutet.

Als Strukturelemente bzw. Dimensionen des Menschen als Heim-weg können Sich-Orten, Sich-Zeitigen und Sich-Begegnen genannt werden. Diese Strukturelemente sind nicht statisch allein auf sich bezogen, weil sie in sich die Differenz und die Spannung zum Austrag bringen, die aufgrund der anthropo-ontologischen Verfaßtheit des Menschen als Heim-weg besteht. Sie zeigen daher ein Spannungsfeld bzw. ein Spannungsverhältnis an, das aus dem wechselweisen Bezug des Menschen zwischen seinem Sich-Binden- und Sich-richten-Müssen hervorgeht und das deutlich macht, in welcher Hinsicht der Mensch auf Heimat hin sein kann und letztlich auch sein muß, wenn er sich entsprechen will.

Die sinnhafte Hervorbringung dieser Grundstruktur geschieht folglich in einem Gerichtet- und Geortet-Sein des Menschen im Heim seines Heim-wegs, von der aus in einer Bewegung vom Hier zum Dort, von der Nähe in die Ferne, vom Vertrauten zum Fremden Ausrichtungen möglich sind. Das bedeutet, daß der Prozeß der Identitäts- und Identifikationsbildung sich in der Auseinandersetzung und Abgrenzung von sich, vom Anderen und Fremdem vollzieht, aber sein Telos im Heim hat. Auf diese Weise wird es möglich, den im Laufe eines Lebens sich vollziehenden Vorgang der Einheits- und Identitätsstiftung als den des Tieferwerdens bestimmen zu können, insofern in ihm der Prozeß des Beheimatens geschieht, also die Realisierung der Struktur des Heim-wegs.

Die einzelnen Strukturmomente bzw. Spannungsverhältnisse werfen daher eine Reihe von Fragen und Problemen auf, die in der bisherigen Geschichte der Philosophie als philosophische Grundprobleme ersten Ranges – Raum, Zeit und Mitmensch – aufgefaßt wurden, die in einer unüberschaubaren Fülle in Monographien und Abhandlungen näher untersucht wurden. Deutet man, wie gesagt, jedes dieser Themen als Dimension bzw. Strukturelement des einheitlichen Spannungs- und Strukturzusammenhanges Heim-weg, das von ihm her in den Blick genommen werden muß, dann wird die innere Einheit dieser Grundthemen sichtbar und sie zerfallen nicht in Partikularitäten.

Philosophie, die das Denken des Menschen als Heim-weg und dergestalt das Denken von Heimat ist und als solche die Suche nach dem ‚von woher?' und ‚woraufhin?' bedeutet, stellt daher einerseits die Frage nach der transzendentalen Verfaßtheit des Menschen, also nach dem Wesen des Menschen als Heim-weg. Andererseits bewegt sich Philosophie als das Denken von Heimat stets auch in diesem Problemzusammenhang, in dem eine Antwort bereits vorgelegt wurde, was im zweiten Teil der vorliegenden Arbeit Heimat der Philosophie berücksichtigt wird.

§ 1: Sich-Orten

Im folgenden versuche ich eine Deutung des Raums auf dem Hintergrund der vorliegenden Deutung des Menschen als Heim-weg vorzunehmen. Es geht folglich nicht um eine Analyse oder um eine Darstellung der beinahe unübersichtlichen Fülle an Raumtheorien,[1] sondern um die Erscheinungsweise des Raums, die in Entsprechung zur Struktur des Menschen steht und die als Heimat gefaßt wird. Dabei kann ich zunächst an die Überlegungen von Maurice Merleau-Ponty anknüpfen. Er weist darauf hin, daß wir nicht sagen dürfen, „unser Leib sei *im* Raume, wie übrigens ebensowenig, er sei *in* der Zeit. Er *wohnt* (vielmehr) Raum und Zeit *ein*."[2] Der Mensch als Leib ist stets „zum Raum und zur Zeit", er „heftet sich ihnen an und umfängt sie".[3] Denn: Der Raum (und die Zeit) ist „in der Struktur meines Leibes schon vorgezeichnet, als dessen unablösliches Korrelat".[4] Der Mensch kann daher mit Merleau-Ponty, grundsätzlich betrachtet, als „Sein-zum-Raume" gedeutet werden, weil er stets durch seinen Leib in den Raum eingeführt ist. Der Mensch steht als leibliches Wesen folglich von vornherein in der Unhintergehbarkeit einer ‚Verräumlichung', d. h. er steht in einer wesentlichen Beziehung zum Raum, bei der Mensch und Raum wechselweise zusammengehören.[5]

---

1 Eine gute Übersicht bietet das enzyklopädisch angelegte Werk von Alexander Gosztonyi: Der Raum. Geschichte seiner Probleme in Philosophie und Wissenschaften. 2 Bde. Freiburg/München 1976. Siehe auch die kenntnisreiche Untersuchung, insb. zum Begriff des Raumes in der modernen Physik, von Max Jammer: Das Problem des Raumes. Die Entwicklung der Raumtheorien. Darmstadt 1960.

2 Merleau-Ponty: Phänomenologie der Wahrnehmung, 169.

3 Ebd., 170.

4 Ebd., 171.

5 Auf diesen Sachverhalt hat explizit Martin Heidegger in seiner „existentialen Analytik des Daseins" in *Sein und Zeit* hingewiesen: „*Der Raum ist weder im Subjekt, noch ist die Welt im Raum.* (...) das Dasein, ist in einem ursprünglichen Sinn räumlich." (Martin Heidegger: Sein und Zeit. 15. Aufl. Tübingen 1984, 111)
Eine Begründung dieses Sachverhalts geht m. E. nicht nur an dem Problem der Frage nach der Art und Weise der Strukturierung des Raumes vorbei, sie ist darüber hinaus auch sinnlos. Dies hat bereits Merleau-Ponty deutlich hervorgehoben: „Es ist dem Raum wesentlich, ‚je schon konstituiert' zu sein, und nie vermöchten wir ihn zu verstehen, zögen wir uns in eine Wahrnehmung ohne Welt zurück. Nicht gilt es, zu fragen, warum das Sein orientiert ist, warum die Existenz eine räumliche ist, warum (...) der Leib nicht in allen Stellungen Anhalt an der Welt findet und warum seine Koexistenz mit der Welt die Erfahrung polarisiert und desgleichen wie Richtung entspringen läßt. Diese Fragen wären zu stellen nur, wenn diese Tatsachen lediglich Zufälle für an sich dem Raum gleichgültig gegenüberstehende Subjekte und Objekte wären. Die Wahrnehmungserfahrung zeigt

Auf dem Hintergrund dieser Neudeutung des Verhältnisses Mensch und Raum bzw. Mensch und Zeit, läßt sich die von Merleau-Ponty benannte Struktur des Leibes als Sein-zum-Raum angesichts der vorliegenden Deutung des Menschen als *Heim-zum-Raum* fassen. Das bedeutet: Der Mensch steht als Heim-weg in einem ursprünglichen Beziehungsverhältnis zum Raum, das in zeitlich-logischer Hinsicht einen Primat vor möglichen anderen Erscheinungsformen des Raumes beansprucht. ‚Raum' meint hier natürlich nicht den physikalisch-mathematischen Raum, sondern er erweist sich, wie gezeigt wird, vom Menschen als Heim-weg her als Heimat.

Entsprechend der Doppelstruktur des Menschen trägt der Raum Heimat ein ‚Doppelgesicht': Er ist einerseits in seiner Beziehung zum Menschen als ‚Heim-' ein gestimmter Raum und andererseits in seiner Beziehung zum Menschen als ‚-weg' gelebter und erlebter Raum. In diesem Zugleich spricht sich das Heimischsein und das Unterwegssein des Menschen als Bindung an einen Ort und als ein Sich-Ausrichten im Sinne eines Sich-Orientierens innerhalb dieses Ortes aus, wodurch der Ort zum vorausgesetzten[6] und zum konkret gelebten Raum wird. In diesem Zugleich erweist sich der Mensch als ein Zwischenwesen, dem die Aufgabe zukommt, diese in ihm zum Austrag kommende Spannung zwischen Wohnen und Unterwegssein bis zum Äußersten voranzutreiben, sie auszuhalten und in Entsprechung die beiden ‚Erscheinungsformen' des Raumes in ihrer ursprünglichen Bezogenheit auf sein Wesen zu verstehen. Nur in der bewußten Akzeptanz des Doppelgesichts Raum, in dem er sich geborgen fühlt und von dem er sich distanzierend wegbewegt, entgeht der Mensch einerseits einem blinden emotionalen Aufgehen in einer konkreten Heimat, die in der Geschichte auf Boden und Erde verengt wurde und auf politischer Ebene fatalerweise in die Blut-und-Boden-Ideologie integriert werden konnte, und er entgeht andererseits einem ortlosen Umherziehen in der Fremde, das heutzutage als wirkliches Einlösen der Freiheit fälschlicherweise propagiert wird.

In der wesentlichen Bindung des Menschen an den Raum spricht sich etwas *Totales* aus: Wir ‚bauen' Heimat nicht sukzessive in Teilstücken auf, sondern sind mit ihr als Heim- emotional vollständig verbunden, und wir erleben und erfahren sie als -weg stets als Ganzes. In dieser Totalempfindung und Totaleroberung nehmen wir Ausdifferenzierungen und Strukturierungen vor und distanzieren uns partiell in dieser oder in jener Hinsicht. Diesen Sachverhalt haben sowohl Eduard Spranger als auch Erwin Straus in unterschiedlichen Kontexten und mit differierenden Implikationen nachdrücklich thematisiert.

---

uns aber ganz im Gegenteil, daß sie in unserer primordialen Begegnung mit dem Sein vorausgesetzt sind, daß Sein Orientiertsein heißt." Merleau-Ponty: Phänomenologie der Wahrnehmung, 294.

6 Grundsätzlich betrachtet ist der Raum stets *allen* Realisationsweisen des Räumlichen vorausgesetzt und als solcher nicht wahrnehmbar. Das heißt, er ist, wie Merleau-Ponty hervorhebt, „weder ein Gegenstand, noch ein Verbindungsakt des Subjekts, er ist weder beobachtbar, da in aller Beobachtung schon vorausgesetzt, noch in seinem Entspringen aus einer konstituierenden Leistung sichtbar, da ihm, je schon konstituiert zu sein, wesentlich ist; und so vermag er auf magische Weise einer jeden Umgebung ihre räumliche Bestimmtheit zu verleihen, ohne je selbst zu erscheinen." Merleau-Ponty: Phänomenologie der Wahrnehmung, 297.

Eduard Spranger macht in seinem 1923 gehaltenen Vortrag *Vom Bildungswert der Heimatkunde* entschieden darauf aufmerksam, daß Heimat allererst aus der „totalen Einwurzelung in die nächste Lebensumgebung“ hervorgeht:

> „Das tiefe Verwachsensein aller Lebensenergien mit dem Boden läßt ihn erst zur Heimat werden. Oder deutlicher gesagt: Von Heimat reden wir, wenn ein Fleck Erde betrachtet wird unter dem Gesichtspunkt seiner Totalbedeutung für die *Erlebniswelt* der dort lebenden Menschengruppe. *Heimat ist erlebte und erlebbare Totalverbundenheit mit dem Boden.* Und noch mehr: *Heimat ist geistiges Wurzelgefühl.* Eben deshalb kann die Heimat nie als bloße Natur angesehen werden: sie ist erlebnismäßig angeeignete, folglich durchgeistigte und zuletzt durchaus persönlich gefärbte Natur.“[7]

Aus diesem zentralen Zitat geht hervor, daß für Spranger Heimat das emotionale und geistige Verbundensein des Menschen mit seinem Raum bedeutet. Der Mensch ist mit all seinem Fühlen und Denken an diesen Ort gebunden, in den er sich hineingelebt hat und mit dem er innerlich verwachsen ist. Die rationale Dimension ist hier folglich nicht ausgeschaltet, sondern sie fließt in das Emotionale ein, ist also mit dem Subjektiven des Menschen verwoben. In der oben angeführten Wendung „Heimat ist ein geistiges Wurzelgefühl“ kommt diese Verschränkung zwischen Fühlen und Denken sprechend zum Ausdruck. Für Spranger ist es deshalb falsch, Heimat – quasi äußerlich – ausschließlich als Geburtsort zu bestimmen, der nur über die Tatsache ‚hier ist man geboren‘ Bedeutung hat. „Zur Heimat wird diese gegebene Geburtsstätte erst dann, wenn man sich in sie hineingelebt hat“[8] und sie mit dem Menschen identisch geworden ist.

Das Außen und das Innen gehen auf diese Weise ineinander über, ja, „die Umwelt ist“, wie Spranger schreibt, „in mein Innenleben hineingezogen, sie ist ein Stück von mir selbst geworden.“[9] In diesem Einswerden des Menschen mit seinem Ort spricht sich das sog. Totale aus: Der Mensch gehört mit allen Dimensionen seines Seins diesem Raum an, den er im Prozeß seines Beheimatens zu seiner Heimat gemacht hat. Er wurzelt mit all seinen Fähigkeiten und all seinen „Lebensenergien“ in ihr und kann seinem tieferen Dasein einen Mittelpunkt geben.[10]

---

7 Spranger: Der Bildungswert der Heimatkunde, 12. Das Wort „Wurzelgefühl“ verweist darauf, daß für Spranger der Mensch in der Erde wurzelt und „im belebenden Kraftaustausch mit der Heimaterde und *ihrer* Individualität lebt“. Daher kann der Großstädter zwar durchaus ein starkes Heimatgefühl haben, er kann aber „nicht mehr tief einwurzeln (..) in den Boden und die umfangenden, seelisch schützenden Kräfte des Bodens.“ Ebd., 18. Diese Auffassung ist problematisch. Transferiert man sie nämlich aus diesem a-politischen Kontext in einen politischen Raum ist der Weg nicht weit zur ‚Blut-und-Boden‘-Ideologie. Die Identifikation des Menschen mit der Erde und ihren Kräften, aus der heraus er lebt und psychisch geschützt wird, wird dann zu einer Identifikation des Menschen mit seinem Vaterland, das er mit seinem Blut zu verteidigen hat.

8 Ebd., 11.

9 Ebd., 17.

10 Vgl. ebd., 5 und 12.

Das heißt: Wenn man nach Spranger von Heimat sprechen will, dann muß sich zunächst eine subjektive Anverwandlung und Aneignung eines Ortes vollzogen haben, mit dem ein Wissen um die „erfaßbare sachliche Beschaffenheit“ der Heimat einhergeht.[11]

> „Auf der tieferen Kenntnis dieses ihres Wesens baut sich erst die echte und tiefere Heimatliebe auf. Deshalb suchen wir Heimatkunde, weil wir in ihr die natürlichen und geistigen Wurzeln unserer Existenz erfassen. Wir durchleuchten unsere Liebe mit Erkenntnis; wir besinnen uns auf den Zusammenhang von Tatsachen und Gesetzlichkeiten, in die wir selbst mit unserem ganzen leiblich-geistigen Wesen verflochten sind.“[12]

Die Heimatliebe ist daher kein unreflektiert-naives Gefühl, das blind an seinem ‚Gegenstand‘ festhält. Sie hat zu ihrer Voraussetzung vielmehr das Wissen von den Gegenständen in diesem spezifischen Raum- und Zeitausschnitt und von den Sinnbeziehungen, die hier gelten.

Die eigentümliche Blickrichtung, in der die Heimatkunde die vielfältigen Beziehungen des Menschen zwischen sich und seiner Heimat erfaßt, variiert entsprechend der Besonderheit des Menschen, der als Repräsentant einer „relativ individuelle(n) Menschengruppe“ anzusehen ist.[13] Heimatkunde ist daher nicht objektiv und allgemeingültig, sondern sie hat einen „Individualitätskoeffizienten“ und ist folglich an diesen „ganz zufällig von der Lebenslage des Betrachters bestimmten Standort (rückgebunden), der sich in den verschiedenen Heimatkunden mannigfach verschieben kann.“[14] Die Möglichkeit der Verschiebung des Standortes des Betrachters zeigt an, daß es für Spranger nicht dieselbe Wirklichkeit gibt, in der alle Menschen unterschiedslos leben. Vielmehr erblicken wir „unsere Wirklichkeit immer schon unter dem Gesichtspunkt ihrer Wert- und Sinnbedeutung für uns“.[15] Die unter erkenntnistheoretischer Perspektive vorgenommene Konstruktion der Wirklichkeit steht demnach der tatsächlich erlebten Wirklichkeit gegenüber, die durch einen „jeweilig besonderen Gehalt und mit erlebbaren Sinnbeziehungen“ angefüllt ist.[16] Aus dieser erstellt der Einzelne sein „ganz individuelles Wirklichkeitsrelief“, in dem enthalten ist, „was gerade er an seiner Umgebung als bedeutsam erlebt und als wesentlich betrachtet.“[17]

An die Heimatkunde ergeht von hierher die Aufgabe, die beiden Wesenszüge des Menschen, die „natürlichen und geistigen Wurzeln unserer Existenz (zu) erfassen“ und die Heimatliebe mit Erkenntnis zu durchleuchten.[18] Zusammenfassend läßt sich die „wissenschaftliche Heimatkunde“ mit Spranger definitionsähnlich folgendermaßen bestimmen: Sie ist *„das geordnete Wissen um das Verbundensein des Menschen in allen*

---

11 Vgl. ebd., 5.

12 Ebd., 6.

13 Vgl. ebd., 9.

14 Ebd., 9.

15 Ebd., 14.

16 Vgl. ebd., 13.

17 Ebd., 14. Das bedeutet nicht, daß die Heimatkunde lediglich diese subjektiv-relative Seite in den Blick nimmt. Siehe dazu: Der Bildungswert der Heimatkunde, 22.

18 Ebd., 6.

seinen naturhaften und geistigen Lebensbeziehungen mit einem besonderen Fleck Erde, der für ihn Geburtsort oder mindestens dauernder Wohnort ist.“[19]

Ein wichtiger Aspekt kommt hinzu: Neben der rationalen und emotionalen Dimension ist für Spranger dem Heimaterlebnis stets die religiöse Dimension immanent. So bezeichnet er die Beziehung des Menschen zu seiner Heimat, genauer gesagt, zur Natur und zum Boden, durch die sie für ihn in einer bestimmten Hinsicht sinnvoll wird, als ein „Band“: „So mannigfach die Sinnrichtungen sind, in denen der Mensch zu erleben vermag, so mannigfaltig sind die Bänder, die uns an die Heimat knüpfen. Sie alle laufen zusammen an einem letzten Gesamtsinn, der religiös genannt werden muß.“[20] Gott ist gleichsam der Fluchtpunkt, in dem alle Fäden zusammenlaufen, durch die man sich ihm annähern kann:

> „Denn alles bereits gefundene Wissen dient nur dazu, sich an diesen Lebensfäden entlang in das Herz alles Lebens zurückzutasten, in den Mittelpunkt hinein, aus dem heraus man selber lebt und der – um in Rankes metaphysischer Sprache zu reden –: ‚unmittelbar zu Gott ist‘.“[21]

Erst von hierher wird verständlich, warum Spranger zufolge der Erde bzw. dem Boden, in dem der heimatliche Mensch wurzelt, seelisch schützende Kräfte immanent sind. Sie verweisen letztlich über den Menschen hinaus auf die in der Natur angelegten Sinnspuren, durch die man zu Gott gelangen kann. In seiner Nähe findet der Mensch seinen eigenen Mittelpunkt, der sich nun gerade dadurch ausweist, nicht nur menschlich, sondern menschlich-göttlich zu sein.

Erwin Straus verfolgt in seinem Buch *Vom Sinn der Sinne*, das in zweiter, vermehrter Auflage 1956 erschienen ist, primär das Ziel, das sinnliche Empfinden in scharfer Kritik an Pawlows Lehre von den bedingten Reflexen zu beschreiben und sein Wesen zu kennzeichnen. Daher ist das Subjekt des Empfindens für ihn zunächst *„ein lebendiger Mensch“* und nicht z. B. eine erkenntnistheoretisch verallgemeinerte oder auch sinnesphysiologisch verdinglichte ‚Konstruktion‘.[22] Entsprechend charakterisiert er „das Empfinden als eine Weise lebendigen Seins“, das gerade *„keine Form des Erkennens“* ist.[23]

Im Zusammenhang mit der aufgeworfenen Frage nach dem Totalitätsverhältnis, das zwischen dem Menschen und der Welt besteht, spricht er dieses auch dem Tier zu, weil es ebenso als beseeltes Wesen durch ein Sich-Empfinden und ein Sich-Bewegen zu kennzeichnen ist. Das bedeutet: Weil Mensch und Tier durch ein Empfinden und Bewegen ausgestattet sind, stehen sie ursprünglich diesem Insgesamt der Welt gegenüber, das sie erleben können:

---

19 Ebd., 10.
20 Ebd., 19.
21 Ebd., 21.
22 Vgl. Erwin Straus: Vom Sinn der Sinne. 2., verm. Aufl. Berlin/Göttingen/Heidelberg 1956, 16f.
23 Vgl. ebd., 1 und 17.

> „Mit der Beseelung geschieht eine radikale Änderung: von nun an gibt es ein *Verhältnis* zur Welt. Das Tier, der Mensch *ist* in einem solchem Verhältnis; im Empfinden habe ich mehr als ein bloßes sinnliches Quale; im Empfinden habe ich mich, mich *und* das Andere, die Welt.“[24]

Aus dem einheitlichen Empfinden[25] geht zwangsläufig das unhintergehbare Totalitätsverhältnis hervor, im Zuge dessen Mensch und Tier allererst Grenzen erfahren können. Das jeweilige Individuum löst nun sein Totalitätsverhältnis in einer jeweils spezifischen Weise ein, wie umgekehrt betrachtet, er „ein Totalitätsverhältnis zur Welt jeweils anders begrenzt in den einzelnen Empfindungen“ vorfindet.[26] Eine einzelne Empfindung ist für Straus daher die Aktualisierung des potentiellen Verhältnisses zur Welt und eine jeweilige Grenzziehung. Über diese treibt ihn die Bewegung wieder hinaus und läßt eine neue, ihn umschließende Grenze entstehen: „Das Ich, das im Wechsel seiner Erlebnisse eines bleibt, ist ein *werdendes* Ich. Als Werdendes ist ihm jedes seiner Momente nur eine jeweilige Begrenzung seiner Totalität.“[27]

Aus diesem Zitat geht zum einen die Zusammengehörigkeit zwischen Totalität und Begrenzung bzw. Grenze, die ich zuvor bereits angesprochen habe, hervor. Die aufgrund des Empfindens der Möglichkeit nach bestehende ursprüngliche Totalitätsbeziehung zwischen Mensch/Tier und Welt wird faktisch durch die Notwendigkeit des Individuums eingegrenzt, seine eigenen Bewegungen zu vollziehen und in Einzelempfindungen sich und seine Welt zu haben.

Zum anderen macht das Zitat deutlich, daß das Empfinden des Menschen in Einzelempfindungen nicht auf- und zerteilt werden kann, erlebt er doch „empfindend sich und die Welt im Wandel des Werdens“.[28] Mit jedem Empfinden ist daher die Zeit untrennbar verbunden, die im „Jetzt“ und „Hier“, im Zeitpunkt als Ausdruck einer Grenzsetzung, vom Menschen erlebt wird, er also seine Beziehung zur Welt als Werdende und sich selbst als Werdenden erfährt.

Bisher wurde deutlich: Das ursprüngliche Totalitätsverhältnis des Menschen zum Raum, in dem sich die grundsätzliche Zusammengehörigkeit zwischen Ich und Welt ausspricht, wird durch das Empfinden im Individuum aktualisiert. Dabei wurde noch nicht thematisiert, daß Straus die „Ferne“ als „raumzeitliche Form des Empfindens“ deutet.[29] Das heißt: Der Mensch, der sich in der Welt bewegend in ihr ausrichtet, versucht jenes, was er noch nicht hat, zu erreichen:

> „Nur sofern ich mich auf die Welt richte, nach dem, was ich nicht habe, verlangend strebe und, nach dem Anderen verlangend, mich selbst verändere, kann es für mich Nahes und Fernes geben. Weil ich mich nähern kann, gibt es für mich Nähe und Ferne. Die dritte Dimension, die Raum-Tiefe, ist kein rein optisches Phänomen. Der Sehende ist ein bewegliches Wesen. Nur

---

[24] Ebd., 254.

[25] Für Straus ist dieses einheitliche Empfinden nur vom Erleben her zu verstehen und daher nicht die Summe der einzelnen Empfindungen. Hier bleibt man seines Erachtens in der Physik und der Physiologie stecken. Vgl. ebd., 255.

[26] Ebd., 255.

[27] Ebd., 256.

[28] Vgl. ebd., 367.

[29] Vgl. ebd., 405, 408.

für ein solches kann der Raum in Regionen der Abständigkeit gegliedert erscheinen. Die Ferne ist darum relativ auf ein werdendes, begehrendes Wesen. Seine Reichweite bestimmt die Gliederung der Ferne in Ferne und Nähe."[30]

Durch dieses Zitat wird deutlich, daß das Empfinden sich in der Ferne realisiert. Nähe und Ferne stehen dabei nicht in einem Gegensatz zueinander, sondern die Ferne schließt als Urphänomen die Nähe in sich ein. Ferne und Mensch sind korrelativ: der Mensch, der sinnlich empfindet und sich bewegt, erobert von seinem Hier und Jetzt aus das Dort, also den Ort, an dem er sich noch nicht befindet und der als angestrebtes Künftiges noch vor ihm liegt. Innerhalb dieser Ferne gliedert der Mensch den Raum in nah und fern, d. h. er differenziert den Raum aufgrund der ihm möglichen Annäherungsbewegung an ein Dort in Abstandsbereiche aus.[31]

Von hierher können Straus' Überlegungen zur Heimat in den Blick genommen werden. Sie spielen in dieser Untersuchung lediglich eine untergeordnete Rolle und finden sich in Zusammenhang mit seiner Unterscheidung von landschaftlichem und geographischem Raum.[32] Der geographische Raum ist der „Raum der menschlichen Wahrnehmungswelt": er hat keine Horizonte, ist „geschlossen", „systematisiert" und ein folglich „in seiner ganzen Struktur (..) durchsichtiger Raum".[33] Der landschaftliche Raum ist demgegenüber „ein Teilraum", der sich im Empfinden erschließt und auf Ferne bezogen ist. In ihm umschließt uns ein Horizont, der sich mit der Bewegung, die wir vollziehen, verschiebt.

Straus macht in einer Fußnote deutlich, daß Heimat ein geographischer Raum ist, hinsichtlich dessen sich im Laufe der Jahrhunderte eine tiefgreifende Veränderung vollzogen hat. Während früher um eine „geschlossene wohlbekannte Mitte" herum sich das Unbekannte und Fremde in konzentrischen Kreise erstreckt hat, wodurch „alles in Ordnung" war, wurde im Zuge der totalen Erschließung auch des entlegensten Winkels der Erde der Mensch gleichsam aus dieser Mitte vertrieben und in die Peripherie versetzt: „Auch der seßhafte Bauer lebt nicht mehr in der Mitte seiner Welt. Jetzt ist auch für ihn sein Ort einer neben vielen anderen, fernab der großen Straße."[34] Dieses Moment der Mitte bzw. des Zentrums läßt sich durch die Momente „sich-entfernen" und „zurückkehren" und „unterwegs" ergänzen, die Straus im Rahmen seiner Unterscheidung des „präsentischen" und „historischen" Raums benennt.

Der Gedanke der Vertreibung aus einer Mitte schlägt sich für Straus auch bei der Veränderung des geozentrischen zum heliozentrischen Weltbild nieder, weil nun „die Erde aus der Mitte unserer Welt gewichen" ist. Heute ist eine Verschärfung dieser Situation festzustellen, denn nun hat auch unsere Wahrnehmungswelt jeglichen Mittelpunkt verloren: „Insofern haben wir sozusagen keine irdische Heimat mehr, nur noch

30 Ebd., 408.
31 Vgl. zu dem Gesagten insb. ebd., 409.
32 Vgl. ebd., 335–341.
33 Vgl. ebd., 335.
34 Ebd., 336.

Aufenthalte, was sich in der Unruhe des modernen Menschen, der enzyklopädisch lebt, äußert."[35]

Der heimatlose Mensch, den Straus bereits in den dreißiger bzw. fünfziger Jahren diagnostiziert hat, hat nirgendwo sein Zentrum, von dem aus er sich in der Welt zu orientieren versucht. Stattdessen hält er sich flüchtig an diesem und an jenem Ort auf, ohne wirklich zu wohnen, eine tiefere Bindung einzugehen und die dazu notwendige Zeit aufzubringen.

Sowohl Spranger als auch Straus wurden primär unter der Perspektive der totalen Bindung des Menschen an den Ort in den Blick genommen, die für Heimat konstitutiv ist.

Diese Bindung ist sowohl emotional als auch rational, d. h. es fließt in sie neben den Gefühlswerten auch die sachliche Dimension ein. In diesem Sinn ist der Mensch als Heim-weg nicht fakultativ auf diesen oder jenen Raum bezogen, sondern er steht ursprünglich mit genau dieser Heimat in einer wesentlichen Beziehung. In sie wird er als das Insgesamt des ihn umgebenden Umraums bei seiner Geburt hineinversetzt, d. h. ihm wird gleichsam ein Ausschnitt der Welt als die zunächst Seinige zugeteilt. Innerhalb dieser notwendigen Begrenzung der Totalitätsmöglichkeit in der Faktizität des konkreten Lebens bewegt sich das Individuum, und zwar nicht ausschließlich intellektuell, sondern in der Verschränkung seiner emotionalen, volitiven und rationalen Fähigkeiten.

Heimat ist daher der Ort, an dem wir uns mit all unseren Vermögen geborgen fühlen. Er spricht und rührt uns an, weil die in ihm zum Ausdruck kommenden Sinnzusammenhänge in unserer Emotionalität Widerhall finden. Sie können auf der rationalen Ebene zum Gegenstand erhoben und versachlicht werden. Heimat ohne emotionale Bindung hört folglich auf, Heimat zu sein. Sie wird als ein bloßer Ort austauschbar, wodurch an dessen Stelle jederzeit ein anderer rücken kann. Will der Mensch folglich eine zweite Heimat finden, hat er die im Phänomen der Geborgenheit möglich werdende Bindung an den neuen Ort zu entfalten – ein Prozeß, der gewünscht und gewollt, aber nicht erzwungen werden kann.

Im Totalitätsverhältnis zwischen dem Menschen und seinem Raum spricht sich daher nicht primär die Möglichkeit aus, wie Straus sagt, prinzipiell ein Verhältnis zur Welt zu haben, sondern prinzipiell ein Verhältnis zu genau dieser Welt der Heimat zu haben. Für den Menschen ist als Heim-zum-Raum diese Bindung eine Totale, d. h. sie durchdringt ihn folglich als Ganzen, gleichsam quer durch die Fülle seines Seins hindurch. Und hier wird sichtbar, daß Heimat genauso wenig ‚verordnet' werden kann, wie es unmöglich ist, Liebe ‚verabreichen' zu wollen. Beide Phänomene sprechen in uns eine Dimension an, die wir nicht in der Hand haben: Wir können zwar versuchen, uns zu öffnen, der ‚Erfolg' geht aber über unsere Anstrengung hinaus.

Ein weiteres kommt hinzu: Das Totalitätsverhältnis des Menschen zum Raum entsteht nicht erst im Laufe des menschlichen Lebens, es geht vielmehr aus der aufgewiesenen Struktur des Menschen als Heim-weg hervor und erhält von ihr her ihre Fundierung und ihr Fundiertsein. Das bedeutet: Die Bedingung der Möglichkeit von Heimat

---

35 Straus: Vom Sinn der Sinne, 336.

resultiert aus der einheitlichen Doppelstruktur des Menschen, die ihm als Heim-zum-Raum potentiell eine wesentliche Bindung an einen Raum ermöglicht, der in der vorliegenden Arbeit als Heimat gefaßt wird. Aus der konstitutionellen Verfaßtheit des Menschen erwächst daher die Bindung des Menschen an Heimat: Mensch und Heimat können wechselweise aufeinander bezogen sein und wesentlich zusammengehören, weil der Mensch als Heim-weg der Möglichkeit nach auf einen Raum hin ausgerichtet ist, in den er eingebunden ist und in dem er sich zu orientieren versucht.

Dieses Wohnen des Menschen steht, wie bei den beiden Seiten einer Medaille, untrennbar mit dem Gehen in Zusammenhang. Der Mensch hält seiner Möglichkeit nach nicht statisch an einem einmal gewonnenen Zustand des Heimischseins fest, sondern wohnend erobert er sich für ihn bisher unbekanntes und unbetretenes ‚Neuland' und gehend ist er an einem Ort seßhaft.

Emotionalität und Rationalität lassen sich in diesem einheitlichen Strukturzusammenhang auf die Strukturelemente Heim- bzw. -weg beziehen. Der Mensch als Heim- ist von vornherein zum Raum, zur Zeit und zum Mitmenschen. In diesen ursprünglichen Weisen des Sich-Beziehens kann sich eine Emotionalität aussprechen, die auf die Intensität und Tiefe der gelebten Bindung verweist. Sie steht für das unverwechselbar Individuelle und stellt sich quer zum beliebigen Austausch und raschen Ersatz. Die erlebte und erfahrene Bindung des Menschen an seine ‚Wohnung' Heimat macht diesen Ort folglich einzigartig – ebenso wie seine Geschichte, die in ihm lebenden Menschen, seine Sprache und die Vielfalt seiner möglichen Erscheinungsweisen. Von hierher kann ein Verständnis dafür entwickelt werden, warum Heimat bisher für den Menschen eine so große Bedeutung gehabt hat und wohl auch weiter haben wird, sofern er diese Möglichkeit erkennt und zu realisieren versucht.

Der Mensch als -weg ist allerdings nicht unkritisch diesem Ort verfallen. Während er sich bei seinem Unterwegssein auf gewohnten Bahnen bewegt, trifft er stets von neuem auf das Fremde und Unbekannte, dem er sich, wenn ihm sein Wohnen in der Geborgenheit, der Ruhe und im Vertrauen gelingt, voll Selbstvertrauen öffnen kann, um es in das Insgesamt seines Denkens, Fühlens und Wollens zu integrieren. Hier kommt die rationale Seite des Menschen zum Austrag, die mit dem Gefühl in Spannung tritt, ja treten muß, wenn sie nicht zu blinder Heimatliebe führen soll. Der Mensch, der sich in seinem Haus besinnen und in Distanz zu der gängigen Meinung treten kann, vermag in seinem Pendeln zwischen Wohnen und Gehen zugleich zwischen seinem Sich-Binden und Sich-Ausrichten zu pendeln und dadurch in seinem ‚Weggehen von' und ‚Hingehen zu' sich geistig von einer gefühlsmäßig eingenommenen Haltung zu entfernen.

Der von Straus gestellten Diagnose der Heimatlosigkeit des modernen Menschen, die sich in den letzten Jahrzehnten zweifelsohne verschärft hat, ist zuzustimmen. Insbesondere die durch die Arbeit eingeforderte Mobilität läßt viele Berufstätige im heutigen Europa ihrem Arbeitsplatz nachreisen. Man lebt zumeist in der Stadt, die einem ein Einkommen gewährt und zu der man für diese festumrissene Zeit eine Beziehung hat. Dies läßt sich daran aufweisen, daß das ursprüngliche Bindungsphänomen des Sich-Ortens immer stärker in den Hintergrund gedrängt wird und durch das Bindungsphänomen des Sich-Begegnens Ersatz findet. Beide werden nicht in ihrer Einheitlichkeit gesehen, sondern Heimat ausschließlich auf die Anwesenheit von bestimmten geliebten Menschen fokussiert.

Aus diesen Überlegungen heraus ergibt sich die Gliederung des vorliegenden Paragraphen. Im ersten Kapitel „Das ‚Doppelgesicht' des Raums" mache ich deutlich, daß der Raum, der dem Menschen einwohnt, gemäß der menschlichen Doppelstruktur stets ein gestimmter und ein gelebter und erlebter Raum zugleich ist. Denn das Gestimmtsein des Raums geht aus dem Heimischen und das Erleben und Gelebtwerden aus dem Unterwegssein des Menschen hervor und ist wesentlich an es gebunden.

Auf dem Hintergrund dieser grundsätzlichen Überlegungen wende ich mich im zweiten Kapitel „Das Wohnen des Menschen und die Geborgenheit" der heimischen Seite des Menschen zu. Dabei ist der Gedanke leitend, daß die Geborgenheit ein Grundphänomen ist, das aus der strukturellen Verfaßtheit des Menschen hervorgeht. In der Geborgenheit bindet der Mensch einen Ort ein, und es gelingt ihm, das ihm mögliche Wohnen zu übernehmen. Das meint, daß der Mensch dann seine Wohnung finden kann, wenn er sich entsprechend der in seiner heimischen Seite angelegten Tendenz zur Bindung verhält und das Primärphänomen der Geborgenheit angesichts seines innerstrukturell bedingten Kampfes zwischen Geborgenheit und Ungeborgenheit den Sieg erringt.

Im dritten Kapitel „Heimat-im-Unterwegs" versuche ich, die weghafte Seite des Menschen zu deuten. Dabei zeichne ich angesichts der Bandbreite und Vielfalt menschlicher Wege vier Hauptwege aus, die ich das Wandern in der Natur, das Gehen auf der Straße, das Fahren auf der Straße und das Surfen im Netz nenne und näher kennzeichne. Denn der Mensch wohnt nicht nur in seiner Geborgenheit und ist dergestalt, wie aufgewiesen wird, ein Wesen, das als ein Unterwegs-in-Heimat gefaßt werden kann, er erweist sich darüber hinaus vielmehr zugleich als ein Heimat-im-Unterwegs, aufgrund dessen er sich bei seinem Gehen nicht verliert und die Rückbindung an das Heimische seines Wesens gelingen kann.

Im vierten Kapitel „Der Mensch auf seinen Wegen" führe ich das zuvor Gesagte wieder zusammen und nehme es vertiefend in den Blick. Dabei frage ich danach, wie der Mensch in seinem wesentlichen Bezug zur Heimat auf Heimat hin ausschreitet, wie er folglich in der Nähe heimisch bzw. im Heimischsein wohnend sich zur Ferne und zur Weite verhalten kann.

1. Das ‚Doppelgesicht' des Raums

Der Mensch hat als ein Heim-zum-Raum von vornherein eine wesentliche Beziehung zum Raum, durch die er ihm nicht neutral und abstrakt gegenübersteht, sondern sich mitten in ihm bewegt und dabei sich und ihn erfahren kann. Das bedeutet, daß der Mensch Wirklichkeit im Lebens-, Sprach- und Handlungszusammenhang Heimat erfährt, wie umgekehrt seine Leiblichkeit stets ein gehendes Wohnen im Eigenraum und im Haus und ein wohnendes Gehen auf seinen Wegen einfordert. Es gibt für den Menschen daher keine Entscheidung gegen das Wohnen und gegen das mit ihm untrennbar verbundene Gehen, sondern nur für eine bestimmte Weise des Wohnens und Gehens, wird doch auch in der unbewußten Nicht-Wahl eine bestimmte Form einer räumlich-zeitlichen Situierung realisiert.

Die dem Menschen einwohnende Zugehörigkeit zum Raum wird traditionell zu Recht anhand des gestimmten und des erlebten und gelebten Raums sichtbar gemacht.[1] Dabei handelt es sich nicht um zwei in concreto voneinander abtrennbare Raumformen, sondern um eine methodische Abhebung ein und desselben Raums, durch die die beiden grundlegenden Weisen, wie der Mensch zum Raum sein kann, und wie sich entsprechend der Charakter und die Struktur dieses Raumhabens verändert, hervortreten.

Im folgenden möchte ich daher in zwei Schritten diese beiden grundlegenden Weisen, wie der Mensch zum Raum sein kann, kennzeichnen. Im Anschluß daran ist es möglich, sie auf die vorliegende Deutung des Menschen zu beziehen. Dabei wird sich zeigen, daß der gestimmte Raum, der auch ein gelebter Raum ist, und der gelebte Raum, der auch ein gestimmter ist, im Menschen als Heim-weg zusammenfließen. Entsprechend der menschlichen Doppelstruktur ist auch der Raum durch eine Ambivalenz ausgezeichnet, die sein ‚Doppelgesicht' genannt werden kann, in der er gestimmt und gelebt erscheint. Während das Gestimmtsein des Raums auf das Heimischsein bezogen werden kann, faltet sich der Raum durch das Unterwegssein des Menschen in den Lebensraum auf.

Das Wort ‚Doppelgesicht' macht kenntlich, daß die beiden Weisen des menschlichen Sich-Ortens zusammengehören. So wenig der Mensch in einem Haus ausschließlich wohnt – weil auch hier sich Wege öffnen –, so wenig ist das Heimische ausschließlich auf den gestimmten Raum bezogen, weil auch hier der Raum erlebt und gelebt wird. Allerdings kann in der Entsprechung, hier die heimische Seite und der gestimmte Raum, dort die weghafte Seite und der erlebte und gelebte Raum, sichtbar werden, wo die beiden Weisen der Verräumlichung entspringen. Denn m. E. geht der gestimmte Raum aus dem Heimischen des Menschen und der erlebte und gelebte Raum aus seinem Unterwegssein hervor.

---

1 Ludwig Binswanger setzt den gestimmten und den gelebten Raum gleich. Dies halte ich für falsch, weil darüber die im gestimmten Raum vorhandene Einheit zwischen Mensch und Welt und die im gelebten Raum vorhandene Einheit in der Differenz nicht unterschieden werden. Vgl. Ludwig Binswanger: Das Raumproblem in der Psychopathologie, insb. 200–207. In: Ausgewählte Vorträge und Aufsätze. Bd. 2, Bern 1955, 174–225.

a) Der gestimmte Raum

Fragt man einen heimatverbundenen Menschen, welche gefühlsmäßige Einstellung er zu seiner Heimat hat, wird er mit größter Wahrscheinlichkeit seine emotionale Verbundenheit kundtun und seine Heimat in den hellsten Farben und in den schönsten Tönen schildern. Würde ein Unbeteiligter diesen Ort schließlich aufsuchen, könnte es sein, daß er enttäuscht ist. Der zuvor so heiter und farbenfroh geschilderte Raum, hätte für ihn nichts Außergewöhnliches, ja, er würde ihm vielleicht sogar eher nüchtern und drükkend erscheinen. An diesen unterschiedlichen Gefühlsmomenten, mit denen zwei Menschen ein und denselben Raum belegen können, wird sichtbar, daß es keinen neutralen, sozusagen objektiven Raum gibt, in den der Mensch eintreten kann. Vielmehr ist der Mensch selber stets von einer Stimmung[2] ergriffen und wird in Entsprechung zu ihr stärker oder schwächer von dem Charakter des Raums bestimmt, in dem er sich gerade bewegt. Umgekehrt trägt jeder Raum immer schon seine eigenen Bedeutungen, durch die er den menschlichen Leib anspricht. Jeder Raum ist daher in einer bestimmten Hinsicht und in einer bestimmten Intensität gestimmt,[3] wodurch er z. B. feierlich oder sachlich, freundlich oder kühl erscheinen mag. Wir können folglich eine wechselseitige Abhängigkeit zwischen der Verfaßtheit des Menschen und der Atmosphäre des Raums erkennen.[4]

Diese Atmosphäre hat einen gewissen objektiven Gehalt, insofern sie nicht nur für den einen Menschen in einem einzigartigen Sinne erlebbar ist, sondern prinzipiell die Möglichkeit ihres Erlebens durch andere Menschen einschließt. Nur so kann der Stimmungscharakter einer Kirche, eines Fußballstadions, eines Restaurants oder eines Theaters auf den jeweiligen Besucher in einem gewissen entsprechenden Sinn übergehen, ist er sozusagen intersubjektiv vermittelbar.

Theodor Lipps verweist daher völlig zu Recht in seiner „Ästhetik" darauf, daß die Stimmung des Raumes nicht als eine „subjektive Angelegenheit" zu betrachten ist.

---

[2] Siehe zum Begriff der Stimmung die wichtige Untersuchung von Otto Friedrich Bollnow: Das Wesen der Stimmungen. Frankfurt am Main 1941 (3. Aufl. Freiburg 1956) sowie Heidegger: Sein und Zeit, 134 ff.

[3] Ludwig Binswanger hat als erster den Begriff des gestimmten Raums in dem bereits genannten Aufsatz *Das Raumproblem in der Psychopathologie* näher untersucht. Vgl. darüber hinaus insb. Otto Friedrich Bollnow: Mensch und Raum. 7. Aufl. Stuttgart/Berlin/Köln 1977, insb. 229–243; Elisabeth Ströker: Philosophische Untersuchungen zum Raum. Frankfurt am Main 1965, insb. 22–54. Der gestimmte Raum darf nicht mit dem von Erwin Straus gekennzeichneten „präsentischen" Raum gleichgesetzt werden, der in der einheitlich-präsentischen Bewegung des Tanzes erlebt wird und zweckfrei ist. Siehe Erwin Straus: Die Formen des Räumlichen, 172. In: Psychologie der menschlichen Welt. Gesammelte Schriften. Berlin/Göttingen/Heidelberg 1960, 141–178.

[4] Vgl. dazu Ströker: „Der gestimmte Raum ist mit mir als Vollzug meines gestimmten Seins, steht zu ihm im Verhältnis wechselseitiger Bedingung und Erfüllung zugleich – dies ist seine Seinsweise. In solchem Sinne geht sein Sein darin auf, Sein für ein Erlebnissubjekt zu sein, und er ist darüber hinaus ‚an sich' nichts." Elisabeth Ströker: Philosophische Untersuchungen zum Raum. 2. verb. Aufl. Frankfurt am Main 1977, 52.

Durch „die Weise, wie die Gegenstände im Raum *zusammen* sind, und sozusagen innerlich *Zwiesprache* halten, Zwiesprache unter sich oder mit Luft und Licht, in jedem Falle im Raume oder durch ihn hindurch", lebt eine bestimmte Stimmung im Raum und wohnt ihm eine „Raumseele" ein.[5] Diese kann vom Menschen empfunden werden, zumindest wenn er sich ihr nicht ‚verschließt' und sich von der den Raum ‚beseelenden' Weise ansprechen läßt. Es liegt folglich ein Entsprechungs- bzw. Korrespondenzverhältnis zwischen Mensch und Raum vor.

Das Ansprechen des Menschen auf die Stimmung des Raums wird von Dürckheim und Minkowski als „Resonanz" bezeichnet.[6] Im Menschen werden gleichsam die Saiten zum Klingen gebracht, die im Raum bereits schwingen. Daher haben, wie Dürckheim schreibt, die „aktuell erlebten Artungscharaktere (...) ihren seelischen Realgrund in der menschlichen Wesensstruktur des erlebenden Subjekts, und aus ihr heraus wird es wiederum von ihnen ‚berührt'."[7] Für Dürckheim erfüllt der Raum daher als „aktual-seelische Wirklichkeit von sphärischer Eigenbedeutung" den „ganzen Menschen mit einem bestimmten Zumutesein".[8]

Hier darf nicht übersehen werden, daß jeder nicht-natürliche, vom Menschen gestaltete Raum seine spezifische Stimmung durch die Hand des Menschen besitzt. Allererst aufgrund der durch den Menschen etablierten bedeutungstragenden Zeichen und der Art ihrer Anordnung kann der Raum eine bestimmte Atmosphäre verbreiten, also auf seinen eigenen, d. h. in ihn hineingelegten Charakter verweisen.

Seine Atmosphäre ist Menschenwerk, und er ist als menschlicher Raum vom Natur-Raum zu unterscheiden, in dem die vielzitierte Stimmung einer Landschaft zu finden ist.

Das Ansprechen geschieht beim gestimmten Raum vor- bzw. präreflexiv, geht es doch nicht aus einer Gegenüberstellung zwischen raumerfassendem Subjekt auf der einen Seite und dem Raum als Gegenstandsobjekt auf der anderen Seite hervor. Beide Seiten sind vielmehr ursprünglich miteinander verbunden, weshalb dem gestimmten Erleben jede Intentionalität fehlt.[9] Bollnow sieht daher die Stimmung als „Schlüsselphänomen für das Verständnis des erlebten Raumes", und er wählt sie im Anschluß an Heidegger als Ausgangspunkt, weil „sie noch vor der Ausbildung einer Scheidung von Objekt und Subjekt liegt": „Die Stimmung ist selber nichts Subjektives ‚im' Menschen und nichts Objektives, was ‚draußen' in seiner Umgebung vorfindbar wäre, sondern sie betrifft den Menschen in seiner noch ungeteilten Einheit mit seiner Umwelt."[10]

Hier kann auf das Problem einer begrifflichen Bestimmung des gestimmten Raums aufmerksam gemacht werden, das seinen Grund in der untrennbaren Einheit zwischen

---

5 Vgl. Theodor Lipps: Ästhetik. 2 Bde. Hamburg-Leipzig 1903 und 1906, 188–190.

6 Vgl. Karlfried von Dürckheim: Untersuchungen zum gelebten Raum, 445. In: Neue Psych. Stud. Bd. 6, H. 4, München 1932, 381–480. Und: Eugène Minkowski: Vers une Cosmologie. Paris 1936, 106.

7 Ebd., 449.

8 Von Dürckheim: Untersuchungen zum gelebten Raum, 407 f.

9 Vgl. Ströker: Philosophische Untersuchungen zum Raum, 23.

10 Bollnow: Mensch und Raum, 231.

Mensch und Raum hat: Wenn der Mensch als gestimmtes Wesen in dem Raum gleichsam aufgeht und in eine eigentümliche Nähe zu ihm einkehrt, ist das ‚Gegenüber' zur Welt zugunsten eines In- und Eins-Seins mit der Welt aufgehoben. Im Reden ‚über' den gestimmten Raum tritt man bereits aus ihm heraus und etabliert durch die Sprache eine Differenz, die dieses Zusammengehören aufbricht. Letztlich erweist sich dadurch, daß

> „(...) das Erlebnissubjekt in diesem Raum, obzwar in ihm in seiner ursprünglichsten Welthaltung und gleichsam *vor* aller rein gegenständlichen Zuwendung lebend, dennoch nicht *ohne* diese letztere in ihm lebt, es hat die gegenständliche Raumanschauung bereits ‚in seinem Rükken'. Darum trägt der gestimmte Raum notwendig Bestimmungen, die ihn nur als von dem Hintergrund des reinen Anschauungsraumes abhebbar erscheinen lassen, darum ist er niemals ganz frei von den Bestimmungen des letzteren."[11]

Im folgenden versuche ich mich dem gestimmten Raum zu nähern, indem ich seine Charaktere benennen und beschreiben werde. Dabei halte ich mich an die Ausführungen von Ströker, weil hier die wesentlichen Elemente des gestimmten Raums in gedrängter Form bereits gekennzeichnet wurden. Einige Vorbemerkungen zur Untersuchung Strökers seien vorangestellt.

Elisabeth Ströker setzt bei ihrer Habilitationsschrift zum Raum, die von Oskar Becker, Theodor Litt, Edmund Husserl und Martin Heidegger maßgeblich beeinflußt ist, beim Verhalten des Subjekts im Raum an, genauer gesagt, beim Erleben des Leibes. Den „konstitutiven Bezug des Subjekts zum Raum" sieht sie „in seiner Seinsweise als *Leibsubjekt*" gegründet. Am Leib und seinen Beziehungen zur Welt läßt sich die prinzipielle Aufgabenstellung der Phänomenologie bestimmen:

> „Nicht an einzelwissenschaftliche Aussagen *über* den Leib aber hat sich die phänomenologische Analyse zu halten, sondern streng und ausschließlich an den Leib selbst, wie er in seinem unmittelbaren Verhalten zur Welt sich gibt und wie er als solcher auch in jeder speziellen Leibeswissenschaft bereits vorausgesetzt ist."[12]

Der Gegenstand einer Phänomenologie des Raums sind daher nicht psychologische oder auch sinnesphysiologische Untersuchungen, sondern die Weisen, in denen sich der Leib zur Welt verhält.

Entsprechend seines spezifischen Verhaltens zur Welt sind für Ströker drei Weisen des Umweltbezugs aufzeigbar, zu denen je eine spezifische Raumstruktur gehört: „als gestimmter Leib ist der Leib Träger von Ausdrucksgehalten, als handelnder Leib ist er Ausgangspunkt zielgerichteter Tätigkeit, als Einheit der Sinne ist er Zentrum der Wahrnehmung."[13] Eine Analyse dieser erstgenannten Weise des Umweltbezuges soll im folgenden durchgeführt werden.

Der gestimmte Raum geht nicht in einer spezifischen Atmosphäre auf, sondern er verändert je nach Variation seines Ausdrucksgehaltes auch seinen Anmutungscharakter. Er kann sich gleichsam in einer Vielfalt von Räumen darstellen und sich je spezifisch auf der breiten Palette möglicher Sinn- und Bedeutungseinheiten dem Erleben mitteilen.

---

[11] Ströker: Philosophische Untersuchungen zum Raum, 28.
[12] Ebd., 79f.
[13] Ebd., 20.

So können wir beispielsweise nach einem Theaterbesuch auch noch in eine Kneipe gehen, wodurch das Atmosphärische nicht aufgehoben, sondern nur der Ausdrucksgehalt des jeweiligen Raumes verwandelt wird.[14] Der gestimmte Raum ist folglich, grundsätzlich betrachtet, in

> „(...) seiner ontologisch ursprünglichsten Form (...) diesseits der Bestimmung durch Zahl und Quantität, hat er seine eigentliche Charakteristik darin, Qualität, Ausdrucksfülle zu sein. Hier macht er zunächst das Umhafte aus, das ‚Atmosphärische‘, vom gestimmten Wesen in einer eigenen Unmittelbarkeit gewahrt. Raum seiner Arbeit, seiner Muße, seiner Feste, seiner Andacht, – Raum, den es liebt, haßt, fürchtet, meidet: Als Medium seiner Lebensverwirklichung trägt er je ein eigenes Gesicht, bedeutet er Unheil oder Schutz, Fremde oder Heimat, Stätte flüchtigen Aufenthalts oder dauernde Bleibe. Er ist je ein anderer, wie das Wesen, das in ihm lebt, je ein anderes ist."[15]

Die Struktur des gestimmten Raumes kann mit Ströker hinsichtlich seiner Fülle und Leere, des Ortes und der Lage, seiner Nähe und seiner Ferne, der Bewegung und der Richtung, verdeutlicht werden.

Das Ding im gestimmten Raum hat als Ausdrucksträger „nicht Eigenschaften, die wahrgenommen werden, es ‚mutet an‘ in seinen ‚Charakteren‘."[16] Form, Farbe, Größe und Ton sprechen gleichsam in ihrer Sprache unmittelbar zu uns. Sie werden nicht vergegenständlicht und quantifiziert (wie es im Anschauungsraum geschieht), sondern sie gehören zu einer gefügten und in sich ‚stimmigen‘ Ausdruckseinheit, von der sie ein Moment darstellen. Dieses atmosphärische Ganze läßt sich ohne seine Gestalten nicht denken, sind sie es doch, die ihn zu dem werden lassen, was er ist. Daher ist der gestimmte Raum „nicht nur durch seine Fülle gegeben und mit ihr gelebt, sondern er ist diese Fülle selbst. Ihr Verlust ist zugleich sein Verlust. Das ist der Grund, weshalb wir von ihr wie vom gestimmten Raum selbst sprechen."[17]

Von dieser Fülle her lassen sich auch der Ort und die Lage im gestimmten Raum näher charakterisieren. Weil sich der Raum nämlich als „geschlossene Ausdruckseinheit (bietet), die nur als unzerstückbares Ganzes bejaht oder abgelehnt, aufgenommen oder übersehen werden kann",[18] wird das Erleben des Menschen von ihm gestimmt oder nicht, die Frage nach einem bestimmten durch Maßverhältnisse angebbaren Ort, an dem sich der Mensch im gestimmten Raum befindet, zielt daran vorbei. Denn in einem Theater zu sitzen, die Atmosphäre bei der Aufführung auf sich wirken zu lassen, also durchstimmt zu werden, bedeutet nicht, dort seinen ‚Ort‘ in der zweiten Reihe, Platz Nummer 16 zu haben. Das kann zwar als Platzangabe richtig sein, allerdings ist der gestimmte Ort als solcher „keine pure Stellenmannigfaltigkeit, kein Dimensionssystem",[19] weshalb der phänomenale Ort des Erlebenden in ihm nicht auszumachen ist. Von hier lassen sich Nähe und Ferne im gestimmten Raum umschreiben. Es wurde deutlich:

---

14 Vgl. ebd., 23.
15 Ebd., 22.
16 Ebd., 26.
17 Ebd., 31.
18 Ebd., 33.
19 Ebd., 31.

Der gestimmte Raum liegt außerhalb jeglicher Maßbestimmung. In ihm gibt es keine Abstände i. S. von quantitativen Beziehungen zwischen den Dingen, sondern nur qualitativ verschiedene Weisen, in denen die Dinge den Menschen ansprechen und ihm nah bzw. fern erscheinen:

> „Nähe ist reines Gegenwärtigsein, Verweilen hier-und-jetzt, oder auch Bedroht- und Betroffensein durch die Dinge, welche erregend, aufdringlich, bedrückend, nicht ‚Raum‘ lassen für eigenes Verhalten und Entfalten. Dieser kann dann auf zweifache Weise geschaffen werden: im Zurückweichen, Fliehen, Sich-Entziehen – oder im Überschreiten, Bewältigen, Verwinden. In dieser doppelten Bewegung konstituiert sich die Ferne des gestimmten Raumes.“[20]

Ding und Mensch gelangen folglich im gestimmten Raum in eine Nähe. Es wird jegliche Distanz zwischen beiden Seiten ‚ausgeschaltet‘: Die Dinge ergreifen den Menschen und nehmen von ihm Besitz. Je nach der Art des Ergriffenseins kann daraus die Notwendigkeit erwachsen, die Weise des Gewahrens zu ändern und dadurch die Ferne im gestimmten Raum hervorzubringen. Sie ist das, was sich im Zuge des Distanzierungsprozesses vom Gegenwärtigsein am jetzigen Ort des „nicht mehr“ herausgebildet hat. Und sie ist das, was „‚noch nicht‘ ist, was sich meinem Blick noch verhüllt und so wiederum Grenze des Raumes ist, die ‚vor‘ mir liegt.“[21] Die Ferne verweist folglich auf den Verlust des gestimmten Raums, insofern sie das Heraustreten des Menschen aus dieser in der Nähe sich erweisenden Einheit anzeigt.

Ein weiteres kommt hinzu: Im Einssein des Menschen mit dem gestimmten Raum geht der Mensch gleichsam in ihm auf und bewegt sich entsprechend der ihn ansprechenden Ausdrucksgehalte. Seine Bewegung ist auf den spezifischen Bewegungsraum abgestimmt und nimmt die Gehalte in seinem leiblichen Verhalten sie erfüllend auf.[22] Umgekehrt betrachtet, wird der Raum durch meine Bewegung hervorgebracht, also durch mein Verhalten in seinem Gehalt bestätigt.[23] Dies ist unmittelbar einsichtig: Ein Mensch, der sich in einer Kirche aufhält, sie auf sich wirken läßt und von ihr durchstimmt ist, kann sich in seiner Ausdrucksbewegung den ihr mittels Konvention etablierten Bedeutungen gemäß verhalten, wie umgekehrt, die Atmosphäre der Kirche durch die menschliche Bewegung bestätigt und getragen werden kann.

Betrachtet man die Richtung im gestimmten Raum, dann vermag der Mensch in diesem atmosphärisch einheitlichen Ganzen des gestimmten Raums keine Wertigkeit innerhalb der Richtungen oben-unten, vorn-hinten, rechts-links auszumachen. Denn:

---

20 Ebd., 34.

21 Ebd., 34.

22 Vgl. ebd., 36. Für Ströker ist die Leibesbewegung Verhalten zum Ausdrucksgehalt des gestimmten Raums, „ist Erfüllung oder Ablehnung seines Anspruchs“. (36) M. E. kann es im gestimmten Raum letztlich nicht zu einer Ablehnung der Ausdrucksgehalte kommen, denn dadurch tritt der Mensch bereits aus ihm heraus. Die Ablehnung ist bereits ein Kennzeichen, das ihm nicht mehr zukommt.

23 Vgl. ebd., 37. Auch hier geht Ströker von der Möglichkeit des Menschen aus, sich negativ zu dieser ‚Anspruchnahme‘ zu verhalten und den Raum, wie sie schreibt, „durch meine Bewegung (zu) negieren“. Dies zielt auf einen richtigen Sachverhalt ab, allerdings verläßt sie dadurch bereits die Ebene der Beschreibung des gestimmten Raums.

„Der gestimmte Raum hat keine ausgezeichneten Richtungen. Das heißt nicht, daß er ohne Richtung überhaupt ist, ein solcher Raum wäre als Raum eines Leibes nicht möglich. Aber es fehlt ihm die qualitative Ungleichwertigkeit der Richtungsdifferenzen. Die genannten Bewegungen erfolgen im wesentlichen alle gleich spontan, gleich mühelos und selbstverständlich. *Der gestimmte Raum ist atrop.*“[24]

Das bedeutet, daß die leiblichen Bewegungen hier gleichsam absichtslos aus sich herausfließen und den Raum mit sich fortziehen. Sie bringen ihn dadurch stets von Neuem hervor und realisieren in ihrem Vollzug das ihnen und damit dem Raum entsprechende unmittelbar-selbstverständliche Ausrichten.

Zusammenfassend läßt sich sagen: Der gestimmte Raum, in dem sich die ungeteilte Einheit zwischen Mensch und Raum ausspricht, ist die Fülle selbst. Er ist in diesem wesentlichen Zusammengehören in sich gerundet und geschlossen, weshalb die Frage nach der Maßangabe eines Ortes oder der Lage an ihm vorbeizielt. In gleicher Hinsicht muß im gestimmten Raum Nähe qualitativ als das Einlösen dieser ursprünglichen Einheit zwischen Ding und Mensch verstanden werden, die in der Ferne zum Verschwinden des gestimmten Raums führt. Die Bewegung des Menschen hat ihr Maß in dem Durchstimmtsein des Raums, sie wird von ihm förmlich ‚gezogen‘, weshalb auch keine ausgezeichneten Richtungen ausgemacht werden können.

b) Der erlebte und gelebte Raum

Der Mensch ist als Heim-weg ein Heim-zum-Raum. Er findet sich, weil er auf Raum hin ist, stets in einem Raum vor, wie umgekehrt, der Raum stets in ihm wirklich ist. Fragt man nach der Realisation dieser Korrelation angesichts der konkreten Wirklichkeit, dann geht der Raum nicht im Abstrakten, Konstruierten oder Mathematisch-Physikalischen auf, sondern er wird Inbegriff der Fülle der menschlichen Lebensvollzüge. Er wird erlebter und gelebter Raum, bei dem die Weisen des Raumerlebens im Menschen und die Eigenschaften des Raumes, in denen sich dieses Erleben ausspricht, wechselweise zusammengehören.

Otto Friedrich Bollnow, der am subtilsten und umfassendsten den erlebten Raum[25] in seinem Buch *Mensch und Raum* analysiert hat, spricht daher vom „Lebensraum“,[26] also vom wirklichen, konkreten Raum, in dem sich unser Leben abspielt. Nachdrücklich betont er, daß es sich beim erlebten Raum um „nichts Seelisches, nichts bloß Erlebtes oder Vorgestelltes oder gar Eingebildetes“ handelt, dieser Raum vielmehr „Medium des menschlichen Lebens“ ist, in dem und mit dem der Mensch sein Leben lebt.[27] In diesem

[24] Ebd., 39.

[25] Bollnow wendet sich gegen den transitiven Gebrauch von ‚leben‘ im Ausdruck „gelebter Raum“, der im Deutschen unüblich ist, und spricht stattdessen vom ‚erlebten Raum‘. Bollnow: Mensch und Raum, 19. Ich ziehe letztlich den inhaltlich präziseren Begriff gelebter Raum vor, der der Sache nach mit dem erlebten Raum identisch ist.

[26] Ebd., 19.

[27] Ebd., 18f.

konkreten, unmittelbar erfahrenen Raum bewegen wir uns tagtäglich so selbstverständlich, daß er uns „in seiner Eigenart gar nicht auffällt und wir nicht weiter über ihn nachdenken".[28] Im folgenden versuche ich auch diese Selbstverständlichkeit zu durchbrechen und seine Eigenschaften herauszuarbeiten.

Karlfried von Dürckheim, der als erster 1932 eine umfassende Betrachtung dieser Raumauffassung vorlegt hat, auf die sich auch Bollnow explizit bezieht, bestimmt den erlebten Raum folgendermaßen:

> „Der gelebte Raum ist für das Selbst Medium der leibhaftigen Verwirklichung, Gegenform oder Verbreiterung, Bedroher oder Bewahrer, Durchgang oder Bleibe, Fremde oder Heimat, Material, Erfüllungsort und Entfaltungsmöglichkeit, Widerstand und Grenze, Organ und Gegenspieler dieses Selbst in seiner augenblicklichen Seins- und Lebenswirklichkeit".[29]

Aus dieser Bestimmung geht hervor, daß der gelebte Raum die Vielfalt und Fülle des Lebens umfaßt und dadurch auch Gegensätzliches in sich begreift. Er schließt das dem Menschen Eigene und das ihm gleichzeitig entgegenstehende Fremde ein und gibt der breiten Palette der Lebensäußerungen Ausdruck. Grundlegend für den erlebten und gelebten Raum ist daher weniger, wie Bollnow unter Rückgriff auf von Dürckheim deutlich zu machen versucht, seine „doppelte Bestimmung" „Entfaltungsmöglichkeit" und „Widerstand" zu sein, als vielmehr die doppelte Bestimmung, das dem Menschen Eigentümliche und gleichzeitig Nicht-Eigentümliche zu sein. In der Entgegensetzung des dem Menschen Eigenen mit der von Außen kommenden Andersheit, beinhaltet der erlebte Raum grundsätzlich die ganze Bandbreite und Weite des Lebens.

Das oben formulierte Mißverständnis muß hier erneut abgewehrt werden: Der erlebte Raum geht nicht in der psychischen Befindlichkeit des Menschen auf, ist also nicht ausschließlich das Produkt seiner Emotionalität; vielmehr hat er über das Psychische hinaus eine Eigenständigkeit, die von Dürckheim als „Eigenart seiner Qualitäten, Gliederungen und Ordnungen" in den Blick nimmt und die Bollnow als „echte Charaktere des gelebten Raums selbst" bezeichnet. Im Anschluß an Bollnow lassen sich acht Bestimmungen des erlebten Raums in der Abhebung vom mathematischen Raum anführen:[30]

1. Der gelebte Raum ist *inhomogen*: es gibt in ihm einen Mittelpunkt, ein Zentrum, das durch den in ihm sich bewegenden und erlebenden Menschen gegeben ist.[31] Der ma-

---

[28] Bollnow: Mensch und Raum, 16.

[29] Karlfried von Dürckheim: Untersuchungen zum gelebten Raum, 389. In: Neue Psych. Stud. Bd. 6, H. 4, München 1932, 381–480.

[30] Vgl. zum folgenden Bollnow: Mensch und Raum, 16–18.

[31] Mircea Eliade hebt in seiner Untersuchung *Das Heilige und das Profane* mit dem Untertitel *Vom Wesen des Religiösen* (Frankfurt am Main 1990) zwei Weisen des menschlichen In-der-Welt-Seins voneinander ab: die profane des areligiösen, modernen Menschen und die heilige bzw. sakrale des religiösen Menschen. Dabei vertritt er die These, daß in der religiösen Erfahrung der Raum als inhomogen erlebt wird, ja, daß durch sie die Inhomogenität des Raums allererst konstituiert wird: „Durch die Manifestierung des Heiligen wird ontologisch die Welt gegründet. In dem grenzenlosen homogenen Raum ohne Merkzeichen, in dem keine *Orientierung* möglich ist, enthüllt die Hierophanie einen absoluten ‚festen Punkt', ein ‚Zentrum'." (23) Und er fährt fort: „Die profane Erfahrung dagegen bleibt bei der Homogenität und folglich der Relativität des Raums.

thematische Raum ist demgegenüber homogen, d. h. kein Punkt ist vor einem anderen ausgezeichnet.

2. Der gelebte Raum ist *anisotrop*, hat also ein durch Schwerkraft und Leib ausgezeichnetes Achsensystem. Der mathematische Raum ist isotrop: in ihm weisen alle Richtungen gleiche Eigenschaften auf.
3. Der gelebte Raum ist *strukturiert*: er weist qualitative Differenzen zwischen Gegenden und Orten auf, durch die er reich und vielfach gegliedert ist. Der mathematische Raum ist in sich unstrukturiert.
4. Der gelebte Raum ist *unstetig*: zwischen den einzelnen Bereichen gibt es Übergänge und scharfe Grenzen. Der mathematische Raum ist stetig.
5. Der gelebte Raum ist *endlich*, kann sich allerdings in späteren Erfahrungen zur unendlichen Weite ausdehnen. Der mathematische Raum ist unendlich.
6. Der gelebte Raum ist *nicht wertneutral*: er fördert oder hemmt das Verhalten des Menschen. Der mathematische Raum ist wertneutral.
7. Der gelebte Raum ist *bedeutungsvoll*, da jeder Ort im gelebten Raum eine spezifische Bedeutung für den Menschen aufweist. Der mathematische Raum ist bedeutungslos, trägt also keine Bedeutungen für den Menschen.
8. Der gelebte Raum hat einen *konkreten Bezug* zum Menschen, da er sein Lebensraum ist. Der mathematische Raum hat keinen konkreten Bezug.

Eine wahre Orientierung ist unmöglich, denn der ‚feste Punkt' ist nicht mehr eindeutig ontologisch bestimmt; er erscheint und verschwindet je nach den Erfordernissen des Tages. Es gibt also eigentlich keine ‚Welt' mehr, sondern nur noch Fragmente eines zerbrochenen Universums, eine amorphe Masse unendlich vieler mehr oder weniger neutraler ‚Orte', an denen der Mensch sich bewegt, getrieben von den Verpflichtungen des Lebens in einer industriellen Gesellschaft. Doch auch innerhalb dieser Erfahrung des profanen Raums tauchen noch Werte auf, die mehr oder weniger an die dem religiösen Raumerlebnis eigene Inhomogenität erinnern. So gibt es zum Beispiel noch Gegenden, die von den übrigen qualitativ verschieden sind: die Heimat, die Landschaft der ersten Liebe, eine bestimmte Straße oder Ecke in der ersten fremden Stadt, die man in der Jugend besucht hat. Alle diese Orte behalten selbst für den völlig unreligiösen Menschen eine außergewöhnliche, ‚einzigartige' Bedeutung: sie sind die ‚heiligen Stätten' seines privaten Universums, so als habe sich diesem unreligiösen Menschen eine Realität offenbart, die *anderer* Art ist als die Realität seiner Alltagsexistenz." (25)

Eliade geht es, wie aus dem Zitat deutlich wird, nicht um den Begriff des homogenen Raums, sondern um die Gegenüberstellung der Erfahrung des profanen Raums mit der des heiligen Raums. Eine Orientierung kann es für ihn nur dann geben, wenn noch der kleinste abgeschwächteste und entsakralisierteste ‚Rest' von Religiosität vorhanden ist. Konsequenterweise gibt es für ihn auch keine „profane Existenz im Reinzustand" (24), sondern nur Grade der Anwesenheit des Religiösen im Profanen. M. E. sieht Eliade hier etwas Richtiges: Die religiöse Erfahrung kann als eine der ursprünglichsten Weisen der Bedeutungsstiftung angesehen werden, durch die die Welt vom Göttlichen her und auf den Menschen zu seine Ausdifferenzierung in bedeutungstragende Orte erhält. Allerdings darf darüber nicht die mythische Bewußtseinslage übersehen werden, durch die bereits qualitative Differenzen im mythischen Raum etabliert werden. Siehe dazu: Ernst Cassirer: Philosophie der symbolischen Formen. 9. Aufl. Darmstadt 1994, insb. im 2. Teil das 2. Kap. „Grundzüge einer Formenlehre des Mythos. Raum, Zeit und Zahl", 104–182.

Durch alle Bestimmungen hindurch zeigt sich die Bezogenheit des gelebten Raums auf einen Einzelnen, die von der gemeinschaftlichen Bezogenheit umfaßt wird. Der gelebte Raum gliedert sich von einem Menschen als ausgezeichnete Mitte aus auf diesen zu und entfaltet kraft der in ihm bereits etablierten Zeichen und kraft der menschlichen Eigentätigkeit seine Bedeutung. Im Einlösen des Unterwegsseins bindet der in ihm lebende Mensch stets von neuem diesen Raum an sich, und er verändert mit jedem Schritt, den er sich selbst verändert, auch den Raum in der ihm entsprechenden Weise.

c) Lebensraum Heimat

Der Raum Heimat ist keine eigenständige Raumform, in die man wie in ein Zimmer eintreten kann, um sie näher zu betrachten. Vielmehr geht er aus der Wesensverfaßtheit des Menschen hervor, ist also der ihm eigene Topos, der Ort seines Wohnens, in dem sein Heimischsein und sein Unterwegssein in ihrer Gegensätzlichkeit in eins zueinandergehören. Entsprechend der Struktur des Menschen als Heim-weg ist der Raum Heimat doppelseitig: Er ist gestimmt *und* gelebt. Dieses Zugleich kann nicht zerrissen werden: Im Wohnen sind Ich und Welt eine Einheit, das Gehen im Wohnen und vom Wohnen weg, in der das Ich auf Welt hin ausschreitet, ist die Einheit in Differenz.

Der gestimmte Raum hat den Grundzug, „je ein eigenes Gesicht" zu tragen und die unterschiedlichsten Bedeutungen zu verkörpern. Die Stimmung eines Raumes kann z. B. sachlich, kühl, feierlich oder heiter sein, läßt sich also nicht einseitig in Korrespondenz zum Gestimmtsein des Menschen unter „gehoben" oder „niederdrückend" subsumieren.[32] Für den Menschen kann er daher Bedrohung oder Sicherheit und, wie Ströker u. a. angeführt hatte, „Fremde oder Heimat" sein. Dabei muß beachtet werden: Dieses Verständnis von Heimat in der Gegenstellung zur Fremde greift zu kurz, wenn Heimat nur mit der positiv-freundlichen und die Fremde mit der negativ-unfreundlichen Stimmung besetzt wird. Denn der Mensch als Heim-weg einer Heimat ist durchstimmt von diesem Raum, in dem er sich heimisch fühlt. Auch in der Heimat ist als einem gestimmten Raum die gesamte Bandbreite von Stimmungscharakteren enthalten. Der Mensch wird von diesen angesprochen, wie umgekehrt er die ihm eigene Stimmung tendenziell auf den Raum zu übertragen versucht. Mit Heidegger bin ich der Auffassung, daß der Mensch, den er terminologisch als „Da-sein" faßt, „immer schon von Grund aus gestimmt" ist und es immer nur „einen Wandel der Stimmungen" gibt.[33] Eine Reduktion von Heimat auf lediglich gehobene Stimmungen und Stimmungscha-

---

32 Vgl. zu dieser Unterscheidung Otto Friedrich Bollnow: Das Wesen der Stimmungen, 20–38. Unter den gehobenen Stimmungen versteht Bollnow beispielsweise die Gruppe der Lustigkeit, Fröhlichkeit und Heiterkeit, die verschiedenen Formen des Glücks, aber auch die Albernheit und Ausgelassenheit. Zu den niederdrückenden zählt er etwa die Niedergeschlagenheit, die Mutlosigkeit, die Verzagtheit, die Traurigkeit und die Formen des Unglücks.

33 Heidegger: Die Grundbegriffe der Metaphysik. Welt – Endlichkeit – Einsamkeit. Frankfurt am Main 1983, 102.

raktere ist daher falsch: Sie führt in der Zuspitzung zur Konstruktion einer Idylle bzw. eines Wunschbildes, das die Vielfalt dieser Charaktere leugnet.

Allerdings vermag der Mensch, der seiner eigensten Möglichkeit nach ein Heimischsein ist, sich in dieser Grundweise die Welt primär zu erschließen und das bedeutet, sie gemäß der ihm eigenen Tendenz in einem Geborgensein zu erfahren. Dieses trägt sein eigenes Sein, sein Verhältnis zum Mitmenschen und zur Welt. In ihm schwingt in der Bindung an Tiefe die Tiefe selbst mit. Denn eine Stimmung ist, wie Heidegger heraushebt, „eine Weise, nicht bloß eine Form oder ein Modus, sondern eine Weise im Sinne der Melodie, die (...) für dieses Sein den Ton angibt, d. h. die Art und das Wie seines Seins stimmt und bestimmt“.[34] Stimmungen, wie z. B. Traurigkeit, Freude, Zufriedenheit, Unzufriedenheit, Angst, Ernst oder Langeweile, die alle tiefer und weiter den Menschen durchdringen, als es Gefühle vermögen, münden daher in sein wesentliches Wohnen ein und bleiben in ihrer Eigenständigkeit dennoch auf es bezogen. Keine dieser Stimmungen gewinnt trotz ihrer Macht die Übermacht über den Menschen; keine ist als „tragender Grund der Seele“[35] ihr Urgrund.

Das Heimischsein ist allerdings nicht nur eine Grundstimmung, es kann sich darüber hinaus auch in Gefühlen aussprechen. Im Unterschied zur Stimmung hat das Gefühl ein Intentum, ein angezieltes Etwas, auf das es ausgerichtet ist. Analog zu den Stimmungen schwingt in einem Gefühl, das aus dem Selbstverständnis des Menschen als Heim-weg hervorgeht, doch die Grundstimmung des Heimischseins mit. Durch die Trauer über den Verlust eines geliebten Menschen oder die Freude auf ein kommendes Ereignis hindurch spürt der Mensch seine Verwurzelung, die wir oben als Totalbindung bezeichnet haben: Sie trägt ihn und ermöglicht ein Durchleben dieser Gefühle, durch die er gestärkt und vertieft hervorgehen kann.

Ein weiteres kommt hinzu: Der Mensch, der sich bewegt, kommt mit jedem Schritt buchstäblich einen Schritt weiter. Der zuvor eingenommene Standpunkt wird von einem neuen abgelöst, dem ein weiterer folgt. Jegliche Bewegung ist eine Veränderung, die temporal als Distanz des Vorher zum Jetzt oder qualitativ als Anderswerden des Vorherigen im Jetzigen in den Blick genommen werden kann. Weil das Sich-Bewegen des Menschen nicht eine Eigenschaft neben einer Vielzahl weiterer ist, sondern für ihn qualitativ und temporal konstitutiv ist, genauer gesagt, weil das Sich-Bewegen der *conditio humana* entspringt und auf die andere Seite seiner selbst, das Heim, wesentlich bezogen ist, wird der gestimmte Raum als gelebter und erlebter Raum sichtbar. Die ursprüngliche Einheit zwischen Mensch und Welt wird zu einer Einheit in Mannigfaltigkeit, bei der der wohnende Mensch die Mitte ist, auf den hin die ihn umgebende Welt ausgerichtet ist. Der Raum um ihn herum zeigt sich in seinem konkreten Bezug zu seinem Leben und wird, wie oben angeführt, anisotrop, strukturiert, unstetig, endlich, nicht wertneutral und bedeutungsvoll.

---

34 Heidegger: Die Grundbegriffe der Metaphysik, 101.

35 In diesem Sinne kennzeichnet Bollnow die Stimmung. Siehe dazu: Bollnow: Vom Wesen der Stimmungen, 53.

Von hierher läßt sich der Raum Heimat verstehen. Der ,Ort', an dem der Mensch wohnt und sich geborgen fühlt, ist zunächst sein Leib. Dieser ist sein Eigenraum,[36] dem er mit all seinen Stimmungen, Gefühlen und Fähigkeiten, von den elementaren bis zu den hochspezialisierten, einwohnt. Wird der Mensch sich selbst gerecht, d. h. entspricht er der seinem leiblichen Eigenraum erforderlichen Weise des Wohnens, dann ist der Mensch bei sich selbst zu Hause. Er ist sich selbst ein Heim und kann das ihm Eigene als seine Heimat deuten.

Dieses Verständnis von Heimat deckt sich nicht mit dem geläufigen, demzufolge Heimat ausschließlich der Geburtsort eines Menschen ist. Dies liegt an der Umkehrung der Betrachtungsrichtung: Geht man vom Heim-weg aus, dann ist eine Heimat dann gegeben, wenn der Mensch gemäß seiner Struktur sein Heimischsein, das ein Unterwegssein nach sich zieht, einlöst. Das Sich-Einbinden des Menschen ist daher eine Bindung an ein Heimischsein, das sich zunächst auf seinen Eigenraum bezieht. Im nächsten Schritt, der nicht übersprungen werden kann, bezieht es sich auf das Haus.[37] Dieses ist sein Heim, der Mittelpunkt seines Wohnens, von dem er ausgeht und zu dem er wieder zurückkehrt, auf den er sich jedenfalls bezieht. Als Heimat lassen sich nun der Eigenraum und das Haus bezeichnen, also die Orte, an denen er sich heimisch fühlt. An das Haus schließt sich der Straßenzug mit Häusern an, hieran das Dorf bzw. die Stadt, in der er geboren ist.

Heimat kann diesen Geburtsort bezeichnen, aber nur unter der Bedingung, daß die Bindung an den Eigenraum und an das Haus diesem vorausgehen. Das bedeutet: Heimat ist als ein dynamisches, gestuftes Gefüge zu denken, bei dem die höhere Stufe weiter und zeitlich und sachlich nachgeordnet ist. Die Stufe ,Eigenraum' benennt daher die Minimalforderung: Sie muß erfüllt sein, will man sinnvoll von Heimat sprechen. Erst wenn der Mensch diese realisiert und der im Heim liegenden Tendenz des Ausrichtens entspricht, kann er über diese Stufe hinaus zur nächsten Stufe Haus gelangen. Theoretisch ist es daher auch möglich, das Land, den Kontinent, die Erde etc. schrittweise in Heimat zu integrieren, allerdings widerspricht diese Auffassung der Bedingtheit und Individualitätsbezogenheit des Eigenraums, für den die Grenze konstitutiv ist.

Der Mensch ist folglich von seiner strukturellen Verfaßtheit her ausschließlich an ein Heimischsein gebunden, dem zwangsläufig ein Unterwegssein folgt, wie umgekehrt sein Unterwegssein ein Heimischsein einfordert. Der gestimmte und der gelebte Raum spiegeln diese beiden Seiten seiner Verfaßtheit räumlich wider, insofern sie als Inbegriff des aus der Doppelstruktur des Menschen hervorgehenden Doppelgesichts des

---

36 Ich verwende den Terminus Eigenraum ausschließlich für den eigenen Leib des Menschen, während Bollnow drei Formen des Eigenraums unterscheidet: den eigenen Leib, das eigene Haus und den umschließenden Raum überhaupt. Vgl. insb. Bollnow: Mensch und Raum, 285–306.

37 Bereits Aristoteles bezieht sich bekanntlich bei der Klärung dessen, was unter Polis zu verstehen ist, auf das Haus, Oikos, als Teil bzw. Element größerer über das alltägliche Bedürfnis hinausgehender Zweckgebilde. Pol I, 2, 1252b 15ff.; vgl. ferner 1252b 27. Im 20. Jahrhundert hat Gaston Bachelard eine sich auf poetische Bilder stützende Analyse intimer Räumlichkeit vorgelegt und dabei das Haus, das „unser Winkel der Welt" und „unser erstes All" ist, untersucht. Gaston Bachelard: Poetik des Raumes. 5. Aufl. Frankfurt am Main 1999.

Raums aufgefaßt werden können. Im Heim wohnt der Mensch dem Raum ein, im Weg eröffnet er ihn sich und gewinnt Welt.[38]

2. Das Wohnen des Menschen und die Geborgenheit

Der Mensch ist als Heim-weg ein Heim-zum-Raum. Entsprechend der Doppelstruktur seines Wesens wohnt ihm der Raum im Heimischen und im Weghaften seiner selbst ein, wodurch der Mensch von vornherein in zwiefacher Weise in einem wesentlichen Bezug zum Raum steht. Weil der Mensch bei seinem Wohnen stets auch den Stachel des Gehens in sich trägt, wie umgekehrt er bei seinem Gehen den Stachel des Wohnens mit sich führt, ist er aufgrund seiner heimischen Seite ein *Unterwegs-in-Heimat*, wie er andererseits zugleich aufgrund seiner weghaften Seite ein *Heimat-im-Unterwegs* ist.

Diese beiden Kennzeichnungen sind nicht als Charakterisierungen des Menschen unter oder neben vielen weiteren zu verstehen, sie bringen vielmehr die beiden grundlegenden Weisen, in denen der Mensch zum Raum ist, zum Ausdruck. Das besagt, daß dem Menschen sowohl die Heimat in ihm als Heim- einwohnt und dabei auf das Unterwegssein bezogen ist, wie zugleich das Unterwegssein auch aus ihm als -weg hervorgeht und dabei auf Heimat bezogen ist. Auf diese Weise ortet sich der Mensch strukturell bedingt stets gehend in der Heimat zugleich auf Heimat hin und versucht in der größtmöglichen Spannung zwischen seinen beiden Wesensseiten sich sowohl in ihr geborgen zu fühlen als auch zugleich sich auf seinen Hauptwegen von ihr weg und auf sie auszurichten.

Wenn ich in diesem Abschnitt das Einwohnen des Raums in der heimischen Seite des Menschen aufzuweisen versuche, dann steht am Anfang die Überzeugung, daß es einen inneren und wesentlichen Zusammenhang zwischen dem Wohnen und der Geborgenheit gibt. Denn die Geborgenheit ist ein Grundphänomen, in dem die prinzipielle Verbundenheit des Menschen mit dem Raum sichtbar wird. Ja, der Mensch folgt der im Heim liegenden Spur hin zu einem echten Sich-Binden, wenn er wohnt, und das bedeutet zugleich, wenn er angesichts des in ihm als Unterwegs-in-Heimat zum Austrag kommenden Konflikts zwischen Geborgenheit und Ungeborgenheit gemäß der genannten Spur und Tendenz zu einem Sich-Binden Geborgenheit hervorzubringen vermag. Wohnt die Heimat dem Menschen folglich als der wesentliche Bezug zum Menschen zu seinem Raum ein, wird die Geborgenheit sichtbar, die aus dem ursprünglichen Gebundensein heraus den Weg zur Heimat von vornherein weist und ihn begehbar macht.

---

38 Für Linschoten erschließt der Weg daher den Raum. Vgl.: Die Strasse und die unendliche Ferne, 258. Er bezieht sich dabei auf die Untersuchung von E. Dardel *L'homme et la terre* (Paris 1952), der schreibt: „...le mouvement matériel ou possible impliqué dans la ‚voie' agit comme une ‚ouverture' de l'espace". (41) Die Erschließung bzw. Eröffnung des Raums durch den Weg und die Bewegung läßt sich m. E. vom Menschen als Heim-weg her anthropo-ontologisch fundieren.

Das Wohnen ist in dieser Sicht nicht als ein bloßes ‚Hausen' zu verstehen oder als der Vorgang, der in Gang gesetzt wird, wenn jemand in eine Wohnung einzieht, es bringt vielmehr die ursprüngliche Korrelation zwischen Mensch und Raum zur Sprache, benennt also das konstitutionell bedingte Zusammengehören des Menschen mit seiner Heimat. Der Mensch hat folglich nicht die Möglichkeit, sich gegen das Wohnen zu entscheiden, da er sich qua Mensch seiner ‚Verräumlichung' ebensowenig wie seiner Verzeitlichung entziehen kann. Wohnend findet sich der Mensch vielmehr in der Welt vor und im Wohnen verwirklicht er die Möglichkeit seines Sich-Bindens, die aus seiner heimischen Seite hervorgeht.

Wohnen ist von hierher betrachtet nicht eine beliebige Tätigkeit des Menschen unter zahlreichen anderen, wie z. B. lesen, essen oder fernsehen, sondern es kennzeichnet die Wesensverfassung des Menschen. Dies hat insbesondere Martin Heidegger hervorgehoben. Geradezu programmatisch formuliert er in seinem 1951 gehaltenen Vortrag *BAUEN WOHNEN DENKEN*: „Mensch sein heißt: als Sterblicher auf der Erde sein, heißt : wohnen."[1] Und 1957 schreibt er in *Hebel der Hausfreund*:

> „Denken wir das Zeitwort ‚wohnen' weit und wesentlich genug, dann nennt es uns die Weise, nach der die Menschen auf der Erde unter dem Himmel die Wanderung von der Geburt bis in den Tod vollbringen. Diese Wanderung ist vielgestaltig und reich an Wandlungen. Überall bleibt jedoch die Wanderung der Hauptzug des Wohnens als des menschlichen Aufenthaltes zwischen Erde und Himmel, zwischen Geburt und Tod, zwischen Freude und Schmerz, zwischen Werk und Wort. / Nennen wir dieses vielfältige Zwischen die Welt, dann ist die Welt das Haus, das die Sterblichen bewohnen."[2]

Wohnen, grundsätzlich betrachtet, erweist sich aus dieser Sicht als ein konstitutionell bedingtes Heimischsein, das in der Geborgenheit, der Vertrautheit und der Verbundenheit eines Menschen zu seinem Raum sichtbar wird und stets das Unterwegssein mit sich führt.[3] Wenn der Mensch folglich in dem Haus der Welt wohnt, verliert er sich nicht in der Weite eines ungreifbaren Ortes, sondern er deutet sich selbst als ein Unterwegs-in-Heimat und ein Heimat-im-Unterwegs und nimmt sich auch in dieser Deutung an. Das meint, daß er sich dann sowohl willentlich und wissentlich verortet und grundsätzlich seine Bindung an den Raum „zwischen Erde und Himmel" bejaht und zu ver-

1 Martin Heidegger: BAUEN WOHNEN DENKEN, 141. In: Vorträge und Aufsätze. 5. Aufl. Pfullingen 1985, 139–156. Je nach Denkmodell wird der Ort des Wohnens unterschiedlich bestimmt und etabliert. So ist beispielsweise ein Mensch, der all sein Denken, Fühlen und Handeln auf Gott ausrichtet, danach bestrebt, in die Nähe Gottes zu gelangen. Und daher ist es nicht verwunderlich, daß der Gläubige nur um eines bittet und um eines fleht: „Zu wohnen im Hause des Herrn alle Tage meines Lebens." (Psalm 26)
Heideggers seinstopologisches Denken kann, strukturell betrachtet, als ein umgekehrt theologisches Denken gekennzeichnet werden. An der Stelle, an der in einem theologischen Denken Gott seinen ‚Ort' hat, steht Heidegger, durch den hindurch das Sein zu uns spricht.

2 Martin Heidegger: Hebel der Hausfreund. Pfullingen 1957, 17 f.

3 Wie Bollnow zu Recht heraushebt, heißt Wohnen daher „eine feste Stelle im Raum haben, an diese Stelle hingehören und in ihr verwurzelt sein." (Mensch und Raum, 128) Allerdings müßte man ergänzen: und in ihr unterwegs sein.

wirklichen versucht als auch willentlich und wissentlich nicht an einer konkreten Behausung stur festhält, sondern weitergeht, um den Raum der Welt mit all dem Neuen, Unbekannten und Fremden ausschreiten zu können.

Deutet man daher das Haus der Welt prinzipiell als den Ort des menschlichen Wohnens, dann ist damit keine vage räumliche Umschreibung für ein Irgendwo gegeben, vielmehr zeigt sich darin, daß der Mensch sich bei seinem Heimischsein und Unterwegssein stets und zuvor auf und in der Welt zuhause fühlen und wissen muß, kurz: in ihr zu wohnen hat. Gelingt ihm dies, versucht er die Weite zu durchschreiten, aber nicht in einem sachlich neutralen Sinne, sondern in der Rückbindung an sein Heimischsein. Auf diese Weise will der Mensch, der in der Welt und darin zugleich in sich und in seinem Eigenraum wohnt, die Welt auch erleben und erfahren, er will sie durchkämmen und durchstreifen und wandernd sein Wohnen vertiefen.

Kann der Mensch seiner anthropo-ontologischen Grundverfaßtheit entsprechen und seine wesentliche Beziehung zum Raum in der ihm gemäßen Weise als ein Wohnen im Haus der Welt einlösen, dann verwirklicht er seine Möglichkeit, Heim-zum-Raum zu sein und wohnend und gehend sich an Heimat zu binden. Denn Heimat erweist sich von hier aus betrachtet als das dem Menschen einwohnende Raumkorrelat, das in der menschlichen Doppelstruktur bereits vorgezeichnet ist. Im Wohnen bejaht der Mensch dieses ursprüngliche Zusammengehören, nimmt sich selbst als heimatliches Wesen an und bringt dabei die größtmögliche Spannung zwischen seinen beiden Seiten hervor. Mensch sein heißt daher wohnen, heißt: geborgen sein, heißt: sich-beheimaten.

Auf dem Hintergrund dieser wesentlichen Bedeutung des Wortes ‚Wohnen' lassen sich, wie Bollnow in Anlehnung an Merleau-Ponty in seiner Untersuchung *Mensch und Raum* darlegt,[4] weitere Verwendungen des Wortes aufzeigen. Diese Verwendungen stehen nicht in Konkurrenz zu dieser echten Bedeutung des Wortes, sie ergeben sich vielmehr allererst aus der grundsätzlichen Möglichkeit des Menschen, aufgrund seiner *conditio* eine wesentliche Beziehung zum Raum sein zu können.

So kann der Mensch zunächst in dem Eigenraum seines eigenen Leibes wohnen, d. h. er kann in rechter Weise sich zu sich selbst verhalten, indem er die beiden Seiten seiner selbst nicht auseinanderreißt und sich vereinseitigt, sondern sie aufeinander bezieht und im Heimischen wurzelnd den Konflikt zwischen ihnen annimmt. Schließlich kann er, was die häufigste Verwendung ist, das Haus bewohnen, wobei das Wort Haus natürlich nicht allein im Sinne eines Ein- oder Mehrfamilienhauses zu verstehen ist, sondern als der den Menschen bergende Ort, an dem er sich behütet und sicher fühlt.[5] Darüber hinaus kann er in einer Stadt wohnen und, sukzessive sich erweiternd, in einer Gemeinde, einer Region und einem Land.[6]

Das Wohnen an all diesen Orten verweist darauf, daß dieser Ort gerade nicht austauschbar ist, sondern er vom Menschen als Heimat erfahren wird, in der er sich gebor-

---

4 Vgl. Bollnow: Mensch und Raum, 278 ff.

5 Für eine Analyse des Hauses vgl. insb. Bachelard: Poetik des Raums, 30–89; Bollnow: Mensch und Raum, 292–300 und Guzzoni: Wohnen und Wandern, 28–33.

6 Zum Wohnen des Menschen in der Großstadt und in der Welt vgl. Guzzoni: Wohnen und Wandern, 41–54 und 55–72.

gen fühlt. Diese Heimat hat die ihr eigenen Sinnzusammenhänge, Nuancen, Tiefen und Tabus, die ihn für den Einzelnen unverwechselbar sein lassen und die die Individualitätsbezogenheit zwischen dem Einzelnen und seiner Heimat zum Ausdruck bringen. In der totalen Bindung an diese gelebte Wirklichkeit hat der Mensch das Gefühl des Daheimseins, im Zuge dessen seine Empfänglichkeit für die Transzendenz zunehmen kann. Die Frage nach dem Ort des Wohnens, dem Heim des Menschen, läßt sich daher mit der Heimat beantworten, die ihren Fluchtpunkt in der Urheimat hat. Wenn der in der Heimat eingelassene Mensch die Nähe zu den Menschen und Dingen erfährt, dann bestätigt sein Hören auf die ihm eigene Stimme, die aus seiner Struktur als *Heim*-weg hervorgeht, die von ihm verwirklichte Weise seines Sich-Ortens. Seine Bodenständigkeit erweist sich dann als Möglichkeit, der Bodenlosigkeit entgegenzuwirken und die Ferne in der Nähe integrieren zu können. Das bedeutet: Der Mensch vermag sich auf Gott hin zu öffnen, wenn er in sich ruht und gemäß seiner Struktur das Heimhafte verwirklicht. In der Ruhe kann der Logos vernommen werden und das Wohnen in der Heimat das wahre Wohnen in der Urheimat vorbereiten. Dieses läßt sich allerdings nur erzählen, nicht bestimmen oder gar erklären.

Aus dem Gefühl und dem Bewußtsein der Verortung erwächst die Kraft, sich dem im Heim- zum Austrag kommenden zwiefachen Geschehen, etwa zwischen Geborgenheit und Ungeborgenheit, Ruhe und Unruhe, Vertrauen und Mißtrauen, zu stellen und es gemäß der im Heim- liegenden Tendenz als Geborgenheit, Ruhe und Vertrauen hervorzubringen. Dieser mühsame Prozeß ist niemals abgeschlossen, da das Weghafte des Menschen stets von neuem die aus der Bodenständigkeit abgerungene Sicherheit in Frage stellt. Wohnen und Gehen stehen daher lebenslang in einer unaufhebbaren Spannung zueinander: Das Wohnen in der Heimat öffnet den Raum, in dem die Nähe zu den Menschen und Dingen erlebt werden kann und die wahre Nähe zu Gott möglich wird; und das Gehen weitet diesen Raum zur Ferne hin aus, die dadurch auf das Nahe und schließlich auf die Nähe bezogen bleibt.

Heutzutage gewinnt man den Eindruck, daß der Mensch so lebt, als ob für ihn nicht das Wohnen, sondern das *Umherziehen* wesentlich wäre. Problemlos scheint mit Hilfe eines Umzugunternehmens eine Wohnung durch eine andere ersetzt werden zu können, problemlos streift der Mensch umher, ohne sich wirklich zu binden. Begünstigt durch die wirtschaftliche Vernetzung der gesamten Erde, dem Aufkommen technischer und politischer Superstrukturen und der Mobilität des Menschen, die es ihm nicht nur erlaubt, auch noch den entferntesten Winkel des Globus per Flugzeug in kürzester Zeit zu erreichen, sondern auch seinem Arbeitsplatz ‚nachzureisen‘, löst der Mensch insbesondere das Weghafte seiner selbst ein. Die über das Wohnen in der Heimat mögliche Erfahrung der Nähe zu Mensch und Ding erscheint nun als Ausnahmesituation, der die Realität ‚Mobilität‘ entgegensteht. Faktisch scheint der Mensch daher heute nicht zur Heimat verurteilt zu sein, sondern zu dem Aufenthaltsort, der ihm Arbeit und ein Einkommen gewährt.

Daneben hat, wie Guzzoni überzeugend aufweist, der „wissenschaftlich-technische Geist der abendländischen Tradition (...) tendenziell vom In-der-Welt-sein und insbesondere vom gelebten Bezug zu ihm abstrahiert", indem er ihn formalisiert hat.[7] Die Konsequenz davon ist, daß der Raum „weltlos" – ich würde sagen: heimatlos – wird und der Mensch trotz seines ursprünglichen Gebundenseins dieses nicht erfährt und sich in der Möglichkeit seines Bindens zu ihm verhält.

> „Über das Wohnen und das Wandern nachzudenken, heißt darum, es allererst zu lernen. Unseren Ort auf der Erde und unter dem Himmel zu übernehmen. Wohnung zu nehmen da, wo wir schon sind. Zu gehen auf dem Weg, den wir schon gehen."[8]

Dieser Prozeß des Entheimatens ist der Tendenz nach der Prozeß der Entfremdung des Menschen von seiner strukturellen Verfaßtheit. Im Extremfall läßt sie sich folgendermaßen beschreiben: Verliert der Mensch das Gespür für seine Bindung an Heimat, und zwar bereits in dem engsten Verständnis von Heimat als Eigenraum – dann wird er als Umherziehender der Ortloseste, der nicht einmal mehr in sich selbst verortet ist. Er kann die Nähe zu sich selbst, dem Mitmenschen, den Dingen und vielleicht sogar zu Gott nicht mehr erleben, braucht er sie doch nicht wahrzunehmen, weil sie sich nicht unter dem Zwang des Begegnenmüssens aufdrängen, sondern in der Freiheit des Begegnenkönnens jeglicher Notwendigkeit entbehren.[9] Der an einen beliebigen Ort verschlagene Arbeitende kann jedem Menschen ausweichen und jeder Beziehung aus dem Weg gehen, weil keine den Druck des Unwiderrufbaren und Unausweichlichen auszuüben vermag. Der ortloseste Mensch steht daher in der Gefahr der Bindungsloseste und, wie in dem nächsten Paragraphen gezeigt wird, letztlich auch der Zeitloseste zu werden. Denn die Zeit streckt sich nicht durch Tradition und gelebte Geschichte in die Vergangenheit, Gegenwart und Zukunft hin aus, sondern sie schrumpft zum Augenblick zusammen, in dem alles Wissen verfügbar und abrufbar ist. Die von Friedrich Nietzsche erkannte Wirkungslosigkeit des Glaubens an Gott, die er in seiner Feststellung ‚Gott ist tot!' lautstark und provokativ verkündet hat, ist bei dem Prozeß des Entheimatens endgültig an ihr Ende gekommen. Der Mensch, der sich selbst ausschließlich als Gehender begreift, dem also Ort, Mitmensch und Zeit lediglich flüchtige Schatten ohne Sinn und Wert bedeuten, wird ein Vagabund, der allein auf sich gestellt rastlos umherzieht und nur dort für kurze Zeit verweilt, wo es ihm gerade gefällt.

Den Ausweg aus dieser verengenden Inblicknahme des Menschen sehe ich in der Besinnung auf die dem Menschen eigene Notwendigkeit, heimisch *und* unterwegs sein zu müssen. Zu wohnen und den Raum stets von neuem zu erobern, kann als die zu übernehmende Aufgabe ansichtig werden, die in einem mühsamen Lernprozeß als Chance und Möglichkeit zu begreifen ist. Das Umherziehen, das im Zuge der totalen Freisetzung des Einzelnen möglich wird, steht dann in einem untrennbaren Wesenszusammenhang mit dem Menschen als Heim-, im Zuge dessen es in ein Erobern des Raums um-

---

7 Ebd., 14. In diese Richtung weist, wie in der Einleitung gesagt, bereits Edmund Husserl in seiner *Krisis*-Schrift.

8 Ebd.

9 Hier denke ich bereits an Vilém Flussers Vision künftiger Familien, die nicht mehr auf Blutsverwandtschaft, sondern auf Wahlverwandtschaft basieren. Siehe dazu insb. Vilém Flusser: Vom Subjekt zum Projekt, 75–88.

gedeutet wird, das in die Verantwortung des Menschen für das ‚Wie' seines Wohnens hineingenommen ist.

Von hier aus kann das ‚und' in der Kapitelüberschrift „Das Wohnen des Menschen und die Geborgenheit" betrachtet werden: Es reiht nicht zwei einander ausschließende Wörter aneinander, vielmehr macht es deutlich, daß beide untrennbar miteinander verbunden sind. Der Mensch, der wohnt, ist geborgen, wie umgekehrt allererst der Mensch, der sich geborgen fühlt, den Raum bewohnt.

Um meine Auffassung vertiefend darlegen zu können, skizziere ich im folgenden zunächst die Position von Otto Friedrich Bollnow. In seinem Denken versucht er sein selbstgesetztes Programm, das er als „Neue Geborgenheit" bezeichnet,[10] einzulösen.

Otto Friedrich Bollnow zufolge stellt sich die dringliche Aufgabe einer „neuen Geborgenheit" angesichts des Existentialismus, der für ihn in allen Varianten von Kierkegaard bis hin zu Heidegger den Menschen in eine letzte Einsamkeit und Ungeborgenheit hineingezwungen hat. Bollnow geht deshalb im Unterschied dazu von der menschlichen Grundsituation der Geborgenheit aus, die im Wohnen zum Ausdruck kommt und auf dem Boden der gehobenen Stimmungen in der Gemeinschaft möglich ist.[11]

Die Forderung einer „neuen Geborgenheit" kann, wie Bollnow betont, „die existentiellen Erfahrungen der Bedrohtheit niemals einfach aufheben (…), sondern sie mit enthalten und nur in einer höheren Ebene überbrücken". Eine solche neue Geborgenheit muß daher anders sein

> „(…) als die fraglose Sicherheit des durch keine Bedrohung erschütterten naiven Menschen. Es handelt sich also nicht darum, wie man es mißverstehen könnte, von der existentiellen Ungeborgenheit einfach in eine neue Sicherheit hinüberzugehen, sondern an die Stelle der dort einseitig gesehenen halben Wahrheit die beide Seiten umfassende volle Wahrheit zu setzen."[12]

In der neuen Geborgenheit wird demnach die existentielle Heimatlosigkeit und das Geborgensein in ihrer untrennbaren Einheit gesehen. Diese beiden Seiten, die des Existentialismus' und die einer neuen Philosophie der Hoffnung und des Vertrauens, werden folglich nicht dadurch ausgeglichen, daß man eine harmonisierende Synthese herstellt, vielmehr bleibt der Widerspruch zwischen beiden bestehen und fordert den Menschen lebenslang stets von neuem heraus, ihn auszuhalten und zu durchleben.[13] Die Einheit zwischen beiden wird daher im Hindurchgang durch beide mühsam gewonnen und stellt dadurch eine letzte und tiefe Weise des menschlichen Wohnens dar.

Auf den ersten Blick könnte hier der Eindruck entstehen, daß Bollnow eine Auslegung der Struktur des Menschen als Heim-weg vorgelegt hat. Das ist, wie im Anschluß

---

10 Siehe dazu insb. seine gleichnamige Untersuchung: Neue Geborgenheit. Das Problem einer Überwindung des Existentialismus. 2. Aufl. Stuttgart 1960.

11 Vgl. Otto Friedrich Bollnow: Das Wesen der Stimmungen; Unruhe und Geborgenheit im Weltbild neuerer Dichter. Stuttgart 1953. Mensch und Raum. Stuttgart 1963. Anthropologische Pädagogik. 3. durchges. Aufl. Stuttgart 1983. (1. und 2. Aufl. Tokyo 1971 und 1973)

12 Bollnow: Neue Geborgenheit, 18 f.

13 Vgl. Bollnow: Anthropologische Pädagogik, 76.

an die Kennzeichnung seiner Position gezeigt wird, nur bedingt richtig. Zwar kann die existentielle Heimatlosigkeit auf das Weghafte des Menschen bezogen werden und als ein Einlösen dieser Seite des Menschen verstanden werden, doch ist die Geborgenheit im Sinne Bollnows nicht mit dem Strukturelement Heim- einfach gleichzusetzen.

Das Wohnen, das das „ursprüngliche Verhältnis" zwischen Mensch und Raum zum Ausdruck bringt und demnach eine „Grundverfassung des menschlichen Lebens" bezeichnet,[14] bestimmt Bollnow im ersten Schritt als „an einem bestimmten Ort zu Hause sein, in ihm verwurzelt sein und an ihm hingehören".[15] Im nächsten Schritt definiert er Wohnen im eigentlichen und echten Sinne als „einen abgeschlossenen Bereich der Geborgenheit, einen Eigenraum des Hauses zu haben, in dem sich der Mensch vor der bedrohlichen Außenwelt zurückziehen kann."[16] Dabei hebt er drei Bereiche bzw. Formen des Wohnens, analog seiner Unterscheidung der drei Formen des Eigenraumes, also des „konkrete(n), umgrenzte(n) und abgegrenzte(n) Raums, den der Mensch sein eigen nennt", voneinander ab: 1. Das Wohnen im Raum des eigenen Leibes. 2. Das Wohnen im Raum des eigenen Hauses. 3. Das Wohnen im umschließenden Raum überhaupt.[17]

Dieses Wohnen ist dem Menschen allerdings nicht von Geburt an selbstverständlich zu eigen, vielmehr kann er es nur „in der vollen Anstrengung seines Wesens ergreifen und verwirklichen".[18] Wohnen muß daher gelernt werden: Es ist eine lebenslange Aufgabe, die sich in vier Entwicklungsstufen vollzieht:

1. Das „naive Vertrauen zum Raum, das kindliche Geborgensein".
2. Der „Zustand der Heimatlosigkeit oder Unbehaustheit", in dem sich der Mensch im Raum verloren findet.
3. Die „Aufgabe der Wiederherstellung der Geborgenheit durch die Errichtung des Hauses".
4. Die „Versteifung im festen Gehäuse" ist wieder zu überwinden, um eine letzte Geborgenheit in einem übergreifenden Raum zu gewinnen.[19]

Der Mensch, der all diese Entwicklungsstufen durchlaufen hat, hat sich ein sinnvolles Leben aufgebaut, das ihm der Existentialismus verwehrt hätte. Dazu war neben dem Vertrauen zu seinen Mitmenschen, dem Vertrauen zu einer Gemeinschaft mit den ihr eigenen Ordnungsstrukturen und zum Leben und Sein überhaupt auch die Hoffnung notwendig. Sie erstreckt das Vertrauensverhältnis auf die Zukunft und ist daher „über alle ‚Sorge' und alles ‚Scheitern' hinweg der letzte Grund unseres Lebens, der im voraus ausgespannte Horizont, in dem allein sinnvolles Planen und Handeln möglich ist."[20]

Die neue Geborgenheit spricht die Überzeugung aus, daß trotz aller existentiellen Krisen, alles Scheiterns und aller Zerstörungen, dennoch in einem inhaltlich grundsätz-

14 Bollnow: Mensch und Raum, 304 und 125.
15 Ebd., 125; vgl. 277.
16 Ebd., 277.
17 Vgl. ebd., 285 und 286.
18 Ebd., 309.
19 Ebd., 306 f.
20 Bollnow: Anthropologische Pädagogik, 75. Siehe auch: Neue Geborgenheit, 81–136.

lich unbestimmbaren Grund ein Halt in einem Seinsganzen heil geblieben ist.[21] Es ist das neue Vertrauen zur Welt und zum Leben, dessen man sich in ständig neuen Anläufen vergewissern muß.

Dieses Vertrauen und die Hoffnung werden, wie Bollnow unterstreicht, nicht durch den Entschluß des Menschen hervorgebracht, sondern sie sind, vergleichbar mit dem religiösen Begriff der Gnade, ein Geschenk. Der Mensch kann daher „nur irgendwie in diesem neuen beglückenden Bewusstsein erwachen. Er hat dann allerdings die Aufgabe, das ihm geschenkte Bewusstsein auch mit der eigenen Anstrengung zu ergreifen und gegen die neuen Zweifel festzuhalten."[22] Die Betonung der Geschenkseite des neuen Vertrauens und der Hoffnung darf nicht dazu führen, die andere Seite aus dem Blick zu verlieren. Für Bollnow kommt es nämlich nur dann zu dieser Gnade, wenn sich der Mensch

> „(...) auch von seiner Seite aus mit allen Kräften angestrengt hat, den chaotischen Mächten zu begegnen, d. h. in eigner Anstrengung seine Welt zu ordnen und zu sichern. Das ist die Aufgabe seines zweckhaften Handelns und des dieses leitenden Verstandes."[23]

Ich beziehe Bollnows Position nun auf die vorgelegte Deutung des Menschen als Heimweg. Dabei beschränke ich mich auf zwei wesentliche Differenzpunkte.

In Übereinstimmung mit Bollnow sehe ich die Grundverfassung des Menschen im Wohnen, in dem das ursprüngliche und unauflösbare Verhältnis des Menschen zu dem Raum seiner Heimat zum Ausdruck gebracht wird. Dieses Wohnen gewährt dem Menschen, wenn in ihm die Nähe zu Mensch und Ding gelingt, Geborgenheit, Schutz, Vertrauen und Sicherheit. Es muß von der Potentialität in die Aktualität verwandelt werden, muß also in einem lebenslangen Prozeß stets von neuem gelernt und eingeübt werden, da das Daheimsein des Menschen in der Welt, die Verwirklichung seines Wesens als Heim-weg eine nie ans Ende kommende Aufgabe ist.

Dabei ist dem Menschen zunächst nicht ein naives Vertrauen zum Raum und ein kindliches Geborgensein zu eigen, wie Bollnow mit Gaston Bachelard in expliziter Gegenstellung zu Martin Heideggers Kennzeichnung des menschlichen In-der-Welt-sein als Geworfen-sein betont.[24] So schreibt Bollnow deutlich: „Bevor er ‚in die Welt geworfen' wird ... wird der Mensch in die Wiege des Hauses gelegt". Und Bollnow fährt mit Bachelard fort: „Das Leben beginnt gut, es beginnt umschlossen, umhegt, ganz warm im Schoße des Hauses".[25] Diesem Umhegtsein im Haus, das Bachelard nur genetisch deutet, wird von Bollnow auch sachlich ein Vorrang zugesprochen.

Beide Positionen beginnen, bildlich gesagt, einen Schritt zu spät. Sie übersehen die Wesensverfaßtheit des Menschen, die dem Umhegtsein im Haus vorausgeht und die allererst verständlich werden läßt, warum dieses Umhegtsein für den Menschen notwen-

---

21 Vgl. Bollnow: Neue Geborgenheit, 158 f.

22 Bollnow: Anthropologische Pädagogik, 75.

23 Ebd., 76.

24 Vgl. Bollnow: Mensch und Raum, 275 und 308.

25 Ebd., 275. Vgl. auch 308. Siehe dazu: Gaston Bachelard: Poetik des Raums. Frankfurt am Main 1975, 39.

dig ist. Anders gesagt: Der Mensch als Heim-weg in einer Heimat kann als Bedingung der Möglichkeit für das naive Vertrauen zum Raum angesehen werden. In ihm ist als Heim- die Tendenz auf ein Sich-Binden angelegt, die in der Geborgenheit sichtbar wird.

Daher kommt ein weiterer wichtiger Differenzpunkt hinzu: Der Vorgang des Sich-Bindens des Menschen als Heim-weg geschieht nicht, weil der Mensch zunächst im Raum geborgen ist, sondern weil er als das in den Prozeß des miteinander streitenden Geborgen- und Ungeborgenseins hineinversetzte Möglichsein diesen Raum gemäß der Tendenz seines Wesens in ein ihn bergendes Zuhause umwandeln kann. Das Sich-Binden, das in der Geborgenheit, aber auch, wie später gezeigt wird, in der Ruhe und im Vertrauen eingelöst wird, bringt zum Ausdruck, daß der Mensch sich als Heim-weg entspricht und der Konflikt zwischen den wechselweise aufeinander bezogenen Seiten seiner Verfassung gemäß entschieden ist.

Anders gesagt: In jedem einzelnen Menschen kommt, konstitutionell bedingt, sowohl in seiner heimischen als auch in seiner weghaften Seite ein Konflikt zwischen seinen Wesenszügen zum Austrag, der sich für den Menschen in seinem wesentlichen Bezug zum Raum als ein Konflikt zwischen Geborgenheit und Ungeborgenheit erweist. Weil allerdings der Mensch zunächst und zuvor nicht in einem neutralen Verhältnis zum Raum steht, sondern dieser ihm als Heim-zum-Raum einwohnt, steht Geborgenheit und Ungeborgenheit nicht unentschieden nebeneinander. Vielmehr kann die Geborgenheit als das Primärphänomen angesehen werden, in dem die Ungeborgenheit fundiert ist. Das meint, daß die Ungeborgenheit im privativen Sinne als Mangel an Geborgenheit gedeutet werden kann und letztlich von der Geborgenheit ihre Bedeutung erhält.

Der Mensch kann, wenn er auf sich selbst achtet, in seinem Leben seiner ursprünglichen Möglichkeit des Heimischseinkönnens entsprechen, indem er in der Geborgenheit den latent vorhandenen Bezug zum Raum bejaht. In diesem Bejahen, das einen permanenten Kampf bedeutet, ringt er darum, sein Wohnen mit der ihm einwohnenden Vorzeichnung, durch die er wesentlich an den Raum der Heimat gebunden ist, in Einklang zu bringen und seine Grundstruktur zu erfüllen. Geborgenheit ist von hier aus betrachtet in sich selbst nicht rein und durch und durch positiv, sondern stets auf die andere Seite ihrer selbst, die Ungeborgenheit, bezogen.

In der Zwiefalt seiner Verfaßtheit, der die Zwiefalt der Geborgenheit entspricht, ist der Mensch ein Zwischensein, das sich in Bezug auf den Raum als ein Zwischen-Geborgenheit-und-Ungeborgenheit erweist. Dies zeigt sich z. B. darin, daß ein Mensch, der sich einem Ort zugehörig fühlt, hier seine Wohnung hat und an ihm verweilt, dennoch diesen Ort vom Fremden, Unsicheren und Andersartigen durchstimmt sieht. Dieser Stachel des Anderen ist vom Heimischen aus betrachtet das Weghafte. Er verhindert, daß der Mensch sich in seinem Haus verschließt, indem er das Wohnen krampfhaft vom Gehen abschottet.

Hier kann auf die oben genannte Kennzeichnung des Menschen als Unterwegs-in-Heimat verwiesen werden. Der Mensch, der in der Geborgenheit den wesentlichen Bezug zum Raum, den er als Heim-zum-Raum ist, einlöst, verwirklicht das Heimische seines Wesens in seinem Sich-Binden an Heimat. Diese wohnend sich vollziehende Anbindung führt allerdings stets das Unterwegssein mit sich, weshalb der Mensch weder ausschließlich in seinem Haus verweilt, es sei denn, er will *erstarren*, noch leichtfüßig auf seinen Wegen umherstreift, es sei denn, er will *verkümmern*, sondern in seinem Wohnen unterwegs bleibt, wie zugleich auf seinen Wegen das Wohnen in sich und in einem Zuhause nicht vergißt. Will der Mensch daher sich in dem Einlösen seiner Grundbefindlichkeit vertiefen, hat er in der Geborgenheit unterwegs zu sein und sich als Unterwegs-in-Heimat zu bewähren.

Dem widerspricht nicht das explizit von der philosophischen Anthropologie im engeren Sinne und der Existenzphilosophie für das 20. Jahrhundert herausgearbeitete konstitutionelle Freisein und die Weltoffenheit des Menschen, wie sie mit unterschiedlichen Implikationen und in unterschiedlichen gedanklichen Kontexten etwa von Scheler, Plessner und Gehlen, aber auch von Heidegger, Camus und Sartre vertreten wird. Diese wesenhafte Offenheit und diese Freiheit kommen auch dem Menschen als Heim-weg zu. Allerdings bringt die vorliegende Deutung des Menschen zum Ausdruck, daß auf dem Boden dieser Weltoffenheit und Freiheit der Konflikt zwischen konträr zueinander stehenden Wesenszügen zum Austrag kommt, die ihren Fluchtpunkt bzw. ihre integrale Mitte im Heim- des Heim-wegs hat.

Durch die Offenheit und Freiheit hindurch blicken wir auf die ambivalente Struktur des Menschen, auf die die Offenheit und Freiheit stets bezogen ist und sich als ‚gebundenes Offen- und Freisein für' erweist. Denn unsere konstitutionelle Offenheit geht ebenso wie unsere Freiheit aus einer wesentlichen Bindung hervor, an die sie zurückgebunden bleibt, ja bleiben muß, wenn der Mensch nicht verkümmern will. Die grenzenlose Offenheit und die grenzenlose Freiheit, die in unserer Zeit als Chancen des Menschen propagiert werden, erweisen sich von hier als pure Illusion und reine Fiktion. Sie übersehen das stets mit dem Menschen prinzipiell einhergehende Sich-Binden, das den wesentlichen Bezug zwischen Mensch und Welt ausspricht.

3. Heimat-im-Unterwegs

Der Mensch ist als Heim-weg *homo et habitans et iens*. Diese Deutung des Menschen sagt das wesenhafte Zugleich von Gehen und Wohnen aus: Wohnend geht der Mensch im Wohnen umher, gehend wohnt er das Gehen ein. In der Geborgenheit wohnend entspricht der Mensch seiner heimischen Seite als ein Unterwegs-in-Heimat, auf seinen Wegen gehend löst er seine weghafte Seite als ein Heimat-im-Unterwegs ein. Das bedeutet, daß der Mensch in seinem Unterwegssein seine Anbindung an Heimat nicht verliert und sein Wegeraum,[1] durch den er den ihm einwohnenden Raum erlebt und zum gelebten werden läßt, stets auf das Heimische selbst bezogen bleibt. Während das Wohnen primär drinnen an das Haus gebunden ist, vollzieht sich das Gehen draußen: Je nach Einstellung und Haltung, je nach Interesse, Absicht und Wunsch ändert sich der

[1] Ich verwende das Wort ‚Wegeraum' für den erlebten und gelebten Raum. Zu Bollnows Kennzeichnung des hodologischen Raums siehe insb. Mensch und Raum, 191 ff. Hier setzt er sich auch von Kurt Lewin und Jean-Paul Sartre ab.

Weg, den der Gehende sich eröffnet. So kann er etwa mitten durch eine Landschaft schreiten, bei der nur ,vorn' und ,hinten', ,oben' und ,unten' zur Orientierung dienen, oder aber mitten in einer Großstadt die Straßen entlangschlendern.

Ohne die Differenzen dieser beiden unterschiedlichen Wege herausheben zu wollen, wird hier bereits sichtbar, daß es nicht den einen Weg gibt, mit dem sich der Mensch den Raum erschließt, sondern eine Bandbreite und Vielfalt, in der jeweils eine spezifische Gehweise sichtbar wird. Diese steht nicht äußerlich lediglich für eine bloße Bewegungsform und -abfolge, ist sie doch eine aus dem Menschen entspringende und seiner Physis entsprechende Ausdrucksweise. So zeigt sich im Gehen des Menschen auf einem bestimmten Weg, wie er das Weghafte seines Seins jeweils einlöst, und das heißt, es tritt zutage, wie er sich selbst deutet und erfährt. Die Art des Gehens ist daher die Veranschaulichungsform einer bestimmten Weise, in der der Mensch sein Unterwegssein realisiert und wie er sich zu sich und zu seiner Welt verhält.

Üblicherweise lassen sich etwa die Gangarten gehen, laufen, rennen, wandern, aber auch humpeln, tanzen und fliegen voneinander unterscheiden. Im folgenden möchte ich nicht alle Bewegungsarten deuten, sondern mich stattdessen auf diejenigen konzentrieren, die für einen zentralen Weg, der als Hauptweg bezeichnet wird, grundlegend sind. Das sind: das Wandern in der Natur, das Gehen auf der Straße, das Fahren auf der Straße und das Surfen im Netz der Datenbahnen. In jedem der genannten Hauptwege richtet sich der Mensch aufgrund der Spezifik des jeweiligen Weges in einer spezifischen Weise aus und löst dabei je differierend sich selbst als ein Heimat-im-Unterwegs ein.

a) Das Wandern in der Natur

Ich stelle eine kennzeichnende Schilderung des Wanderns in der Natur voran. Wohnend im Haus geht der Mensch vom Haus aus: Er öffnet die Tür, tritt über die Schwelle und schließt, bevor er in den Wald gehen möchte, die Tür hinter sich ab. Er steckt den Schlüssel in die Tasche und wendet sich nach links. Er läuft die Straße auf dem Bürgersteig entlang bis zur Hauptstraße. Dieser folgt er in Gegenrichtung zum Straßenverkehr auf dem befestigten Seitenstreifen, bis er nach ca. 2 Kilometern ein Waldstück erreicht. Er verläßt die Hauptstraße und streift nun ohne festes Ziel durch den dichten Wald. Er läuft um einen umgestürzten Baum, weicht dichtem Gestrüpp aus oder folgt dem Ufer entlang einem Bachlauf. Wenn er müde ist, macht er eine kurze Rast und setzt sich in einer Lichtung oder auf einem Baumstumpf nieder. Irgendwann trifft er auf einen Wanderweg, auf dem er nun weitermarschiert, weil er vor Einbruch der Dunkelheit zu Hause sein möchte. Er erreicht auf ihm erneut die Hauptstraße, schließlich die Seitenstraße und sein Haus. Er öffnet die Tür, tritt über die Schwelle und läßt sie hinter sich wieder ins Schloß fallen.

Ich betrachte das Wandern in der Natur hinsichtlich seiner Strukturelemente. Es hat zunächst ein Weggehen zu seiner Voraussetzung. Der Mensch geht aus seinem Haus hinaus und bewegt sich zunächst in seiner Umgebung, in der durch Konvention bereits

Raumrichtungen und Raumrelationen festgelegt sind. Erst beim Erreichen des Waldstückes, bei dem das echte Wandern beginnt, läßt er gleichsam die Gemeinschaft hinter sich und läuft nicht mehr auf der asphaltierten Straße in einem gleichmäßigen monotonen Tempo, sondern er bahnt sich im Gehen seinen eigenen Weg. Das bedeutet, daß der Mensch beim Wandern in der Natur im Unterschied zum Gehen auf der Straße jeden seiner Schritte den natürlichen Verhältnissen anpassen muß, um nicht zu stolpern, zu straucheln oder gar zu fallen.[2] Aus dieser Sicht schreibt Linschoten in seiner wichtigen Analyse zur Straße und zur Ferne:

> „Der Sand, der Felsenpfad, der natürliche Boden nehmen schon deshalb den Wanderer auf, weil sie ihn zwingen den Schritt jeden Augenblick zu wechseln, den Fuß dem Boden anzuschmiegen. Der Wanderer paßt sich geschmeidig an, er fügt sich der Landschaft (...)“.[3]

Das Gehen des Wanderers steht in einem Entsprechungsverhältnis zu den Bedingungen der Natur. Er ist mit seinem Leib völlig in ihren Sinnzusammenhang eingebunden und richtet seine Bewegungen nach ihr aus. Die Bedeutung des Wanderns liegt folglich in einer der Natur angemessenen Weise des Gehens, bei der seine Bewegung mit den natürlichen Gegebenheiten im Einklang stehen und er sich der Natur öffnen kann.[4] Mit jedem Schritt löst sich der Mensch dergestalt von den gesellschaftlich bedingten Gewohnheiten seiner selbst und geht buchstäblich auf die Natur zu und – je weiter er wandert – auf und in sie ein. Diese steht dann nicht als etwas Fremdes außerhalb von ihm, kann er sie doch im Laufe seiner Wanderung als Teil seiner selbst erleben. Das Weggehen von den gewohnten Bahnen des Alltags ist daher zugleich ein Unterwegssein und darin die Einkehr in ein ursprüngliches Verhältnis zur Natur, bei der der Mensch den ‚Ballast‘ seines täglichen Lebens abwerfen kann und mit sich selbst und mit seinen Ursprüngen konfrontiert wird. In ähnlichem Sinne äußert sich Arnold Stenzel in seinem Aufsatz *Die anthropologische Funktion des Wanderns und ihre pädagogische Bedeutung*:

> „Der Mensch findet in der Natur etwas, dem er sich vorbehaltlos hingeben kann, echtes und ursprüngliches Leben offenbart sich ihm. Und Wandern ist dann nichts anderes als das Sich-treiben-Lassen vom Strome dieses Lebens der Natur. Das Leben der Natur ist ja selbst nichts anderes als fortwährende Bewegung, der man sich getrost überlassen darf.“[5]

---

2 Für diese Weise des Sich-Bewegens ist daher die Richtung nach vorn und nach hinten ausschließlich von Bedeutung. Zu dieser Problematik vgl. das 10. Kap. „Sprachliche Raumsymbolik“ von Ludwig Klages in seiner „Charakterkunde“. In: Sämtliche Werke Bd. 5. Hrsg. v. Ernst Frauchiger u. a. Bonn 1979, 447–467.

3 J. Linschoten: Die Strasse und die unendliche Ferne, 254. In: Situation I. Beiträge zur phänomenologischen Psychologie und Psychopathologie. Herausgegeben. von J. H. van den Berg u. a. Utrecht/Antwerpen 1954, 235–260.

4 Das Verhältnis des Menschen zur Natur hat sich im Laufe der Jahrhunderte stark verändert. Eine wesentliche Bedeutung kommt Jean-Jacques Rousseau zu, den man als einen Wendepunkt zwischen einer eher pragmatisch-utilitaristischen und einer sympathetisch-verklärenden Haltung bezeichnen kann.

5 Arnold Stenzel: Die anthropologische Funktion des Wanderns und ihre pädagogische Bedeutung, 107 f. In: Erziehung und Leben. Vier Beiträge zur pädagogischen Bewegung des frühen 20. Jahr-

Beim Wandern ist daher im strengen Sinne ein Ankommen nicht möglich. Zwar kann ein gestecktes Ziel erreicht werden, etwa eine Kapelle oder der Gipfel eines Berges, aber die Selbstbezogenheit und das Selbstzweckhafte des Wanderns macht das Unterwegssein als solches zum Intendierten und die Bedeutung des Ziels hinfällig. Bollnow hebt daher als Wesenszüge des Wanderns neben der Zeitlosigkeit, auch die Ziellosigkeit hervor: „Der Wanderer wandert nicht, um ein bestimmtes Ziel auf dem schnellsten Weg zu erreichen, sondern er wandert um des Wanderns willen."[6] Unter Ziellosigkeit ist nicht die Abwesenheit von Zielen schlechthin zu verstehen, sondern die Abwesenheit außerhalb vom Menschen liegender Ziele.

Dem Wandern ist eine Struktur immanent, die man bildlich am ehesten durch die Spirale veranschaulichen kann. Sie ist, wenn man von oben auf sie blickt, durch die Grundform des Kreises bestimmt. In jeder Bewegung des einheitlichen Prozesses Wandern realisiert der Mensch das ihm immanente Ausrichten auf sich als Teil der Natur, wodurch sich die Kreisstruktur erfüllt. Die Spirale als Verbindung und Verbund dieser einzelnen Schrittfolgen der Selbst- und Naturgewinnung zeigt die in diesem Prozeß liegende Vertiefung an, im Zuge deren der Mensch über sich hinaus und darin jeweils zu sich selbst kommen kann. Bei jedem Schritt nach vorn läßt er Fremdes, Nicht-Eigenes hinter sich und wendet sich in einem Selbstgespräch, das immer auch ein Zwiegespräch mit der Natur ist, seinem natürlichen Eigenen wandernd zu.[7] Das bedeutet, daß das Wandern nicht nur aus den Strukturelementen ‚Weggehen' und ‚Unterwegssein' be-

---

hunderts. Karl Heinz Günther u. a. Heidelberg 1960, 96–122. Und an anderer Stelle schreibt er weiter: „Wandern ist ‚Rückkehr zum Ursprung', und zwar in dem Sinne, daß der Mensch sich im Wandern der Welt und dem Leben vorbehaltlos, ohne vorgefaßte Einstellung hingibt und so in direkter Berührung in ein unmittelbares Seinsverhältnis kommt, das ihm in seinem gewöhnlichen, alltäglichen Leben immer wieder verloren zu gehen droht." 118.

6 Bollnow: Mensch und Raum, 112. In diesem Sinne schreibt auch Hausmann: „Der Wanderer dagegen weiß von keiner Ankunft und von keinem Ziel. (…) Er weiß von keinem Warum und von keinem Wohin. Wandern ist unsachlich, zwecklos und ungewiß. Für den Wanderer ist hier nicht die Ankunft wichtig, sondern das Wandern, das Unterwegssein, die Straße." Manfred Hausmann: Einer muß wachen. Frankfurt am Main 1950, 42.

7 Arnold Stenzel stellt in seinem Aufsatz *Die anthropologische Funktion des Wanderns und ihre pädagogische Bedeutung* die Frage „Warum wandert der Mensch?". Diese Frage gliedert er in die beiden Teilfragen: „Wovon entfernt sich der Mensch beim Wandern?" und „Wohin geht der Mensch beim Wandern?" und spitzt sie in den beiden Fragen „Wovor flieht der Mensch beim Wandern?" und „Was sucht der Mensch beim Wandern?" zu. Es ist bei den Romantikern und den ersten Wandervögeln eine Flucht, die Stenzel zufolge den Menschen in die Welt hinaus getrieben hat und ihn zum Wandern motivierte. Vgl. 98 f. und 113. M. E. ist der Bewegung hin zum Wandern weniger ein romantisches Fliehen, als ein Abkehren zum Einkehren immanent. Das meint, daß das Movens für die Entscheidung ‚ich will wandern' weniger im Ausweichen und Ausbrechen aus der bisherigen Lebenssituation gesehen werden kann – auch wenn dieses einfließt –, als vielmehr positiv im Vorwegnehmen der Qualitäten, die dem Wandern zu eigen sind. Weil der Mensch bereits erfahren hat, wie er im Wandern zu sich selbst kommen kann, will er in dieser Weise gehen. Bei dieser Akzentuierung entgeht man eher der fälschlichen Wertung: hier der ‚schlechte' Alltag, dem man entfliehen muß, dort das ‚gute' Einwohnen, das man möglichst schnell erreichen will. Diese Wertungen stehen außerhalb des vorliegenden Phänomenaufweises.

steht, sondern auch aus dem ‚Einkehren' als Folge der Abkehr vom Alltäglichen. Linschoten beschreibt diesen Strukturzusammenhang folgendermaßen:

> „Wenn das Wandern eine *Rückkehr* ist zur Stille und Ruhe der Natur, und im tiefsten Sinne eine *Einkehr* in die Immanenz der Landschaft, so ist der Fußweg ein *Weg-Zurück*, ein Weg auf dem man in das traute Heim zurückkehrt."[8]

Auch wenn ich das Sich-Einlassen im Eingehen auf die Natur mit Linschoten nicht als eine „Rückkehr" deute, sondern, wie gesagt, als ein Einkehren, kann mit ihm doch hinsichtlich der Kreisbewegung übereingestimmt werden, die er durch die Elemente der *„Rückkehr"*, der *„Einkehr"* und dem *„Weg-Zurück"* anzeigt. Würde man es als „Rückkehr" verstehen, müßte man die religiöse Dimension in den Vordergrund rücken und Rückkehr als Rückgang in den Urgrund auffassen. Dieser Zusammenhang klingt in folgendem Zitat von Stenzel an:

> „Getrieben wird der Wanderer von einer unbestimmten, im Grunde ewig unendlichen Sehnsucht, irgendwo in weiter Ferne sein Glück und die Erfüllung seines Sehnens zu finden. Das, was der Mensch in dieser Weise sucht, findet er im Einssein mit der Natur. Dieses Erlebnis trägt stets gewisse pantheistische Züge und hat also auch religiösen, metaphysischen Charakter."[9]

Dem Menschen ist aus meiner Sicht im Leben eine Rückkehr im Sinne eines Ein- und Zurückkehrens an den Ort, von dem her er gekommen ist und an dem er ursprünglich wohnt, nicht möglich. Allerdings kann er im Wandern sehr wohl die Nähe des Göttlichen erleben und im Blick auf das Unbedingte sich vertiefen.

Das Sich-Bewegen beim Wandern hat zugleich eine qualitative Veränderung des Wandernden zur Folge, weil es in seiner Natur- und Selbstbezogenheit das Innere des Menschen und die Intensität seiner Beziehung zur Welt betrifft. Der Mensch ist hier, wie bereits Rousseau, Nietzsche und Spranger betont haben, unterwegs in der Natur und darin zum Eigenen, indem er sich mit jedem Schritt von den von außen auferlegten Bindungen befreit. Im wandernden Gehen geschieht eine Katharsis, durch die der Mensch die Möglichkeit Heim-zum-Raum zu sein in der Weise realisiert, daß er der Natur einwohnt und in seiner Besinnung auf ihren Sinn hört. Wenn er bei seiner Rückkehr wieder in sein Haus eintritt, ist er ein anderer als der, der er bei seinem Weggehen gewesen war. Er fühlt sich freier, ungezwungener und ‚erlöster', weil er solches, was ihn in seinem Alltag belastet hat, ‚hinter sich' lassen konnte.[10] Seine Bindung an die Welt nimmt dadurch zu, und er gewinnt die Möglichkeit, das Leben zu bejahen und die Dinge so zu sehen, wie sie sind.

---

8 Linschoten: Die Strasse und die unendliche Ferne, 257.

9 Stenzel: Die anthropologische Funktion des Wanderns, 111.

10 Stenzel verweist in diesem Zusammenhang auf den unterschiedlichen Gebrauch der Präpositionen beim Reisen und beim Wandern, die von der untergeordneten Bedeutung des Ziels für den Wanderer und der Bestimmtheit der Reise um des Zieles willen abhängig sind. So reise ich „‚nach' einem bestimmten Ziel; aber ich wandere ‚durch' eine Landschaft." Stenzel: Die anthropologische Funktion des Wanderns, 101.

„In dem Augenblick, wo der Mensch in sich selber gesichert ist, fühlt er sich auch imstande, die Dinge gelassen an sich herankommen zu lassen und sie von ihrer eigenen Mitte her zu sehen. Erst indem der Mensch in sich selber beruhigt und heiter ist, kann er auch die Dinge außer ihm als in sich selber ruhend hinnehmen."[11]

Die einzelnen Strukturelemente weggehen, unterwegssein, einkehren und zurückkehren konstituieren den Strukturzusammenhang des Wanderns in der Natur. Weil der Mensch sich im Laufe seines Unterwegsseins verändert, ist das Wohnen, in das er zurückkehrt, anders geartet als das Wohnen, von dem er aufgebrochen war. Beziehen wir dies auf das Bild des Kreises und der Spirale, dann wird der Kreis bei der Ankunft im Haus auf einer höheren Ebene geschlossen und kann sich von hier aus in unzähligen Pendelbewegungen zwischen Wohnen und Wandern weiter spiralig vertiefen. Im Leben eines Menschen bleibt diese Spirale nach oben hin offen: Die bereits aufgeworfene Frage nach seiner letzten (bzw. ersten) Rückkehr wird sich erst dann entscheiden, wenn er im Tod gewaltsam an sein Ende gelangt ist.

b) Das Gehen auf der Straße

Wohnend im Haus geht der Mensch vom Haus aus: Er öffnet die Tür, tritt über die Schwelle und schließt, bevor er beispielsweise Brötchen einkaufen möchte, hinter sich die Tür ab. Er steckt den Schlüssel in seine Tasche und wendet sich nach rechts. Er läuft die Straße auf dem Bürgersteig entlang bis zur nächsten Querstraße, deren Namen auf einem Schild an der Hauswand befestigt ist. Er wendet sich nun nach links und läuft ca. 30 Meter weiter geradeaus. Direkt an der Kreuzung erreicht er sein Ziel, die Bäckerei. Er öffnet die Ladentür, ein Klingeln verkündet sein Kommen, und er geht hinein. Mit den Brötchen begibt er sich wieder auf den Rückweg. Er schließt seine Haustür auf, tritt über die Schwelle und ist wieder daheim.

Betrachten wir das geschilderte Gehen des Menschen auf der Straße hinsichtlich seiner Strukturelemente. An erster Stelle kann das Weggehen hervorgehoben werden. Der Mensch geht aus dem Haus hinaus, läßt seinen privaten Bereich hinter sich und tritt in den öffentlichen Raum ein. In diesem sind durch Konvention Regeln und Zeichen festgelegt, die den ‚Verkehr' auf der Straße leiten und die alle Verkehrsteilnehmer, darunter auch den Fußgänger auf dem Bürgersteig, einbeziehen. So soll er ebensowenig mitten auf der Fahrbahn laufen, wie ein Autofahrer nicht auf dem Gehweg zu fahren hat. Die Regeln und Zeichen dienen einem möglichst störungsfreien Verkehrsfluß, der es dem Gehenden und Fahrenden ermöglicht, möglichst schnell die Strecke zwischen dem Ausgangspunkt und dem Zielort zurückzulegen. Sie dienen auch einer richtigen Orientierung und spiegeln als den einen oder anderen Weg, als entweder rechts oder links, das rationale Denken in Disjunktionen wider.

---

11 Bollnow: Das Wesen der Stimmungen, 108. Vgl. auch Stenzel: Die anthropologische Funktion des Wanderns, 110 und 117f. Er hebt hier das Schauen des Menschen, das ihm das Stimmungshafte einer Landschaft erschließt, von einer wissenschaftlichen Haltung ab, für die das Beobachten konstitutiv ist.

Die Straße lädt auch nicht zum Rasten und Ruhen ein, liegt ihre Bedeutung doch in der Verbindung, die durch sie zum Zielort gegeben ist. Schärfer gesagt: Die Straße hat keinen Selbstzweck, sondern ist als ein ‚Weg nach‘ das Medium zum Ziel.[12]

Dies ist unmittelbar einsichtig, wenn wir uns das Verhalten beim Gehen und Fahren auf der Straße vor Augen führen. Während der Mensch in seinem Haus sich auf einen Sessel und der Wanderer sich auf einen umgestürzten Baumstamm setzen und ausruhen kann, steht die Straße quer zur Möglichkeit des Verweilens. Zwar kann ein Mensch auf ihr stehen bleiben und eine kleine ‚Verschnaufpause‘ einlegen, aber es ist grotesk, ja geradezu abwegig, sich einen Menschen vorzustellen, der sich mitten auf dem Bürgersteig niederläßt, ein Buch aus seiner Jacke herauszieht und zu lesen beginnt. Nicht weniger abenteuerlich würde uns ein Autofahrer erscheinen, der – ohne darauf zu achten, daß er dadurch den gesamten Verkehr blockiert – sein Auto mitten auf der Straße parkt, um in Seelenruhe einen Klappsessel aufzustellen und es sich darauf bequem zu machen. Beide Beispiele zeigen in dem jeweils angedeuteten negativen Verhalten den Zweck und die Funktion der Straße anschaulich auf. Sie verweist als ein ‚Weg nach‘ auf ein Ziel und erhält von ihm her ihre Bedeutung. Denn wir sind nicht, wie Linschoten richtig sagt, „auf der Straße um der Straße willen, wir sind auf der Straße, indem wir auf dem Weg zum Ziel sind.“[13]

In seinem zielgerichteten Gehen bestätigt der Mensch die im orientierten Raum etablierten Ausrichtungen und Verweise, indem er auf dem Bürgersteig und nicht mitten auf der Straße läuft und sich nach links oder nach rechts wendet oder geradeaus weitergeht, wenn er an eine Kreuzung kommt.[14] Dabei überbrückt er die Distanz und verwirklicht bereits „intentional sein Ziel“:

> „Sich auf den Weg machen heißt bereits antizipierend ankommen. (...) Eben noch war ich zuhause und setzte mir das Dortdrüben als Reiseziel. (...) Jetzt entschließe ich mich zu *gehen* und damit ist mein Abgangsort, ja die ganze Route schon überholt. Im Momente dieser Entscheidung *bin* ich schon dort, das Dortige ist zum intentionalen *Hier* geworden, das Künftige zum intentionalen *Nun*, und Alles was mich davon trennt ist intentional überwunden. Das Unterwegssein ist nur Wartezeit, die ich vom intentionalen Hier und Jetzt des Zieles aus gleichsam *rückwärts* als *Lücke* betrachte.“[15]

Auch wenn bei der Bäckerei nicht von einem „Reiseziel“ gesprochen werden kann, das auf einer „Route schon überholt“ ist, ist der Sache nach das von Linschoten Gesagte

---

12 Auch für Linschoten ist die Straße das „Medium des *Verkehres*, das Mittel ‚auf dem‘ und ‚entlang dem‘. Ihre Bedeutung liegt darin, daß sie den Verkehr ermöglicht, d. h. den Transport von Personen und Gütern. Deshalb ist sie auch der älteste und deutlichste Ausdruck der menschlichen Beziehungen“ (Die Strasse und die unendliche Ferne, 245). Darüber hinaus ist sie auch „*Sinnbild* des Verkehres im buchstäblichen wie im übertragenen Sinne.“ (246)

13 Ebd., 244. Dies trifft umso mehr für den Autofahrer zu, für den die Straße „nur der selbstverständliche Leitfaden zum Ziel“ ist, also nicht ausdrücklich, nicht als Objekt erlebt wird. Ebd.; vgl. ferner 247.

14 Vgl. zu den Richtungen ‚rechts‘ und ‚links‘ das bereits genannte Kapitel von Ludwig Klages über sprachliche Raumsymbolik.

15 Linschoten: Die Strasse und die unendliche Ferne, 248.

doch auf meine kennzeichnende Schilderung anwendbar. Denn gehe ich auf der Straße, um Brötchen einzukaufen, dann nehme ich gedanklich das Ankommen und den Einkauf bereits vorweg und befinde mich bei solchem, was mich innerlich beschäftigt, sei es z. B. meine Arbeit, die Familie oder ein gestriges Gespräch. Ich versuche also gehend diese „Wartezeit" bzw. „Lücke" zu schließen, indem ich an dieses oder jenes denke, mir die Zeit gedanklich ‚vertreibe' und möglichst forsch ausschreite.

Es wird deutlich: Das Gehen des Menschen auf der Straße hat sein Ziel nicht, wie beim Wandern, in dem Ausrichten auf sich selbst, durch das er sich für die Natur öffnen kann, sondern es liegt außerhalb von ihm im Dort des Intentums, bei dem er sein möchte. Der Weg selbst wandelt sich von dem Selbstzweckhaften des Wanderns in das Mittel zum Zweck ‚Ankunft'. Auf diese Weise wird der Kreis, der die zirkuläre Struktur des Wanderns bildlich veranschaulicht, in die Linearität einer Strecke aufgesprengt. Diese hat vom Ziel her ihre Bestimmung und Bestimmtheit: So ist das Weggehen nicht als ein ‚weg von' zu verstehen, sondern vielmehr als ein ‚hin-zu', das im Ankommen, dem Erreichen des Ziels Bäckerei, als des Worumwillens dieser Bewegung aufgehoben wird.

Der Sinn dieser Ankunft liegt allerdings nicht in der Ankunft selbst, sondern im Einkauf von Brötchen. Es ist daher ein sekundäres Verweilen notwendig, in dessen Verlauf das primär Intendierte erreicht werden kann. Hier spricht sich so etwas wie ein ‚Ruhen im Wohnen' aus, allerdings nicht im eigenständigen Sinn, sondern in der Abhängigkeit zum Zweck des Aufenthaltes. Ist dieser erreicht, kann sich der Mensch umdrehen und die Richtung ändern: er kann den Weg zurücklaufen. Für Linschoten ist das

> „‚Zurück' dieses Rückweges (...) nicht ein umgekehrtes ‚Hin' des Hinweges; es ist nicht *vice versa*, sondern eine radikale Umbildung des Verhältnisses zum Endpunkt. Die Rückkehr hebt den Sinn des Weges auf. Macht doch der Weg die Ferne zugänglich. Das Heim, in das wir zurückkehren, nimmt das Entfernte in sich auf. Dem, der zurückkehrt, faltet sich die Welt zusammen. Die Wege sind dann überflüssig, da Alles bei sich selber ist."[16]

Im Unterschied zu Linschoten bin ich der Auffassung, daß nicht die Rückkehr den Sinn des Weges aufhebt, sondern das Erreichen des Ziels. Sobald der Mensch bei der Bäckerei angekommen ist und seine Brötchen eingekauft hat, ist das Gehen für ihn nutz- und sinnlos geworden. Daher kann das Zurücklaufen beim Gehen auf der Straße als ein mechanisches Zurück in den primären Aufenthalt des menschlichen Wohnens gedeutet werden. Dabei macht nicht, wie er in dem angeführten Zitat schreibt, „der Weg die Ferne zugänglich", weil die Kategorie der ‚Ferne' für das Gehen nicht von Bedeutung ist. Will der Mensch nämlich ein weiter entferntes Ziel erreichen, fährt er mit seinem Fahrrad, seinem Auto oder dem Zug, oder er entschließt sich sogar, ein Flugzeug zu nehmen. Dem Gehen ist daher stets die relative Nähe im Sinne der Erreichbarkeit des Ziels immanent, wodurch das Heim bei dieser Weise des Sich-Bewegens nicht „das Entfernte in sich" aufnimmt, sondern den Gehenden, der aus einem bestimmten Grund draußen gewesen war. Im Haus ist sein Kristallisationspunkt, in dem seine Beziehungen

---

16 Ebd., 257.

zusammenlaufen und von dem aus die Welt in ständig neuen Anläufen zu seiner Welt werden kann.

Zusammenfassend kann gesagt werden: Das Sich-Bewegen in der Weise des Gehens auf der Straße bedeutet keine direkte qualitative Veränderung des Gehenden, ist es für ihn in seinem Mittelcharakter doch auf einen äußeren Zweck hin ausgerichtet: Der Fußweg ist ein *Hin-Weg*. Die einzelnen Strukturelemente weggehen, ankommen und wohnen konstituieren daher die Weise des Gehens auf der Straße. Sie ist in ihrer Zielgerichtetheit linear, läßt sich am ehesten durch eine Strecke veranschaulichen und hat zu ihrem Ergebnis keine Heimkehr im Menschen selber, sondern ein Zurückkommen an den Ort, von dem aus er sich auf ein bestimmtes Ziel hin bewegte.

c) Das Fahren auf der Straße

Wohnend im Haus geht der Mensch vom Haus aus: Er öffnet die Tür, tritt über die Schwelle und schließt hinter sich die Tür ab. Er läuft am Haus entlang zu seiner Garage, öffnet das Garagentor und fährt das Auto hinaus. Er wartet an der Grundstücksgrenze, bis ein Autofahrer ihn in den fließenden Verkehr hineinwinkt. Er biegt in die Straße ein und beschleunigt rasch seinen Wagen, um seine Geschwindigkeit den anderen Fahrzeugen anzupassen. Von der Hauptstraße biegt er nach links in die Landstraße ab. Nach drei Kilometern fährt er auf die Autobahn. Mit 150 km/h erreicht er 15 Minuten später bereits sein Ziel, den Baumarkt. Er parkt den Wagen auf dem Parkplatz, kauft ein Regal und fährt die Strecke auf demselben Weg wieder zurück. Er stellt das Auto in die Garage, schließt das Garagentor, öffnet seine Haustür, tritt über die Schwelle und ist in seinem Zuhause.

Auf dem Hintergrund dieser kennzeichnenden Schilderung können die Strukturelemente beim Fahren auf der Straße freigelegt werden. Während beim Gehen auf der Straße an erster Stelle das Weggehen benannt werden kann, ist hier das Wegfahren hervorzuheben. Der Mensch, der sich an das Steuer seines Fahrzeuges setzt und losfährt, akzeptiert die Regeln und Zeichen des öffentlichen Verkehrs. In seinem Wegfahren ist die Öffentlichkeit, auch wenn sie – bildlich gesagt – nicht im Auto als Fahrgast anwesend ist, dennoch präsent. Auf diese Weise begibt er sich nicht, etwa im Unterschied zum Wandern in der Natur, in einen Raum, in dem er sich frei sich selbst gegenübertreten kann, bleibt dieser doch primär gesellschaftlich-konventionell vermittelt. Das bedeutet, daß das Wegfahren als ein Sich-Einlassen auf die Spielregeln des Verkehrs gedeutet werden kann, wodurch sich der Fahrende in gewisser Weise aus seiner Hand in die der Straße begibt.

Die Straße zeichnet sich, wie beim Gehen auf ihr sichtbar wurde, durch den Wesenszug der Zielgerichtetheit aus. Mit der Zunahme der Geschwindigkeit und der Indirektheit der menschlichen Bewegung verstärkt sich beim Fahren allerdings die Ausrichtung auf das Ziel. Der Mensch wird förmlich vom Sog, der von allen Fahrenden ausgeht, entlang der Autobahn mitgerissen und hat keine Möglichkeit, sich gegen ihn zu stemmen und seinen eigenen Weg zu bahnen. Dies ist unmittelbar einleuchtend, wenn wir uns das Verhalten auf der Straße vor Augen führen. Konnte der Mensch beim Gehen auf der Straße stehenbleiben und verschnaufen, ist diese Möglichkeit auf der Autobahn nur an Park- und Rastplätzen gegeben. Hat jemand beim Fahren trotz der Geschwindigkeit daher etwas Interessantes am Straßenrand wahrgenommen, oder will er sich einfach die Beine vertreten, dann wird er nicht mitten auf der Fahrbahn anhalten und aussteigen, es sei denn, er ist lebensmüde, sondern er wird sich von der allgemeinen Bewegung mitreißen lassen müssen. Natürlich kennt er die Spielregeln: Er weiß, daß er nicht halten darf, aber darüber hinaus kennt er auch die Bedeutung der Autobahn, die darin besteht, die Möglichkeit einer möglichst schnellen und möglichst weiten Überbrückung von Strecken zu gewähren. Deshalb wird der Fahrende schnell ungeduldig und impulsiv, wenn ihn unvermutet ein scheinbar kriechendes Auto behindert und er seinen Geschwindigkeitsfluß unterbrechen und abbremsen muß. Verkehrsstraßen sind daher „gerade Straßen", wie Linschoten schreibt: „Geradewegs streben sie ihrem Ziele zu. Will man möglichst weit kommen, so bilden sie die gerade Verbindung."[17]

Der Weg, der bei dieser Weise des Sich-Bewegens ein Streckenabschnitt ist, bei dem allein der verbleibende Abstand zum Zielpunkt zählt, hat aus sich selbst heraus und für sich selbst keine Bedeutung. Ein nach rechts und nach links Schauen wird infolgedessen überflüssig, achtet man doch primär auf die Entfernung der voranfahrenden und der hinter einem fahrenden Fahrzeuge und auf die richtige Ausfahrt. Zu Recht schreibt daher Linschoten:

> „Die Eigenart der Landschaft bleibt dem verschlossen der intentional schon vorüber ist wenn er körperlich noch auf dem Weg zum fernen, ihm schon so nahen Ziel ist. (...) Der Automobilist, den die Landschaft mit Bewunderung erfüllt, freut sich ihrer in bequemer Entfernung. Seine größere Mobilität entfernt ihn der Landschaft. Die modernen Straßen und Verkehrsmittel begründen daher eine neue Welt-Anschauung."[18]

In seinem Fahrzeuginnenraum eingeschlossen, ist der Fahrer von der Welt abgeschottet. Seine ‚Welt' ist die der Straße und die der Geschwindigkeit, die von der streckenmäßigen Nähe der vorbeihuschenden Landschaft unendlich weit entfernt ist. Er kann sie nicht berühren und unmittelbar leiblich an- und erfassen, sondern nur gelegentlich einen Schatten von ihr auffangen. Sein Blick auf sie ist versperrt, starrt er doch ausschließlich geradeaus durch die Windschutzscheibe, oder er erhascht im Rückspiegel die Silhouetten der hinter ihm fahrenden Fahrzeuge. Die Vorstellung Linschotens, daß der Automobilist von der „Landschaft mit Bewunderung erfüllt" ist, scheint mir daher eine Illusion zu sein, die der tatsächlichen Geschwindigkeit moderner Automobile nicht gerecht wird. Der Fahrer bewundert nicht die Landschaft – er kann es gar nicht tun, weil sie immer schon vorüber ist –, er wundert und ärgert sich nur über andere Fahrer.

Ein weiteres kommt hinzu: Der Mensch, der vom Intentum angezogen wird und sich körperlich nicht selbst bewegt, sondern im Sog des Fahrenmüssens bewegt wird, erfährt sich beim Fahren auf der Straße nicht unmittelbar in seiner leiblichen Eigenräumlichkeit:

---

17 Ebd., 251.
18 Ebd.

„(...) sitzend, stehend oder liegend – nur selten noch setzt der Stadtmensch in Bewegung, was doch sein erstes Fortbewegungsmittel darstellt: seine unteren Gliedmaße. Mit zunehmender Verengung der Dimension und der Weite der körperlichen Betätigung wird das Individuum durch die Schnurgeraden der Stadtgeometrie (...) linear gemacht und in den genannten Stellungen festgenagelt (...).“[19]

In der Vermitteltheit seiner Bewegung verschiebt der Mensch die Ausdrucksfülle seines Leibes in die Linearität seiner Verkümmerung, bei der die im Heim-weg liegende Möglichkeit des bei sich selber Heimischseins im Eigenraum nicht eingelöst wird. Unruhig und unausgeglichen richtet sich der Mensch außerhalb seiner auf das Ziel aus, ja, von ihm völlig in Besitz genommen, wird er letztlich gleichsam selbst zu diesem Ziel, das Sinn und Bedeutung seines Fahrens ist.

Deutet man von hier aus erneut das Strukturelement ‚wegfahren‘, dann läßt sich das ‚weg‘ wie beim Gehen auf der Straße nicht als ein ‚weg von‘ verstehen, sondern als ein ‚hin-zu‘. Aufgrund der Direktheit der Verbindung zum Intentum, der Stärke des Sogs, der von ihm ausgeht, und der Rasanz des Fahrens, schrumpft der Streckenabschnitt zwischen Ausgangspunkt und Ziel auf den Rest des Noch-nicht-dort-Seins zusammen, der schleunigst überwunden werden soll. Gedanklich wird das Ziel fixiert und das Unterwegssein auf der Straße dabei förmlich ‚übersehen‘. Es hat dergestalt keinen Selbstzweck und dient, wie beim Gehen auf der Straße, als Mittel zum Zweck ‚Ankunft‘.

Dieser Mittelcharakter, im Zuge dessen die Straße zur Zielgeraden wird, hat sich beim Fahren auf der Straße im Unterschied zum Gehen verschärft. Betrachtet man etwa die Reaktionen, die ein Fußgänger zeigt, wenn er auf dem Bürgersteig unfreiwillig aufgehalten wird, sei es, daß man ihn anspricht, sich ihm in den Weg stellt oder ihn ‚anrempelt‘, dann werden sie in der leiblichen Präsenz des ‚Täters‘ mit großer Wahrscheinlichkeit milder als beim Fahren ausfallen. So wird er vielleicht die Stirn runzeln, böse dreinblicken, schimpfen oder fluchen, allerdings auf eine direkte ‚Attacke‘ wohl verzichten. Wird ein Auto demgegenüber ‚ausgebremst‘ und der Fahrer zu einer abrupten Bremsaktion gezwungen oder durch ein kriechendes Fahrzeug in seinem Geschwindigkeitsfluß maßgeblich beeinträchtigt, dann kommt es nicht selten zu einer ‚Revanche‘. Er rächt sich nun, indem er den vermeintlichen Übeltäter selbst zu bestrafen sucht und dicht auffährt, ihn ebenfalls scharf ausbremst oder ihn abzudrängen versucht.

Diese gesteigerte Aggressivität kann von der Bedeutung der Straße als Mittel her erklärt werden. Sie ist beim Fahren bereits in dem Maße verinnerlicht, daß sich der vermeintlich ‚Geschädigte‘ im Recht zu fühlen glaubt, wenn er sich gegen die Unverschämtheit dieses ‚Bremsers‘ oder ‚Kriechers‘ zur Wehr setzt. Die Straße ist eine Schnellstraße zum Ziel, und jedes Hindernis steht dieser Funktion buchstäblich im Weg und zieht den Unwillen des Fahrers auf sich.

Hat der Mensch sein Ziel, den Baumarkt, erreicht und hat er seinen Wagen auf dem Parkplatz abgestellt und das Regal eingekauft, ist der Sinn seiner Ankunft erfüllt. Das Fahren ist nun bedeutungslos geworden, weshalb das Zurück der Rück-Fahrt nicht bloß formal die umgekehrte Bewegungsrichtung anzeigt, sondern eine qualitative Verände-

---

19 Paul Virilio: Fahrzeug, 38. In: Fahren, fahren, fahren. Berlin 1978, 19–50.

rung des Fahrens selbst. Das heißt: Haftet dem Wegfahren der Hin-Fahrt bereits insofern ein Mangel an, als ihm für sich allein betrachtet keine Bedeutung zukommt, sondern nur vermittels des Zieles, läßt sich das Zurückfahren sogar als ein Mangel des Mangels bezeichnen. Beinahe automatisch, wie von unsichtbaren Händen gesteuert, fährt nun der Wagen den umgekehrten Weg. Denn der Fahrer antizipiert nun nicht, wie bei der Hinfahrt, das Ziel, vielmehr ist er in Gedanken bei solchem, was ihn innerlich bewegt. Dies kann ein Problem an seinem Arbeitsplatz ebenso sein, wie der Ärger mit der Familie oder die Erinnerung an ein gestriges Gespräch. So wird er mechanisch seinem Haus zugeführt, stellt den Wagen wieder in die Garage und öffnet seine Tür.

Zusammenfassend läßt sich sagen: Die einzelnen Strukturelemente wegfahren, ankommen, wohnen konstituieren das Sich-Bewegen in der Weise des Fahrens auf der Straße. Der Fahrer ist in die Starre seiner selbst und in den Innenraum seines Fahrzeugs zurückgeworfen und wird vom Sog des Bewegtwerdens mitgerissen. Die Straße ist Medium zur Hin-Fahrt. Ist er am Ziel angekommen, hebt sich ihre Bedeutung auf, und die Rück-Fahrt wird als ein Mangel des Mangels zu einem mechanischen Zurück. Sie läßt sich als ein Streckenabschnitt veranschaulichen und hat zu ihrem Ergebnis, wie beim Gehen auf der Straße, ein Zurückkommen an den Ort, von dem er mit einem bestimmten Ziel wegging. Hier wohnt er und kann, wenn er es möchte, von neuem in die Welt hinaustreten.

d) Das Surfen im Netz

Wohnend im Haus setzt sich der Mensch an den Computer: Er schaltet ihn an, verschafft sich per *mouseclick* und Paßwort einen Zugang zum Internet und surft mit seinem Cursor die Datenbahnen entlang. In weniger als Sekundenschnelle bewegt er sich in Chatrooms und hält hier mit Partnern, die er nicht mit ihrem Namen, sondern nur unter einem Pseudonym kennt, solange ein Gespräch, bis er das Interesse verliert und auf ein Antworten verzichtet. Er geht weiter, bestellt sich beim Internetshopping einen Pullover, der ihm sofort ausgeliefert wird, und schaut darauf kurz in der Newsgroup vorbei, ob etwas Interessantes ‚ausgehängt' ist. Schließlich klickt er auf das Symbolfeld für ‚Schließen' und schaltet den Computer wieder ab. Er wendet sich einer neuen Tätigkeit zu, vielleicht setzt er sich auf die Couch und liest ein Buch, vielleicht schaltet er den Fernseher ein und bleibt weiter bei sich Zuhause.

Beim Sich-Bewegen in der Weise des Surfens bricht der Mensch die Bewegung in das Punktum des Stands auf. War der Mensch bereits beim Fahren auf der Straße auf sich selbst im Fahrzeuginnenraum zurückgeworfen und wurde er vom Sog der Geschwindigkeit mitgerissen, setzt der Mensch auch beim Surfen im Netz nicht einen Fuß vor den anderen. Er bewegt höchstens den Zeigefinger seiner rechten Hand, um die Mouse zu bedienen und bleibt ansonsten reglos vor dem Bildschirm sitzen. Das unmittelbare Erfahren der Wirklichkeit mittels der fünf Sinne ist bedeutungslos, denn an die Stelle einer eigenen leiblichen Erfahrung tritt das Sehen in der Weise der Ansicht. Der Mensch, der die Wirklichkeit auf die Welt der künstlichen Bilder fokussiert, blickt gebannt auf den Bildschirm: Er vermittelt ihm das, was ist und was sein kann. Das Gesehene in dieser Art von Wirklichkeit ist das Flüchtige schlechthin: Man kann es nicht, wie beim Wandern, mit den Händen greifen oder sich an ihm stoßen, es überspringen bzw. umlaufen, vielmehr hat es keinen Ort, an dem es ist. Es ist das Ortlose, ein immaterielles Gewebe aus geistigen Fäden, das von der Mens, dem geistigen Vermögen des Menschen, gesponnen ist.

Diese Bewegung im Ortlosen bringt es mit sich, daß die Zielgerichtetheit, die sowohl für das Gehen als auch das Fahren auf der Straße in unterschiedlicher Weise kennzeichnend ist, dem Surfen nicht zukommt. Das Medium, das Mittel, wird selbst zum Intendierten, nimmt das Ziel in sich auf und macht es überflüssig. Auf diese Weise ist ein Ankommen im Sinne eines Herankommens nicht möglich, denn der Mensch ist stets dort, wo er sein möchte. Das Dortsein im Punktum des Stands bedeutet allerdings keinen Stillstand, der es dem Menschen erlauben würde, sich behaglich zurückzulehnen; vielmehr führt das Ort-, Zeit- und Ziellose des Netzes zugleich zu einem Verlust von Einhalt und Ruhe. Das Punktum des Stands ist Inbegriff des Nichts, der Nulldimensionalität, der Flüchtigkeit, also eines ‚Zustandes', der den Menschen radikal seines Wohnens und seiner Heimat beraubt und ihn dem reinen Unterwegs überantwortet.

Der Bezugspunkt in dieser Permanenz des ewigen Spinnens geistiger Fäden ist er selber, genauer gesagt, sein mentales Vermögen, von dem aus und auf das zurück Informationen geknüpft werden. Die qualitative Differenz, die in dieser Weise des Sich-Bewegens zu den anderen Bewegungsarten zum Ausdruck kommt, klingt in folgendem Zitat von Virilio an:

> „Die schnelle Bewegung hat die Erfahrung des durchquerten Bereichs mit Eis überzogen, die Tatsachen haben sich aufgelöst, wie in der Wüste haben wir keinen Anhaltspunkt mehr außer uns selbst, die Relativität führt uns in die Irre – der Kontinent der Geschwindigkeit wäre demnach der brutale Einbruch eines Nicht-Ortes in die Geschichte, die Fahrzeugwelt hätte so schließlich die letzte Enklave aufgelöst, und die Industrie (die industrielle Revolution) zeigt sich nur noch als Fabrikation von Geschwindigkeit. Mit dieser letzten Enklave aber löste sich zugleich der Boden der Erfahrung auf ... Ablösung der Netzhaut, Bruch der Nähe und endgültiger Übergang zur Vermittlung durch das Fahrzeug – Merkmale einer Gesellschaft, die dazu übergeht, die Mittel (der Übertragung, der Kommunikation) für den Zweck, für das Ziel zu halten."[20]

Virilio beschreibt in diesem Zitat anschaulich den Umschlag, der mit der Potenzierung der Geschwindigkeit erfolgt. Die unermeßliche Steigerung der Geschwindigkeit treibt unerbittlich einen Nicht-Ort hervor, an dem die „Erfahrung" und „Tatsachen" bedeutungslos werden und verschwinden. Mit diesem Zusammenbruch jeglicher Orientierungs- und Haltepunkte scheint die Geschwindigkeit selbst zum Akteur zu werden, d. h. man gewinnt den Eindruck, daß sie diejenige Instanz ist, die – wie zuvor das menschliche Subjekt – nun im Mittelpunkt steht und daß jegliches menschliche Tun ausschließlich ihrem Zweck dient. Ja, der Mensch selbst und mit ihm die Welt scheint zu ver-

[20] Ebd., 26.

schwinden, und an seine Stelle übernimmt nun das Medium, das Mittel, die Herrschaft.[21]

Analog zum ‚linguistic turn' kann man hier von einem ‚medial turn' sprechen, der sich in der Gegenwart vollzieht.[22] Nach der industriellen Revolution führt die mediale Revolution einen Umbruch herbei, im Zuge dessen der Körper des Menschen seine Bedeutung verliert und es, wie ich es nennen möchte, zu einer *Mentozentrizität* kommt.[23] Das bedeutet, daß beim Surfen im Netz der Geist des Menschen, sein Mens, nun im Zentrum steht, von dem aus die geistigen Fäden gesponnen werden. Sein mentales Vermögen rückt an die Stelle, die zuvor der menschliche Leib als Erfahrungszentrum innehatte, wodurch Erfahrung ohne sinnliche Rückbindung ausschließlich intellektuell ausgedeutet werden kann.

Der beim Fahren auf der Straße vorhandene Streckenabschnitt schrumpft daher beim Surfen im Jetzt zur Totalen zusammen, in der alles schon erreicht ist, wenn es erreicht werden soll. Der Mensch hat sein Ziel konkret vor seinen Augen auf dem Bildschirm stehen, bevor er sich überhaupt leiblich in Bewegung gesetzt hat. Das Surfen im Netz besteht deshalb ausschließlich aus dem Strukturelement des Ankommens. Der Mensch löst hier das Weghafte seines Seins im geistigen Stehen ein. Er geht nicht auf sich selbst zu oder von sich weg und auf etwas Anderes hin, sondern er ist durch das Spinnen seiner Fäden stets dort. Das Andere wird zum Ziel seines Ausstands.

Welche Konsequenzen sich aus diesem im *medial turn* erfolgenden ‚Ersatz' des Körpers durch das Mentale ergeben, versucht Virilio zu veranschaulichen:

> „An dem Tag, an dem uns das Überschallflugzeug wie der Photoapparat erlauben wird, jede beliebige Momentaufnahme von der Welt zu machen, werden wir zu jenem lichtempfindlichen Film, den ein Nichts ‚überbelichten' kann und dessen Bilder durch Doppelbelichtung schleierhaft werden. Worauf werden wir warten, wenn wir nicht mehr warten müssen um anzukommen…? Schon unser gegenwärtiges schnelles Reisen ist kaum mehr als das Warten auf die Ankunft – was wird es sein, wenn selbst diese kurze Wartezeit entfällt? Die nächste Umgebung, einen kurzen Fußweg entfernt, wird uns fern erscheinen; die Ungeduld des Wartens werden wir auf unsere nächste Umwelt übertragen, unser Körper, dieses metabolische Fahrzeug, wird uns bleiern vorkommen, wie der Taucher werden wir das Gefühl einer überaus stö-

---

21 In dieser Interpretationslinie kann man Ansätze wie z. B. die von Vilém Flusser und Marvin Minsky situieren, die sich das Überwinden des bisherigen Menschen in unterschiedlicher Weise zum Ziel setzen. Siehe dazu § 6 „Die Welt im Netz" im zweiten Teil der vorliegenden Arbeit.

22 Reinhard Margreiter hat, soweit ich es überblicken kann, als erster diese Kennzeichnung vorgenommen. Vgl. dazu ders.: Was heißt und zu welchem Ende betreiben wir „Medienphilosophie"? In: Anthropologie der Medien – Mensch und Kommunikationstechnologien. Hrsg. v. Jörg Albertz. Berlin 2002, 37–49.

23 Auch bei der Forschung zur künstlichen Intelligenz ist der menschliche Körper bedeutungslos, und es steht stattdessen das menschliche Gehirn im Zentrum der Untersuchung. Paradigmatisch für einen Ansatz, der keine qualitative Differenz zwischen menschlicher und künstlicher Intelligenz sieht und der infolgedessen Gehirne als Maschinen deutet, ist das Denken Marvin Minskys. Vgl. dazu: Marvin Minsky: Mentopolis. Stuttgart 1990. Als Vertreter einer Gegenposition kann exemplarisch John R. Searle genannt werden. Vgl. ders.: Geist, Gehirn und Wissenschaft. Frankfurt am Main 1986.

> renden Langsamkeit haben, unser Körper wird unerträglich geworden sein. Wie unter dem Wasserdruck am Meeresboden wird für unsere eigenen Kräfte unser direktes Umland so fern und unerreichbar scheinen wie die Kathedrale von Chartres dem Pilger. Wenn uns der Platz am Ende der Straße, der zu Fuß in zehn Minuten zu erreichen ist, ebenso fern vorkommen wird wie Peking, was bleibt dann von der Welt? Was bleibt von uns?"[24]

Bei dem von Virilio Gesagten darf der hypothetische Charakter, der seinen Sätzen immanent ist, nicht übersehen werden. Es ist unmöglich, die künftige Entwicklung vorherzusagen und dort ein vermeintlich Faktisches zu konstatieren, wo letztlich nur Wahrscheinliches gesagt werden kann. Denkt man dies bei seinen Aussagen mit, dann kann man ihnen eine heuristische Funktion zusprechen. Sie führen uns dann nämlich nicht nur solches vor Augen, was sein könnte, sondern auch solches, was im nächsten Schritt vielleicht vermieden werden sollte.

Die Kernaussage Virilios ist deutlich: Mit dem Verschwinden der Entfernung durch die Möglichkeiten der Technik erleben wir unseren Körper als Behinderung und Störung. Die Nähe wird durch ihn zur unerreichbaren Ferne, und die ‚wirkliche' Ferne, die einen großen räumlichen Abstand bezeichnet, rückt paradoxerweise in die Nähe, weil sie nicht gehend überbrückt werden muß. Die beiden Fragen am Ende des Zitats ‚was bleibt dann von der Welt und was von uns?' können von hierher als rhetorische Fragen interpretiert werden. Denn die Antwort, die aus dem Bisherigen konsequenterweise folgt, kann nur lauten: nichts. Die bisherige Ausdeutung des Menschen und seiner Welt kommt an ihr Ende, und es wird nötig werden, die bisherige Anthropologie in einer Transanthropologie zu überwinden. In dieser ist der künftige Mensch eine Art ‚Trans-Mensch', der den bisherigen Menschen hinter und unter sich gelassen hat.[25]

Der künftige Mensch ist ein „Projekt", also ein Entwurf dessen, was der Mensch in der Optimierung seiner Fähigkeiten sein möchte. Das ‚Wesen' des Menschen muß hier nicht bewahrt werden, etwa weil es ‚göttlich' oder im Unterschied zum Tier spezifisch ‚menschlich' wäre, sondern es kann und soll nach dem Willen des Menschen hervorgebracht werden. Der ‚neue' Mensch ist daher derjenige Trans-Mensch, der die radikale Freiheit des Menschen verkörpert und sich von allen Beschränkungen und Bindungen gelöst hat. Dazu ist es beispielsweise erforderlich, den „Körper", den „Sex", „Familien", „Kinder" und „Häuser" neu zu entwerfen und alternative Menschen und Welten zu synthetisieren.[26]

---

24 Virilio: Fahrzeug, 30 f.

25 Die ‚Vision' der Überwindung des Menschen zugunsten des Übermenschen hatte im 19. Jahrhundert, allerdings mit anderen Implikationen und in einem anderen Kontext, bereits Friedrich Nietzsche in aller Schärfe und Deutlichkeit gezeichnet. Vgl. dazu meine Untersuchung *Die Überwindung der Anthropozentrizität durch Friedrich Nietzsche* und den Aufsatz *Der Weg Zarathustras als der Weg über den Menschen. Nietzsches Überwindung der Anthropozentrizität als philosophische Herausforderung unserer Zeit.* In: Nietzscheforschung. Jahrbuch der Nietzsche-Gesellschaft Bd. 9. Hrsg. v. Volker Gerhardt und Renate Reschke. Berlin 2002, 31–46.

26 Vgl. dazu die Position von Vilém Flusser im zweiten Teil dieser Arbeit, im § 6 „Die Welt im Netz".

4. Der Mensch auf seinen Wegen

Im Menschen als Heim-weg liegen die wechselweise aufeinander bezogenen Wesenszüge in einem permanenten Streit miteinander. Das meint nicht allein, daß nur hier das Heimische und dort das Weghafte in einem ständigen Konflikt stehen, sondern daß jede Seite für sich betrachtet auch ihr Gegenwesen in sich selbst hat. So führt das Wohnen den Stachel des Gehens ebenso mit sich, wie das Gehen das Wohnen in sich trägt. Verhält sich der Mensch zu sich als Heim-zum-Raum in der Weise, daß er seine beiden Seiten, bildlich gesagt, auseinanderbricht und ausschließlich im Haus in der Geborgenheit zu wohnen versucht oder ausschließlich auf seinen Hauptwegen umherziehen will, dann setzt er sich der Gefahr aus, entweder zu erstarren oder zu verkümmern. In der Starre oder in der Verkümmerung entfaltet er nicht die Vielfalt seiner Möglichkeiten, die aus seiner Verfaßtheit hervorgehen, vielmehr bringt er sich selbst zum Stand. Von hier aus betrachtet geht die Einsicht in das Wesen des Menschen mit der Forderung einher, diese anzunehmen und im konkreten Leben sowohl drinnen als auch draußen gehend zu wohnen und wohnend zu gehen.

Der Mensch kann, wie gesagt, in seiner wesentlichen Beziehung zum Raum als ein Heim-zum-Raum gefaßt werden. Aufgrund seiner heimischen Seite ist er ein Unterwegs-in-Heimat oder, was dasselbe ist, er ist ein Unterwegs-in-Geborgenheit. Dieser Kennzeichnung liegt die Überzeugung zugrunde, daß die Bindung an Heimat von vornherein in der Geborgenheit geschieht, ja, daß in dem Grundphänomen der Geborgenheit dieser wesentliche Bezug zum Raum sichtbar wird. Weil entsprechend der Zwiefalt des menschlichen Wesens die Geborgenheit stets die Ungeborgenheit mit sich führt, kann der Mensch sich nicht selbstverständlich in der Geborgenheit aufhalten, vielmehr muß er sie gemäß der Tendenz seines Wesens verwirklichen und darin seine Möglichkeit zur Bindung realisieren.

Aufgrund seiner weghaften Seite ist der Mensch Heimat-im-Unterwegs. Diese Kennzeichnung bringt zum Vorschein, daß seine Anbindung an Heimat während seines Unterwegsseins nicht verloren geht und er deshalb auch auf seinen Wegen zu wohnen vermag. Aus der Vielzahl und Vielfalt möglicher Wege lassen sich die vier Hauptwege herausheben, in denen der Mensch je spezifisch sein Gehen einlöst. Bevor ich sie aufeinander beziehe, rekapituliere ich die wichtigsten Charakteristika.

Beim Wandern in der Natur liegt das Ziel des Wanderns im Vollzug des Wanderns selbst. Der Mensch ist hier in einem größeren Sinnzusammenhang unterwegs, der ihm nicht äußerlich gegenübersteht, sondern dem er zugehörig ist. Mit jedem Schritt, mit dem er sich in ihm bewegt, kehrt er tiefer in ihn ein, wodurch es ihm möglich wird, sich auf seinen Sinn zu besinnen. Im Achten auf den ihm einwohnenden Sinn kann der Mensch sein Gespür für seine An- und Einbindung im Sinngefüge wecken. Dabei kann ihm, was der Philosoph nur erzählen kann, der Weg in die Nähe seiner ursprünglichen Gebundenheit gewiesen werden, bei dem für ihn das Göttliche sichtbar wird.

Beim Gehen auf der Straße folgt der Mensch den Regeln und Zeichen der Straßenverkehrsordnung, um möglichst schnell und sicher ein von ihm gestecktes äußeres Ziel erreichen zu können. Hier erweist sich die eine Straße als die falsche und eine andere als die richtige, weil sie es ist, die er sucht. In diesem ‚Entweder rechts oder links' begünstigt das Gehen auf der Straße ein disjunktives, rationales Denken, das alle andere Möglichkeiten des Menschen dem Erreichen des Ziels unterordnet. Der Weg zeigt sich hier als bloßes Mittel zum Zweck Ankunft, der überflüssig geworden ist, sobald der Mensch den Abstand zum Intentum überbrückt hat. Der Rückweg hat daher keine eigene Qualität, ermöglicht er doch vom Gehenden aus betrachtet lediglich ein mechanisches Zurücklaufen an den Ort, von dem er wegging.

Auch beim Fahren auf der Straße ist der Mensch wie beim Gehen nicht zu sich selbst unterwegs, sondern zu einem äußeren Ziel. Aufgrund der Höhe der Geschwindigkeit bewegt er sich nicht eigentätig, vielmehr wird er vom Sog der Bewegung des Verkehrs mitgerissen, bis er plötzlich sein Ziel, das ihm die ganze Zeit vor seinem mentalen Auge stand, erreicht. Mit der Ankunft hat die Straße ihren Wesenszug, Mittel zum Zweck zu sein, erfüllt und den geraden Streckenabschnitt überbrückt. Die Rückfahrt hat – wie beim Gehen auf der Straße – keine eigenständige Bedeutung: Sie ist ein bloßer Mangel des Mangels, den der Fahrende möglichst schnell hinter sich bringen will.

Beim Surfen im Netz löst der Mensch sein Sich-Bewegen in der Weise des Stands ein. Weder ist er hier leibhaftig in einer gefügten Einheit eingebunden, noch wird er in unterschiedlicher Intensität gehend oder fahrend an ein Ziel herangeführt, ist er doch stattdessen stets dort, bevor er sich in Bewegung gesetzt hat. Mit Hilfe seines Mentalen wirft er nun seine Informationsfäden aus, verknüpft sie mit anderen Fäden, stellt neue her und spinnt sich dergestalt in ein dichtes Netz ein. Im Punktum des Nichts, das außerhalb eines Ortes und außerhalb der Zeit ist, ist der Mensch immer schon mit seinen Augen am Bildschirm dort angekommen, wo er sein möchte.

Überblickt man die genannten Weisen des Sich-Bewegens auf den Hauptwegen, die spezifische Weisen des Raumnehmens und Raumhabens des Menschen bedeuten, dann läßt sich in ihnen der schrittweise sich vollziehende Prozeß der Aufhebung der leiblichen Erfahrung des Menschen aufweisen. Mit der zunehmenden Indirektheit der Bewegung verschiebt sich die in der Leiblichkeit gegebene Fülle der Erfahrungsunmittelbarkeit, die in der Kreisstruktur ein Zu-sich-Kommen des Menschen ermöglicht, sukzessive in Richtung auf das mentale Prozessieren von Informationen. Das dem Menschen eigentümliche Einwohnen des Raums kommt im Punktum des raumlosen Jetzt zum Stehen, wodurch der Mensch als Heim-weg die wesentliche Beziehung zum Raum auf der Oberfläche verwirklicht.

Diese Betrachtung ist nicht im Sinne einer kulturpessimistischen Bewertung der gegenwärtigen Bewußtseinslage zu verstehen, will sie doch wertfrei die Qualitäten freilegen, die der jeweiligen Bewegungsart immanent sind. Auf dem Hintergrund der Deutung des Menschen als Heim-weg wird darüber hinaus sichtbar, daß der Mensch auf keinem dieser Hauptwege ausschließlich unterwegs ist, er sie vielmehr alle in sein Leben integrieren kann. So vermag er, die Straße entlang zum Bäcker zu gehen, wieder in sein Haus zurückzukehren, mit seinem Auto zum Parkplatz am Naturschutzgebiet zu fahren, den ganzen Tag zu wandern, am Abend wieder zurückzufahren und zu Hause den Computer einzuschalten, um im Netz zu surfen. Auf jedem dieser Wege bewegt und verhält er sich in einer spezifischen Weise zu sich selbst und löst darin zugleich je spezifisch seine wesentliche Beziehung zum Raum ein.

Versucht man nun, die dem Menschen entsprechende ‚gesunde' Verteilung der Wege zu benennen, die jedem die ihm gemäße Bedeutung zuweist und es verhindert, daß ein Weg zum alleinigen verabsolutiert wird, dann kann eine Art Fundierungsverhältnis zwischen ihnen plausibel gemacht werden. Bei diesem geht der sachlich und zeitlich frühere Weg dem sachlich und zeitlich späteren voran und das heißt: Im Menschen als Heim-weg hat das Heimische und – aus der Perspektive des Sich-Ortens – die Geborgenheit den Primat, weil in ihr die aus dem ursprünglichen Gebundensein möglich werdende An- und Einbindung an den Raum gelingt. Wenn der Mensch sein Haus verläßt und sich die Wege eröffnet, kann er gleichsam getragen und gehalten von dieser Geborgenheit auch auf seinen Wegen wohnen. Mit dem Gespür für das Band seines Gehaltenseins erobert er die Welt, ohne zu verkümmern. Denn seine Einsicht in die Bedingtheit und Relativität jedes einzelnen Weges geht mitten aus seiner heimischen Seite, die zugleich die integrative Mitte darstellt, hervor. Anders gesagt: Auch wenn die physio-psychologische Bezeichnung ‚gesund' höchst problematisch ist, weil sie sich inhaltlich nicht präzise bestimmen läßt, zeigt sie doch an, daß der Mensch der heimischen Seite seiner selbst in der Geborgenheit entsprechen muß, um ‚gesund' genannt werden zu können.

Wie bei den Stufen einer Treppe entfernt er sich mit jedem nachfolgenden Weg, den er beschreitet, von dem ihm einwohnenden Raum. Daher sollte das Wandern seine primäre Weise des Sich-Bewegens sein, an das sich die anderen Weisen sukzessive anschließen sollten. Das Gehen auf der Straße sollte aus dieser Sicht nicht die alleinige Bewegungsart sein, sondern nach dem Wandern vom Menschen vollzogen werden und dabei die Rückbindung an es nicht verlieren. Auch das Fahren auf der Straße und das Surfen im Netz, die jeweils nur in der theoretischen Betrachtung in Reinform zu finden sind, sollten in der Praxis des gelebten Lebens in die anderen Weisen des Sich-Bewegens eingebettet bleiben. Von hierher können zu jeder Zeit neue Bewegungsformen entstehen, ohne daß sie jeweils verabsolutiert werden müßten, weil in der Einsicht in die Doppelstruktur des Menschen jeweils deren Spezifik und Bedingtheit erkannt werden könnte und eine Integration in das Insgesamt der bisherigen Weisen des Sich-Bewegens möglich wäre.

Der Mensch, der in seinem ‚gebundenen Freisein für' auf Welt hin ausschreitet, erobert sie sich in permanenten Anläufen. Im folgenden soll daher kurz das Erobern betrachtet werden, weil es die Weise des Gehens ist, in der der Mensch am weitesten in die Fremde vordringt und sich den Fremdraum aneignet. Sieht man den Menschen in seiner Doppelstruktur in einem Spannungsverhältnis zwischen seinem Heimisch- und seinem Unterwegssein, dann realisiert sich im Erobern, bildlich gesagt, die Weise, in der das Pendel am stärksten beim Weghaften ausschlägt.

Die Anwendung des Wortes Erobern hat sich, wie aus dem Grimmschen Wörterbuch hervorgeht, im Laufe der Zeit verengt: So sagen wir „*heute nur* einen raum, boden, ein land, reich, eine stadt, burg erobern (einnehmen), auch ein herz, ein mädchen, *aber nicht mehr* einen raub, sieg, eine schlacht, geld, ein kind, erben, früchte erobern, *sondern dafür* gewinnen."[1]

Erobern meint demnach zum einen das Inbesitznehmen eines fremden, gar feindlichen Gebietes oder Territoriums, wie es in der Wendung ‚eine Burg erobern' anklingt. In dieser Hinsicht verwendet, bringt es die Aneignung eines Fremdraums zum Ausdruck. Dabei haftet ihm einerseits die Komponente der Bedingungslosigkeit und andererseits die der Gewaltätigkeit an. So geschieht das Erobern nicht nur partiell, sondern total, insofern es als ein In-seine-Gewalt-Bringen die völlige Übernahme und Unterwerfung des Anderen benennt. Und es ging, etwa bei dem Erobern einer Burg, in den meisten Fällen wohl nur mit militärischen Mitteln vonstatten, da der Feind vermutlich Gegenwehr leistete und den Übergriff zu verhindern suchte.

Zum anderen meint es das Für-sich-Einnehmen eines anderen Menschen, wie es in der Wendung ‚eine Frau erobern' anklingt. Hier ist der ‚Eroberer' so fesselnd, begeisternd und überwältigend, daß er die ersehnte Frau für sich erwärmen und sie verführen kann. Auch hier verweist das Erobern auf die Überwindung eines Widerstandes, in dem das zuvor Widerständige einen Sinneswandel vollzieht und sich dem Eroberer zuwendet.[2]

In unserem Zusammenhang wird Erobern als die aus der konstitutionellen Verfaßtheit des Menschen hervorgehende und ihr entsprechende Weise seines Unterwegs-seins verstanden, bei der er sich am entschiedensten vom Hier nach Dort in den Fremdraum ausrichtet und ihn sich aneignet. Der Mensch, der in seinem Heimischsein fußend auf Fremdes hin ausschreitet, bewegt sich in der Nähe zu Mensch und Ding auch auf solches zu, was fern in der Nähe steht. Mit Mut, Neugier und Risikobereitschaft geht er nicht in den Gewohnheiten auf, sondern wagt eine Erweiterung seines geistigen Horizontes, indem er sich dem Ungewohnten aussetzt. Auf diese Weise entdeckt er Neues, das einverleibt seinen Wirklichkeitsraum weitet. Der Mensch, der auf allen Ebenen seiner Fähigkeiten, von den elementaren bis zu den geistigsten, eine gefügte, auf Sinn hin strukturierte Leib-Einheit-in-Mannigfaltigkeit ist, kann jedes Gefühl, jede Wahrnehmung, Erfahrung und Erkenntnis in diese integrieren und sie seinem Leben einverleiben.

Das konstitutionell bedingte, aus dem Unterwegssein-Müssen des Menschen hervorgehende Erobern besagt demnach zweierlei: zum einen das in der Bindung an seine Heimat sich vollziehende Ausschreiten auf das Unbekannte im Bekannten innerhalb dieses Raums; zum anderen das in dieser Bindung sich vollziehende Hinaus- und Überschreiten auf solches hin, was weiter entfernt von Heimat liegt. Der Mensch erobert folglich nicht nur permanent seine Heimat, sondern er nimmt von ihr aus auch Eroberungen vor. Jedes Unterwegssein setzt daher ein Heimischsein voraus, wie umgekehrt, ein Heimischsein ein Unterwegssein aus sich hervorgehen läßt.

---

1 Deutsches Wörterbuch. Hrsg. von Jacob und Wilhelm Grimm. 3. Bd., Leipzig 1862, Sp. 933.

2 Für Camus ist der Eroberer – neben dem Liebhaber Don Juan, dem Schauspieler und dem Künstler – ein Repräsentant des absurden Menschen, der sich für die Tat in der Geschichte entschieden hat. Siehe Albert Camus: Der Mythos von Sisyphos. Ein Versuch über das Absurde. Hamburg 1959, 72–77.

Von hierher wird deutlich: Der Mensch ist an ein Heimischsein gebunden, das ein Unterwegssein nach sich zieht. Nimmt er diese aus seiner Verfaßtheit hervorgehende Notwendigkeit des Bindenmüssens an, bringt er seine Heimat hervor. Das Wohnen des Menschen geschieht seiner eigenen Conditio gemäß nun in der Geborgenheit, die sich vom Wohnen im Eigenraum, vom Wohnen im Haus, bis hin zu dem Geburtsort, der Gemeinde und dem Land sukzessive erweitern kann. Realisiert er sein Wohnen in der Geborgenheit seines Eigenraums nicht, erstarrt er und wird ein Umherziehender, der auf seinen Wegen verkümmert.

a) Heim-zur-Ferne

Keine Zeit läßt sich mit plakativ-eindimensionalen Floskeln wirklich verstehen, keine Zeit läßt sich in eine einzige Formel zwängen. Und doch können Tendenzen aufgespürt werden, die bestimmte, sozusagen charakteristische Richtungen der Entwicklung anzeigen. Heutzutage liegt unbezweifelbar eine dieser Tendenzen darin, durch die neuen Technologien die Welt jederzeit und an jedem Ort verfügbar zu haben, also sich mittels *mouseclick* den hintersten Winkel der Erde ‚ganz nah' auf den Bildschirm zu holen, lediglich 40 cm vom Auge entfernt.

Bereits 1938 hat Martin Heidegger in seinem Vortrag *Die Zeit des Weltbildes* hervorgehoben, daß das Wesen der Neuzeit dadurch ausgezeichnet ist, „die Welt zum Bild" zu machen.[3] Dieses Ins-Bild-Stellen der Welt hat Heidegger zufolge seine Ursache in dem bei Descartes sich vollziehenden Subjektwerden des Menschen innerhalb des Seienden, im Zuge dessen alles um ihn herum von ihm her und auf ihn zu gefaßt wird:

> „Das Seiende im Ganzen wird jetzt so genommen, daß es erst und nur seiend ist, sofern es durch den vorstellend-herstellenden Menschen gestellt ist. Wo es zum Weltbild kommt, vollzieht sich eine wesentliche Entscheidung über das Seiende im Ganzen. Das Sein des Seienden wird in der Vorgestelltheit des Seienden gesucht und gefunden."[4]

Der Mensch bringt das Seiende in der vorstellenden Vergegenständlichung zum Stehen und bezieht es als ein nun ihm Entgegenstehendes ausschließlich auf sich. Er setzt sich einerseits über das Seiende ins Bild, was in der Wendung ‚Im Bilde sein' anklingt, und er setzt sich andererseits im gleichen Atemzug selbst ins Bild.[5] Die „beiden Vorgänge, daß die Welt zum Bild und der Mensch zum Subjectum" wird, die das Entscheidende für das Wesen der Neuzeit darstellen, sind daher Heidegger zufolge untrennbar miteinander verbunden.[6]

---

3 Martin Heidegger: Die Zeit des Weltbildes, 88. In: ders.: Holzwege. 6. Aufl. Frankfurt am Main 1980, 73–110.

4 Ebd., 87 f.

5 Vgl. Heidegger: Die Zeit des Weltbildes, 87 und 89.

6 Vgl. ebd., 91.

Eine eindringliche Problematisierung des Verhältnisses von Nähe und Ferne, die sich aus dieser Bildsetzung der Welt für den modernen Menschen ergibt, nimmt Heidegger in dem 1950 gehaltenen Vortrag *Das Ding* vor, der in der Einleitung bereits erwähnt wurde. Hier heißt es sehr anschaulich zu Beginn:

> „Alle Entfernungen in der Zeit und im Raum schrumpfen ein. (...) Allein das hastige Beseitigen aller Entfernungen bringt keine Nähe; denn Nähe besteht nicht im geringen Maß in der Entfernung. Was streckenmäßig in der geringsten Entfernung zu uns steht, durch das Bild im Film, durch den Ton im Funk, kann uns fern bleiben. Was streckenmäßig unübersehbar weit entfernt ist, kann uns nahe sein. Kleine Entfernung ist nicht schon Nähe. Große Entfernung ist noch nicht Ferne. (...) Was geht da vor sich, wenn durch das Beseitigen der großen Entfernungen alles gleich fern und gleich nahe steht? Was ist dieses Gleichförmige, worin alles weder fern noch nahe, gleichsam ohne Abstand ist? Alles wird in das gleichförmig Abstandlose zusammengeschwemmt.“[7]

Günther Anders hebt in seiner „Philosophie der Technik“ mit dem Titel *Die Antiquiertheit des Menschen*, deren erster Band 1957 und deren zweiter Band 1980 erschienen ist, ebenso wie Heidegger, mit Nachdruck die Reduktion der Welt im Bild hervor.[8] Die Technik ist für ihn zum „Weltzustand“ geworden, in dem sich die Geschichte abspielt, bzw. die Technik selbst wurde zum „Subjekt der Geschichte“. Insbesondere durch das Fernsehen präsentiert sich die gesamte Wirklichkeit primär als Bild, wobei er unter Bild nicht nur das Fernsehbild, sondern auch Photos oder Plakate versteht:[9]

---

7 Martin Heidegger: Das Ding, 157f. Emil Kettering arbeitet in seiner wichtigen Gesamtdeutung Heideggers *NÄHE. Das Denken Martin Heideggers* (Pfullingen 1987) subtil heraus, daß NÄHE, die das zwiefache Geschehen von Nähe und Ferne benennt, „nicht nur eine Grunderfahrung Heideggers unter anderen“ ist, sondern „die Grunderfahrung, der Schlüssel (aller Schlüssel) zu seinem Seinsverständnis“ (18). Entsprechend hellt er nicht nur den „vielschichtigen Gebrauch des Terminus ‚NÄHE‘“ auf, sondern zeichnet darüber hinaus die „Entwicklung des Problems der NÄHE im Gesamtwerk Heideggers“ nach und stellt nach der „Freilegung der Struktur der NÄHE“ ihren Zusammenhang mit „Lichtung, Un-verborgenheit, Raum und Zeit“ her.

8 Günther Anders: Die Antiquiertheit des Menschen. Bd. I: Über die Seele im Zeitalter der zweiten industriellen Revolution. Bd. II: Über die Zerstörung des Lebens im Zeitalter der dritten industriellen Revolution. Zürich 1984. Günther Anders unterscheidet drei industrielle Revolutionen. Die erste Revolution beginnt in dem Augenblick, in dem Maschinen oder Maschinenteile maschinell hergestellt werden konnten und man folglich „damit begann, das Prinzip des Maschinellen zu *iterieren*“ (II, 15). Die zweite Revolution setzt dann ein, wenn Bedürfnisse produziert werden: „*Unsere heutige Endlichkeit* besteht nicht mehr in der Tatsache, daß wir animalia indigentia, bedürftige Lebewesen, sind; sondern umgekehrt darin, *daß wir* (zum Bedauern der untröstlichen Industrie) *viel zu wenig bedürfen können* – kurz: in unserem *Mangel an Mangel.*“ (II, 19) Mit der dritten Revolution ist die Menschheit erstmals dazu fähig, „ihren *eigenen Untergang zu produzieren*, also die *Atombombe*.“ Daher ist dieses Zeitalter „das *letzte*, weil die Gefahr (...) niemals aufhören kann – es sei denn durch das Ende selbst.“ (II, 20) Entsprechend ist das Hauptthema von Günther Anders „die Zerstörung der Humanität und die mögliche physische Selbstauslöschung der Menschheit“.

9 In der Gegenwart werden diese Bilder allmählich von den „Techno-Bildern“ abgelöst, die keine Wirklichkeitsverpflichtetheit mehr besitzen. Sie sind in der Sicht Vilém Flussers „Projektionen aus Kalkulationen“, d. h. Entwürfe aus kleinsten Teilchen, den *calculi*, in der Einbildung des

„Früher hatte es *Bilder in der Welt* gegeben, heute gibt es ,*die Welt im Bild*', richtiger: die Welt *als* Bild, als Bilderwand, die den Blick pausenlos fängt, pausenlos besetzt, die Welt pausenlos abdeckt."[10]

Diese Allpräsenz des Welt-Bildes hat enorme Auswirkungen auf den Menschen. So führt sie beispielsweise zum Verlust der Erfahrung, der Aktivität, des Unterscheidungsvermögens zwischen Realität und Schein, der Freiheit und zur Ideologisierung.[11]

Die Welt wird dabei einerseits ins Haus geliefert: „der Typ des *Massen-Eremiten*" sitzt in millionenfacher Ausfertigung „einsiedlerisch im Gehäus" und wird hier von Ereignissen aufgesucht.[12] Er muß nicht mehr hinaus in die Ferne schweifen, sondern er kann bequem von seinem Fernsehsessel aus die Welt empfangen.[13] Andererseits gilt aber auch: Das Haus liefert sich der Welt aus.[14] So ködert man Anders zufolge z. B. in Sendungen wie „This is your life" Menschen mit einem Vorwand und bringt sie an einen bestimmten Ort, um sie dort in eine Situation hineinzuversetzen, die für sie emotional stark erregend ist. Die Fernsehkamera nimmt nun ,hautnah' die Gefühle auf und sendet Tränen, Schreikrämpfe, Wutausbrüche an den Zuschauer weiter. Dieser entwickelt sich, wie Anders sprechend formuliert, zu einem „*Phantom-Kannibalen* (...), der nun die Bilder seiner in die Falle der Aufnahmeapparate gelockten Mitmenschen verspeist."[15] Die Unterscheidung zwischen privat und öffentlich geht dabei verloren und eine Art „doppelte Wandlosigkeit" entsteht, bei der die Wand zwischen innen und außen gefallen ist.[16]

Hier wird sichtbar, daß die ins Haus gelieferte Welt „verbiedert" wird.[17] Im Prozeß der „Pseudofamiliarisierung" werden uns fremde Menschen, Dinge oder Ereignisse in einer derart intimen Weise ins Haus geliefert, als wären sie etwas Vertrautes. Neben dieser „Verbiederung", durch die die Ferne abgeschafft und das Gelieferte distanzlos gemacht wird, herrscht aber andererseits als deren Hauptwurzel auch eine „Verfremdung", die das Nahe fern macht. Der Mensch erkennt nicht seinen Zustand der Entfremdung von der Welt, erkennt also nicht die Tarnkappe, die die Verbiederung ihm in seinem „Universum der Gemütlichkeit" übergestülpt hat. In beiden Fällen gehen echte Nähe und echte Ferne verloren, und es wird alles, wie es auch Heidegger diagnostiziert hat, gleich nah und gleich fern.[18]

Menschen. Vgl. Vilém Flusser: Zwiegespräche. Interviews 1967–1991. Hrsg. von Klaus Sander. Göttingen 1996, 37. Vgl. dazu insb. den § 6 des zweiten Teils dieser Arbeit „Die Welt im Netz".

10 Anders: Die Antiquiertheit des Menschen, I, 250.

11 Vgl. dazu insb. ebd., II, 251 ff.

12 Ebd., I, 102.

13 Vgl. ebd., I, 110.

14 Ebd., II, 210.

15 Ebd., II, 212.

16 Vgl. ebd. II, 148 f.

17 Zum Folgenden vgl. Anders: Ebd. I, 116 ff.

18 Für Wisser stellt sich daher angesichts des Fernsehens, durch das ein „*Weltschlüsselloch*" entstanden ist, die dringliche Aufgabe, sein Wesen zu erfassen, d. h. das „*Gesehe* des Fernsehens im Blick auf das Sehen des Sehens zu überschreiten" und den „blinden Fleck" wahrzunehmen: „Der Blick muß gewissermaßen vom Objektiv aufs Subjektiv, von der technischen Einstellung auf die

Aus dem Gesagten wird deutlich: Die Allmacht des Weltbildes verstellt in unserer Zeit den meisten Menschen die Grunderfahrung der Nähe. Es kommt zur *Totalität des Abstandlosen*, also zum Verlust des sensiblen Spannungsverhältnisses zwischen nah und fern im Immergleichen von Mensch und Welt. Auch kommt es, was hier nur angedeutet werden soll, zur *Totalität der Ansicht,* die mit einem *Verlust des Einsehens* einhergeht.[19] Der Mensch wendet seinen Blick primär nach außen auf die Oberfläche der bunten Bilder[20] und vergißt darüber die Möglichkeit, mit seinem inneren geistigen Auge sehen und einsehen zu können. Auf diesen Sachverhalt hat Richard Wisser hingewiesen:

> „Die *Bildwerdung der Welt* und die *Weltwerdung des Bildes*, die Welt als Bild und das Bild der Welt als Welt im Bild stellen eine gewaltige Ein-bildung dar, und dies im zweifachen Sinne des Wortes. Die Welt wird, wenn ihr eigentliches Sein darin besteht, daß sie im Fernsehen sichtbar gemacht und gesehen wird, bildlich und durch Bilder aus den Angeln gehoben. Die Anmaßung aber, die sich hinter diesem Ansinnen verbirgt, wird übersehen. Indem das Fernsehen sich alles ein-bildet und als Bild einverleibt, dominiert die Aussicht, schwindet der Blick für das Eingesehenhaben. Die Sache gerät aus dem Auge, Ansichten über sie rücken ins Blickfeld."[21]

Die Aufgabe, die sich dem Philosophen stellt, liegt im Aufweis der menschlichen Verfaßtheit, von der her allererst die Nähe und Ferne gedeutet werden kann. Folgende These lege ich dabei zugrunde: Es ist eine Umkehrung des Bedingungsverhältnisses in der Umkehrung der Blickrichtung notwendig. Der Blick ist auf den Menschen als Heim-weg zu lenken, um von ihm her Nähe und Ferne fassen zu können. Denn: Im Menschen als Heim-weg wohnen das Nahe und das Ferne als räumliche Bestimmungen dem Menschen ein und sind in der Nähe wechselweise aufeinander bezogen. In der Nähe heimisch, erobert er vom Nahen aus das Abgelegene, in der Ferne heimisch, kehrt er in das Nahe zurück. Nah sein heißt dergestalt immer auch fern sein, wie umgekehrt, in der Ferne der Mensch das Nahe in sich enthält, wobei beide Wesenzüge ihre integrative Mitte im Heim des Menschen haben.

---

psychologische Einstellung gelenkt werden. Reflexion muß dort ansetzen, wo es etwas zu reflektieren und nicht nur Reflexe oder Reflektoren gibt, *beim Sehen selbst.*" Richard Wisser: Der „blinde Fleck" im Fernsehen oder Das Fernsehen und sein Schatten, 386 f. In: Fernsehen – Ein Medium sieht sich selbst. Hrsg. von Werner Brüssau, Dieter Stolte und Richard Wisser. Mainz 1976, 371–401.

19 Vgl. dazu das Kapitel „Sich-Vertiefen" der vorliegenden Arbeit.

20 Vilém Flusser sieht die Bedeutung der Farbenexplosion in unserer Zeit, durch die alles „*Technicolor*" geworden ist, darin, „daß Oberflächen wichtige Träger von Botschaften geworden sind. (...) Daher deutet die gegenwärtige Farbenexplosion auf ein Ansteigen der Wichtigkeit zweidimensionaler Codes. Oder umgekehrt: Eindimensionale Codes wie das Alphabet neigen gegenwärtig dazu, an Wichtigkeit zu verlieren." Vilém Flusser: Die kodifizierte Welt, 21 f. In: ders.: Medienkultur. Frankfurt am Main 1997, 21–28.

21 Wisser: Der „blinde Fleck" im Fernsehen, 377.

Nähe und Ferne, das Nahe und das Ferne bzw. nah und fern, sind räumliche und zeitliche Bestimmungen,[22] die im quantitativen und qualitativen Sinne verstanden werden können und sich entsprechend auf den mathematisch-physikalischen oder auf den gelebten und erlebten Raum beziehen.

Der mathematisch-physikalische Raum ist, wie oben gesagt, homogen und unstrukturiert, wodurch er keine qualitativen, sondern nur quantitative Differenzen aufweist. Unter quantitativer Perspektive benennt Nähe und Ferne in ihm einen großen oder kleinen Abstand, der meßbar ist. Genauer betrachtet unterlaufen allerdings die Kategorien Nähe und Ferne die ihnen eigene Präzision. Denn sie beziehen sich auf keine exakten Punktstellen zwischen denen die Messung erfolgt, sondern sie entfalten ihre Bedeutung in Bezug auf denjenigen, der die Abstandsangabe formuliert. So spricht man zwar im gelebten Raum von einem Abstand zwischen einem Ort hier in meiner Nähe und einem anderen Ort dort in der Ferne, aber dieses Reden ist, streng genommen, auf den mathematischen Raum nicht übertragbar. Hier wird mit Hilfe einer zuvor definierten Maßeinheit summativ der Abstand zusammengesetzt oder auch wieder in kleinere Maßeinheiten zerlegt.

Im gelebten und erlebten Raum sind Nähe und Ferne primär qualitativ zu verstehen. Sie beziehen sich auf einen einzelnen Menschen und haben allein für ihn und „seine Weise des Gewahrens“[23] Gültigkeit. Das bedeutet: Nähe bzw. Ferne verweisen in ihrem Rückbezug auf den Einzelnen auf dessen Berührt- und Angerührtwerden bzw. Nicht-Berührt- und Nichtangerührtwerdenkönnen von einem Mitmenschen oder einem irgendwie gearteten Sachverhalt. Dies kommt in Wendungen wie z. B. ‚sein Tod ging mir nah‘ oder ‚dies zu tun, liegt mir fern‘ zum Ausdruck. Nah ist dann solches, was mit mir zu tun hat, mich angeht und trifft, fern ist solches, was mein Fühlen, Denken und Handeln nicht wirklich erfaßt und bewegt.

Üblicherweise ist Nähe daher die einen Menschen umfassende räumliche Nahsphäre, in der ihm Nahes – sei es Mensch, Tier oder Ding – und ihm Fernes sichtbar wird. Nähe wird dann nämlich im übertragenen Sinne von Vertrautheit und Geborgenheit verstanden und zum Inbegriff seines Wohnortes, seiner Heimat, gemacht. Diese steht im Gegensatz zum Fremden und Ungeborgenen, bei dem man sich nicht auskennt und sich nicht wohl fühlt.

Das Gesagte läßt sich vertiefend in den Blick nehmen. Im Menschen als Heim-weg ist das Heim das Primärphänomen. Dieses läßt sich auch als Nähe bezeichnen, in der sich das Wohnen des Menschen in dem ihm Eigenen ausspricht. Das Heim ist nicht unbeweglich-statisch, kommt in ihm doch ein zwiefaches Geschehen zum Austrag. Das meint, daß im Heim, in dem die Tendenz zum Sich-Binden angelegt ist, konträr aufeinander bezogene Wesenszüge im Streit miteinander liegen, etwa, wie bereits angeführt, zwischen Geborgenheit und Ungeborgenheit, oder, wie unten gezeigt wird, zwischen Ruhe und Unruhe, Vertrauen und Mißtrauen. Die Ausrichtungen und Orientierungen,

---

22 Auf die zeitliche Ausdeutung gehe ich in diesem Zusammenhang nicht ein. Vgl. dazu den folgenden Paragraphen.

23 Ströker: Philosophische Untersuchungen zum Raum, 34.

die der Mensch in seinem Unterwegssein vornimmt, gehen vom Heim aus und münden wieder in es ein. Sie können gemäß der dem Heim eigenen Tendenz entschieden werden oder dieser entgegenlaufen. Daher ergeht an den Menschen die Aufgabe, auf sich zu hören, den in ihm sich vollziehenden Konflikt wahrzunehmen und der Gerichtetheit seiner Conditio zu entsprechen.

In Entsprechung zu diesem Verständnis von Heim kann Nähe gedeutet werden. Sie benennt die im menschlichen Wohnen angezielte Vereinung, durch die die Differenz zu Mensch, Tier, Ding – und sogar zu Gott – aufgehoben wird. Sie verweist folglich als ‚echte' Nähe auf den Wohnort, an dem aus der Tiefe des Menschen heraus Transzendenz mitschwingt. Der Mensch spürt hier ein Getragensein, das in ihm nicht an sein Ende kommt, sondern über ihn in seine Urheimat hinausweist.

In der Nähe, in der ebenfalls die Tendenz zu einem Sich-Binden angelegt ist, stehen das Nahe und das Ferne im Konflikt zueinander. Von der Nähe her betrachtet, stehen diese beiden Seiten allerdings nicht gleichberechtigt nebeneinander, haben sie doch in der Nähe ihren Fluchtpunkt. Das heißt: Der Mensch ist dasjenige Wesen, das in der Nähe wohnend vom Nahen aus auf Ferne hin ausschreitet, um Ent-fernungen zuwege zu bringen und sich das Ferne näherzubringen. Der Mensch als Heim-weg ist primär auf Nähe hin ausgelegt, durch die er allererst die Fülle seiner Möglichkeiten entfalten kann.

Von hier aus kann Ferne als privativer Modus von Nähe bestimmt werden. Sie ist auf Nähe wesentlich bezogen und erfährt von ihr her ihre Bedeutung, insofern sie im zwiefachen Geschehen der Nähe als Gegenspieler zum Nahen enthalten ist. Sie kommt in den Blick, wenn der Mensch sich bewegt und seinen Raum erobert. Er schreitet dann auf Ferne hin aus, die er noch nicht oder vielleicht auch nicht mehr hat. Der Mensch ist in seiner Doppelstruktur in der Nähe auf das Nahe und Ferne hin ausgestreckt, wodurch sie in ein Spannungsverhältnis treten und der Prozeß des Aufeinanderzu und Voneinanderweg im Selbstwerdensprozeß des Menschen stattfindet. So wenig wie für ihn Nähe schlechthin möglich ist, es sei denn er wäre Gott, so wenig ist ihm die Ferne ohne Nähe gegeben.

Gelingt dem Menschen keine Integration dieser beiden Seiten, gelingt ihm demnach kein Heimischsein in seinem Unterwegssein, wie umgekehrt ein Unterwegssein in seinem Heim, dann verliert er die Erfahrung qualitativer Differenzen: Das Lob der Oberfläche wird sein Weg und Ziel. Entscheide ich mich für Nähe als Primärphänomen, entscheide ich mich folglich dafür, daß sie im Heim des menschlichen Wohnens angezielt werden kann, dann gewinne ich mit dieser Entscheidung zugleich auch die Möglichkeit zur Tiefe und Einung. Der Mensch, der, wie Linschoten treffend formuliert, heute „zum Herrn der Ferne"[24] geboren wird, macht sich auf diesem Weg nicht zum Sklaven der Ferne, sondern er deutet sich selbst, wie es genannt werden kann, als ein *Heim-zur-Ferne*.[25] In-Nähe-seiend ist er zwischen Nahem und Fernem, Fernem und Nahem aus-

---

24 Linschoten: Die Strasse und die unendliche Ferne, 239.

25 Ich setze mich mit der Wendung „Heim-zur-Ferne" explizit von Erwin Straus und Merleau-Ponty ab. Während Straus vom Empfinden spricht, das sich „in der Ferne" entfaltet, versteht Merleau-Ponty die Abstandswahrnehmung als ein „*Sein in die Ferne*". Vgl. dazu: Straus: Vom Sinn der Sinne, 408; Merleau-Ponty: Phänomenologie der Wahrnehmung, 309.

gespannt.[26] Ja, er ist in dem Unausweichlichen dieser Bezogenheit dieses *Zwischen-sein*, in dem sich die Verschränkung der beiden Seiten, anders gesagt, der Konflikt zwischen den beiden wechselweise aufeinander bezogenen Wesenszügen abspielt.

Von hier kann das traditionelle Raumordnungsdenken, das die sukzessive Erweiterung konzentrischer Kreise um eine Mitte herum in den Blick nimmt, betrachtet werden.

Es ist als das klassische triadische Raumordnungsmodell der Sache nach mit der Trias Oikos, Polis und Kosmos identisch. Hier bezeichnet Heimat zunächst die unmittelbare nahe Umgebung, schließlich das Ganze der an den nahen Bereich sich anschließenden weiteren Lebenskreise und Horizonte bis zum Land und darüber hinaus sogar zur Welt.[27] Die Ausdehnung dieser konzentrischen Raumordnungskreise wird quantitativ als eine sukzessive Zunahme der räumlichen Entfernung verstanden, wodurch der Abstand zum Ausgangsbereich stets vergrößert werden kann, bis er sich schließlich sogar bis zu einem bloß gedachten, noch nicht vorhandenen Ort, einem U-Topos, erstreckt, der erst hervorzubringen ist. Legt man dieses Raumordnungsdenken zugrunde, dann spricht sich in Heimat ein spezifischer Topos, ein Ort des Wohnens des Menschen aus, dessen räumliche Ausdehnung vom konkret-nahen Bereich aus erfolgt. Das unspezifische Überall und Irgendwo wird durch den Menschen zu einem erlebten Hier und Heim, von dem aus als Nähe das Nahe und Ferne bestimmt werden.

Entsprechend ist Heimat im konkret-nahen Sinne der Eigenraum, das Haus und der Heimatort; im weiteren Sinne das Heimatland; im weitesten Sinne die Heimwelt. Davon abzuheben ist Heimat im Wesenssinne, die Ur-heimat. Sie ist der Ort, in dem der Mensch ursprünglich in einer wahren Nähe zu Gott wohnt.

Dabei darf nicht übersehen werden: Der Einzelne, der sich mit seiner Geburt in einem raumzeitlichen Sinngefüge vorfindet, das durch spezifische, zunächst unwiderrufbare Gegebenheiten ausgezeichnet ist, muß zu diesem Geburtsort, wenn er ‚Heimat' sein soll, ein positives Grundverhältnis einnehmen und im nächsten Schritt ein bewußtes Ja-Sagen zu diesem Ort aussprechen. Heimat fordert demnach, genau genommen, die Stimmung und das Gefühl des Heimischseins und darüber hinaus eine Reflexion ein, also ein Bewußtwerden und eine Akzeptanz der Sinnzusammenhänge und des spezifischen Zeichencharakters des Ortes. Der Säugling hat im strengen Sinne daher noch keine Heimat: Er lebt zwar praereflexiv in ihr, er kann aber noch nicht die in der Praereflexion unmittelbar gegebenen Bedeutungen und Sinnzusammenhänge durch Reflexion zum Gegenstand seines Bewußtseins machen.

---

26 Auch Martin Heidegger setzt bei der Nähe an, die mit der Ferne wesentlich zusammengehört. Konsequenterweise geht es ihm um die Ent-fernung, die ein „in die Nähe bringen" des Fernen zum Ziel hat.

27 Vgl. hierzu den Artikel „Heimat" von W. Hinrichs, in: J. Ritter: Historisches Wörterbuch der Philosophie, Basel 1971, Sp. 1037–1039.

Von dem erlebten und gelebten Mittelpunkt aus erobert der Mensch schrittweise die Welt und verschiebt dadurch die gestaffelt um dieses Zentrum herum liegenden Grenzen der Nähe- und Fernekreise.[28]

Trotz der Richtigkeit dieses Raumordnungsdenkens wird dabei doch übersehen, daß jedem Kreis – auch dem nächsten des Eigenraums – die Fremde bzw. das Ferne immanent ist. Aufgrund des innerstrukturellen Konflikts zwischen nah und fern mit Nähe bzw. Heim als Flucht- und Zielpunkt, sieht sich der Mensch im strengen Sinne nämlich auch in der Nahsphäre dem Fernen gegenüber. Der Mensch, der sich in seinem Zwischen-sein stets zwischen beiden Polen bewegt, bringt in diesem permanenten Hinüberschreiten von einem zum anderen sich selbst und sein Verhältnis zu Mensch und Ding selbst hervor. So schließen wir, um das Gesagte zu veranschaulichen, hinter uns die Tür und treten in unser Haus ein. Und hier geht es häufig alles andere als reibungslos zu. Man setzt sich auseinander, es wird gestritten und gekämpft. Umgekehrt kennen wir in einem fernen Land, das wir im Urlaub bereisen, z. B. die Sitten und Gebräuche nicht. Aber dennoch sind wir in ihm nicht völlig verloren, haben wir doch unser Heim als das uns Eigene ‚im Gepäck'.

Der Mensch nimmt demnach bei seinem Unterwegssein sein Heimischsein, das Wohnen in dem unverwechselbar Eigenen, mit: Die Ferne ist daher ebensowenig ohne das Nahe zu denken wie das Nahe ohne das Ferne. Die Staffelung der Welt in konzentrische Nähe- und Fernekreise um den Menschen herum bedeutet daher eine perspektivische Ausrichtung um den Menschen als das „Zwischen-Nahem-und-Fernem" herum, weshalb in dem jeweilig nahen Bereich auch das Ferne im Nahen und in dem fernen Bereich auch das Nahe im Ferne mitschwingt und auf Nähe und Heim bezogen ist.

b) Heim-zur-Weite

Erste Hinweise zum Verständnis dessen, was unter räumlicher Enge und Weite bzw. eng und weit zu verstehen ist, gibt uns die Sprache. So sprechen wir z. B. von engen Gassen, deren Häuserfronten so dicht ihre ‚Köpfe' zusammenzurücken scheinen, daß man kaum ein Durchkommen für möglich hält. Oder wir reden von engen Seitentälern, die eher im Abseits liegen und schwerer von der Ebene aus zugänglich sind; oder von

---

28 Eduard Spranger führt in seinem Vortrag *Vom Bildungswert der Heimatkunde* Literatur an, in der dieses pädagogische Prinzip, das maßgeblich von Pestalozzi reflektiert wurde, seinen Niederschlag gefunden hat. (Der Bildungswert der Heimatkunde, 36–40). So schreibt Pestalozzi: „Der Kreis des Wissens, durch den der Mensch in seiner Lage gesegnet wird, ist enge, und dieser Kreis fängt nahe um ihn her, um sein Wesen, um seine nächsten Verhältnisse, an, dehnt sich von da aus und muß bei jeder Ausdehnung sich nach diesem Mittelpunkt aller Segenskraft der Wahrheit richten." (37) Die Konzeption einer Polytopie, bei der die Kreise miteinander verschränkt werden, hat, wenn sie den Wegeraum des Menschen in den Blick nimmt, diese Staffelung in ihren Ansatz zu integrieren. Es sei denn, sie reduziert das Gehen des Menschen ausschließlich auf das Surfen im Netz und macht es dadurch zu einem rein geistigen Vorgang, der an jedem belieben Ort stattfinden kann.

einer Straßenenge, die den reibungslosen Verkehrsfluß behindert und nicht selten zu stockendem Verkehr oder gar Stau führt. Demgegenüber spricht man von der unendlichen Weite des Horizontes und des Meeres oder in einem großen Haus von der großzügigen Weite der Räume und meint damit die großräumigen Zimmer, die es dem Menschen erlauben, sich zu entfalten.

Enge und Weite beziehen sich über den Raum hinaus auch auf den Menschen selbst, etwa auf seine Einstellung und seine Haltung. Ein Mensch wird als engstirnig bezeichnet, wenn er eine kleinliche sture Geisteshaltung einnimmt und engherzig, wenn er keine Gefühlsregung angesichts einer Emotionalität einfordenden Situation nach außen dringen läßt. Soziale Verhältnisse bzw. Lebensumstände können durch bedrückende Enge einem Menschen auf den Leib rücken, ihn quälen und seelisch zermürben. Andererseits spricht man auch davon, daß zwei Liebende eng beieinander liegen und verweist dadurch auf ihre innige Beziehung und besondere Nähe. Auch in der Wendung ‚die Familie rückt enger zusammen' macht das Wort ‚eng' auf eine größere Intimität und einen tieferen Zusammenhalt aufmerksam, die ebenfalls in der Wendung der ‚engere Kreis' angezielt werden. Weitsichtig nennt man einen Menschen, der in der Weite seines geistigen Horizontes vorausschauen kann und in seiner Vorsorge die künftige Aufgabe im Jetzigen souverän bewältigt.

Enge, so läßt sich aus diesen Beispielen vermuten, verweist auf Nähe und Intimität oder auf eine Einschränkung und Begrenzung, die den Einzelnen in seiner freien seelisch-geistigen Entfaltung behindert. Weite scheint demgegenüber für Offenheit und das Fehlen dieser Art von Einschränkung zu stehen.

Enge und Weite können nun in Zusammenhang mit der vorliegenden Deutung des Menschen ausgelegt werden. Dem Heim des Heim-wegs sind, strukturell betrachtet, konträr aufeinander bezogene Wesenszüge immanent, die im Konflikt zueinander stehen. Dabei geht die Tendenz dieser Auseinandersetzung auf das Sich-Binden, in dem sich etwa Wohnen, Nähe, Heimischsein und Wahrheit ausspricht. Geborgenheit und Ungeborgenheit oder Vertrauen und Mißtrauen sind daher auf das Sich-Binden bezogen und erhalten von ihm her ihre Bedeutung. Auch Enge und Weite sind von dieser strukturellen Verfaßtheit des Menschen her zu verstehen. Sie wohnen, wie Nähe und Ferne, dem Menschen als räumliche Bestimmungen ein und sind die beiden Weisen, in denen die zwiefache Struktur seiner Offenheit zum Ausdruck gelangt. Das bedeutet: Die Offenheit des Menschen benennt, entsprechend seiner Doppelstruktur, das zwiefache Geschehen von Verengen und Weiten. Enge und Weite selbst stehen daher jeweils nur für eine Seite dieses wechselweisen Zusammengehörens. Keine dieser Seiten kann ohne die andere ihre Bedeutung entfalten, denn, wie z. B. Schlafen und Wachen als relative Gegensätze auf das Leben zu beziehen sind, verweisen sie in ihrer Gegensätzlichkeit auf das Offensein des Menschen als das Übergreifende.

Das Offensein des Menschen ist daher nicht absolut zu setzen, verwirklicht es sich doch in dem permanenten Kampf zwischen Enge und Weite. Das Wohnen des Menschen richtet ihn latent auf seine Verortung in seinem Eigenen, in seinem Haus, seiner Stadt etc. aus. In der Enge wird die Grenze dieses Wohnens überstiegen, d. h. es verwirklicht sich in einer Weise, in der der Mensch als Heim-zum-Raum in dieser Bezugnahme verkümmert und das Wohnen zum Un-Wohnen verkommt. Das Heimhafte des Menschen bringt in der Enge seinen Schatten des Unheimischen zum Vorschein. Er wird vertrieben, wenn die bedrängende Enge im Gehen auf Weite hin überwunden wird. Das heißt: Im Erobern des Raums schreitet der Mensch auf Neues und Unbekanntes hin aus, das sich in der grenzenlosen Weite erstreckt. Er weitet und öffnet sich und gewinnt in dieser Erweiterungsbewegung Welt.

Das Weghafte läßt dergestalt die Enge hinter sich und breitet seinen Entfaltungsspielraum vor ihm aus. Der offene und freie Horizont wird sichtbar, den er niemals erreichen kann und den er dennoch als eine ihn schützende Grenze benötigt, auf die er sich, sie stets verschiebend, zubewegt. Der Horizont, im übertragenen Sinne verwendet, kann daher auf die geistige Enge oder Weite eines Menschen bezogen werden. Er spricht hier die individuelle Perspektive und den jeweiligen Standpunkt eines Einzelnen aus. Dieser einschränkenden Sehweise kann kein Mensch entgehen, es sei denn, er würde das Menschliche überwinden und ein allessehender Gott werden.

Der Mensch als Heim-weg ist daher ein *Heim-zur-Weite*. In seinem ‚gebundenen Freisein für' pendelt er zwischen einem Sich-Verengen und einem Sich-Weiten hin und her und versucht, gemäß der Tendenz, die im Heimischen angelegt ist, diese zutiefst menschliche Möglichkeit seiner Erweiterung einzulösen. Analog zu Geborgenheit und Ungeborgenheit sind die wechselweise aufeinander bezogenen Wesenszüge Enge und Weite nicht gleichrangig, entspricht doch das Weghafte in der Weite der in der Offenheit liegenden Ausrichtung. Dem Menschen stellt sich daher die Aufgabe, in ständig neuen Erweiterungsbewegungen der Enge seines Eigenraums und seines geistigen Horizontes entgegenzuwirken. Dabei bewahrt ihn potentiell die Enge vor einem Überschreiten der Weite in die Unendlichkeit und Grenzenlosigkeit, zieht sie ihn doch in das Heimische seines Heims zurück.

Bei dieser Erweiterungsbewegung, die den Selbstwerdensprozeß des Menschen in seinem Bezug zur Welt sichtbar werden läßt, muß die Bedeutung des Horizontes als der unhintergehbaren menschlichen Grenze erfaßt werden. Bereits Bollnow hat sich auf den wichtigen Aufsatz van Peursens in dem Sammelband *Situation* bezogen, um den Horizont kennzeichnen zu können.[29] Einige zentrale Gedanken van Peursens, die für diesen Zusammenhang relevant sind, können angeführt werden.

Der Mensch ist als Heim-zum-Raum selbst räumlich und in dieser Eigenräumlichkeit stets bereits in den Raum eingeführt. Dabei richtet er sich aufgrund seines Sich-Bewegens vom Hier nach Dort, vom Nahen zum Fernen und vom Engen zum Weiten aus, und zwar in der Weise, daß in seinem Zwischen-sein das zwiefache Geschehen der jeweils konträren Wesenszüge auf dem Boden dieser Ausrichtung zum Austrag kommt. Das Ziel seines Sich-Ausrichtens von der Enge in die Weite ist der Horizont, der, wie van Peursen betont, einen „doppelten Aspekt" hat: „er ist unerreichbare Grenze und

---

29 C. A. van Peursen: L'horizon. In: Situation, I. Beiträge zur phänomenologischen Psychologie und Psychopathologie. Hrsg. von. J. H. van den Berg u. a. Utrecht/Antwerpen 1954, 204–234.

Raum zum Vordringen".[30] Der Mensch, der seinen Raum auf den Horizont hin durchschreitet, schiebt seinen Horizont mit jedem Schritt auch einen Schritt weiter. Er bleibt als die Grenze seines Weit- und Fern-Sehens an sein Sich-Bewegen zurückgebunden und öffnet vor ihm den Möglichkeitsraum seiner Entfaltung, den er betreten und erobern kann.

Diese Begrenzung darf nicht negativ im Sinne einer Einschränkung verstanden werden. Durch sie entsteht vielmehr allererst der ausschnitthafte Schutz- und Sicherheitsraum, den der Mensch benötigt, um überhaupt heimisch werden zu können. Eine grenzenlose Welt ist eine unheimische Welt. Erst der Horizont „zeigt dieses Element von Schutz":[31] Er öffnet den Raum, den der Mensch überschauen kann und den er daher glaubt, bewältigen zu können. Der Horizont bindet die Welt an das Heimhafte des Menschen zurück und zieht sie daher in die Nahsphäre, in der ein Wohnen möglich wird.

Der Mensch begegnet innerhalb dieses Horizontes Mensch, Tier und Ding. Eine Welt ohne Horizont ist für den Menschen daher nicht vorstellbar, weil sie die Welt des Menschen aufheben würde. Der Verlust des Horizontes käme einem Verlust der Bedingung der Möglichkeit für Räumlichkeit gleich, wodurch der Mensch als Heim-zum-Raum sein konstitutionelles Raumsein aufgeben würde und die Welt eine andere zu werden hätte. Aus dieser Sicht sagt van Peursen: „Ohne Horizont würde die Welt nicht ärmer sein, aber sie würde nicht mehr die gleiche bleiben. Eine Welt ohne Horizont kann man sich nicht vorstellen."[32] Und er fährt fort: „Der Mensch kann den Horizont nicht verneinen. Den Horizont beseitigen hieße den Menschen aufheben. Der Horizont ist in irgendeiner Weise mit dem Menschen verbunden."[33]

Diesen Gedanken spricht vor van Peursens bereits Friedrich Nietzsche an. Sein Philosophieren, das als der Versuch einer Überwindung Gottes und des Menschen gedeutet werden kann, indem es im Blick auf den Übermenschen die transanthropologische Dimension freilegt, hat im 125. Aphorismus des 3. Buches der *Fröhlichen Wissenschaft*, der als der zentrale Text des Atheismus die Wirkungslosigkeit Gottes feststellt, den Tod Gottes durch den „tollen Menschen" proklamieren lassen. In diesem Zusammenhang heißt es:

> „Der tolle Mensch sprang mitten unter sie und durchbohrte sie mit seinen Blicken. ‚Wohin ist Gott? rief er, ich will es euch sagen! *Wir haben ihn getödtet*, – ihr und ich! Wir Alle sind seine Mörder! Aber wie haben wir dies gemacht? Wie vermochten wir das Meer auszutrinken? Wer gab uns den Schwamm, um den ganzen Horizont wegzuwischen?'"[34]

---

30 Ebd., 208: „frontière inabordable et espace pour s'avancer". Ich halte mich bei den deutschen Zitaten weitestgehend an die Übersetzung Bollnows. Den französischen Originaltext gebe ich in den Fußnoten an.

31 Ebd., 253: „L'horizon montre cet élément de protection."

32 Ebd., 207: „Sans horizon le monde ne serait pas plus pauvre, mais il ne resterait plus le meme. Le monde sans horizon est inimaginable."

33 Ebd.: „L'homme ne peut nier l'horizon. Eliminer l'horizon est enlever l'homme. L'horizon est d'une manière quelconque lié à l'homme."

34 Nietzsche: 3, 481.

Nietzsche spricht im Tod Gottes das geschichtliche Faktum aus, daß Gott für den Menschen bedeutungslos geworden ist. Der Mensch hat das Meer ausgetrunken und Gott, wie dieses Bild gedeutet werden kann, auf diese Weise in sich aufgenommen und dadurch überwunden. Das Wegwischen des Horizontes verweist auf das Verschwinden jeglicher Grenze, der platonischen Peras, innerhalb deren sich der Mensch allein bewegen kann. Der Horizont, der bisher den Menschen einerseits mit der ihn umgebenden Welt eingeschlossen hat und ihn andererseits als Bedingung der Möglichkeit anderen Lebens von diesem zugleich abgrenzte, ist nun fort und mit ihm die Fesseln, die den Menschen an den Menschen gebunden haben. Der Übermensch kann dadurch zum Ziel jeglichen Sich-Ausrichtens des Menschen werden: „Einst sagte man Gott, wenn man auf ferne Meere blickte; nun aber lehrte ich euch sagen: Übermensch!“[35]

Der Mensch, der in seiner offenen Struktur zwischen Engem und Weitem ausgespannt ist, kann daher nur durch den Horizont als Bedingung der Möglichkeit seines Seins als Heim-zum-Raum leben. Nur innerhalb dieser Grenze kann er sein Heimischsein und sein Unterwegssein verwirklichen und sich nicht selbst als Heim-weg im Grenzenlosen verlieren. Offenheit setzt deshalb Bindung voraus, und das heißt, daß der Mensch zunächst sein Gespür für sein ursprüngliches Gebundensein wecken muß, um schließlich in großen Schritten seine Welt erobern zu können.

---

35 Nietzsche: 4, 109. Zur Deutung des Horizontes bei Nietzsche siehe: Günter Rohrmoser: Emanzipation und Freiheit. München 1970, 249.

§ 2: Sich-Zeitigen

Das Problem der Zeit ist ebenso wie das Problem des Raumes eines der Grundthemen in der Philosophie. So hat sich mit ihm in der Philosophiegeschichte in grundlegender Weise nicht nur Platon und Aristoteles auseinandergesetzt, sondern auch Plotin und Augustinus, Kant, Schelling, Hegel, Kierkegaard, Nietzsche und in unserem Jahrhundert Husserl, Bergson, Minkowski, Heidegger und Bollnow.[1] Nicht zuletzt aufgrund der rasanten Entwicklung im Bereich der modernen Massenmedien und der mit ihr verbundenen wachsenden Technologisierung des Alltags ist das Problem der Zeit auch zunehmend außerhalb des zumeist engen Rahmens einer wissenschaftlichen Diskussion auf Interesse gestoßen.[2]

Dabei wird häufig die Frage verfolgt, welche Auswirkungen mit diesem Leben des Menschen in einer medial geprägten Kultur hinsichtlich der Strukturierung der Wahrnehmung und der Konstitution der Wirklichkeit verbunden sind und wie sich das Verhältnis des Menschen zur Zeit in dieser medialisierten Welt bestimmen läßt. Denn zweifelsohne ändert sich die Weise der Zeitigung des Menschen, wenn er primär in einer Welt wohnt und sich bewegt, in der die flüchtigen Bilder des Fernsehens oder des

---

1 Zur Orientierung vgl. stellvertretend die systematischen Untersuchungen von: Gernot Böhme: Zeit und Zahl. Studien zur Zeittheorie bei Platon, Aristoteles, Leibniz und Kant. Frankfurt am Main 1974; Günther Dux: Die Zeit in der Geschichte. Ihre Entwicklungslogik vom Mythos zur Weltzeit. Frankfurt am Main 1989; Hans-Georg Gadamer: Die Zeitanschauung des Abendlandes. In: ders.: Gesammelte Werke Bd. 4, Neuere Philosophie II: Probleme, Gestalten. Tübingen 1987, 119–136; Werner Gent: Die Philosophie des Raumes und der Zeit. Historische, kritische und analytische Untersuchungen. 2 Bde. Hildesheim 1962; ders.: Das Problem der Zeit. Eine historische und systematische Untersuchung. Hildesheim 1965; Günter Wohlfahrt: Der Augenblick. Zeit und ästhetische Erfahrung bei Kant, Hegel, Nietzsche und Heidegger mit einem Exkurs zu Proust. Freiburg/München 1982.
Gegen diese These, daß die Zeit in der Geschichte der abendländischen Philosophie wirklich behandelt wurde, wenden sich aus unterschiedlichen Richtungen, die mit dem jeweiligen Denkansatz zusammenhängen, Bergson, James, Heidegger, Whitehead und Wittgenstein.
Siehe zu Henri Bergson: Denken und schöpferisches Werden. Aufsätze und Vorträge. Neuaufl. Hamburg 1993, insb. 29. Zu William James: Das pluralistische Universum. Leipzig 1914, insb. 142 ff. Zu Martin Heidegger: Sein und Zeit, insb. 19 ff. Zu Alfred North Whitehead: Prozeß und Realität. Entwurf einer Kosmologie. Frankfurt am Main 1987, insb. 387. Zu Ludwig Wittgenstein: Das Blaue Buch. Werkausgabe Bd. 5. Frankfurt am Main 1984, insb. 22.

2 Vgl. zur ersten Orientierung: Hermann Lübbe: Im Zug der Zeit. Verkürzter Aufenthalt in der Gegenwart. Berlin/New York/Heidelberg 1992; Irene Neverla: Fernseh-Zeit. Zuschauer zwischen Zeitkalkül und Zeitvertreib. München 1992.

Computers lediglich Gegenwärtiges im Sinne einer „bloß *formale(n) Simultaneität*" vermitteln, die sich von einer „*konkrete(n) Gegenwart*", „in der sich Mensch und Mensch oder Mensch und Welt in tatsächlicher Tuchfühlung befinden und einander angehend, treffend und betreffend, zur ‚Situation' zusammenwachsen".[3]

Zur vorliegenden Deutung des Menschen als Heim-weg haben insbesondere die Positionen von Bergson, Minkowski, Heidegger, Gadamer und Bollnow eine besondere Nähe, insofern auch sie in je verschiedener Weise an der von Kierkegaard erfolgten Bestimmung der Zeit als „Zeitlichkeit", die wesentlich und in einem ausgezeichneten Sinne an die menschliche Subjektivität gebunden ist, ausgehen.[4] Natürlich ist es nicht möglich, diesen subtilen Ansätzen in ihren unterschiedlichen Horizonten in wenigen Sätzen gerecht zu werden, allerdings möchte ich wenigstens bei Bergson und Heidegger die Richtung anzeigen, in der die Verdienste dieser bedeutenden Philosophen zu suchen sind. Auf eine kurze Darstellung von Minkowski, Gadamer und Bollnow verzichte ich, weil ich mich in den folgenden Ausführungen häufig auf sie beziehe. Im übrigen können auf die zahlreichen Untersuchungen zur Zeit verwiesen werden, die mittlerweile zu jedem Denker erschienen sind.[5]

---

3 Anders: Die Welt als Phantom und Matrize, 133. Vgl. ferner: Niklas Luhmann: Die Zukunft kann nicht beginnen. Temporalstrukturen der modernen Gesellschaft. In: Peter Sloterdijk (Hrsg.): Berichte zur Lage der Zukunft. Frankfurt am Main 1990, 119–150; Christiane Müller-Wichmann: Zeitnot. Untersuchungen zum ‚Freizeitproblem' und seiner pädagogischen Zugänglichkeit. Weinheim/Basel 1984.

4 Für Sören Kierkegaard kommt dem „Augenblick", in dem sich die Zeit und die Ewigkeit berühren, eine zentrale Bedeutung zu. Er ist nicht ein bloß abstrakter oder flüchtiger Jetztpunkt, „denn das rein abstrakt gedachte Dazwischenliegende zwischen dem Vergangenen und dem Zukünftigen ist überhaupt nicht. So aber wird sichtbar, daß der Augenblick keine bloße Bestimmung der Zeit ist, da die Bestimmung der Zeit nur die ist, vorüberzugehen, weshalb die Zeit, wenn sie durch irgendeine von den sich in ihr offenbarenden Bestimmungen bestimmt werden soll, die vergangene Zeit ist. Sollen dagegen die Zeit und die Ewigkeit einander berühren, so muß es in der Zeit sein; und nun sind wir beim Augenblick." (Der Begriff Angst. Hamburg 1984, 94). Der Mensch, der sich in Existenz wählt, bringt den Augenblick hervor und konstituiert darin seine „Zeitlichkeit" und den Beginn der Geschichte. (Vgl. dazu ebd., 96 ff. Zu diesem Problemkreis vgl. stellvertretend die Untersuchung von Annemarie Pieper: Geschichte und Ewigkeit bei Sören Kierkegaard. Das Zeitproblem der pseudonymen Schriften. Meisenheim am Glan 1968)

5 Zu Bergson vgl. etwa: Gaston Bachelard: L'Intuition de l'instant. Paris 1932; Herbert Wildon Carr: Henri Bergson: The Philosophy of Change. New York 1970; Rudolf W. Meyer: Bergson in Deutschland. Unter besonderer Berücksichtigung seiner Zeitauffassung. In: ders. u. a.: Studien zum Zeitproblem in der Philosophie des 20. Jahrhunderts. Phänomenologische Forschungen. Hrsg. v. Ernst W. Orth, Bd. 13, München/Freiburg 1982, 10–64; Norbert Wiener: Newtonian und Bergsonian Time. In: ders.: Cybernetics: Or Control and Communication in the Animal and the Machine. New York 1948, 40–56.
Zu Heidegger vgl. etwa: Marion Heinz: Zeitlichkeit und Temporalität. Die Konstitution der Existenz und die Grundlegung einer temporalen Ontologie im Frühwerk Martin Heideggers. Amsterdam/Würzburg 1982; Otto Pöggeler: Heidegger und das Problem der Zeit. In: L'héritage de Kant. Mélanges philosophiques offerts au P. Marcel Régnier. Paris 1982, 287–307; Charles M. Sherover: Heidegger, Kant and Time. Bloomington/London 1971; Ernst Tugendhat: Heidegger und Bergson über die Zeit. In: Das Argument 34, 1992, 573–584; Günter Wohlfahrt: Der Augenblick.

Im ersten Teil der Einleitung zu seinem Buch *Denken und schöpferisches Werden* macht Henri Bergson deutlich, daß sich die positive Wissenschaft zwar auf das Zeitmaß bezieht, niemals aber „die Dauer als solche, soweit sie wirklich Dauer ist“[6] erfassen kann. Denn sie „zählt allein eine gewisse Anzahl von Endpunkten von Zeitintervallen oder von sogenannten *Momenten*, d. h. im Grunde von virtuellen Ruhepunkten der Zeit“.[7] Aber auch die bisherige Philosophie hat für ihn die wirkliche Zeit beiseite geschoben, insofern sie sich ihr (und den Begriffen der Bewegung und der Veränderung) mit Hilfe von intellektuellen Vorstellungen zu nähern versuchte und sich dabei auf ständig subtileren Wegen von der Wirklichkeit der Zeit entfernte:

> „Sie gab vor, die Erfahrung zu überschreiten, in Wirklichkeit setzte sie nur an die Stelle der lebendigen und vollen Erfahrung, die einer wachsenden Vertiefung fähig ist, einen festen, trokkenen, entleerten Extrakt, ein System allgemeiner abstrakter Ideen, die aus dieser selben Erfahrung oder vielmehr aus ihren oberflächlichsten Schichten abstrahiert worden waren.“[8]

Will man die wirkliche Dauer erfassen, ist dies für Bergson daher ausschließlich durch die philosophische „Intuition“[9] möglich, die „auf die Wirklichkeit, in der wir leben, zugeschnitten ist“.[10] Mit ihrer Hilfe kann sich die Dauer „als das offenbaren, was sie tatsächlich ist, nämlich fortdauernde Schöpfung, ununterbrochenes Hervorquellen von Neuem.“[11]

Der frühe Martin Heidegger, auf den hier ausschließlich Bezug genommen wird, legt sein Verständnis von Zeit in dem 1924 in Marburg gehaltenen Vortrag *Der Begriff der Zeit*[12] und in seinem ersten Hauptwerk *Sein und Zeit* aus dem Jahre 1927 dar. Bereits der Titel des Buchs macht die Intention Heideggers deutlich, d. i. den inneren Zusammenhang, der zwischen dem Sein und der Zeit, genauer gesagt, der zwischen dem Da-

---

Zum Begriff der ekstatischen Einheit der Zeitlichkeit bei Heidegger. In: Allgemeine Zeitschrift für Philosophie 7, 1982, 27–55.
Zu Gadamer vgl. etwa: Claudia Risch: Die Rolle der Zeit in der Ästhetik H. G. Gadamers und R. Ingardens. In: Zeitschrift für Ästhetik und Allgemeine Kunstwissenschaft, 30/1, 1985, 119–137; Dieter Teichert: Erfahrung, Erinnerung, Erkenntnis. Untersuchungen zum Wahrheitsbegriff der Hermeneutik Gadamers. Stuttgart 1991.

6 Bergson: Denken und schöpferisches Werden, 23. Eugène Minkowski betont in seinem „Vorwort“ nachdrücklich den großen Einfluß, den das Werk Bergsons auf ihn ausgeübt hat. Dies zeigt sich, was hier nicht ausgeführt werden kann, insb. in der Bedeutung, die Minkowski dem „élan vital“ zuschreibt. Eugène Minkowski: Die gelebte Zeit. Bd. I: Über den zeitlichen Aspekt des Lebens. Salzburg 1971, 16. Siehe auch ders.: Die gelebte Zeit. Bd. II: Über den zeitlichen Aspekt psychopathologischer Phänomene. Salzburg 1972.

7 Bergson: Denken und schöpferisches Werden, 23.

8 Ebd., 28.

9 Zu diesem zentralen Begriff Bergsons vgl. in *Sein und schöpferisches Werden* insb. 126–148 und seine *Einführung in die Metaphysik*. Französisch-deutsch. Cuxhaven 1988.

10 Bergson: Denken und schöpferisches Werden, 21.

11 Ebd., 28.

12 Martin Heidegger: Der Begriff der Zeit. Vortrag vor der Marburger Theologenschaft. Tübingen 1989.

sein[13] und der Zeit besteht, offenzulegen. Das Dasein ist für ihn durch die grundlegenden Existenzialien der Existenzialität, der Faktizität und des Verfallens bzw. des Verfallenseins konstituiert, wobei die Existenzialität auf das Seinkönnen des Daseins zielt, die Faktizität auf die Geworfenheit verweist, durch die das Dasein je schon bestimmt ist und das Verfallensein das Sich-Verlieren des Daseins an das innerweltlich Seiende benennt. Die „Sorge", die Heidegger als „Sich-vorweg-schon-sein-in-(der-Welt-) als Sein-bei (innerweltlich begegnendem Seienden)"[14] bestimmt, ist ein Existenzial, das die drei genannten Existenzialien konstituiert und sie in eine Einheit bzw. Strukturganzheit faßt.

Bereits die Bestimmungen der Existenzialität als Sich-vorweg-sein im Schon-sein-in-der-Welt (Faktizität) als Sein bei innerweltlich begegnendem Seienden (Verfallensein)[15] bringen in den Worten „vor", „schon" und „bei" den zeitlichen Charakter, der ihnen immanent ist, zum Ausdruck. Ein Verständnis der Zeit als Sukzession von Jetzt-Punkten, bei der nur die Gegenwart des flüchtigen Augenblicks für real angesehen wird, greift Heidegger zufolge zu kurz, um das zum Sein des Daseins gehörende „vor" und „schon" denken zu können. Daher ist es für ihn notwendig, in neuer Weise die ursprüngliche Zeit des Daseins zu erfassen, und das heißt, die „Zeitlichkeit", die letztlich die Einheit der Struktur der Sorge ist, zu verstehen.

Wie Heidegger im Paragraphen 65 „*Die Zeitlichkeit als der ontologische Sinn der Sorge*" darlegt, gründet das Sich-vorweg „in der Zukunft. Das Schon-sein-in ... bekundet in sich die Gewesenheit. Das Sein-bei ... wird ermöglicht im Gegenwärtigen."[16] In der Zukunft („Auf-sich-zu"), der Gewesenheit (des „Zurück auf") und der Gegenwart (des „Begegnenlassens von"), die er die „*Ekstasen* der Zeitlichkeit" nennt, zeitigt sich die Zeitlichkeit „*ganz*" und nicht in einem vermeintlichen „‚Nacheinander' der Ekstasen".[17] Das bedeutet, daß für Heidegger das Dasein in seinem Vorlaufen auf den Tod zukünftig ist, weil es darin in seinem eigentlichen Existieren als „vorlaufende Entschlossenheit" auf sich selbst zukommt. Es bedeutet ferner, daß es seine Geworfenheit übernehmen und annehmen kann und darin zurück auf seine Gewesenheit kommt. Und es bedeutet darüber hinaus zugleich, daß das Dasein gegenwärtig solches begegnenlassen kann, das es in seinem Handeln berücksichtigt.

Wenn der vorliegende Paragraph mit „Sich-Zeitigen" umschrieben ist, geht es nicht um den wichtigen von Bergson aufgewiesenen Weg, mit Hilfe der Intuition zu der wirklichen Dauer der Zeit vorzudringen, auch geht es nicht um die bedeutende, von Heidegger vorgelegte Analyse des Zusammenhangs von Dasein und Zeit, bei der die existenzial zu verstehende Zeitlichkeit als Seinssinn der Sorge verstanden wird, die in

13 Mit „Dasein" kennzeichnet Heidegger in ontologischer Hinsicht den Menschen, der in einem wechselweisen Bezug zum Sein steht.

14 Heidegger: Sein und Zeit, 192.

15 Vgl. ebd.

16 Ebd., 327.

17 Vgl. ebd., 350.

seiner späteren Philosophie um die seinsgeschichtliche Perspektive ergänzt wird,[18] vielmehr wird der Versuch unternommen, den inneren Zusammenhang zwischen dem Menschen als Heim-weg und der ihm einwohnenden und gelebten Zeit aufzuweisen Anders gesagt: Im folgenden stelle ich nicht die häufig aufgeworfene Frage nach der Realität der Zeit oder die Frage ‚Gibt es eigentlich Zeit?', auch untersuche ich Zeit nicht wie Immanuel Kant unter erkenntnistheoretischer Hinsicht als apriorische Anschauungsform der Subjektivität oder wie Edmund Husserl in transzendental-phänomenologischer Perspektive hinsichtlich der Konstitution des „inneren Zeitbewußtseins",[19] sondern ich frage: Wie zeitigt sich der Mensch, für den das Wohnen und das Gehen konstitutiv ist? Diese Frage ist gleichbedeutend mit der Frage: Wie wohnt dem Menschen die Zeit in seinem Haus und auf seinen Wegen ein?

Deute ich den Menschen als Heim-weg, ist nicht nur der Raum, sondern auch die Zeit untrennbar mit ihm verbunden. In seinem Wohnen fühlt er sich nicht nur mit seinem Haus verbunden, fügt er sich doch zugleich in eine Wohngemeinschaft ein, die er sich ebenso wie sein Haus in der Vergegenwärtigung der vergangenen und bestehenden Gewohnheiten aneignen kann. Diese Weise der Erinnerung bindet ihn an seine Tradition und Geschichte und öffnet die Vergangenheit für das Gegenwärtige und Künftige. Tritt der Mensch über die Schwelle seines Hauses, ändert sich entsprechend dem Hauptweg auch die Art, in der ihm die Zeit einwohnt. Seine Eigenbewegung bedeutet nicht nur, daß er von hier nach dort gelangt, sondern daß er sich darin zugleich zu seiner Welt verhält und eine Weise seiner Zeitigung einlöst. Diese zielt nicht auf die messende und abstrakte Zeit, die objektiven Charakter hat, vielmehr verweist sie auf das Entsprechungsverhältnis, das zwischen dem Raumsein und Zeitsein besteht. Das bedeutet: Der Mensch, der als Heim-zum-Raum von vornherein in dem erlebten und gelebten Raum eingefügt ist, vollzieht mit seiner Eigenbewegung zugleich seine Zeitigung, durch die er stets auch von vornherein *Heim-zur-Zeit* ist. Je nach der Weise, wie er seinen Raum ausdeutet und ihn lebt, ändert sich auch die Weise seiner Zeitigung.

Das Gesagte soll genauer betrachtet werden. Der Mensch als Heim-weg ist immer schon zur Zeit. Gemäß seiner Doppelstruktur wohnt sie ihm in seinen beiden Seiten ein, die sich allerdings zueinander nicht in Harmonie befinden, sondern in Konflikt miteinander stehen. Denn während die heimische Seite den Menschen dazu bringt, im Haus unterwegs zu seiner eigenen Zeit zu sein, in der er das Tempo und den Takt seines Gehens und Handelns selbst bestimmen kann, treibt ihn die weghafte Seite nach draußen, z. B. auf die gebahnten Wege der Straße, auf denen ihm die Zeit als meßbare vorgegeben ist. Der Mensch muß hier eilen, um mit dem Tempo seiner Mitmenschen Schritt halten zu können und der Gefahr zu entgehen, angerempelt oder gar umgestoßen zu werden. Betrachtet man die paradoxal miteinander verbundenen Seiten einzeln, dann ist

---

[18] Vgl. dazu den von Martin Heidegger in Freiburg i. Breisgau 1962 gehaltenen Vortrag *Zeit und Sein*. In: Martin Heidegger: Zur Sache des Denkens. 2. Aufl. Tübingen 1976, 1–25.

[19] Zu Husserl vgl. insb. seine *Vorlesungen zur Phänomenologie des inneren Zeitbewußtseins*. In: Jahrbuch für Philosophie und phänomenologische Forschung, Bd. 9, 1928, 367–498. Und: Zur Phänomenologie des inneren Zeitbewußtseins (1893–1917). In: Husserliana. Gesammelte Werke Bd. 10. Den Haag 1966.

jeweils eine nicht in sich rein und ungeschieden von der anderen, vielmehr hat sie ihr Gegenwesen stets in sich. So läßt sich der Mensch als Heim-zur-Zeit hinsichtlich seiner heimischen Seite als ein *Unterwegs-im-Ruhen* kennzeichnen und hinsichtlich seiner weghaften Seite als ein *Heim-im-Fließen.*

Negativ gewendet bedeutet dies: Der Mensch, der ausschließlich in seinem Haus wohnt, öffnet sich nicht für das Zukünftige und verkrustet. Der Mensch, der ausschließlich auf seinen Hauptwegen unterwegs ist, eilt sich selbst und der Vergangenheit davon und läuft dabei leer. Es ist für den Menschen daher notwendig, sich selbst als Heim-weg zu verstehen, um diese voneinander getrennten und differierenden Weisen des Einwohnens der Zeit einzulösen und das rechte Verhältnis zur ‚Zeit', präzise gesagt, das rechte Verhältnis in den Zeiten einzugehen, und das heißt, das unermüdliche Pendeln zwischen ihnen zu verwirklichen und die größtmögliche Spannung hervorbringen.

Während sich der Mensch in der Gegenwärtigung seiner selbst und der Natur bewegt oder in verschiedenen Graden der Gegenwärtigung des Künftigen oder des Flüchtigen sich für das Neue öffnet oder, wie weiter unten gezeigt wird, bei seinem Gehen auf dem Hauptweg das Surfen im Netz Zeit im freien Spiel entwirft, hat er das Vergangene im Rücken. Will er es erfassen, muß er sich umdrehen und auf es zugehen. Er muß über die Schwelle seines Hauses treten und sich dem Wohnen öffnen. In der Ruhe seines gehenden Wohnens trifft er nicht nur auf die Vergangenheit in seinem eigenen Haus, sei es auf Blättern oder Bildern, sei es in Schachteln, Schubladen, Truhen oder Schränken,[20] sondern er erkennt auch die vielfältigen Bindungen, durch die sein Haus an die anderen Häuser gebunden ist. Er sieht sich eingefügt in die Gemeinschaft der Wohnenden: sein Haus steht neben weiteren alten und neuen Häusern in einer Straße, die mit anderen Straßen verbunden ist. Sie führt ihn einem Strukturgefüge zu, das aus historischen, denkmalgeschützten Bauwerken, modernsten Neubauten, zahlreichen Plätzen und Gegenden besteht und Alt und Neu, Vergangenes und Gegenwärtiges, in seinem untrennbaren Zusammenhang sichtbar werden läßt.

Aus sprachphilosophischer Perspektive ist diese Wohngemeinschaft eine Sprachgemeinschaft, kann man doch unsere Sprache, wie Ludwig Wittgenstein veranschaulicht hat, mit einer alten Stadt vergleichen:

> „Ein Gewinkel von Gäßchen und Plätzen, alten und neuen Häusern, und Häusern mit Zubauten aus verschiedenen Zeiten; und dies umgeben von einer Menge neuer Vororte mit geraden und regelmäßigen Straßen und mit einförmigen Häusern."[21]

Das Heimischsein des Menschen läßt ihn die Tradition wahren, insofern es den Menschen nicht aus seinem Wohnraum herausnimmt und ihn dergestalt isoliert, sondern ihn stets in seinem Eingebundensein erfaßt und dieses in der erinnernden Vergegenwärtigung mit dem Neuen zu verbinden sucht.

---

[20] Zu der Bedeutung von Schubladen, Truhen und Schränken vgl. die Untersuchung der „Häuser der Dinge" von Gaston Bachelard in seiner *Poetik des Raumes.* 5. Aufl. Frankfurt am Main 1999, 90–103.

[21] Wittgenstein: Philosophische Untersuchungen § 18, 245.

Nimmt man über das Wohnen des Menschen hinaus auch sein Gehen in den Blick, lassen sich entsprechend den herausgehobenen vier Hauptwegen spezifische Weisen seiner Zeitigung aufweisen. Das bedeutet, daß beim Wandern in der Natur, beim Gehen und beim Fahren auf der Straße sowie beim Surfen im Netz, der Mensch in einer bestimmten, je charakteristischen Art sich als Heim-zum-Raum – und dabei stets zugleich als Heim-zur-Zeit – verwirklicht. Raum und Zeit lassen sich daher nicht auf Anschauungsformen reduzieren, sind sie doch zuvor und zunächst an den menschlichen Leib gebunden. Der Mensch ist aufgrund seines Leibes stets in den Raum und in die Zeit eingeführt und löst dieses ursprüngliche Zusammengehören gemäß seiner Doppelstruktur, für die das Sich-Binden und Sich-Bewegen konstitutiv ist, in verschiedenen Bindungs- und Bewegungsverhältnissen ein. So läßt ihn das Unterwegssein die Zukunft wahren, insofern es ihn frei macht, offen auf sie hin auszuschreiten.

Von hierher ergibt sich die Gliederung dieses Paragraphen. Im ersten Kapitel untersuche ich den Menschen als ein Unterwegs-im-Ruhen, d. h. ich frage danach, wie die Zeitigung des Menschen im Haus aufgewiesen werden kann. Dieser Kennzeichnung liegt die Intuition zugrunde, daß analog zu dem Grundphänomen der Geborgenheit in räumlicher Hinsicht das In-sich-Ruhen für den Menschen im Haus in zeitlicher Hinsicht von zentraler Bedeutung ist und mit Phänomenen wie z. B. der Besonnenheit, der Gelassenheit und der Geduld innerlich zusammenhängt. Im zweiten Kapitel versuche ich aus der weghaften Seite des Menschen hervorgehende Kennzeichnung seines Wesens als ein Heim-im-Fließen, die Weisen der Zeitigung auf den vier Hauptwegen zu charakterisieren und ihre jeweilige Eigenart hervortreten zu lassen. Im dritten Kapitel „Der Mensch auf seinen Wegen zur Zeit“ habe ich das Ziel, das in den beiden Teilen Gesagte wieder zusammenzuführen und zu vertiefen.

1. Unterwegs-im-Ruhen

Die Grunddichotomie zwischen Ruhe und Bewegung, Dauer und Fließen, Ewigem und Zeitlichem zieht sich durch die gesamte Tradition der abendländischen Philosophie. Frage ich in diesem Abschnitt danach, wie die Zeit dem Menschen im Haus einwohnt, dann steht am Beginn meiner Überlegungen die These: Der Mensch zeitigt sich im Haus in seinem In-sich-Ruhen. Wenn der Mensch die Tür hinter sich schließt und bei sich einkehrt, hat er die Möglichkeit, sich buchstäblich in seinen bequemen Sessel hineinfallen zu lassen, in dem er sich wohl und geborgen fühlt. Dieses körperliche Fallenlassen kann mit einer gewandelten Weise, wie er zur Zeit sich verhält, einhergehen. Denn hat der Mensch die an ihn herangetragene schwindende Zeit, die sich in der Hast, der Eile und der Hektik angesichts der Zeiger der Uhr kundtut, hinter sich gelassen und ‚tief durchgeatmet‘, dann hat er die Möglichkeit, sich Zeit zu lassen, und das heißt, die ihm entsprechende Zeit im Heimischen seines Wesens zu finden. Und hier wird in ihm das Grundphänomen der inneren Ruhe sichtbar, die Ausdruck dafür ist, daß er seine

Zeit sein lassen kann und er zur Zeit gehörend dennoch gewissermaßen über sie hinaus zu gelangen vermag.

Das Wort Ruhe kann in einem räumlichen und in einem zeitlichen Sinne verstanden werden. Räumlich hat es eine negative Konnotation. Als Starre, Stillstand oder auch Stagnation steht es im Gegensatz zur Bewegung. Ruhe stellt dann, wie Schottlaender zu Recht in seiner *Theorie des Vertrauens* herausarbeitet, „ein Nichts an Geschehen dar; genauer: mit dem ruhenden Körper geschieht nichts, es ist keine Wirkung einer Kraft an ihm wahrzunehmen.“[1] Aus dieser Perspektive kann man etwa in der Mechanik von Ruhe sprechen, wenn gemäß dem zweiten Hauptsatz der Thermodynamik das materielle, geordnete Geschehen in einem geschlossenen System unumkehrbar einen Ausgleich erstrebt und den ‚ruhigen‘ Zustand des Wärmetodes erlangt hat. Oder man spricht aus dieser Sicht z. B. vorwurfsvoll von einem Lebewesen, das schon wieder ‚ruht‘ und meint damit, daß es keinerlei Aktivität ausübt und untätig herumsitzt oder -liegt. In seinem trägen Ausgestrecktsein sieht man es als faul an, weil es sich seinem vermeintlichen Eigentümlichen, der Bewegung, entzieht.

In einem zeitlichen Sinne verstanden meint Ruhe „die Erfüllung in der Zeit“.[2] Der Mensch, der in seinem Haus seine Ruhe findet, ordnet sich nicht dem strengen Diktat der Zeiger der Uhr unter, vielmehr zeitigt er sich entsprechend der in ihm liegenden eigenen Tendenz zu einem Sich-Binden. Die meßbare Zeit wandelt sich dergestalt in die Eigenzeit um, bei der der Mensch mit sich identisch ist, weil er sich auf solches ausrichtet, was er selbst ist und sein kann. Die Eigenzeit ist daher keine von außen an den Menschen herangetragene Zeit, vielmehr wohnt sie dem Menschen als die ihm gemäße Weise der Zeitigung seiner selbst ein. Findet sie der Mensch in der Ruhe seines Wohnens, gewährt ihm das Heimische das Gefühl seines Einsseins mit sich selbst, bei dem das Leben nicht rastlos vorwärts geht, sondern in der Fülle der Dauer scheinbar das Fließen der Zeit überragt.

Analog zur Geborgenheit und zum Vertrauen ist die Ruhe für den Menschen als ein Unterwegs-im-*Ruhen* zunächst an einen einzelnen Menschen gebunden, der in ihr in unverwechselbarer, einzigartiger und nicht objektiv werdender Weise unterwegs ist. Sie geht aus dem Subjektiven des Zeiterlebens hervor, von dem es auch als solche empfunden wird. Dies hat zur Folge, daß man zwar von einem anderen Menschen den Eindruck gewinnen kann, als ob er in sich ruhe, es letztlich allerdings nicht möglich ist, dieses In-sich-Ruhen wirklich festzustellen oder es gar als richtig oder falsch zu beurteilen.

Bereits Johann Gottfried Herder hat in deutlicher Kritik an Kants Bestimmung der Zeit als bloß formale apriorische Bedingung der Möglichkeit aller Erscheinung überhaupt Zeit in die Vielzahl und Vielfalt von Zeiten aufgefächert:

> „Eigentlich hat jedes veränderliche Ding das Maß seiner Zeit in sich; dies besteht, wenn auch kein anderes da wäre; keine zwei Dinge haben dasselbe Maß der Zeit. (…) Es gibt also (man kann es eigentlich und kühn sagen) im Universum zu einer Zeit unzählbar viele Zeiten.“[3]

---

1 Rudolf Schottlaender: Theorie des Vertrauens. Berlin 1957, 9.

2 Ebd.

3 Johann Gottfried Herder: Metakritik zur Kritik der reinen Vernunft (1799). Berlin (Ost) 1955, 68.

Das Maß der Zeit ist demnach im veränderlichen Ding selbst zu finden und hier nicht in einer allgemeingültigen Weise, sondern in einer Spezifik, die ausschließlich diesem einzelnen Ding, das auch ausschließlich seine eigene Zeit hat, zukommt. Dieses von Herder erkannte Innewohnen des Maßes in allem Lebendigen und die damit einhergehende Einzigartigkeit jedes Zeitwohnens verweist auf die Eigenzeit des Menschen, in der der Mensch bei sich heimisch ist, weil das Tempo und der Takt seines Gehens an sein Wohnen zurückgebunden bleibt und er sich nicht verliert. Der Einzelne, der als ein Unterwegs-im-Ruhen in sich verweilt, wohnt daher in der Fülle seiner Zeit. Hier fließt sie ihm nicht wie z. B. beim Gehen auf der Straße ab, vielmehr gelingt ihm eine Weise der Zeitigung, bei dem er in einem ‚freien Gebundensein an' sich offen nach Neuem ausrichtet und es an sich bindet, indem er einerseits gehend das auf ihn Zukommende vorwegnimmt und andererseits wohnend sich an das Weggehende und Weggegangene erinnert.[4]

---

[4] Max Scheler zufolge ist die Todesgewißheit eine „*intuitive Tatsache*" (15), durch die ein Mensch unabhängig von den äußeren Erfahrungen, die er macht, genau weiß, daß er sterben wird. Dieses Wissen um den Tod gründet in einer besonderen Bewußtseinsart, die mit dem verbunden ist, was wir ‚Leben' im biologischen Sinne nennen. Angesichts des vorliegenden Gedankengangs ist wichtig, daß Scheler in Anlehnung an Husserl m. E. einen Zusammenhang zwischen der Todesgewißheit und den drei qualitativ differierenden Aktarten „*unmittelbares* Wahrnehmen, unmittelbares Erinnern und unmittelbares Erwarten" (19) sieht, die den zeitlichen Erstreckungen in unmittelbares Gegenwärtigsein, Vergangensein und Zukünftigsein jeweils entsprechen. Diese Aktarten werden vom Menschen nicht nur von Zeit zu Zeit vollzogen, vielmehr sind sie in „jeder möglichen Auffassung von einem Dinge, einem Vorgang, einer Bewegung, einer Veränderung der Natur, aber auch in jeder inneren Erfahrung von einem sog. psychischen Erlebnis (...) enthalten" (19) und strukturieren insofern den „*Gesamt*gehalt" (19) der menschlichen Erfahrung. Entscheidend ist nun, daß das Verhältnis zwischen den genannten Erstreckungen der Zeit nicht feststeht, sondern „mit dem objektiven Fortschreiten des Lebensprozesses in einer charakteristischen *Richtung* sich *neu verteilt*" (19): „Der Umfang des Gehalts in der Erstreckung der Vergangenheit (...) *wächst* und wächst, während zugleich der Umfang des Gehalts in der Erstreckung der unmittelbaren Zukunft (...) *abnimmt* und abnimmt." Die Folge davon ist, daß das Gegenwärtigsein sozusagen ‚zusammengepreßt' wird. Denn „für das Kind ist die Gegenwart eine breite und helle Fläche des buntesten Seins. Aber diese Fläche nimmt mit jedem Fortschritt des Lebensprozesses ab. Sie wird enger und enger, immer gepreßter und gepreßter zwischen Nachwirksamkeit und Vorwirksamkeit. Für den Jüngling und Knaben steht seine erlebte Zukunft da wie ein breiter, heller, ins Unabsehbare sich erstreckender glänzender Gang, ein ungeheurer Spielraum in der Erlebnisform ‚Erlebenkönnen', in den Wunsch, Verlangen, Phantasie tausend Gestalten malt. Aber mit jedem Stück Leben, das gelebt ist und als gelebt in seiner unmittelbaren Nachwirkung gegeben ist, *verengert* sich fühlbar dieser *Spielraum* des noch erlebbaren Lebens. Der Spielraum seines Leben-könnens nimmt ab an Reichtum und Fülle, und der Druck der unmittelbaren Nachwirksamkeit wird *größer*." (20) Alle Zitate aus: Max Scheler: Tod und Fortleben. In: Schriften aus dem Nachlaß, Bd. I, Zur Ethik und Erkenntnislehre. 2. Aufl., Bern 1957, 9–64.
Minkowski spricht daher zu Recht von der „elementare(n) *Asymmetrie*", die zwischen der Vergangenheit und der Zukunft erscheint, allerdings aus der Perspektive des „Elan vital". Denn für Minkowski ist uns die gelebte Zukunft „unbestreitbar auf eine viel ursprünglichere Weise gegeben als die Vergangenheit. *Sie* bringt den schöpferischen Faktor ins Leben, dessen die Vergangenheit völlig entledigt zu sein scheint." Minkowski: Die gelebte Zeit, Bd. I, 48.

Die spielerische Vergegenwärtigung künftiger Geschehensmöglichkeiten zerreißt die nahtlose Kette einer Zeitbahn, in der die Reihenfolge der einzelnen Glieder lückenlos feststeht und der Mensch heute bereits weiß, was er morgen, übermorgen usw. zu einem genau festgelegten Zeitpunkt tun muß. Der Mensch, der in dieser Zeitbahn sich nicht eigentätig bewegt, sondern vom Sog des Tunmüssens bewegt wird, ist nicht mit sich identisch und findet keine Ruhe, weil er in seiner Eile in Richtung auf das nächste Ziel, sei es die Pressekonferenz, das Meeting oder die Präsentation, aufgeht.[5] Das Zerreißen der Kette kommt daher einem Befreiungsprozeß gleich, in dem die Unverrückbarkeit vermeintlichen zeitgebundenen Tunmüssens außer Fassung gerät und der Mensch sich für die Zukunft öffnen kann. Er kann sich innerlich buchstäblich ‚zurücklehnen' und in seinem freien Entwerfen von Möglichkeiten, die er ergreifen könnte, den Spielraum gewinnen, der ihm größtmögliche Entscheidungsfreiheit gewährt. Auf diese Weise wird der Horizont wieder offen, der bisher von dem unverrückbaren Hintereinander der Zeitglieder verstellt wurde.

Auf diesen offenen Horizont kann sich der Mensch, wie Ernst Bloch aufgewiesen hat, mit all seinen „Erwartungsaffekten" ausrichten und sich zu ihm z. B. voll Furcht oder Hoffnung, Sehnsucht oder Sorge, wünschend, träumend, planend oder entwerfend verhalten.[6] Bezieht man dies auf die Deutung des Menschen als Heim-weg, dann kann der Mensch in dem Vollzug des In-sich-Ruhens emotional-intellektuelle Wege beschreiten, auf denen er der Zukunft erwartungsvoll entgegengeht.[7] Das In-sich-Ruhen

---

5 Für Hans-Georg Gadamer konstituiert der „Vorentwurf der zu verwaltenden Zeit" die „leere Zeit", die im Gegensatz zur erfüllten Zeit steht. Unter Verweis auf die Aussage des Aristoteles, „daß der Mensch das Lebewesen ist, das Sinn für Zeit hat", kann zunächst die Präferenz der Zukunft herausgehoben werden: „Der sachliche Zusammenhang, in dem Aristoteles davon spricht, lehrt eindeutig, was er im Auge hat: Voraussicht haben. Voraussicht haben heißt aber: vorausnehmend sehen, was noch nicht ist, und eben damit die Spanne des Vorausgenommenen zu dem Gegenwärtigen durchmessen und es als gegenwärtig annehmen. Sinn für Zeit ist primär Sinn für Zukünftiges, Nicht-Gegenwärtiges, das in der Vornahme präsent wird, so daß sich, was gegenwärtig ist, auf dieses Nichtgegenwärtige hin bezieht. Sinn für Zeit meint zunächst, daß wir Wesen sind, welche sich Zwecke setzen können und deshalb Mittel zu suchen vermögen, die zweckmäßig sind. Denn das setzt Abstand von dem augenblickhaft und gegenwärtig Einnehmenden voraus." (Gadamer: Über leere und erfüllte Zeit, 139f. In: Gesammelte Werke 4. Neuere Philosophie II: Probleme, Gestalten. Tübingen 1987, 137–153.)

Der Mensch vermag sich aus dieser Sicht kraft seines Geistes von dem unmittelbar und gegenwärtig Erlebten zu distanzieren und in seiner Voraussicht Vorsorge walten zu lassen, durch die das Zukünftige als das Noch-nicht-Seiende in die Präsenz gegenwärtigen ‚Sich-Ausrichtens auf' hineingezogen und ‚bewältigt' wird. Bei dieser „vorgreifenden Verfügung" wird Zeit allerdings nicht in einem ursprünglichen Sinne erfahren, sondern, wie Gadamer richtig hervorhebt, sie wird zu der zu „verwaltenden Zeit", über die man disponiert und auf Ausfüllung hin entwirft.

6 Vgl. dazu Bloch: Das Prinzip Hoffnung, 126ff.

7 Minkowski zufolge bewirkt (in Anlehnung an Bergson) in der Zeit der Elan vital, der „auf *ursprüngliche Weise* den *Begriff der Richtung* enthält", daß „unser Leben wesentlich auf Zukunft hin gerichtet ist". Für ihn können dabei drei Stufen herausgehoben werden, die den „Grund der gelebten Zukunft" bilden: die *Aktivität* und die *Erwartung*, der *Wunsch* und die *Hoffnung*, das *Gebet* und die *ethische Handlung*." Die gelebte Zeit, Bd. I, 85 f.

fördert dabei allerdings primär die Möglichkeit, eine Vielzahl und Vielfalt von Wegen selbständig beschreiten zu können und sich nicht voll Furcht oder Sorge zu verkleinern und in einen Winkel zu verkriechen, um vom Weg abgeschnitten die Zukunft gleichsam passiv auf sich zukommen zu lassen. Will der Mensch daher sich voll Selbstvertrauen auf das für ihn Zukünftige ausrichten, ist es für ihn notwendig, daß er bei sich zu Hause wohnt: dann gelingt es ihm, die Zeit in dem voraussehenden Vorgreifen nicht festzustellen, sondern während seines Fortschreitens in der Sicherheit seines Gebundenseins sich selbst zu verändern und im Fortschritt seines Anders-Werdens frei neue Bindungen einzugehen.

Ein Mensch, der nicht in sich ruht und sich nicht das Künftige vergegenwärtigt, kommt immer zu spät. Weil sein Handeln in der Dringlichkeit des ‚nur so und nicht anders' aufgeht, verschiebt er die Möglichkeit seines Heimisch-Sein-Könnens in die Unbestimmtheit eines Später, die niemals ergriffen wird. Diese Haltung findet etwa in Wendungen wie z. B. ‚Wenn wir endlich in Urlaub sind' oder ‚Wenn ich erst in Rente bin' sprechend ihren Ausdruck. Der Mensch ist dann weder hier noch dort zu Hause, weil er sich selbst und seine Gelegenheiten permanent verschiebt und sich in seiner Sucht hin zum Nächsten verliert.

In der spielerischen Vergegenwärtigung vergangenen Geschehens wird das Weggehende an die Gelegenheit des Künftigen in der Präsenz des Gegenwärtigen gebunden. Das Verlangen, zur Vergangenheit zurückzukehren, kann für uns, wie Minkowski überzeugend darlegt,

> „(…) nur eines bedeuten, nämlich: sich dem Leben und dem, was es an ‚Natürlichem' und Ursprünglichem an sich hat, wieder zuzuwenden; zurückzugehen zum Ursprung, dem nicht nur die Wissenschaft entspringt, sondern auch alle anderen Manifestationen des geistigen Lebens (…).“[8]

Die Vergangenheit ist dann kein ‚Ballast, den man unnötigerweise mit sich herumschleppt' und den man schleunigst abwerfen möchte, vielmehr fügt sie sich in das Wohnen und Gehen des Menschen ein, weil er das rechte Verhältnis zwischen Vergessen und Erinnern wahrt.[9] Denn dem Menschen, der in sich ruht, gelingt es, sich seine

---

8 Minkowski: Die gelebte Zeit, Bd. 1, 15.

9 Für Bollnow handelt es sich beim richtigen Verhältnis des Menschen zu seiner Vergangenheit darum, wie er anschaulich und treffend heraushebt, „sie in ehrlicher Auseinandersetzung mit ihr so aufzufassen, daß man sie einmal in ihrer harten Gegebenheit anerkennt, aber ihr zugleich einen positiven Sinn abgewinnt, auf dem man das folgende Leben aufbauen kann. Auf eine einfache Formel gebracht, handelt es sich darum, das von außen her Vorgegebene, das Faktum der Vergangenheit, so aufzunehmen und sich innerlich so anzueignen, daß sie zu dem wird, was man auch von innen her gewollt hat und was man in diesem Sinn verantworten kann und muß. Auf diese Weise formulieren wir die Forderung als die eines Einklangs des Menschen mit seiner Vergangenheit.“ Das Verhältnis zur Zeit, 52 f.
Zu dem Problem des Verhältnisses zwischen Vergessen und der Lebensdienlichkeit der Historie für das Leben vgl. die zweite 1874 erschienene „Unzeitgemäße Betrachtung“ *Vom Nutzen und Nachteil der Historie für das Leben*, in der Friedrich Nietzsche das „Unhistorische“ und das „Überhistorische“ als „Gegenmittel gegen das Historische“ heraushebt. Nietzsche: 1, 243–334.

eigene Geschichte in der Weise zu erzählen, daß er sie – trotz aller Fehltritte und Irrwege – bejahen kann und sie auf Zukunft hin öffnet. Dieser Vorgang der Anverwandlung des Vergangenen ist gleichbedeutend mit dem Vorgang ihres verantwortlichen Übernehmens, wie Sartre pointiert herausstellt:

> „Die Vergangenheit, die ich bin, habe ich zu sein, ohne die Möglichkeit sie nicht zu sein. Ich trage für sie die ganze Verantwortung, wie wenn ich sie ändern könnte, und doch kann ich nichts anderes als sie sein."[10]

Und an anderer Stelle schreibt er: „Die Bedeutung der Vergangenheit ist also direkt abhängig von meinem gegenwärtigen Michentwerfen. (...) Ich allein kann nämlich in jedem Augenblick über die *Tragweite* der Vergangenheit entscheiden."[11]

Mit jedem Schritt, mit dem sich der Mensch bewegt und sich ausrichtet, wohnt er im Vergangenen, ja er ist dann zugleich in und mit seinem Vergangenen unterwegs und bringt sich in seiner Geschichtlichkeit hervor. Anders gesagt: Beim In-sich-Ruhen integriert der Mensch das Vergangene seiner selbst in das Gegenwärtige, nimmt es dadurch an, und zwar ohne sich durch es so stark zu belasten, daß er von ihm niedergedrückt und gebeugt werden würde und auf das ihn Zukommende sich nicht mehr offen hinbewegen kann.[12]

Ein Mensch, der nicht in sich ruht und sich nicht an das Vergangene erinnert, kommt immer zu früh. Viel zu schnell will er eine Gelegenheit ergreifen, deren Zeit noch nicht reif ist; viel zu schnell urteilt er, bevor er sich in Gewesenes vertieft hat. Er bindet Zeit nicht an das Eigene zurück, indem er sie als seine Zeit, mit der er im Einklang steht, zuläßt, sondern er tritt aus der angemessenen Zeitigung seiner selbst in das Unangemessene fremden Tempos und Takts. Diese Haltung wird in der heutigen Zeit durch die rasante Entwicklung insbesondere in der Computertechnologie und der im Unübersichtlichen ständig anwachsenden Zahl von Informationen begünstigt, bei der nur das Neueste zählt und das Vergangene als das Alte, Überholte und Funktionslose bedeutungslos ist. Will der Mensch daher frei werden, muß er sich an das Weggehende binden und im gebundenen Freisein gemeinsam mit ihm aufrecht voranschreiten.[13]

---

10 Sartre: Das Sein und das Nichts, 174.

11 Ebd., 630.

12 Dazu gehört es, sich von Bisherigem zu trennen und Abschied zu nehmen. Anschaulich hat diese Notwendigkeit Gadamer geschildert: „Nur wer Abschied nehmen kann, wer lassen kann, was hinter ihm liegt oder ihm unerreichbar entzogen ist, wer sich nicht an das Vergangene als etwas, was er nicht lassen kann, festklammert, vermag überhaupt Zukunft zu haben." Gadamer: Über leere und erfüllte Zeit, 151.

13 Martin Heidegger hat treffend den inneren Zusammenhang zwischen den „Ekstasen" der Zukunft, Gewesenheit und Gegenwart im Entwurfsgeschehen, das dem Dasein zukommt, herausgearbeitet und dabei gezeigt, daß Zeitigung nicht als ein Nacheinander dieser vermeintlich unumkehrbaren Dimensionen zu verstehen ist: „Die Zukunft ist *nicht später* als die Gewesenheit und diese *nicht früher* als die Gegenwart. Zeitlichkeit zeitigt sich als gewesend-gegenwärtigende Zukunft." (Heidegger: Sein und Zeit 350, vgl. auch 385) Dabei hat Heidegger zufolge die Zukunft „in der ekstatischen Einheit der ursprünglichen und eigentlichen Zeitlichkeit einen Vorrang", insofern sich der Mensch entsprechend seinem eigentlichen Existieren als „vorlaufende Entschlossenheit" zeitigen

Die Zeit der spielerischen Vergegenwärtigung ist eine andere als die Zeit, mit der man die Schnelligkeit eines Läufers mißt. Sie ist weder langsam noch schnell, steht sie doch außerhalb dieser Kategorien. Sie macht ein In-sich-Hineingehen erforderlich, das nur in der Ruhe des Hauses möglich ist. Gelingt dem Menschen diese Einkehr in das Innere seiner selbst, bleibt er gleichsam nicht bei sich stehen, vielmehr vermag er als ein Unterwegs-im-Ruhen in Distanz zum Eigenen zu treten und auf sich zu hören. Beim Hören, das auch als ein Achten auf das dem Menschen einwohnende Maß gedeutet werden kann, macht der Mensch sich die Ferne, sei es die des Gestern oder des Morgen, zugänglich und bindet sie an sich zurück. Könnte der Mensch diese Anbindung des Gewesenen und Kommenden, die ihm aufgrund der heimischen Seite seines Wesens möglich ist, nicht vollziehen oder wollte er sie nicht auf sich nehmen, müßte er sein Wesen ausschließlich von seiner weghaften Seite aus in den Blick nehmen und den damit einhergehenden Verzicht auf Tiefe, Dichte und Fülle verantworten.

Bei der Wendung ‚spielerische Vergegenwärtigung' ist das Adjektiv ‚spielerisch' nicht im Sinne von leichtfertig oder gar beliebig zu verstehen, als ob eine Vergegenwärtigung rasch geschehen könnte und problemlos durch irgendeine andere zu ersetzen wäre. Vielmehr bedeutet es, daß eine Vergegenwärtigung, in der sich der Mensch sein Leben erzählt und darin zugleich deutet, nach eigenen Regeln und einer eigenen Gesetzmäßigkeit geschieht. Der in sich ruhende Mensch bejaht das von ihm Erlebte in seinen Höhen und Tiefen und gewinnt in diesem Jasagen die Handlungsfreiheit, in der er das Weggehende auf das Zukommende selbstbestimmt öffnen und annehmen kann. Weil er zu dem steht, was er getan hat und weil er das Vergangene als unverzichtbaren Teil seines Lebensweges akzeptiert und von ihm erfüllt wird, verstellt er sich nicht künftige Wege, vielmehr stößt er in der Gegenwärtigung des Vergangenen zugleich ins Offene künftigen Möglichseins vor.[14]

Wurde bisher die Betonung auf das Ruhen in der Wendung Unterwegs-im-Ruhen gelegt, liegt sie nun auf dem Unterwegssein in ihm.

Der Mensch ist als ein *Unterwegs-im-*Ruhen dadurch ausgezeichnet, in der Ruhe unterwegs zu sein und sich der heimischen Seite seiner selbst zu öffnen, um zur Fülle und Tiefe seines Wesens gelangen zu können. Die Ruhe ist daher kein starrer Zustand, vielmehr ist sie – analog zur Geborgenheit und, wie im anschließenden Kapitel „Sich-

---

kann und im Vorlaufen auf den Tod auf sich selbst zukommt. Vom Primat der Zukunft gehen auch Bloch, Bollnow und Minkowski aus.

14 Hier kann auf die wichtige Unterscheidung zwischen Jetzt und Gegenwart verwiesen werden, die Eugène Minkowski treffend herausgearbeitet hat. So schreibt er: „Die Gegenwart, die sich ganz dem Nichtgegenwärtigen entgegenstellt, situiert sich auf der gleichen Ebene wie das Jetzt. Das, was jetzt ist, existiert, und was nicht jetzt ist, existiert nicht (...). Für die Gegenwart kann nicht mehr von einem Gegensatz dieser Art die Rede sein. Schon für die Gegenwart selbst scheint die Möglichkeit der Affirmation ihrer Existenz wegen ihrer Dehnbarkeit nicht mehr so evident zu sein wie für das Jetzt; und wenn wir andererseits die Nicht-Gegenwart betrachten, so geht es nicht so sehr darum zu sagen, daß sie nicht gegenwärtig ist, als darum, daß sie es war oder noch sein wird. Es tritt hier also nicht der kategorische Gegensatz des Ja oder des Nein auf, sondern vielmehr die Differenzierung von verschiedenen Formen der Existenz, und zwar genau die der Gegenwart und der Nicht-Gegenwart." Die gelebte Zeit, Bd. 1, 44.

Begegnen" aufgewiesen wird, analog zum Vertrauen – ein Grundphänomen, das stets auf die Unruhe bezogen ist. Denn in der Wendung Unterwegs-im-Ruhen macht der Bestandteil ‚Unterwegs-im-' bereits darauf aufmerksam, daß die Bewegung, die man als Unruhe bezeichnen kann, dem Ruhen selbst immanent ist. Aus dieser Sicht gehören Ruhe und Unruhe, die permanent im Konflikt miteinander stehen, untrennbar zusammen. Weil allerdings Ruhe das Primärphänomen darstellt, hat der Mensch die Möglichkeit, sich nicht in der rastlosen Umtriebigkeit auf seinen zahlreichen Wegen zu verlieren, vielmehr kann er sein Gehen an sich selbst anbinden und mit dem Tempo und Takt seines Gehens in leiblicher, intellektueller, emotionaler und volitiver Hinsicht übereinstimmen. In diese Richtung weist auch die Deutung der Ruhe durch Schottlaender, die er unter Bezug auf die Formulierung „Dein Wille geschehe!" im „Vater unser" vorlegt:

> „Wenn ‚Wille geschieht', so verwirklicht sich das Gewollte, es geht in Erfüllung, tritt aus dem wahrnehmungsfremden – gedachten, vorgestellten, auch unbewußt erstrebten – Zustand in den wahrnehmungseigenen, worin es gesehen oder gehört, verspürt oder genossen wird. Ein solcher Zustand kann ebensogut einer der Bewegung wie einer der Unbewegtheit sein; er heißt ‚Ruhe', im Gegensatz zur Unruhe, auch wenn dabei ein schnelles Sichbewegen geschieht, z. B. wenn ein geübter Mann in voller Ruhe Galopp reitet; ja, selbst mit einer angenehmen Erregung ist solche Ruhe vereinbar, so daß sie nicht einmal im psychologischen Sinne bloß negativ (als ‚Unerregtheit') zu verstehen ist. Wann immer *Wille geschieht* ist der Vollzug des Geschehens ein Zustand der *positiven* Ruhe."[15]

Auf dem Hintergrund der Deutung des Menschen als Heim-weg bedeutet dieses Geschehen des Willens, daß der Mensch der aus seiner heimischen Seite hervorgehenden Richtung zu einem Sich-Binden entspricht, indem er sich in seinem Gehen an ihr orientiert und ihr folgt. Auf diese Weise ist das vom Menschen Intendierte das Wollen der eigenen Tendenz, um in diesem Sich-selber-Wollen heimisch werden zu können und Geborgenheit, Ruhe und Vertrauen zu finden. Ist der Mensch demgemäß bei sich in seinem In-sich-Ruhen zu Hause, ist er voller Selbstvertrauen mit sich identisch, und es wird ihm möglich, Gelassenheit, Geduld, Muße und Besonnenheit hervorzubringen. Anders gesagt: Läßt der Mensch die Zeit in der ihr gemäßen Weise weilen und walten, kann er aufgrund seines ursprünglichen Gebundenseins eine Haltung annehmen, in der die ihm einwohnende Zeit und die auf ihn zukommende Zeit in Einklang stehen. Der Mensch sieht dann die äußeren Ereignisse nicht übermächtig auf sich einstürzen, wobei ihm keine Möglichkeit einer Gegenwehr gegeben wäre und er von ihr förmlich überrumpelt würde, vielmehr vermag er sie in der Zuversicht seines Wohnens in der Ruhe angemessen auf sich zukommen zu lassen.

Das Maß der Angemessenheit liegt nicht ausschließlich im Menschen – immerhin kann er sich auch zu lange Zeit lassen und dabei nicht wiederkommende Chancen verpassen –, geht es doch aus der Spannung zwischen Eigenzeit und der mit den Ereignissen daherkommenden objektiven Zeit hervor. So liegt das rechte Maß in der Mitte zwischen der Ruhe im Heimischen und dem Unterwegssein im Fließen und kann nur unter größten Anstrengungen in einem unermüdlichen Kampf dieser beiden Seiten hervorge-

---

15 Schottlaender: Theorie des Vertrauens, 10.

bracht werden. Ist der Mensch schließlich gelassen, geduldig und besonnen, hat er diesen Kampf um das rechte Maßhalten gewonnen und die ihm einwohnende und die auf ihn einstürzende Zeit in größtmöglicher Spannung zwischen ‚Gebundensein an' und ‚Offensein für' miteinander vereinigt.

Hier wird deutlich, daß das Sich-Ausrichten des Menschen entsprechend der Richtung seiner Wesensmöglichkeit des Sich-Bindens durch den Kreis veranschaulicht werden kann. Im Sich-selbst-Wollen der Tendenz seiner heimischen Seite bezieht sich der Mensch ausschließlich auf sich und die ihm gemäße Eigenzeit, wendet sich also auf sich selbst zurück. Vollzieht der Mensch dieses In-sich-Ruhen nicht nur einmalig, sondern stets von neuem, kann er sich im Laufe seines Lebens vertiefen, oder, wie man gerne sagt, er kann ‚reifen'. Anerkennend spricht man dann von der Seelenruhe oder Gemütsruhe, die einem Menschen zu eigen ist, und meint treffend, daß ihn nichts ‚erschüttern' kann und er durch keine Ereignisse aus dem Gleichgewicht zu bringen ist. Dieses Geschehen des immer wieder erfolgenden Versuchs der Beheimatung, die eine lebenslange Aufgabe ist, kann mit Hilfe der Spirale, die den Verbund der einzelnen Ausrichtungen auf sich selbst in der Vertiefung darstellt, veranschaulicht werden.

Die von mir angeführten Wendungen des ‚Sich-selbst-Wollens der heimischen Tendenz' und des ‚ausschließlichen Bezugs des Menschen auf sich selbst' sind nicht dahingehend mißzuverstehen, als würde man von einem bleibenden Substrat im Menschen ausgehen, an dem im Laufe eines Lebens die eine oder andere Veränderung festgestellt werden kann. Vielmehr ist der Mensch als ein Unterwegs-im-Ruhen und ein Heim-im-Fließen wesentlich ein Zwischensein, für den das Anderswerden konstitutiv ist. Der Mensch, der permanent den Konflikt zwischen den beiden divergierenden Seiten seines Wesens austragen muß, ist heute nicht derjenige, der er gestern gewesen ist und er ist heute anders, als er morgen sein wird. Es gibt daher beim Menschen keine Selbigkeit eines identischen Ich durch alle Lebensphasen hindurch, ist doch stattdessen von einem Gegenwärtigsein im Anderswerden als Andersgewordensein auszugehen, das mit Hilfe des Ich- bzw. Selbstbewußtseins als je meines identifiziert werden kann.

Gadamer hebt zu Recht den „Übergang" hervor, von dem die Zeiterfahrung, die hier gemacht werden kann, bestimmt ist:

> „Der Übergang ist nicht das gleiche wie das Jetzt, das das Vorige und das Kommende miteinander verknüpft, indem es selbst nicht bleibend ist. Es ist in einem anderen Sinne, daß das Im-Übergang-Sein auf eine eigentümliche Weise Trennung und Verbindung zugleich stiftet: Übergang erscheint wie das wahre Sein von Zeit, sofern in ihm alles zugleich ist und eben damit Vergangenheit und Zukunft beisammen. Während das gleichmäßige Vergehen der Zeit ein beständiges Übergehen ist, wird deutlich, daß die Erfahrung des Übergangs nicht solch bloßes Verfließen der Zeit meint, sondern ein bestimmt-unbestimmtes Sein, das in den Erfahrungen von Abschied und Beginn den Fluß der Zeit zum Stehen bringt."[16]

Von der Deutung des Menschen als Heim-weg her betrachtet, läßt sich das von Gadamer Gesagte anthropo-ontologisch fundieren. Der Mensch ist als ein Zwischen-sein sowohl durch sein Wohnen als auch durch sein Gehen ausgezeichnet. Zwischen diesen

16 Gadamer: Über leere und erfüllte Zeit, 149 f.

beiden Seiten ausgespannt, hat er die Möglichkeit, sich nicht ausschließlich in seinem Haus oder nur auf seinen Wegen aufzuhalten, vielmehr kann er sich als ein permanentes Überschreiten verwirklichen. So vermag er sich aufgrund seiner weghaften Seite stets von neuem von einer eingenommenen Haltung wieder zu entfernen, indem er sich auf etwas ausrichtet, was ihm über einen bisherigen Standpunkt hinausführt. In diesem innerstrukturell zu verstehenden ‚Weggehen von' läßt der Mensch sich selbst nicht gleichsam als etwas Altes zurück, vielmehr macht er auf der Grundlage seiner Veränderung die Erfahrung, daß er sich immer wieder verabschieden muß, um sein Weitergehen nicht zu behindern. Mit Gadamer kann daher darin übereingestimmt werden, daß dieses Abschiednehmen vom Alten nicht als ein Vergessen, sondern eher als ein Erkennen zu verstehen ist:

> „Denn im Abschied geschieht immer Erkenntnis. Das Alte wird im Abschied so von den unbestimmten Erwartungsmomenten geschieden, die unser engagiertes und auf Zukunft hin sich entwerfendes Dasein an es heftete, daß es jetzt erst ganz in sich selber zu ruhen beginnt. Was wirklich abgeschieden ist, hat eine neue Dauerhaftigkeit erworben."[17]

Der Mensch als ein Sein-im-Übergang bzw. als ein Zwischensein führt während seines Unterwegsseins aufgrund seines ‚Sich-Ausrichtens auf' allerdings nicht nur Trennungen i. S. von Abschiednahmen herbei, vielmehr gelingt es ihm aufgrund seiner heimischen Seite auch immer wieder Verbindungen und Bindungen einzugehen. Bei seinem Gehen auf einem Weg schreitet er nicht nur voran und läßt buchstäblich ‚alles rechts oder links liegen', sondern er öffnet sich für das, was auf ihn zukommt und bindet es an sich, indem er sich auf es einläßt. Dieses ‚sich-einlassende Binden an' ist ebenso wie das Abschiednehmen als ein Erkennen zu deuten, durch das das Neue allererst in die Nähe des Menschen herangezogen werden kann. Im Verstehen ist das Verstandene nicht getrennt vom Verstehenden, vielmehr gewinnt es in ihm eine Gegenwärtigkeit, die die Erfahrung des Gebundenseins widerspiegelt.

Eine Hermeneutik für die, wie Gadamer zu Recht heraushebt, die Sprache das „Medium der hermeneutischen Erfahrung" darstellt, insofern sie die „Mitte (ist), in der sich die Verständigung der Partner und das Einverständnis über die Sache vollzieht",[18] hat daher, was hier nur angedeutet werden kann, zu ihrer Voraussetzung den Aufweis der aus der heimischen und der weghaften Seite des Menschen resultierenden Bedingungen und Bedingtheiten.[19] Denn die Erfahrung von Sinn ist dem Menschen nur möglich, weil ihm als Heim-zum-Raum, Heim-zur-Zeit und Heim-zum-Mitheim der Raum, die Zeit und der Mitmensch von vornherein einwohnt und dadurch in ihm in der Tendenz zur Bindung gewissermaßen Sinnspuren und Verstehenszusammenhänge angelegt sind, die

---

[17] Ebd., 149.

[18] Hans-Georg Gadamer: Wahrheit und Methode. Grundzüge einer philosophischen Hermeneutik. 5. Aufl. Tübingen 1986, 387.

[19] Zu den unterschiedlichen hermeneutischen Ansätzen u. a. von Wilhelm Dilthey, Martin Heidegger, Max Scheler und Hans-Georg Gadamer siehe von Erwin Hufnagel: Einführung in die Hermeneutik. St. Augustin 2000. Dieses Buch ist die historisch und systematisch ergänzte und erweiterte Fassung des 1976 im Kohlhammer-Verlag erschienenen, inzwischen vergriffenen, gleichnamigen Bandes.

mitten hinein in die Geborgenheit, die Ruhe und das Vertrauen führen. Wo Verständigung ist, da wird gesprochen,[20] aber zunächst und zuvor wird sich vom Menschen zu und in den genannten Phänomenen verhalten.

Auf diesem Hintergrund wird deutlich, daß das Abschiednehmen und das sich einlassende ‚Binden an', das aus dem Menschen als ein Unterwegs-im-Ruhen hervorgeht, „den Fluß der Zeit" – wie Gadamer im letzen Satz des angeführten Zitats formuliert – „zum Stehen bringt". Im In-sich-Ruhen hält der Mensch die Zeiger der Uhr an, weil er zur Fülle, Dichte und Tiefe seiner Zeit vordringt und voll Selbstvertrauen auf sich selbst und das Maß seiner Zeit als eine Art ‚Über-Zeitlichkeit' achten kann. Bei diesem in der spielerischen Vergegenwärtigung erfolgendem Achten hat dasjenige, worauf geachtet wird, ein bleibendes Wesen, weshalb das Wort ‚Über' in der Wendung ‚Über-Zeitlichkeit' die grundsätzliche Differenz zu dem, was im unwiederbringlichen Dahinschwinden des Zeitflußes zum Ausdruck kommt, anzeigt.

Die Lebenserfahrung eines Menschen entspringt demzufolge nicht einem gleichmäßigen Dahinfließen seiner Zeit, vielmehr vollzieht sich sein Sein-im-Übergang in Sprüngen, das von qualitativen Differenzen, Diskontinuitäten und Brüchen gekennzeichnet ist. Die Folge davon ist, daß der Mensch sich sein Leben und Sein nicht in einer einmaligen unveränderlichen Weise erzählen kann, sondern es sich mit dem Reifen seines Wesens verändert. Die Vielzahl und Vielfalt seiner im Laufe seines Lebens beschrittenen Wege und eingenommenen Haltungen münden in seine tiefe Erzählung ein, die erst mit seinem Tod jäh abgebrochen wird. In ihr sind die unterschiedlichen Weisen, wie die Bezüge von ihm geordnet wurden und Sinn gestiftet war bzw. ist, miteinander vereint und ermöglichen es dadurch dem Menschen, weiter für das Neue frei zu sein und es – trotz und in aller bisherigen Erfahrung – offen auf sich zukommen zu lassen.

Es wird deutlich: Der Mensch kann als ein Unterwegs-im-Ruhen zu einem In-sich-Ruhen gelangen, in dem er sich in der ihm gemäßen Weise zeitigt und die Zeit als Eigenzeit sichtbar wird. In ihr hat er die Möglichkeit, sich das Gewesene und das Künftige zu vergegenwärtigen, um einerseits kraft der Erinnerung dagegen gewappnet zu sein, sich nicht bei seinem Gehen auf den Hauptwegen zu verlieren und andererseits um kraft der spielerischen Vorwegnahme kommender Möglichkeiten sich selbst auf Zukunft hin zu öffnen und sich das Gehen auf den Wegen nicht von vornherein zu verstellen.

2. Heim-im-Fließen

Der Mensch als Heim-weg zeitigt sich aufgrund seiner heimischen Seite als ein Unterwegs-im-Ruhen und aufgrund seiner weghaften Seite als ein Heim-im-Fließen. Diese im Konflikt zueinander stehenden Kennzeichnungen bringen zum Ausdruck, daß es zum Verständnis des Menschen nicht ausreicht, gleichsam eine einfache Grunddicho-

[20] Vgl. Gadamer: Wahrheit und Methode, 388.

tomie, hier Ruhe, dort Bewegung, anzunehmen, sondern daß stattdessen in dem Widerstreit seiner wesenhaften Seiten auch jede für sich genommen einen eigenen Konflikt mit ihrem Gegenwesen austrägt. Aus dieser Sicht schreitet der Mensch während seines Wohnens in ihm aus, wie er umgekehrt, während seines Gehens weiter gebunden bleibt.

In der Kennzeichnung Heim-im-Fließen bringt das Wort ‚Fließen' zum Ausdruck, daß der Mensch, der selbst zeitlich ist, sich so zur Zeit verhalten kann, daß er sie in ihrem unaufhaltsamen Dahinschwinden erlebt. Diese Verhältnisnahme vollzieht sich allerdings nicht in einer einmaligen, unveränderlichen Weise, vielmehr ändert sie sich mit dem Hauptweg, auf dem der Mensch auf Welt hin ausschreitet und sie sich zu „erobern" versucht. Anders gesagt: Im Leben und Handeln des Menschen vermag er sich in unterschiedlichen Arten auf seinen verschiedenen Wegen zu zeitigen, und zwar entsprechend den Graden, in denen in ihm die äußere Zeit zur Wirkung gelangt. Pendelt der Mensch daher auf jedem seiner Wege erneut zwischen dem ihm eigenen Gespür für ein ursprüngliches Gebundensein an die ihn einwohnende Zeit und das im Vollzug seines Gehens geschehende Ausschreiten in die äußere Zeit, wird dieses innerstrukturell bedingte Spannungsverhältnis das eine mal eher zugunsten des Heimischen im Fließen und das andere mal eher zugunsten des Fließenden im Heimischen akzentuiert. So vermag der Mensch als ein *Heim*-im-Fließen, z. B. bei seinem Wandern in der Natur, die ihm einwohnende Zeit zu spüren und ihr gemäß unterwegs zu sein, allerdings läßt dieses Gespür bereits beim Gehen auf der Straße allmählich nach, bis es schließlich beim Fahren auf der Straße vollständig verschüttet gegangen ist. Beim Surfen im Netz läßt der Mensch, wie gezeigt wird, gewissermaßen seine anthropo-ontologische Verfaßtheit außer acht, weil er selbst seine Zeit am Bildschirm entwirft.

In unserer Zeit gewinnt man den Eindruck, daß der Mensch mehr denn je in der Gefahr steht, sein Gebundensein zu übersehen, um stattdessen sein Wesen rein als Unterwegssein zu deuten, sich auf den Hauptweg, das Fahren auf der Straße oder das Surfen im Netz, festzulegen und dementsprechend sein Handeln der äußeren Zeit, die im Gegensatz zur einwohnenden Eigenzeit steht, zu unterwerfen. Eindringlich kennzeichnet Nicolai Hartmann bereits 1935 in seiner *Ethik* diese allgemeine Bewußtseinslage:

> „Das Leben des heutigen Menschen ist der Vertiefung nicht günstig. Es entbehrt der Ruhe und Kontemplation, es ist ein Leben der Rastlosigkeit und des Hastens, ein Wetteifern ohne Ziel und Besinnung. Wer einen Augenblick stille steht, ist im nächsten schon überholt. Und wie die Anforderungen des äußeren Lebens, so jagen sich die Eindrücke, Erlebnisse, Sensationen. Immer schauen wir nach dem Neuesten aus, das jedesmal Letzte beherrscht uns, und das Vorletzte ist vergessen, ehe es auch nur recht gesehen, geschweige denn begriffen ist. Wir leben von Sensation zu Sensation. Und unser Eindringen verflacht, unser Wertgefühl stumpft sich ab im Haschen nach dem Sensationellen. Der moderne Mensch ist nicht nur der rastlos Hastende, er ist auch der Abgestumpfte, Blasierte, den nichts mehr erhebt, ergreift, zuinnerst packt. Er hat schließlich für alles nur noch ein ironisches oder müdes Lächeln. Ja, er macht am Ende gar eine Tugend aus seinem moralischen Tiefstande. Das nil admirari, seine Unfähigkeit zu Verwunderung, Staunen, Begeisterung, Ehrfurcht erhebt er zum stehenden, gewollten Lebensha-

> bitus. Das unberührte Hinweggleiten über alles ist ein bequemer modus vivendi. Und so gefällt er sich in der Pose des Darüberstehens, die sein inneres Leerausgehen verbirgt."[1]

Der Mensch, der in seinem konkreten Leben in einen Wettlauf mit der äußeren Zeit eintritt, verliert, wenn er bei diesem Wettlauf unterliegt, seine Rückbindung aus den Augen. In seinem hastenden Streben nach dem Ziel, das noch vor ihm liegt und das, bevor er es erreicht hat, bereits vom nächsten überholt ist, verschüttet er sein Gespür für die ihm einwohnende Zeit, die ihm während seines Voranschreitens Halt geben könnte. So ähnelt er letztlich einem Taumelnden, der unsicheren Schrittes hilflos seinen Weg sucht und ihn nicht finden kann, obwohl er den Anschein erweckt, als könnte er jede Aufgabe meistern und zielstrebig einem Ziel zueilen. Er verwirklicht daher nicht, wie man glauben könnte, seine weghafte Seite in seiner Kennzeichnung als ein Heim-im-Fließen, vielmehr stellt er die ihr immanente konträre Gegenwesenhaftigkeit in der Enge bloßen Fließens fest.

Ich möchte angesichts dieser heutzutage weit verbreiteten Weise des Menschen, sich zu seiner Zeit zu verhalten, weder in eine Klage einstimmen, noch die ihr immanente Chance propagieren; stattdessen soll angesichts der bereits im ersten Paragraphen „Sich-Orten" herausgestellten und charakterisierten Hauptwege, auf denen der Mensch gehen kann, vier prinzipiell voneinander geschiedene und grundsätzlich verschiedene Weisen seiner Zeitigung benannt und gekennzeichnet werden. Das sind: das *Stillstehen* beim Wandern in der Natur, das *Abfließen* beim Gehen auf der Straße, das *Abstürzen* beim Fahren auf der Straße und das *Ausspielen* beim Surfen im Netz. Der Mensch als Heim-weg kann nicht nur in einer, sondern in all diesen verschiedenen Formen seiner Zeitigung unterwegs sein, ja er sollte es tun, will er nicht verkrusten oder leerlaufen, sondern stattdessen die Fülle seines Zeitwohnens hervorbringen.

a) Das Stillstehen

Wohnend im Haus geht der Mensch vom Haus aus. Er blickt auf die Uhr, vergewissert sich, daß es erst sechs Uhr früh am Morgen ist und öffnet die Tür. Er tritt über die Schwelle, schließt hinter sich die Tür ab und läuft um sein Haus herum zur Garage. Er steigt in sein Auto und fährt eine halbe Stunde bis er sein Ziel erreicht: ein kleiner abgelegener Parkplatz. Er stellt sein Auto ab, setzt sich seinen Rucksack auf, blickt erneut mechanisch auf seine Uhr und wandert los.

Er läuft zunächst auf einem schmalen Waldweg, verläßt ihn aber schließlich, weil er quer durch den Wald gehen möchte. Er achtet darauf, wo und wie er seinen Fuß aufsetzt, steigt das eine mal über diesen schmalen Stamm und weicht ein anderes mal jenem dichten Gestrüpp aus. Mit jedem Schritt befindet er sich bei seinem Schritt und ist seiner Intention nach gerade hier, wo er sich bewegt. Es gibt für ihn nichts als die Natur, die im Laufe seines Unterwegsseins ihn in Besitz nimmt. Sie drängt das Früher und das Später aus seinem Blickfeld und fordert ihn dazu auf, sich in diesen Augenblick einzu-

[1] Nicolai Hartmann: Ethik. 2. Aufl. Berlin und Leipzig 1935, 14 f.

fügen. So geht er seine Zeit, bis er hungrig wird und sich auf einer kleinen Lichtung niederläßt. Er ißt ein Brot, blickt um sich, schaut auf die Uhr, ißt einen Apfel und setzt, wenn er seine Rast beendet hat, seinen Weg fort. Er achtet erneut darauf, wo und wie er seinen Fuß aufsetzt, ruhig und ohne Hast. Und indem er auf diese Weise unterwegs ist, merkt er plötzlich, daß es dunkel wird. Er blickt auf die Uhr, voller Unglauben, daß es schon so spät ist, und beschließt umzukehren. Seine Bewegungen werden schneller, sein Atem kürzer, er will vor der Dunkelheit am Parkplatz sein. Er erreicht sein Auto, schaut mechanisch auf die digitale Zeitansage im Armaturenbrett und fährt nach Hause. Nach einer halben Stunde ist er zurückgekehrt, stellt den Wagen in der Garage ab, öffnet die Tür seines Hauses und läßt sie hinter sich wieder ins Schloß fallen.

Solange die Uhr tickt, ist der Mensch auf der Straße. Er geht oder fährt auf ihr nicht um des Gehens oder Fahrens willen, sondern weil er ein Ziel hat, das er so schnell wie möglich erreichen möchte. Während des Unterwegsseins nimmt er die Ankunft antizipierend bereits vorweg, obwohl sie vorne in der Zukunft liegt und er den Abstand noch überbrücken muß.[2] Die Straße zieht das künftige Da in die Wünschbarkeit des Schon-Jetzt: die Straße ist die Zukunft, die in der Gegenwärtigung des Kommenden gelebt wird.[3]

Im Unterschied hierzu läßt sich die Weise der Zeitigung beim Wandern in der Natur als *Stillstehen* kennzeichnen. Wo das Wandern beginnt, steht die Zeit für den Wandernden still. Der Mensch unterwirft sich nicht mehr einem Takt, den ihm die Zeiger der Uhr vorgeben, sondern er achtet im wandernden Sich-Bewegen auf seinen eigenen Klang. Im Stillstehen der Zeit bricht eine Stille ein, in der die Zeit vergessen wird und das Hören dieses Klanges möglich wird. Achtet der Mensch darauf, wo und wie er seinen Fuß aufsetzt, zeigt sich das Achten über das Sehen des Geläufts hinaus als ein Hören.[4] Mit jedem Schritt seiner eigenen Bewegung geht er nicht nur nach vorne, sondern auch in sich selbst zurück. Wohnt der Mensch dergestalt leiblich sich selbst und der durch ihn hindurch sprechenden Natur ein, gewinnt er seine Eigenzeit. Die Zeitlosigkeit beim Stillstehen der Zeit bedeutet daher nicht die Aufhebung von Zeitlichkeit schlechthin, vielmehr meint sie die Abwesenheit der meßbaren Zeit, der der Mensch in den Anforderungen und Verpflichtungen seines alltäglichen Lebens unterworfen ist. Mit ihr verschwindet die Vergangenheit und die Zukunft, und er bewegt sich mit jedem Schritt in der Vergegenwärtigung des Jetzigen.[5]

---

2 Bereits Rousseau hat das ziellose Wandern von dem zielgerichteten Fahren mit der Kutsche und der Post abgehoben: „Wenn man nur ankommen will, kann man ruhig mit der Post fahren; wenn man aber reisen (d. i. wandern; K. J.) will, muß man zu Fuß gehen." Jean-Jacques Rousseau: Emil oder Über die Erziehung. 5. Aufl. Paderborn u. a. 1981, 451.

3 Darauf verweist auch R. Kuhn: Daseinsanalyse eines Falles von Schizophrenie, 240.

4 Vgl. Stenzel: Die anthropologische Funktion des Wanderns, 117.

5 Stenzel verweist auf Heinrich von Ofterdingen bei Novalis und auf Athelstan in Tiecks *Reise ins Blaue hinein*, die bei ihrer Wanderung in zeitlose Bezirke vordringen. „In einem falle ist es die ‚blaue Blume', die diese Zeitlosigkeit versinnbildlicht, im andern Falle die Fee Gloriana." Stenzel: Die anthropologische Funktion des Wanderns, 103.

Bewegt sich der Mensch in der Stille seines Klanges, hört er daher zugleich die Natur, in die er wandernd eingefügt ist. So vernimmt er in der Nähe seiner Eigenzeit, in der sein Körper mit den Erfahrungen, die er macht, Schritt halten kann, er mit seinen Bewegungen übereinstimmt und die Erfahrungen unmittelbar leiblich vollzogen werden können, auch die Nähe des Zyklischen, in das er als Teil der Natur eingebunden ist. Der Kreislauf des Werdens bringt zum Ausdruck, daß alles, was entstanden ist, vergeht und wieder aufleben wird. Dieser ewigen Wiederkehr des Gleichen haftet die zyklische Zeit an, die nicht in die Linearität eines Maßes aufgesprengt ist, sondern angesichts der Natur bzw. der Physis regelmäßig wiederkehrende Abläufe bezeichnet.[6] Diese Wiederholung ist keine Repetition im Sinne der bloßen Vervielfachung eines bereits geschehenden, fixen Vorgangs, vielmehr erneuert sich in der Wiederhervorbringung das Geschehen selbst.[7]

Ein Mensch, der beim Wandern mit dem Tempo und Takt seines Schreitens der zyklischen Zeitigung entspricht und sich dadurch der in der kreisenden Zeit geschehenden Erneuerung öffnet, verhält sich gemäß der in seiner Leiblichkeit kraft der Natur angelegten ‚gesunden' Geh- und Lebensweise. Er läßt sich nicht von einem fremden Ziel am Ende einer Strecke heranziehen oder heranreißen, sondern er zeitigt sich, wie es seinem Leib und der ihm gemäßen Gesetzlichkeit entspricht. Er vermag mit seinen fünf Sinnen unmittelbar die Wirklichkeit um ihn herum aufzunehmen und reduziert sich nicht einseitig auf das Auge und seine Sehweise der Ansicht.

Das Stillstehen der Zeit gewährt dem Menschen daher nicht nur die Möglichkeit, in der Stille seiner eigenen Zeit auf sich und auf die durch ihn hindurch sprechende Natur zu hören, sondern in der Konsequenz dieses Hörens auch eine besondere Intensität seines Erlebens zu erreichen. Wie der Mensch sich der Musik in einem Konzert erst dann wirklich öffnen kann, wenn es nicht im Freien mit störenden Außengeräuschen, etwa

6 Hier kann auf das Wort des griechischen Arztes Alkmaion Bezug genommen werden. Dieser behauptet, „daß die Menschen deswegen zugrunde gehen, weil sie nicht imstande sind, den Anfang mit dem Ende zu verknüpfen." (Die Vorsokratiker. Die Fragmente und Quellenberichte. Stuttgart 1968, 112) Auf dem Hintergrund der vorgelegten Deutung des Menschen bedeutet dies, daß dem Menschen nicht nur die Möglichkeit eigen ist, in einem Haus zu wohnen und in der Natur zu wandern, sondern daß er stattdessen auch auf der Straße unterwegs sein muß, wodurch er zwangsläufig die zyklische Kreisstruktur in die Linearität der Strecke mit Vergangenheit, Gegenwart und Zukunft aufbricht. Vgl. dazu die Deutung dieses Wortes von Hans-Georg Gadamer: Über leere und erfüllte Zeit, 145 ff. Hier arbeitet er u. a. heraus, daß die Grundevidenz hinter dem Wort des Alkmaion die ist, „daß dem Menschen solche beständige Gegenwart, wie sie die Kreisbewegung auszeichnet, nicht gelingt. Wenn dies Mißlingen zum wesentlichen Sein des Menschen gehört, so modifiziert sich seine Zeitlichkeit, die seiner Lebensgewißheit zugehört. Wo die Zurückwendung in sich selbst in ewiger Wiederkehr, wie sie der Physis eigen ist, nicht statthat, scheidet sich Vergangenheit und Zukunft und artikuliert sich die ‚Dauer' des Lebens in der Entfaltung der Lebensalter." (146)

7 Vgl. dazu Nietzsches Gedanken des „Großen Mittags" in *Also sprach Zarathustra*. Er kann als die entscheidende Wende angesehen werden, durch die sich der kommende Mensch über die lineare Ausdeutung der Zeit erhebt und die ewige Wiederkehr des Gleichen bejaht. Siehe dazu die Deutung von Karl Schlechta: Nietzsches grosser Mittag. Frankfurt am Main 1954.

dröhnenden Flugzeugen, vorbeifahrenden Autos oder lärmenden Preßluftbohrern, stattfindet, so kann er auch dann erst in die Tiefe seiner Erlebnisfähigkeit zu einer größtmöglichen Intensität vordringen, wenn er sich von jeglicher Fremdzeit befreit. Er setzt seine Kräfte dann nicht ein, z. B. um Zeit totzuschlagen und sich zu zerstreuen, oder – weil er nur wenig Zeit zu haben glaubt – um möglichst schnell sein Ziel zu erreichen und zu rasen, sondern um sich zu ‚sammeln', sich zu ‚besinnen' und, wie man in einer anderen Wendung sagen kann, die inhaltlich auf denselben Sachverhalt zielt, ‚bei sich zu sein'.

In diesem Einkehren in das eigene Innere durch das Abkehren von Fremdem, Oberflächlichem und Gewohntem kann der Mensch zugleich das Leben bejahen und sich mit der ihn umgebenden Welt verbunden fühlen. Das Gefühl des Einsseins mit der Natur zieht den Menschen in einen Gesamtzusammenhang hinein und sprengt dadurch das Mento- und Autozentrische, das für das Surfen im Netz konstitutiv ist, auf. Er gewinnt dabei vielleicht sogar das Gespür, daß er sich nicht sich selbst verdankt und vermag ahnungsvoll in die Nähe des Ursprungs zu gelangen, von dem er kommt und an dem er ursprünglich wohnt. In diesen Ursprung kann der Philosoph nicht eindringen, er kann ihn allerdings offenhalten und ihn dem Erzählen überantworten.

Hier kann erneut auf die bereits im ersten Paragraphen „Sich-Orten" herausgearbeitete Grundstruktur mit den Strukturelementen weggehen, unterwegssein, einkehren und zurückkehren, die dem Wandern immanent ist, verwiesen werden. Sie läßt sich bildlich als Spirale veranschaulichen, die als Verbindung und Verbund der Grundform des Kreises gedeutet werden kann. Während der Mensch im Gegenwärtigen seiner Zeit das Ausrichten und Binden an die Eigenzeit vollzieht, was der Kreis veranschaulicht, entspricht er im Sich-Öffnen für das Zyklische, das der Natur immanent ist, dem Prozeß der spiraligen Vertiefung. Der Rhythmus und Takt der Natur im zyklischen Zeitigen wird beim Wandern daher zum Rhythmus und Takt der Schritte des Wandernden.

Die Erfahrung des zyklischen Werdens und des zyklischen Zeitigens gewinnt der Mensch nicht durch ein einmaliges Wandern. Sie wird ihm erst dann möglich, wenn er sich in der Fülle seiner Leiblichkeit unmittelbar auf diese Weise des Sich-Bewegens einläßt und sie während des Vollzugs nicht distanzierend betrachtet. Das bedeutet, daß der Mensch beim Wandern einen Sprung machen muß, um die üblichen Hauptwege verlassen zu können. Bleibt dieser Sprung aus, ist der Mensch weiter auf der Straße unterwegs.

b) Das Abfließen

Wohnend im Haus blickt der Mensch auf die Uhr. Es ist sieben am Morgen, er kann jetzt gehen. Er öffnet die Tür, tritt über die Schwelle, schließt hinter sich ab, wendet sich nach rechts und läuft eiligen Schrittes die Straße auf dem Bürgersteig entlang. An der Straßenecke biegt er nach links in die Waldstraße. Er geht bis zur Kreuzung, wartet darauf, daß die Autos vorüberfahren und überquert rasch die Straße. Auf der gegenüberliegenden Seite ist die Bäckerei. Er betritt sie, vor ihm stehen zwei weitere Kunden.

Er schaut auf die Uhr, um acht beginnt seine Arbeit, er hat noch genügend Zeit. Er ist an der Reihe, endlich kann er die Brötchen kaufen und läuft mit ihnen geradewegs zurück. Er öffnet die Tür, tritt über die Schwelle und ist schon wieder daheim.

Der Fußweg der Straße ist ein Hin-Weg. Er geht von einem Ausgangsort, einem Haus, aus und richtet sich auf ein Ziel, die Bäckerei, aus. Das Gehen auf der Straße trägt nicht wie beim Wandern in der Natur einen Zweck in sich selbst, sondern es erhält seine Bedeutung vom Ziel her. Setzt sich der Mensch von seinem Haus aus in Bewegung, dann geschieht dieses Gehen nicht um des Gehens willen. Wird der Mensch beim Fahren auf der Straße von dem Sog der Bewegung der anderen Fahrenden mitgerissen, wird er hier im Sog der Bewegung der anderen Gehenden vom Ziel zu sich herangezogen. Das Gehen auf der Straße ist daher wesentlich kein Schlendern, Bummeln oder Trödeln, sondern ein zielgerichtetes Ausschreiten im Herangezogenwerden.[8]

Sehr anschaulich hat Max Picard dieses Bewegtwerden des Menschen beim Gehen auf der Straße geschildert:

> „Es scheint, daß die Menschen in den Straßen nicht von sich aus gehen; primär ist eine Bewegung an sich da, sie ist wie außerhalb des Menschen, wie eine Lauftreppe in den Warenhäusern, und von dieser Bewegung an sich werden die Menschen angesogen, sie gehen mit der Bewegung mit (...)."[9]

Während der Mensch beim Wandern in der Natur seine Bewegung dem Geläuf im Wald, im Gebirge oder in der Ebene anpassen kann und sie entsprechend seiner leiblichen Bedingtheit von sich aus zu variieren vermag, ist die Straße mit der ihr wesentlichen Gerichtet- und Bewegtheit beim Gehen in gewisser Hinsicht selbst der Akteur. So wird die Bewegung zwar einerseits mit jedem Schritt vom Menschen selbst hervorgebracht und ist dieses selbsttätige Schreiten, andererseits besteht sie auch immer schon in und auf der geraden Ausrichtung der Straße. Die Straße bewegt den Menschen, weil sie direkt das Ziel ohne ein Sich-Verirren dem Ausgangspunkt zuführt; und sie bewegt ihn, weil sie auch andere Menschen an ihr Ziel heranzieht und im Wettstreit des bewegten Herangezogenwerdens die Bewegung beschleunigt.[10] Auf diese Weise wird der

---

8 Man müßte ergänzen: Das Gehen auf der Straße ist wesentlich kein Stehen. Vgl. dazu Linschoten: „Stehen hebt den Sinn der Straße auf: das kann man überall, nur nicht auf der Straße. Sollte das jemand nicht einsehen, so wird es ihm derjenige der hinter ihm herkommt schon klarmachen. Die Straße nötigt zum Weitergehen in einer der beiden möglichen Richtungen. Andere Richtungen läßt sie nicht zu; wer sie überquert, verfolgt einen andren Weg." Die Strasse und die unendliche Ferne, 245.

9 Max Picard: Zerstörte und unzerstörbare Welt. Erlenbach-Zürich 1951, 9. Und das Fahren auf der Straße beschreibt er folgendermaßen: „Rasch fahren Autos, als fürchteten sie, daß die Fläche der Erde unter ihnen bräche. Ein Autocar trollt sich jetzt durch die Straße, wie ein Ichthyosaurus aus Metall."

10 In diese Richtung weist auch R. Kuhn: „Auf der Straße geht man, und zwar nach vorne; man hat es immer eilig, man ist gehetzt, der eine kann gegenüber anderen zurückbleiben, einer kann den andern überholen, es tritt ein Wettkampf der Bewegung in die Zukunft ein. Die Straße ist die Zukunft. Diese bietet eine verwirrende Fülle sich verschiebender Einzelheiten, alles fließt, man ist unterwegs in Eile und Hast, man kommt zu spät oder man muß warten, man muß sein Tempo

Mensch, wie im Anschluß an Kuhn formuliert werden kann, „in diesem Dasein der Straße nicht mehr er selber; er wird von der allgemeinen Bewegung mitgenommen und von dem immer unerreichbaren Ziel, dem Schnittpunkt der parallelen Geraden vor sich dauernd angezogen. ‚Die Straße zieht'."[11]

Versucht man von dieser Kennzeichnung des Gehens auf der Straße aus die ihr entsprechende Weise der Zeitigung zu benennen, dann läßt sie sich als ein *Abfließen* bezeichnen. Mit jedem Schritt, mit dem sich der Mensch der Bäckerei nähert, genauer gesagt, mit jedem Schritt, durch den er ein Stück weit an sein Ziel herangezogen wird, fließt die ihm zur Verfügung stehende Zeit unaufhaltsam ab. Ist er dort angekommen, dann wird sein Sich-Aufhalten auf der Straße bedeutungslos und der Prozeß des Abfließens ist beendet. Es gibt keinen Grund mehr für ihn, auf der Straße zu sein, und er wünscht sich wieder in sein Haus hinein. Ja, er ist bereits antizipierend in ihm und jeder Schritt, den er jetzt noch vollzieht, läuft er ohne in seiner Eigenbewegung an ihn gebunden zu sein. Mechanisch setzt er einen Fuß vor den anderen, rascher als beim Hin-Weg bewegen sich vermutlich seine Beine. In dieser vom Erleben aus als Leerlauf zu kennzeichnenden Weise seines Schreitens spricht er ihr keine bejahende Zeitigung zu. Hier kann an Linschoten angeknüpft werden, der schreibt:

> „Die Zeitform der Straße ist eigentlich eine *Verneinung*, die im Noch-nicht-da-sein liegt; es ist eine Zeit, die nicht da sein sollte; nur diese Zeitform erklärt die Eile. Der Landweg kennt keine Eile und geht wie es sich gerade fügt. Der eilig Reisende findet ihn daher unnötig lange. Mit dem Wandern und Ziehen aber fällt Reiseziel und damit jene Weitläufigkeit weg".[12]

Blickt der Mensch auf die Uhr, bevor er früh am Morgen zum Einkaufen seiner Brötchen das Haus verläßt, vergewissert er sich der ‚richtigen' Zeit seines Aufbruchs. Er weiß, daß die Bäckerei in Kürze öffnet oder bereits geöffnet hat und er nicht ‚umsonst' hinlaufen wird. Sein Blick auf die Uhr bestätigt allerdings nicht nur die Richtigkeit des Zeitpunktes des Weggehens, sondern sie setzt zugleich den Prozeß des Abfließens in Gang. Genauer gesagt: Mit der Entscheidung ‚ich will jetzt zur Bäckerei gehen' wird die Zeit – wie beim Countdown – heruntergezählt, bis sie bei der Ankunft endgültig ausgeflossen ist und ihre Bedeutung verloren hat.

Der Prozeß des Abfließens der Zeit beim Gehen auf der Straße, in dem die „*Verneinung*" als „Zeitform der Straße" sich konkretisiert, bringt daher zum Ausdruck, daß sich mit jedem Schritt der Abstand zwischen Ausgangspunkt und Ziel verringert, bis das Gehen gerade dann erfüllt wird, wenn das Ziel mit dem Ende des Ausfließens erreicht ist. Der Mensch am Ziel steht in der Leere seines Schreitens und der Leere seiner Zeit. Er hat sich dorthin bewegt, wo er sein wollte, und jede künftige Bewegung und jede kommende Zeit sind für das Erleben nun überflüssig und können als ein Leerlaufen bezeichnet werden.

---

nach anderen richten und richten können". R. Kuhn: Daseinsanalyse eines Falles von Schizophrenie. Mschr. Psychiat. Neurol. 1946, 112, 240. (Zit. nach Linschoten: Die Strasse und die unendliche Ferne, 238.)

11 Kuhn: Daseinsanalyse eines Falles von Schizophrenie, 240.

12 Linschoten: Die Strasse und die unendliche Ferne, 254 f.

Begibt sich der Mensch auf den Rück-Weg, dann wird er ihm kürzer vorkommen als der Hin-Weg, z. B. wenn er sich in Gedanken weiter mit dem in der Bäckerei Erlebten beschäftigt oder er bereits projektiv ein Problem an seinem Arbeitsplatz zu lösen versucht. In selteneren Fällen kann er ihm länger erscheinen, etwa wenn er aufgehalten wird und ihn ein Bekannter in ein Gespräch verstrickt, das er gar nicht führen möchte. In beiden Fällen wird dem Weg zurück allerdings keine bejahende Eigenqualität zugesprochen, die ihm für sich allein eine Bedeutung zuweist. Es geht darum, endlich die Tür des Hauses öffnen und frühstücken zu können, und jeder Schritt, den der Mensch benötigt, um dies zu erreichen, hat für ihn nicht zu sein. Er ist überflüssig und läuft in einem mechanischen und unausgefüllten Dahinschreiten ab.

Entsprechend erscheint auch die Zeit, die als meßbare natürlich faktisch bestehen bleibt, wovon man sich durch einen Blick auf die Uhr leicht überzeugen kann, im Erleben des Einzelnen als nichtig. Sie ist abgeflossen, als der Mensch beim Ziel angekommen war, und von da an haftet dem zeitlichen Verbleiben auf der Straße ein bloßer Mangel an. Dieser Mangel ist nicht mit der Verneinung des Hin-Weges identisch, der in der Relativität des Zeithabens bis zur Ankunft besteht, wie Linschoten formuliert hat, kann er doch als ein Mangel des Mangels gedeutet werden. Denn: Geht der Mensch von der Bäckerei zurück, tauscht er nicht einfach das Ziel ‚Bäckerei' mit dem Ziel ‚Haus' aus und ersetzt nur die eine Verneinung durch eine andere Verneinung. Vielmehr bleibt das Ziel ‚Bäckerei' als übergeordnetes Leitziel, das die Intention dieses Gehens benennt, bestehen, wodurch die Zeitform der Rückkehr zur Verneinung der Verneinung wird. Schließt der Mensch endlich seine Haustür auf und tritt über die Schwelle, ist dieser Prozeß der doppelten Verneinung beendet, und der Zeiger der Uhr beginnt sich wieder zu drehen. Er blickt auf sie, sieht, daß er ‚gut in der Zeit' ist und beginnt nun in Ruhe zu frühstücken.

c) Das Abstürzen

Wohnend im Haus geht der Mensch vom Haus aus. Er öffnet die Tür, tritt über die Schwelle und schließt hinter sich ab. Eiligen Schrittes läuft er zur Garage, fährt das Auto hinaus und fädelt sich rasch in den fließenden Verkehr ein. Schnell beschleunigt er den Wagen, um mit dem Tempo der anderen Fahrzeuge mithalten zu können. Von der Hauptstraße fährt er auf die Landstraße und schließlich auf die Autobahn. 150 Stundenkilometer zeigt sein Tachometer an, als unerwartet vor ihm plötzlich ein langsamer Wagen auftaucht. Schimpfend bremst er scharf ab und verringert abrupt seine Geschwindigkeit. Bei nächster Gelegenheit überholt er, immer noch wütend, und beschleunigt diesmal auf 160 km/h. In wenigen Minuten erreicht er die Ausfahrt und parkt bereits nach ca. 300 Metern seinen Wagen auf dem Parkplatz des Großmarktes. Rasch kauft er das Nötigste ein und fährt die Strecke wieder zurück. Er stellt das Auto in die Garage, öffnet die Tür und tritt über die Schwelle. Er ist jetzt wieder in seinem Zuhause.

Der Fahrer muß sich in seinem Auto auf die Straße konzentrieren. Sein Blick ist nach vorne gerichtet. Er kann nur so viel von der vorbeihuschenden Landschaft und den anderen Mitfahrern wahrnehmen, wie es der Sog der Geschwindigkeit zuläßt. Je schneller er fährt, desto enger wird sein Blickfeld, bis es schließlich auf das Minimum reduziert ist, das ins Erblinden umschlägt. Eingeschlossen in dem Innenraum seines Fahrzeugs, gibt es für ihn nichts als die Regeln der Straße, denen er sich bedingungslos ausgeliefert hat. So reißt ihn die Geschwindigkeit der Straße mit sich fort, ohne daß er sich dagegen zur Wehr setzen könnte. Es sei denn, er würde sein Auto auf der Autobahn anhalten und sich dazu entscheiden, hier zu parken und zu Fuß weiter zu laufen, eine Entscheidung, die vermutlich nur ein Selbstmordgefährdeter oder ein geistig Verwirrter treffen würde.

Kann das Gehen auf der Straße als ein zielgerichtetes Ausschreiten im Herangezogenwerden bezeichnet werden, läßt sich das Fahren auf der Straße in der Radikalisierung des Gehens als ein zielgerichtetes Bewegtsein im Herangerissenwerden fassen. Das Fahren trägt seinen Zweck nicht in sich selbst, sondern es erhält ihn vom Ziel her: es ist das Mittel zum Zweck ‚Ankunft' und wird von ihm her in den Blick genommen. Das meint, daß das Fahren ein rückwärtsgewandter Vorgang ist. Er nimmt in unserem Beispiel zwar äußerlich seinen Beginn am Haus, in dem der Mensch wohnt, seine Bedeutung erfährt er aber vom Ziel her. Fährt er los in Richtung Großmarkt, dann wird mit jedem rasch zurückgelegten Kilometer die noch verbleibende Strecke verringert. Das Fahren zählt den Abstand zwischen Ausgangspunkt und Ziel herunter, bis es schließlich bei Null die Ankunft benennt.

Analog zum Herunterzählen der Streckenlänge wird auch die Zeit heruntergezählt. Dieses Rückwärtszählen geschieht allerdings nicht, wie z. B. beim Countdown, in dem Gleichtakt einer zuvor festgelegten Zeiteinheit, die es vielen möglich macht, laut mitzuzählen. Vielmehr zählt der einzelne Fahrende die verbleibende Zeit für sich selbst, und zwar nicht mit einem von ihm zuvor festgelegten Maß, sondern entsprechend dem Widerstand, der ihn am Erreichen des Ziels hindert. Das heißt, daß die Zeit hier nicht, wie auch schon beim Gehen auf der Straße, als eigene Qualität erfahren wird, sondern erst dann zum Vorschein kommt, wenn ihr gleichmäßiges Fließen blockiert wird. Anders gesagt: Der Fahrer, der vom strömenden Verkehr in Richtung auf sein Ziel mitgerissen wird, benötigt und bejaht dieses Bewegtsein, zieht es ihn doch an sein Ziel heran. Behindert ihn etwas, sei es, daß ein langsames Fahrzeug vor ihm auftaucht, sei es, daß er in einen Stau gerät, dann stockt er, und es wird ihm die Zeit bewußt. Sie steht dann plötzlich bedrohlich vor ihm und läßt in ihm Unruhe und Nervosität aufkommen.

Von dieser Kennzeichnung des Fahrens auf der Straße aus kann die ihr entsprechende Weise der Zeitigung als ein *Abstürzen* bezeichnet werden. Der Mensch, der von seinem Haus aus losfährt, setzt sich ans Steuer und erweckt dadurch den Eindruck, selbsttätig zu fahren. Bei genauerem Betrachten wird er allerdings gefahren, zieht ihn doch das Ziel im Strudel der Geschwindigkeit rasant zu sich heran. Dabei wird die Zeit mitgerissen und kann von dem blinden Fahrer, der in seinem Fahrzeuginnenraum eingesperrt ausschließlich auf den Verkehr achtet, nicht wahrgenommen werden. Hat er sein Ziel erreicht, zerschellt die Zeit. Sie hat ihre Bedeutung mit der Ankunft erfüllt, wodurch ihr Ende gekommen ist.[13] Das Enden bedeutet nicht die Abwesenheit von Zeit schlechthin, sondern deren rudimentäre Realisation in Trümmern und Bruchstücken.

Um dies zu verstehen, kann an die vorgelegte Deutung des Fahrens auf der Straße im ersten Paragraphen „Sich-Orten" angeknüpft werden. Läßt sich einerseits die Straße als Medium zur Hin-Fahrt kennzeichnen, deren Bedeutung am Ziel aufgehoben ist und kann andererseits die Rück-Fahrt als ein mechanisches Zurück an den Ausgangsort und dergestalt als ein Mangel des Mangels aufgewiesen werden, so wird konsequenterweise die Zeit auf der Rückfahrt nicht wie auf dem Hinweg in dem großen Sog der Geschwindigkeit mitgeführt und dadurch nicht gesehen, vielmehr taucht sie lediglich in Splittern auf.

Der Fahrer denkt plötzlich an ein bestimmtes Ereignis, das vergangen ist oder kommen wird, und stellt sich darin nicht in die Kontinuität der fließenden Zeit, sondern versetzt sich, wie in einer Momentaufnahme, kurz in ein Teilstück des Gestern oder des Morgen. Seine ‚Vergegenwärtigung' gelingt nur bruchstückhaft, weil sie in der Flüchtigkeit des mechanischen Zurück keinen Halt finden kann. Wird vor ihm ein Hindernis sichtbar, oder taucht hinter ihm ein Raser auf, dann fordert das Hier und Jetzt wieder seine Aufmerksamkeit ein, ohne in seiner Zeitlichkeit allerdings hervorzutreten. Die Zeit hatte ihre Zeit bei der Hin-Fahrt, und der Weg-Zurück geschieht in der Abhängigkeit zu ihrem Absturz. Es gibt nichts mehr, wozu sie sein sollte, denn alles, was zu tun war, ist geschehen.

Während des Zurückfahrens in der zerbrochenen Zeit kann dem Fahrer, wenn er wieder sein Haus erreicht, der Rückweg je nach Widerstand, auf den er trifft, kürzer oder länger als der Hinweg erscheinen. Er erlebt ihn als kurz, wenn er sich nicht beim Fahren vom Vorgang des Fahrens distanziert. Ist er in diesen Vorgang nämlich selbstverständlich eingefangen, tritt er auch nicht aus ihm heraus, und es bleibt ihm der Blick auf die Uhr verschlossen. Die Trümmer der Zeit stellen sich dergestalt nicht quer, und rasch wird er auf ihnen zurückgeführt.

Gewinnt er allerdings beim Fahren einen Abstand vom Vorgang des Fahrens, wird er vermutlich unruhig. Er springt gedanklich hierhin und dorthin, ärgert sich über jedes Hindernis und läßt die Zeit Stück um Stück weiter zerbrechen. Sie zerfällt in ein Vielerlei zeitlicher Widerstände, an denen sich sein Erleben stößt, bestenfalls reibt.

Zusammenfassend kann gesagt werden: Der Mensch, der sein Unterwegssein in der Weise des Fahrens auf der Straße realisiert, läßt die Zeit auf der Hin-Fahrt abstürzen. Erreicht er sein Ziel, zerschellt sie und wird bedeutungslos. Auf der Rück-Fahrt bewegt er sich mechanisch voran, und er wird nur dann irritiert, wenn die Trümmer der Zeit mit Hindernissen vor ihm auftauchen und ihm die Zeit wieder ins Gedächtnis rufen.

---

13 Vgl. dazu die Anmerkung zu Virilios Äußerung „die Beschleunigung ist buchstäblich DAS ENDE DER WELT!": „‚FIN' kann außer ‚ENDE' auch noch ‚ZIEL' bedeuten." Paul Virilio: Fahrzeug, 30. In: Fahren fahren fahren... Berlin 1978, 19–50.

d) Das Ausspielen

Wohnend im Haus setzt sich der Mensch an seinen Schreibtisch, schaltet den Computer an, und verschafft sich per *mouseclick* und Paßwort seinen Zugang ins Internet. Er gibt einen Suchbefehl ein, erhält umgehend 1342 Einträge, die nach Datum sortiert sind, und führt in einem Chatroom mit einem Partner, von dem er ausschließlich ein Pseudonym kennt, ein ‚Gespräch‘: Er tippt mit Hilfe seiner Tastatur einen Text ein, den der Empfänger Anschlag für Anschlag augenblicklich auf seinem eigenen Bildschirm lesen kann. Sofort ist eine Antwort möglich, die wiederum eine Gegenantwort nach sich ziehen kann und so weiter, bis einer das Interesse verliert und auf ein Antworten verzichtet. Er verläßt dann die Internet Relay Chat-Adresse und schaut vielleicht kurz noch einmal auf die Newsgroup, ob eine interessante Information für ihn vorliegt, bevor er das Symbolfeld ‚Schließen‘ anklickt. Er schaltet den Computer ab, wendet sich einer neuen Tätigkeit zu, sei es, daß er Zeitung liest, sei es, daß er fernsieht oder Besuch bekommt, und bleibt weiter bei sich Zuhause.

Beim Surfen im Netz ist der Mensch mit einer Bewegung seines Zeigefingers, mit der er die Mousetaste bedient, an dem Ort, an dem er sein möchte. Er hat keinen Abstand zwischen einem Ausgangspunkt und einem Ziel wandernd, gehend oder fahrend zu überbrücken, weil im Netz das Abstandslose herrscht und das Dort für den Menschen immer schon ein Hier ist. Der auf der Straße vorhandene Streckenabschnitt ist, wie oben gesagt, im Jetzt zu Null zusammengeschrumpft, wodurch das Medium zum Ziel wird und die Kategorie der ‚Ent-fernung‘ hinfällig ist. Weder gibt es auf dem Bildschirm eine räumliche und zeitliche Ferne, noch gibt es eine räumliche und zeitliche Nähe, weil der Mensch in der Präsenz des Totalen jedes jederzeit ansehen kann.[14]

Die Herrschaft des Abstandslosen ist gleichbedeutend mit einer Herrschaft des Zeitlosen. Das Zeitlose beim Surfen im Netz ist allerdings nicht mit dem Stillstehen der Zeit beim Wandern in der Natur identisch. Während der Mensch beim Wandern die meßbare Zeit hinter sich läßt und seine eigene ihm einwohnende Zeit und durch sie hindurch die der Natur, in die er eingebunden ist, gewinnt, überwindet er beim Surfen die meßbare und die auf seinen Leib bezogene Eigenzeit. Es kommt zu einem, wie es genannt werden kann, *Ausspielen* der Zeit, und zwar in dem doppelten Sinne, der im Wort ‚ausspielen‘ mitschwingt.

---

14 Das Verschwinden der Ent-fernung und mit ihr das Verschwinden der Dimension der Zukunft in einer Gesellschaft, die von der Geschwindigkeit beherrscht wird, hat Virilio in seinen Arbeiten immer wieder untersucht. So schreibt er: „Künftig ist alles nah, einschließlich der Zukunft. Mit der Verallgemeinerung der Voraussage und der Voraussicht wird alles antizipiert, projektiert." Und er fährt fort: „Die Zukunft existiert nicht mehr: Im Land, das vor uns liegt, jenseits des Horizonts, schließt sich der Leerlauf der Reisen. Das Anderswo beginnt hier, wir selbst werden unser Unbekanntes. Die Geschwindigkeit ist nicht mehr das Zeichen eines Fortschritts, einer Progression, sondern einer Konversion; die Revolution des Fahrzeugs ist letztlich eine ewige Wiederkehr. Die Illusion der Geraden ist vergangen und mit ihr die des ‚Bindestrichs‘ zwischen den Nationen und den Völkern." Virilio: Fahrzeug, 47 und 50.

So sprechen wir zum einen umgangssprachlich davon, daß ein Mensch ausgespielt hat und meinen damit, daß er zu weit gegangen ist und durch sein Tun eine Grenze erreicht hat, an der es nicht weitergeht und es keinen Ausweg mehr für ihn gibt. In dieser Weise verwendet, verweist das Ausspielen der Zeit auf das Ende der meßbaren Zeit und der mit ihr einhergehenden Herrschaft des Zeitlosen.

Zum anderen kann man davon sprechen, daß jemand seine Möglichkeiten ausspielt. Das Wort ‚ausspielen' meint aus dieser Sicht, daß er sich nicht einengen und reduzieren läßt und stattdessen die Möglichkeiten, die ihm zukommen, auch ausschöpft. Er nimmt sich die Freiheit heraus, mit eigenen Fähigkeiten ‚nicht hinter dem Berg zu halten' oder ‚sein Licht nicht unter einen Scheffel zu stellen', sondern sich selbstbewußt in einer Situation einzusetzen und dadurch das Optimum für sich zu erreichen. In diesem Sinne verwendet verweist das Ausspielen der Zeit auf das dem Menschen beim Surfen mögliche eigenständige geistige Hervorbringen und Gestalten von Zeit. Die lineare Zeit steht hier nicht in einer Maßeinheit fest, sondern Zeit wird je neu ausgespielt und in der Weise gestiftet, wie sie aus der Sicht dieses Einzelnen sein soll.

Um dies zu verdeutlichen, soll kurz auf Vilém Flussers Position eingegangen werden. In seinem Aufsatz *Drei Zeiten*[15] hebt er unter geschichtlicher Perspektive die drei Welten des Rades, des Flusses und des Sandhaufens voneinander ab. Zunächst war für ihn die Welt ein „Rad", wurde also zyklisch gedeutet.

> „In der Radwelt steht Gerechtigkeit in Frage. Alles hat seinen richtigen Platz im Rad, und wenn es ihn verläßt, begeht es ein Verbrechen. Die Radzeit dreht sich, um alles wieder richtig zu stellen. Sie ist Richter und Henker. Die Radwelt ist tragisch. Derjenige, der seinen angestammten Platz verläßt (der ‚Held'), wird vermittels der Zeit und mit der Zeit zurückgewiesen; er kann der Strafe nicht entrinnen."[16]

Aus Flussers eigenwilligem Verständnis der „magischen" Radzeit geht hervor, daß niemand und nichts sich der kreisenden Zeit entziehen kann. In ihrem regelmäßig sich wiederholendem Ablauf ist es gleichsam nur ‚eine Frage der Zeit', bis sie jedes abweichende Verhalten wieder dem kosmischen Gefüge zuführt und es ihrer Gesetzmäßigkeit der ewigen Wiederkehr unterordnet. Das bedeutet, daß letztlich nur solches bestehen kann, was gemäß diesem Naturgesetz geschieht und ihm daher in gewissem Sinne gehorcht. Vor etwa dreitausend Jahren verwandelte sich für Flusser das Rad in einen Fluss bzw. Strom:

> „In der Stromzeit steht Freiheit in Frage. Alles ist dort Folge von Ursachen und Ursache von Folgen. Wer diese Kausalkette überblickt, kann sich von ihr dank Wissenschaft und Technik befreien. Aus dem Radhelden wird der fortschrittliche Wissenschaftler. Und aus Sünde wird Maschine. (...) Die Stromzeit ist dramatisch. Man muß versuchen, in sie einzugreifen, um zu handeln, um sich aus ihr irgendwohin zu befreien."[17]

---

[15] Vilém Flusser: Drei Zeiten, 291. In: Nachgeschichte. Frankfurt am Main 1997, 291–295. Vgl. dazu die leicht veränderte Fassung: Die Zeit als Rad und Fluss. Basler Zeitung, 1. Dezember 1988, Nr. 283, o. S.

[16] Flusser: Drei Zeiten, 291.

[17] Ebd., 291 f.

Die Kreisstruktur des Rades wird bei der Stromwelt in die Linearität eines Fließens aufgebrochen, im Zuge dessen die Wiederholung eines Geschehens nicht mehr möglich wird. Ist eine Gelegenheit vorbeigegangen, ohne ergriffen worden zu sein, ist sie endgültig verloren und wird nicht wiederkommen. Die einzelnen Glieder der Kette stehen zueinander in einem Ursache-Wirkungsverhältnis, und nichts geschieht hier ohne Grund. Dieser Kausalkette, die zwangsläufig mit der fließenden Zeit einhergeht, unterwirft sich auch der Mensch bei seinen Entscheidungen und macht sich dadurch unfrei.

In der Gegenwart verwandelt sich der Strom in einen Sandhaufen. Die Sandkörner streuen sich immer gleichförmiger, und nur an einigen Stellen entstehen zufällig Klumpen. Für Flusser ist Zeit in einer Welt, die zu einem Sandhaufen wird,

> „(...) eben diese Tendenz zur gleichförmigen Streuung der Teilchen (Entropie). Er (d. i. der zweite Grundsatz der Thermodynamik, K. J.) erlaubt auch, die Zeit zu messen: je gleichförmiger eine gegebene Sachlage, desto neuer ist sie. Trotzdem tauchen immer wieder Teilchenklumpen aus dieser Tendenz zur gleichförmigen Streuung auf. Es sind Schlingen, in denen sich die Zeit umgedreht hat."[18]

Flusser hebt hier zwei Zeiten voneinander ab: die „allgemeine Zeit", die man auch entropische Zeit nennen könnte, und die „negative Zeit", in der die Klumpen entstehen und zunehmend klumpiger werden, konkret gesagt, „im Verlauf derer die Wasserstoff- und Heliumatome neue Atomtypen aus sich hinausstellen, diese wieder immer komplexere Moleküle, diese wieder die Biomasse und diese ihrerseits unser Gehirn".[19] Diese Klumpen, die aus evolutionärer Perspektive qualitative Wechsel innerhalb des stufenweisen Prozesses der Herausbildung des Lebens benennen, entstehen für Flusser allerdings nicht mit Notwendigkeit oder mit irgendeiner Absicht, sondern sie verdanken sich „einem blinden Zufallsspiel" und sind „so wunderbar sie sein mögen, (...) absurde, bedeutungslose Gebilde".[20]

Nimmt man diese Sandhaufenzeit als Ausdruck der gegenwärtigen Welt ernst, dann hat sich von ihr her jeder Einzelne als Künstler zu verstehen und zu ergreifen. Denn sie verlangt nach schöpferischem, sinngebendem Eingriff, d. h. sie macht es erforderlich, daß der Mensch als Schöpfer nun selbst sich darum bemüht, den Zufall in Absicht zu verwandeln, um dadurch absichtlich unwahrscheinliche Sachlagen herzustellen. Der Künstler ist, mit Flusser gesprochen, daher „einer, der absichtlich die Weltzeit so umstülpt, damit sie zu immer unwahrscheinlicherer Streuung von Sandkörnern, zu immer neuen Informationen führen möge."[21]

Gerät Zeit in dieser Weise in den Blick, kann sie von Menschen schaffend ergriffen und „umgestülpt" werden und dadurch einen neuen Sinn in der Stiftung einer neuen „Information" erhalten. Das „Umstülpen", das für das vom Menschen erfolgte Umdrehen der bisherigen „absurde(n) Tendenz der Welt in Richtung Entropie (in Richtung immer wahrscheinlicherer und uninteressanterer Sachlagen)" steht, benennt daher den

18 Flusser: Die Zeit als Rad und Fluss, o. S.
19 Ebd. Zu den folgenden Ausführungen vgl. diesen Artikel.
20 Ebd.
21 Ebd.

Akt der Sinngebung, wobei Flusser weder sein Verständnis des Wortes ‚Sinn' noch sein Verständnis des Wortes ‚Information' darlegt, oder gar beide voneinander abhebt. Stattdessen scheinen sie für ihn identisch zu sein, was nicht zulässig sein dürfte. Denn eine neue Information kann sich erst dann als ‚Sinn' herausstellen, wenn sie für den Menschen sinnvoll ist, wenn ihr folglich ein Wert oder eine Bedeutung beigelegt werden kann, durch den das ‚Neue' zum ‚Besonderen' und ‚Sinnhaltigen' wird.

Beziehen wir das Gesagte auf die Deutung der Zeit beim Surfen im Netz, die als ein Ausspielen gekennzeichnet wurde.

Flusser versucht, die in der Gegenwart mit den neuen Medien zum Vorschein kommende ‚neue' Zeit als Sandhaufenzeit zu veranschaulichen. Dieses Bild ist problematisch und treffend zugleich.

Es ist problematisch, weil es den Anschein erweckt, als wäre der Mensch in einen erfahrbaren, buchstäblich mit Händen zu greifenden, materiellen Sandhaufen hineinversetzt, dessen Sandkörner er z. B. durch seine Finger rinnen lassen kann, wenn er dazu Lust verspüren würde, oder in dem er eine Sandburg nach seinen Vorstellungen bauen kann. Diese etwaigen Assoziationen greifen allerdings zu kurz. Denn Zeit wird beim Surfen im Netz zu einer mentalen Größe, d. h. sie wird zu einer Fiktion, die der Spielende bei seinen Verstrickungen im Netz erzeugt. Als solche ist sie, im Gegensatz zur Materialität des Sandes, immateriell, auch wenn sie sich in neuen Informationen materialisieren kann.

Das Bild ist treffend, weil es das mit dem Ausspielen der Zeit möglich werdende spielerische und freie Moment in den Vordergrund rückt, durch den der Mensch sich als Spieler erweisen kann, der in seinem Spiel Zeit nach eigenen Gesetzen und Regeln entstehen läßt.[22] Aus dieser Perspektive schwingt sich der Einzelne zum Herrscher über die Zeit auf: er ist ihr nicht unterworfen, sondern er macht allererst das, was sie sein kann und bringt sie dadurch hervor. Das bedeutet: Zeit ist im Internet nicht, sondern sie wird ausgespielt und in diesem Geschehen ihres Entstehens zugleich zur Zeit des Spielenden gemacht.

Die Herrschaft des Zeitlosen beim Surfen im Netz bringt daher die Abwesenheit einer Zeitvorstellung zum Ausdruck, an die eine Gemeinschaft mittels Konvention gebunden ist und die der Einzelne als Glied dieser Gemeinschaft akzeptiert. Stattdessen hat sich der Einzelne beim Surfen aus diesem Zusammenhang gelöst und deutet Zeit ausschließlich aus seiner Perspektive. Hier tritt deutlich die bereits genannte Mentozentrizität einer kommenden Mediengesellschaft hervor, die gegenläufig zu den Thesen ihrer Protagonisten – zugleich mit einer Autozentrizität einhergeht. Denn dem Geist eines Einzelnen – und nicht einer Gruppe oder Gemeinschaft – wird allein die Dignität zuge-

22 Eine anthropologische Ausdeutung des Spiels hat vor Flusser bereits Schiller, Nietzsche, Buytendijk und Huizinga vorgelegt, während Heraklit, Fink und Heidegger im Unterschied hierzu Spiel kosmo- bzw. ontologisch ausdeuten. Vgl. Frederick J.J. Buytendijk: Wesen und Sinn des Spiels. Das Spielen der Menschen und der Tiere als Erscheinungsform der Lebenstriebe. Berlin 1934. Johan Huizinga: Homo Ludens. Vom Ursprung der Kultur im Spiel. 14. Aufl. Reinbek 1981. Eugen Fink: Oase des Glücks. Gedanken zu einer Ontologie des Spiels. Freiburg 1957. Ders.: Spiel als Weltsymbol. Stuttgart 1960. Martin Heidegger: Der Satz vom Grund. 6. Aufl. Pfullingen 1986.

sprochen, die Verknüpfungen am Bildschirm herstellen zu können und dadurch Zeit als Produkt seines geistigen Vermögens hervorzubringen. Wie ein Kind, das sich selbstvergessen in sein Spiel versenkt und dadurch letztlich völlig bei sich sein kann, verliert sich der Spielende in dem Netz seiner Verbindungen und dreht sich dadurch ausschließlich um sich selbst. Denn ob er es will oder nicht, bleibt sein Geist das Zentrum, von dem aus die Fäden geknüpft werden. Zeit kann für ihn als Spielenden zu einem mentalen ‚Gewinn' werden, wenn das Ausspielen erfolgreich gewesen ist und er ein Spiel nach seinen Regeln und Gesetzen entwerfen konnte. Bleibt dieser Gewinn aus, geschieht das Ausspielen als ein Herumsuchen im bloßen Schein, das ins Leere läuft und seine Möglichkeiten nicht ausschöpft.

Das Gesagte kann mit Hilfe von Flusser veranschaulicht werden. In seinem 1987 erschienenen Buch *Die Schrift* mit dem Untertitel „Hat Schreiben Zukunft?" versucht er sich im 19. Kapitel „Umcodieren" in die Lage des künftigen Lesers zu versetzen, also desjenigen Menschen, der an seinem Computer sitzt und ihn bedient. Dabei macht Flusser methodisch die Annahme zur Voraussetzung seines Gedankenexperimentes, daß die gesamte Weltliteratur „bereits digital umcodiert (sei), in künstliche Gedächtnisse gelagert und in ihrer ursprünglichen alphabetischen Form ausgelöscht worden."[23]

Auf diesem Hintergrund kann man sich mit Flusser den kommenden ‚Leser' folgendermaßen vorstellen:

> „(Er) sitzt vor dem Schirm, um die gelagerten Informationen abzurufen. Es geht nicht mehr um ein passives Auflesen (Aufklauben) von Informationsbrocken entlang einer vorgeschriebenen Zeile. Es geht vielmehr um ein aktives Knüpfen von Querverbindungen zwischen den verfügbaren Informationselementen. Es ist der ‚Leser' selbst, der aus den gelagerten Informationselementen die von ihm beabsichtigte Information überhaupt erst herstellt."[24]

Auch wenn hier nicht die These diskutiert werden soll, ob das bisherige Lesen eines Buches mit Flusser als „ein passives Auflesen (Aufklauben) von Informationsbrocken entlang einer vorgeschriebenen Zeile" gedeutet werden kann, weil es für den vorliegenden Gedankengang nicht gewinnbringend ist, will ich sie doch nicht unwidersprochen übergehen. Sie ist falsch, übersieht sie doch die Vorstellungsbilder, die bei jedem Leser individuell entstehen, wenn er sich in einen Text vertieft. Das Lesen ist alles andere als passiv, im Gegenteil, es regt, wie z. B. Kant, Dilthey, Kunz, Sartre, Ewert und Grassi in unterschiedlichen Kontexten vertiefend dargelegt haben, die Einbildungskraft bzw. Phantasie im Menschen an und bringt den Reichtum seiner inneren Welt zur Entfaltung.

Mit dem von Flusser vertretenen Gegensatz, hier der bisherige passive Leser, dort der künftige aktive Leser, stimme ich daher nicht überein. Er dient vermutlich lediglich dazu, die Dringlichkeit einer neuen Lesart zu betonen, ohne den Qualitäten des Bisherigen allerdings dadurch auch nur annähernd Rechnung zu tragen. Anschaulich schildert Flusser allerdings, wie der künftige Leser mit der ‚Zeit' umgeht, wie er also die mit der Linearität verbundene Geschichte in das Zugleich eines Punktum auflöst und in seine Verfügungsmacht bringt:

---

23 Vilém Flusser: Die Schrift. Hat Schreiben Zukunft? 4. Aufl. Göttingen 1992, 150.
24 Ebd.

„Nehmen wir an, der ‚Leser' interessiere sich für Wissenschaftsgeschichte, also für eine Serie von Informationen, die für den gegenwärtigen Leser eine chronologische Folge bilden. Nach unserer gegenwärtigen Les- und Denkart steht etwa ‚Aristoteles' vor ‚Newton'. Dem künftigen ‚Leser' hingegen stehen ‚Aristoteles' und ‚Newton', beide digital umcodiert, gleichzeitig zur Verfügung. Er kann daher beide Systeme zugleich abrufen, und zwar so, daß sie sich überdekken und gegenseitig stören. Im System ‚Newton' wird zum Beispiel die ‚Trägheit' gegen das ‚Motiv' im System ‚Aristoteles' anstoßen, und das Prinzip ‚Gerechtigkeit' im System des Aristoteles wird gegen die Kausalketten im System Newtons stoßen. Der ‚Leser' wird die beiden überlagerten Systeme so manipulieren können, daß Zwischenstadien entstehen, worauf das System des Aristoteles ebenso aus dem Newtons emportauchen kann wie das Newtonsche System aus dem des Aristoteles. Der ‚Leser' wird zwar aus den ihm verfügbaren Daten erfahren, daß tatsächlich das Newtonsche System jünger ist als das des Aristoteles, aber er wird die ‚Geschichte' ebensogut umdrehen können."[25]

Es wird deutlich, daß mit einer geistigen Haltung, die mit dem Surfen im Netz einhergeht, das Ende der Geschichte konstatiert werden kann. Die Welt hat ihre Wirklichkeit nicht in einem zeitlichen Ablauf, in dem ein neuer Zustand ein Gewordensein zum Ausdruck bringt, das seine Voraussetzungen, Bedingungen und inneren Zusammenhänge notwendig hat und in sich trägt, sondern sie ist nur das, was sie ist und wie sie erscheint: bloße Oberfläche, die der künftige Leser in seinem Sinne ‚manipulieren' kann. Er hat es in der Hand, was Geschichte für ihn ist, und jegliche ‚Objektivität', die am einfachsten über die zeitliche Festlegung geschichtlicher Ereignisse thematisiert werden kann, wird bedeutungslos. Und so kommt Flusser zu dem Ergebnis:

„Das Geschichtsbewußtsein – dieses Bewußtsein, in einen dramatischen und unwiderruflichen Zeitstrom getaucht zu sein – ist im künftigen ‚Leser' ausgelöscht. Er steht darüber, um seine eigenen Zeitströme zu knüpfen. Er liest nicht eine Zeile entlang, sondern er spinnt seine eigenen Netze."[26]

Die Freiheit des Menschen, die seit der Neuzeit zum zentralen Begriff geworden ist, erfährt beim Surfen eine Zuspitzung, wie sie in der bisherigen Geschichte der Philosophie noch nicht vorgekommen ist. So bestimmt sich der Mensch nicht nur selbst in und aus Freiheit, sondern er befreit sich auch von seinem Gebundensein in einen historischen Zusammenhang, in dem jedes ‚seine Zeit' hat. Er spielt stattdessen Zeit eigentätig in der Vielfalt seiner Spiele stets von neuem aus und läßt sie dergestalt in seinen Zeiten nach seinen Regeln, Gesetzen und Wünschen wirklich werden. Zeit ist nur, insofern und wie sie der Mensch jeweils mental ergreift und mit ihr sein geistiges Netz weiter ausspinnt.

---

25 Ebd., 151.
26 Ebd.

3. Der Mensch auf seinen Wegen zur Zeit

Der Mensch hat als Heim-weg eine Doppelstruktur, bei der die beiden Seiten in einem unauflösbaren Konflikt miteinander stehen und darüber hinaus jede Seite für sich allein betrachtet ihr Gegenwesen stets mit sich führt. Bricht der Mensch diese Seiten buchstäblich auseinander, indem er sich selbst als Heim-zur-Zeit in seinem Leben primär als Wohnenden oder primär als Gehenden zu verwirklichen versucht, dann steht er in der Gefahr, entweder zu verkrusten oder leerzulaufen. In der Kruste oder im Leerlauf verkümmert sein Wesen und gelangt nicht zu der Reife, die ihm möglich wäre. Von hier aus ergeht an den Menschen die Forderung, das schwierige Geschäft des Ausbalancierens seiner beiden Seiten auf sich zu nehmen und stets von neuem in beiden Richtungen über die Schwelle seines Hauses zu treten.

Überträgt man das aus der individualgeschichtlichen Perspektive Gesagte auf die Philosophie, dann steht auch sie in der Gefahr, diese beiden Wesenszüge des Menschen voneinander zu isolieren, indem der jeweilige Philosoph mit seinem spezifischen Ansatz eher dem einen oder dem anderen denkerisch gerecht zu werden versucht. Blickt man mit diesem Sinn für die Gefährdung des Denkens durch eine unzureichende Vereinseitigung und Verengung in die Geschichte der abendländischen Philosophie, dann läßt sich die Antike, das Mittelalter bis hin zum deutschen Idealismus tendenziell eher als ein Deuten der heimischen Seite des Menschen verstehen, während im Anschluß daran bis in unsere Zeit hinein eher die weghafte Seite des Menschen in den Vordergrund gerückt ist. Anders gesagt: Ein Denken, das vom Vorrang des Ewigen ausgeht, dem zwangsläufig das Vergängliche untergeordnet ist, hat mit diesem zugleich den Vorrang der heimischen Seite des Menschen gesetzt, weil dem Menschen allein in der erfüllten Zeit seines In-sich-Ruhens der Durchbruch durch die Zeitlichkeit und ein Sich-Öffnen auf Transzendenz möglich ist. Geht es umgekehrt vom Vorrang des Zeitlichen aus, setzt es mit diesem zugleich den Vorrang der weghaften Seite des Menschen, von dem her es theoretisch nicht gelingen kann, zum Ewigen vorzudringen.

Die aus dem Wesen des Menschen hervorgehenden Grunddichotomien zwischen Ewigem und Zeitlichem, Ruhe und Bewegung, Sein und Werden, lassen sich stellvertretend an Parmenides und Heraklit aufweisen. So macht Wilhelm Keller in seinem dichten Aufsatz *Die Zeit des Bewußtseins* gleich zu Beginn darauf aufmerksam, daß das abendländische Denken von einem ursprünglichen Gegensatz beherrscht wird, der

> „(...) sogleich am Beginn der Philosophie in den Urgedanken des Heraklit und Parmenides zum Ausdruck (kommt): Parmenides bestimmt das Sein – er denkt es im Zeichen des Logos – als erhabene Beständigkeit, muß dabei aber auch dem Werden seinen Sinn zuweisen. Heraklit dagegen faßt das Sein im Zeichen des unablässigen Wandels, wobei auch er freilich die Ewigkeit des geltenden Logos nicht übersieht. Aber der *Wandel* hat das ganze Gewicht der Wirklichkeit.“[1]

---

1 Wilhelm Keller: Die Zeit des Bewußtseins, 44. In: Das Zeitproblem im 20. Jahrhundert. Hrsg. v. Rudolf W. Meyer. Bern und München 1964, 44–69.

Überzeugend ist seine Auffassung, daß bis Hegel von einem Vorrang des Ewigen gesprochen werden kann, während sich dagegen für das moderne Bewußtsein „der Schwerpunkt vom Halt im Beständigen auf das Werden und die Dynamik verlagert" hat.[2]

In einer Philosophie, in der der Mensch als Heim-weg gedeutet wird, schließen sich, was in den Worten Kellers bereits mitschwingt, die „erhabene Beständigkeit" und das „Werden", der „Wandel" und die „Ewigkeit des geltenden Logos" nicht aus, im Gegenteil, sie gehören wesentlich zusammen und entfalten erst in dieser wechselweisen konfliktreichen Zusammengehörigkeit ihre Bedeutung. Das meint, daß der Mensch auf seinen Wegen zur Zeit seine paradoxale Struktur annehmen muß, wodurch ihm einerseits ein In-sich-Ruhen in seinem Haus, das auf Unruhe stets bezogen ist, gelingen kann, wie es ihm andererseits aufgrund des im Haus geweckten Gespürs für die ihm einwohnende Zeit möglich wird, auf einer Vielzahl und Vielfalt von Wegen auf die äußere Zeit hin auszuschreiten, ohne im Leerlauf auszufließen.

Im annehmenden Übernehmen seiner anthropo-ontologischen Verfaßtheit kann der Mensch im Laufe seines Lebens zu dem werden, was er der Möglichkeit nach sein kann und – um es in verschiedenen Wendungen zu sagen, die alle das gleiche Phänomen zur Sprache bringen – sich zu einer ‚reifen Persönlichkeit' entwickeln, er kann ein ‚Mensch mit Tiefe' werden und er kann, wie Ernst Bloch das „gesunde Wunschbild des Alters und im Alter" umschreibt, „zur durchgeformten Reife" gelangen.[3] Um dies zu erreichen, ist es für den Menschen erforderlich, sich nicht nur als Heim-zum-Raum, sondern auch als Heim-zur-Zeit und, wie unten aufgezeigt wird, als Heim-zum-Mitheim zu entfalten, und das heißt, im ‚gebundenen Freisein für' Bindungen einzugehen und darin offen auf Welt in der Vielfalt der Ausrichtungsmöglichkeiten auszuschreiten.

Nimmt man nun ausschließlich das Verhältnis des Menschen zur Zeit in den Blick, dann hat der Mensch, wenn er eine gute, ihm gemäße Weise der Zeitigung vollziehen will, sich sowohl als ein Unterwegs-im-Ruhen als auch als Heim-im-Fließen zu verwirklichen. Um dies zu verdeutlichen, möchte ich zunächst an Bollnow anknüpfen, der unter Rückgriff auf die Äußerung Saint-Exupérys „Es ist gut, wenn uns die verrinnende Zeit nicht als etwas erscheint, das uns verbraucht und zerstört, sondern als etwas, das uns vollendet" herausarbeitet, daß

> „(…) es wohl die Möglichkeit einer zerstörenden Zeit gibt, aber das ist nicht mit Notwendigkeit im Ablauf der Zeit enthalten, sondern entsteht erst aus einem falschen Verhalten zur Zeit, nur in einem Verkennen der wirklichen Struktur der Zeitlichkeit. Nur wenn wir die Zeit als einen bestimmten Vorrat an Jahren auffassen, mit dem wir auf die Welt kommen und mit dem es hauszuhalten gilt, ist es möglich, daß dieser Vorrat im Lauf der Zeit aufgezehrt wird."[4]

Bezieht man das Gesagte auf die vorliegende Deutung des Menschen, dann verhält sich der Mensch in einem falschen Sinne zur Zeit, wenn er sie ausschließlich als Abfließen oder Abstürzen bestimmt und das Band, mit dem er ursprünglich an das Haus gebunden

---

2 Vgl. ebd., 44 f.
3 Bloch: Das Prinzip Hoffnung, 41.
4 Bollnow: Das Verhältnis zur Zeit, 36.

ist, dabei bewußt zerschneidet oder unbewußt übersieht. Im Abfließen bzw. Abstürzen rauscht nämlich die Zeit buchstäblich am Menschen vorbei, bevor er sie überhaupt ergreifen konnte, um sie in den ‚Dienst' seiner eigenen Entwicklung zu stellen. Bollnow beschreibt daher das richtige Verhalten zur Zeit als dasjenige, bei dem wir unser Leben als etwas betrachten,

> „(...) das wir erst im Lauf der Zeit zur Vollendung bringen, wo wir uns selbst also im Lauf der Zeit vervollkommnen und allmählich *zur Reife bringen*. Dann ist das Argument von der verrinnenden Zeit zum mindesten so lange unzutreffend, als wir zur Erlangung dieser Vollkommenheit gebrauchen. Denn die Zeit, die wir dazu verwenden, ist keine nutzlos vertane Zeit, deren Schwinden uns erschrecken müßte, sondern in der Zeit wird etwas geschaffen, nämlich menschliche Vollendung. Man muß auch hier die Zeit ‚nutzen', aber ‚nutzen' heißt jetzt nicht mehr, daß man aus der Sekunde möglichst viel Gewinn pressen will, wobei dann in bloß endloser Folge die Erlebnisse aneinander gereiht werden, sondern daß jede gelebte Zeit zur Erlangung der Reife das ihrige beiträgt. Es ist also daran zu erinnern, daß es nur bestimmte Situationen sind, in denen die Frage nach der Vergänglichkeit uns überkommt. Im erfüllten Leben taucht diese Frage gar nicht erst auf".[5]

Aus dieser Sicht geht der Mensch ein richtiges Verhältnis zur Zeit ein, wenn er sie an sich selbst zurückbindet. Diese Rückbindung ist nicht im Sinne einer äußerlichen Bezugnahme auf möglichst viele punktuelle Erlebnisse zu verstehen, mit denen er nach und nach gleichsam summativ konfrontiert ist, vielmehr bedeutet sie die Integration des neuen Erlebnisses in das Insgesamt seines Reifeprozesses, bei dem er sich als Heimweg vertieft und erfüllt. Die dem Menschen einwohnende Zeit wird förmlich ‚ausgebaut', indem die neue Weise des Zeitwohnens in sie eingefügt wird und ihn dadurch bereichert und weitet. Bollnow antwortet daher in vertiefter Form auf die Frage nach dem richtigen Verhältnis des Menschen zur Zeit:

> „Es käme darauf an, daß der Mensch in richtiger Verteilung allen Formen der Zeit ihr Recht zuerkennt, und zwar so, daß sie in einem sinnvollen Zusammenwirken dann zur vollen Erfüllung des Lebens führen."[6]

Deutet man den Menschen als Heim-weg, dann ist es möglich, die von Bollnow erkannte Aufgabe einer richtigen Verteilung aller Zeitformen, die jeder den ihr gebührenden Platz einräumt und alle zusammen unter- und miteinander in der Weise verbindet, daß das Leben zur vollen Reife gebracht werden kann, zu bewältigen. Denn im Menschen als Heim-weg kommt dem Heimischen sachlich und zeitlich ein Primat zu. Bevor der Mensch auf die Welt hin ausschreitet, ist er von vornherein gebunden. Mit Hilfe dieses ursprünglichen Gebundenseins gelingt ihm ein In-sich-Ruhen, in dem die Zeit erfüllt ist und sich das Zeitlose mit dem Zeitlichen berührt.

Während der Mensch auf seinen unterschiedlichen Wegen zur Eroberung der Welt immer wieder eine neue Zeitform hervorgebracht hat und weiter hervorbringen wird, läuft er nicht leer, wenn er von dem Band gehalten auf jedem dieser Wege Haltung annehmen kann. Die Haltung geht aus der Einsicht in die Relativität und Bedingtheit jeder

---

5 Ebd., 36 f.
6 Ebd., 37.

einzelnen Weise der einwohnenden Zeitigung hervor, genauer gesagt, sie entspringt mitten aus der heimischen Seite, die zugleich als integrative Mitte fungiert. Wandert der Mensch nun in der Natur, oder geht er und läuft er auf der Straße, oder surft er im Netz, dann entfernt er sich zwar sprunghaft mit jedem nachfolgenden Weg ein Stück von seiner Eigenzeit, er spürt aber dennoch das Band seines Gehaltenseins.

Das Gesagte läßt sich folgendermaßen präzisieren: Der Mensch, der in seinem Haus als ein Unterwegs-im-Ruhen gekennzeichnet werden kann, findet mit der ihm einwohnenden Zeit zugleich seine Ruhe, weil er sie hier so sein läßt, wie es ihr und damit zugleich ihm entspricht. Heimisch in der Angemessenheit seiner Zeit können in ihm Selbstvertrauen, Gelassenheit, Besonnenheit und Geduld wachsen. Sie benötigen ein erfülltes Weilen, bei dem der Mensch gestärkt durch die Dichte, Tiefe und Fülle seines zeitlichen Erlebens Neues auf sich zukommen läßt. Und hier wird sichtbar, daß der Mensch in seinem Haus nicht bleiben kann und sich der unaufhebbaren Unsicherheit und Herausforderung auf seinen Wegen stellen muß. Der Mensch hat also die vielfältigen Weisen seines Sich-Zeitigens bewußt auf sich zu nehmen und darf ihnen nicht ausweichen.

Während die Weise der Zeitigung des Menschen als Stillstehen beim Wandern in der Natur eine große innere Nähe zu der Weise der Zeitigung des Menschen als ein Unterwegs-im-Ruhen hat, weil er auch hier auf seine Zeit hört und sich nicht in der äußeren Zeit verliert, stellt sich der Mensch beim Gehen auf der Straße den Anforderungen einer meßbaren Zeit, denen er schließlich beim Fahren auf der Straße kaum gewachsen ist, da sie buchstäblich vorüber ist, bevor er das Ziel erreichen konnte. Während seines Unterwegsseins auf dem Hauptweg des Surfens im Netz befreit er sich insofern von dem unaufhaltsamen Dahinfließen der Zeit, als er sie nun nach seinen eigenen Entwürfen selbst am Bildschirm künstlich erzeugt. Die Weise, in der er sich hier zur Zeit verhält, ist die Weise, wie er Zeit in seinen Entwürfen frei ausspielt und herstellt.

Anschaulich gesagt läßt der Mensch mit jedem der genannten Hauptwege in großen Sprüngen sein Haus hinter sich und lockert das Band seines ursprünglichen Gebundenseins an seine eigene Zeit, bis er es schließlich beim Surfen im Netz aus der Hand legt. Bezieht man dies auf die Kennzeichnung des Menschen als Heim-im-Fließen, werden beim Wandern sowohl das Fließen als auch das in ihm enthaltene Heimische verwirklicht, was zu dem genannten Stillstehen in der größtmöglichen Spannung führt; beim Gehen gewinnt im Konflikt des Heimischen mit dem Fließen allmählich das Fließen die Oberhand, bis es sich beim Fahren endgültig durchsetzt. Beim Surfen im Netz nimmt der Mensch seine Wesensverfaßtheit nicht an: Er stellt sich in den zeitfreien Raum einer nach seinen Regeln entworfenen neuen ‚Zeit‘, die, von ihm gelöst, ein bloßes Spiel auf Zeit ist.

Es wird deutlich: Die von Bollnow geforderte richtige Verteilung aller Zeitformen, die jeder einzelnen ihr Recht einräumt und sie zugleich miteinander sinnvoll zusammenwirken läßt, um zur Reife und Erfüllung des menschlichen Lebens zu führen, kann dem Menschen in dem annehmenden Übernehmen seiner anthropo-ontologischen Grundstruktur Heim-weg möglich werden. Denn sie fordert den Menschen dazu auf, sowohl in der Ruhe seines Hauses als auch mit dem unsicheren Dahinschwinden seiner

Zeit auf seinen Wegen zu leben und seine widersprüchliche Verfaßtheit in der „*Dauer dessen, was verfließt*" und „*dem Fluß dessen, was dauert*", einzulösen.[7] Auf diese Weise legt sich der Mensch nicht einseitig auf eine Zeitform fest, vielmehr erkennt er, daß er der Rückwendung bedarf, um voranschreiten zu können, und daß er sich an Vergangenes binden muß, um sich offen auf Künftiges und Neues auszurichten.

7 Vgl. Minkowski: Die gelebte Zeit, Bd. 1, 32.

§ 3: Sich-Begegnen

Der Mensch wohnt nicht zunächst in seinem Haus oder geht auf seinem Weg, um dann einem Mitmenschen begegnen zu können, sondern er steht bereits strukturell in einer unauflösbaren Korrelation zu ihm, wodurch der Mitmensch in der anthropo-ontologischen Verfaßtheit des Menschen von vornherein vorgezeichnet ist und eine Begegnung möglich wird. Diese Vorzeichnung, die in dem Terminus *Heim-zum-Mitheim* sprachlich zum Ausdruck gebracht wird, rückt den Menschen aus der Ding-Tier-Welt heraus und fügt ihn in die Welt des Miteinander, seine Heimat, ein.

Während eine Lampe auf einem Tisch steht oder ein Stein neben einem Baum liegt, rotten sich Tiere zusammen und bilden eine Herde. Das Ding ist nicht ursprünglich auf ein anderes Ding hin ausgerichtet und an es gebunden, vielmehr hat es entweder in der Natur immer schon einen Ort oder es bekommt ihn durch die Hand des Menschen z. B. ‚neben', ‚zwischen' und ‚unter' anderen Dingen zugewiesen.[1] Auch wenn das Tier sich bewegt und auf ein anderes Tier zugeht, geschieht dies nicht zweckfrei, um dieses anderen Tieres willen, sondern gemäß den Gesetzen der Natur. Darüber hinaus ist sein Bewegen kein Sich-Bewegen, in dem die über das Selbstbewußtsein mögliche Distanzierungsleistung angezeigt wird, durch die sich der Mensch von seinen Gewohnheiten befreien kann. Mit Sartre läßt sich das Sein daher als ein Ansichsein kennzeichnen und das bedeutet formelhaft: „*das Sein ist, was es ist.*"[2]

Aus meiner Sicht läßt sich sowohl das Tier als auch das Ding durch das Fehlen des Heimischseins kennzeichnen: es ist a-heimisch und steht außerhalb alles dessen, was menschliches Wohnen meint. Diese ontologische Struktur macht es Ding und Tier unmöglich, einem anderen Ding bzw. einem anderen Tier begegnen zu können. Hier gibt es ein bloßes dingliches *Da* und ein tierisches *Hin-zu-Von-her*, dem keine Möglichkeit der Selbstdeutung immanent ist.

Die anthropo-ontologische Doppelstruktur Heim-weg läßt sich, wie gezeigt, als ein Sich-Binden und Sich-Ausrichten näher charakterisieren, die im menschlichen Zwischensein zum Austrag kommt. Dabei wurde deutlich, daß dem Bewußt- und Selbstbewußtwerden des Menschen stets eine Anbindung vorausgeht, und zwar nicht nur ent-

---

1 Heideggers Unterscheidung des Seienden in Zuhandenes (Zeug) und Vorhandenes (Dinge) ergibt sich aus dem Zugang des Menschen, d. i. des Da-seins, zu diesem Seienden. Seine Fundamentalontologie ist daher keine Ontologie im traditionellen Verständnis, da sie im Seienden selbst keine spezifischen Eigenschaften erkennt, durch die es klassifiziert wird. Siehe dazu insb. das 2. Kapitel des ersten Teils von *Sein und Zeit.*

2 Sartre: Das Sein und das Nichts, 30. Vgl. darüber hinaus insb. 30–35.

wicklungsmäßig und zeitlich verstanden, sondern auch grundsätzlich betrachtet, insofern es diese voraussetzt. Das heißt: Vor jedem bewußten und selbstbewußten Umgang mit sich selbst ist eine Anbindung geschehen, in der der zwischenmenschliche Bezug konstituiert wird. Der Mensch führt folglich aufgrund seines Verbundenseins mit dem Anderen[3] diesen stets mit sich und löst auf den Wegen, auf denen er sein konkretes Leben verwirklicht, das strukturelle Miteinander in je individueller Weise ein.

Die unwiderrufliche Präsenz des Anderen im Menschen bringt zum Ausdruck, daß der Mensch konstitutionell ein Heim-zum-Mitmenschen, genauer gesagt, ein Heim-zum-Mitheim ist, das in seinem Unterwegssein seine Konkretionen findet. In der Tendenz auf die latent vorhandene Bindung strebt der Mensch in die Nähe des Wohnens beim Mitmenschen und versucht darin, das Heimhafte seiner selbst zu verwirklichen. Gehend löst er seine andere Seite ein und begegnet beim Erobern der Welt auf seinen Wegen dem Mitmenschen in vielfältiger Weise.

In diesem konstitutionellen Miteinander im menschlichen Zwischensein Heim-weg ist der Einzelne sowohl als Heim- als auch als -weg an den Anderen gebunden und darin an seine Mitwelt. Sie ist eine Sprachgemeinschaft, in der wir und von der wir je reden können. Hier liegen spezifische Wertvorstellungen, Handlungsregeln und Sinndeutungen innerhalb einer Moral bzw. Sitte vor.

Diese beiden Gedanken, erstens, daß der Mensch wesentlich Sein mit Anderen ist, und zweitens, daß er mittels der Sprache in einem konventionellen Regelsystem eingebunden ist, mit Wittgenstein gesagt, „daß das Sprechen der Sprache ein Teil ist einer Tätigkeit oder einer Lebensform“ und die Menschen folglich in der Sprache (und der Lebensform) übereinstimmen,[4] finden sich, vorbereitet in den Thesen Ludwig Feuerbachs, die er in seinen *Grundsätzen der Philosophie der Zukunft* formuliert hat und in den sprachphilosophischen Überlegungen Wilhelm von Humboldts, insbesondere im 20. Jahrhundert in dem dialogischen Denken von Ferdinand Ebner und Martin Buber und in den Strukturanalysen der Existenzphilosophen i. w. S. philosophisch subtil und differenziert untersucht.[5]

---

3 Ich schreibe das Wort den ‚Anderen‘ groß, weil ich es terminologisch als Ausdruck für den Menschen verwende, der im untrennbaren Bezug zu dem Ich bzw. Einen steht, anders gesagt, der die Seite des Mitheim vom Menschen als Heim-zum-Mitheim aus betrachtet, darstellt.

4 Ludwig Wittgenstein: Philosophische Untersuchungen § 23, 250. In: Werkausgabe in 8 Bänden, Bd. 1: Tractatus logico-philosophicus. Tagebücher 1914–1916. Philosophische Untersuchungen. Frankfurt am Main 1984, 225–580; vgl. Philosophische Untersuchungen § 241, 356.

5 Ein Exponent, Karl Löwith, der in deutlicher Kritik an Martin Heidegger der Mitwelt explizit einen Vorrang einräumt und auf den ich mich unten beziehe, sei wenigstens exemplarisch genannt. Löwith betont in seiner 1928 bei Heidegger eingereichten Habilitation, daß die Welt primär Mitwelt ist, wobei er darunter „die Mitmenschen als solche und genauer: das In-der-Welt-sein *als Miteinandersein*“ versteht. Karl Löwith: Das Individuum in der Rolle des Mitmenschen. 3. Aufl. Darmstadt 1969, XIV. (Auch in: ders.: Mensch und Menschenwelt. Beiträge zur Anthropologie. Hrsg. v. Klaus Stichweh, 12. In: Sämtliche Werke. Hrsg. v. Klaus Stichweh und Marc B. de Launay. Stuttgart 1981, 9–197.) Die Seitenzahlen beim Zitieren beziehen sich auf die erstgenannte Ausgabe und die Seitenzahlen in den Klammern auf die zweitgenannte.

Diese Kritik an Martin Heidegger, die um die These kreist, er habe in *Sein und Zeit* nicht das

Im folgenden geht es nicht um eine von dem vorliegenden Zusammenhang losgelöste Kennzeichnung der bedeutendsten Positionen und der divergierenden Einsichten,[6] vielmehr soll die Frage beantwortet werden: Wie kann die Begegnung zwischen den Menschen, das Miteinandersein, auf dem Hintergrund der vorliegenden Deutung der menschlichen Doppelstruktur gefaßt werden?

Der Mensch kann in zwei Bereichen seinem Mitmenschen begegnen: drinnen oder draußen, im Haus oder bei seinem Unterwegssein. Für jeden Bereich läßt sich die Begegnung unterschiedlich ausdeuten.

So kann man sich z. B. vorstellen, wie jemand lesend auf einem Sessel in seinem Wohnzimmer sitzt. Unzählige Male saß er bereits auf diesem gleichen Sessel, unzählige Male hat er dabei gelesen. Er fühlt sich wohl, alles um ihn herum ist ihm vertraut. Plötzlich klingelt es, der Andere bricht in seine Welt ein. Der Lesende steht auf, öffnet die Tür: ein Fremder steht vor ihm. Ein kurzer Wortwechsel, die Tür wird geschlossen, der Lesende ist wieder allein. Nach einiger Zeit hört man einen Schlüssel, die Tür springt auf, und seine Frau kommt zurück. Er legt das Buch zur Seite, die Frau geht auf ihn zu, sie setzt sich und sie reden miteinander.

Stellen wir uns eine andere Szene vor. Jemand verläßt sein Haus und läuft die Straße entlang zur Bäckerei. Unterwegs trifft er auf einen Bekannten, beide bleiben kurz stehen, wechseln einige Worte, und schon geht er weiter bis an sein Ziel. Er kauft ein und geht wieder in sein Haus zurück.

In beiden Szenen ist die Begegnung an ein Sich-Bewegen gebunden. Würde der Mensch nicht laufen, würde er aufhören Mensch zu sein. Er wäre ein Ding unter Dingen, bestenfalls ein Tier, das in seiner Instinktgebundenheit auf Reize reagiert, ohne sich öffnen zu können. Erst der Mensch, der sich bewegt, geht auf den Anderen zu und

---

eigentliche Miteinandersein untersucht, sondern in seiner Mit- und Selbstsein-Analyse das uneigentliche Miteinandersein betrachtet, wird über Löwith hinaus auch von Buber, Jaspers und Binswanger formuliert. (Vgl. Martin Buber: Das Problem des Menschen. 5. verb. Aufl. Heidelberg 1982, 94–126; Karl Jaspers: Notizen zu Martin Heidegger. München 1978. Hier sind insb. die Notizen 7, 9, 27, 59, 127, 129, 156 und 252 von Bedeutung; Ludwig Binswanger: Grundformen der Erkenntnis menschlichen Daseins. 3. Aufl. München 1963.)
Hier stellt sich die Frage, der sich jeder Hermeneut stets von neuem gegenüber sieht, ob man nämlich einen Autor an ihm selbst oder an einem Standpunkt, der sich außerhalb seiner Position befindet, mißt. Legt man ihn selbst als Meßlatte an, dann muß im vorliegenden Fall von Heidegger die Kritik zurückgewiesen werden, geht es ihm doch explizit um Strukturen in der Alltäglichkeit des Mitseins und Mitdaseins. Rückt man allerdings das eigentliche Miteinandersein ins Zentrum der Betrachtung und blickt von diesem aus auf die Ausführungen Heideggers in *Sein und Zeit*, dann sind wesentliche Ergänzungen und neue Überlegungen notwendig.

6 Vgl. dazu die grundlegende Untersuchung von Michael Theunissen: Der Andere. Studien zur Sozialontologie der Gegenwart. 2. Aufl. Berlin 1977. Theunissen stellt hier der transzendentalen Intersubjektivitätstheorie Husserls den dialogischen Gegenentwurf gegenüber, ohne vorbehaltlos einer Seite den Zuschlag zu geben. Vgl. ferner: Bernhard Casper: Das dialogische Denken. Eine Untersuchung der religionsphilosophischen Bedeutung Franz Rosenzweigs, Ferdinand Ebners und Martin Bubers. Freiburg/Basel/Wien 1967. Und: Heinz-Horst Schrey: Dialogisches Denken. 2. Aufl. Darmstadt 1983. Und: Bernhard Waldenfels: Das Zwischenreich des Dialogs. Sozialphilosophische Untersuchungen im Anschluß an Edmund Husserl. Den Haag 1971.

nimmt ihn in den gemeinsamen Horizont des Miteinander auf. Innerhalb dieses Horizontes kann er sich zum Anderen in den verschiedensten Weisen verhalten: Er kann sich verweigern und stehenbleiben, er kann auf ihn eingehen oder etwa auch an ihm vorbeilaufen.

Das Haus nimmt den Fremden nur dann in sich auf, wenn es der Wohnende zuläßt. Die Begegnung im Drinnen benötigt das Vertrauen, damit der Andere über die Schwelle, dieser Grenze zwischen Drinnen und Draußen, treten kann und zum Du wird. Gehört er hierher, treten beide in eine Offenheit, in der sie sich sehen können.

Die Straße zieht die Menschen rasch aneinander vorüber. In der Zielgerichtetheit der Bewegung läuft jeder auf seiner geraden Bahn, ohne vom Weg abkommen zu müssen. Die Straße ist bekannt und in der Gewöhnung täglichen Gehens zur Gewohnheit geworden. Treffen hier Menschen aufeinander, geschieht es in den gewohnten Bahnen: sie streifen sich flüchtig und blinzeln sich kurz zu.

‚Begegnung' im vorliegenden Zusammenhang ist daher nicht ausschließlich in dem Sinn zu verstehen, wie er etwa in der Wendung ‚ich bin heute Herrn x bei meinem Spaziergang begegnet' seinen Ausdruck findet. Hier steht Begegnung für ein unerwartetes Aufeinandertreffen zweier Menschen, das nicht willentlich herbeigeführt wurde. Sie ist ein aufgrund einer räumlichen Veränderung erfolgter Kontakt, wobei über den Charakter dieser zufälligen Zusammenkunft keine Aussagen gemacht werden können. Ich verstehe Begegnung über diese äußerlich-direkte Weise hinaus im Sinne eines Sich-Begegnens: im Begegnen des Anderen begegnet man nicht nur dem jeweiligen Anderen, sondern auch sich selbst. Das bedeutet, daß je nach der Art, wie der Mensch wohnt und geht, die spezifische Ausdeutung des Ichs eine ihr korrespondierende Ausdeutung des Anderen nach sich zieht, wie umgekehrt das Ich von der Einstellung und Haltung des Anderen abhängig ist.

In diesen im folgenden näher zu kennzeichnenden Relationen realisiert der Mensch Grundweisen seines Sich-Begegnens in Entsprechung zu den Grundweisen seines Wohnens und Gehens. In jeder spezifischen Ausdeutung zwischen Ich und Anderem spricht sich dabei auch eine Grundweise des Sehens aus. Das meint, daß die Weisen des Blickens und Begegnens innerlich zusammenhängen und daß in der Spezifik, in der ein Mensch seinem Mitmenschen begegnet, eine auf sie bezogene Blickweise zum Ausdruck kommt. Im Sehen überwindet der Mensch die scheinbare Kluft zum Anderen, weil er sehend bei ihm bereits ist und ihn darin erfaßt. Sehen ist demnach ein über das Wahrnehmen der Lichteindrücke im Gehirn hinaus verstehendes Einsehen, in dem die unauflösbare Korrelation des Menschen zum Anderen eingelöst wird. Das ursprüngliche Beziehungsverhältnis des Menschen zum Anderen, das in der Struktur des Heim-zum-Mitheim bereits latent vorhanden ist, erfährt in der Spezifik der Sehweise seine Konkretion und fächert es dadurch in eine Vielfalt des Begegnenkönnens auf.

Bevor die aus dieser anthropo-ontologischen Struktur hervorgehenden Weisen des Begegnens gekennzeichnet werden, erscheint es mir wichtig, angesichts der Bedeutung, die ich dem Sehen beilege, wenigstens kurz auf Sartres bedeutende Analyse des Blicks einzugehen und mich im Anschluß daran von ihr abzusetzen.

Jean-Paul Sartre hat in seinem ersten Hauptwerk *Das Sein und das Nichts* aus dem Jahre 1943, das im Untertitel als „Versuch einer phänomenologischen Ontologie“ gekennzeichnet wird, seine Analyse des „Blicks“ vorgelegt, um auf diesem Weg die Struktur des „Für-Andere-Seins“ klären zu können.[7] Sartre zufolge ist mir die Anwesenheit Anderer zunächst in der Modalität der *„Objektheit“* gegeben. Dem Mitmenschen, den ich etwa in einem öffentlichen Park an Stühlen vorbeigehen sehe, erfasse ich aber auch als Objekt für mich:

> „Er gehört zu *meinen Entfernungen*: der Mensch ist dort, zwanzig Schritte von mir entfernt, er dreht *mir* den Rücken zu; als solcher ist er wiederum 2,20 m vom Rasen und 6 m von der Statue entfernt.“[8]

In dieser Vergegenständlichung mache ich den Anderen zu einem Objekt unter anderen vorhandenen Objekten. Versuche ich nun zu erfassen, was es bedeutet, daß dieses Objekt ein Mensch ist, dann nehme ich ihn als denjenigen wahr, der selbst Bezüge herstellt, die Dinge und die Welt um sich herum zentriert und sie auf sich hin ausrichtet. Indem der Andere die Welt sieht, seine eigenen Entfernungen entfaltet und sie darin für sich neu anordnet, löst er meinen eigenen Mikrokosmos auf und entreißt mir die Welt. Er raubt mir die Dinge aus meinem Raum und bildet sich mit ihnen nun seinen Raum:

> „So ist plötzlich ein Gegenstand sichtbar geworden, der mir die Welt gestohlen hat. Alles ist an seinem Platz, alles ist immer für mich da, aber alles ist von einem unsichtbaren und regungslosen Ausrinnen auf einen neuen Gegenstand hin durchwaltet. Die Erscheinung des Anderen in der Welt entspricht also einem regungslosen Entgleiten des ganzen Mikrokosmos, einer Dezentrierung der Welt, die die Zentrierung unterminiert, die ich zur selben Zeit erwirke.“[9]

Indem der Andere sieht, was ich sehe, zieht er mir förmlich die Welt vor meinen Augen weg und macht sie zu seiner eigenen.

Der Andere kann von mir aber nicht nur als priviligierter Objekt-Andere verstanden werden, sondern auch als Subjekt-Anderer. Dies geschieht „in und mittels der Enthüllung meines Objektseins für den Anderen“:

> „(...) wenn der Objekt-Andere in Verbindung mit der Welt als das Objekt definiert wird, was das *sieht*, was ich sehe, muß meine Grundbeziehung zum Subjekt-Anderen zurückgeführt werden können auf meine ständige Möglichkeit, vom Anderen *gesehen zu werden*.“[10]

Der Andere wird von mir als Subjekt erfaßt, sobald ich erkenne, daß ich von ihm erblickt und zum Objekt gemacht werden kann. Ich erkenne also, daß ich mich unter seinem Blick von einem Subjekt in sein Objekt verwandle und mache ihn in dieser Erkenntnis des Erblickt-werdens zum Anderen. Akzentuiert spricht Sartre diese Einsicht in dem häufig zitierten, formelhaft anmutenden Satz aus: „Das ‚Vom-Anderen-gesehen-

---

7 Vgl. zu diesem Problemkreis exemplarisch die Arbeit von Peter Kampits: Sartre und die Frage nach dem Anderen. Eine sozialontologische Untersuchung. Wien/München 1975.

8 Sartre: Das Sein und das Nichts, 341.

9 Ebd.

10 Ebd., 342.

werden‘ ist die *Wahrheit* des ‚den-Anderen-Sehens‘.“[11] Das bedeutet demnach: In der Beziehung des Erblickt-werdens bin ich Objekt eines Anderen, wodurch mein Mikrokosmos ausfließt; gleichzeitig erblicke ich ihn darin allererst als Mitmensch und als Anderen.

Fragt man mit Sartre nun nach dem Sinn dieses Blickes des Anderen, dann liegt er in der reinen Verweisung, die durch ihn auf mich selbst geschieht. Der Blick, der auf mich gerichtet ist und mich erfaßt, wirft mich auf mich selbst zurück. Ich erkenne ihn nicht als Blick eines Objekt-Anderen, sondern ich erlebe in ihm mein eigenes Ich. Diese Vermittlung der Selbsterfahrung über den Blick des Anderen veranschaulicht Sartre an dem Phänomen des Sich-Schämens:

> „Nehmen wir an, ich sei aus Eifersucht, aus Neugier oder lasterhafterweise so weit gekommen, mein Ohr an eine Tür zu legen oder durch ein Schlüsselloch zu spähen. Ich bin allein und befinde mich auf der Ebene des nichtsetzenden Bewußtseins (von) mir. Das bedeutet zunächst, daß es kein Ich gibt, das mein Bewußtsein bewohnen könnte. (...) Jetzt habe ich Schritte im Vorsaal gehört: man sieht mich. Was soll das heißen? Das soll heißen, daß ich in meinem Sein plötzlich von etwas betroffen werde und daß in meinen Strukturen wesentliche Veränderungen auftreten – Veränderungen, die ich erfassen und durch das reflexive *cogito* begrifflich festlegen kann.“[12]

Während ich durch das Schlüsselloch spähte, ging ich in meinen Akten auf, d. h. ich erlebte mich nicht als ein bestimmtes Ich, sondern ich lebte in der Unmittelbarkeit meines Vollzuges. Erst der Blick des Anderen fixiert mein Ich zu dem des Lauschers. Denn sobald ich mich von ihm ertappt weiß, sehe ich mich mit seinen Augen: In meinem Schämen akzeptiere ich den Tatbestand und lege mich als das Objekt fest, als das es der Andere ansieht und beurteilt.

Der Blick des Anderen kommt daher einem Urteil über mich gleich, das ich in der Scham anerkenne. Er legt mich von den Möglichkeiten, die ich bin, auf eine fest und macht mich darin zu einer Faktizität, zu einem bloßen An-sich. In dieser Verhärtung und Entfremdung meiner eigenen Möglichkeiten verliere ich meine Transzendenz, d. h. ich werfe mein Vermögen, mich auf meine Möglichkeiten hin überschreiten zu können, für den Anderen ab, wird er doch „als Blick weiter nichts als: meine transzendierte Transzendenz.“[13]

Dem Beurteiltwerden durch seinen Mitmenschen kann sich der Mensch nicht entziehen, gewinnt er doch über dieses sein eigenes Ich. Allerdings vermag er eine Umkehrung vorzunehmen, sich gegen sein Ausgeliefertsein zur Wehr zu setzen und seine Transzendenz wieder zu gewinnen. Dies geschieht in dem Bewußtwerden der eigenen Freiheit und dem Entwerfen seiner Möglichkeit, durch das er selbst bewirkt, „daß es einen Anderen *gibt* und nicht bloß eine unendliche Verweisung des Bewußtseins auf sich selbst.“[14] Die Zurückeroberung des Für-sich-Seins im Sichlosreißen vom Anderen, die zugleich eine Akzeptanz der vom Anderen gesetzten Grenze meiner selbst bedeutet,

---

[11] Ebd., 343.

[12] Ebd., 345, 347.

[13] Ebd., 350.

[14] Ebd., 380.

legt mir in der Anerkennung des Anderen als Subjekt-Anderen zugleich die Verantwortung für ihn auf. Er wird in meiner Erfahrung der Selbstheit durch mich als Anderer und als Nicht-Ich bestimmt und begrenzt und solcherart in meine Verantwortlichkeit gelegt.

Aus dem bisher Gesagten wird deutlich, daß für Sartre der Weg der Selbsterkenntnis über den Blick des Anderen möglich wird. Der Mensch macht sich nicht selbst zum Gegenstand der Betrachtung, sondern er sieht sich durch den Anderen, da er ja für ihn ein Objekt ist:

> „Mein Für-Andere-sein ist ein Sturz durch die absolute Leere hindurch auf die Gegenständlichkeit zu. Und da dieser Sturz Entfremdung ist, kann ich mich für mich selbst nicht zum Gegenstand werden lassen, denn in keinem Falle kann ich mich mir selbst entfremden.“[15]

Zwischen den Menschen findet daher ein stetiges Kämpfen und Ringen um das Subjektsein statt, durch das man sich gegen die Unterwerfung vom Anderen behaupten kann. Begegnung auf dieser seinsstrukturellen Ebene betrachtet, geschieht nicht zwischen zwei auf einer Stufe stehenden Menschen ‚inter pares‘, sondern in einer hierarchischen Struktur, bei der einer sich über den Anderen zu stellen versucht, ja stellen muß, will er jemals als Subjekt der Herrscher werden.

Für den Menschen als Heim-weg ist der Blick ein Faktum, in dem die Begegnung zwischen den Menschen je realisiert wird. Entsprechend seiner anthropo-ontologischen Verfaßtheit Heim-zum-Mitheim zu sein, geschieht im Blick ein Ins-Verhältnis-Treten zum Mitmenschen. Das bedeutet, daß die Tatsache des Bewußtseins ‚ich werde erblickt‘ und ‚ich bin derjenige, als der ich gesehen werde‘, die meine Gegenstellung im Sinne meines eigenen Entwerfens herausfordert, um mich gegen diese Inanspruchnahme auflehnen zu können, nur eine Möglichkeit darstellt, in der diese Verhältnisnahme verwirklicht wird. Was heißt das?

Der Mensch ist sowohl in seinem Haus als auch auf seinen Wegen stets zum Mitmenschen hin seiend, auch wenn dieser konkret nicht anwesend ist. Die Weise des Blickens ist für drinnen und draußen nicht eine einzige, sondern sie fächert sich in eine Vielfalt des zueinander Verhaltens und einander Anblickens auf. In jeder einzelnen Weise sieht der Mensch seinen Mitmenschen je spezifisch, wie umgekehrt er in dieser Verhältnisnahme auf sich zurückgeworfen wird und sich darin erblickt. Mit der jeweiligen Weise ändert sich die Struktur zwischen Subjekt und Objekt, zwischen Ich und Anderem.

So liegt das Haus außerhalb von Macht und Ohnmacht, von Herrschaft und Knechtschaft, von oben und unten. Der Wohnende, der den Anderen einläßt, öffnet sich auf diesen hin und zieht ihn in seinem Vertrauen an sich heran. Ein Blick wird möglich, der den Anderen dort berührt, wo er sich anrühren läßt. Er sieht, was dieser ist, ohne daraus Macht gewinnen zu wollen. Es gibt kein Darüber- und Darunterstehen, es gibt nur die Nähe des Blicks, in der er auch selbst vom Anderen als ein Du erfaßt wird. Dieses Erfassen liegt vor der Unterscheidung zwischen Subjekt und Objekt, ist in ihm doch das Ich bereits beim und mit dem Du, bevor es sich dessen bewußt ist.

---

[15] Ebd., 364.

Hier kann an eine terminologisch-inhaltliche Unterscheidung von Karl Löwith angeknüpft werden. Der Begriff des Du wird von ihm, wie bei den Dialogphilosophen, nicht einfach mit dem Begriff des Anderen gleichgesetzt, sondern das Du wird als ein „alter" gefaßt, der mir dort begegnet, wo wir „zu zweit" sind:

„Ein anderer bist ‚Du' also nicht in der Bedeutung des lateinischen ‚*alius*', sondern im Sinne des ‚*alter*' oder ‚secundus'. (...) Du bist der andere meiner selbst."[16] Das Du ist der zum Ich gehörende Mensch, dieser unverwechselbar Einzige in seiner Nähe, der mit ihm zusammen eine ganze Welt ausmacht. Er darf dabei allerdings nicht als „Fremd-Ich" oder als ein „anderes Ich" verstanden werden, kann er doch die in ihm liegenden Differenzen, die er als „der Andere in zweiter und dritter Person, als ‚alter' und ‚alius'" in sich trägt, nicht überwinden.[17]

Der Andere, der als ein „alius" irgendein beliebiger, unter vielen weiteren Anderen („alii") ist, bildet mit diesen zusammen die Mitwelt. Hier kann kein „eigentliches Miteinandersein" stattfinden:

> „Die Bedeutung der Welt der anderen beschränkt sich darauf, daß sie sich zwischen ‚Ich und Du' störend eindrängen kann, und dem trägt jedes eigentliche Miteinandersein Rechnung, indem es diese Welt nach Möglichkeit ausschließt."[18]

Von der Deutung des Menschen als Heim-weg her wird deutlich, daß der Mensch diese aus seiner Seinsstruktur resultierende Spannung zwischen Ich-Du und Ich-Anderer nicht aufheben kann und auch nicht aufheben sollte, weil er nur in diesen beiden Polaritäten zusammen seine Möglichkeiten entfalten kann. Das heißt: Es gibt das in der Unmittelbarkeit des Persönlichen stehende selbstzweckhafte Miteinandersein von Ich und Du, und es gibt das mittelbare Zweckverhältnis von Ich und Anderem, weil der Mensch aufgrund seiner strukturellen Verfaßtheit des Wohnen- und Gehenmüssens beide aus sich hervorbringt.[19] Keine dieser Seiten darf gegen die andere ausgespielt werden, weil sie nur in ihrer Zwiefalt die je eigene Bedeutung entfalten können.

Verläßt der Mensch sein Haus und geht nach draußen, dann bewegt er sich zumeist auf den geebneten und asphaltierten Bahnen der Straße. Läuft er z. B., wie in der Szene oben skizziert, zur Bäckerei und trifft unterwegs auf einen Bekannten, dann wird er vermutlich kurz stehenbleiben und einige Worte wechseln. Der Andere, der der Straße nicht um ihrer selbst willen folgt, strebt einem anderen Ziel, einem Schreibwarenladen, zu. Die Blicke, die sich im Aufeinanderzu treffen, gleiten rasch am Anderen hinunter. Es kommt zu einem flüchtigen Streifen, in dem keiner an- und einhält und sich dem Anderen öffnet. Jeder ist vorweg an seinem Ziel und blinzelnd begegnet man seinem

---

16 Löwith: Das Individuum in der Rolle des Mitmenschen, 55 (71).

17 Ebd., XV (13).

18 Ebd., 57 (73).

19 Der Sache nach treffen auch Martin Bubers Grundworte „Ich-Du" und „Ich-Es" diese Unterscheidung. Darüber hinaus läßt sich die von ihm herausgearbeitete doppelte Bewegung, d. i. die des „In-Beziehung-Tretens" für das Haus und die der „Urdistanzierung" für das Gehen fruchtbar machen. Siehe dazu insb. Martin Buber: Ich und Du. 13. Aufl. Gerlingen 1997. (1. Aufl. 1923) Ders.: Urdistanz und Beziehung. 4. Aufl. Heidelberg 1978. (1. Aufl. 1951)

Mitmenschen in einem kurzen Blick. In diesem wechselseitigen Blinzeln kann sich weder der Eine noch der Andere erkennen: es geschieht und ist vorüber.

Es wird sichtbar: Entsprechend der anthropo-ontologischen Doppelstruktur ist zwischen einem Sich-Begegnen im Haus, das aus dem Heimischen des Menschen hervorgeht und einem Sich-Begegnen auf den Wegen, das aus dem Unterwegssein resultiert, zu unterscheiden. Beim Miteinander im Haus bewegt sich der Mensch in der Offenheit des Vertrauens auf den Anderen zu, beim Miteinander auf den Wegen bewegt er sich mit dem Anderen in der Gewohnheit der herrschenden Sitte bzw. Moral aneinander vorbei. Beide Seiten gehören notwendig zusammen und können nicht voneinander getrennt werden, es sei denn, der Mensch möchte in der Irrationalität der Verklärung oder in der Flüchtigkeit des Alltäglichen verharren.

Vertrauen und Gewohnheit sind m. E. Grundphänomene menschlichen Seins, durch die uns der Andere immer schon einwohnt, ob wir uns dessen bewußt sind oder nicht. In beiden ist der Mitmensch in seiner wesentlichen Beziehung zu uns sichtbar und berührt unser Eigenes, auch wenn er sich konkret an einem anderen Ort befindet. In ihrer Reinheit sind Vertrauen und Gewohnheit jeweils nur im Terminus zu finden, der sie begrenzt und die andere Seite ihres Wesens ausgrenzt. Auf diese Weise verstellt er die Einsicht in ihre konträre Gegenwesenhaftigkeit, die im Zwischen-sein des Menschen zum Austrag kommt. Der Mensch als ein *Unterwegs-im-Vertrauen* und als ein *Heim-im-Gewohnten* versucht, der Möglichkeit seines Seins zu entsprechen und die latent vorliegende Tendenz auf Vertrauen und Gewohnheit zu erfüllen. In der Verschränkung seines Sich-Bindens im Heimischsein des Vertrauens und seines Sich-Ausrichtens im Unterwegssein des Gewohnten realisiert er seinen Selbstwerdensprozeß im Sich-Öffnen auf den Anderen hin.

1. Unterwegs-im-Vertrauen

Das Vertrauen ist ein Grundphänomen. In ihm wird die im Heim liegende Spur sichtbar, die aus der unergründlichen Tiefe eines Menschen immer schon zum Mitmenschen führt und wieder zu ihm zurückkehrt. Vertrauen bringt folglich eine prinzipielle Verbundenheit des Menschen mit seinem Mitmenschen zum Vorschein, die die Basis bzw. das Fundament für das Einlösen der verschiedenen Weisen des Miteinanderseins darstellt. Aus transzendentalphilosophischer Perspektive ist es die Bedingung der Möglichkeit für Begegnung schlechthin, denn im Vertrauen öffnet sich der Mensch auf jede ihm mögliche Begegnungsart, also nicht nur auf die zum Anderen im Sinne des ‚alter', sondern auch auf die im Sinne des ‚alius'. Der Ausgang einer Analyse des Miteinanderseins sollte daher weder in der „durchschnittlichen Alltäglichkeit", in der der Mensch zunächst und zumeist ist,[1] noch in dem Modus der Eigentlichkeit, noch in dem

---

[1] Vgl. dazu Martin Heideggers Ansatz in *Sein und Zeit*, insb. 43.

der Uneigentlichkeit genommen werden. Stattdessen ist beim Vertrauen anzusetzen, weil in ihm das Miteinander wurzelt und aus ihm hervorgeht.

Das Vertrauen entspricht der im Heim liegenden Tendenz, die aus dem ursprünglichen Gebundensein heraus den Weg zum Anderen von vornherein weist und beide im Miteinander aufeinander bezieht. Der Mensch, der, dem Anderen vertrauend, sich willentlich auf ihn ausrichtet, übt kein neutrales Verhalten aus, vollzieht er doch bereits die Bewegung auf ihn zu, in der er sich auf ihn hin überschreitet und ihn zu sich heranzieht. Im Vertrauen wird der Mensch des Menschen Freund und Bruder, weil hier eine solche Haltung dem anderen gegenüber eingenommen wird, in der die Verbundenheit das Primärphänomen darstellt. Taucht daher scheinbar Trennendes auf, führt es nicht zu einer Kluft und zu einem Bruch zwischen den Menschen, die sich vertrauen, sondern es wird unerschütterlich am Anderen festgehalten.

Ein Mensch, der Vertrauen schenken kann, ist ein Mensch, der im Standhaben im ‚Sich-Öffnen für' sich zugleich treu, redlich und zuverlässig erweisen kann. Allerdings hat es der Mensch nicht in der Hand, vertrauen zu wollen, geht Vertrauen doch einer bewußten Entscheidung voraus. Der Mensch vertraut seinem Mitmenschen, ohne es zu wissen, und nur wenn das Vertrauen verloren geht, ‚gewinnt' er die Einsicht in seinen Verlust. Ein Mensch, dessen Vertrauen erschüttert ist, kann sich daher nicht mehr selbstverständlich einem Mitmenschen öffnen.[2] Er muß nun mühsam wieder lernen, vertrauen zu können, oder aber er schottet sich ab und lebt allein auf sich bezogen in seinem ausschließlichen Ausrichten auf sich selbst.[3]

---

2 Insbesondere Erik H. Erikson kommen unter psychoanalytischer Perspektive die größten Verdienste bei der Herausarbeitung der Bedeutung des „Urvertrauens" für die frühkindliche Entwicklung bis hin zu den Phasen des Erwachsenseins zu. Er kennzeichnet es folgendermaßen: „Als erste Komponente der gesunden Persönlichkeit nenne ich das Gefühl eines *Ur-Vertrauens*, worunter ich eine auf die Erfahrungen des ersten Lebensjahres zurückgehende Einstellung zu sich selbst und zur Welt verstehen möchte. Mit ‚Vertrauen' meine ich das, was man im allgemeinen als ein Gefühl des Sich-Verlassen-Dürfens kennt, und zwar in bezug auf die Glaubwürdigkeit anderer wie die Zuverlässigkeit seiner selbst. Wenn ich davon als einer *Ur*-Erfahrung spreche, so meine ich damit, daß weder diese noch die später hinzutretenden Komponenten sonderlich bewußt sind, in der Kindheit so wenig wie im Jugendalter." Erik H. Erikson: Wachstum und Krisen der gesunden Persönlichkeit, 62; vgl. ferner 63–75. In: ders.: Identität und Lebenszyklus. 3. Aufsätze. Frankfurt am Main 1998, 55–122.

3 Hauptsächlich in der Pädagogik ist eine Theorie des Vertrauens wesentlicher Bestandteil, wenn sie anthropologisch fundiert sein will. Unverzichtbar sind die Überlegungen, die Heinrich Pestalozzi in seinem in Briefform verfaßten Lehrbuch *Wie Gertrud ihre Kinder lehrt. Ein Versuch, den Müttern Anleitung zu geben, ihre Kinder selbst zu unterrichten* (Baden-Baden 1947, insb. 167–176; 1. Aufl. 1801) schriftlich fixiert. Pestalozzi zufolge gehen „die Gefühle, auf denen Menschenliebe, Menschendank und Menschenvertrauen wesentlich ruhen, und die Fertigkeiten, durch welche sich der menschliche Gehorsam bildet (..) hauptsächlich von dem Verhältnis aus (..), das zwischen dem unmündigen Kinde und seiner Mutter statthat." (168) Haben sie sich hier entfaltet, können sie sich erweitern „und umfassen von nun an Gott wie den Vater, Gott wie die Mutter." (171)

Auch August Nitschke betont die Bedeutung des Mutter-Kind-Verhältnisses bei der Herausbildung des Vertrauens. Siehe dazu: August Nitschke: Angst und Vertrauen. Die Sammlung. Mo-

Im folgenden geht es darum, das Grundphänomen Vertrauen, das der Tendenz der heimischen Seite des Menschen zu einem Sich-Binden entspricht und Bindung dergestalt prinzipiell ermöglicht, deutlicher auszuweisen. Dabei zeichne ich in einem ersten Schritt die wichtigen Deutungen des Vertrauens von Nicolai Hartmann im Rahmen seiner materialen Wertethik nach, und in einem zweiten Schritt arbeite ich die zentralen Gedanken der Position von Otto Friedrich Bollnow heraus, der Vertrauen als Tugend versteht und ihr Wesen analysiert. Im Anschluß daran soll das Verständnis des Vertrauens vom Menschen als Heim-weg her ansichtig gemacht und die genannten Positionen kritisch betrachtet werden.

Im Rahmen seiner 1926 erschienenen *Ethik* hat *Nicolai Hartmann* das Vertrauen zusammen mit dem Glauben untersucht.[4] Es ist nicht unproblematisch, aus einem so groß angelegten Werk wie diesem einige Gedanken aus dem Kontext herauszunehmen und sie mehr oder weniger isoliert zu betrachten. Allerdings geht es im vorliegenden Zusammenhang nicht um eine umfassende Würdigung Hartmannschen Denkens, sondern um einen Aufweis des Grundphänomens Vertrauen angesichts des menschlichen Zwischenseins.

In seiner Ethik unternimmt Nicolai Hartmann den Versuch, den angeblichen ethischen Formalismus' Kants zu überwinden. Dieser Aufgabe hat sich bereits 1913/16 Max Scheler in seiner Untersuchung *Der Formalismus in der Ethik und die materiale Wertethik* mit dem sprechenden Untertitel „Neuer Versuch der Grundlegung eines ethischen Personalismus" gestellt, in dem er insbesondere das Wesen der materialen Werte und das der Person vom Standpunkt eines „,emotionalen Intuitivismus'" und „materialen Apriorismus" aus phänomenologisch betrachtet.[5]

Hartmann gewinnt wesentliche Anregungen von Aristoteles und Nietzsche, insbesondere aber von diesem Werk, bei dem er inhaltlich explizit anknüpft. Ebenso wie Scheler geht Hartmann von materialen Werten aus, die unabhängig vom „Dafürhalten des Subjektes" ein ideales Ansichsein haben und überzeitlich und allgemein sind.[6] Die „Ohnmacht der Werte" ist für Hartmann „die Bedingung der Machtstellung des Menschen", die er in der Freiheit seines Handelns zu übernehmen hat.

Hartmann gliedert seine umfangreiche *Ethik* in drei Hauptteile: Im ersten Teil „Die Struktur des ethischen Phänomens" legt er eine „Phänomenologie der Sitten" vor; im

---

natsschrift für Kultur und Erziehung, 7. Jg. 1952, 175ff. insb. 180. Vgl. ferner die nach wie vor wichtige, von Bollnow betreute Dissertation von Harry Hauke: Die anthropologische Funktion des Vertrauens und seine Bedeutung für die Erziehung. Tübingen 1956. Zu Bollnows Ausdeutung des Vertrauens, das für ihn in der erzieherischen Situation eine grundlegende Bedeutung hat, siehe: Vom Wesen und Wandel der Tugenden 175–185; Neue Geborgenheit, 19–23; Existenzphilosophie und Pädagogik, 143–146; Anthropologische Pädagogik, 50–52.
Der wesentliche Unterschied zwischen dem Vertrauen des Kindes und dem des Erwachsenen liegt in der Freiheit des Vertrauenwollens im Sinne eines das Vertrauen Schenkenwollens, die das Kind noch nicht herausgebildet hat.

4 Nicolai Hartmann: Ethik. 2. Aufl. Berlin und Leipzig 1935, insb. 426–430.

5 Vgl. Max Scheler: Der Formalismus in der Ethik und die materiale Wertethik. Neuer Versuch der Grundlegung eines ethischen Personalismus. 6. Aufl. Bern 1980, 14.

6 Hartmann: Ethik, 134.

zweiten Teil „Das Reich der ethischen Werte“, die eine „Axiologie der Sitten“ darstellt, untersucht er die Werte nach allgemein-systematischen und inhaltlichen Gesichtspunkten; und im dritten Teil „Das Problem der Willensfreiheit“, die eine „Metaphysik der Sitten“ ist, diskutiert er die Frage nach der Freiheit des menschlichen Willens hauptsächlich auf dem Hintergrund eines finalen Determinismus, für den die göttliche Vorsehung wesentlich ist. Dieser steht im Gegensatz zur Freiheit der Person, denn mit ihm „ist die Vorsehung des Menschen schlechterdings aufgehoben, seine Selbstbestimmung zum Schein herabgesetzt, sein Ethos vernichtet, sein Wille gelähmt.“[7]

Hartmanns Überlegungen zum „Vertrauen und Glaube“ haben ihren Ort im zweiten Teil über die ethischen Werte. Sie finden sich hier im Rahmen seiner „geschichtlichen Überschau“[8] im VI. Abschnitt über „Spezielle sittliche Werte (zweite Gruppe)“. Während Hartmann in einer „ersten Gruppe“ die Bedeutung der Platonischen Kardinaltugenden aufzeigt und im Anschluß daran auf die Aristotelischen Tugenden eingeht, nimmt er in der „zweiten Gruppe“, in die auch Vertrauen und Glaube eingeordnet sind, einen Aufweis der Nächstenliebe, der Wahrhaftigkeit und Aufrichtigkeit, der Zuverlässigkeit und Treue, der Bescheidenheit, Demut, Distanz und der Werte des äußeren Umgangs vor.

Hartmann kennzeichnet Vertrauen und Glaube zunächst aufgrund ihrer Stellung in seinem Gedankengang, und das bedeutet, daß er sie primär auf Wahrhaftigkeit und Zuverlässigkeit bezieht. Von hierher betrachtet ist der Glaube bzw. das Vertrauen, die er zu Beginn nicht voneinander abhebt, ein „*Komplementärwert*“: Der Güterwert der Wahrhaftigkeit und der Zuverlässigkeit

> „(…) *ist abhängig von einem bestimmten entgegenkommenden Verhalten des Anderen.* Dieses Verhalten ist der Glaube, bzw. das Vertrauen. In ihm liegt ein neuer eigener sittlicher Wert, grundverschieden von dem der Wahrhaftigkeit und Zuverlässigkeit, und doch auf beide als in der fremden Person vorausgesetzte bezogen, und nur sinnvoll in dieser Bezogenheit.“[9]

Nur wenn ein Mensch sich durch Wahrhaftigkeit und Zuverlässigkeit auszeichnet, kann das in ihn gesetzte Vertrauen gerechtfertigt sein. Sie sind daher beide Bedingungen dafür, daß Vertrauen nicht enttäuscht wird. Hier treten bereits aristotelisch gedacht die beiden äußersten Seiten zum Vorschein, die Leichtgläubigkeit und das Mißtrauen, zwischen denen das Vertrauen die rechte Mitte ist, die axiologisch am höchsten steht.[10] Für Hartmann sind beide Extreme als schwere Fehler einzustufen, wobei er allerdings das habituelle Mißtrauen als „ungleich sittlich ernster“ bewertet.[11]

Die der Mesotes entsprechende Haltung des Vertrauens ist für Hartmann ebenso wie die des Glaubens „*ein Wagnis*, (und) es gehört immer ein Bruchteil *sittlichen Mutes* und

---

7 Ebd., 741.

8 Ebd., 380.

9 Ebd., 426.

10 Vgl. Hartmanns Auslegung der aristotelischen Mesotes in seiner *Einführung in die Philosophie*. Nachdruck Hannover 1962, 148 f.

11 Hartmann: Ethik, 426.

seelischer Kraft dazu."[12] Der Charakter des Wagnisses ergibt sich aus dem Sich-Ausliefern des Vertrauenden an den Anderen. Er „begibt sich in die Hand dessen, dem er traut, *er setzt sich selbst aufs Spiel*."[13] Im Vertrauen liefert sich der Mensch seinem Mitmenschen rückhaltlos aus, ohne sich gleichsam mit einer Rückendeckung absichern zu können. Der Charakter der Gabe, in dem der Vertrauende als Person tangiert wird, macht Hartmann zufolge diese, im Vergleich mit der in der Liebe erfolgten, zur sittlich höheren, die auch eine höhere sittliche Kraft voraussetzt: „Das spiegelt sich darin, daß man im Sinne der Nächstenliebe wohl einen jeden lieben kann und soll, aber nicht einem jeden vertrauen kann noch soll."[14] Im Vertrauen vertraut der Mensch dem Anderen die ihm eigene Sache an und erweist in dieser Vertrauensfähigkeit Mut und seelische und moralische Kraft. Ohne diesen *„Einsatz der Person*"[15] und ihrer immanenten Kraft könnte der Mensch nicht aus sich heraus treten und dem Anderen entgegenkommen.

Die Seelenstärke und die moralische Kraft wurzeln nicht in der konkreten Erfahrung, sondern im Glauben. Während Hartmann zunächst Glauben und Vertrauen synonym verwendet, verweist er nun auf das Fundierungsverhältnis zwischen beiden: „Vor der Erfahrung besteht der Glaube. Er allein ist Grundlage echten Vertrauens. Was solchen Glauben rechtfertigt, ist nur das Gefühl für sittlichen Wert in der Person."[16] Das Wesentliche am Glauben liegt darin, daß er *„im Grunde immer ‚blinder Glaube*'" ist.[17]

Diese irreführende Kennzeichnung benennt nicht, wie man vermuten könnte, die Ohnmacht oder gar Ziellosigkeit des Glaubens, sondern sie bringt das Fehlen jeglichen Wissens, etwa in Form von guten Gründen oder objektiven Sicherheiten zum Ausdruck. Der blinde Glaube ist der durch Wagnis und Risiko ausgezeichnete Glauben, der einen Menschen auch dann noch an einem anderen Menschen festhalten läßt, wenn scheinbar alles gegen ihn spricht. Von hier aus betrachtet ist er daher „die in ihrer Art *höchste Belastungsprobe moralischer Kraft*, das wahre Kriterium der Echtheit in allen tieferen Gesinnungsbeziehungen von Mensch zu Mensch."[18]

Die Bedeutung des Glaubens als „eminent schaffende Macht im Leben", als „Gemeinschaftswert" und „positivste bindende Kraft" liegt darin begründet, daß er fundamentaler und elementarer als jede andere „Grundlage aller Gemeinsamkeit überhaupt" ist. Ja, er ist Hartmann zufolge die Grundlage überhaupt, die *„Fähigkeit zur Gemeinschaft*" schlechthin.[19] Liegt dieser Glaube nicht vor und wird der Mensch von Mißtrauen erfüllt, dann führt dies zu seiner Vereinzelung und zum Auflösen jeglicher Bindung.

---

[12] Ebd., 426 f.
[13] Ebd., 427.
[14] Ebd.
[15] Ebd.
[16] Ebd.
[17] Ebd.
[18] Ebd., 428.
[19] Ebd.

Für Hartmann beginnt daher – und hierin spiegelt sich erneut der Ansatz seiner materialen Wertethik – der

> „(...) eigentlich sittliche Wert des Lebens (...) erst in einer Sphäre der gegenseitig Vertrauenden. In ihr als tragendem Element gibt es erst die Selbstentfaltung des Menschen in seinem besten Gehalt und seinen Fähigkeiten. In ihr allein gibt es die äußere Freiheit, auf deren Grund die Erziehung eines Geschlechts zur inneren Freiheit, zu Verantwortungsfähigkeit und Verantwortungsfreudigkeit, erst möglich wird."[20]

Das Leben fängt erst dann an, sittlich wertvoll zu werden, wenn es Vertrauen zu seiner Voraussetzung hat. Bleibt dieses Wertgefühl aus, verkümmert es in der moralischen Wertlosigkeit.

Zwei Gedanken Hartmanns sollen noch kurz benannt werden. So weist er dem Glauben – und hier unterscheidet er wiederum nicht zwischen einem Glauben an eine Person und dem Vertrauen, das man in sie setzt – eine *„eminent erziehende Kraft"* zu,[21] durch die derjenige, dem Vertrauen geschenkt wird, zum Guten umgeschaffen werden kann. Und er hebt zweitens die Reziprozität des Vertrauensverhältnisses heraus, die er als „eine Einheit höherer Art" bezeichnet,[22] durch die der Wert des Vertrauens erst „voll" wird. Wird dieses Verhältnis in der „Gewißheit des gegenseitigen Eintretens füreinander" und der „stationäre(n) feste(n) Sicherheit durcheinander" eingelöst, bildet es die „ideale ethische Lebensform im Kleinen" [23]

Überblickt man Hartmanns Überlegungen zum Vertrauen und Glauben, dann betont er über das Fundiertsein des Vertrauens im Glauben hinaus das wesentliche Zusammengehören beider, das in der Kongruenz ihrer Wesenszüge zum Vorschein kommt. So ist ihnen ein Wagnis und Risiko eigen, das sittlichen Mut und seelische Kraft erforderlich macht, um für ihr letztliches Nicht-Wissen eintreten zu können. Geschieht dies im gegenseitigen *„Sichverlassen aufeinander"*,[24] entsteht eine fundamentale Solidarität, bei der jeweils auf den Anderen eine ihn erziehende Wirkung ausgeübt wird. Im Verwirklichen dieses wechselweisen Verhältnisses kommt der Wert des Vertrauens allererst zu seiner Fülle.

Bevor das Gesagte vertiefend auf den Menschen als Heim-weg bezogen wird, komme ich zum zweiten Schritt und betrachte die Deutung, die *Otto Friedrich Bollnow* vom Vertrauen vorgelegt hat.

In Bollnows 1962 erschienenem Buch „Wesen und Wandel der Tugenden", in dem er die Aufgabe einer vergleichend-analysierenden Betrachtung der Tugenden verfolgt, um im Wechsel ihrer historischen Erscheinungsformen hindurch ihr wahres Wesen enthüllen zu können,[25] wendet er sich im 12. Kapitel „Das Vertrauen" dieser Tugend zu. Seine Grundthese lautet: „Das Vertrauen ist die unerläßliche Voraussetzung alles

---

20 Ebd., 429.
21 Ebd.
22 Ebd., 430.
23 Ebd.
24 Ebd., 428.
25 Vgl. Bollnow: Wesen und Wandel der Tugenden, 17.

menschlichen Lebens. Nur auf dem Boden eines Vertrauens ist Leben überhaupt möglich."[26] Der Wahrheitsgehalt dieser Behauptung zu Beginn seiner Ausführungen hat sich für Bollnow, auch wenn er dies nicht eigens benennt, in der Analyse des Phänomens zu bestätigen und das bedeutet: Erst im Nachvollzug des Gedankengangs erweist sich die Gültigkeit der am Anfang erfolgten Setzung.

Das Problem, dem sich Bollnow gegenüber sieht, ist der Vertrauensschwund in der Gegenwart, im Zuge dessen sich die existentielle Angst des Menschen ausgebreitet hat und eine tiefe Krise entstanden ist. Ein Ausweg läßt sich für Bollnow nur in der Gewinnung eines neuen Vertrauensverhältnisses finden, das sich auf den anderen Menschen, die Kultur und das Leben überhaupt erstreckt.

Diesem neuen Vertrauen versucht sich Bollnow auf vier Wegen zu nähern, die in seinen auf das 1. Kapitel „Der Vertrauensschwund in der Gegenwart" folgenden vier Kapiteln dargelegt werden: erstens auf dem Weg einer sprachlichen Besinnung, zweitens im Aufweis des Wagnisses im Vertrauen, drittens mit Hilfe der Herausarbeitung der Bedeutung des Vertrauens in der kindlichen Entwicklung und viertens im Aufzeigen des Geschenkcharakters des Vertrauens. Im folgenden wenden wir uns primär dem zweiten und vierten Weg zu, weil in ihnen die wichtigsten Ansatzpunkte angesichts der Themenstellung zu finden sind.

In seiner sprachlichen Besinnung, bei der Bollnow auf den Zusammenhang zwischen ‚vertrauen' und ‚trauen' aufmerksam macht, unterscheidet er zwischen dem Zutrauen, das sich auf etwas Bestimmtes, also auf eine besondere Leistung eines Menschen bezieht, und dem Vertrauen, das sich auf den Menschen im ganzen erstreckt. Vertrauen erweist sich daher „als ein gesteigertes Trauen", insofern es nicht von einem unguten Gefühl begleitet wird.[27]

Besondere Bedeutung kommt Bollnows Aufweis des Wagnisses im Vertrauen zu, das von Bollnow noch stärker als von Hartmann betont wird. Der Mensch kann einer Sache gegenüber kein Vertrauen haben, weil das Funktionieren eine Frage der sachlichen Erfahrung und der objektiv feststellbaren Gegebenheiten ist. Nur zu einem Menschen gibt es Vertrauen, „d. h. zu einem Wesen, das sich grundsätzlich meiner Berechnung entzieht, weil es einen jenseits aller Kausalgesetze stehenden freien Willen hat."[28] Diese Unberechenbarkeit des anderen in der Freiheit seines Willens macht ihn von mir und meiner Verfügungsgewalt unabhängig. Sein Verhalten kann nicht genau vorhergesagt und gewußt werden, liegt es doch außerhalb jeglicher Form einer sachlichen Erkenntnis. Vertrauen bedeutet daher

> „(...) immer, daß der Mensch sich auf etwas verläßt, für das er keine Sicherheit haben kann. Und wenn er dabei trotzdem seiner Sache gewiß ist, so beruht dies auf ganz andern Voraussetzungen, nämlich auf dem unbedingten Einsatz seines Glaubens. Insofern ist das Vertrauen ein

---

26 Ebd., 175.
27 Ebd., 177.
28 Ebd., 178.

> menschlich-personales Verhältnis, das sich grundsätzlich über alle sachlichen Bezüge erhebt."[29]

Das Wagnis des Vertrauens verweist demnach auf die Möglichkeit des Scheiterns, die einem Vertrauensverhältnis, das auf der Überzeugung des Glaubens beruht, stets immanent ist. Der Vertrauende, der sich rückhaltlos mit seiner ganzen Kraft und seiner ganzen Person einsetzt, kann vom Anderen enttäuscht werden – und zwar auch dort, wie Bollnow für den Erzieher heraushebt, wo alles genau richtig gemacht wurde.[30]

Hier kann die Bedeutung des Vertrauens in der kindlichen Entwicklung kurz angesprochen werden. Bollnow faßt sie in dem Satz zusammen: „Wo sich der Mensch vom Vertrauen getragen fühlt, da kann er sich entfalten, wo ihm hingegen Mißtrauen entgegentritt, da muß er zurückbleiben und schließlich ganz verkümmern."[31] Nur ein Kind, dem Vertrauen geschenkt wird, hat demnach die Möglichkeit zur Entfaltung seiner Person. Aus diesem Sachverhalt geht daher für den Erzieher geradezu die „Pflicht zum Vertrauen" hervor.[32]

Der Geschenkcharakter des Vertrauens, der dazu führt, daß man, wie Bollnow schreibt, fast „von einer Gunst oder einer Gnade" sprechen könnte, macht auf die Schwierigkeit aufmerksam, Vertrauen selbst hervorbringen zu können und sie dadurch als Tugend zu erweisen.[33] Bollnow löst aus seiner Sicht dieses Problem, indem er einerseits die Anstrengung betont, die der Mensch beim Ergreifen des wirklichen Vertrauens auf sich nehmen muß, und andererseits darauf aufmerksam macht, daß das Vertrauen

> „(...) nicht aus der Anstrengung des Menschen vorsätzlich hervorgebracht werden kann, sondern (...) etwas entgegenkommen muß, was ihm wie ein Geschenk zufällt, wo also Anstrengung und Geschenkt-werden sich in einer unauflösbaren Weise durchdringen."[34]

Dieses ‚Doppelgesicht' des Vertrauens, wie man das Zugleich des vollen Einsatzes eines Menschen und das jenseits dieses Einsatzes liegende Geschenkhafte nennen kann, ist auch der Hoffnung, der Geduld, der Dankbarkeit und dem Glauben zu eigen. Auf diesem Hintergrund wird für Bollnow sichtbar, daß dieses neue Vertrauen, das sich auf das Sein bzw. das Leben überhaupt erstreckt und im Unterschied zum „Vertrauen zu einem bestimmten einzelnen Menschen ein allgemeineres und umfassenderes Vertrauen" meint, nicht mit „einfacher frageloser Sicherheit" verwechselt werden darf.[35] Vielmehr behält der neue Zustand

> „(...) immer eine eigentümliche Instabilität; er bleibt immer bedroht und geht immer wieder unter dem Angriff neuer Beängstigungen verloren. Er muß darum in unermüdlicher zäher An-

---

29 Ebd., 178 f.
30 Vgl. Bollnow: Existenzphilosophie und Pädagogik, 145.
31 Bollnow: Wesen und Wandel der Tugenden, 179.
32 Vgl. ebd., 180.
33 Ebd., 182.
34 Ebd., 183.
35 Vgl. ebd., 181.

strengung immer wieder neu errungen werden. So bleibt das Leben das ständige Wechselspiel von quälender Angst und beglückender Geborgenheit."[36]

Überblickt man Bollnows Überlegungen zum Vertrauen, dann hebt er als Wesenszüge dieser Tugend insbesondere das Wagnis und den Geschenkcharakter hervor. Vertrauen muß ergriffen werden, um sich dem Risiko des Scheiterns im Enttäuschtwerden auszusetzen. Allerdings kann es in einer bewußten Entscheidung nicht willentlich herbeigeführt werden, liegt es doch nicht nur in der Verfügungsmacht des Menschen. Darüber hinaus weist Bollnow in individualgeschichtlicher Perspektive auf, daß sich Vertrauen zwar auf das Verhältnis des Kindes zur Mutter – also auf einen bestimmten Menschen – bezieht, aber letztlich als „Lebensvertrauen" und „Seinsvertrauen" die Welt im ganzen mit einschließt, was, wie er in der *Neuen Geborgenheit* formuliert, die „notwendige Vorbedingung für alles menschliche Leben" ist.[37]

Vertrauen ist zunächst kein Wert, Vertrauen ist zunächst auch keine Tugend. Es ist vielmehr zuerst ein Grundphänomen, das im Heimischen des Menschen, das die Tendenz zu einem Sich-Binden hat, sichtbar gemacht werden kann.

Das Vertrauen rückt als ‚Vertrautsein mit' einen Menschen aus der Dunkelheit des Ununterscheidbaren heran und gibt den Blick auf ihn frei. Immer wieder geschieht das, stets von neuem geschieht das, solange es Menschen gibt. Eine Begegnung wird möglich: Der Eine sieht den Anderen, der bereits bekannt ist oder der bisher unbekannt ist. Voll Vertrauen öffnet er sich ihm und richtet sich auf ihn aus. Er geht auf ihn zu und läßt dadurch den Anderen an sich herankommen.

Im Hinzu- und Herankommen stehen beide in einer Offenheit, in der ein Verstecken oder Verbergen unmöglich ist. Schutzlos ausgeliefert, wagt sich der Eine aus sich heraus und rührt den Anderen an. Dieses Anrühren nimmt die Rührung des Anderen bereits vorweg, weil sie auf ihn hin ausgesprochen wird. Einzigartig ist es, nicht austauschbar ist es, zielt es doch auf diesen unverwechselbar Anderen, dem Vertrauen geschenkt wird. Nur dieser Andere kann sich anrühren lassen, weil ihm allein der Klang vertraut ist. Nur dieser vermag die Sprache des Wortes zu sprechen und seinen Sinn zu vernehmen.

Erweist er die Treue und wahrt und schützt den Klang und das Wort, löst sich Vertrauen ein. Verfälscht oder überhört er, steigt Mißtrauen auf. Sie stößt den Vertrauenden aus der Offenheit in den sicheren Winkel seiner selbst zurück, in der er keine Zurückweisungen zu fürchten hat. Hier lebt er den Schmerz aus, bis es ihm gelingt, schließlich wieder von neuem einen Menschen an sich heranrücken zu lassen.

Gäbe es kein Vertrauen zwischen Menschen, würde die Abstandslosigkeit herrschen, der Verlust jeglicher Erfahrung zwischen Tiefe und Oberflächlichkeit, zwischen Nähe und Ferne, zwischen Verbundenheit und Ablehnung. Ja, die genannten Kategorien würden ihre Bedeutung verlieren, weil der Andere in dieser Dunkelheit des Ununterscheidbaren stets in gleichem Abstand zu mir stehen würde. Der Eine hätte die gleiche Bedeutung wie ein Anderer für mich, alle wären gleich-gültig und gleich-wertig und

36 Ebd., 184.

37 Bollnow: Neue Geborgenheit, 19.

insofern außerhalb aller Bedeutungen in dem bedeutungslosen Raum des Ungebundenen.

Der Zwiefalt des menschlichen Wesens entspricht die Zwiefalt des Vertrauens. Das bedeutet, daß das Vertrauen die andere Seite seiner selbst, das Mißtrauen, stets mit sich führt. Vertrauen ist in sich selbst nicht rein und völlig positiv, sondern durch es hindurch ein Riß geht, in dem das Mißtrauen nistet. Breitet sich Mißtrauen im Menschen aus, vergrößert sich der Riß; wird er schließlich gewaltsam bis zur Spaltung auseinandergetrieben, kommt es zum Bruch, der den Menschen innerlich zerreißt, ihn verhärtet und vom Anderen losreißt. Mit sich und dem Anderen entzweit, sitzt er auf den Trümmern seines Ichs, aus denen er allein nicht wieder aufstehen und sich fortbewegen kann.

Dieses wesentliche Zusammengehören zwischen Vertrauen und Mißtrauen darf allerdings nicht dazu führen, beide auf eine Ebene zu stellen. Vertrauen ist das Primär- und Grundphänomen, in dem das Mißtrauen fundiert ist. Analog zur Geborgenheit, bei dem die Ungeborgenheit durch einen Mangel an Geborgenheit gekennzeichnet werden kann, steht auch das Mißtrauen in einem privativen Verhältnis zum Vertrauen. Im Menschen als Heim-weg sind diese beiden Seiten aufeinander bezogen und stehen im Konflikt miteinander. Das heißt: Der Mensch löst im Vertrauen den unablösbaren Bezug zum Mitmenschen, den er als Heim-zum-Mitheim hat, ein. In seinem Leben versucht er, dieser ursprünglichen Möglichkeit des Vertrauenkönnens zu entsprechen, und sein Wollen mit dem latent in ihm vorhandenen Gerichtetsein auf den Anderen hin in Einklang zu bringen. In ständig neuen Anläufen ringt er darum, seiner vorgezeichneten Ausrichtung, durch die er von vornherein einem Anderen verbunden ist, zu entsprechen und „Ruhe, Sicherheit, beständige Gemeinschaft (zu erreichen); jedenfalls einen Zustand, in dem das Vertrauen Erfüllung findet.“[38]

Der Bezug zwischen Mensch und Mitmensch wird in der Gewärtigung des Anderen in der konkreten Begegnung stets von neuem bestätigt. Die Bestätigung kommt einem Sich-Erneuern gleich, und zwar in dem Sinne, daß das dem Anderen im sich-ausrichtenden Sagen Anvertraute gehört wird. Das Hören nimmt das Anvertraute zu sich herein und führt es darin über den Sagenden hinaus. In der Zwiefalt seiner Struktur und der Zwiefalt des Vertrauens ist der Mensch ein Zwischensein, das als ein Zwischen-Vertrauen-und-Mißtrauen geschieht. Auf diese Weise kann er sich weder bei einem einmal gewonnenen Vertrauen ausruhen, noch im Mißtrauen verharren, sondern er bewegt sich wohnend im Vertrauen stets auch wieder von ihm weg und über es hinaus. Dieses Sich-Bewegen ist ein Erobern, bei dem er kämpfend das Mißtrauen niederzuringen versucht, um sich dem Anderen vertrauensvoll öffnen zu können.

Der Mensch löst folglich das Heimische seines Wesens in bezug auf seinen Mitmenschen als ein *Unterwegs-im-Vertrauen* ein. Weil das Vertrauen den Stachel des Mißtrauens stets mit sich führt, sollte der Mensch weder mißtrauisch in seinem Haus bleiben, es sei denn, er will verhärten, noch sich leichtgläubig auf seinen Wegen dem Mitmenschen mitteilen, es sei denn, er will sich verflüchtigen; vielmehr sollte er sein Vertrauen vertiefen, indem er in ihm unterwegs sich als Heim-zum-Mitheim verwirk-

---

[38] Vgl. dazu: Schottlaender: Theorie des Vertrauens, 7.

licht und es unermüdlich zu erfüllen versucht. Das bedeutet, daß ein Insichgehen im Haus erforderlich ist, durch das der Mensch in der Ruhe seines Wohnens das rechte Selbstvertrauen finden kann und er sich getraut, sich selbst einem Anderen anzuvertrauen. Der Mensch fühlt und weiß sich eins mit sich und seinem Leib und erreicht den „Zustand des einfachen inneren Sichvertrauens und -vertrautseins",[39] in dem er ganz er selbst ist, weil die beiden Seiten in größtmöglicher Spannung und darin in größtmöglicher Harmonie zueinander stehen.

Hier können an die Differenzierungen Schottlaenders angeknüpft werden. Ausgangspunkt seiner Überlegungen zum Selbstvertrauen ist die These, daß es „aus dem rechten Verhältnis der Reflexion zur Unreflektiertheit" hervorgeht.[40] Während er bei der Reflexion zwischen einer simultanen und einer retroflexiven unterscheidet, arbeitet er bei der Unreflektiertheit den Unterschied zwischen „einer gewissens*widrigen*" und einer „gewissens*freien* Art" heraus.[41]

Bei der Simultanreflexion kommt „zu einem nach außen drängenden Affekt", etwa einer Zornesaufwallung oder einem Wutausbruch, ein „geistiger Akt, die Reflexion" hinzu, die sich am Ursprung des Affektes ab- und zurückbiegt: „sie beleuchtet und kontrolliert, sie dämpft, hemmt und beherrscht den Zorn." Die „vorher einheitliche Person" wird dadurch zweigeteilt, wodurch sie ihr „Außersichsein" in den Griff bekommen kann und der Zorn „alteriert, entseelt, schließlich abgetötet" wird.[42]

Die retroflexive Reflexion ist an eine grundlegende Unterscheidung, die bei der Erinnerung herausgearbeitet werden kann, gekoppelt. So kann man sie „in die Reproduktion der *gegenständlichen* Eindrücke oder Gedanken einerseits und die der subjektiven *Zustände* andererseits" differenzieren: „Es ist doch etwas wesentlich anderes, ob ich gedenke dessen, *was* ich gesehen, gewollt, gemeint habe, oder dessen, *wie* es auf mich wirkte, *wie* ich es meinte, *wie* mir zumute war."[43] Diese Weise des Sich-Zurückwendens auf das subjektive Wie menschlichen Erlebthabens bezeichnet Schottlaender als Retroflexion, die als eine Art „Gedächtnis des Herzens" darauf aus ist,

> „(...) die durch den Fluß der Zeit bewirkte Trennung der subjektiven Zustände voneinander, so gut es geht, (zu) überwinden und mich, den Vergegenwärtigenden, mit mir, dem Vergegenwärtigten, wieder eins (zu) machen. Doch ist zur Einswerdung die Vergegenwärtigung allein nicht hinreichend; hinzutreten muß die kritische Bejahung, die wir das ‚gute Gewissen' nennen. Gewissen ist ja selber nur eine Form der Reflexion; und sofern es retroflexiv das eigene Innenleben beurteilt, scheidet es sich als ‚schlechtes Gewissen' von dem früheren Ich oder aber identifiziert sich mit ihm als ‚gutes Gewissen'."[44]

In Entsprechung zu diesen beiden Reflexionsarten hebt Schottlaender die „gewissens*widrige*" Unreflektiertheit, die der simultanen Reflexion „als deren Korrekturinstanz zuzuordnen ist", von der „gewissens*freien*" ab, die wiederum in eine vorgewissentliche,

---

39 Ebd., 13.
40 Ebd., 23.
41 Vgl. ebd.
42 Ebd.
43 Ebd., 23 f.
44 Ebd., 24.

bei der das Gewissen nachgeordnet ist, und in eine nachgewissentliche, bei der das Gewissen zu einem früheren Zeitpunkt bereits zugestimmt hat, differenziert werden kann. Wichtig erscheint nun, daß die vorgewissentliche Unreflektiertheit als „habitueller Zustand gedacht" auf solches zielt, was biblisch mit dem „Stand der Unschuld" umschrieben wird, allerdings ohne darin zugleich dessen Negation mitzudenken. Denn wir leben, wie Schottlaender zu recht formuliert, „trotz aller Schuld und Unsicherheit doch immer wieder in und aus der Unschuld, so diskontinuierlich sie auch aus uns hervorbrechen mag", und dennoch, wie man anknüpfend an den Begriff der „Geistesgegenwart" sagen kann, in „Zuständen der Seelengegenwart".[45]

Auf dem Hintergrund dieser Distinktionen läßt sich mit Schottlaender das Verständnis des Selbstvertrauens präzisieren. Das rechte Selbstvertrauen kann als der optimale Fall gesetzt werden,

> „(...) nämlich daß die retroflexive Erinnerung sich auf unreflektierte Zustände der Geistes- und Seelengegenwart richte, sich mit ihnen als mit unschuldigen identifizieren könne und sie sich voll gegenwärtige. Das, was in diesem Fall sich vollzieht, ist nichts geringeres als die *Einswerdung* der Seele mit ihrem eigenen *Mitsicheinsgewesensein*."[46]

Und hier, aus diesem „potenzierten Mitsicheinssein" geht das rechte Selbstvertrauen hervor. In der Bejahung der Seelengegenwart durch das Gewissen dehnt es diese zugleich auf die Zukunft hin aus und gibt ihm den es „auszeichnenden Charakter der vollen Ruhe".[47]

Aus dem Gesagten wird deutlich, daß das echte Selbstvertrauen aus der Verschränkung zwischen Wissen und innerem Überzeugtsein gespeist wird. Ursprünglich aus dem Menschen hervorgehend kann es, weil es stets auf die Vergangenheit des Menschen in der Erinnerung ausgerichtet ist, ohne Wissen bzw. Kenntnis des Erlebten nicht geformt werden; und in dem sicheren Ruhen in der Gegenwart, die erwartungsvoll die Zukunft auf sich zukommen lassen kann, dehnt es das ruhende Standhaben des Menschen von der Vergangenheit auf Zukunft hin aus.[48]

Der Mensch, der in dieser Weise ein rechtes und echtes Selbstvertrauen hat und mit sich identisch ist, kann als vertrauenswürdig gelten. Öffnet er nun die Tür und verläßt sein Haus, um auf den Anderen zuzugehen, dann begibt er sich auf die Wege, in denen das zwischenmenschliche Vertrauen sich bewähren kann und er sich als jemand zu er-

---

45 Ebd., 25 und 26.

46 Ebd., 26.

47 Ebd.

48 Schottlaender betont daher m. E. zu Recht die Bedeutung der rationalen Seite, die neben der der Gnade dem Vertrauen immanent ist. Dabei setzt er sich deutlich von Ludwig Binswanger ab, der Vertrauen „ganz und gar auf eine ‚Art der Gnade' zurückführt." Akzentuiert spricht er die genannte Verschränkung der beiden Seiten in folgenden Sätzen aus: „Die bloße Glaubensgewißheit ohne das Wissensfundament macht den Vertrauenden blind, und es kommt zu dem Extrem der ‚Vertrauensseligkeit'. Die bloße Wissensgewißheit aber macht ihn starr und stumpf, er verläßt sich auf Menschen oder von Menschen geleitete Institutionen, wie man sich auf Lehrsätze, auf Sonnenuntergänge, auf tadellose Maschinen verläßt." Schottlaender: Theorie des Vertrauens, 11.

weisen hat, der für sein Versprechen einsteht[49] und treu sein kann. Wie in der Wendung ‚jemanden vertrauen' bereits angezeigt ist, wird Vertrauen dann über den Einzelnen und sein Selbstvertrauen hinaus in seiner bipolaren Struktur ansichtig, in der die wesentliche Beziehung des Menschen zu seinem Mitmenschen ihren Ausdruck findet. Denn Vertrauen öffnet als ‚Vertrautsein mit' den Menschen als Heim-zum-Mitheim auf den Anderen hin und versetzt beide in die Freiheit, das Wagnis des Sichanvertrauens und der Vertrauenswürdigkeit auf sich zu nehmen.

Auf diesem Hintergrund kann zu den von Hartmann und Bollnow vorgelegten Deutungen des Vertrauens Stellung bezogen werden. Hartmann hebt völlig zu Recht die Bedeutung der Wahrhaftigkeit und der Zuverlässigkeit heraus, auf die das Vertrauen komplementär bezogen ist, wenn es nicht enttäuscht werden soll. Auch mit seinem Aufweis der Bedeutung des Wagnischarakters und des erforderlichen Einsatzes der ganzen Person, die dem Vertrauen immanent sind, stimme ich überein, allerdings würde ich – und hier tritt die Differenz zutage – Glaube nicht als Grundlage des Vertrauens fassen. Aus meiner Sicht schwingt im Vertrauen zwar stets der Glaube an den Mitmenschen im Sinne eines Überzeugtseins von ihm mit, wodurch jemand davon beseelt ist, an einem anderen Menschen festzuhalten, auch wenn die Fakten gegen ihn sprechen, dieses Moment ist aber dem Vertrauen zu eigen und bedarf nicht der Isolierung und anschließenden Fundierung in dem anderen Wert des Glaubens. Anders gesagt: Gelingt es dem Menschen, als ein Unterwegs-im-Vertrauen in seinem innerstrukturell bedingten Konflikt zwischen Vertrauen und Mißtrauen sein Vertrauen zu seinem Mitmenschen zu vertiefen, dann vertieft sich dabei zugleich auch sein ruhendes Standhaben in der Erwartung seiner Vertrauenswürdigkeit. Daher ist der Glaube nicht vor dem Vertrauen, sondern er ist zugleich in und mit ihm.

Bollnow betont wie Hartmann das Moment des Wagnisses, das „untrennbar zum innersten Wesen"[50] des Vertrauens gehört. Daneben hebt er insbesondere angesichts des Verlustes des Vertrauens, den er in seiner Zeit diagnostiziert, die Pflicht zum Vertrauen heraus, durch die sie als Tugend ansichtig wird. Diese Pflicht kann der Mensch allerdings nicht einfach erfüllen und mit Hilfe seiner Vernunft den Willen auf Vertrauen hin ausrichten, vielmehr muß bei aller Anstrengung doch etwas – sei es als Gunst oder als Geschenk – auf ihn zukommen, das außerhalb seiner Macht liegt. Auch wenn hier dieser Wesenszug ebenfalls im Vertrauen aufgewiesen wird, wird der Akzent doch stärker

---

49 Vgl. zum Versprechen den dichten Aufsatz von Jean Greisch: „Versprechen dürfen": unterwegs zu einer phänomenologischen Hermeneutik des Versprechens. In: Richard Schenk (Hrsg.): Kontinuität der Person. Zum Versprechen und Vertrauen. Stuttgart-Bad Cannstatt 1998, 241–270. Hier stellt Greisch äußerst subtil Paul Ricœurs *Hermeneutik des Versprechens* dar, die er – angeregt von Gabriel Marcel und dessen Schrift *Du refus à l'invocation* – in seinem Werk *Das Selbst als ein Anderer* vorgelegt hat, und zwar auf dem Hintergrund der Überlegungen Nietzsches, der Versprechen als polares Gegenstück zum Vergessen deutet. Vgl. zu diesem Problemkreis vom selben Autor: „‚Versprechen dürfen'. Fünf phänomenologisch-hermeneutische Variationen". In: P. Koslowski und R. Schenk (Hrsg.): Jahrbuch für Philosophie des Forschungsinstituts für Philosophie Hannover, Bd. 9, 1998, Wien 1997, 75–96

50 Bollnow: Wesen und Wandel der Tugenden, 178.

auf den des rückhaltlosen Sich-Öffnens in der Freiheit menschlichen Wollens gelegt. Denn Vertrauen ist zunächst ein Hinzu- und Herankommen eines Menschen in die Nähe eines Anderen, in der das Anrühren gelingt und dann erst stellt sich die wichtige und dringliche Frage nach der Möglichkeit des Tauglichwerdens des Menschen durch Vertrauen.

Wie Bollnow in der *Neuen Geborgenheit* darlegt, faßt er das Seins- bzw. Lebensvertrauen als „notwendige Bedingung für alles menschliche Leben".[51] Es stellt die Voraussetzung bzw. die Bedingung der Möglichkeit jeglichen spezifischen Vertrauens dar und ist letztlich gleichbedeutend mit der von ihm intendierten tiefen bzw. neuen Geborgenheit. Aus den Überlegungen in den Paragraphen Sich-Orten, Sich-Zeitigen und Sich-Begegnen geht hervor, daß Geborgenheit, Ruhen und Vertrauen Grundphänomene sind, durch die hindurch der wesentliche Bezug des Menschen zum Raum, zur Zeit und zum Mitmenschen ansichtig wird und er das Heimische seines Wesens einlösen kann. Geborgenheit im Sinne eines Seins- bzw. Lebensvertrauens ist daher unverzichtbarer Bestandteil einer tiefen Erzählung des Menschen, allerdings nicht verstanden als Basis, die zugrundegelegt sein muß, wenn Vertrauen und Ruhen entstehen sollen. Denn der Mensch, der Heim-zum-Raum ist, ist zugleich Heim-zur-Zeit und Heim-zum-Mitheim, und nur die Abstraktion trennt und isoliert diese Seiten seines Wesens. Geborgenheit, Ruhen und Vertrauen sind daher gleichursprünglich und gehen im Menschen ineinander über.

Der grundsätzliche Unterschied zwischen der vorliegenden und der Auffassung von Hartmann und Bollnow besteht darin, daß ich Vertrauen von der anthropo-ontologischen Verfaßtheit des Menschen her verstehe: Vertrauen geht ursprünglich aus dem Wesen des Menschen hervor, denn in ihm wohnt der Mitmensch dem Menschen als Heim-zum-Mitheim von vornherein ein. Versucht man allerdings, Vertrauen wie Hartmann als ein Wert oder wie Bollnow als eine Tugend zu begreifen, dann setzt man sachlich gleichsam einen Schritt zu spät an. Es wird dabei nämlich die Frage außer acht gelassen, wie die *conditio humana* geartet ist, der das Vertrauen ursprünglich entspringt und es gerät statt dessen das Faktum Vertrauen in den Blick, das nun beschrieben, gekennzeichnet und phänomenologisch betrachtet wird. Dieses Fehlen des wesentlichen Fundierungszusammenhangs ist das eigentliche Manko der genannten Positionen.

2. Heim-im-Gewohnten

Der Mensch begegnet seinen Mitmenschen nicht nur im Haus, sondern auch draußen, also überall dort, wo er auf seinen Wegen unterwegs ist. Diese werden von ihm in seinem Gehen nicht stets von neuem gebahnt, sind sie doch in den Gewohnheiten einer Gemeinschaft bereits festgelegt. Das heißt: Der Mensch, der sich sowohl bindet als auch ausrichtet, findet sich in den etablierten Orientierungen einer Moral vor, die er sich

[51] Bollnow: Neue Geborgenheit, 20.

angewöhnt und zu seiner erworbenen Natur macht. Er wohnt gehend ihnen ein, ist mit ihnen vertraut und geht auf seinen Mitmenschen entsprechend dieser gewöhnlichen Bahnen zu.

Hier werden die beiden Seiten sichtbar, die in der Gewohnheit zusammengehören. Die eine subjektive Seite benennt dasjenige, was dem Einzelnen als sein Gehabe und sein Habitus zu eigen ist. Die andere objektive Seite verweist auf den Aneignungsprozeß, durch den die Gewohnheit zur zweiten Natur der Consuetudo wird, in der das in der Moral (etwa durch Konvention oder Institution) Verobjektivierte zum Ausdruck kommt und der Einzelne in Zusammenhang mit dem Ethos der Gemeinschaft zu sehen ist.[1]

Immanuel Kant hat in seiner „Vorrede" zur *Kritik der praktischen Vernunft* herausgearbeitet, daß die Gewohnheit auf dem Feld des Empirischen ihren Ort hat. Sie hat zwar praktisch eine Wirkung, kann sich aber nicht selbst legitimieren:

> „Subjektive Notwendigkeit, d. i. Gewohnheit, statt der objektiven, die nur in Urteilen a priori stattfindet, unterschieben, heißt der Vernunft das Vermögen absprechen, über den Gegenstand zu urteilen, d. i. ihn und was ihm zukomme, zu erkennen, und z. B. von dem, was öfters und immer auf einen gewissen vorhergehenden Zustand folgte, nicht sagen, daß man aus diesem auf jenes *schließen* könne (denn das würde objektive Notwendigkeit und Begriff von einer Verbindung a priori bedeuten)".[2]

Auch wenn der Gewohnheit keine objektive Notwendigkeit zukommt, ist sie doch subjektiv-praktische Notwendigkeit, insofern sie durch die Wiederholung eines von der Vernunft gewollten Vermögens entstehen konnte. Dies hat zur Folge, daß sie nicht im strengen Sinne verallgemeinert werden kann und zur transzendental begründeten Tugend, die der Pflicht folgt, im Gegensatz steht. Sie bleibt rückgebunden an die ‚Gewohnheitsträger', wodurch die Relativität der Gewohnheit nicht überwunden werden kann.

Geradezu paradigmatisch hat diesen Sachverhalt G. W. F. Hegel in seinen *Vorlesungen über die Geschichte der Philosophie* formuliert: „(…) wir haben die Gewohnheit, dies für Recht, sittlich gelten zu lassen; dies hat für uns eine Allgemeinheit, aber nur subjektive Allgemeinheit, – Andere haben andere Gewohnheiten".[3] Das etwaige Sich-Widersprechen von Lebensformen, Verhaltensregeln und Handlungsmustern, das als ein, wenn nicht sogar das Grundproblem der Interkulturalität angesehen werden kann, führt die praktische Aporie vor Augen, aus der es vermutlich nur dann einen Ausweg gibt, wenn die deskriptiv-pragmatische Sehweise durch das Prinzip der Verallgemeine-

---

1 Zu dem Problemkreis ‚Gewohnheit' vgl. insb. die fundierten und materialreichen Untersuchungen von Gerhard Funke: Gewohnheit als philosophisches Problem. In: Philosophisches Jahrbuch. 67. Jg., München 1959, 327–364; ders.: Ethos: Gewohnheit, Sitte, Sittlichkeit. In: Archiv für Rechts- und Sozialphilosophie. Bd. 47, 1961, 1–80.

2 Kant: Kritik der praktischen Vernunft, 117 (= A 24). In: Werke in zehn Bänden. Hrsg. v. Wilhelm Weischedel. Bd. 6: Schriften zur Ethik und Religionsphilosophie. Erster Teil. Darmstadt 1983.

3 Georg Wilhelm Friedrich Hegel: Vorlesungen über die Geschichte der Philosophie, 3. Bd., 498 f. In: Sämtliche Werke. Jubiläumsausgabe in zwanzig Bänden. 19. Bd. Stuttgart-Bad Cannstatt 1965.

rung erweitert wird und man nach allgemeinen normativen Kriterien fragt. Oder aber man schlägt einen Weg wie den des bereits genannten Rudolf Schottlaender ein, der in seiner grundlegenden Untersuchung *Theorie des Vertrauens* das Vertrauen als Voraussetzung bzw. Basis eines gelingenden Miteinander aufweist und es hinsichtlich „Familiarität", „Verbrüderung der Geister", „Toleranz" und „Einigung zwischen den Gruppen" fruchtbar zu machen versucht.[4]

Diese wichtige Frage wird hier nicht verfolgt, geht es doch stattdessen um den Aufweis der menschlichen Grundstruktur, die als Voraussetzung dieses Fragens angesehen werden kann, und von der her ansichtig wird, warum überhaupt eine Heimat notwendig gegen eine andere stehen kann. Das Überwinden der sich in einer bestimmten Hinsicht wechselweise einander ausschließender Heimaten hieße, ihrem zwangsläufig perspektivischen Charakter nicht gerecht zu werden und den Menschen als Heim-weg, der in seinem ihm eigenen Wohnen und Gehen seine Heimat allererst hervorbringt, nicht von seiner Individualität her zu begreifen. Dies hätte das Ende von Heimat und das Ende des Individuums zur Folge – eine Auflösungserscheinung, der wir uns heute trotz des vermeintlichen Gewinns an persönlicher Freiheit gegenübersehen.

Unter anthropologischer Perspektive dient die Gewöhnung, wie Gehlen oder auch – auf psychologischem Feld – Claessens überzeugend dargelegt haben, der Entlastung.[5] Der instinktreduzierte Mensch kann insbesondere durch Reproduktion, Übung und Institutionalisierung sein Handeln schrittweise ‚feststellen' und sich dadurch teilweise vom Druck des Entscheidenmüssens befreien. Er handelt quasi ökonomisch, weil er in der Gleichförmigkeit seiner Akte und Reaktionen, also in der fraglosen Akzeptanz bestehender Antworten, den Spielraum gewinnt, in dem er sich geistigen Anforderungen stellen kann.

Die Kehrseite dieses Prozesses hat Nietzsche in seinem Aufweis der Genealogie der Moral schonungslos aufgedeckt. Die Gemeinschaft zwingt jeden Einzelnen zur selben Sitte. Sie stellt ihn dadurch gleichsam fest, macht ihn berechenbar und schwächt das Leben als Willen zur Macht. Daher muß für Nietzsche an die Stelle der „vererbte(n) Gewohnheit des irrtümlichen Schätzens, Liebens, Hassens" die „neue Gewohnheit, die des Begreifens, Nicht-Liebens, Nicht-Hassens, Überschauens" treten, um vielleicht in Tausenden von Jahren der „Menschheit die Kraft zu geben, den weisen, unschuldigen (unschuld-bewussten) Menschen (…) hervorzubringen".[6]

Diese „neue Gewohnheit" wird von Nietzsche im 295. Aphorismus seiner *Fröhlichen Wissenschaft* auch als „kurze Gewohnheit" bezeichnet, die es zuläßt, möglichst „*viele* Sachen und Zustände kennenzulernen" und der Ausrichtung, Komplexität und Dynamik des Lebens als Willen zur Macht gerecht zu werden. Von ihr werden die aus Nietzsches Sicht hassenswerten „*dauernden* Gewohnheiten" abgehoben, die den neuen feindlich gegenüberstehen und die das Leben wie ein „Tyrann" beherrschen.[7] Nietzsche geht es

---

4 Vgl. dazu Schottlaender: Theorie des Vertrauens, 91–137.

5 Vgl. dazu Gehlen: Der Mensch und Dieter Claessens: Instinkt, Psyche, Geltung. 2. Aufl. Köln/Opladen 1970.

6 Nietzsche: 2, 105; vgl. 2, 94.

7 Ebd. 2, 536 f.

folglich nicht um die prinzipielle Ablehnung jeglicher Gewohnheiten, sondern nur um eine Zurückweisung derjenigen Formen, die dem Leben gegenüber feindlich eingestellt sind.

Hier stellt sich die schwierige Frage, wie weit ein Gewöhnungsprozeß sich vollziehen soll, wie weit also der Einzelne sich den Gegebenheiten anzupassen hat, ohne sich dabei verlieren zu müssen.[8] Diese Frage kann nicht inhaltlich, sondern nur formal beantwortet werden – ansonsten hätte sie dies am konkreten Fall zu leisten. Mit Hilfe der Unterscheidung Maine de Birans zwischen „habitudes passives" und „habitudes actives" läßt sich die Grenze des Anpassungsprozesses dort aufzeigen, wo intellektuelle Gewohnheiten, die als aktive zu verstehen sind, nicht zugelassen werden.[9] Von der Deutung des Menschen als Heim-weg her betrachtet, tritt der Selbstverlust dann nicht ein, wenn das Spannungsverhältnis seiner anthropo-ontologischen Doppelstruktur gewahrt bleibt. Gehend sieht sich der Mensch stets von neuem in den Bahnen des Gewohnten dem Ungewohnten gegenüber, und wohnend ist er im Vertrauen unterwegs, das auf das Mißtrauen bezogen bleibt. In seinem offenen Zwischensein sitzt er weder nur vertrauensvoll im Haus, noch geht er unermüdlich im Gewohnten umher, sondern zwischen diesen Seiten permanent pendelnd, bleibt das Ungewohnte im Gewohnten, wie umgekehrt das Mißtrauen im Vertrauen, wechselweise aufeinander bezogen.[10]

Während das Vertrauen ursprünglich aus der heimischen Seite des Menschen hervorgeht, ist die Gewohnheit ursprünglich von der weghaften Seite des Menschen her zu verstehen. Der Mensch hat konstitutionell bedingt die in ihm latent vorhandene Vorzeichnung des Mitmenschen auf den herkömmlichen Bahnen einzulösen und sich als Heim-zum-Mitheim nicht nur drinnen, sondern auch draußen zu verwirklichen. In seinem Unterwegssein auf den gewohnten Wegen, in denen er verschiedene Weisen des Sich-Begegnens realisiert, zeigen sich die Gewohnheiten als Gehgewohnheiten. Als

---

8 Auf diese Gefahr der passiven Gewohnheit hat Karl Jaspers hingewiesen. Er bezeichnet sie als „geronnene Gewohnheit" und hebt sie von der Form der Gewohnheit ab, die vom Menschen beherrscht wird. Die geronnene Gewohnheit ist die der „Verfestigung und zugleich Verdünnung des Traditionellen. (...) Das vitale Bedürfnis läßt unter ruhigen Umständen an der Gewohnheit als solcher, gleichgültig, was sie bedeutet, festhalten. Aber dabei täuscht der Mensch sich über sich. Beim ersten wesentlichen Angriff, der den Gehalt der Gewohnheit an das Tageslicht zieht, wird kein Widerstand mehr geleistet. Die Gewohnheit fällt um in der Not, ihr Sinn hat kein Leben mehr. In der bloßen Gewohnheit hat der Mensch sich selbst verloren." Karl Jaspers: Von der Wahrheit. Philosophische Logik. Erster Band. Neuausg. München/Zürich 1991, 826.

9 Maine de Biran: L'influence de l'habitude sur la faculté de penser. (1802). Œuvres. Hrsg. von Pierre Tisserand. Bd. 2, Paris 1922, 71–175; s. insb. 162 und 733.

10 Das hieraus resultierende Doppelgesicht der Gewohnheit hat Gerhard Funke treffend gekennzeichnet: „Die Gewohnheit läßt vielmehr Nicht-Triebhaftes reflexionslos und quasi-automatisch, aber eben doch nicht ursprünglich und ‚von Natur aus', sondern nach zeitverschlingender geschichtlicher Einübung abrollen. Was dann so als Sitte erfahren, angeeignet und übernommen wird, befreit das Bewußtsein einerseits von immerfort neuen individuellen stellungnehmenden Leistungen, ‚mechanisiert' es aber andererseits, indem es es festlegt. Die volle Beweglichkeit des Geistes wird nicht bewahrt, die Starre der natürlich fixierten Bahnungen gelöst. So macht die Gewohnheit frei und unfrei zugleich". Funke: Ethos: Gewohnheit, Sitte, Sittlichkeit, 6.

solche sind sie, wie im Wort selbst mitschwingt, stets auf das Wohnen bezogen, weshalb der Mensch nicht nur als ein Unterwegs-im-Vertrauen gedeutet werden kann, sondern auch zugleich als ein *Heim-im-Gewohnten*.

Diese Wendung bringt zum Ausdruck, daß das Gewohnte und das Ungewohnte zunächst nicht auf einer Ebene stehen, sondern daß das Ungewohnte als Negation des Gewohnten aus ihm hervorgeht und in ihm fundiert ist. Das Gewohnte ist demnach das Primärphänomen, das den Stachel des Ungewohnten in sich trägt. Dieser Stachel entfaltet seine Wirkung, wenn der Mensch in der anderen Seite seiner selbst, dem Heimischen einkehrt, um in der Ruhe seines Wohnens sich von den herkömmlichen Ausdeutungen des Bezuges zwischen Mensch und Mitmensch distanzieren zu können und seinen Sinn zu finden.[11] Zwischen seinem Wohnen und seinem Gehen lebt der Mensch in Graden des Gewohnten sein wirkliches Leben und nicht in der Gedankenkonstruktion einer auf die Pflicht bezogenen Tugend oder der leeren Abstraktion einer ‚reinen' Gewohnheit.

M. E. lassen sich vier spezifische Weisen benennen und kennzeichnen, in denen der Mensch jeweils sich selbst als Heim-zum-Mitheim verwirklicht. Jede dieser Weisen geschieht auf einem der bereits genannten Hauptwege, auf denen der Mensch unterwegs sein kann und bringt eine charakteristische Ausformung und Ausgestaltung des untrennbaren Bezuges zwischen Mensch und Mitmensch zum Ausdruck. Diese vier Weisen sind das *Einwohnen* beim Wandern in der Natur, das *Streifen* beim Gehen auf der Straße, das *Einsitzen* beim Fahren auf der Straße und das *Spinnen* beim Surfen im Netz. Im folgenden werden diese Wege gekennzeichnet und auf ihre wesentlichen Qualitäten hin untersucht. Im Anschluß daran können sie vom Menschen als Heim-weg her aufeinander bezogen und gewichtet werden.

---

11 Martin Heidegger stellt in seiner 1935 gehaltenen Vorlesung *Einführung in die Metaphysik* (5. Aufl. Tübingen 1987) im Zusammenhang mit seiner Auslegung des ersten Chorliedes aus der *Antigone* des Sophokles den Menschen selbst als das „Unheimlichste" heraus. Dabei sagt er: „Das Un-heimliche verstehen wir als jenes, das aus dem ‚Heim-lichen', d. h. Heimischen, Gewohnten, Geläufigen, Ungefährdeten herauswirft. Das Unheimische läßt uns nicht einheimisch sein. Darin liegt das Über-wältigende. Der Mensch aber ist das Unheimlichste, weil er nicht nur inmitten des so verstandenen Un-heimlichen sein Wesen verbringt, sondern weil er aus seinen zunächst und zumeist gewohnten, heimischen Grenzen heraustritt, ausrückt, weil er als der Gewalt-tätige die Grenze des Heimischen überschreitet und zwar gerade in der Richtung auf das Unheimliche im Sinne des Überwältigenden." (115 f.) Und an anderer Stelle bezieht er das Gesagte auf sein Denken: „Der Mensch ist ohne Ausweg dem Tod gegenüber nicht erst, wenn es zum Sterben kommt, sondern ständig und wesenhaft. Sofern der Mensch *ist*, steht er in der Ausweglosigkeit des Todes. So ist das Da-sein die geschehende Un-heimlichkeit selbst." (121)

a) Das Einwohnen

Das Wandern in der Natur hat sein Ziel in sich selbst. Mit jedem Schritt kehrt der Wanderer aus der Selbstvergessenheit nicht-eigenen Sich-Ausrichtens in die Dynamik seines Selbstwerdens zurück. Die Kreisstruktur seines Gehens entspricht der Kreisstruktur seines Selbstverhältnisses. Der Mensch, der selbst Weg ist, verwirklicht im Wanderweg, der unabhängig vom Menschen nicht besteht (ein Tier kennt keinen Wanderweg), die Weise des Gott-Welt-Mensch-Bezuges, bei der eine Übereinstimmung zwischen dem Menschen und der innerhalb dieses Bezuges leitenden Idee des Menschen besteht und er daher ganz bei sich ist. Das bedeutet, daß die Eigentümlichkeit des Wanderweges für eine spezifische Ausdeutung dieses triadischen Verhältnisses in Entsprechung zur damit einhergehenden Selbstbewegung des Menschen steht.

In diesem Abschnitt richten wir das ‚Erkenntnisinteresse' auf die sich beim Wandern in der Natur aussprechende Deutung des Mitmenschen. Dabei kann zunächst auf die Beschreibung des Wanderweges bei Linschoten zurückgegriffen werden:

> „Der Waldweg, der Pfad sind bei sich heimisch, sie verlängern sich nicht sondern kreisen um ihren Kern. Sie umfassen die Landschaft, so wie umgekehrt die Landschaft sie einschließt und sie nicht zu zerstören sucht sondern sie höchstens in sich zurücknimmt."[12]

Der Wanderweg kann als selbständiger Teil des übergeordneten Ganzen ‚Landschaft' angesehen werden, in das er integriert ist. Er wahrt folglich einerseits die ihm eigenen Grenzen und fügt sich andererseits in einen Gesamtzusammenhang ein. Dadurch vollendet er das ihm immanente Eigene, hält das ihm eigene Maß ein und artet nicht in Vermessenheit aus.[13]

Auch der Wanderer, der in seinem Gehen diesen Pfad bestätigt, überschreitet nicht die eigenen Grenzen oder die eines Anderen. Sein Gehen entspricht seiner leiblichen Verfaßtheit, und bei jedem Schritt ist er bei sich selber und mit sich unterwegs. Die Formulierung ‚mit sich unterwegs sein' verweist darauf, daß sich der Mensch beim Wandern nicht bewegen und fremdbestimmen läßt, sondern er sich selbst bewegend sich selbst gegenübertritt. Es ist eine Weise des Gehens, in der er mit sich selbst konfrontiert wird und sich darin primär zu sich selbst verhält. Die Begegnung ist daher zunächst als ein *Sich*-Begegnen zu verstehen.

Diesen Sachverhalt hat Friedrich Nietzsche heraus gearbeitet. In seinem wohl bekanntesten Werk *Also sprach Zarathustra* mit dem Untertitel „Ein Buch für Alle und Keinen" bezeichnet er „Zarathustra" deshalb auch als einen Wanderer, der abseits von der „Menge", dem „Volke", „der Heerde" und den Allzuvielen im Gebirge unterwegs

---

[12] Linschoten: Die Strasse und die unendliche Ferne, 252. Und an einer anderen Stelle formuliert er im vergleichbaren Sinne: „Wandern ist Kreisen um den Gleichgewichtspunkt, der durch die Landschaft hindurch sich offenbarenden Innigkeit." (255)

[13] Für Linschoten bedeutet daher Modernisierung des Landweges „Verletzung der Integrität der Gegend. Die eigenen Pfade verletzen diese nicht. Die große Straße macht die Gegend zugänglich und gibt damit Ursache zum Heimweh nach dem verscheuchten Frieden, der Stille und Eingezogenheit". Linschoten: Die Strasse und die unendliche Ferne, 253.

ist. Zarathustra geht nicht auf bereits feststehenden Wegen, sondern bringt den ihm eigenen Raum allererst selbst hervor. Dieser Weg des Wanderers ist der „Gang zu sich selber" als „zum schaffenden Selbst" und dergestalt der Weg in die Einsamkeit, bei dem Zarathustra aus freiem Entschluß den Willen ergreift, seine Möglichkeiten selbst hervorzubringen und zu sich heimzukehren.[14] So sagt er zu sich selbst:

> „Ich bin ein Wanderer und ein Bergsteiger, (...), ich liebe die Ebenen nicht und es scheint, ich kann nicht lange still sitzen. Und was mir nun auch noch als Schicksal und Erlebniss komme, – ein Wandern wird darin sein und ein Bergsteigen: man erlebt endlich nur noch sich selber. Die Zeit ist abgeflossen, wo mir noch Zufälle begegnen durften; und was *könnte* jetzt noch zu mir fallen, was nicht schon mein Eigen wäre! Es kehrt nur zurück, es kommt mir endlich heim – mein eigen Selbst, und was von ihm lange in der Fremde war und zerstreut unter alle Dinge und Zufälle."[15]

In der Einsamkeit des Wanderns wendet sich der Mensch von der herrschenden Sitte und Moral ab, steigt aus der Ebene ins Gebirge und vollzieht in dieser Abkehr eine Hinkehr zum eigenen Selbst. In der Rede „Die Heimkehr" bezeichnet Zarathustra die Einsamkeit aus diesem Grund als ‚Heimat': „O Einsamkeit! Du meine *Heimat* Einsamkeit! Zu lange lebte ich wild in wilder Fremde, als dass ich nicht mit Thränen zu dir heimkehrte!"[16] Die Heimat Einsamkeit ist der Ort, der fern von der Fremdbestimmung durch die Moral im Eigenen liegt und daher die Chance zum Einlösen dieses je eigenen Mensch-Seins bietet. Und das bedeutet für Nietzsche, daß sich der Mensch im Prozeß der permanenten Selbstüberwindung auf den Übermenschen ausrichtet, um den Boden zu bereiten, aus dem er hervorgehen kann: „Ihr Einsamen von heute, ihr Ausscheidenden, ihr sollt einst ein Volk sein: aus euch, die ihr euch selber auswähltet, soll ein auserwähltes Volk erwachsen: – und aus ihm der Übermensch."[17]

Die Übereinstimmung mit Nietzsche hinsichtlich seiner Ausdeutung des Wanderns als Einkehr ins Eigene darf allerdings nicht dazu führen, über die entscheidende Differenz hinwegzusehen. Während für Nietzsche der Mensch in der schaffenden Bewegung über sich hinaus in Richtung auf den Übermenschen unterwegs ist, bin ich der Auffassung, daß der Mensch die Grenzen des Menschen nicht sprengen sollte und eine Überwindung der Anthropozentrizität, die faktisch durch die Gentechnik im Bereich des Wirklichen liegt, nicht wünschenswert ist. Dieses Festhalten am Menschen gelingt nur mit Hilfe eines metaphysischen Standpunktes, der auf eine Bezugsgröße verweist (wie sie etwa in den sprachlichen Varianten ‚Urgrund', ‚Ursprung', ‚echte Nähe' oder ‚Urheimat' zum Ausdruck kommt), die dem Menschen temporal und ontologisch voraus-

---

14 Vgl. zum Folgenden die ausführlichere Deutung in meiner Untersuchung *Die Überwindung der Anthropozentrizität durch Friedrich Nietzsche*, 98–104.

15 Nietzsche: 4, 193. Vgl. dazu die Fragen, die Zarathustra an seinen „Bruder" richtet: „Willst du, mein Bruder, in die Vereinsamung gehen? Willst du den Weg zu dir selber suchen?" (4, 80) In *Ecce homo* beschreibt Nietzsche in dem Kapitel „Warum ich so weise bin" konsequenterweise die Einsamkeit als „Genesung" und „Rückkehr zu mir". Vgl. 6, 276.

16 Nietzsche: 4, 231.

17 Ebd.: 4, 100 f.

geht. Von dieser hat der Mensch seine Bestimmtheit und Bestimmung und kann sich selbst seine Bedeutung zusprechen, indem er auf sie hört und sie erfaßt.[18]

Die Art der Heim- und Rückkehr, die dem Wandern immanent ist und durch die Kreisbewegung veranschaulicht wird, ist nicht räumlich zu deuten. Für Bollnow ist sie „eine Rückkehr im Menschen selber, eine Rückkehr zu den Ursprüngen des Seins und zum ‚Grund aller Dinge'." Und sie ist für ihn darüber hinaus, wie er fortfährt,

> „(...) die Rückkehr zu einer tieferen Wesensschicht, wo der Mensch noch ‚vor' der technischen Weltbewältigung und der in ihr vollzogenen Trennung von Subjekt und Gegenstand, noch ‚vor' der rationalen Durchdringung, noch ‚vor' der Welt des Berufs und der Technik lebt – mit einem Wort: noch vor der Selbstentfremdung, noch vor der Erstarrung und Verfestigung. Es ist eine Verjüngung seines ganzen Wesens, die der Mensch im Wandern erfährt."[19]

Hier deutet sich an, daß die sich im Wandern vollziehende Rückkehr je nach der Idee des Menschen, die im jeweiligen Denkmodell leitend ist, variiert. Denkt man z. B. den Menschen christlich als Ebenbild Gottes, dann begegnet sich der Mensch in seinem Sich-Begegnen auch als demjenigen, der in dieser Bezogenheit auf Gott sein Eigenes erfüllt. Denkt man ihn mit Nietzsche transanthropologisch, dann begegnet sich der Mensch in seinem Sich-Begegnen als demjenigen, der in der Bezogenheit auf sich als dem schaffenden Selbst sein Eigenes in Richtung auf den Übermenschen erfüllt. Und denkt man ihn mit Bollnow, dann begegnet er sich in seiner Einfachheit und Ursprünglichkeit, die vor allem rechnenden Umgang des Menschen mit der Objektwelt liegt.

Unter diesen drei genannten Positionen gibt es keine richtige und keine falsche Position, sondern es gibt nur diejenige, die man in ihrem Wagnischarakter übernehmen und verantworten will. Hier ist es diejenige, die das Denken auf Transzendenz hin offen hält und die den Menschen nicht auf sich selbst eingrenzt. Der Mensch gewinnt dadurch eine Hoffnung, die erst am Ende der Endlichkeit erfüllt oder enttäuscht werden kann. Und er gewinnt darüber hinaus die Möglichkeit zu seiner Vertiefung. Anders gesagt: Der Mensch, der sich als Heim-weg deutet und der sich in dieser Ausdeutung zu realisieren versucht, hat dank seines Heimischseins ein Gespür für ein Wohnen, das einen tieferen Ort hat als der dem Menschen faktisch Mögliche. Zu diesem ‚Grund aller Dinge' kann der Mensch – und hier stimme ich mit Bollnow nicht überein – im Leben nicht zurückkehren. Allerdings kann er ihn glaubend und erzählend berühren und sich von ihm in der Bewegung des Überschreitens anrühren lassen. Und das bedeutet: Der ‚Weg zurück' ist ein Weg, der den Menschen über sich hinausführt und ihn in diesem Selbst-Transzendieren wiederum vor sich als zum Anderen seiner selbst bringt.

Beim Wandern geschieht also keine Reintegration eines Versehrten in die Integrität des ursprünglich Unversehrten, sondern der Mensch geht, was durch die Spirale als

---

18 Hierhin gehört das unverzichtbare Reden von der ‚Heiligkeit des Lebens' oder der ‚Würde des Menschen'. Jonas löst in seinem Buch *Das Prinzip Verantwortung*, seinem „Versuch einer Ethik für die technologische Zivilisation", geradezu paradigmatisch diesen Ansatz ein, der seine Plausibilität der „Metaphysik als einer Lehre vom Sein, wovon die Idee des Menschen ein Teil ist" verdankt". So spricht er z. B. von einem „*Gebot, daß* er (der Mensch; K. J.) sein soll – allerdings als Mensch". Jonas: Das Prinzip Verantwortung, 250. Vgl. ferner 90 f. und 92.

19 Bollnow: Mensch und Raum, 119.

Verbindung und Verbund des Kreises veranschaulicht werden kann, über sich hinaus und in dieser Höherbewegung, die zugleich seine Vertiefung bedeutet, zu sich in Andersheit zurück. Das Sich-Ausrichten, das als ein Transire gedeutet werden kann, und das Sich-Binden, das entsprechend als ein Redire anzusehen ist, kommen in diesem Prozeß in einem widersprüchlichen Konvenire überein. Berücksichtigt man dieses durch das Zwischen-Sein des Menschen sich vollziehende Überschreiten nicht, dann übersieht man das Weghafte und legt den Menschen einseitig auf ein fixes Heimischsein fest.

Die Kategorie des ‚Anderen' beim Wandern in der Natur ist daher primär innerstrukturell als Anderes im Eigenen zu deuten. Der Wanderer erweist sich als *Einwohner*, der bei sich selbst einkehrt und in sich als Anderes im Eigenen wohnt. Dies trifft auch dann zu, wenn er faktisch mit anderen Menschen gemeinsam wandert. Weil jeder auf seinen eigenen Weg achten und jeweils seinen Schritt dem ‚Gelände' anpassen muß, wenn er nicht stolpern und fehltreten will, wird der Andere in seiner konkreten Anwesenheit in die Innerlichkeit des Menschen hineingezogen und wohnt nun als intentional Gegebener dem Menschen ein. Der Wanderer ist daher nicht nur in Bezug auf sich selbst Einwohner, sondern er macht beim Wandern den anderen Menschen oder den Ganz-Anderen, d. i. Gott, ebenfalls zu diesem. Konsequenterweise kann dies auch dann geschehen, wenn er allein unterwegs ist.

Das Ins-Auge-Sehen verwandelt sich dabei in ein *Einsehen*, bei dem der Wanderer das Bild eines Mitmenschen vor seinem inneren geistigen Auge präsent hat und ihm in seinen Gedanken bei jedem Schritt nachgehen kann. Wie er sich selber in seiner Andersheit begegnen kann und dadurch zum Eigenen findet, kann er hier zum Anderen gelangen, indem er das, was zwischen ihnen steht, geistig durcharbeitet und vielleicht sogar bewältigt. Die im Wandern sich vollziehende Katharsis des Heim-weg wird dann zu einer des Heim-zum-Mitheim.

b) Das Streifen

Die Bedeutung des Gehens auf der Straße läßt sich primär durch die Untersuchung des Bedeutungsgehaltes der Straße aufweisen. Sie ist im Unterschied zum Weg in der Natur ein von Menschenhand angelegter Weg, ein Weg der Kultur. Der asphaltierte Weg zwischen zwei abgelegenen Bauernhöfen kann ebenso eine Straße genannt werden, wie die Gasse eines Dorfes, die Landstraße, Autobahn oder Nationalroute. Dies hat seinen Grund in ihrer Funktion, die man mit Linschoten folgendermaßen benennen kann:

> „Straßen entstehen dort, wo man Ursache hat mit Andern Beziehungen anzuknüpfen, wo man also schon eine gewisse Kultur hat. Der Verkehr bereichert nun diese Kultur und prägt die Straßen ein. Kultur setzt Straßen, Straßen setzen Kultur voraus (..). Straßen verknüpfen Dörfer, Städte, Länder und Kulturen zu immer umfassenderen Einheiten."[20]

---

[20] Linschoten: Die Strasse und die unendliche Ferne, 246.

Die Bedingung des Entstehens einer Straße ist ein bereits verwirklichtes Wohnen des Menschen in einer Kultur, für die das In-Beziehung-Treten mit weiteren Einheiten notwendig, sei es z. B. zum Gütertausch, oder belebend, wie etwa zum Kennenlernen von Fremdem und Neuem, ist. Auf diese Weise entsteht der Möglichkeit nach ein Beziehungsgeflecht zwischen Subeinheiten, das in dem Wort Straßennetz zum Ausdruck kommt. Die Straße verhindert die Isolation oder Absonderung einer menschlichen Wohngemeinschaft und integriert sie in das Insgesamt menschlichen Miteinanders. So ermöglicht sie, wie Linschoten fortfährt,

> „(...) den *geregelten* Verkehr; sie entsteht auch durch den *regelmäßigen* Verkehr. Sie macht ihn bequem. Ebnung und Steinbelag erleichtern den Gütertransport; sie veranlassen den Menschen ‚einmal da oder dort hinzugehen', es ist ein bequemer Weg, eine geringe Mühe. Die Straße besiegt Hindernisse, fördert den Verkehr, sie öffnet den ‚Weg zum Mitmenschen'."[21]

Wer querfeldein läuft, kann sich verlaufen. Wer auf der Straße geht, erreicht sein Ziel. Er folgt rasch dem Straßenverlauf und überwindet dabei leichten Fußes die Distanz. Er muß sich nicht nach den Himmelsrichtungen orientieren, sondern ihm genügt, wenn er sich nicht auskennt, ein Blick auf die Karte und das Straßenschild. Die vorgegebene Richtung bedeutet eine Regelung, die sein Gehen und Fahren und das seiner Mitmenschen erleichtert. Gemeinsam geraten sie in den Sog der Straße, der sie zueinander zieht, indem er den Menschen als Heim-zum-Mitheim zum anderen hin öffnet.

Die Straße ermöglicht es, in Beziehung zu einem Mitmenschen zu treten. Sie macht den Weg frei, durch den der Blick auf den Anderen aus dem fernen Irgendwo in die erreichbare Nähe im Dort gelenkt werden kann. Man hat zu ihm über die zielgerichtete Linearität der Straße eine Verbindungsstrecke, die seine Präsenz in der Abwesenheit in den Möglichkeitsraum des Begegnenkönnens hineinzieht. Die in der Antizipation vorweggenommene Ankunft täuscht über die Notwendigkeit des Gehenmüssens hinweg: man ist bereits Dort, obschon faktisch im Hier.

Geht man allerdings aus dem Haus, etwa um – wie in dem Beispiel oben angeführt – Brötchen einzukaufen, dann können sich in diesem zielgerichteten Gehen die Wege kreuzen. Ein Mitmensch kommt vorbei, man blickt sich an, man erkennt sich, und es erfolgt ein Gruß. Gelegentlich erwächst daraus ein kurzes Gespräch, der Austausch von Höflichkeiten und Floskeln. Ein intensives Miteinanderreden läuft dem Charakter der Straße, die nicht Selbstzweck, sondern bloßes Mittel ist, entgegen. Es widerspricht folglich ihrem Wesen, Verbindung zu sein und darin Bindung zu ermöglichen und nicht sie realisieren zu wollen.

Und es entspricht ihrem anderen Wesenszug, keine Rast zuzulassen und Einhalt und Ruhe zu schenken, sondern nur ein Stehenbleiben, eine kurze Unterbrechung auf dem weiteren Weg hin zum Ziel zu gewähren. Beim Gehen auf der Straße setzt sich der Mensch nicht auf dem Bürgersteig nieder und vertieft sich mit einem Vorübergehenden in ein Gespräch, sondern er unterbricht höchstens seinen Gang, wechselt einige Worte und läuft danach nur noch schneller weiter.

---

21 Ebd.

Das Sich-Begegnen auf der Straße ist folglich das im leiblichen Sich-Bewegen erfolgende *Streifen* zweier Menschen, das im Vorbeigehen realisiert wird. Es ist ein flüchtiges Berühren, bei dem der Mitmensch als *Gestreifter* sein Unterwegssein ebensowenig unterbricht wie der *Streifende* und das Ins-Auge-Sehen in einem *Zu-Blinzeln* zum Vorschein kommt. Diese Weise der Begegnung geschieht nicht um des Miteinander willen, ist der Mensch doch bereits an seinem Ziel, wenn er am Anderen vorübergeht. Das Stehenbleiben und der kurze Blick heben diese Flüchtigkeit im Unterwegssein nicht auf, sondern sie bringt diese Eigenart nur noch deutlicher zum Vorschein.[22]

Will man die Begegnung des Anderen in Intensität und Intimität, überbrückt die Straße die Distanz. Man läuft die Straße entlang, klingelt an diesem Haus, tritt ein und die Tür fällt ins Schloß. Das Haus an der Straße läßt die Straße selbst hinter sich. Es zieht den anderen zu sich hinein und öffnet das Wohnen auf den Anderen hin. Und hier verwandelt sich das Sich-Bewegen in ein auf den Menschen Eingehen. Er hört, wo gesprochen wird. Er sieht ins Auge, wo gesehen wird. Die Begegnung kann gelingen, wenn der Mensch nicht zu weit geht und darüber unbefugt die Grenze des Mitmenschen überschreitet, wenn er also nicht in anderen Eigenraum vordringt und verletzt, wo er öffnen und vertiefen könnte.[23]

Der Mensch, der sich selbst als Heim-zum-Mitheim gehend verwirklichen will, benötigt daher die andere Seite seiner selbst, das Vertrauen, durch das er sich selbst und dem anderen angemessen zutraut, was beiden ‚traut‘, also gemeinsam ist. Hier wird das wechselweise Zusammengehören der menschlichen Doppelstruktur erneut sichtbar: zum Gehen auf den gewohnten und geregelten Bahnen des alltäglichen Lebens der Straße gehört ein Wohnen im Eigenraum und im Haus, das diesem in seiner Eigenart entgegensteht und den anderen an sich bindet.

---

22 Das Gesagte berührt sich, wenn man die Wertperspektive unberücksichtigt läßt, mit dem, was Nicolai Hartmann in dem Abschnitt „Vorbeigehen“ in der Einleitung seiner *Ethik* anspricht: „Vorbeigehen am Menschen, Vorbeigehen am Gemeinwesen, Vorbeitreiben am weltgeschichtlichen Augenblick – das ist dasselbe Gesicht desselben Ethos, dasselbe Leerausgehen, dieselbe Selbstverurteilung und Selbstvernichtung. Es ist dieselbe Wertblindheit und Wertvergeudung.“ Hartmann: Ethik, 14.

23 Auch bei der Verstiegenheit geht der Mensch zu weit – allerdings auf sich selbst und nicht auf den Mitmenschen bezogen. So beruht es für Ludwig Binswanger „auf einem bestimmten Mißverhältnis vom Steigen in die Höhe und Schreiten in die Weite“, steht es doch für das „unverhältnismäßige Überwiegen der Höhe der Entscheidung über die Weite der ‚Erfahrung‘.“ Vgl. dazu: Ludwig Binswanger: Drei Formen mißglückten Daseins. Verstiegenheit, Verschrobenheit, Manieriertheit. Tübingen 1956, 1 und 7.

c) Das Einsitzen

Beim Fahren auf der Straße realisiert der Mensch sein Sich-Bewegen in der Weise des Bewegtwerdens. Er setzt hier nicht einen Fuß vor den anderen, sondern sitzend wird er an der Welt vorübergezogen. Er ist ein Häftling, der allein oder mit weiteren Insassen im Innenraum des Fahrzeugs vom Rausch der Geschwindigkeit gefangen ist. Konnte man beim Gehen auf der Straße einen anderen Menschen streifen, entgleitet er nun ins Unsichtbare. Wie Punkte in rascher Abfolge für das Auge zu einem einzigen zusammenschmelzen, löst sich dem Blick die Präsenz des Anderen in der Rasanz seines Vorüberziehens auf. Er gehört einer flüchtigen Welt an, abgeschirmt und ohne Kontakt zur Innenwelt des Fahrzeugs.

Paul Virilio, dessen essayistisches Denken die Geschwindigkeit zum Hauptthema hat, schildert ihre Wirkung recht drastisch:

> „Doch dies Flimmern der Geschwindigkeit führt zum vorübergehenden Erblinden, zum blinden Passagier. Die Reise wird zur Strategie der Verschiebung, zum reinen Pro-jekt, zu einem Gleiten des Gefühls, des Takts und der Taktik, von der Erfahrung zur strategischen Übung. So kurz sie auch sein mag, die Fahrt von einem Ziel zum anderen, von einer Stadt zur anderen wird zum bloßen Unwohlsein des Wartens auf die Ankunft, die Weltreise wird zur Herzbeschwerde.“[24]

Das schnelle Fahren auf der Straße, dem sich kein Fahrer entziehen kann, wenn er sein Fahrzeug auf Schnellstraßen und Autobahnen steuert, führt zu einem Verlust des Sehens und zu einem Verlust des unmittelbaren Erfahrens. Das bedeutet, daß die an die Leiblichkeit gebundenen Weisen sinnlichen Erfassens der Wirklichkeit auf die spezifischen Erfordernisse beim Fahren zugeschnitten werden. Das beim Streifen mögliche Zu-Blinzeln verwandelt sich in ein *Erblinden*, das nur noch die Vor- und Nachsicht des Verkehrs gewährt und alles andere ins Dunkle verschwinden läßt. Auffahrende Wagen werden rasch hinsichtlich ihrer Geschwindigkeit kontrolliert, vorausfahrende auf ihren Abstand kritisch überprüft.

Die Kategorie des Anderen, die an einen Ort gebunden ist, findet sich hier nicht. Sie findet sich nur im ortsunspezifischen Irgendwo, wo der Andere ein ins Unsichtbare Entlassener ist, den der Häftling in seiner Blindheit nicht sehen kann. Der Passagier, „jener flüchtige Bewohner des Nicht-Ortes der Geschwindigkeit“, wie ihn Virilio bezeichnet,[25] ordnet sich und seinen Leib völlig dem Tempo unter und verliert dabei sich und seinen Mitmenschen buchstäblich aus dem Auge. Die Begegnung läßt sich daher nicht in einem Einwohnen oder Streifen verwirklichen, sondern in einem *Einsitzen.* Eingesperrt im Fahrzeugraum ist er der Gefangene einer rasanten Welt, dessen Möglichkeit des Sich-Begegnens in dieser Selbstbezogenheit des Eingesperrtseins realisiert wird.[26]

---

24 Virilio: Fahrzeug, 25.

25 Ebd., 39.

26 Virilio deutet ihn daher als einen „autistischen Autofahrer“. Ebd., 34.

Daran ändert das Mitfahren weiterer Personen prinzipiell ebensowenig, wie das Halten an einem Rastplatz. Will der Fahrer die Sicherheit der Fahrzeuginsassen nicht gefährden, muß er sich auf den Verkehr konzentrieren und kann nur punktuell, wenn es ihm im Sog des Fahrens erlaubt wird, den vermeintlich Anderen wahrnehmen. Und hier sieht er ihn nicht, verschmilzt doch das Wahrnehmen im Punktum sofort mit der Totalität der Vor- und Nachsicht. Diese Paradoxie der gleichzeitigen An- und Abwesenheit, die im Verschwinden zusammenläuft, findet sich auch am Rastplatz. Diese dient, wie der Boxenstop beim Autorennen, ausschließlich einer kurzen Unterbrechung der Fahrt, sei es zum Auftanken oder Erfrischen, dem die Beine vertreten oder dem Gang zur Toilette. Sobald der Zweck des Anhaltens erfüllt ist, geht die Fahrt weiter.

Linschoten überträgt diesen vom Ziel her zu verstehenden Charakter der Straße auf den menschlichen Lebensweg: „Jedes Ziel wird dann zum vorläufigen Ruhepunkt; das Bleiben wird zur Pause, zur kurzen Rast, nach der man um so schneller weitergeht. Die Beschränktheit seiner Möglichkeiten zwingt den Menschen dann und wann still zu stehen und seine Fahrt zu verlangsamen. Man gibt sich der Ruhe nicht hin um der Ruhe willen, sondern als Vorbereitung zu neuer Fahrt nach neuem, vorläufigen Ziele.“[27]

Der Mensch ist aus dieser Sicht ein Wesen, für den das Sich-Ausrichten auf Ziele konstitutiv ist. Jedes erreichte Ziel treibt den Menschen über dieses Ziel zum nächsten hinaus, oder in den Worten Linschotens, *„jede Zielsetzung überschreitet schon das in ihr gesetzte Ziel.“*[28]

Hier wird deutlich, daß Linschoten den Menschen primär in seinem Weghaften zu deuten versucht, der durch ein permanentes Überschreiten zu kennzeichnen ist. Für Linschoten macht daher die „unendliche Transzendenz der Zielsetzungen (...) den Weg zum Symbol eines ewigen Unterwegsseins.“[29] Dieser Deutung würde ich zustimmen. Allerdings muß vom Menschen als Heim-weg her der Weg in seinem Zusammenhang mit dem Haus gesehen werden. So ist entsprechend dieser Doppelstruktur der Mensch zwar einerseits gehend oder fahrend auf der Straße unterwegs, worin eine spezifische Welt-Mensch-Deutung begründet wird, andererseits lebt er nicht allein auf der Straße, sondern wohnt in sich und in einer Wohnung. Zwischen diesem unaufhebbaren Spannungsverhältnis ist der Mensch ausgespannt und tendiert, je nach geistiger Situation einer Zeit, kulturell bedingter Einstellung oder persönlichem Charakter, stärker zu dieser oder jener Seite.

Beim Fahren auf der Straße ist daher, analog zum Gehen auf der Straße, das Haus in den Blick zu nehmen, das der Straße den Rücken zukehrt. In ihm kann, wie gesagt, die Weise der Begegnung stattfinden, bei der das Ins-Auge-Sehen, der Händedruck, das Zuhören, das Sprechen, Versprechen und Eingehen und das innere Beteiligtsein realisiert wird. Die Unendlichkeit der Zielsetzungen wird dadurch in ihrer Bezogenheit auf die menschliche Endlichkeit gesehen, die den einzelnen angesichts des Anderen aus der

---

27 Linschoten: Die Strasse und die unendliche Ferne, 250.

28 Ebd. Linschoten verweist in diesem Zusammenhang auf Simone de Beauvoir, die denselben Standpunkt vertritt. So schreibt sie: „Le but n'est but qu'au fond du chemin; dès qu'il est atteint, il devient un nouveau départ“. Pyrrhus et Cinéas, Paris 1944, 28 (zit. n. Linschoten, 250).

29 Ebd.

Linearität herausbricht, ihn quer zur Zeit stellt und ihn dazu auffordert, Vertrauen einzulösen und sich als Heim-zum-Mitheim zu bewähren.

d) Das Spinnen

Das Surfen im Netz ist eine erst in jüngster Zeit hervorgebrachte Weise, wie der Mensch sein Sich-Bewegen einlöst. Während der Mensch beim Wandern seinen Fuß dem Gelände anpaßt und die Natur unmittelbar leiblich erfassen kann, nimmt das mit den Sinnen Erfahrbare mit der Zunahme der Geschwindigkeit und der Steigerung des Bewegtwerdens beim Gehen und Fahren ab, bis es schließlich beim Surfen im Netz im Punktum des Nichts auf das Minimum reduziert wird. Denn der Mensch, der sich im Netz aufhält, bewegt höchstens die Finger einer Hand, wenn er vor dem Bildschirm sitzt und die ‚mouse' und die Tastatur bedient, und er bewegt darüber hinaus mechanisch seine Augen, wenn er die Botschaft auf dem Monitor verfolgt.

Im elektronischen Raum des Netzes, diesem funktionellen Verbund aus digitalisierten Informationen, intendiert der Mensch ein Verschalten und Umleiten von Datenströmen. Auch der Andere begegnet ihm in diesem Informationengewebe. So ist im Zuge der weltweiten Vernetzung heutzutage ein Gespräch in den sog. Chatrooms des Internet möglich. Dazu loggt man sich auf einer „Internet Relay Chat-Adresse" ein und führt hier mit einem Partner, von dem man nur ein von ihm gewähltes Pseudonym kennen muß, ein Gespräch. Dieses ist öffentlich, kann also von jedem, der sich auch in demselben Kanal aufhält, mitverfolgt werden. Das Gespräch läuft in ‚Echtzeit' ab, wodurch die Eingaben des Senders am eigenen PC direkt auf dem Monitor des Empfängers gelesen werden können, der wiederum sofort antworten kann.[30] Menschen treffen sich in solchen Chatrooms, sie führen Gespräche am Bildschirm miteinander, lernen sich am Bildschirm kennen und lieben und beschließen zu heiraten.

Versucht man die Spezifik dieser Weise der Begegnung mit einem Mitmenschen zu benennen und zu kennzeichnen, läßt sie sich weder als ein Einwohnen noch als ein Streifen oder Einsitzen fassen, sondern als ein *Spinnen*. Diese Bezeichnung soll zum Ausdruck bringen, daß der Einzelne sich in dieser Bewegungsart als Vernetzer versteht, der seine Fäden selbst spinnt und mit ihnen den anderen an sich bindet. Durch diese „Fäden der zwischenmenschlichen Relationen hindurch" werden Informationen erzeugt, gespeichert und übermittelt.[31] Der Mensch ist dergestalt ein *Spinner*, der seine Fäden verknotet, den Anderen dadurch heranzieht und nun Faden für Faden ein dichtes Netz

---

30 Für diese zweiseitige Schaltung hat Vilém Flusser den Begriff der „telematischen Schaltung" gewählt. Diese dialogisch geschalteten, zweiseitigen Kabel erlauben es den Benutzern, zugleich zu empfangen und zu senden. Diesen Begriff unterscheidet Flusser von der „faschistischen Schaltung", bei dem es zentrale Sender gibt, die die Bilder bündelweise in die Privaträume der Empfänger dringen läßt. Vgl. dazu: Vilém Flusser: Bern, 1988, 37. In: Zwiegespräche, 34–40.

31 Vgl. Flusser: Vom Subjekt zum Projekt, 49. In: ders.: Vom Subjekt zum Projekt. Menschwerdung. Bensheim und Düsseldorf 1994, 75–88.

erstellt: In diesem wird der Andere so lange kunstvoll eingesponnen, bis er als *Gespinst* seine Konkretion findet.

Der Mitmensch wird so zu einem gedanklichen Gebilde, ohne Fleisch und Blut, ausschließlich durch Datenströme erzeugt. Er ist in eine Informationsmenge verwandelt, sein Körper ist verschwunden, wodurch der Mensch sich von den ihm auferlegten Bindungen lösen kann und sich, wie z. B. Vilém Flusser behauptet, auf den wir uns unten beziehen, das Feld seiner Freiheit öffnet. Er kann nämlich als ein Knotenpunkt im Netz Beziehungen zu demjenigen aufnehmen, zu dem er möchte, also Wahlverwandtschaften eingehen und Blutsverwandtschaften hinter sich lassen.[32]

Der Mensch, der in dieser Weise agiert, realisiert das Weghafte seiner konstitutionellen Verfaßtheit in seinem Vermögen der Informationsvermittlung. Der Andere ist dadurch kein leibliches Gegenüber, den er sich mit all seinen Sinnen nähern kann, sondern als ein Gespinst ein Gewebe, den man an sich heranziehen kann. Das Sehen wird zu der Ansicht, die nicht wie das Einsehen in die Tiefe vordringen will, sondern sich auf der Oberfläche bewegt. Hier wird der Andere in der Distanz als Anderer weggerückt und in die Unerreichbarkeit konkreten Handelns versetzt. Alle seine Erlebnisse und Empfindungen, sein Schmerz und sein Leiden sind in dem Ansichthaften des Sehens in eine Fernsicht verwandelt, bei der sogar noch seine Gefahr in der Sicherheit des Abstandhabens in den Genuß des Spinners verwandelt werden kann. Hans Blumenberg hat diese Haltung unter Bezug auf Abbé Galiani in seiner Untersuchung *Schiffbruch mit Zuschauer – Paradigma einer Daseinsmetapher* folgendermaßen geschildert:

> „Erst nachdem den Zuschauern ihre sicheren Plätze angewiesen sind, kann sich vor ihnen das Schauspiel der Gefährdung des Menschen entfalten. Diese Spannung, diese Distanz kann nicht groß genug sein: *Je sicherer der Zuschauer dasitzt und je größer die Gefahr ist, die er sieht, um so mehr wird er sich für das Schauspiel erwärmen.*“[33]

Auch beim Surfen im Netz wird die Dringlichkeit der Erzählung der menschlichen Doppelstruktur sichtbar. Denn wäre der Mensch ausschließlich auf diesem Weg und der ihm eigenen Weise der Begegnung als Spinnen unterwegs, würde er seine Struktur auseinanderbrechen, sich auf das Weghafte seiner selbst fixieren und in der Gefahr stehen, sich die neuen Erkenntnisse nicht einzuverleiben und sie gemäß der im Heim liegenden Tendenz zur Vertiefung von Bindung einzulösen. Der Surfer wäre statt dessen davon überzeugt, daß der Nächste ihm im Chatroom ‚wirklich‘ näherkommt, daß sein Gefühl zu ihm tiefer wird und sein Leben ihn zutiefst anrührt.[34]

---

32 Vgl. dazu das Kapitel „Familien entwerfen“ in Flussers Untersuchung *Vom Subjekt zum Projekt*, 75–88.

33 Hans Blumenberg: Schiffbruch mit Zuschauer – Paradigma einer Daseinsmetapher. Frankfurt am Main 1979, 39.

34 Diese Art des Einlösens des menschlichen Heimischseins lag vermutlich auch bei der allgemeinen ‚Betroffenheitswelle‘ vor, die die Nachricht vom Tode Dianas in England auslöste. Man hatte hier den Eindruck, daß der Tod einer Fremden, die man nur kraft der Wirkmächtigkeit der Bilder, insb. im Fernsehen, zu kennen glaubt, vielen ‚näher‘ ging als z. B. der Tod eines Bekannten oder gar Verwandten.

3. Der Mensch auf den Wegen zum Anderen

Der Mensch ist ein Heim-zum-Mitheim. Aufgrund der heimischen Seite seines Wesens steht er als ein Unterwegs-im-Vertrauen von vornherein in einer wesentlichen Beziehung zum Mitmenschen. Verwirklicht er sie nicht, steht er in der Gefahr, in seinem Haus zu verhärten. Verwirklicht er diese Beziehung in seinem Leben, getraut er sich selbstbewußt auf einen anderen Menschen zuzugehen und sich ihm anvertrauend zu öffnen. In der beidseitigen Treue erweisen beide ihre Vertrauenswürdigkeit, die – christlich gedacht – in der Trauung zweier Liebenden ihren höchsten Ausdruck findet. Weil Vertrauen allerdings das Mißtrauen stets mit sich führt, kommt es konstitutionell bedingt immer wieder zu einem Konflikt zwischen beiden Seiten, bei dem das Vertrauen als Primärphänomen die Oberhand gewinnen will.

Aufgrund der weghaften Seite seines Wesens kann der Mensch als ein Heim-im-Gewohnten den Bezug zum Mitmenschen auf verschiedenen Wegen einlösen, die als Einwohnen, Streifen, Einsitzen und Spinnen gekennzeichnet wurden. Vermeidet er es allerdings, diese Weisen des Sich-Begegnens einzugehen, steht er in Gefahr, sich bei seinem Gehen zu verflüchtigen. Der Wandel der Bezugnahme auf dem jeweiligen Hauptweg bedeutet zugleich einen grundlegenden Wandel der Struktur zwischen Ich und dem Anderen. An die Stelle des Ichs kann daher nicht bloß der Einwohner, der Gestreifte, der Häftling und der Spinner rücken und – in Entsprechung – an die Stelle des Anderen der Einwohner, der Gestreifte, der ins Unsichtbare Entlassene und das Gespinst, bliebe dieses Verfahren doch lediglich äußerlich, weil es eine Leerstelle jeweils neu ersetzen würde, ohne die zwischen den Relata zum Ausdruck kommende Relation in ihrer Spezifik zu erfassen.

Beim wandernden Einwohnen erscheint der Andere, der nicht nur der andere Mensch, sondern auch der ganz Andere, Gott, sein kann, primär nicht als ein konkretes Gegenüber, sondern er wird im Einsehen des Ichs intentional erfaßt. Die Andersheit des Anderen, die in seinem geistig-emotionalen Akten in der Vermittlung der leiblichen Bewegung verarbeitet wird, wird dergestalt in das Insgesamt des Fühlens, Wollens und Denkens des Wandernden integriert. Der Mitmensch zeigt sich aus dieser Sicht als ein Anderer im Eigenen, wodurch der im Wandern sich vollziehenden Kreisbewegung entsprochen wird.

Beim Gehen auf der Straße findet die Begegnung, streng genommen, nicht zwischen einem Ich und einem Anderen statt, sondern zwischen Mensch und Mensch. Denn das im Zu-Blinzeln realisierte flüchtige Ins-Auge-Sehen geschieht zwischen zwei sich Streifenden, wodurch jeder zum Gestreiften wird. In diesem Vorbeigehen ist es daher nicht möglich, die Begegnung an die eine oder andere Seite der Beziehungsrelation als Mitte zu binden, wird sie doch auf einer Ebene stehend von beiden eingelöst. Das Ich erweist sich hier ebenso als Anderer, wie sich der Andere als Ich erweist. Die im Gehen sich

---

den Eindruck, daß der Tod einer Fremden, die man nur kraft der Wirkmächtigkeit der Bilder, insb. im Fernsehen, zu kennen glaubt, vielen ‚näher' ging als z. B. der Tod eines Bekannten oder gar Verwandten.

vollziehende lineare Ausrichtung wird gleichsam von zwei Seiten eingelöst, wodurch die qualitative Unterscheidung zwischen Ich und Anderem überflüssig wird.

Beim Fahren auf der Straße wird der Fahrer vom Sog der Geschwindigkeit in den Innenraum seines Fahrzeugs hineingezogen und eingesperrt. Das im Zuge seiner Gefangennahme geschehende Erblinden macht es unmöglich, daß er seinem Mitmenschen ins Auge sehen kann. In seinem Einsitzen wird der Häftling auf die Welt seiner Zelle zurückgeworfen, aus der der Andere ins Unsichtbare entlassen ist. Die Relation zwischen Ich und Anderem wird aufgebrochen und das Ich zur alleinigen Bezugsgröße gemacht. Im Unterschied zum Wandern in der Natur tritt er darin allerdings nicht sich selbst und dem Anderen gegenüber, verhindert seine Blindheit doch über eine Inblicknahme des Anderen hinaus auch eine Inblicknahme des Eigenen.

Beim Surfen im Netz ist der Körper des Anderen verschwunden. Er wird zu einer Datenmenge, zusammengesetzt aus Informationsfäden, die am Bildschirm als seine Ansicht erscheinen. In dieser Weise zeigt er sich in seinem Gespinsthaften als ein gedankliches Gebilde, das jenseits der Heimwelt im Ortlosen seinen ‚Raum' hat. Eine Begegnung geschieht bei dieser Weise des Gehens in dem wechselweisen Spinnen und Auswerfen von Fäden: das Ich macht den Anderen zu seinem geistigen Entwurf und gibt ihm in dieser Projektion wiederum die Möglichkeit eine Umkehrung vorzunehmen, wodurch der Andere, zum Ich geworden, nun den für ihn anderen in sein Netz einspinnen kann.[1]

Überblickt man diese Weisen des Gehens und die ihnen entsprechenden Weisen des Sich-Begegnens, dann steht die jeweilige Gangart in ihrer Spezifik zugleich für jeweils eine gewohnte Bahn, in der der Mensch auf seinen Mitmenschen zu- und eingeht. Zusammen spiegeln sie das Spektrum der sittlichen Verhaltungen der Gemeinschaft, das Ethos, wider. Auf keinem dieser Wege lebt der Einzelne ausschließlich, sondern zumeist haben sie nebeneinander in seinem Leben Geltung. So kann ein Mensch aus dem Haus treten, die Tür schließen, beim Bäcker Brötchen einkaufen, zurückkehren, sich in seinen Wagen setzen, das Regal beim Baumarkt kaufen, zurückkehren, in sein Haus eintreten, den Computer einschalten und sich per *tele-shopping* einen Pullover schicken lassen, die Wanderschuhe anziehen und sein Haus zum Wandern verlassen. In Entsprechung kann er in jeweils differierender Weise sich zu sich und zu seinen Mitmenschen verhalten. Andererseits übernimmt der Mensch, auch wenn er keine dieser Gewohnheiten innerhalb einer gewohnten Bahn ausschließlich lebt, eine in ausgezeichneter Weise, macht sie zu seiner Haltung bzw. Lebenseinstellung und ordnet die anderen dieser unter. Die Übernahme ist – und hier betreten wir das Feld der Soziologie – u. a. abhängig vom Alter, der sozialen Schicht und der Bildung.

Eine Gewichtung der verschiedenen Weisen des Sich-Begegnens läßt sich von der Deutung des Menschen als Heim-weg her vornehmen. Zwei Thesen leiten den Gedan-

---

1 Bewußtseinsgeschichtlich betrachtet vollzieht sich in der Gegenwart eine durch Nietzsche vorbereitete Wende, die man im Unterschied zu Ludwig Feuerbachs anthropologischer Wende transanthropologisch nennen kann. Während Feuerbach in Kritik an Hegels spekulativer Philosophie des absoluten Geistes Gott als eine Projektion des Menschen versteht, deutet der Mensch heutzutage sich selbst als ein Projekt, das es zu entwerfen gilt.

kengang. Erstens: Entsprechend der Reihenfolge der genannten Begegnungsarten besteht ein Fundierungsverhältnis: Die ‚Späteren' haben die sachlich Frühere, das beim Wandern sich vollziehende Einwohnen, zu ihrer Voraussetzung. Zweitens: Freiheit geschieht im Konflikt zwischen Gewohntem und Ungewohntem.

Ich beginne mit der zweiten These. Betrachten wir das Einwohnen, das Streifen, das Einsitzen und das Spinnen in der genannten Reihenfolge, dann läßt sich bei diesen Etappen eine zunehmende Einbindung des Menschen in die herrschende Sitte feststellen. Je stärker er bewegt wird und je mehr der Körper verschwindet, desto weniger begegnet der Mensch seinem Mitmenschen in selbstbestimmter Weise. Er beugt sich dem Druck der Gewohnheit und geht mit ihm, entgegen seiner ihn täuschenden Selbstwahrnehmung, konform.[2] Das bedeutet: Auch wenn der heutige Mensch von sich den Eindruck hat, sich endlich aus all den ihn fesselnden Bindungen befreit zu haben und nun sogar Wahlverwandtschaften eingehen zu können, unterliegt er dabei einem Selbstbetrug. Er erkennt nicht, daß die Freiheit Ungewohntes voraussetzt. Dieses Ungewohnte ist nicht von Außen, in der Fülle an Informationen zu finden, sondern in der Besinnung des Menschen, die ihn im Insichgehen im Haus möglich ist. Hier kehrt er sich in seiner Einsamkeit von der herrschenden Moral ab und vermag kraft der Beweglichkeit seines Geistes, allererst einen neuen Weg in den Blick zu nehmen und seinen Sinn zu finden.

Das im Wandern sich vollziehende Einwohnen gewährt diese Loslösung. Der Mensch läßt sich nicht vom Sog der Geschwindigkeit mitreißen und verliert sich nicht in seinen geistigen Ausflügen, sondern sein Schritt entspricht seiner leiblichen Verfaßtheit. Er ist ihm gemäß, befreit ihn von seinem Mitlaufen und macht ihn dadurch für den Anderen frei. Die Freiheit des Menschen vollzieht sich in dieser Auseinandersetzung zwischen Gewohntem und Ungewohntem. Als ein Heim-im-Gewohnten hat sich der Mensch einerseits an die im Rahmen einer sozialen Gemeinschaft bestehende Sitte gewöhnt und sich an sie gebunden, andererseits vermag er sich als Einzelner geistig von ihr zu distanzieren und eine neue Bahnung vorzunehmen.

Und hier hat die erste These ihren Ort. Sie bringt zum Ausdruck, daß das Einwohnen die Bedingung der Möglichkeit für die anderen Begegnungsarten ist. Negativ gesagt: Ein Mensch, der nicht wandert, verliert sich in den Vorschriften einer, seiner Gesellschaft. Sein Gehen kommt zum Stillstand, weil es sich nicht in der steten Auseinandersetzung mit dem Anderen seiner selbst eigentätig voranbewegt, sondern sich von der äußeren Bewegung mitreißen läßt. Er realisiert sich nicht als Eigenraum, wodurch sein Leib mit der ihm eigenen Gesundheit verschwindet. Positiv gewendet: Ein Mensch, der wandert, bahnt sich seinen eigenen Weg, der abseits des Üblichen liegt. Kehrt er von diesem zurück und betritt die Straße, um im Streifen oder Einsitzen dem Anderen zu begegnen, dann können diese Weisen des Sich-Begegnens nicht die Macht über ihn gewinnen. Sie werden in der ihnen je eigenen Bedeutung sichtbar und erweitern die Pa-

---

2 Virilio verweist unter Rückgriff auf Kafka darauf, daß „der Reiz der hohen Geschwindigkeiten die Identität zugunsten der Konformität herab(setzt): am Ende legen das Kino, die Kinetik, dem Auge eine Uniform an. Die Einlinigkeit und Einförmigkeit begleiten die Eroberung des neuen und letzten Kontinents, des Kontinents der Geschwindigkeit." Fahrzeug, 24.

lette der Möglichkeiten des Miteinanderumgehens. Eine Verabsolutierung der jeweiligen Begegnungsart findet nicht statt, haben sie doch im Leib als dem Insgesamt menschlicher Vermögen die Instanz, in dem sie integriert werden können.

Hier kann kurz das Problem des Zusammenhangs zwischen Wahrheit und Gewohnheit angedeutet werden. Wichtig ist dabei die Warnung Heideggers. In seiner zweisemestrigen Vorlesung *Was heisst Denken?* warnt er im Kontext seiner eigenwilligen Auslegung des Spruches des Parmenides den Denker vor „dem gewöhnlichen Weg der Sterblichen“. Das will sagen, er warnt ihn davor, „das gewöhnliche Meinen, das über alles und jedes sein Urteil schon fertig hat, für *den* Weg des Denkens zu halten, gleich als ob das Allgemeingültige und die Gewöhnung in „dieses schon das Wahre sein müßte.“[3] Kommt die Gewohnheit in der Gestalt von „Geschwätz“ und „bloße(m) Daherreden“ einher, schränkt sie den Logos ein und verhindert das Vernehmen und Aufnehmen der „Zwiefalt von Seiendem und Sein“.[4]

Das Wahre kommt dann in den Blick, wenn der Mensch nicht innerhalb der gewohnten Bahnen sitzen- oder stehenbleibt und es darin bestätigt, sondern sich in Bewegung setzt und darin sein leibliches Gehen und seine geistige Beweglichkeit einlöst. Beim Wandern in der Natur kommen, wie gesagt, diese beiden Seiten zusammen. Hier wendet sich der Mensch vom Gewöhnlichen ab und versucht, sich seinen eigenen Weg zu bahnen. Dazu ist er auf die Hilfe der Vernunft angewiesen, da ihre Gewohnheiten weniger tief in den Menschen eindringen als die der Sinne und der Emotionen. Anders gesagt: Im Menschen als Heim-weg ist das Gewohnte und der Stachel des Ungewohnten aufeinander bezogen. Aufgrund seines Heim-seins hat er latent in sich die Tendenz auf eine Bindung, durch die er sich gehend im Gewohnten zugleich von diesem Schritt für Schritt lösen und entfernen kann.

Will man folglich an Wahrheit festhalten, dann benötigt man die geistige Haltung, die im Wandern ihren Ausdruck findet. Wahrheit ist für den in dieser Weise Gehenden keine absolute Größe, sondern sie ist seine Perspektive, die sich ihm bei jedem Schritt darbietet. Alles was ist, ordnet sich unter den Anblick des in der Mitte befindlichen Wanderers herum an, wodurch Wahrheit in die Vielfalt der Perspektiven aufgefächert wird, ohne dabei in einem bloßen Relativismus auszuarten.

Diese Art der „Sinnwahrheit“, wie man sie im Anschluß an Friedrich Kaulbach nennen kann,[5] ist unhintergehbar, wenn man sinnvoll den Bezug zum Mitmenschen denken

---

3 Martin Heidegger: Was heisst Denken? 4. Aufl. Tübingen, 1944, 121. Heidegger bezieht sich auf das Fragment VII von Parmenides, das er folgendermaßen übersetzt: „Und nicht zwinge Gewöhnung dich, vielgeläufige, auf diesen Weg, (nämlich)/weiden zu lassen blickloses Auge und lärmiges Gehör/und Zunge, unterscheide vielmehr im Überlegen...“ (121)

4 Ebd., 121, 122 und 149.

5 Friedrich Kaulbach unterscheidet im Rahmen seiner Interpretation der Philosophie Nietzsches die genannte ‚Sinnwahrheit‘ von der ‚Objektwahrheit‘, „die dem wissenschaftlichen Erkennen obliegt.“ Die Sinnwahrheit „beruht auf der wissenschaftskritischen Erkenntnis, daß der Philosoph (...) Perspektiven auf ihre Eignung hin zu prüfen habe, einer bestimmten Art des Stellungnehmens zum Dasein die ihr angemessene, ihr Sinn verleihende Welt zu verschaffen.“ Friedrich

will. Der Andere wird auf die Perspektive bezogen und in diese aufgenommen, wodurch der die Perspektive Einnehmende ihm gegenüber redlich und wahrhaftig ist. Anders gesagt: Eine aufrechte und aufrichtige Haltung dem Mitmenschen gegenüber ist nur dann gewährleistet, wenn die Wahrhaftigkeit aus der relativen Wahrheit hervorgeht und an sie zurückgebunden bleibt. Treten zwei sich begegnende Menschen in den Raum dieser Wahrhaftigkeit ein, dann erwächst in der Intersubjektivität die kritische Prüfung der eingenommenen Haltungen, in der eine Selbstkorrektur möglich wird.[6]

Trotz oder in der Bindung an eine Perspektive kann sich der Mensch nicht prinzipiell von Gewohnheiten lösen, bleibt er doch stets in seinem Gehen auf sie bezogen. So hat jede neue Einsicht einen Umgewöhnungsprozeß zur Folge, in dem sich der Mensch die neue Gewohnheit aneignet, ja aneignen muß, will er nicht innerlich zerreißen und an der Einsicht zugrundegehen oder vor ihr fliehen und ihr nicht ausweichen. Dies hat Platon sehr anschaulich in seinem berühmten „Höhlengleichnis" in der *Politeia* (514a–517a) geschildert, in dem der Mensch jede neue und höhere Stufe der Erkenntnis nur unter großen Mühen und Schmerzen erreichen kann, weil sie für ihn ungewohnt und fremd ist und seinen bisherigen Gewohnheiten entgegensteht. Jeder Stufe der Erkenntnis entspricht hier eine spezifische Gewohnheit, die man wieder hinter sich lassen muß, will man den Grad der Erkenntnis steigern und schrittweise die Entfernung zum Ursprung aufheben.

Die Deutung des Menschen als Heim-weg bringt diese grundsätzliche Unhintergehbarkeit der Gewohnheit zum Verständnis, die sich in ihm in gradueller Verschiedenheit auffächert. Der Mensch ist als ein Heim-im-Gewohnten ein offenes und freies Zwischensein, der einerseits auf gewohnten Bahnen zu gehen hat und sich andererseits zu diesen in Distanz zu stellen vermag. Im Menschen selbst kommen folglich diese wechselweise aufeinander bezogenen Wesenszüge in dem Primären des Gewohnten und Vertrauten zum Austrag, die niemals einseitig rein als Gewohntes oder rein als Vertrauen auftreten können – es sei denn, der Mensch würde sich selbst in seinem Menschsein aufheben. Zwischen diesen beiden Seiten realisiert er sein Wohnen und Gehen in zahlreichen Übergängen und nicht in einer strikten Entgegensetzung, wie sie etwa bei Kants Gegensatz zwischen Tugend (Pflicht) und Gewohnheit vorliegt.

Das Einwohnen, das Streifen, das Einsitzen und das Spinnen lassen sich daher als markante Ausdeutungen des Sich-Begegnens innerhalb des Spannungsverhältnisses zwischen Ungewohntem und Gewohntem auffassen. Diese spezifischen Weisen des Begegnenkönnens sind auf das Vertrauen, das aus der heimischen Seite des Menschen hervorgeht, bezogen. Je höher die Intensität der Bindung in der jeweiligen Weise ist, desto größer ist die Nähe, in der sie zum Vertrauen steht. So ergibt sich eine Art Rangordnungsverhältnis, bei dem in unmittelbarer Nachbarschaft zum Vertrauen zunächst das Einwohnen seinen ‚Platz' hat, an das sich das Streifen, schließlich das Einsitzen und

---

Kaulbach: Sprachen der ewigen Wiederkunft. Die Denksituationen des Philosophen Nietzsche und ihre Sprachstile. Würzburg 1985, 105.

6 Diese Möglichkeit der Korrektur der eigenen Haltung durch den Anderen ist beim Gehen und Fahren auf der Straße und beim Surfen im Netz nicht gegeben, da hier der Andere jenseits der Perspektive des Sich-Bewegenden liegt.

das am weitesten entfernte Spinnen anschließt. Dabei ist allerdings zu beachten: Auch wenn die Geschichte des Abendlandes als eine Geschichte der sukzessiven Freisetzung des Menschen gelesen werden kann, lassen sich diese Ausdeutungen des Sich-Begegnens nicht einfach in einem zeitlichen Nacheinander anordnen, bei dem das Einwohnen das älteste und das Spinnen die jüngste Weise des Sich-Begegnens repräsentiert, die die ältere überwunden hat. Vielmehr kann sich der Mensch in dieser Bewegungs- und Begegnungsvielfalt in der heutigen Zeit bewegen, ja er muß es tun, will er sich nicht im Ungewohnten überfordern oder seine Identität im Gewohnten verlieren.

Zweiter Teil: Heimat der Philosophie

Einführung

Im ersten Teil dieser Arbeit habe ich versucht, eine Philosophie der Heimat als eine Philosophie des Menschen als Heim-weg zu entfalten und eine Ausdeutung der wesentlichen Beziehung des Menschen zum Raum, zur Zeit und zum Mitmenschen vorzunehmen. Im zweiten Teil beabsichtige ich, Grundweisen des bisherigen Denkens von Heimat herauszuarbeiten und sie von meiner Kennzeichnung des Menschen her kritisch zu betrachten. Das heißt, ich versuche die Fragen zu beantworten, wie Heimat in der Philosophie bisher verstanden wurde und wie zu dem jeweiligen Verständnis auf dem Hintergrund der Deutung des Menschen als eines heimatlichen Wesens Stellung bezogen werden kann.

Versucht man, den Wandel in der Auffassung des Denkens von Heimat in der Philosophie herauszuarbeiten, dann sind grundsätzlich zwei Wege möglich: *Erstens* könnte in einem schrittweisen zeitlichen Voranschreiten in der Philosophiegeschichte von der Antike bis zur Gegenwart die Aufgabe verfolgt werden, ob und in welcher Weise die Heimatfrage bei großen Philosophen oder auch in bedeutenden bewußtseinsgeschichtlichen Abschnitten nachgewiesen werden kann. Bei diesem Versuch müßte durchsichtig werden, wie jeweils explizit oder implizit das Grundthema Heimat eine Ausarbeitung erfahren hat oder ob es in diesem Denken schlichtweg übersehen oder vergessen wurde. Auf diesem Hintergrund könnte das ‚Ergebnis' in einem nächsten Schritt auf das von mir herausgearbeitete Verständnis des Menschen bezogen werden und Differenzen und Konvergenzen hervortreten.

Zweitens könnten in einer typologischen Betrachtung Grundweisen des Denkens von Heimat in der Analyse des Denkens von Philosophen, die nicht nach subjektiven Gesichtspunkten ausgewählt wurden, sondern als Repräsentanten eines philosophischen Grundmodells verstanden werden, freigelegt werden. Dabei verstellen keine Detailfragen den systematischen Blick auf die jeweilige philosophische Position, sondern es wird grundsätzlich gefragt: Welche Grundweise des Denkens von Heimat wird bei diesem Philosophen, in dem das Gott-Welt-Mensch-Gefüge in einer charakteristischen Weise seine Ausdeutung findet, eingelöst, und wie geschieht dieses Einlösen. Tiefer gefragt geht es um die Realisation der menschlichen Seinsweise, d. h. es geht um die Möglichkeit der Selbstdeutung des Menschen. Auch hier könnte in einem zweiten Schritt der Bezug auf die von mir herausgearbeitete Bestimmung des Menschen erfolgen, um die Bedingtheit der jeweiligen Grundweise des Denkens von Heimat aufzeigen zu können.

Im folgenden wird der zweite Weg beschritten. Hier entgeht man der Gefahr, sich in der Summation von Positionen mit mangelnder systematischer Relevanz zu verlieren.

Überblickt man die Geschichte der Philosophie seit ihren Anfängen bei den Griechen bis in unsere heutige Zeit hinein, dann sind – idealtypisch betrachtet – drei markante Modelle festzustellen, die *erstens* einen grundlegenden Wandel bei der Deutung kenntlich machen, die der Mensch von seinem eigenen Wesen vornimmt, die *zweitens* eine Grundstruktur des Denkens von Heimat zum Ausdruck bringen und die *drittens* eine damit einhergehende Bedeutungsveränderung innerhalb des Relationengefüges Gott-Welt-Mensch anzeigen.[1] Zur Veranschaulichung wird eine Übersicht vorangestellt:

	Theozentrismus	*Anthropozentrismus*	*Trans-Anthropozentrismus*
Grundstruktur des Denkens	Heim-Kehr zu Gott	Sehn-Suche des Menschen	Welt im Netz
Relationsgefüge	Gott-Welt-Mensch-Gefüge	Mensch-Welt-Bezug	Welt

Im ersten Modell eines *Theozentrismus'* bekommt der Mensch – und letztlich auch die Welt – von Gott als dem ‚fundamentum inconcussum' her seine Bedeutung zugesprochen. Das meint, daß der Mensch, der das Göttliche in sich als das Menschlichste des Menschen erkennt, auch diese Möglichkeit seines Wesens ergreifen will, um durch dieses Göttliche in sich zu dem zu werden, was ihm selbst zu eigen ist. Der Mensch entspricht hier folglich dem *Imperativ des Göttlichen* in ihm, um auf diesem Weg er selbst werden zu können.

So macht etwa Aristoteles, der, strukturell betrachtet, dieser Denkweise zuzuordnen ist, zunächst auf diesen inneren Zusammenhang zwischen der Deutung des Wesens des Menschen und der daraus resultierenden Forderung zur Entsprechung dieser Deutung aufmerksam:[2]

> „Was einem Wesen von Natur eigentümlich ist, ist auch für es das beste und genußreichste. Für den Menschen ist dies das Leben gemäß dem Geiste, da ja dieses am meisten der Mensch ist. Also ist dieses Leben auch das glückseligste." (NE 1178a 5 f.)

Aus der Notwendigkeit der menschlichen Natur, das Menschlichste in einem dem Geist gemäßen Leben zu besitzen und sich damit dem ihm begründenden Göttlichen annähern zu können, geht in der Erfüllung dieser Notwendigkeit die Vollendung seines Wesens

---

1 Vgl. insb. zu den ersten beiden Modellen des Theo- und Anthropozentrismus meine Untersuchung: Die Überwindung der Anthropozentrizität durch Friedrich Nietzsche, 1–10 und 127 f.

2 Zu diesem Problemfeld s. den gehaltvollen Beitragen von Hans-Joachim Krämer: Grundfragen der aristotelischen Theologie. In: Theologie und Philosophie 44, 1969, 363–382 und 481–505.

hervor: das glückliche Leben. Das Göttliche im Menschen dient zur Orientierung, d. h. es wird der Bezugspunkt menschlicher Theoria, die „selbst göttlich oder das Göttliche in uns“ ist (NE 1177a 13): „Ist nun der Geist im Vergleich mit dem Menschen etwas Göttliches, so muß auch das Leben nach dem Geiste im Vergleich mit dem menschlichen Leben göttlich sein.“ (NE 1177b 30) Das Streben des Menschen hat sich darauf auszurichten, „unsterblich zu sein und alles zu tun, um nach dem Besten, was in uns ist, zu leben“. (NE 1177b 34)[3]

Das wesentliche Zusammengehören zwischen Mensch und Gott, das man als ein *religiöses Apriori*[4] im eigensten Sinne des Wortes deuten kann, läßt unterschiedliche Varianten zu. So kann es neben der griechischen Ausformung, wie bei Platon oder bei Aristoteles, auch in einem christlichen Kontext situiert sein, in dem sich der Mensch als Geschöpf und Ebenbild Gottes versteht.[5]

Bei allen Ausgestaltungsformen eines theozentrischen Denkens ist der Mensch an dieses ‚Über-Sein‘, das die höchste Wahrheit, das wahre Gut und das Eine schlechthin ist, rückgebunden. Von diesem her leitet sich als Ursprung das Vorhandensein alles Seienden ab. Der Mensch, der in sich das Über-Sein als Bestes und Menschlichstes hat, kann sich nach diesem ausrichten, also im Überstieg über sich selbst dieses Göttliche als das ihm eigene Telos anzielen, um so in seinen eigenen Ursprung zurückzukehren. Diese Rückkehr zum Göttlichen im Menschen, die den Prozeß des Beheimatens darstellt, ist Ausdruck einer Grundstruktur, die ich als die *Heim-Kehr zu Gott* bezeichne.

Das bedeutet, daß in einem Theozentrismus die Frage nach dem ‚wohin‘ stets durch die bereits feststehende Antwort auf die Frage nach dem ‚woher‘ beantwortet wird. Der Mensch, der von Gott kommt, muß, um in sein wahres Wohnen zu finden und den Ort seiner echten Heimat zu erreichen, eine Umkehrbewegung vornehmen und zu Gott zurückkehren. Es geschieht eine Re-version, wobei die Vorsilbe „Re“ im Sinne von ‚zurück‘, präzise gesagt, von ‚heim‘ zu verstehen ist. Durch die Analyse der Grundstruktur der Heim-Kehr zu Gott soll dieser Vorgang des menschlichen Beheimatens in einem theozentrischen Denken näher bestimmt werden.

---

3 Vgl. dazu Platon: Tim. 90c1 und Nom. 716c.

4 Diese Wendung verdanke ich P. Bernhard Jansen, der sie zur Kennzeichnung der Position von Augustinus' verwendete. P. Bernhard Jansen: Zur Lehre des hl. Augustinus von dem Erkennen der Rationes aeternae, 120. In: „Aurelius Augustinus“. Festschrift der Görres-Gesellschaft zum 1500. Todestag. Hrsg. v. Martin Grabmann und Joseph Mausbach, Köln 1930, 111–136.

5 Auch das Seinsdenken, wie es der späte Martin Heidegger vollzieht, ist – strukturell betrachtet – einem Theozentrismus zuzuordnen, das allerdings eine Umkehrung erfahren hat: An die Stelle, an der, formal gesagt, Gott steht, rückt nun das Sein, das von Heidegger her spricht. Die Wahrheit wird nicht über die Tradition, die Autorität oder die Geschichte verobjektiviert, sondern sie spricht unter bewußtem Aufgeben des Kriteriellen im Reden Martin Heideggers. Vgl. dazu den auf der Tagung „Martin Heidegger. Denken und Handeln“ am 15.5.1991 an der Johannes Gutenberg-Universität Mainz gehaltenen Vortrag von Josef Rauscher: Martin Heidegger und das Prinzip der Widerspruchsfreiheit.

Wird Heimat in dieser Weise in den Blick genommen, ist sie ein Grundphänomen, oder, wie man auch sagen könnte, ein Urphänomen.[6] Als ein solches läßt sie sich als Urheimat bezeichnen, die etwa in den Fragen nach dem Ursprung, der Arché, dem Urgrund oder dem Sein selbst angezielt wird. Diese Heimat, die in den Metaphern der Nähe, der absoluten Identität, dem Licht oder der Ruhe umschrieben werden kann, liegt vor jeder menschlichen Entscheidung, die sich in der Dimension des Unterscheidens und der Differenz bewegt: Sie übersteigt menschliche Zeit und menschlichen Lebensraum, präziser gesagt, sie ist unbedingt und voraussetzungslos und als solche Un-Zeit und Un-Raum.

Diese Urheimat kann begrifflich nicht bestimmt werden, weil sie als vorweg und immer schon Seiende das auf den Satz des Widerspruchs verpflichtete Denken unterläuft. Wenn begriffliches Denken redlich ist, macht es angesichts dieser Aufgabe Aporien, Paradoxien oder Antinomien deutlich, in die es sich verfängt, ja verfangen muß, will es seine Grenzen erreichen. Ist es nicht redlich, dann schwingt sich der Mensch zu Gott auf und versteigt sich in Hypertrophierungen und Anthropomorphismen, die ‚alles und nichts‘ bedeuten können.

Eine Annäherung an ein solches Phänomen, wie es diese Urheimat darstellt, kann daher nur in Erzählungen, Mythen oder auch Gleichnissen geschehen, um von vornherein die qualitative Differenz im Status des Redens etwa zum begrifflichen Denken deutlich zu machen. Sie fordern eine spekulative Kraft des Erzählenden ein, durch die das Eindringen ins Ganze möglich wird.[7] Aus dieser Sicht wird Philosophie zur Frage nach den verschiedenen Weisen des ‚zurück‘, d. h. sie hat die Wege aufzuspüren, die die Rückkehr in die Urheimat eröffnen.

Das theozentrische Modell ist folglich der Inbegriff des Modells einer einseitigen Abhängigkeit, bei dem das Ganze stets vorausgesetzt ist. Vom Ganzen her erhalten die Teile ihre Bedeutung und ihre Funktion in einer übergeordneten Einheit, wodurch sie als zusammengehörig und wechselseitig voneinander abhängig und aufeinander bezogen gedeutet werden. Dies klingt etwa in dem Wort der Schrift: „auf daß Gott alles in allem sei“ an (1. Kor. 15,28).

In einem Theozentrismus besteht daher ein *Gott-Welt-Mensch*-Gefüge, bei dem von Gott her als dem Höchsten und Besten die Korrelate Mensch und Welt ihre Bestimmung erfahren und ihre Bestimmtheit haben. Das bedeutet, daß Gott – in der christlichen Variante gedacht – die Welt und den Menschen erschaffen hat. Er zeichnete den Menschen gegenüber dem anderen Seienden aus (vgl. Gen. 1,28) und vertraute ihm einen Führungsanspruch an, um ihm die Möglichkeit zu geben, in sein eigenstes Wesen

---

6 Vgl. dazu die dichte „auf ontologisch-phänomenologischem Denkfeld“ stehende Reflexion von Heinz Treziak: Heimat der Philosophie. Zur Rückbindung des Denkens an den Ort seines Entstehens. In: Heimat der Philosophie. Symposion 1985 in Meßkirch. Hrsg. von der Stadt Meßkirch. O. J., 112–130.

7 Methodisch vorbildlich sind die verschiedenen Weisen des Redens und Denkens bei Nikolaus von Kues ausgeführt. Vgl. dazu den Beitrag von Hans Gerhard Senger: Die Sprache der Metaphysik. In: Nikolaus von Kues. Einführung in sein philosophisches Denken. Hrsg. von Klaus Jacobi. Freiburg/München 1979, 74–100.

wieder zurückzufinden. Im Sich-Ausrichten auf Gott versucht daher der Mensch, sich Gott als einem in und über ihm liegenden Ziel zu nähern, der ihn leitet und zu seiner Vollendung führt. Innerhalb des Gott-Welt-Mensch-Gefüges ist daher das Über-Sein der übergeordnete Bezugspunkt, der als das Sein selbst allem Seienden, der Welt und dem Menschen innewohnt und dennoch stets transzendent bleibt.

In dem zweiten Modell eines *Anthropozentrismus* steht der Mensch im Mittelpunkt der Betrachtung. Der Mensch nimmt hier eine Deutung seines Wesens nicht mehr innerhalb eines theozentrischen Systems der Ontologie oder Metaphysik vor, in dem Gott das ‚fundamentum inconcussum' ist, sondern er rückt nun das Selbstbewußtsein an dessen Stelle und versteht sich primär als denkendes Ich. Diese Wende zum Subjekt, die sich in der Neuzeit bei Descartes, Kant und Feuerbach vollzog, hat zu einer tiefen Kluft zwischen der Theologie und der Philosophie geführt.

Descartes hat in seinen *Meditationes de prima philosophia* mit Hilfe des methodischen Zweifels nicht nur an solchem, was ihm von den Sinnen, sondern auch an solchem, was ihm durch die Sinne („vel a sensibus vel per sensus")[8] über- bzw. vermittelt wurde, methodisch gezweifelt. Und er geht noch einen völlig neuen, in der Tradition bisher noch nicht vollzogenen Schritt weiter: Er zweifelt darüber hinaus an mathematischen Wahrheiten, denn – so das Argument – es könne irgendeinen „bösen Geist", einen *genius malignus*, geben, der „zugleich allmächtig und verschlagen ist" und „all seinen Fleiß daran gewandt (hat), mich zu täuschen".[9] Als Unbezweifelbares bei diesem Zweifel erweist sich für Descartes bekanntlich die Sicherheit des Existierens des denkenden Ichs. Das Selbstbewußtsein des denkenden Seienden als *res cogitans*, das sich seines Denkens bewußt ist und dieses als das Feste und Gewisse zu begreifen vermag, ist die sichere Wissensinstanz, die Gott zu seiner Selbstvergewisserung nicht nötig hat.

Erst wenn es nach dem Grund für dieses Selbstbewußtsein und für die Welt fragt, kann es sich nicht auf sich allein beziehen, sondern muß Gott voraussetzen. Der Mensch, der sich kraft seines Denkens ins Zentrum des Systems gerückt hat, nimmt, formal gesagt, von diesem her auch wieder eine Etablierung Gottes vor. Denn, um das Ergebnis des von Descartes erfolgten Gottesbeweises lediglich anzuführen, die Idee eines vollkommensten Wesens, d. i. Gott, im Menschen, zeigt notwendig die Existenz Gottes auf.

Auf diesem Hintergrund wird deutlich, daß Gott, wie mit Walter Schulz herausgehoben werden kann, ein „*Gegen*begriff zu meinem eigenen Sein"[10] wird. Er steht nicht mehr mit dem Menschen von vornherein in einem wechselweisen Bezug, sondern er wird in seiner Gegenstellung und in seinem Gegensatz gesehen: „Der Gott Descartes' ist ein Gott der Philosophen und nicht der Gott der Offenbarung, der im Glauben ergriffen wird."[11]

---

8 René Descartes: Meditationen über die Grundlagen der Philosophie. Auf Grund der Ausgabe von Artur Buchenau neu herausgegeben von Lüder Gäbe. 2. Aufl. Hamburg 1977, 30.

9 Descartes: Meditationen über die Grundlagen der Philosophie, 39.

10 Walter Schulz: Der „Gott der Philosophen" in der neuzeitlichen Metaphysik, 37. In: Der Gott der neuzeitlichen Metaphysik. 7. Aufl. Pfullingen 1982, 31–56.

11 Schulz: Der „Gott der Philosophen" in der neuzeitlichen Metaphysik, 39.

Dieser mit dem Beginn der neuzeitlichen Philosophie erfolgte Bruch zwischen Mensch und Gott, durch den gleichzeitig eine anthropozentrische Sichtweise vorbereitet wird, führt im Laufe der kommenden Jahrhunderte zu einer Radikalisierung dieser Sichtweise. So bedeutet Immanuel Kants „kopernikanische Wende", indem die erfahrungskonstitutive Leistung des menschlichen Erkennens untersucht wird, gleichzeitig eine Wende zum transzendentalen Subjekt, insofern die Frage ‚wie ist Erkenntnis möglich?' für Kant, genauer betrachtet, die Frage nach der Bedingung der Möglichkeit für das endlich-menschliche Erkennen bedeutet. In dieser transzendentalphilosophischen Freilegung des apriorischen Strukturzusammenhangs der Erkenntnis nimmt Kant letztlich eine Klärung der Frage nach dem Menschen vor. Denn, wie er in der 1800 von seinem Schüler Gottlob Benjamin Jäsche herausgegebenen Logikvorlesung herausstellt, münden die drei philosophischen Grundfragen ‚Was kann ich wissen?', ‚Was soll ich tun?' und ‚Was darf ich hoffen?' letztlich in die, wie man sie von hierher nennen kann, philosophische Hauptfrage ein: ‚Was ist der Mensch?':

> „Die erste Frage beantwortet die *Metaphysik*, die zweite die *Moral*, die dritte die *Religion*, und die vierte die *Anthropologie*. Im Grunde könnte man aber alles dieses zur Anthropologie rechnen, weil sich die ersten drei Fragen auf die letzte beziehen." (Logik A 25)

Kant zeigt hier den Vorrang der Anthropologie auf, insofern sie gleichsam der Kristallisationspunkt ist, in dem die Fragen nach der menschlichen Erkenntnis, dem sittlichen Handeln und dem wahrhaften Glauben zusammenlaufen. Anders gewendet: Für Kant wird die Anthropologie erstmals als Basis gedacht, von der her die Frage nach Gott, Freiheit und Unsterblichkeit in den Blick genommen wird. Auf diese Weise wird zum ersten Mal in der Geschichte der Philosophie die Aufgabe einer philosophischen Anthropologie formuliert, ohne daß sie allerdings von Kant ausgearbeitet werden konnte.

Mit Ludwig Feuerbach wird, bewußtseinsgeschichtlich betrachtet, der zu Beginn der neuzeitlichen Philosophie in den Blick genommene Bruch zwischen Theologie und Philosophie insofern verschärft, als die Anthropologie nun ins Zentrum der Philosophie rückt und die Theologie in ihr aufgeht.[12] In scharfer Kritik an Hegels Philosophie des absoluten Geistes, in der der Mensch in den Gesamtprozeß des Logos eingebunden ist und von ihm her sich zu deuten hat, hat sich der Mensch nun von einem transzendenten Gott zu befreien und ihn als sein eigenes Wesen zu erkennen: „Das *absolute Wesen*, der Gott des Menschen ist sein *eigenes* Wesen."[13] Gott, die Projektion des Menschen, wird

---

12 Vgl. dazu die Paragraphen, die Ludwig Feuerbach in den *Grundsätzen der Philosophie der Zukunft* formuliert hat:
§ 1: „Die Aufgabe der neueren Zeit war die Verwirklichung und Vermenschlichung Gottes – die Verwandlung und Auflösung der Theologie in die Anthropologie." (248)
§ 2: „Die neue Philosophie macht den Menschen mit Einschluß der Natur, als der Basis des Menschen, zum alleinigen, universalen und höchsten Gegenstand der Philosophie – die Anthropologie also, mit Einschluß der Physiologie, zur Universalwissenschaft." (319)
In: Feuerbach-Studienausgabe. Hrsg. v. Erich Thies, Bd. 3, Frankfurt am Main 1975.

13 Ludwig Feuerbach: Sämtliche Werke. Hrsg. von W. Bolin und F. Jodl. 13 Bde., 1903–1911, Bd. VI: Das Wesen des Christentums, 6.

dadurch in den Menschen hineinverlegt, und es ergeht an ihn der *Imperativ des Menschlichen*:

> „Der nothwendige Wendepunkt der Geschichte ist daher dieses *offene Bekenntnis und Eingeständnis*, dass das Bewusstsein der Gattung, dass der Mensch sich nur über die Schranken seiner Individualität und Persönlichkeit erheben kann und soll, aber nicht über die Gesetze, die *Wesensbestimmungen seiner Gattung,* dass der Mensch kein anderes Wesen als *absolutes*, als *göttliches* Wesen denken, ahnen, vorstellen, fühlen, glauben, wollen, lieben und verehren kann als das *menschliche Wesen*."[14]

Dieser „Wendepunkt der Geschichte", den man geradezu als eine *anthropologische Wende* bezeichnen kann, stellt einen radikalen Umbruch dar. Von Gott befreit, strebt der Mensch nun zu einer Vermenschlichung seines Wesens und überschreitet sich selbst in Richtung auf das von ihm als menschlich Erkannte. Dieser Prozeß der Anthropologisierung wird durch Karl Marx vorangetrieben, insofern es ihm, wie er programmatisch in den *Ökonomisch-Philosophischen Manuskripten* aus dem Jahre 1844 schreibt, um die „wirkliche *Aneignung* des *menschlichen* Wesens durch und für den Menschen"[15] geht. In unserem Jahrhundert erfährt er seine Zuspitzung in dem „existentialistischen Humanismus" von Jean-Paul Sartre[16] und im Denken des Absurden bei Albert Camus, insbesondere in dessen Ausdeutung der mythischen Gestalt des Sisyphos, die die extremste Ausdeutung dieses Denkmodells darstellt.

Während in einem theozentrischen Denken aufgrund des ihm eigenen religiösen Apriori die Heim-Kehr zu Gott als Grundstruktur vorliegt, läßt sich in einem anthropozentrischen Denken, in dem der Mensch das Menschliche in sich oder außerhalb seiner sucht, die *Sehn-Suche des Menschen* als Grundstruktur aufzeigen. Der Verlust des Glaubens, der prägnant in Nietzsches Formel vom Tod Gottes zum Ausdruck kommt und der die Destruktion des jenseitig-göttlichen Bereichs betrieben hat, schafft gleichzeitig den Raum, in dem der Mensch sich ausschließlich auf sich selbst bezieht, also im Überstieg über sich selbst das Menschliche des Menschen als das ihm eigene Telos anzielt.[17] Es gibt folglich nicht mehr das Reich der Götter, sondern nur noch das des Men-

---

14 Feuerbach: Das Wesen des Christentums, 325 f.

15 Karl Marx: Ökonomisch-Philosophische Manuskripte (1844), 536. In: Karl Marx/Friedrich Engels Werke. Bd. 40. Berlin 1985, 465–588.

16 Sartre nennt ihn Humanismus, „weil wir den Menschen daran erinnern, daß es außer ihm keinen andern Gesetzgeber gibt und daß er in seiner Verlassenheit über sich selbst entscheidet; und weil wir zeigen, daß nicht durch Rückwendung auf sich selber, sondern immer durch Suche nach einem Ziel außerhalb seiner, welches diese oder jene Befreiung, diese oder jene besondere Verwirklichung ist – daß dadurch der Mensch sich als humanes Wesen verwirklichen wird." Und den Existentialismus hält Sartre für „nichts anderes als eine Bemühung, alle Folgerungen aus einer zusammenhängenden atheistischen Einstellung zu ziehen." Ist der Existentialismus ein Humanismus?, 35. In: Drei Essays, 7–51.

17 Als ein Vertreter dieses anthropozentrischen Denkens kann in unserer Zeit Heinrich Rombach angesehen werden, der in seiner *Strukturanthropologie* mit dem Untertitel „Der menschliche Mensch" den Menschen in eine „höhere Menschlichkeit" hineinführen will. Die Anthropologie hat für ihn den „Wesensschritt in der Menschheitsevolution" zu begünstigen und dazu beizutragen, daß der „menschliche Mensch" entstehen kann, dem eine „befriedete Gesellschaft" entspre-

schen. Anschaulich läßt Sartre diese geistige Situation seinen Helden „Götz“ in dem Drama *Der Teufel und der liebe Gott* aussprechen: Es gibt keine Möglichkeit mehr, „den Menschen zu entrinnen. Es ist aus mit den Ungeheuern und den Heiligen. Aus mit dem Stolz. Nur die Menschen sind da.“[18]

In einem anthropozentrischen Denken hat sich daher der Mensch von seinem Ursprung abgeschnitten, weshalb er nicht auf die Frage nach dem ‚Woher‘ eine Antwort finden kann. Allerdings bleibt sie in ihm, wie zu zeigen sein wird, als Heimweh nach dem Ort, an dem die Einheit von Denken und Gedachtem, von Nähe und Fülle besteht, präsent. Die dem Theozentrismus immanente Kreisstruktur, in der die vom Menschen zu vollziehende Bewegung von Gott her und wieder zu Gott zurück bildlich gefaßt werden kann, ist hier in eine lineare Ausrichtung in der Horizontalen aufgebrochen. Das Gott-Welt-Mensch-Gefüge zerbricht, und der Mensch nimmt nach dem Verschwinden Gottes von nun an in einem *Mensch-Welt-Bezug* die zentrale Stellung ein, von der her das Korrelat Welt eine untergeordnete Bedeutung erfährt.

In dem dritten Modell eines *Trans-Anthropozentrismus* steht weder Gott noch der Mensch im Mittelpunkt der Betrachtung, sondern der aus dem Menschen hervorgegangene, aber in qualitativer Differenz zu ihm stehende Über-Mensch. Die Vorsilbe ‚trans‘ in der Wendung Trans-Anthropozentrismus verweist auf den Überstieg durch den dieser ‚neue‘ Mensch sich in seiner Andersartigkeit vom bisherigen göttlich oder menschlich ausgedeuteten Menschen abhebt und ihn hinter und unter sich gelassen hat. Der Trans-Anthropozentrismus differiert daher grundsätzlich von den beiden bereits genannten Modellen und verweist als Trans-Theo-Anthropozentrismus sowohl auf die Überwindung des Theozentrismus als auch des Anthropozentrismus.

Diese in Nietzsches Vision vom Übermenschen im 19. Jahrhundert bereits bewußtseinsgeschichtlich vorweggenommene Position wird heutzutage in einer *transanthropologischen Wende* aufgrund der Entwicklung in der Genforschung, der Computertechnologie und den neuen Medien vom Denkbaren ins Machbare verschoben. Die Grenzen des Menschen, die die Natur ihm auferlegt hat und die ihn – aus dieser Sicht – zum Gefangenen seiner selbst werden ließen, fallen unaufhaltsam, und es scheint nur noch eine Frage der Zeit zu sein, bis mit der Entschlüsselung des gesamten Erbmaterials die gentechnologische Veränderung und Konstruktion des neuen Menschen beginnt. Parallel verläuft ein Entwicklungsstrang der Künstlichen Intelligenz-Forschung und in der Medientheorie. So sieht z. B. der häufig weniger argumentierende, dafür aber umso stärker provozierende Amerikaner Marvin Minsky den Menschen als ein Zwischenglied hin zu einer höheren, komplexeren, geistigen Maschine, die eine neue Spezies über der des Menschen darstellt.[19] Und der Medienphilosoph Vilém Flusser, dessen Denken ich mich paradigmatisch im § 6 des vorliegenden Teils zuwende, sieht in der letzten Phase seines Denkens endlich „das Feld für das Projizieren alternativer Welten und Men-

---

chen würde. Vgl. dazu: Heinrich Rombach: Strukturanthropologie. „Der menschliche Mensch“. Freiburg/München 1987, 13.

18 Jean-Paul Sartre: Der Teufel und der liebe Gott, 361. In: Ges. Dramen. Reinbek bei Hamburg 1969, 261–366.

19 Vgl. dazu Marvin Minsky: Mentopolis. Stuttgart 1990.

schen" frei werden, im Zuge dessen der Mensch z. B. gezielt seinen Körper entwerfen kann, um die „bereits einsetzende Umdrehung der Beziehung ‚Nervensystem – restlicher Körper' zu vollenden, um die Menschwerdung zu konkretisieren."[20]

War das Streben des Menschen bisher auf seine Vergöttlichung oder Vermenschlichung als des Besten in ihm ausgerichtet, geht es ihm nun um das technologische Hervorbringen, künstliche Generieren oder projizierende Prozessieren alternativen Seins und Lebens. Auf diese Weise entspricht der Mensch *dem Imperativ des Trans- bzw. Über-Menschlichen*, der sich allerdings insofern von den beiden genannten Imperativen unterscheidet, als die der Sache nach an erster Stelle stehende Bezugsgröße bei ihm fehlt. Weder ist Gott noch der Mensch das höchste Maß, durch das der Imperativ über das Subjektive hinaus eine objektive Geltung beanspruchen kann, vielmehr wird stets von neuem zu entscheiden sein, was als ‚Woraufhin' des Entwurfs Orientierung bieten soll. Der bisherigen Ethik, der stets eine Anthropologie und Metaphysik bzw. Ontologie immanent war, geht in diesem Modell eine Ästhetik voraus, in der die Verbindlichkeit und Verantwortung eines Menschen aufgrund der bewußten Übernahme seiner Bindungen in der Freiheit der Unverbindlichkeit des zunächst und zuvor Ungebundenseins fundiert ist. An die Stelle des religiösen Apriori tritt ein *transhumanes Posteriori*, das inhaltlich erst in einem herbeizuführenden Konsens näher bestimmt werden kann.

Mit dem Verschwinden Gottes und dem Überwinden des Menschen kann eine Grundstruktur aufgewiesen werden, die hier als *Welt im Netz* gefaßt wird. Das einem Theozentrismus eigentümliche Gott-Welt-Mensch-Gefüge und der für einen Anthropozentrismus charakteristische Mensch-Welt-Bezug ist hinfällig geworden, wird doch nun die Welt leitend, die als vielfach verästeltes und verflochtenes Netz ein kaum überschaubares Geflecht darstellt.

Sachlich und zeitlich stehen dabei Teile, das Besondere und die Perspektive an erster Stelle, ohne in einem Ganzen miteinander versöhnt und in einer Einheit-in-Mannigfaltigkeit integriert zu sein. Diese Position ist keine bloße Umkehrung der erstgenannten theozentrischen Position, weil die Korrelation mit dem Ganzen fehlt. Das Programm bei dieser Weise des Denkens läßt sich daher durch den hier vollzogenen, unumkehrbaren ‚Abschied vom Ganzen' umreißen, das als Kehrseite die radikale Freisetzung des Einzelnen mit sich führt.[21]

Veranschaulichen läßt sich diese Weise des Denkens mit dem Bild des *Rhizoms*, das bekanntlich von den französischen Philosophen Gilles Deleuze und Felix Guattari erstmals verwendet wurde. Das Rhizom ist zunächst ein unterirdischer Wurzelstock, der vielfach verästelt ist und keine Hauptwurzel besitzt. Es steht für das Netzhafte, Zerstreute, Mäandrische und Labyrinthische, dem ein Zentrum und ein Ausgang fehlt: „Jeder beliebige Punkt eines Rhizoms kann und muß mit jedem anderen verbunden wer-

---

20 Vilém Flusser: Vom Subjekt zum Projekt, 17 und 95.

21 Vgl. dazu die beiden Sonderbände (25 und 26): Abschied vom Ganzen? Hrsg. von Karen Joisten und Celko Pavic. Zagreb 1998. (Auch in kroatischer Übersetzung als Bd. 66 und 67 der Filozofska Istrazivanja, Zagreb 1997.)

den. Ganz anders dagegen der Baum oder die Wurzel, wo ein Punkt und eine Ordnung festgesetzt werden."[22]

Mit dem Verschwinden ausgezeichneter Richtungen und Ziele tritt auch die Vernunft in den Hintergrund, vermag sie doch in der Unendlichkeit des multidimensionalen Geflechts keinen Zusammenhang zu entdecken, keine Einheit zu stiften oder eine Position auszuzeichnen. Sie zerfällt förmlich in eine Vielzahl und Disparität von Einsichten, deren Wahrheitsgehalt sich im Konsens herauszukristallisieren hat.

Überblickt man diese drei Modelle, dann können sie bestimmten Epochen der Philosophiegeschichte idealtypisch zugeordnet werden: Der Theozentrismus in all seinen Varianten dem Altertum und dem Mittelalter, der Anthropozentrismus der Neuzeit und der Transanthropozentrismus der Gegenwart. Bei einer weniger typologisch denkenden, sondern eher sich im Besonderen aufhaltenden Betrachtung, wird man allerdings Überschneidungen und Abweichungen feststellen können und müssen. Diese haben ihren Grund darin, daß Geschichte nicht als eine Entwicklung zu deuten ist, bei der eine bewußtseinsgeschichtliche Phase als eine Stufe angesehen werden kann, die durch eine neue vollständig abgelöst wird. Geschichte ist kein Stufenmodell, in der die zeitlich vorangeschrittene als die höhere zu bewerten ist, die die übrigen hinter und unter sich gelassen hat; sie ist vielmehr ein Möglichkeitsraum, bei der in der Aneignung ihrer jeweiligen zu einer bestimmten Raum-Zeit-Situation zu gewinnenden Gehalte stets von neuem in der Differenz zum Heute entschieden werden muß, wie sie zu beurteilen sind. Darüber hinaus wird der Theo- oder Anthropozentrismus, der in einer idealtypischen Betrachtung überwunden erscheint, stets von neuem präsent sein.

Diese Denkmodelle, die Hand in Hand mit ihrer spezifischen Grundstruktur des Denkens für eine spezifische Weise des Denkens von Heimat stehen, werden im folgenden gekennzeichnet. Dabei lege ich paradigmatisch die Konzeptionen von Aurelius Augustinus, Albert Camus und Vilém Flusser zugrunde, die jeweils als Repräsentanten einer der genannten Denkweisen mit der ihr jeweils immanenten Grundstruktur gedeutet werden: Augustinus' Denken steht für den Theozentrismus, Camus' für den Anthropozentrismus und Flussers für den Trans-Anthropozentrismus. Angesichts des leitenden Themas des zweiten Teils der vorliegenden Untersuchung *Heimat der Philosophie* möchte ich einerseits aufzeigen, wie bisher Heimat strukturell in den jeweiligen Grundmodellen gefaßt wurde und wie andererseits diese Ausdeutung von Heimat angesichts der Bestimmung des Menschen als Heim-weg zu problematisieren ist. Bei diesen Fragen ist bei mir die Intuition leitend, daß Philosophie das Denken von Heimat ist und daß sie dann in Gefahr gerät zu verschwinden und sich aufzulösen, wenn sie diese ureigenste Aufgabe nicht erkennt und annimmt.

---

22 Gilles Deleuze/Felix Guattari: Rhizom. Berlin 1977, 11. Hier knüpft Umberto Eco an: „Schließlich gibt es das Labyrinth als Netzwerk, oder, um den Begriff von Deleuze und Guattari aufzunehmen, als Rhizom. Das Rhizom-Labyrinth ist so vieldimensional vernetzt, daß jeder Gang sich unmittelbar mit jedem anderen verbinden kann. Es hat weder ein Zentrum noch eine Peripherie, auch keinen Ausgang mehr, da es potentiell unendlich ist." Umberto Eco: Nachschrift zum „Namen der Rose". München/Wien 1984, 65.

§ 4: Die Heim-Kehr zu Gott

Für Augustinus ist Gott das erste Fundament. Sein Denken ist Ausdruck eines Theozentrismus, wobei – wie Franz Körner hervorhebt – dies nicht „nur seine Theologie, sondern auch die davon untrennbare Philosophie“[1] betrifft. Theologie und Philosophie lassen sich in dieser metaphysischen Konzeption nicht trennen, bei der das Axiom: ‚Der Mensch wohnt aufgrund seiner Geschöpflichkeit und Ebenbildlichkeit Gottes in einer wesentlichen Nähe zu Gott‘ unbezweifelbar am Anfang steht. Die Konsequenz daraus lautet, daß dem Menschen die Einsicht in diese wesenhafte Zusammengehörigkeit zu eigen ist, mittels derer er den Weg zurück als ein Weg über sich hinaus in sein Eigenstes auf sich nehmen kann. Philosophie, die bei Augustinus insbesondere auf Platon und Cicero fußt, aber auch vom Neuplatonismus Plotins stark beeinflußt ist, wird dadurch zur Religionsphilosophie, die griechisches Denken und christlichen Glauben miteinander in Einklang zu bringen versucht.

Augustinus' Denken ist daher der Inbegriff einer metaphysischen Konzeption, die im Kontext der christlichen Offenbarung sowie der römischen und platonisch-neuplatonischen Philosophie situiert ist. Ein Modell wird hier als metaphysisch gekennzeichnet, wenn in ihm am Anfang der spekulative Satz ‚Gott ist‘ steht. An die Stelle von Gott können – strukturell gedacht – auch der Weltgeist oder die Natur und das Sein treten, also solche Elemente, die auf dem Feld des Glaubens etabliert sind und nicht Gegenstand unserer Erkenntnis werden können. Sie sind Setzungen des Unbedingten, das spätestens seit Kants Aufweis der Grenzen der Vernunft letztlich nicht „erkannt“ werden kann – und dennoch als Bedingung für die Vorhandenheit des Seienden anzusehen ist.

Folglich lassen sich dieser Weise des Denkens nicht nur die im Zuge der christlichen Offenbarung auftretenden christlichen Denker, wie z. B. Augustinus, Thomas von Aquin oder Nikolaus Kusanus zuordnen, sondern etwa auch Platon, Aristoteles, Plotin, Hegel und in unserer Zeit Nicolai Hartmann, Max Scheler und Martin Heidegger. In diesen differenten Denkmodellen mit je spezifischem Kontext besteht trotz der analo-

[1] Franz Körner: Das Sein und der Mensch. Die existenzielle Seinsentdeckung des jungen Augustin. Grundlagen zur Erhellung seiner Ontologie. Freiburg/München 1959, 254. Vgl. auch ders: Homo viator. Ein neuer Beitrag zur Entwicklungsgeschichte Augustins (Contra Academicos II 2,5), 122: Augustinus denkt „durch und durch theozentrisch vom Deus veritas her“, und 123: „daß bereits die philosophischen Frühschriften Augustins an zahllosen Stellen einen durchaus theozentrischen Gehalt aufweisen“. In: Salzburger Jahrbuch für Philosophie, Bd. V/VI, 1961/62, 89–134.

gen Struktur eine differente Explikation der Gedanken, die allerdings angesichts unserer Aufgabenstellung keine Relevanz besitzt.

Ich habe mich für die Analyse der Grundstruktur des Denkens von Augustinus entschieden, weil *zum einen* der Zusammenhang zwischen dem Verständnis von Philosophie und dem Verständnis von Heimat hier besonders deutlich herausgearbeitet werden kann. Ja, sein Denken bringt diesen Zusammenhang geradezu paradigmatisch zum Ausdruck und wird darüber hinaus ausdrücklich von Augustinus selbst thematisiert. Das Denken von Heimat ist für Augustinus gleichbedeutend mit dem, was er unter echter Philosophie versteht. Genauer gesagt: Philosophie ist „unsere wahre unerschütterliche Wohnstatt" (*vera et inconcussa nostra habitatio*),[2] in der wir uns Gott, unserer wahren Heimat, zuwenden und ihn erfassen.

Zum anderen ist in seinem Denken die Heim-Kehr zu Gott das Grundthema überhaupt. In ständig neuen Versuchen ist er darum bemüht, den Menschen dazu aufzufordern, in sein Eigenstes zurückzukehren und in Gott Ruhe zu finden. Bei dieser systematischen Inblicknahme des Denkens von Augustinus geht es folglich nicht um die Beantwortung von Detailfragen in seinem umfangreichen Werk, sondern es geht um die Herausarbeitung der Grundstruktur seines Denkens, der Heim-Kehr zu Gott, die der Inbegriff einer metaphysischen Konzeption ist. Dieser einheitliche Strukturzusammenhang wird im Ganzen und auf seine Strukturelemente hin untersucht, um zunächst die spezifische Weise des ‚Zurück' aufzeigen zu können. In einem nächsten Schritt wird diese Struktur der Heim-Kehr zu Gott auf die vorgelegte Deutung des Menschen als Heim-weg bezogen und kritisch betrachtet.

Im folgenden wird der Akzent auf die Frühschriften Augustinus' von Cassiciacum gelegt, also auf die in der Zeit nach der Bekehrung 386 entstandenen Schriften zwischen September 386 und März 387: *Contra Academicos* (= C. ac.), *De beata vita* (= B.v.), *De ordine* (= De ord.) und *Soliloquia* (= Sol.). Hier hat der philosophische Ansatz den Vorrang und im Verhältnis zwischen Denken/Philosophie einerseits und Glauben/Autorität andererseits liegt eine stärkere Betonung auf dem Erkenntnisweg und damit auf der Ratio. Das bedeutet keineswegs, daß dem Glauben nur eine untergeordnete Funktion zukommt: Gott ist in allen Phasen des Denkens Augustinus', das unbezweifelbare, sozusagen erste Fundament, der auf dem Erkenntnisweg und auf dem Glaubensweg erreicht werden kann.

---

2 Augustinus: De ordine I, 3,9.
Im folgenden zitiere ich den jeweiligen lateinischen Text nach der Ausgabe: Sancti Aurelii Augustini. Opera omnia. Corpus Christianorum. Series Latina. Turnhout 1954 ff.
Von den zahlreichen deutschen Übersetzungen habe ich zumeist die in Paderborn (Schöningh-Verlag) oder die in Zürich (Bibliothek der Alten Welt) erschienenen Einzelausgaben verwendet. Eine gute Orientierung zu der Fülle an Einzelausgaben bietet Carl Andresen (Hrsg.): Zum Augustin-Gespräch der Gegenwart. Mit Bibliographie. Darmstadt 1962, insb. 465–468.

Es besteht also, wie Rudolf Lorenz herausarbeitet, in allen Phasen der Entwicklung Augustinus' ein „Nebeneinander beider Gedankenreihen", und bereits in seiner Frühzeit gibt es neben dem Weg der Erkenntnis den Weg des Glaubens.[3]

Allerdings hat Augustinus in diesen frühen Schriften die Intention, mit Hilfe der Philosophie Problemstellungen zu klären, durch die umgekehrt der religiöse Glaube näher bestimmt werden kann. Aufgrund dieser Priorität der rationalen Seite finden wir hier weniger Strukturen, die die Ohnmacht und Hilflosigkeit des Menschen und demgegenüber die Wirkmächtigkeit Gottes und seine Gnade zum Ausdruck bringen.

Soweit es angesichts der vorliegenden Aufgabenstellung notwendig erschien, wurden über die genannten Frühschriften hinaus weitere Werke von Augustinus berücksichtigt, insb. *De libero arbitrio* (= De lib. arb.), *De vera religione* (= De ver. rel.), *Enarationes in Psalmos* (= En. in Ps.), die *Confessiones* (= Conf.) und *De Trinitate* (= De trin.). Aus der mittlerweile beinahe unübersehbaren Flut an Sekundärliteratur[4] wurde eine Auswahl getroffen.

---

3 Rudolf Lorenz: Gnade und Erkenntnis bei Augustinus, 44. In: Zum Augustin-Gespräch der Gegenwart II. Hrsg. von Carl Andresen. Darmstadt 1981, 43–125.

4 Eine Zusammenstellung der Fülle an Literatur zu Augustinus findet sich bei: Carl Andresen: Bibliographia Augustiniana. 2. Aufl. Darmstadt 1973. T. van Bavel: Répertoire bibliographique de S. Augustin 1950–1960. Steenbrugge 1963. Terry L. Miethe: Augustinian bibliography 1970–1980. Westport (Conn.)/London 1983; W. Totok: Handbuch der Geschichte der Philosophie. Bd. 2: Mittelalter. Frankfurt am Main 1973, 115–162. Die Neuerscheinungen werden fortlaufend in der *Revue des Études Augustiniennes*, Paris, publiziert.

1. Augustinus' Theozentrismus und der „Hafen der Philosophie"

In dem frühen Dialog *De beata vita* aus dem Jahre 386 versucht Augustinus seine These einsichtig zu machen, daß derjenige glücklich ist, der Gott hat: „Deum (...), qui habet, beatus est."[1] Gott zu haben bedeutet keinen Mangel zu erleiden und positiv gewendet: die absolute *Wahrheit* („veritas") als „höchste Selbstübereinkunft oder reine Selbstidentität",[2] die *Weisheit* („sapientia"), die mit Christus, dem Sohn Gottes identisch ist, und das *höchste Maß* („summus modus")[3] zu besitzen. Gott zu haben heißt daher, wie Augustinus mit seinem bekannten Grundwort kenntlich macht, Gott völlig zu genießen.[4]

Den ersten sechs Abschnitten, die Augustinus nachträglich abgefaßt hat und die bereits die Leitlinien für die Interpretation seiner nachfolgenden Ausführungen beinhalten, kommt eine zentrale Bedeutung zu. In dieser ‚Vorrede' – wie man die sechs Abschnitte benennen könnte – macht Augustinus *erstens* den Stellenwert deutlich, den für ihn die Philosophie hat, er zeigt *zweitens* die Wege auf, die zur Philosophie führen, und er verweist *drittens* auf den inneren Zusammenhang zwischen Philosophie und dem Erreichen des Glücks.

Augustinus verwendet zur Veranschaulichung seiner Einsichten hier auch das insbesondere in der Antike häufig erwähnte Bild vom „Hafen der Philosophie".[5] Dieses stellt er in den Kontext einer erweiterten Bildersprache mit folgenden Elementen: dem *„Meer"*, d. i. die Welt, dem *„Festland"*, d. i. das Glück, dem *„Leuchtturm"*, d. i. das philosophische Werk, einem *„riesigen Berg"*, der die Hafeneinfahrt verengt, d. i. die

---

1 Aus der Fülle der Sekundärliteratur seien zu diesem Problemfeld hervorgehoben: Werner Beierwaltes: Regio Beatitudinis. Zu Augustins Begriff des glücklichen Lebens. Heidelberg 1981; R. Holte: Béatitude et Sagesse. S. Augustin et le problème de la fin de l' homme dans la philosophie ancienne. Paris 1962.

2 Beierwaltes: Regio Beatitudinis, 27. Vgl. ebenda die instruktive Herausarbeitung der Implikationen dieser Bestimmungen, 26–29.

3 Vgl. dazu die Bestimmung von Augustinus: „Daß es aber Wahrheit überhaupt gibt, beruht auf einem höchsten Maß, von dem sie ausgeht und zu dem sie sich zu ihrer Vollendung zurückwendet." (Aurelius Augustinus: De beata vita. Über das Glück: Lateinisch/deutsch. Stuttgart 1982, 61; B.v. IV, 34) Das höchste Maß ist hier dasjenige, was maßgebend ist, von dem her folglich gleichsam als ‚Urmaß' allem Maß gegeben wird.

4 Siehe dazu insb. De doctrina Christiana 1,4,4: „Frui enim est amore alicui rei inhaerere propter se ipsam" im Unterschied zum „uti", dem Gebrauchen.

5 Augustinus hat dieses Bild vermutlich von Cicero übernommen. (Vgl. Cic. Tusc. 5,2,5; epist. fam. 7,30,2) Plotin thematisiert in der ersten Ennéade (I,6,8; vgl. auch I,8,16 ff.) die Rückkehr des Odysseus in seine Heimat und greift in diesem Zusammenhang auf das Bild der „Seefahrt" zurück. Henry versucht zu belegen, daß Augustinus diese Ennéade gekannt hat. (Vgl. dazu: P. Henry: Plotin et l'Occident. Spicilegium sacrum Lovaniense 15, Louvain 1934, 211.)

Skepsis, und *„drei Arten von Seefahrern“*, die für verschiedene Typen von Menschen stehen, die auf unterschiedliche Weise zur Philosophie gelangen können.[6]

Die Aufgabe des Menschen besteht für Augustinus nun darin, den Hafen der Philosophie zu erreichen, also an den Ort zurückzukehren, von dem sich der Mensch während seiner Fahrt auf dem Meer entfernt hat. Dieser Ort ist die wahre Philosophie, anders gesagt: es ist die Heimat („patria“), die wir kennen, weil wir uns zunächst in ihr aufhalten und mit ihr vertraut sind. In diesem Hafen der wahren Philosophie kann der Mensch Sicherheit und Ruhe erlangen, mehr noch, es ist ihm durch ihn allererst der Zugang zum „Festland des Glücks“ möglich. Wie können wir uns dieses Verständnis verdeutlichen?

Für Augustinus ist der Mensch, wie man im modernen Sinne sagen kann, ein Geworfener:[7] Er hat es nicht in der Hand, sich selbst in diese Welt hinein zu versetzen, sondern er findet sich in ihr immer schon vor. Augustinus umschreibt diese Welt bildlich mit einem stürmischen Meer: Der Mensch „zufällig gleichsam und aufs Geratewohl“ in es geworfen, ist in seinem Erleben zunächst ein Homo viator. Er ist in der Weite des Meeres, also in der Fremde unterwegs, ja er wird sogar, weil es ein stürmisches Meer ist, in die Irre getrieben, weshalb sein Zustand der des Verwirrtseins ist. Nur unter größten Mühen kann er erkennen, woran er sich halten muß und welche Signa er zu beachten hat, die ihm dabei helfen könnten, dorthin zurückzukehren, von woher er gekommen ist. Den Menschen auf hoher See, die sich von ihrem noetischen Ursprung entfernt haben, fehlen epistemologische Sicherheiten, und sie können daher mit Augustinus als „nescientes errantesque“ bestimmt werden.

Für Augustinus gibt es nun die Möglichkeit, durch einen Sturm, der „den Toren scheinbar ein Unglück“ ist, ins „heißersehnte Land“ („in optatissimam terram“) zurückzukehren, oder aber einen durch Vernunft und reinen Willen bestimmten Kurs einzuschlagen.

Dabei lassen sich drei Arten von Seefahrern unterscheiden, die unterschiedliche Wege der Annäherung und des Eindringens in die Philosophie zum Ausdruck bringen.

Der eine Typus Seefahrer hat sich niemals auf hohe See begeben. Geradlinig und ohne jeglichen Umweg hält er sich in dem ruhigen Hafen der Philosophie auf und arbeitet, sobald er der Vernunft mächtig ist, an seinem weithin sichtbaren eigenen Werk. Es soll als ein äußerst leuchtendes Zeichen („lucidissimum signum“) die anderen Bürger ermahnen, zu ihm in den Hafen zu kommen.

Eine zweite Gruppe Menschen wagte sich vom oberflächlichen Glanz des Meeres angezogen, weit ins hohe Meer hinaus. Hier vergessen sie oft ihre Heimat, sind aber dennoch „hochgestimmt und froh, da der trügerische Glanz von Vergnügungen und Ehren sie allenthalben umschmeichelt“. Dieses Leben in der Welt des Scheins und der Flüchtigkeit, das für Augustinus letztlich ein Leben im tiefsten Elend darstellt, kann

6 Herv. K. J. Zu den folgenden Ausführungen in diesem Abschnitt vgl. die genannten ersten Abschnitte aus *De beata vita*, denen auch die lateinischen Wendungen in Klammern entnommen sind.

7 Diesen Ausdruck legt auch Augustins Verwendung des lateinischen Verbs „proiecere“ nahe.

durch ungünstige Witterungsverhältnisse, also Schicksalsschläge, die nicht in der Verfügungsgewalt des Menschen stehen, verändert werden. Plötzlich werden sie „auf die Bücher gelehrter und weiser Männer gestoßen" und gelangen, ohne daß sie den Rückweg gezielt und kraft ihres eigenen Nachdenkens eingeschlagen hätten, irgendwie in den Hafen der Philosophie. Auch die dritte Gruppe von Seefahrern hat sich aufs hohe Meer hinausbegeben. Allerdings erblicken sie

> „(...) am Ende ihrer Jugend oder nach langen und vielen Verirrungen (...) dennoch gewisse Wegzeichen, und auf hoher See erinnern sie sich ihrer teuren Heimat. Sie kehren dann entweder zu ihr ohne Umweg und weitere Verzögerung zurück, oder – was häufiger vorkommt – sie irren länger umher, weil sie entweder bei schlechter Sicht vom Kurs abkommen oder sich an sinkenden Gestirnen orientieren oder, von so mancher Verlockung gefangen, die Zeiten guter Fahrt verstreichen lassen, und geraten so oft in Gefahr. Auch diese verschlägt in den Wogen des Schicksals häufig irgendein Mißgeschick, ein Sturm gleichsam, der all ihrer Anstrengungen spottet, in das heißersehnte ruhevolle Leben [*in optatissimam vitam quietamque compellit*]."[8]

Die Seefahrer dieser Gruppe treten die Rückkehr nicht, wie bei der zuvor genannten, auf Grund äußerer Anlässe an, sondern sie geschieht kraft der Erinnerung. Das meint, daß die Seele, die sich von ihrem Ursprung in der Fremde entfernt hat, sich wieder an ihre wahre Heimat erinnern kann und in einer eigentlichen Suche den Weg zurück auf sich zu nehmen vermag.

Alle drei Typen von Seefahrern, die auf ihre je spezifische Weise in den Hafen der Philosophie gelangen, sind allerdings einer großen Gefahr unmittelbar vor der Hafeneinfahrt ausgesetzt. Hier ragt nämlich ein riesiger Berg hervor, der die Einfahrt verengt und der aufgrund seines strahlenden Glanzes vortäuscht, bereits das Ziel der Suche nach dem „lichterfüllten Heim" („luculentam domum") zu sein. Augustinus verwendet dieses Bild des Berges für die Skepsis der Akademie, um deren in der Negation verharrende eher kritisch-destruktive Tendenz anzudeuten, bei der es nicht um Wahrheit, sondern um ein „hochmütiges Streben nach leerem Ruhm" („superbum studium inanissimae gloriae") geht.[9]

Auf diesem Hintergrund kann die Frage nach dem inneren Zusammenhang zwischen Philosophie und dem Erreichen des Glücks gestellt werden. Für Augustinus gelangt man vom Hafen der Philosophie aus „in das Festland des Glücks", man hat es folglich noch nicht erreicht. Denn auch

> „(...) dieser erstreckt sich weit, und seine Größe, wenngleich schon weniger gefahrvoll, schließt eine Irrfahrt nicht völlig aus. Denn ich weiß durchaus nicht, welcher Gegend des

---

8 Augustinus: De beata vita. Über das Glück, 6/7. B.v. I, 2. Augustinus' eigener Weg in die Philosophie entspricht, wie er im vierten Abschnitt verdeutlicht, diesem Typus des Seefahrers. Folgende Etappen lassen sich mit ihm benennen: die Lektüre des *Hortensius* von Cicero; das „Hereinfallen" auf die Manichäer, die zeitweilige Verbundenheit mit den Akademikern und endlich das Hören der Predigten des Bischofs Ambrosius, den Augustinus als „Polarstern" bezeichnet, dem er sich anvertrauen konnte.

9 Augustinus: De beata vita. Über das Glück, 8 f. B.v. I, 3.

Festlandes ich mich zuwenden und wo ich anlegen soll, und in einer einzigen nur findet sich wirklich das Glück."[10]

Diese Textstelle wirft die Frage auf, ob für Augustinus das Festland des Glücks überhaupt in diesem Leben erreicht werden kann. Sie ist insofern von Bedeutung, weil das Erreichen des Glücks mit dem Erkennen Gottes und dem Haben Gottes zusammenfällt.

Die Antwort auf diese Frage ist zunächst unbefriedigend: Augustinus ist in diesem Abschnitt nicht eindeutig. Denkt man das angeführte Zitat als eine biographische Aussage, die ausschließlich auf den spezifischen Lebensweg Augustinus' bezogen werden muß und die dadurch zu seiner Frage nach dem Erreichen seines eigenen Glücks wird, dann läßt sich die Unsicherheit bei der Frage nach dem richtigen Ort des Glücks als Einsicht in sein Nichtwissen auslegen. Auf diese Weise bleibt die Möglichkeit des Wissens bei einem anderen Menschen unbeantwortet und offen.

Eine weitere Stelle am Schluß des Dialogs soll daher berücksichtigt werden:

„Doch solange wir noch auf der Suche sind, werden wir noch nicht aus der Quelle selbst und (...) aus der Fülle gesättigt, und so wollen wir bekennen, daß wir noch nicht zu unserem Maß gelangt sind. Deshalb sind wir trotz der Hilfe Gottes noch nicht weise und glücklich. Denn nur das ist volle Sättigung des Geistes, nur das ist das Glück: Ehrfürchtig und vollkommen zu erkennen, wer uns zur Wahrheit führt, zu erkennen, welches die Wahrheit ist, die wir genießen, zu erkennen, wodurch wir dem höchsten Maß verbunden sind."[11]

Auch hier könnte man den Eindruck gewinnen, daß Augustinus sein geistiges Voranschreiten und das seiner Schüler thematisiert und dies als bisher ungenügend kennzeichnet, wobei die Möglichkeit des wirklichen Erreichens des Glücks im Diesseits und die der vollen Erkenntnis nicht abgesprochen wird.

Betont man allerdings den ersten Abschnitt, in dem Augustinus von wenigen Menschen spricht, die ans Ziel gelangen können, und berücksichtigt man ferner eine Stelle aus den *Soliloquia*, dann kann für Augustinus die Seele bereits im jetzigen Leben durch die Gotteserkenntnis glückselig sein.[12]

Wenn man davon ausgeht, daß sich Augustinus bei der kritischen Durchsicht seiner Werke im Jahre 426/7 in den *Retractationes* nicht selbst im Rückblick mißverstanden hat, wird diese Position bekräftigt. Für ihn steht zu diesem Zeitpunkt fest, daß Glück nicht im Diesseits, sondern nur in einem „zukünftigen Leben" zu erreichen ist:

„In diesem Buch (*De beata vita*; K. J.) kamen wir (...) zu der Überzeugung, daß ein glückliches Leben nur in der vollkommenen Erkenntnis Gottes liegt. Mir mißfällt darin, daß ich (...) sage, daß während unsrer irdischen Zeit das glückliche Leben nur in der Geistseele des Weisen wohnt, in welchem Zustand auch immer sein Leib sich befinden mag. In Wirklichkeit bildet die vollkommene Erkenntnis Gottes, das heißt die größte, zu der der Mensch gelangen kann, die Hoffnung des Apostels im zukünftigen Leben (I Kor. 13,12). Erst dort soll man von einem

---

10 Ebd., 11 f. B.v. I, 5.

11 Ebd., 63. B.v. IV, 35.

12 Vgl. Augustinus: Sol. I, 14,3: „(...) item quia in ista vita, quamquam Deo intellecto anima iam beata sit, tamen multas molestias corporis sustinet (...)." In den *Retractiones* wendet sich der späte Augustinus gegen diese Aussage. Vgl. Retr. I, 4,5.

glücklichen Leben sprechen, wo auch der unverwesliche und unsterbliche Leib ohne jede Beschwerlichkeit und jedes Widerstreben seinem Geiste unterworfen sein wird."[13]

Wir sehen uns daher zwei sich widersprechenden Aussagen gegenüber. Die erste Position hält das Glück im Diesseits für erreichbar. Die zweite Position verneint diese Aussage. Für sie gibt es im Irdischen nur die Hoffnung, die auf das Glück im jenseitigen Leben verweist. Hier ist eine Differenzierung des Glücks in ein absolutes und in ein relatives angebracht. Versteht man Glück im absoluten Sinne als ein Maximum, das durch Fülle und völliges Innesein mit der Wahrheit, also einem vollständigen Haben Gottes gekennzeichnet ist, dann kann der Mensch im irdischen Leben Glück nur relativ erreichen. Mit systematischem Blick auf den frühen Augustinus wird im folgenden die erstgenannte Position von Bedeutung sein. Augustinus spricht hier eher als Philosoph und weniger als Mystiker und Theologe. Die Philosophie wird als Sapientia zur Instanz, die das Erreichen des Glücks möglich werden läßt und damit zu Gott führt.

Zusammenfassend bleibt festzuhalten: Augustinus zeichnet in der Vorrede ein anschauliches Bild der menschlichen Grundsituation. Der Mensch, der wie alles Seiende in der Welt, von Gott geschaffen ist, ist ursprünglich an Gott rückgebunden, also im eigensten Sinne des Wortes re-ligiös. In die Welt der Necessitas versetzt, ist der Mensch in der Fremde unterwegs. Fern seiner Heimat gerät er fast zwangsläufig in die Irre, läßt er sich doch zunächst von Oberflächlichem und Flüchtigem leiten. Mit Hilfe der Philosophie bietet sich ihm allerdings die Möglichkeit, sich auf einen von Vernunft und Willen bestimmten Kurs zu begeben, die Irrfahrt zu beenden und umzukehren. Diese Umkehrbewegung bringt eine spezifische Weise des Zurück zum Ausdruck, nämlich eines ‚zurück' im Sinne eines ‚heim', das uns dorthin führt, von woher wir ursprünglich gekommen sind und das mit „dulcissima patria" und „beata terra" umschrieben wird.

Die grundlegenden Strukturelemente dieser menschlichen Grundsituation möchte ich im folgenden näher untersuchen. Während das nächste Kapitel: „Der Schmerz des Wandernden in der Fremde"[14] den Aufenthalt in der Entfernung vom Ursprung kennzeichnet, zeigt das dritte Kapitel: „Die Rückkehr ins eigene Innere,"[15] daß der mit Hilfe der Erinnerung sich vollziehende Weg zurück im „Zurückschauen auf das Vaterland"[16] ein Weg in das Innere des Menschen ist. Erst bei Gott, der „selige(n) Heimat der Geistseele",[17] findet der Mensch seine wahre Heimat. Dieser Bereich wird im vierten Kapitel näher bestimmt. Im fünften Kapitel nehme ich von der Deutung des Menschen als Heim-weg aus kritisch Stellung.

---

13 Augustinus: Die Retractationen in zwei Büchern. Retractationum libri duo. Paderborn 1976, 15. Retr. I, 2.

14 Augustinus spricht vom „dolor peregrinationis". Vgl. Augustinus: C. Ac. II, 2,5.

15 Augustinus verwendet die Wendung „reditio in se ipsum". Vgl. Augustinus: De v. rel. 39, 72.

16 Augustinus schreibt vom „resipicere patriam". Augustinus: C. Ac. III, 19,42.

17 Augustinus: Retr. I, 1,3: „(...) quaedam originalis regio beatitudinis animi Deus ipse est, qui eum (= spiritum) non quidem de seipso genuit, sed de nulla re alia condidt corpus e terra." Ich übernehme die interpretierende Übersetzung „selige Heimat der Geistseele" von Franz Körner: Homo viator, 111. Vgl. darüber hinaus „De civ. Dei IX, 17: „Fugiendum est igitur ad carissimam patriam, et ibi pater, et ibi omnia".

2. Der Schmerz des Wandernden in der Fremde

In dem zweiten Gespräch des ersten Buches von *De ordine* unterscheidet Augustinus im 32. Abschnitt „Die Frau und die Philosophie“ zwischen einer „Philosophie dieser Welt“ und einer Philosophie „der andren Welt“. Unter Bezugnahme auf Johannes 18,36 betont Augustinus, daß Johannes nicht sagte: „Mein Reich ist nicht von der Welt, sondern: Mein Reich ist nicht von dieser Welt.“ Auf diese Weise hebt Augustinus in platonischer Tradition stehend, eine sinnliche Welt von einer geistigen Welt ab, „die sehr, sehr weit entfernt vor unseren Augen steht, und die allein der Verstand von wenigen Geheilten erblickt“.[1]

Philosophie als „Liebe zur Weisheit“ ist folglich ein geistiges Sich-Ausrichten auf diese intelligible Welt, die einen onto-axio-gnoseologischen Vorrang einnimmt, um dadurch dem von Christus verkündeten Wort zu entsprechen. Für Platon bedeutet nämlich in der Sicht Augustinus' die intelligible Welt „nichts andres als die ewige und unveränderliche Vernunft, aus der Gott die Welt erschaffen hat.“[2] Daher hat die „wahre“ und

> „(...) echte Philosophie (...) nur die eine Aufgabe, aller Dinge letzten Ursprung, den Anfang der Anfänge zu lehren, welch tiefer Sinn ihm innewohnt, und was von da ohne Entartung zu unsrem Heil entflossen ist. Das ist jener allmächtige Gott, jener dreimächtige Vater, Sohn und Heiliger Geist, Den die verehrungswürdigen Geheimnisse lehren.“[3]

Echte Philosophie ist demnach die Fähigkeit des Geistes („ratio mentis“), das religiöse Letztwissen, die erste Ursache, zu erfassen und Gott zu erkennen.[4] Mit diesem Wissen geht, wie bereits gesagt, die Einsicht in die beiden unterschiedlichen Welten einher. Diese Einsicht ist allerdings erst in einem mühsamen Erkenntnisprozeß zu gewinnen. Zunächst befindet sich nämlich der Mensch, der nach dem Fall Adams von Erbsünde belastet ist, in dem hieraus resultierenden privativen Modus der Unwissenheit („ignorantia“) und des Unvermögens („difficultas“), gegen die er anzukämpfen hat.

> „Aus Unwissenheit schändet uns der Irrtum, aus Unvermögen quält uns die Plage. Das Falsche für das Richtige halten und so wider Willen irren und durch beharrlichen und qualvollen

1 Aurelius Augustinus: Die Ordnung. Erste deutsche Übertragung von Carl Johann Perl. 4. Aufl. Paderborn 1966, 31 f. In den *Retractationen* übt Augustinus eine gewisse Selbstkritik an dieser Äußerung: „Ich hätte nicht von zwei Welten sprechen dürfen, ohne mich auf Plato und die Platoniker zu berufen. Statt dessen gab ich es als meine eigene Ansicht aus mit dem Hinweis, der Herr habe dasselbe ausdrücken wollen, weil er nicht sagte: Mein Reich ist nicht von der Welt, sondern: Mein Reich ist nicht von dieser Welt (Joh 18, 36) als könnte man diesen Gedanken nicht auch in anderer Ausdrucksweise finden. Wenn der Herr Christus eine andere Welt andeutet, kann weit angemessener an jene gedacht werden, in der ein neuer Himmel und eine neue Erde sein wird (II Petr 3, 14; Apk 21,1); dann nämlich, wenn sich erfüllt haben wird, worum wir mit den Worten beten: Dein Reich komme (Mt 6,10). Ich hätte mich trotzdem dieses Ausdrucks nicht bedient, wenn ich damals schon in den kirchlichen Wissenschaften bewanderter gewesen wäre.“ (Retr. I, 3,2) Vgl. darüber hinaus: C. Ac. III, 17,37 und III, 19,42.

2 Augustinus: Retr. I, 3,2.

3 Augustinus: Die Ordnung, 51. De ord. II, V, 16.

4 Vgl. Augustinus: De ord. II, XV, 42 und 43.

> Schmerz der fleischlichen Fessel sich nicht von lüsternen Werken zurückhalten können: das ist nicht das Wesen des beabsichtigten, sondern die Strafe des schuldig gesprochenen Menschen."[5]

Die Ignorantia läßt demnach den Irrtum und das Nichtwissen des guten Willens aus sich hervorgehen und die Difficultas hindert den Menschen an der konkret-praktischen Umsetzung des als richtig Erkannten. Beide führen zu einer Verkehrung der Richtung beim Erkennen und Tun. Die Willensausrichtung wird von Gott weg und hin zu den sinnlichen Dingen gelenkt, also vom Einen, der Ruhe und dem vollkommenen Sein hin zum Disparaten, der Unruhe und dem Elendsein.[6]

Das Verharren und Sichaufhalten der Unwissenden in der bloß den Sinnen zugänglichen Welt des Mannigfachen und Disparaten ist für Augustinus gleichbedeutend mit dem Versinken in einem Abgrund.[7] Dieses Versinken, das mit dem lateinischen Verb „demergere" umschrieben wird, wird von Augustinus auch als ein „Fallen" bezeichnet: „Sobald sich nämlich die Seele an vergängliche und sterbliche Dinge verströmt, bedeutet es für sie ein Fallen, dem das Zurückfinden zur Vernunft als ein Steigen entspricht."[8]

Das vom Neuplatonismus übernommene Bild des „Verströmens" bringt anschaulich den Selbstverlust der Seele zum Ausdruck. Den trügerischen, flüchtigen Dingen hingegeben und ihren „jämmerlichen Begierden" ausgeliefert, weiß sie nicht, wohin sie sich wenden soll[9] und wovor sie fliehen muß.[10] Sie ist als ein ‚Spielball' äußerer Einflüsse und niederer Begierden richtungslos, d. h. sie verwirklicht nicht die ihr eigene Qualität des Sich-Ausrichtens auf die intelligible-göttliche Welt. Sie begehrt außerhalb von ihr liegende, extrinsische Ziele und fesselt sich an das Foris, das Außen. Sie läßt sich keine freie Zeit und Muße, um eine innere Sammlung, eine Concentratio, zu ermöglichen, in der allein Tiefe und Vollkommenheit zu erreichen ist.[11]

Die Seele führt dadurch ihre eigene Auflösung herbei, genauer gesagt, sie entfremdet sich von ihrem eigenen Wesen. Das bedeutet: Weil der Mensch sich nicht nach innen wendet und hier das Göttliche in sich anzielt, richtet er sich in seiner Weltsucht auch gegen sich selbst: Es kommt zu einer *Ad-version.* Bei dieser selbstentfremdenden Außen- und Gegenwendung muß sich der Einzelne selbst unbekannt sein und bleiben.

---

5 Augustinus: Der freie Wille. Paderborn 1972, 163. De lib. arb. III, 18, 52.

6 Vgl. dazu: Augustinus: De lib. arb. II, 14,37.

7 Vgl. Augustinus: De ord. I, X, 29. Dieser Gedanke wurde bereits von Plotin (IV 7,10 n. 68 und I 6,5 n. 27) ausgesprochen. Vgl. Gottlieb Söhngen: Die neuplatonische Scholastik und Mystik der Teilhabe bei Plotin, 110. In: Phil. Jahrb. 49, 1936, 98–120.

8 Augustinus: Die Ordnung, 66f. De ord. II, XI, 31: „Nam ut progressus animae usque ad mortalia lapsus est, ita regressus esse in rationem debet". In den lateinischen Verben pro-gredi und re-gredi kommen die Richtungsadverbien deutlich zum Ausdruck.

9 Das im lateinischen Text stehende Verb „redire" spricht deutlich die Rückkehr aus.

10 Vgl. Augustinus: De ord. II, 10,31.

11 Bereits Aristoteles hat darauf hingewiesen, daß die Bedingung der Möglichkeit des Philosophierens in der Muße zu sehen ist. Sie steht im Gegensatz zum umtriebigen Sich-Verlieren an das sinnlich Mannigfaltige. In der Muße geschieht der Akt der Sammlung in das Eigene und die ‚energeia theoretike', die „betrachtende Tätigkeit des Geistes", die, wie Aristoteles in der *Nikomachischen Ethik* schreibt, „keinen anderen Zweck hat als sich selbst". (NE 1177 b19)

Denn hier realisiert sich menschliches Leben dann für Augustinus „mit seinen unzählbaren Verwirrungen, seiner ununterbrochenen Unbeständigkeit, seiner Hin- und Hergetriebenheit.“[12]

Der Mensch, der in der vorliegenden Terminologie für Augustinus das Heimische seines Wesens als *Heim-Gott* deutet und entsprechend das Wohnen des Menschen in seinem Sich-Binden an Gott zu verwirklichen sucht, gerät in der Fremde in den Zustand des Sich-selbst-fremd-Seins und verliert dadurch sein Eigenstes, sich selbst und Gott, aus dem Blick. Die Ortung geschieht nicht als ein *In-Gott-sein*, sondern in dem privativen Modus des *In-Gottesferne-seins*. Fern von der Einsicht in sein eigenes Wesen und damit zugleich auch fern von Gott, ist der Mensch dergestalt in der Fremde fern seiner Heimat unterwegs.

Und hier wird er von Furcht oder von Schmerz durchdrungen. Die Furcht bedrängt einen Menschen, nicht weil er Mangel erleidet, sondern weil er inmitten von Besitz und Reichtum im Überfluß permanent den möglichen Verlust ins Auge faßt. Wie Augustinus in „De beata vita“ unter Verweis auf Cicero[13] veranschaulicht, kann Orata, ein äußerst reicher Mann, als Beispiel eines Menschen mit dieser ‚Verlustangst‘ angesehen werden. Seine Furcht hat für Augustinus allerdings, genauer betrachtet, seinen Grund in seinem „Mangel an Weisheit“.[14] Denn im Unterschied zu einem „ganz auf Gott ausgerichteten Geist“ („animum adtentissimum in deum“), der die Flüchtigkeit und Unbeständigkeit der Dinge durchschaut hat und sich deshalb von ihnen ab- und dem Ewigen zuwendet, hat dieser „Törichte“ („stultus“) in seiner Unwissenheit diese Abkehr nicht vollzogen. Sein Geist verliert sich weiter im Zeitlichen, Sterblichen und Körperlichen[15] und taumelt gleichsam hilflos auf den Wellen des Schicksals umher.

Der Schmerz des Wandernden in der Fremde ist folglich der Schmerz eines Umherschweifenden: Es ist der Verweis der Seele auf dieses Sich-Verlieren, d. h. er zeigt latent bereits das Gespür für die fehlende Nähe Gottes an und kann als Heimweh bzw. Sehnsucht nach der wahren Heimat gedeutet werden. Anders gesagt: Weil im Bereich der Andersheit, wie Augustinus analog zu Plotin denkt, der Bezug zum Ursprung stets bestehen bleibt, kann eine vollständige Abtrennung niemals erfolgen.[16] Der Bezug des Menschen zu Gott wird nicht abgeschnitten, sondern er bleibt, durch die Superbia des Menschen lediglich verstellt, in dem privativen Modus des Heimwehs erhalten.[17] Und von hier ergeht die Aufgabe an ihn: Er muß seinen Hochmut überwinden, den Weg nach Innen beschreiten und sich aus der Fremde in seine Heimat begeben.

---

12 Augustinus: Die Ordnung, 4. De ord. I, 1,2.

13 Cicero: De officiis 3,67; De oratore 1,39, 178; fin. 2,22, 70.

14 Augustinus: De beata vita. Über das Glück, 50 f. Zum folgenden siehe ebd.

15 Vgl. Augustinus: En. in Psalm. 89,9; 143,18.

16 Vgl. Plotin I, 7,1,25–28 und VI 4,14,16 ff.

17 Siehe auch Augustinus: Der freie Wille, 91. II, 14,144: „Die Wahrheit aber und die Weisheit verliert keiner unfreiwillig, denn niemand kann räumlich von ihr getrennt werden, sondern was man Trennung von Wahrheit und Weisheit nennt, ist verkehrter Wille, der das Niedrige liebt.“

3. Die Rückkehr ins eigene Innere

Selbst- und Gotteserkenntnis, die beiden Aufgaben der Ratio, gehören untrennbar zusammen. Gemäß der von Aristoteles herausgearbeiteten Unterscheidung zwischen gnoseologischer und ontologischer Rangordnung, nach der dasjenige, was uns beim Erkennen zeitlich zuerst begegnet, das Abgeleitete bezüglich seines Ursprünglichkeitsgrades ist, hat die Selbsterkenntnis den zeitlichen und gnoseologischen Vorrang, die Gotteserkenntnis den ontologischen und axiologischen. Analog zu Plotin[1] ist Augustinus der Auffassung, daß der Mensch von der Selbsterkenntnis zur Gotteserkenntnis gelangen kann:

> „Um zu der Kenntnis seiner selbst zu kommen, braucht es denn auch große Mühe; man muß sich von den Sinnen frei machen können, die Zerstreutheit der Gedanken bekämpfen und sich in die Gewalt bringen. (...) Kommt erst der Geist so zu sich selbst, dann versteht er, worin die Schönheit des Universums liegt, das wahrhaftig seinen Namen von unus, dem Einen, hat."[2]

Das bedeutet: Die Einsicht in die vom Menschen selbstverursachte Entfernung von Gott beim Sich-Verlieren im Zeitlichen, Sterblichen, Körperlichen und Vielen, macht für Augustinus zunächst eine Wende vom räumlichen Foris zum geistig-unräumlichen Intus

---

1 Vgl. dazu die Stellen- und Literaturangaben bei Hanspeter Müller: Augustins Soliloquien. Einleitung, Text und Erläuterungen. Bern-Bümpliz 1954, 118. Auch Plotin will die Reinigung und Befreiung des Menschen von der Sinnlichkeit und seine Rückkehr zum Einen. Allerdings fehlt hier – um wenigstens auf einen wesentlichen Unterschied aufmerksam zu machen – Christus als Mittler, mit dessen Hilfe wir dieses Ziel erreichen können. Pierre Courcelle hat auf die erstaunliche Parallelität zwischen Ambrosius und Plotin hingewiesen. Ich führe von ihm ein Beispiel an:
Plotin: Enn. I,8: *„So laßt uns denn in unser liebes Vaterland fliehen*: das ist der *wahre* Rat, den man uns geben sollte. *Aber worin besteht diese Flucht?* Wie zurückkehren? (...) *Unser Vaterland* ist der Ort, von wo wir kommen, *und dort ist unser Vater. Was beinhaltet diese Reise und diese Flucht? Nicht mit unsern Füßen sollen wir sie ausführen, denn unsere Füße tragen uns, wo immer es sei, von einem Land zum andern. Es ist nicht mehr nötig, ein Gespann oder irgendein Schiff zu rüsten.* Nein, man muß vom Sehen ablassen, die Augen schließen, die eine Art des Sehens mit der anderen vertauschen und dieses Vermögen, das jedermann besitzt, aber von dem wenige Gebrauch machen, wiedererwecken! Was sieht dann dies *innere Auge*?"
Vgl. dazu Ambrosius: De Isaac vel anima (Predigt über Isaak oder die Seele): *„So laßt uns denn in unser wahres Vaterland fliehen: unser Vaterland und unser Vater*, der uns geschaffen hat, sind dort ‚wo sich Jerusalem, das die Mutter aller Städte ist' (Gal. 4, 26), befindet. *Aber worin besteht diese Flucht? Nicht mit unseren körperlichen Füßen sollen wir sie vollführen. Denn unsere Füße, wo immer sie auch gehen, tragen uns von einem Lande zum anderen. Fliehen wir, nicht mehr auf Schiffe mit ‚Wagen und Rossen, die stürzen* und fallen' (Ps 20, 8–9), *sondern fliehen wir mit Hilfe der Seele, mit unsern Augen* oder unseren Füßen der *Innerlichkeit*." Pierre Courcelle: Die Entdekkung des christlichen Neuplatonismus, 148 f. In: Zum Augustin-Gespräch der Gegenwart. Hrsg. v. Carl Andresen. Darmstadt 1962, 125–181.
Siehe auch Augustinus: De quantitate animae I,2: „Propriam quandam habitationem animae ac patriam Deum ipsum credo esse, a quo creata est."

2 Augustinus: Die Ordnung, 5. De ord. I, 1,3.

notwendig, um von hierher schließlich die Einheit bzw. das Eine suchen zu können.[3] In vielen seiner Schriften ist daher das Grundpostulat zu finden, sich von der Insuffizienz und Bedingtheit der sinnlichen Erfahrung und dem Schmutz der Laster abzuwenden und in sich selbst zurückzukehren. Geradezu programmatisch schreibt er in *De vera religione*: „Noli foras ire, in te ipsum redi. In interiore homine habitat veritas."[4] Der innere Mensch, eine Vorstellung, die sich bereits bei Paulus findet (Röm. 7,22), ist das in der denkenden Seele sich vollziehende Selbstbewußtsein, in der und durch das hindurch Wahrheit gefunden werden kann.

In der *In-version* wendet sich der Mensch vom Bereich der Unwahrheit und der sinnlichen Lust ab und der Wahrheit zu, um sich selbst zu vollenden, also dorthin zu gelangen, wohin zu gehen ihm seinem Wesen nach auferlegt ist.[5] Das bedeutet, daß der Mensch in der Innenwendung der Möglichkeit und Notwendigkeit seiner Natur entspricht und solches, was mit Gott, Wahrheit, dem Glück, der Unsterblichkeit, der Nähe und der Heimat intendiert ist, erreichen kann. Es geht folglich, wie Augustinus in *Contra Academicos* schreibt,

> „(...) um unser Leben, seine Gestaltung, um den Geist, der erwartet, daß er die Feindseligkeiten aller Täuschungen überwinden und, wenn er die Wahrheit erfaßt hat, gleichsam an den Ort seines Ursprungs zurückkehren, über alle Leidenschaften triumphieren und so, mit der Selbstbeherrschung gleichsam vermählt, herrschen wird, in gesteigerter Sicherheit der Erwartung, in den Himmel zurückzukehren."[6]

Die Abkehr vom Schlechten, Niedrigen und Häßlichen und das Zurückkehren zum Ursprung, der Epistrophé, kommt daher einem Reinigungs- und Heilungsprozeß gleich, durch den der gefallene Mensch sich wieder emporhebt. Er ist, wie mit Lorenz betont werden kann,

> „(...) ein ethischer und intellektueller Vorgang zugleich: Die Unwissenheit wird vermindert, indem die Wahrheit immer heller leuchtet, und die Begierde wird durch die Liebe geringer, die immer stärker glüht. Die sittliche Gesundung des Menschen vollzieht sich, indem er das, was er von der Wahrheit empfangen hat, der Wahrheit wieder hingibt. Es ist im Grunde die Zurückwendung des Wahren zum Wahren."[7]

Die Rückkehr ist möglich, weil Gott bereits dem Menschen immanent ist und die Verweisnahme des menschlichen Wissens stets ein Verweis auf Gott bedeutet. D. h.: Im

---

3 Vgl. die anschaulichen Schilderungen von Augustinus' eigener Innenwendung in den „Confessiones" VI, 1,1; VII 7,11; X,27,38.

4 Augustinus: De ver.rel. 39,72; vgl. auch: De ord. I,2,3; Lib. arb. II,16,41; Sermo 330,3.

5 Um sich dieser Möglichkeit der Erkennbarkeit von Wahrheit zu versichern, war es für Augustinus in einem ersten Schritt, d. i. die Schrift „Contra Academicos", notwendig, den Skeptizismus der Akademiker zu widerlegen.

6 Augustinus: C. ac. II,9,22. Vgl. die lat. Formulierungen: „quasi in regionem suae originis rediens" und „rediturus in caelum". In den Retractationen merkt Augustinus zu dieser Stelle an, daß er statt „zurückkehren" („rediturus") hätte „gehen" („iturus") schreiben sollen, „wegen der Leute, die der Meinung sind, die menschlichen Seelen seien aus Strafe für ihre Sünden vom Himmel gefallen und in diese Leiber gestürzt." Augustinus: Retractationen, 1. Retr. I,1,3.

7 Lorenz: Gnade und Erkenntnis bei Augustinus, 61.

Menschen ist eine von Gott hinein- und eingeschaffene Tendenz, durch die der Mensch, wenn er ihr entspricht, zu Gott gezogen und gedrängt wird.[8] Franz Körner spricht daher von einem „dem Menschen eingeschaffene(n) Wissenszug hin zur Innensphäre des Heilig-Göttlichen", der „nicht von außen, sondern von diesem Allerinnersten, d. h. von Gott selbst" stammt.[9]

Allerdings kann sich der Mensch, trotz seines potentiellen Wissens, nicht von sich allein aus seinem Unwissen befreien. Er muß, wie Augustinus in *De ordine* anschaulich schildert, auf zwei Weisen den Anstoß zum Wissen erhalten: durch Autorität und durch Vernunft.

> „Zeitlich gesehen, steht die Autorität an erster Stelle, sachlich aber die Vernunft. (...) Für die unwissende Menge erweist sich auf jeden Fall der Weg über die Autorität der Guten als der heilsamere, der aufgeklärte Mensch hingegen will eher der Vernunft folgen. Da aber jeder Mensch zuerst einmal unwissend ist, bevor er Wissender wird, und kein Unwissender von sich aus weiß, wie er sich seinen Lehrern darstellen und wie er sein Leben gestalten soll, um überhaupt belehrbar zu sein, so zeigt es sich, daß eben doch für alle die Autorität das einzige Tor ist, das ihnen den erstrebten Zugang zu jenen großen geheimnisvollen Gütern öffnet."[10]

Die Autorität, die eine göttliche und eine menschliche sein kann, wobei die göttliche die „wahre, sichere und höchste"[11] genannt werden muß, bekommt von Augustinus, formal gesagt, die Kompetenzfunktion zugesprochen, aus der die Legitimation für die aus ihr erwachsende Appellfunktion hervorgeht. An den Einzelnen ergeht dadurch die Aufforderung, sich um etwas zu bemühen, das er noch gar nicht kennt. Die göttliche Autorität steht für ein über die Erfahrung des Einzelmenschen hinausgehendes Wissen, das von ihm geglaubt wird und dem er zu folgen bereit ist. Im Glauben i. S. des Autoritätsglaubens löst sich der Mensch daher von seinen engen Fesseln des Unwissens und beginnt im Hören auf das göttliche Wort, auf Jesus Christus, sich Gott zuzuwenden.[12] Der Glaube ist daher als ein inneres Überzeugtsein keineswegs mit Wissen gleichzusetzen. Er hat zunächst eine Orientierungs-, besser gesagt: eine Ausrichtungsfunktion, insofern er zum einen den guten Willen auf das ihm gemäße Handeln ausrichtet und zum anderen die Voraussetzung für das rechte Erkennen Gottes bietet.

---

8 Vgl. dazu u. a. die Wendung: „Me ad se nescientem rapiebat". C. ac. II 2,5. Und in *De diversis quaestionibus* LXXXIII spricht Augustinus davon, daß von Geburt an eine Macht dem Menschen innewohnt, durch die die Religion in uns gelangt ist. Vgl. ebd. 31,1.

9 Franz Körner: Homo viator. Ein neuer Betrag zur Entwicklungsgeschichte Augustins, 111 f.

10 Augustinus: Die Ordnung, 62. De ord. II, 9,26. Dem widerspricht nicht, daß Augustinus in den Sol. schreibt, daß nicht ein einziger Weg zur Weisheit und damit zu Gott führt. (Vgl. Sol I, 13,23.) Die notwendige Voraussetzung für das Begreifenkönnen ist die Gesundheit und Kraft der Seele, die mit Hilfe des Glaubens erreicht wird. Je nach individuell verschiedener Intensität dieser Gesundheit und Kraft ist es dem Menschen eher möglich, den Erkenntnisweg zu beschreiten oder eher dem Glaubensweg anzuhängen.

11 Augustinus: Die Ordnung, 63. De ord. II, 9,27.

12 Vgl. dazu: M. Löhrer: Der Glaubensbegriff des hl. Augustinus in seinen ersten Schriften bis zu den Confessiones. Einsiedeln 1955.

In den *Soliloquia* zeigt Augustinus nicht nur die Bedeutung des Glaubens auf, sondern auch die der Hoffnung und der Liebe. Der Aufstieg zur Erkenntnis Gottes, der hier gemäß der Illuminationslehre als „Licht" bezeichnet wird, wird explizit als schrittweiser Gesundungsprozeß geschildert. Die Seele ist, wie Augustinus behauptet, durch drei Eigentümlichkeiten ausgezeichnet: sie muß „Augen haben, die sie schon gut zu gebrauchen versteht, sie muß betrachten und sie muß schauen."[13] Die ‚gesunden Augen' sind der von allem Sinnlichen befreite und gereinigte Verstand. Um diese Loslösung aus der Welt des Irrtums, des Vergänglichen und der sinnlichen Lust in Gang zu setzen, ist erstens der Glaube notwendig. Er verweist auf etwas, was in dem unreinen Zustand des Verstandes nicht gesehen werden kann, er nimmt also das Schauen-Können bereits in das Faktische des Nicht-Schauens hinein, um es so in den Horizont des Möglichen und Intendierten zu stellen.[14] Zu diesem Glauben hat zweitens die Hoffnung hinzuzutreten: Sie vertreibt die Verzweiflung und läßt die Überzeugung aufkommen, auch wirklich geheilt werden zu können. Als drittes und wichtigstes ist die Liebe, die Caritas, notwendig. Nur mit ihrer Hilfe kann das Licht erreicht werden.

Die drei christlichen Tugenden Glaube, Hoffnung und Liebe[15] sind folglich die Bedingung der Möglichkeit für die Gotteserkenntnis. Sie erwirken den Gesundungs- und Heilungsprozeß der Seele und schaffen damit die Voraussetzung, „Gott zu schauen, das heißt: Gott zu begreifen".[16]

Hier klingt bereits an, daß der Weg der Erkenntnis nach der mit Hilfe der christlichen Tugenden erreichten Stufe der Gesundheit, durch die Stufe der Betrachtung und der Stufe der Schau gekennzeichnet ist. Sie bringen in der „denkenden Seele" („ratiocinans animae") und des Geistes („mens") verschiedene Stufungen, die je spezifische Intensitätsgrade aufweisen, zum Ausdruck. Dabei gibt es solche Grade, die der Mensch mit dem Tier gemeinsam hat und solche, die nur ihm zukommen.[17]

---

13 Augustinus: Selbstgespräche, 33. In: Selbstgespräche. Von der Unsterblichkeit der Seele. Lateinisch und deutsch. München und Zürich 1986. Sol. I, 12,5.

14 Rudolf Lorenz macht auf den wichtigen Sachverhalt aufmerksam, daß die „auf körperliche Gegenstände und zeitliche Vorgänge gerichtete Vernunft (...) dieselbe Vernunft (ist), welche sich zur Betrachtung der ewigen Ideen erhebt. Ihre Zuwendung zur Körperwelt ist in doppelter Weise gebrochen: Sie ist einerseits geleitet von der Schau der unkörperlichen und ewigen Ideen, welche die Norm für die Beurteilung und Einordnung der körperlichen Gegenstände hergeben, und andererseits strebt sie danach, das durch die Erfahrung in der zeitlichen und körperlichen Welt Festgestellte für die Schau des Ewigen zu gebrauchen. Es ist die ‚scientia' als Rückgang vom Sichtbaren zum Unsichtbaren." Gnade und Erkenntnis, 65.

15 Vgl. 1. Kor. 13,13.

16 Augustinus: Selbstgespräche, 35. Sol. I, 13,1.

17 Vgl. De trin. C 8,11: „Der Geist selbst ist nämlich nicht nur innerlicher als die sinnlich wahrnehmbaren Gegenstände, die offensichtlich draußen sind, sondern auch innerlicher als deren Bilder, die sich in einem gewissen Teil der Seele befinden, den auch die Tiere besitzen, obwohl die die Intelligenz nicht haben, die nur dem Geiste eigen ist". Vgl. auch De. gen. XII 9,20. Eine Phänomenologie dieser Innerlichkeitsstufen legt Gottlieb Söhngen vor: Der Aufbau der augustinischen Gedächtnislehre. In: „Aurelius Augustinus". Festschrift der Görres-Gesellschaft zum 1500.

Je tiefer der Mensch in sein eigenes Inneres zurückgeht, desto größer ist seine Intensität und Einheit.[18] Anders gesagt: Die Basis der Erkenntnis ist der Besitz einer sich im Zustand der Gesundheit befindlichen Sehkraft; daran schließt sich die in der *scientia* erfolgende Stufe des Hinsehens als „ein intensives und geordnetes geistiges Arbeiten“[19] an, das in der *sapientia* auf der dritten Stufe zum Abschluß kommt, insofern Gott erkannt werden kann.[20] Diese Innerlichkeits- bzw. Erkenntnisstufen sind zugleich Wertstufen, bringen also eine Bewegung vom Schlechten zum Guten zum Ausdruck.[21]

Im Hintergrund dieser Auffassung des frühen Augustinus' steht die platonische Lehre der Anamnesis, nach der sich die menschliche Seele an das in einer jenseitigen Region vor der Geburt geschaute Wissen von den Ideen im Lernen wiedererinnern kann. Ohne auf die Differenzen zwischen Augustinus und Platon einzugehen – man denke etwa an die Präexistenz der Seele bei Platon und die Gewißheit der Offenbarung bei Augustinus – liegt bei beiden eine Art seelischer Apriorismus vor.[22] Für Augustinus ist nämlich das religiöse Wissen der Memoria immanent, wodurch in der „Reditio in me ipsum“ die Möglichkeit des betrachtenden Sich-Erinnerns an dieses Wissen besteht. Der Mensch, der nach Gott fragt, kann sich in diesem Fragen in seinem Geist an Gott erinnern. Dieser Vorgang, den Jansen, wie erwähnt, treffend als „religiösen Apriorismus“[23] kennzeichnet, ist gleichbedeutend mit dem Beginn des Prozesses des Sich-Beheimatens. Der Mensch verwirklicht die Möglichkeit des Heimischen seines Wesens Heim-Gott zu sein und läßt Gott im Inneren des Menschen kraft der Memoria Dei wohnen.

Gott wird dergestalt zum „inhabitator“,[24] wodurch der Mensch zu seinem eigenen Wohnen findet. Die Allgegenwart Gottes im inneren Wissen der Seele, die bisher in Vergessenheit geraten war, wird in dieser Selbstbesinnung des Menschen auf sein Eigenes wieder gegenwärtig.[25] Er hat sich nun auf die ihm einwohnende innere Wahrheit

---

Todestag des heiligen Augustinus, hrsg. von Martin Grabmann und Joseph Mausbach, Köln 1930, 15ff.

18 Hier fließt die neuplatonische Lehre vom Einen, der intelligiblen Heimat ein, zu der der Mensch wie Odysseus strebt.

19 Joseph Geyser: Die erkenntnistheoretischen Anschauungen Augustins zu Beginn seiner schriftstellerischen Tätigkeit, 85. In: „Aurelius Augustinus“, 63–84.

20 In *De ordine* kennzeichnet Augustinus den schrittweisen Aufstieg der Ratio bis zum Erfassen des Urmaßes mittels der sieben freien Künste.

21 Dies kommt prägnant in der Wendung „Melius quod interius!“ zum Ausdruck. Conf. X 6,9.

22 Für Platon s. insb. Menon 80d–86a und Phaidon 73 a6. Für Augustinus s. insb. Sol. II, 20,35 und Quant. anim. 20,34, wo für die Erinnerung i. S. Platons die Präexistenz der Seele als Problem formuliert wird. Ferner: C. Ac II 9,22; II 2,4; B.v. I 1; De Trin. XII 25,24; Retr. I, 4,4 und I, 8,2. Vgl. darüber hinaus: Franz Körner: Die Entwicklung Augustins von der Anamnesis- zur Illuminationslehre im Lichte seines Innerlichkeitsprinzips. ThQ 134, 1954, 397–447.

23 P. Bernhard Jansen: Zur Lehre des hl. Augustinus von dem Erkennen der Rationes aeternae, 120. In: „Aurelius Augustinus“, 111–136.

24 Augustinus: De ver. rel. XXXIX,72.

25 Anzumerken ist, daß dieser Selbstbezug, wie im vierten Abschnitt ausgeführt wird, die Tendenz zu einem in sich geschlossenen ‚Autismus‘ hat, durch den der Bezug zu den Mitmenschen, der allererst eine Korrektur der eigenen Sicht ermöglicht, in den Hintergrund gerät. Augustinus würde

ausgerichtet, die zu ihm spricht und die er vernehmen kann: „foris admonet, intus docet."[26]

Hier haben auch die Erleuchtung und der innere Lehrer ihren systematischen Ort.[27] Der innere Lehrer ist Christus,[28] der als intelligibles Licht uns die Wahrheit mitteilt, die wir gleichsam mit unserem inneren geistigen Auge sehen können. Der Anwesenheit der Wahrheit im menschlichen Geist wird in der „conversio", der *Kon-version*, entsprochen: in ihr kehrt sich der Mensch hin zu sich selbst und zu der in ihm inversiv innewohnenden Wahrheit. Der Mensch, der diesen Prozeß auf sich nimmt, gelangt zu der Erkenntnis seiner selbst. Er ist sich selbst gewiß, hat sich auf sich hin gesammelt und von der Fremdbestimmtheit durch das Foris befreit. Er ist autonom und autark: Er genügt sich selbst, und er gehorcht seinem eigenen Gesetz und seiner eigenen Ordnung. Diese Selbsterkenntnis wird von Augustinus aber nicht als eine bloß ‚subjektive' gedacht. Sie ist nämlich untrennbar mit der Gotteserkenntnis verbunden, wodurch sie das Objektive ins Subjektive des Menschen hineinverlegt. Die Wahrheit Gottes läßt den Menschen, wenn er tief in sich hinein horcht, das göttliche Wort hören, wodurch die Autonomie zugleich eine Theo-Auto-nomie ist. Die Selbstvergewisserung bedeutet daher eine Vergewisserung des göttlichen inneren Ursprungs, der „regio suae originis",[29] der im Menschen nicht aufgeht, sondern als Gottesvergewisserung das über den Menschen hinausliegende Göttliche im Menschen zu erfassen sucht. Das Leben des Menschen kommt von hierher einem Unterwegs-sein gleich, dem potentiell die Möglichkeit des „Zurückschauens auf das Vaterland" gegeben ist, um darin eine Ausrichtung seines Willens vornehmen zu können, durch die er in sein Eigenstes findet und Gott zu eigen ist. In *Contra Academicos* umschreibt Augustinus diese menschliche Grundverfassung besonders deutlich: „Respexi tamen, confiteor, quasi de itinere in illam religionem,[30] quae pueris nobis insita est et medullitus inplicata; verum autem ipsa ad se nescientem rapiebat."[31] Der Mensch, dem von Kindheit an die Rückbindung an Gott „eingepflanzt" ist und ins Innerste hineingesenkt wurde, kann auf seinem Lebensweg auf sie zurückblicken. Er wird von ihr dann ergriffen, in Besitz genommen und zu ihr hingezogen, wird also von Heimweh erfaßt, das ihn zu seiner wahren Heimat zurückführt.

---

diesen Einwand vermutlich nicht gelten lassen, da für ihn im Inneren die Wahrheit und damit ‚Richtigkeit' i. S. von Gerechtigkeit ist.

26 Augustinus: De lib. arb. II, 14,38.

27 Einen Überblick über die unterschiedlichen Deutungsansätze der Illuminationslehre gibt J. Hessen: Augustins Metaphysik der Erkenntnis. Berlin/Bonn 1931.

28 Vgl. Augustinus: De mag. XI 38. Mit Christus sind natürlich stets auch der Heilige Geist und Gott-Vater präsent. Vgl. De trin. I, 8,18.

29 Augustinus: C. ac II, 9,22.

30 Körner bevorzugt für ‚religio' die Variante ‚regio' und wählt die „die *beide(n)* Lesarten (...) berücksichtigende Übersetzung ‚Sphäre des Heiligen'", womit jener schon von Geburt gegebene religiöse Innenbereich gemeint ist, in welchem (...) Gott selber schon immer auf die Rückkehr des nach draußen Verirrten wartet". Homo viator, 105. Hier findet sich eine ausführliche, existentielle Interpretation dieser Stelle.

31 Augustinus: C. ac. II, 2,5.

4. Gott als die „selige Heimat der Geistseele"

Im ersten Abschnitt dieses Kapitels wurde bereits die für den vorliegenden Zusammenhang zentrale These angeführt, daß für Augustinus die echte und wahre Philosophie das geistige Schauen des Urgrundes zu ihrer Aufgabe hat. Dieser göttliche Urgrund, aus dem heraus alles, was ist, hervorgeht, ist die wahre Heimat des Menschen. Philosophie ist demnach der Inbegriff des re-ligiösen Wissens, mittels dessen wir unsere Rückgebundenheit erfassen können und folglich die wahre Heimat in uns denken, sehen und lieben.

Um diesen über-zeitlichen und über-räumlichen Bereich zu deuten, sei die oben angeführte zentrale Stelle aus *De ordine* (de ord. II, V, 16) erneut angeführt: „Die wahre und, wie ich sie nenne, echte Philosophie hat nur die eine Aufgabe, aller Dinge letzten Ursprung, den Anfang der Anfänge zu lehren, welch tiefer Sinn ihm innewohnt, und was von da ohne Entartung zu unserem Heil entflossen ist. Das ist jener allmächtige Gott, jener dreimächtige Vater, Sohn und Heiliger Geist, Den die verehrungswürdigen Geheimnisse lehren."[1]

Philosophie in diesem Sinne als „wahre" und „echte" Philosophie ist demnach Gotteserkenntnis: Sie vergewissert sich als eine in die Tiefe gehende und folglich tiefe Disziplin des göttlichen Urgrundes, um darin eine Selbstvergewisserung des Menschen voranzutreiben, die ohne Gott nicht gelingen kann. Sie ist „Sapientia" und damit Einsicht ins Ewige und Unwandelbare, im Unterschied zur „Scientia", die auf die rationale Erkenntnis der zeitlichen Dinge zielt. Wir können hier folglich ein zweifaches Verständnis von Philosophie bei Augustinus voneinander abheben, wobei sich diese Verständnisweisen nicht ausschließen, sondern zusammengehören.

Im Gott-Haben und Gott-Erkennen, die in der *visio Dei* geschieht, kann der Mensch zu seinem vollkommenen Glück gelangen. Das bedeutet, daß die Vernunft, die sich „zur seligsten Schau der eigentlichen göttlichen Dinge emporschwingen"[2] will, in der *visio* ihr Ziel erreicht, über das hinaus es kein weiteres Ziel für sie mehr gibt. In diesem Schauen sieht der Mensch das ganze Antlitz der Wahrheit in seiner vollen Größe und Klarheit.[3] Die *visio* ist keineswegs ein mystisches, gar irrationales Verschmelzen mit dem göttlichen Einen. Sie ist vielmehr, wie die beigefügte Wendung „id est intellegere

1 Vgl. auch C. ac. I, 6,16, wo Augustinus unter Rückgriff auf Paulus (1. Kor. 12,8) und auf Cicero (De officiis I, 5) Weisheit als das „Wissen von den menschlichen und göttlichen Dingen" versteht. Siehe auch: Conf. III 4,7 f.

2 Augustinus: Die Ordnung, 73. De ord. II, 14,39.

3 Vgl. Augustinus: Sol. II, 20,35. Siehe auch Sol. I, 12,1: „Denn es verspricht die Vernunft, die mit dir redet, dir in deinem Geist Gott so deutlich zu zeigen, wie sich den Augen die Sonne zeigt." Die Illuminationslehre ist hier bereits an die Stelle von Platons Anamnesislehre getreten, wonach sich die Seele, um zu ihrer Wahrheit zu gelangen, nicht an das vorgeburtlich Geschaute erinnern muß, ist doch in ihrer Seele die Wahrheit jederzeit offenbar.

Deum“ anzeigt,[4] ein rationales Intellegere, bei dem Gott „durch ein gewisses intellegibles Bild vom Intellekt geistig wahrgenommen“[5] wird.

Sie geschieht in der Liebe, der Caritas, und die Seele wird, wenn sie Gottes „einzigartige wahre Schönheit“ sieht, „ihn noch mehr lieben, und nur wenn sie mit ungeheurer Liebesglut das Auge in sie verhaftet hat und vom Betrachten sich an keinem Punkt abwendet, wird sie in jener allerglücklichsten Schau (...) verharren können.“[6]

Von hier aus kann zu der in der Augustinus-Forschung kontrovers diskutierten Frage, ob Augustinus dem menschlichen Geist in diesem Leben die *visio* zuerkennt, Position bezogen werden. Berücksichtigt man eine Stelle aus *De ordine*, dann ist eine *visio* im Diesseits scheinbar nicht möglich. Sie lautet: Die Philosophie

> „(...) stellt sich die doppelte Frage: nach der Seele und nach Gott. Die erste bewirkt, daß wir uns selbst, die andre, daß wir unsren Ursprung erkennen. Jene ist die angenehmere, diese die kostbarere, jene macht uns des seligen Lebens würdig, diese macht Selige. Die erste ist Sache der Lernenden, die zweite der schon Gelehrten. Das ist die Ordnung für das Studium der Weisheit, durch die man fähig wird, die Ordnung der Dinge zu erfassen, das heißt, die zwei Welten auseinanderzukennen und den väterlichen Urheber des Alls Selbst, von Dem die Seele nur soweit Kenntnis hat, als sie weiß, auf welche Art sie Ihn nicht weiß.“[7]

Beim Lesen des letzten Satzes gewinnt man den Eindruck, daß für Augustinus die Differenz zwischen Mensch und Gott nicht aufgehoben werden kann. Das Wissen der Seele scheint ein über sich selbst aufgeklärtes Wissen zu sein, dem gegenüber der Gotteserkenntnis Grenzen auferlegt sind.

M. E. ist diese Textstelle in dem Sinne zu deuten, daß Augustinus – angesichts der Unterscheidung der Seelen- und der Gotteswelt – die Aufhebung der qualitativen Differenz zwischen beiden Welten ablehnt. Er vertritt daher die Auffassung, daß wir in der Schau Gott vollkommen erfassen, ohne daß wir allerdings dadurch selbst Gott werden. Wir wissen, obwohl wir ihn sehen, auf welche Art wir ihn nicht wissen, denn er bleibt in seiner Immanenz stets transzendent, überragt er doch als „der Noch-Innere und Noch-Höhere“[8] alles Seiende.[9]

Umgekehrt betrachtet führt die Transzendenz Gottes nicht zu einer substantiellen Scheidung zwischen Seele und Gott. Aus dieser Sicht kann der Mensch, genauer gesagt: der Geist des Weisen, der in seiner Ganzheit mit Gott ist,[10] der also seine Seele über

---

4 Augustinus: Sol. I, 6,12 und Sol. I, 7,14.

5 Geyser: Die erkenntnistheoretischen Anschauungen Augustins zu Beginn seiner schriftstellerischen Tätigkeit, 84.

6 Augustinus: Selbstgespräche, 37. Sol. I, 14,1.

7 Augustinus: Die Ordnung, 80. De ord. II, 18,47.

8 Augustinus: Conf. III, 6,11. Siehe auch IV, 12,18, wo der *deus veritas* als „interior intimo meo et superior summo meo“ und „intimus cordi“ bezeichnet wird.

9 Vgl. De Gen. VIII 26, 48: interior omni re, quia in ipso sunt omnia, et exterior omni re, quia ipse est super omnia. Siehe die Deutung von Körner: Homo viator, 121: „denn er ist innerlicher als jegliches Innere in dieser Welt (interior omni re), weil alles in ihm ist, und doch ist er wieder außerhalb von all dem (exterior omni re), d. h. transzendent, weil er über allem steht“.

10 Vgl. Augustinus: De ord. II, 2,5.

sich hinaus auf Gott ausgerichtet hat, sich mit ihm vereinigen. Bei ihm kommt es zu einem wahren „In-Gott-Wiederhergestelltwerden",[11] was durch das Wort Kon-version, das ich oben bereits herausgestellt habe, terminologisch faßbar wird. Die Kon-version ist die im Gesamtprozeß der reinigenden Re-version erfolgende Zusammenwendung von Seele und Gott in der Verinnerlichung des Über-Innerlichen.

Bei dieser im Selbstbewußtwerden der Seele gelingenden Vergewisserung des Ursprungs von Sein, Leben und Denken geschieht eine Überwindung der Zeit und der Differenz und die Dimension der Unsterblichkeit wird sichtbar. Philosophie, in dieser Weise realisiert, ist „unsere wahre unerschütterliche Wohnstatt" („vera et inconcussa nostra habitatio"),[12] in der sich der Mensch endlich zu seinem Glück niederlassen kann.[13] Das in diesem Sinne vollzogene Wohnen realisiert die dem Menschen entsprechende Seinsweise Heim-Gott zu sein und läßt ihn seine Ruhe und sein Glück finden.

---

11 Augustinus: Die Ordnung, 22. Dieser Sachverhalt wird in *De ordine* im lateinischen Text als rhetorische Frage „Nonne hoc est vere in deum converti?" formuliert. De ord. I, 8,23.

12 Augustinus: Die Ordnung, 10. De ord. I, 3,9; siehe auch C. ac. III, 1,1.

13 Vgl. Augustinus: De ord. I, 10,30.

5. Die Bedeutung der Heim-Kehr zu Gott für den Menschen als Heim-weg

In einer metaphysischen Konzeption steht – systematisch betrachtet – am Anfang eine Setzung, die nicht bewiesen werden kann, die aber im Nachvollzug des Aufgewiesenen Plausibilität gewinnen muß. Für Augustinus steht am Anfang das wesentliche Zusammengehören von Mensch und Gott. Dieses zweifache Ziel seines Erkenntnisinteresses wird zu Beginn der *Soliloquien* in der mittlerweile berühmt gewordenen Wendung „Deum et animum scire cupio. Nihilne plus? Nihil omnino!“[1] explizit ausgesprochen.[2] Diese beiden Ziele seines geistigen Suchens bilden einen untrennbaren Strukturzusammenhang und können nicht voneinander getrennt werden, denn die Innerlichkeit ist stets göttlich und menschlich zugleich. Der Mensch ist für Augustinus nämlich nicht allein autonom, sondern stets *auto-theo-nom*, d. h. seine Selbsterkenntnis führt zur Einsicht in das Göttliche in ihm, dem es zu entsprechen gilt, um auf diese Weise auf das Unbekannte in ihm, den Ursprung seines Seins, Lebens und Denkens, hin auszuschreiten. Die Aufgabe des Menschen ist es, sich in seiner Ganzheit nach Gott zu richten und zu ihm aufzusteigen, um über sich hinaus und dadurch zu sich selbst und zur Wahrheit zu kommen.[3]

Dieser Weg des Beheimatens besteht folglich aus drei aufeinander folgenden und aufeinander aufbauenden Stufen,[4] also, wie Gottlieb Söhngen in seinem kenntnisreichen Aufsatz heraushebt, aus dem „mythische(n) Dreistufen-Bau“, mit dem „übliche(n) mystische(n) Schema: Abkehr von der Welt, Einkehr in die Seele, Hinkehr zu Gott.“[5] Der Weg zurück macht demnach auf der ersten Stufe ein Neinsagen des Menschen zur Welt

1 Augustinus: Sol. I, 7,1: Vgl. auch I, 27,4 und II, 1,1 mit dem Isokolon „Noverim me, noverim te“. Vgl. dazu etwa für Augustinus' Aufnahme der platonischen Tradition: Franz M. Sledaczek: Die Selbsterkenntnis als Grundlage der Philosophie nach dem heiligen Augustinus. Scholastik 5, 1930, 329 ff. Und allgemein: Karl Anton Wohlfarth: NOVERIM ME – NOVERIM TE. Die Begründung der Metaphysik in der Selbstauslegung des Geistes bei Augustinus. Meisenheim 1969.

2 Dieser Weg ist nicht mit dem neuzeitlichen identisch, wie ihn Descartes in seinen *Meditationes de prima philosophia* gegangen ist. Das *fundamentum inconcussum veritatum* ist für Augustinus Gott, während seit Descartes das denkende Ich in den Mittelpunkt gerückt ist, von dem her Gott etabliert wird. Bei Descartes ist an die Stelle eines Theozentrismus ein Anthropozentrismus gerückt, von dem her Gott in den Blick genommen wird.

3 Siehe dazu die berühmte Stelle: De vera religione 39,72.

4 In der frühen Schrift *De quantitate animae* unterscheidet Augustinus sieben Stufen der Seele, die allerdings auf die hier genannten drei Grundstufen (*anima in corpore, anima in seipsa, anima apud Deum*) zurückgeführt werden (vgl. c. 33–35).

5 Söhngen: Der Aufbau der augustinischen Gedächtnislehre, 370. Söhngen hebt weiter heraus: „Von Platon in den Wesenslinien angelegt, von Plotin gerade nach der religiös-mystischen Seite ausgebaut, erhält der Dreistufen-Gedanke von Augustin die christliche Seele eingehaucht; und der Kirchenvater leiht ihm auch die ausdrucksreiche Sprache, die (neben dem Sprachschatz des sog. Dionysius-Areopagita) zum Sprachstamm der mittelalterlichen Mystik geworden ist.“ Siehe auch die Untersuchung: Leopold Wittmann: ASCENSUS. Der Aufstieg zur Transzendenz in der Metaphysik Augustins. München 1980.

des Körperlichen, Zeitlichen und Sterblichen notwendig, in der eine Zerstreuung ins Viele und Breite stattfindet und der Mensch in der Fremde umherschweift. Aus diesem kann die zweite Stufe hervorgehen, also die Wendung vom Außen weg in das Intus des Menschen; die wesentliche Verbundenheit mit der ursprünglichen Heimat wird in der Erinnerung präsent und läßt das Heimweh nach dieser den Menschen in Anspruch nehmenden Heimat aus sich hervorgehen. Der Mensch kehrt sich vom Fremden ab und steigt zu dem ihm Eigenen auf. Von dort geht der Weg in das Innerste des Inneren, um dieses auf Gott hin zu überschreiten. Der Mensch kommt an das ihm gemäße Ziel, indem er nun in seiner wahren Heimat wohnt und Gott ihm einwohnend ist.

Das bedeutet, daß der Mensch, wenn er in seine wahre Heimat gelangen möchte, drei Kehren zu vollziehen hat: zunächst die *Reversion* i. e. S. als Abkehr vom Foris; dann die *Inversion*, die Einkehr ins Innere; schließlich ermöglicht sie das Erreichen der dritten Stufe, der *Kon-version*, die das Ineins- und das Zusammensein mit Gott zum Ausdruck bringt. Sie geschieht mittels eines *Transcensus sui ipsius*, der noch den Überstieg über das eigene Innere meint und den ich als *Transversion* bezeichnen möchte. Diese drei Stufen bzw. Wenden sind jeweils spezifische Strukturelemente des einheitlichen Strukturzusammenhangs der Heim-Kehr zu Gott, den man eine *Reversion* i. w. S. nennen kann, also als die dem Menschen eigentümliche Zurückkehr aus der Selbstentfremdung in sein Eigenes und in Gott.

Der Mensch steht konstitutionell bedingt in einer ursprünglichen Beziehung zum Raum und ist entsprechend seiner anthropo-ontologischen Grundverfaßtheit ein Heim-zum-Raum. Er sieht sich also nicht in einem neutralen Sinne dem Raum gegenüber, vielmehr wohnt der Raum ihm von vornherein mit der Tendenz der heimischen Seite seines Wesens zur Bindung ein, was an der Geborgenheit sichtbar gemacht werden kann. Seiner weghaften Seite wird der Mensch gerecht, wenn er sich ausrichtet, die Tür seines Hauses öffnet und nach draußen geht. Wie im ersten Teil dieser Arbeit ausgeführt, wurden dabei vier Hauptwege hervorgehoben, die ich das Wandern in der Natur, das Gehen auf der Straße, das Fahren auf der Straße und das Surfen im Netz nenne. Zwischen beiden Seiten pendelt der Mensch unermüdlich hin und her und läßt dabei eine Spannung hervorgehen, in der er sich sowohl als ein Unterwegs-in-Heimat wie ein Heimat-im-Unterwegs erweist.

Augustinus legt das Gehen des Menschen auf den Hauptweg des Wanderns in der Natur fest. Mit jedem Schritt, mit dem sich der Mensch hier seiner Möglichkeit nach seinen Weg bahnt, paßt er sich den Gegebenheiten an. Dabei können das Tempo und der Rhythmus seiner Bewegungen von ihm nicht wie beim Gehen auf der Straße gleichmäßig durchgehalten werden, müssen sie sich doch den Verhältnissen anschmiegen. Anders gesagt: Der Mensch muß hier von den von ihm gemachten Vorgaben und den von ihm gesteckten Zielen absehen und auf das hinsehen und achten, was buchstäblich vor seinen Augen sichtbar ist. Sein Gehen wird auf diese Weise zu einem Weggehen von den gewohnten Bahnen und zu einem Eingehen auf solches, was offen vor ihm zutage liegt und das heißt, es wird zu einem Sich-Ausrichten auf das Göttliche im Menschen, in dessen ursprünglicher Rückbindung er steht.

Der Mensch, der den Willen gemäß der in ihm liegenden Tendenz Gott zukehrt, nimmt den Weg-Zurück auf sich, bei dem sich die menschliche Selbstbezogenheit als Einlösen des untrennbaren Bezuges zwischen Gott und dem Menschen erweist. In jedem Akt der Selbstgesetzgebung, in dem der Mensch das ihm mögliche Ausrichten auf sich selbst realisiert, wird er folglich in seinem Zwiegespräch mit Gott näher an Gott herangeführt, bis er schließlich bei ihm in der Konversion einkehrt.

Vom Menschen als Heim-weg aus betrachtet ist diese ausschließliche Festlegung auf den genannten Hauptweg eine Engführung, die eine Begrenzung menschlicher Möglichkeiten bedeutet. Zwar ist das Wandern insofern den anderen Bewegungsarten gegenüber ausgezeichnet, als es die Voraussetzung für jedes gesunde Gehen darstellt, allerdings bedarf es des Sich-Ausrichtens auf den anderen Hauptwegen, um diese Selbstbezogenheit aufzubrechen und eine Korrektur insbesondere über den Mitmenschen und die äußere Welt zuzulassen. Anders gesagt: Das Wandern in der Natur steht zwar in räumlicher, zeitlicher und mitmenschlicher Hinsicht am Anfang, und es muß verwirklicht werden, um die anderen Bewegungsarten nach und nach in einer dem Menschen als Heim-weg entsprechenden Weise vollziehen zu können, allerdings sollte es nicht verabsolutiert werden. Diese Verabsolutierung hat nämlich zur Konsequenz, daß der Mensch sich abschottet und die Wege nicht beschreitet, auf denen er sich auf die ihn umgebende konkrete Welt und den Mitmenschen hin öffnet. In seiner Bezogenheit auf sich und auf Gott tritt er nicht auf die Straße hinaus, auf der er die Welt erfahren könnte und vermeidet es folglich, die schwierige Aufgabe des stets von neuem zu vollziehenden Ausbalancierens zwischen Innen und Außen, Einsicht und Erfahrung, Eigenem und Fremden, auf sich zu nehmen.

Die aus der Konzeption von Augustinus' theoretisch resultierende Reduzierung der Fremderfahrung auf das Minimum bringt es daher mit sich, daß das Unterwegssein des Menschen fälschlicherweise ab- und im Gegenzug das Heimischsein aufgewertet wird und die Notwendigkeit der Präsenz des Außen, der Erfahrung und des Fremden aus dem Blick gerät. Ja, das Unterwegssein wird schließlich vollständig zugunsten der Realisation der heimischen Seite des Menschen aufgegeben, wodurch der Mensch sein Zwischen-sein nicht verwirklicht und das konstitutionell bedingte Spannungsverhältnis seine Spannung verliert.

Ein weiteres kommt hinzu: Der Mensch, der es versäumt, die Tür zu öffnen und die Straßen entlang zu gehen oder mit dem Auto durch die Stadt zu fahren, nimmt sich die Möglichkeit, die Geborgenheit, die er im Haus gemäß der Tendenz seines Wesens zur Bindung im Konflikt mit der Ungeborgenheit mühsam erringen kann, auf Welt hin auszudehnen. Anders gewendet: Zwar dringt der Mensch bei Augustinus in der Konversion zu der Tiefe der Geborgenheit vor, allerdings gelingt es ihm bei dieser Zuspitzung des Geborgenseins im Raum nicht, sie beim erobernden Gehen innerhalb der Horizontalen zu weiten.

Der Mensch als Heim-weg kann in seinem wesentlichen Bezug zur Zeit als Heim-zur-Zeit gefaßt werden. So wenig er dem Raum in einer objektiv-sachlichen Weise gegenübersteht, so wenig ist ihm die Zeit in meßbarer abstrakter Ausformung primär zu eigen. Das meint natürlich nicht, daß er sie nicht messen könnte – allein der Blick auf die Uhr belehrt sofort eines Besseren –, sondern daß er zunächst aufgrund seiner Leiblichkeit immer schon eine Eigenbewegung vollzieht, in der er den unablösbaren Bezug zur Zeit verwirklicht. Mit dem Menschen als solchem ist folglich ein Zeithaben konstitutionell verbunden, das entsprechend der heimischen Seite seines Wesens als Unterwegs-im-Ruhen und entsprechend der weghaften Seite als ein Heim-im-Fließen realisiert wird. Dies geschieht auf den vier Hauptwegen, wobei jeder Weise des Gehens auf einem Hauptweg eine Weise der Zeitigung entspricht, die ich oben bereits als Stillstehen, Abfließen, Abstürzen und Ausspielen gekennzeichnet habe.

Augustinus, der das Gehen des Menschen insbesondere auf den Hauptweg das Wandern in der Natur festlegt, sieht konsequenterweise im Stillstehen die Weise der Zeitigung, die der Mensch vollziehen sollte, wenn er seine Eigenzeit gewinnen will. Was heißt das?

Der Mensch läßt mit jedem Schritt, mit dem er wandernd die Natur durchstreift, die asphaltierte Straße, die ihn schnell ans Ziel heranzieht, hinter sich und gelangt, wenn er sich ‚voll und ganz' auf die Natur einläßt, dorthin, wo er den eigenen Klang hören kann. Das meint, daß der Mensch sich beim Wandern nicht dem unerbittlichen Takt des Uhrzeigers unterwirft, sondern ihn vergißt und zu der Stille vordringt, in der er das vernimmt, was in ihm spricht: die Natur, die in der Sicht Augustinus' als das Wort Gottes, der innere Lehrer, gedeutet werden kann.[6] Anders gesagt: Wohnt der Mensch dem Göttlichen seiner Seele ein, dann hat er sich von seiner Zersplitterung in die Zeiten, deren Zusammenhang er nicht kennt, abgewendet, und sich dem Ewigen geöffnet. Hier findet er sein Glück in der Kontemplation, in deren Ruhe er zum Ewigen emporsteigen kann und zum Ursprung, dem Principium bzw. der Arché gelangt.

Das Gesagte läßt sich mit Hilfe des berühmten 11. Buchs der *Confessiones* präzisieren, wobei nur die zentralen Aussagen herausgegriffen werden, die für den vorliegenden Zusammenhang von Bedeutung sind.[7]

Für Augustinus gibt es eine qualitative Differenz zwischen der Ewigkeit der „aeternitas" und dem Zeitlichen, die beide unvergleichbar macht.[8] Das Ewige, das immer stehend ist, ist das Wertvolle, das durch Glanz, „splendor", ausgezeichnet ist und über und außerhalb der Zeit steht. In ihm ist alles gegenwärtig, „semper est praesens", weshalb in ihm nichts vergehen kann. Es hat unbezweifelbar einen Primat vor dem Zeitlichen, weil von ihm als dem Ursprung Zeit geschaffen wird.

Von hier aus ergibt sich, daß Zeit das Abgeleitete und Sekundäre ist. Sie stellt eine kontinuierliche Abfolge dar, bei der alles Vergangene vom Zukünftigen verdrängt wird

---

6 Vgl. dazu z. B. die Stelle in dem 11. Buch der *Confessiones*: „Ipsum est verbum tuum, quod et principium est, quia et loquitur nobis. Sic in evangelio per carnem ait, et hoc insonuit foris auribus hominum, ut crederetur et intus quaereretur et inveniretur in aeterna veritate, ubi omnes discipulos bonus et solus magister docet. Ibi audio vocem tuam, domine, dicentis mihi, quoniam ille loquitur nobis, qui docet nos, qui autem non docet nos, etiam si loquitur, non nobis loquitur." VIII.10.

7 Zur ersten Orientierung vgl. die Untersuchung von Kurt Flasch: Was ist Zeit? Augustinus von Hippo. Das XI. Buch der Confessiones. Historisch-philosophische Studie. Text – Übersetzung – Kommentar. Frankfurt am Main 1993.

8 Vgl. zum folgenden Augustinus: Conf. XI, 13.

und alles Zukünftige aus dem Vergangenen folgt. Sie ist wandelbar und kann in ihrer Ausdehnung weiter zerlegt und zerteilt werden. Zeit hat eine Tendenz zum Nicht-Sein, mittels derer nur die Flüchtigkeit des Gegenwärtigen seiend ist. Im 33. Abschnitt bindet Augustinus Zeit an die Seele, indem er sie als „distentio" kennzeichnet, die aus der „mens", dem geistigen (bzw. vernünftigen) und besten Teil der Seele hervorgeht.[9] Das bedeutet, daß die Seele in sich die drei Dimensionen der Vergangenheit, der Gegenwart und der Zukunft vereinigt und Zeit zur „Seelenzeit" wird.[10]

An den Menschen ergeht die Forderung, Jesus Christus als Mittler zwischen dem Ewigen und Zeitlichen und dem Einen und der Vielheit und der Zerrissenheit zu erkennen, um im Vergessen von Vergangenem frei zu werden und dem Einen zu folgen, so daß ich, wie Augustinus in den *Confessiones* schreibt,

> „(...) gesammelt, nicht zerstreut, ‚mich ausstrecke', nicht nach dem, was kommen wird und wieder vergehen, sondern nach ‚dem, was wahrhaft vorne ist', daß ich nicht mit geteiltem, sondern mit ganzem Herzen ‚strebe nach der Palme der himmlischen Berufung'."[11]

Mit meinen Worten gesagt: Es ergeht an den Menschen die Forderung, der Straße den Rücken zuzukehren, das Wandern in der Natur auf sich zu nehmen und den Geist zum Ewigen emporzuheben.

Vom Menschen als Heim-weg aus betrachtet ist es notwendig, daß der Mensch das Gehen auf diesem Hauptweg mit der ihm entsprechenden Weise der Zeitigung verwirklicht, weil es, wie gesagt, die Voraussetzung für die Entwicklung einer ‚gesunden' Bewegungsabfolge im Menschen darstellt. Allerdings ist es vom Menschen als Heim-weg aus betrachtet auch eine unzulässige Verengung, den Menschen ausschließlich auf diese Weise der Zeitigung festlegen zu wollen und alle anderen darüber außer acht zu lassen. Denn so wichtig das kontemplative Ein- und Aufgehen in Gott auch ist, so sollte es doch in Spannung zu einer spezifischen geistigen Situation treten, zu der sich der Mensch durch sein Gehen auf den anderen Hauptwegen stellt. Gelingt ihm dies, pendelt er zwischen Kontemplation und Praxis und zwischen einem standhaften und festen Wohnen in Gott und einem standsuchenden Unterwegssein in seinem konkreten Handeln hin und her und löst sein Zeitigen über das Stillstehen hinaus als Abfließen, Abstürzen und Ausspielen ein.

Dem Menschen wohnt als Heim-zum-Mitheim der Mitmensch aufgrund seiner anthropo-ontologischen Verfaßtheit immer schon ein. Gemäß der Tendenz der heimischen Seite seines Wesens versucht er, sich im Vertrauen an ihn zu binden, und im Verwirklichen seiner weghaften Seite vollzieht er sein Unterwegssein auf den gewohnten Bah-

---

9 Vgl. Augustinus: Conf. XXVI, 33.

10 Vgl. dazu die akzentuierte Deutung Flaschs: „Nicht *die Gegenwart* vereinigt die drei Dimensionen der Zeit, sondern die *Seele* vereinigt sie in der Gegenwart. Die Zeiten, sie sind in ihr, nur in ihr; sie sind ihr Werk. Nirgends wird gesagt, es gebe daneben noch Außenzeiten. Zeit ist Seelenzeit, nie pure Weltzeit. Die Seelenzeit ist die einzige Weltzeit, von der wir wissen. Seelenzeit kann zugleich Weltzeit sein; nie kann pure Weltzeit die Seelenzeit erklären." Flasch: Was ist Zeit? 20.

11 Augustinus: Bekenntnisse, 329. Conf. XXIX, 39.

nen, auf denen ihm der Mitmensch in der Weise des Einwohnens, Streifens, Einsitzens und Spinnens begegnet. Jede dieser Weisen bedeutet eine je eigene Ausgestaltung des In-Beziehung-Seins zwischen Ich und Anderem, wobei eine Weise nicht die andere ausschließt, weil sie nebeneinander im Leben eines Menschen Geltung besitzen. Allerdings besteht – wie beim Sich-Orten und Sich-Zeitigen – auch beim Sich-Begegnen ein Fundierungsverhältnis, wodurch die spätere(n) Weise(n) der Begegnung die sachlich Frühere(n) zu ihrer Voraussetzung hat/haben, genauer gesagt, haben sollte, um im Menschen die Spannung zwischen Gewohntem und Ungewohntem aufbauen zu können und ihn frei werden zu lassen.

Vom Menschen als Heim-weg aus betrachtet legt Augustinus den Menschen auf das Wandern in der Natur und das mit ihm möglich werdende Einwohnen fest. Diese Festlegung ist richtig und falsch zugleich. Sie ist richtig, weil sie die theoretische Präferenz dieser Begegnungsart bestätigt und sie ist falsch, weil sie die Fülle weiterer Begegnungsarten außer acht läßt. Das Gesagte läßt sich folgendermaßen präzisieren.

Beim Wandern wendet sich der Mensch von den Gewohnheiten seiner Zeit ab und bahnt sich seinen eigenen Weg. Dabei hat er die Möglichkeit, in der Einsamkeit seines Gehens sich zu besinnen und bei sich einzukehren. Er kann dann einen Sinn finden, der außerhalb der gesellschaftlichen Konvention steht und ausschließlich an ihn und den von ihm vernommenen göttlichen Logos gebunden ist. Begegnet der Mensch dergestalt dem Anderen seiner selbst als dem Göttlichen seiner selbst, ist er ‚ganz' bei sich und läßt sich als Einwohner bezeichnen. Hier löst er die Fesseln seines Mitlaufens und gewinnt die Freiheit, sich für den Mitmenschen auf seinen anderen Wegen zu öffnen.

Mit der Fixierung menschlichen Begegnenkönnens auf das Einwohnen betont Augustinus zwar völlig zu Recht dessen prinzipielle Bedeutung, er schneidet ihn dadurch zugleich aber auch von den anderen Begegnungsarten ab. Die Konsequenz davon ist, daß das Denken von Augustinus den Mitmenschen nicht kennt und seine Konzeption den Anderen theoretisch nicht berücksichtigt. Auf diese Weise setzt sich der Einzelne nicht den Forderungen, Ansichten und Argumenten des Anderen aus, vielmehr immunisiert er sich vor jeglichen Ansprüchen, die allein eine Selbstkorrektur möglich machen würden. Anders gesagt: Der Mensch sollte sich auch auf der Straße und im Netz bewegen, um nicht nur sich und Gott in den Blick nehmen zu können, sondern auch sein konkretes leibliches Gegenüber und/oder dessen Ansicht auf dem Bildschirm, weil nur dann sein Denken und Handeln sich bewähren kann.

Überblickt man die Konzeption, die die Heim-Kehr zu Gott als Grundstruktur hat, wird deutlich, daß der Mensch, der das Weghafte seines Wesens auf dem Hauptweg des Wanderns in der Natur einlöst, sich das Heimische seiner Verfaßtheit als Heim-Gott erzählt. Das bedeutet, daß er sich ausschließlich an Gott bindet und sein Unterwegssein nicht dazu dient, sich dem Mitmenschen zu öffnen und sich zu weiten, sondern sein Wohnen in Gott zu vertiefen. Von hierher gerät er in der Peregrinatio, im Exil, in den Zustand des Elends und des Sich-selbst-fremd-Seins und er verliert dadurch sein Eigenstes, sich selbst und Gott, aus dem Blick. Die Ortung geschieht dabei nicht als ein In-und-bei-Gott-Sein, sondern in dem privativen Modus des In-Gottesferne-Seins. Fern von der Einsicht in sein eigenes Wesen und damit zugleich auch fern von Gott, ist der

Mensch dergestalt in der Fremde fern seiner Heimat unterwegs. Mittels der dem Heimweh immanenten Möglichkeit des Sich-Erinnerns begibt er sich auf den Weg zurück ins Innerste des Inneren, bei dem er sich in Richtung auf Gott übersteigt, und das Subjektive transzendiert hin zu einer höheren Objektivität beanspruchenden Ordnung. Nimmt der Mensch diesen Weg auf sich, dann entspricht er der in ihm angelegten Tendenz *Hinein-Hinüber*. Der Mensch wendet sich von Flüchtigem und Vergänglichem ab und kehrt zu Gott heim, der Nähe bzw. Wahrheit schlechthin.

Das Denken von Augustinus steht daher für eine Philosophie der wahren Heimat, die gleichbedeutend mit dem Erzählen des Ursprungs ist. Das vom Menschen eingeforderte ‚Zurückkehren' ist nicht ein bloßes räumliches Wiederankommen an dem Ort, von dem man sich zu einer bestimmten Zeit entfernt hat, sondern es ist ein im Überstieg über sich selbst gelingendes Hinein- und Zurückfinden in sein eigenstes Wesen, es ist die Bewegung, die von Gott ausgeht und wieder zu Gott zurückführt.

Bildlich betrachtet, läßt sich diese Heim-Kehr zu Gott daher am ehesten in der Verbindung und im Verbund von Kreis und Spirale veranschaulichen. Hat sich der Mensch dazu entschieden, der in ihm angelegten Willensrichtung zu entsprechen, und nur noch ihm gemäße und ihm eigene Ziele zu verfolgen, also sich selbst zu erkennen, dann gehört er als Wollender mit dem von ihm Gewollten untrennbar zusammen.

Wenn er sich dann auf den Weg über sich hinaus in Richtung auf Gott begibt, zielt er das transzendente Göttliche an, von dem er ursprünglich, auf einer unteren Bewußtseinsebene, quasi latent, ausgegangen ist. Die Offenheit der Spirale soll daher keinen unendlichen Progreß veranschaulichen, sondern das auf den Weg hin zu Gott sich in unserem konkreten Leben in ständig neuen Anläufen vollziehende Emporsteigen, das immer wieder sein Ziel erreichen kann: die Einkehr ins ursprüngliche Eigentum, zur Tiefe und Fülle des Seins. In dieser wahren Heimat geschieht der Zusammenfall der inneren und überinneren göttlichen Heimat mit Wahrung des Transzendenzcharakters Gottes.[12]

---

12 Werner Beierwaltes arbeitet als „Grundzug augustinischen Denkens" folgenden Sachverhalt heraus: „Denken hat seine eigene Voraussetzung zu entdecken und damit aber auch die in ihm strukturell angelegte Möglichkeit, sich mit dem Grund der zukünftigen ‚beata vita' auch „jetzt schon" denkend und erkennend zu verbinden oder an ihm zu partizipieren." Regio beatitudinis, 32. Dies bedeutet, sich selbst als Heim-Gott zu erkennen, um seine wahre Heimat wieder finden zu können.

§ 5: Die Sehn-Suche des Menschen

Für Camus ist nicht Gott, sondern der Mensch das erste Fundament. Sein gesamtes Denken läßt sich als ein radikal anthropologisches kennzeichnen, in dem der Mensch im Mittelpunkt steht, der sich nicht in Richtung auf Gott zu übersteigen versucht, sondern sich auf sich selbst ausrichtet. So schreibt er in seinem „Versuch über das Absurde" *Der Mythos von Sisyphos* geradezu programmatisch: „Ja, der Mensch ist sein eigenes Ziel. Und er ist sein einziges Ziel. Wenn er etwas sein will, dann nur in diesem Leben."[1] Sein Denken repräsentiert einen Anthropozentrismus, der den Menschen von jeglichem Festhalten an nicht-menschlichen Seinsgründen befreien möchte, um ihm die Verantwortung für sein Handeln unentschuldbar zu übertragen. Der Mensch, der hier durch kein ursprüngliches Gebundensein ausgezeichnet ist, durch das ihm die Aufgabe zukäme, heimzukehren, um im ‚Weg zurück' sich selbst und dem Göttlichen in ihm zu entsprechen, hat nun eine horizontale Transzendenzbewegung zu vollziehen, bei der er allein auf sich gestellt ausschreitet und die lebenslange Suche nach Wahrheit, die er letztlich nicht finden kann, als die seinem Wesen gemäße Weise seines Gehens auf sich nimmt. Camus' Denken hat daher – im echten Sinne des Wortes – eine emanzipatorische Intention: Es will den Menschen, wie im folgenden gezeigt wird, von der im Heimischen liegenden Tendenz zur Bindung herauslösen und fordert ihn dazu auf, sein Unterwegssein in seine eigene Hand zu nehmen und in der Sehn-Suche heimisch zu werden.

Camus' Denken bringt aus dieser Sicht eine Konzeption zum Ausdruck, der es um die Verneinung des bisherigen göttlich ausgedeuteten Menschen und das Hervorbringen des menschlicheren Menschen in der Verbesserung seiner eigenen Qualitäten geht. Er repräsentiert dadurch eine Hauptstoßrichtung des Denkens, der trotz der inhaltlichen Differenzen innerhalb des jeweiligen Denkmodells mit dem je spezifischen Kontext aufgrund der analogen Struktur, weitere Vertreter zugeordnet werden können: nämlich diejenigen, die eher von den Naturwissenschaften beeinflußt sind und die zur Philosophischen Anthropologie im engeren Sinne gehören, wie z. B. Arnold Gehlen und Michael Landmann, und zum anderen diejenigen, die einer humanistisch ausgedeuteten Existenzphilosophie im weiteren Sinne zuzurechnen sind, wie z. B. Max Stirner in Deutschland und Jean-Paul Sartre in Frankreich.

Ich habe mich für eine Analyse des Denkens von Camus entschieden, weil in ihm *zum einen* die Sehn-Suche des Menschen als Grundstruktur seines (und eines anthropozentrischen) Denkens geradezu idealtypisch zum Ausdruck kommt. Camus will in sei-

---

1 Albert Camus: Der Mythos von Sisyphos. Ein Versuch über das Absurde. Hamburg 1959, 75.

nem gesamten Werk auf die anthropologische Grundtatsache aufmerksam machen, daß der Mensch ein zerrissenes, zweigeteiltes Wesen ist, das im Absurden lebt. So hat er einerseits eine Sehnsucht nach Einheit, die zugleich ein Streben nach Heimat ist: „Dieses Heimweh nach der Einheit, dieses Verlangen nach dem Absoluten enthüllt das wesentliche Agens des menschlichen Dramas.“[2]

Und er zeichnet sich andererseits gerade durch das Unvermögen aus, diese wirklich erreichen zu können, also lebenslang Sehnsucht zu besitzen. Das bedeutet, daß der Mensch ein Wesen ist, das in seinem Unterwegssein nach einer verlorenen Heimat verlangt, die er mit größtmöglicher Intensität zu finden erhofft.

Von hierher ergeht an den Menschen die Forderung, eine ethische Haltung einzunehmen, die seiner existentiellen Befindlichkeit, die in der Grundstruktur einer auf Heimat gerichteten Sehn-Suche gefaßt wird, gerecht wird. Anders gesagt: Der Mensch erfüllt nur dort die Möglichkeiten seines Mensch-seins, wo er eine Heimat hat, auf die er sich sehnend ausrichtet. Diese sehnende Suche treibt den Menschen sein Leben lang voran, und sie macht es ihm geradezu zur Aufgabe, nicht stehenzubleiben und all seine Kräfte und Fähigkeiten für sie einzusetzen:

> „Glücklich sein heißt stehenbleiben. Wir sind nicht dazu da, um stehenzubleiben. Im Wartestand suchen wir voller Schmerz von neuem. Und dieser ständige Aufschwung fällt immer wieder in sich zusammen, um neue Kraft zu sammeln. Der Fall ist brutal, aber wir beginnen wieder von vorn (…).“[3]

Will der Mensch sich seiner *conditio humana* nicht entziehen, dann hat er sich bei seinem Unterwegssein im Horizontalen des Absurden auf Heimat hin zu überschreiten. Michael Lauble spricht bei Camus daher von einem „betonten Immanentismus“[4] bzw. von einer „Horizontalisierung“ des plotinischen Gedankens der Vereinigung mit dem Einen.[5] Und Hans Jeschke betont bei Camus eine „Abkehr von jeder metaphysischen Spekulation“, die er mit der Wendung „immanente Transzendenz“ kennzeichnet.[6]

---

2 Ebd., 20. Bereits in den *Intuitions* schreibt Camus als 19-jähriger programmatisch: „Suche, um nicht zu finden. Immer“. Le premier Camus suivi de Ecrits de jeunesse d'Albert Camus. Hrsg. v. P. Viellaneix. Cahiers Albert Camus 2. Paris 1973, 196. (Zit. n. Annemarie Pieper: Albert Camus. München 1984, 210)

3 Le premier Camus, 231. (Zit. n. Pieper: Camus, 210)

4 Michael Lauble: Albert Camus' philosophische Examensschrift im Kontext der Grundstruktur seines Denkens, 19. In: Albert Camus: Christliche Metaphysik und Neoplatonismus. Diplôme d'Études Supérieures de Philosophie, 1936. Reinbek bei Hamburg 1978, 7–22. Hier schreibt er weiter: „Die elementaren Erlebnisse endlichen Sinnes können und sollen kein ausgebildetes gedankliches System begründen. Sie motivieren aber dazu, an der dem Menschen eingeborenen Idee von Einheit und Sinn festzuhalten – in aller Uneinheit der Welt und gegen sie. Sie ähneln den mystischen Erfahrungen Plotins, die die Diplomarbeit erwähnt. Freilich werden sie von Camus bewußt und ausdrücklich nicht als Begegnungen mit der (göttlichen) Transzendenz gedeutet, vielmehr, Plotin sozusagen horizontalisierend, rein weltimmanent ausgelegt.“ (19)

5 Vgl. Michael Lauble: Vom Evangelium zur Metaphysik. Über A. Camus' philosophische Examensschrift, 57. In: ders.: Der unbekannte Camus. Düsseldorf 1979, 36–73.

6 Hans Jeschke: A. Camus – Bild einer geistigen Existenz, 465. In: Die neueren Sprachen 1, 1958, 459–473.

Zum anderen ist für ihn entsprechend dieser Grundstruktur Heimat in der Ausdeutung von Heimweh das Grundthema überhaupt. Mit dieser Einschätzung möchte ich den beiden üblicherweise geäußerten Kennzeichnungen Camus' als eines Philosophen des Absurden oder als eines Philosophen der Revolte, die entweder eher den früheren oder eher den späteren Camus in den Blick nehmen und ihn verabsolutieren, nicht eine weitere hinzufügen, indem nun von ihm als einem Philosophen des Heimwehs gesprochen wird. Vielmehr geht es mit dieser Kennzeichnung darum, die diese beiden Seiten vereinigende Grundstruktur der Sehn-Suche des Menschen herauszuarbeiten, die seinem gesamten Denken zugrundeliegt und ihm Einheit und inneren Zusammenhang gibt.

Das Absurde, das zum einen im Hinblick auf das Selbstverhältnis des Menschen durch die mythische Gestalt von Sisyphos und zum anderen im Hinblick auf die den Mitmenschen einbeziehende Revolte durch die mythische Gestalt von Prometheus symbolisiert wird,[7] bringen innerhalb dieses Strukturgefüges spezifische Strukturelemente zum Ausdruck, d. h. sie zeigen in verschiedener Hinsicht auf, wie Heimat bei Camus konstituiert ist.

Heimat ist von hier aus kein Randproblem in seinem Denken, sondern ihr kommt geradezu eine zentrale Bedeutung zu. Sie läßt sich sogar als ein Schlüssel zum Verständnis seines Philosophierens ansehen, insofern aus seiner Sicht Heimat der Ziel- und Fluchtpunkt menschlichen Strebens ist, auf den hin sich der Mensch ausrichtet, um in seiner Empörung dennoch an Einheit festhalten zu können.

Bei meiner hermeneutisch-systematischen Textarbeit werden primär die theoretischen Schriften von Camus zugrundegelegt, d. h. es wird auf seinen Versuch über das Absurde, d. i. *Der Mythos von Sisyphos* und *Der Mensch in der Revolte* Bezug genommen. Darüber hinaus werde ich mich kurz seiner häufig von Interpreten vernachlässigten Examensschrift *Christliche Metaphysik und Neoplatonismus* zuwenden. Hier sind bereits wesentliche Gedanken von Camus enthalten, und es wird im 3. Kapitel in Auseinandersetzung und im Blick auf Plotin Heimat erstmals am Rande thematisiert. Auch wenn Heimat bei Plotin theologisch situiert ist, zeigt sich doch, befreit von diesen Implikationen, eine strukturelle Bestimmung und Bestimmtheit, die in dem späteren Denken von Camus in differenzierterer und ausgefalteterer Weise ihren Ausdruck findet. Seine Romane, Erzählungen, Dramen, Tagebuchaufzeichnungen und Essays finden auch Beachtung, stehen aber im Hintergrund, weil ich sie als literarische Ausgestaltungen und Ausformungen des in den theoretischen Texten gedanklich Fixierten ansehe. Camus hat selbst keine systematisch-theoretische Durchdringung der Grundstruktur seines Denkens der Heimat vorgenommen, der wir nur zu folgen bräuchten, um ihren Gehalt erschließen zu können. Aus diesem Grund sind wir gezwungen, Camus im Blick auf das vorliegende Thema gleichsam systematischer zu machen als er selbst gewesen ist, um die zentralen Anknüpfungspunkte in seinen Texten herausarbeiten zu können.

---

7 Nicht vergessen werden darf die dritte mythische Gestalt der Nemesis, die Camus, was er nicht mehr ausführen konnte, als Symbol für das Maß verwenden wollte. Vgl. dazu seine Tagebuchnotiz: „Nemesis – Göttin des Maßes. Ein jeder, der das Maß überschreitet, wird erbarmungslos vernichtet." Albert Camus: Tagebücher 1935–1951. Hamburg 1972, 233.

1. Camus' Anthropozentrismus und „die Wahrheit des Menschen“

Faßt man Camus' Denken als eine Konzeption auf, in der sachlich und zeitlich der Mensch an erster Stelle steht und Gott seine Bedeutung verloren hat, ist zu klären, wie dieser Bedeutungsverlust zu verstehen ist und welche Konsequenzen sich hieraus für den Menschen ergeben. Im Unterschied zu Nietzsches Feststellung der Wirkungslosigkeit Gottes auf die Menschen, die in der Formel ‚Gott ist tot‘ ihren schärfsten Ausdruck findet, will Camus in seiner Nicht-Akzeptanz einer vertikalen Transzendenzbewegung des Menschen hin zu Gott kein geschichtliches Faktum von ungeheuren Ausmaßen konstatieren. Auch will er nicht theoretisch die Frage beantworten, ob es einen Gott gibt oder nicht, um im Zuge dessen gar alte Gottesbeweise wiederbeleben zu können. Camus lehnt es vielmehr auf einer existentiellen Ebene ab, Gott als Letztbegründung bzw. Legitimationsgrund gelten zu lassen, denn, so lautet eines seiner Argumente, ein Gott, der eine Welt erschaffen hat, in der Kinder leiden müssen, kann als Sinnstifter nicht akzeptiert werden.

In diesem naiv anmutenden Argument[1] der humanistischen Ausdeutung eines Atheismus spricht sich Camus' Weigerung aus, die alte, bereits von Hiob aufgeworfene Frage nach der Rechtfertigung des Leidens der Unschuldigsten, der Kinder, mit Gott zu beantworten, um in der Konsequenz das Elend und die Schrecken demütig hinnehmen zu können. Seine Weigerung ist daher eine Verweigerungshaltung, die von ihm nicht aus theoretisch abstrakten Gründen eingenommen wird, sondern die stattdessen in dem Gefühl des Revoltierens gegen Unmenschliches wurzelt, also um des Menschen willen im konkreten Lebens- und Handlungszusammenhang geschieht.

In dem Roman *Die Pest* aus dem Jahre 1947 wird diese Verweigerung einer Akzeptanz des Schreckens, die gleichbedeutend mit der Verweigerung einer letzten Antwort ist, durch den Arzt Dr. Rieux ausgesprochen. Auf die im christlichen Glauben verankerte Position von Pater Paneloux, der sich wie Dr. Rieux gegen die Opfer der Pest empört: „Aber vielleicht sollen wir lieben, was wir nicht begreifen können“, antwortet Dr. Rieux: „Nein, Pater (...). Ich habe eine andere Vorstellung von der Liebe. Und ich werde mich bis in den Tod hinein weigern, die Schöpfung zu lieben, in der Kinder gemartert werden.“[2]

Camus' Abkehr von einer transzendent-übermenschlichen Dimension, der Ewigkeit und ewigen Wahrheiten bedeutet – gleichsam positiv betrachtet – eine Hinwendung zum diesseitigen Erfahrungsraum des Menschen, die z. B. in der an Nietzsche anknüpfenden Forderung ausgesprochen wird, „der Erde treu zu bleiben“. Das bedeutet, daß der Mensch, der jede essentialistische Ausdeutung der Welt hinter sich zu lassen hat,

---

1 Es findet sich vor Camus bereits bei Dostojewskij in seinem bedeutenden Roman *Die Brüder Karamasow*.

2 Albert Camus: Die Pest. Einzig berechtigte, vom Verfasser autorisierte Übertragung ins Deutsche von Guido G. Meister. Hamburg 1950, 142 f.

die faktischen Bedingungen und Bedingtheiten seiner existentiellen Situation ernst nehmen muß, die alle durch Endlichkeit gekennzeichnet sind. Auf diese Weise rückt an die Stelle einer Philosophie der Qualität eine Philosophie der Quantität, die das dem Menschen mögliche horizontale Transzendieren auszuloten versucht, bei dem es um ein möglichst langes und intensives Leben, das Gespür für die Ewigkeit im Augenblick und der bewußten Annahme der Handlungsfreiheit geht.[3] Der Mensch versucht sich hier nicht angesichts des Ewigen, Unveränderlichen, Unsterblichen, Unbegrenzten und Einen zu beruhigen, er nimmt vielmehr das unermüdliche Bemühen auf sich, stets von neuem auf fehlenden Sinn hin auszuschreiten und ein Leben lang sich dagegen zu empören, eine Einheit, die für ihn Heimat wäre, letztlich nicht herstellen zu können.

Im Denken Camus' findet dergestalt eine Fokussierung auf das menschliche Dasein und die „Wahrheit des Menschen" statt, und es wird die Intensität einer Welterfahrung, die im angezielten, aber unerreichbaren Einswerden mit der Heimat ihren intensivsten Ausdruck findet, in den Blick genommen. Die Frage nach Gott ist von hier aus überflüssig und belanglos, liegt sie doch auf einer Ebene, der keine Beachtung geschenkt werden muß.[4]

Eindringlich schildert Camus diese Wende hin zur „Wahrheit des Menschen" im 4. Brief seiner *Briefe an einen deutschen Freund*:

> „Ich jedoch habe mich für die Gerechtigkeit entschieden, um der Erde treu zu bleiben. Ich glaube weiterhin, daß unserer Welt kein tieferer Sinn innewohnt. Aber ich weiß, daß etwas in ihr Sinn hat, und das ist der Mensch, denn er ist das einzige Wesen, das Sinn fordert. Diese Welt besitzt zumindest die Wahrheit des Menschen, und unsere Aufgabe besteht darin, ihm seine Gründe gegen das Schicksal in die Hand zu geben. Und die Welt hat keine anderen Seinsgründe als den Menschen, und ihn muß man retten, wenn man die Vorstellung retten will, die man sich vom Leben macht."[5]

In Camus' Anthropozentrismus ist der Mensch das Maß für den Menschen. Diese Selbsteinschränkung auf menschliche Grenzen zeichnet sich angesichts des von ihm abgewiesenen Urmaßes nicht durch eine bloße Mittelmäßigkeit aus, die der Mensch eher gezwungenermaßen als freiwillig auf sich nimmt. Sie ist vielmehr die der Endlichkeit des Menschen allein entsprechende Weise des Maßnehmens, die das Meßbare und das Messen in die Erreichbarkeit und in die Hand des Menschen selbst legt und Bedeutung und Sinn dadurch an ihn zurückbindet und nicht von ihm abtrennt: „Was bedeutet mir ein Sinn, der außerhalb meiner Situation liegt? Ich kann nur innerhalb menschlicher Grenzen etwas begreifen. Was ich berühre, was mir Widerstand leistet – das begreife ich."[6]

Camus führt in seinem *Mythos von Sisyphos* jeweils im Blick auf eine andere Überlieferung dessen, was Sisyphos gewesen ist, drei Gründe an, die zur Bestrafung des Sisyphos geführt haben. So wirft man Sisyphos *erstens* seine „Verachtung der Götter",

---

3 Vgl. dazu insb. Camus: Der Mythos von Sisyphos, 50–58.

4 Vgl. dazu: Peter Kampits: Gottloses Menschentum bei Camus und Sartre, 63. In: Der moderne Atheismus. Anstoß zum Christsein. Hrsg. v. Ludwig Klein. München 1970, 61–72.

5 Albert Camus: Briefe an einen deutschen Freund, 27 f. In: Fragen der Zeit. Hamburg 1977, 9–30.

6 Camus: Der Mythos von Sisyphos, 47.

zweitens seinen „Haß gegen den Tod“ und *drittens* seine „Liebe zum Leben“ vor.[7] Im Zusammenhang mit diesen drei Gründen seiner Strafe läßt sich nicht nur der gesamte Text des „Mythos von Sisyphos“ strukturieren, es werden darüber hinaus auch die drei Stoßrichtungen, die dem Anthropozentrismus immanent sind, sichtbar. So resultiert aus der „Verachtung der Götter“ die Handlungsfreiheit, die es dem Menschen ermöglicht, sein Schicksal zu bejahen. Der „Haß gegen den Tod“ geht Hand in Hand mit seiner Auflehnung und Revolte, die ihn den Anspruch auf Klarheit und Zusammenhang erheben läßt. Und seine „Liebe zum Leben“ ist gleichbedeutend mit der Leidenschaft, die sein „Verlangen nach Einheit“ und sein „Heimweh“ ‚bewegt‘: „So leite ich vom Absurden drei Schlußfolgerungen ab: meine Auflehnung, meine Freiheit und meine Leidenschaft.“[8]

Die Verachtung der Götter ist gleichbedeutend mit der Ablehnung jeden Sinnanspruchs, der von einer höchsten, unbedingten Instanz ausgeht und den der Mensch nur zu vernehmen und sich anzuverwandeln bräuchte. Die vorgegebene Bestimmung und Bestimmtheit des Menschen durch Gott wird dergestalt in eine Selbstbestimmung und Autonomie umgewandelt, bei der der Mensch ausschließlich zum Reich des Menschen und zu seiner Freiheit ja sagt:

> „Die einzige Freiheit, die ich kenne, ist die des Geistes und des Handelns. Wenn aber das Absurde alle meine Chancen einer ewigen Freiheit zunichte macht, dann gibt es mir ja eine Handlungsfreiheit wieder und steigert sie sogar noch. Dieser Verlust der Hoffnung und der Zukunft bedeutet für den Menschen einen Zuwachs an Verfügungsrecht.“[9]

Mit der Ablehnung jeder qualitativ zu verstehenden Bewegung des Transzendierens in der Vertikalen verlegt der Mensch den transzendenten Legitimationsgrund in das Immanente seines Handelns und Gehens. Das höchste und einzige Ziel wird dabei nicht als außermenschlich-unbedingtes in der Zukunft erreichbar, und sei es nach dem Tod, vielmehr wird der Mensch nun selbst zu seinem eigenen Ziel.

Der „Haß gegen den Tod“ richtet den Menschen ausschließlich auf das Quantitative des Lebens aus. Denn ist der Tod „die einzige Realität“, nach dem „alles vorbei“ ist, dann muß der Mensch möglichst lange leben:[10] „Seien wir noch einfacher. Sagen wir: das einzige Hindernis, der einzige ‚Mangel an Gewinn‘ liegt im vorzeitigen Tod. (...) Zwanzig Jahre Leben und Erfahrung lassen sich nie mehr ersetzen.“[11] Der Haß gegen den Tod wirft den Menschen auf die kurze Zeitspanne seines Lebens zurück, in dem es nur die Dauer im Augenblick in einem möglichst intensiven Erleben gibt: „Was aber bedeutet das Leben in einem solchen Universum? Nichts anderes zunächst als die Gleichgültigkeit der Zukunft gegenüber und das leidenschaftliche Verlangen, alles Gegebene auszuschöpfen.“[12]

[7] Vgl. ebd., 99.
[8] Ebd., 57.
[9] Ebd., 51.
[10] Vgl. ebd., 52.
[11] Ebd., 56.
[12] Ebd., 54.

Und in der „Liebe zum Leben“ bindet sich der Mensch mit allen Fasern seines Seins an den Menschen und die Natur, wodurch es ihm gelingt, mit sich eins zu werden.

In dem bisher Gesagten sind die Grundthemen angesprochen, die ihrem inneren Zusammenhang entsprechend in den nächsten Kapiteln dargestellt werden. In einem ersten Schritt versuche ich, das Intentum menschlichen Verlangens, die „Heimat der Seele“, näher zu bestimmen, zu der der Mensch scheinbar temporär zurückkehren kann (2. Kapitel). In diesen kurzen Augenblicken vergißt er die unhintergehbare Wesenstatsache entzweit zu sein und täuscht sich über seinen konstitutionellen Widerspruch hinweg, der ihm seit seiner „Sünde ohne Gott“ zukommt (3. Kapitel). Versucht der Mensch nicht nur theoretisch diese ausweglose anthropologische Situation zu durchschauen, sondern auch eine ihr gemäße, sich gegen sie auflehnende Haltung einzunehmen, dann wird er zu einem absurden Menschen, wie er Camus zufolge von der mythischen Gestalt des Sisyphos am eindringlichsten und reinsten repräsentiert wird (4. Kapitel). Der Mensch, der dergestalt als einzelner seine Autonomie gewonnen hat, kann allerdings bei seiner Selbstbezogenheit nur vorübergehend stehenbleiben. Denn er muß sich zusammen mit seinen Mitmenschen in der Revolte gegen das Absurde auflehnen und sich mit ihnen solidarisieren (5. Kapitel). Auf diesem Hintergrund ist es möglich, in einem fünften Schritt zu der im Denken von Camus aufgewiesenen Grundstruktur der Sehn-Suche des Menschen von der Deutung des Menschen als Heim-weg aus kritisch Stellung zu beziehen (6. Kapitel).

2. Die „Heimat der Seele“

Für Camus ist der Mensch konstitutionell bedingt in seinem Unterwegssein auf der Suche nach der Heimat seiner Seele, wobei diese Suche als *Sehn*-Suche alle Fasern seines Leibes durchdringt. Sie ist folglich nicht eine Tätigkeit, die der Mensch neben anderen ausübt, vielmehr macht sie gerade das Menschliche seines Wesens aus und nimmt ihn, wenn er ihr gemäß sich in seinem Handeln ausrichtet ‚voll und ganz‘ in Anspruch. Sie wird dann zu einem Reinigungsprozeß, durch den er die Heimat seiner Seele für einen kurzen Augenblick wiederfinden kann und es ihm dadurch gelingt, das unaufhaltsame Fließen der Zeit in der Dauer des Jetzt zu vergessen und Glück zu empfinden.

Aus diesem Benennen der wesentlichen Gedanken Camus’ zur Heimat der Seele geht bereits die strukturelle Identität hervor, die zwischen seinem Denken und dem des Platonismus/Neuplatonismus bei gleichzeitiger inhaltlicher Umdeutung besteht. Um Camus’ Ansatzpunkte bzw. Strukturübernahmen herausarbeiten zu können, gehe ich im folgenden in einem ersten Schritt auf seine 1935/36 verfaßte Examensschrift für das „Diplôme des Études Supérieures de Philosophie“ ein, die den Titel *Christliche Metaphysik und Neoplatonismus* trägt.[1] Ursprünglich hieß der Titel vermutlich *Hellénisme et*

---

[1] Für Heinz Robert Schlette gewährt die Examensschrift zu Recht einen „Einblick in die Genese von Camus’ Interpretation der Wirklichkeit. Wir erfahren nicht nur, was Camus in besonderer Weise gelesen und studiert hat oder noch nicht studieren konnte, sondern sind jetzt imstande, von

Christianisme, Plotin et Saint Augustin.[2] Sie wurde von Roger Quilliot und Louis Faucon 1965 im 2. Band der gesammelten Schriften Camus', und zwar in dem Band *Essais* herausgegeben und der Öffentlichkeit zugänglich gemacht.[3]

In einem zweiten Schritt versuche ich zu klären, was unter der „Heimat der Seele“ zu verstehen ist, auf die sich der Mensch in der Sehn-Suche seines Wesens ausrichtet.

Der ursprüngliche Titel der Examensschrift bringt die Intention Camus' deutlicher zum Vorschein, geht es ihm doch um die Entwicklung des Christentums bis zu Augustinus und um den Einfluß, den der Hellenismus dabei gehabt hat. Das heißt, es geht ihm um die Beziehungen zwischen griechisch-römischem und christlichem Denken, um die Anknüpfungspunkte, Adaptionen und die in der gegenseitigen Beeinflussung sich durchhaltenden Eigenarten beider Denkformen. Für Camus ist es daher „nicht interessant, beide Lehren völlig zu trennen, sondern vielmehr zu untersuchen, wie sie ihre Anstrengungen vereinigt haben, und zu sehen, was von beiden bei diesem Zusammenwirken intakt geblieben ist.“[4]

Camus gliedert seine Examensschrift in vier Kapitel. Im *ersten* Kapitel, das mit „Das Urchristentum“ überschrieben ist, führt Camus zunächst die zentralen „Themen des Urchristentums“ an (1. Teil), beschreibt im Anschluß daran die damals lebenden Menschen (2. Teil) und fragt schließlich nach den Schwierigkeiten und Ursachen der weiteren Entwicklung, die das „einfache“ Evangelium genommen hat (3. Teil). Im *zweiten* Kapitel „Die Gnosis“ arbeitet er deren Bedeutung für die Entwicklung des Christentums heraus, im *dritten* Kapitel „Die mystische Vernunft“ rückt er Plotin und im *vierten* Kapitel „Die zweite Offenbarung“ Augustinus' in den Mittelpunkt.

Dreh- und Angelpunkt des Christentums ist Camus zufolge die Inkarnation, die er als „die Verbindung des Göttlichen und Menschlichen in der Person Jesus Christi“ faßt.[5] Sie bestimmt und leitet die spezifische Sicht- und Denkweise des Christentums, ja sie

---

dieser ‚Frühschrift‘ aus Verbindungslinien zu ziehen und zugleich das Fundament vieler seiner Meinungen und Urteile, auch solcher, die falsch waren, deutlicher zu erkennen.“ Heinz Robert Schlette: Albert Camus' philosophische Examensschrift „Christliche Metaphysik und Neuplatonismus“, 153. In: Aporie und Glaube. Schriften zur Theologie und Philosophie. München 1970, 152–162.

2 Vgl. dazu Roger Quilliot in dem einleitenden Kommentar seiner Ausgabe in der „Bibliothèque de la Pléiade“, Paris 1965, 1223.

3 Albert Camus: Essais. Hrsg. von Roger Quilliot und Louis Faucon. Bibliothèque de la Pléiade. Paris 1965.

4 Camus: Christliche Metaphysik und Neuplatonismus, 29. Hier deutet sich bereits Camus' Verständnis von geschichtlichen Zusammenhängen an. Für ihn wird eine bestimmte Denkform nicht von einer neuen unvermittelt abgelöst und ersetzt, sondern sie ist, wenn sie in dieser eingeht, bereits enthalten. „Griechenland setzt sich im Christentum fort, dieses selbst findet sich im griechischen Denken vorgeformt. Es ist zu einfach, in der christlichen Dogmatik einen griechischen Zusatz zu sehen, der durch nichts in den Evangelien gerechtfertigt wäre. Aber andererseits kann man auch nicht den spezifisch christlichen Beitrag zum Denken der Zeit leugnen, und es erscheint schwierig, jeden Begriff von christlicher Philosophie auszuschließen.“ (28)

5 Camus: Christliche Metaphysik und Neuplatonismus, 31.

macht allererst seine „grundlegende Eigenart" aus.[6] Auf den Menschen der damaligen Zeit bezogen bedeutet dies eine Geisteshaltung von Pessimismus und Hoffnung zugleich: Der Pessimismus, der die tragische Ebene benennt, besteht aufgrund der ungeheuren Präsenz der Todeserfahrung[7] und der durch Sünde gekennzeichneten Natur des Menschen.[8] Hoffnung ist in bezug auf das Faktum Christus,[9] durch den Gott zu den Menschen hinabgestiegen ist und sie durch seine Gnade von ihren Sünden erlöst hat. Der Mensch wendet sich vom Diesseits ab und richtet sich ausschließlich auf Gott aus. Ja, er legt – Camus zufolge – die „Hoffnung auf ein besseres Geschick" in Gottes Hände, „sehnt (...) sich nur nach ihm, sieht im Universum nur ihn, gibt jedes Interesse außer dem Glauben auf und macht Gott zum Symbol selbst für diese immer wieder von Aufschwüngen unterbrochene Unruhe."[10]

Und hier wird die Notwendigkeit einer Entscheidung, die für Camus aus dieser Haltung folgt, sichtbar, der er selbst in seinem eigenen Denken nicht aus dem Weg gegangen ist: „Man muß wählen zwischen der Welt und Gott."[11] Camus' Entscheidung für die Welt und für den Menschen steht sachlich am Anfang seines Philosophierens und bestimmt und leitet seine gesamten Gedanken.[12]

---

6 Vgl. ebd., 29.

7 Camus erwähnt hier beispielsweise Quintus Iulius Hilarianus, der in seinem Werk *De mundi induratione* errechnet habe, „daß die Welt nur noch 101 Jahre existieren wird." Und er führt aus: „Von dieser Vorstellung eines nahen, im übrigen eng mit der Parusie Christi verbundenen Todes war die ganze erste christliche Generation besessen" (ebd., 33).

8 In der Sünde wird sich Camus zufolge „der Mensch seines Elends und seines Stolzes bewußt." Und er hebt aus dem Römerbrief folgende Stelle heraus (7,15; 7,20–23), die seiner Auffassung nach reich an „Empfindung und Beobachtung" ist: „‚Was ich tue, das weiß ich nicht; denn nicht das Gute, das ich will, tue ich, sondern ich vollbringe das Schlechte, das ich nicht will. Wenn ich nun nicht das tue, was ich will, so bin ich es nicht mehr, der handelt, sondern die in mir wohnende Sünde. So finde ich das Gesetz, daß das Schlechte sich mir nahelegt, während ich das Gute will. Denn meinem inneren Menschen nach habe ich am Gesetze Gottes Freude. Aber ich sehe ein anderes Gesetz in meinen Gliedern, das dem Gesetz meiner Vernunft widerstreitet und mich gefangen gibt an das Gesetz der Sünde, das in meinen Gliedern ist." Ebd., 35f.

9 In dem „Fakt: Jesus ist gekommen" tritt für Camus das „Christentum als ereignisorientierte Haltung" der „griechischen Weisheit, die nur eine theoretische Wissenschaft ist" gegenüber. Ebd., 39.

10 Ebd., 31.

11 Ebd.

12 Hier wird deutlich, daß Camus im Christentum einen Dualismus zwischen Welt und Gott zu erkennen glaubt, der zu der scharfen Abkehr vom Irdischen und der ausschließlichen Hinwendung zum Überirdischen führt. Camus spricht daher an einer späteren Stelle in der Examensschrift auch von einem „Mißverhältnis zwischen Gott und (den) Menschen" (ebd., 52). Aufgrund dieser zu kurz greifenden Einschätzung der christlichen Position, die sich durch Camus' Kritik am Christentum in seinem gesamten Denken zieht, kann auch seine Position als anti-christliche, als eine Umkehrung der Christlichen, charakterisiert werden. So notiert er etwa in seinem Tagebuch im Januar 1936: „Die einzige Angst, die mich bedrückt, ist das Gefühl, daß dieser ungreifbare Augenblick mir durch die Finger rinnt wie Quecksilberperlen. Kümmert euch doch nicht um die Leute, die sich von der Welt abkehren wollen. Ich beklage mich nicht mehr, da ich zuschaue, wie ich geboren werde. Ich bin glücklich in dieser Welt, denn *mein Reich ist von dieser Welt*." (Ca-

Von hier aus kann der Blick auf das dritte Kapitel von Camus’ Examensschrift „Die mystische Vernunft“ gelenkt werden, das sich mit dem Neuplatonismus, insbesondere mit dem Denken Plotins in den *Ennéaden* befaßt und dabei versucht, die „Bedeutung und die Rolle der neoplatonischen Lösung in der Entwicklung der christlichen Metaphysik zu bestimmen.“[13] Hier verwendet Camus an vier verschiedenen Stellen das Wort „Heimat“. Ich möchte diese Stellen zunächst anführen, um im Anschluß daran die Anknüpfungspunkte Camus’ herausheben zu können.

1. „Offenbaren heißt heilen, und das Eine erkennen heißt in seine Heimat zurückkehren.“(77)[14]
2. „Nicht die Erscheinung sucht Plotin, sondern vielmehr jene Rückseite der Dinge, die sein ‚verlorenes Paradies‘ ist. Und jedes Ding hienieden wird zur lebendigen Erinnerung an diese ferne Heimat des Weisen. Darum also beschreibt Plotin den Geist auf sinnliche Weise.“ (78)
3. „Das Prinzip der Rückkehr liegt in der Seele. Die Seele ist Verlangen nach Gott und Sehnsucht nach einer verlorenen Heimat. Das Leben ohne Gott ist nur ein Schatten von Leben.“ (90)

---

mus: Tagebücher 1935–1951, 11; Herv. K. J.) Vgl. dazu: Schlette: Albert Camus’ philosophische Examensschrift, 161.

Mit dieser Einstellung zur Welt stimmt er mit der der Griechen überein, von denen er in der Examensschrift sagt: „Ihr Evangelium lautete: Unser Reich ist von dieser Welt.“ Auch der „moralische Intellektualismus“, d. i. die Lernbarkeit der Tugend, den er bei den Griechen feststellt, und ihr Glaube an „eine zyklische ewige und notwendige Welt“ steht ihm näher als die antiintellektualistische Haltung des Urchristentums, die die Demut und Einfachheit dem Wissen vorzieht. (Vgl. Camus: Christliche Metaphysik und Neuplatonismus, 24, 25, 37 und 46)

13 Ebd., 100.

14 Aus der Sicht Camus’ verfolgt Augustinus dasselbe Ziel wie Plotin, d. i. die Ein- bzw. Rückkehr der Seele in sich und zu Gott, aber auf anderen Wegen. So proklamiert er für Camus, wie er insbesondere im vierten Kapitel seiner Examensschrift „Die zweite Offenbarung“ ausführt, unter der er – sozusagen nach der ‚ersten‘ Offenbarung des urchristlichen Glaubens – die „Offenbarung einer christlichen Metaphysik“, wie sie in der Lehre Augustinus entgegentritt, versteht, „mit jedem Schritt das Ungenügen der Philosophie“, weil er davon überzeugt ist, daß die „einzige verstehende Vernunft (…) jene (ist), die durch den Glauben erleuchtet wird.“ (117) Auf diese Weise gelingt es ihm, „die griechische Ratio mehr und mehr zu zähmen und sie ins eigene Gebäude einzugliedern, aber in einen Bereich, in dem sie ungefährdet ist.“ (Ebd., 119)

Camus kommt auf diesem Hintergrund am Ende seiner Examensschrift zu einem Ergebnis, das überraschen kann, wenn man die weitere Entwicklung des Denkens Camus’ berücksichtigt. Er vermag nämlich die Bedeutung und den Rang des Christentums für das Abendland zu erkennen, ohne es auch nur einer gewissen, gar vorsichtigen Kritik zu unterziehen. Seiner Ansicht nach würde man besser „von der Christianisierung des dekadenten Hellenismus“ als „von einer Hellenisierung des Urchristentums“ sprechen (ebd., 122), im Zuge dessen der griechische Mensch vom christlichen Mensch abgelöst wurde. Beim Tode Augustinus’, bei dem sich das Christentum philosophisch konstituiert hat, war es nun in der Lage, „dem Unwetter seiner totalen Finsternis zu widerstehen.“ Es blieb lange „das einzige gemeinsame Hoffen und der einzige wirksame Schild gegen den Unstern der westlichen Welt.“ Und: „Das christliche Denken hat damit seine Katholizität gewonnen.“ (Ebd., 124)

4. „Man darf nicht von dem leben, was in der Seele nicht die Seele ist, (...) sondern muß zurückkehren in jene Heimat, (...) deren Erinnerung bisweilen die Rastlosigkeit unserer Seele erhellt." (94)

Wie aus den angeführten Stellen hervorgeht, lassen sich vier Strukturelemente benennen, die Camus in Auseinandersetzung mit dem (Ur-)Christentum und dem (Neu-)Platonismus kennenlernt, in dem Kontext seines Anthropozentrismus' transferiert[15] und entsprechend inhaltlich neu- und umdeutet:

Es ist erstens der Gedanke der *Rückkehr* in die Heimat, von der wir uns im diesseitigen Leben entfernt haben. Zweitens die Möglichkeit der *Erinnerung* an diese ursprüngliche Heimat. Drittens das der menschlichen Seele immanente *Verlangen* und ihre *Sehnsucht* nach der Heimat.[16] Und viertens das *Unterwegssein* des Menschen, das in der Heimat sein Ziel findet.

Bei diesen Strukturelementen handelt es sich um Grundgedanken Camus', die sich sein gesamtes Werk hindurch aufweisen und verfolgen lassen. So ist für ihn der Mensch, wie aus der Grundstruktur der Sehn-Suche des Menschen hervorgeht, das in seinem Unterwegssein nach Heimat und Sinn verlangende und sich sehnende Wesen, die er in der verloren gegangenen Heimat seiner Seele zu finden beabsichtigt.

Ich komme zum zweiten Schritt. In dem zwischen 1937 und 1938 in Algerien geschriebenen Essay *Hochzeit des Lichtes* beschreibt Camus anschaulich, woraufhin diese Suche ausgerichtet ist und was unter der „Heimat der Seele" zu verstehen ist. Weil hier von Camus wesentliche Kennzeichnungen vorgenommen werden, soll diese Stelle trotz ihrer Länge angeführt werden:

> „Sich einem Lande verbunden zu fühlen, einige Menschen zu lieben und zu wissen, daß es einen Ort gibt, wo das Herz seinen Frieden findet – lauter Gewißheiten, die viel für das Leben eines Menschen bedeuten, obschon man sich damit zweifellos nicht begnügen kann. Und doch sehnt sich der Mensch zu gewissen Zeiten mit allen Fibern nach dieser Heimat seiner Seele. ‚Ja, dorthin müssen wir zurückkehren'. Und ist es denn so erstaunlich, daß man diese Vereinigung, die Plotin ersehnte, hier auf Erden findet? Hier verkünden die Sonne und das Meer diese Einheit. Dem Herzen offenbart sie sich mit jenem fleischlichen Beigeschmack, der ihre Bitterkeit und ihre Größe ausmachte. Ich lerne, daß es kein übermenschliches Glück gibt und keine Ewigkeit außer dem Hinfließen der Tage. Diese lächerlichen und zugleich wesentlichen Gaben und diese so bedingten Wahrheiten sind die einzigen, die mich erschüttern. Die anderen ‚idealen' Wahrheiten zu begreifen, fehlt es mir an Seele. Ich behaupte nicht, daß man zum Tier

15 Vgl. dazu die Deutung von Michael Lauble: „Wenn im griechischen Gedanken des Kosmos die Geborgenheit des Menschen in seiner, der einen Welt mitgedacht war, so fällt nun beim Zerfall des Kosmos der Mensch aus seiner weltlichen Beheimatung heraus. Der Verlust der Welt als des einen wohlgeordneten Ganzen, das dem Menschen Heimat ist, kommt der Aussetzung in die Fremdheit und Unbehaustheit gleich. Der der Welt gegenüberstehende Mensch, den Camus' ‚Evidenzphilosophie' voraussetzt, hat seinen Ort im bergenden Zusammenhang verloren." Ebd., 14.

16 Vgl. dazu Lauble: „Der systematisch, nach meiner Übersicht aber auch werkgeschichtlich erste, schon in den ‚Ecrits de jeunesse' bezeugte Gedanke Camus' über den Menschen läßt sich in die These fassen: Der Mensch ist das nach Einheit und Sinn verlangende Wesen. Die Idee der Einheit ist ihm ‚eingeboren'. Existieren heißt auf Einheit und Sinn aus sein." Ebd., 10.

werden soll, sondern nur, daß ich am Glück der Engel keinen Geschmack finde. Ich weiß nur dies: daß der Himmel länger dauern wird als ich. Und was soll ich ewig nennen außer den Dingen, die meinen Tod überdauern? Ich rede hier nicht einer billigen Zufriedenheit des Geschöpfes mit seinem Zustand das Wort. Das ist etwas ganz anderes. Es ist nicht immer leicht, ein Mensch zu sein, und erst recht nicht ein reiner Mensch. Rein sein aber heißt, jene Heimat der Seele wiederfinden, wo wir uns dieser Welt verwandt fühlen, wo das Blut in unsern Adern im gleichen Rhythmus pocht wie der glühende Puls der Mittagssonne.“[17]

Camus stellt in diesem Zitat seine eigenen Gewißheiten in Abhebung zu den Gewißheiten einer neuplatonisch-christlichen Ausdeutung der Welt, insbesondere der von Plotin,[18] heraus. So sind seine eigenen in ihrem wesentlichen Bezug auf die Endlichkeit des Lebens als bedingte Wahrheiten anzusehen, von denen allein er angesichts des Unausweichlichen, d. i. dem „Hinfließen der Tage“, wirklich erfaßt wird. Camus verlegt dergestalt die Ziele menschlichen Strebens, sei es das Glück, sei es die Wahrheit, nicht essentialistisch in ein auf Erden unerreichbares und statisch-undynamisches Jenseits, vielmehr bindet er sie an den Menschen in seiner existentiellen Situation zurück und macht sie dadurch zu den eigenen menschlichen – und nicht übermenschlichen – Zielen.

Auf diese Weise wird auch die Plotinische Vereinigung der Seele mit dem Göttlichen anthropologisierend umgedeutet. Sie wird zu einem irdischen Einswerden, das mit dem Aufgehen in dem Licht der Sonne und dem Eintauchen in die Bewegung der Wellen des Meeres vollzogen werden kann. Die Rückkehr in den Ursprung ist für Camus eine

---

17 Albert Camus: Hochzeit des Lichts, 104 f. In: Literarische Essays. Licht und Schatten. Deutsch von Guido G. Meister. Hochzeit des Lichts. Deutsch von Peter Gan. Heimkehr nach Tipasa. Deutsch von Monique Lang. Reinbek bei Hamburg 1959, 75–121.

18 Plotin ist, wie Camus in seiner Examensschrift ausführt, „Symbol“ für den Einfluß des Neuplatonismus auf das christliche Denken (Camus: Christliche Metaphysik und Neuplatonismus, 103). Ihm kommt eine besondere Rolle zu, weil er eine Zwischenstellung, besser gesagt: eine Mittlerfunktion zwischen Christentum und Hellenismus hat. Er steht „zwischen beiden Lehren“ und ist geradezu als „Mittler“ anzusehen. (Vgl. 101) Dies hat seinen Grund darin, daß in jedem Moment der Lehre Plotins die beiden Aspekte des Glaubens und des Denkens, der „Leidenschaft für Gott“ und der „Vorliebe für die rationale Erklärung der Dinge“ enthalten sind. (Vgl. 76 f.)
Auf diese Weise vereinigt er in sich die rationale Seite, die im Christentum zu wenig Beachtung findet, und die sinnlich-mythische Seite, die für Camus etwa bei Platon „angehängt und aufgesetzt“ erscheint. (Vgl. ebd. 100) Auf Plotin bezogen bedeutet dies, daß er „das Seelenschicksal und die rationale Erkenntnis der Dinge“ miteinander verbindet. (77) Erkennen in diesem Sinne ist nicht äußerlich, konstruktivistisch oder objektiv. Es ist vielmehr, wie Camus schreibt, eine „innerliche Betrachtung und Sammlung“. Prägnant gesagt: „Erkennen heißt Anbeten gemäß der Vernunft.“ (78) Die Philosophie Plotins wird für Camus gleichermaßen zu einem religiösen wie künstlerischen (ästhetischen) Denken, in dem die Erklärung der irdischen Dinge mit ihrer Schönheit zusammengehen und schließlich auf die intelligible Welt übertragen wird. Dergestalt sucht Plotin nicht die Erscheinung, „sondern vielmehr jene Rückseite der Dinge, die sein ‚verlorenes Paradies‘ ist. Und jedes Ding hienieden wird zur lebendigen Erinnerung an diese ferne Heimat des Weisen.“ (88) Camus faßt die Kritik am Christentum, die sich in der Haltung Plotins äußert, als seinen Widerwillen „gegen die christliche ‚Anarchie‘“ zusammen, also an der Heilslehre, in der die Tugend aus dem Blick geraten ist und stattdessen der Blick auf Gott allein bestimmend war.

Rückkehr in den Ursprung allen Lebens, die in dem Sich-Einlassen auf elementare, lebenserzeugende und -erhaltende Elemente der Natur, mit dem zugleich ein Sich-Loslassen verbunden ist, möglich wird. In diesem sich körperlich und geistig vollziehenden Prozeß[19] geschieht für Camus – wiederum in seiner Umdeutung des Katharsis-Gedankens – eine Reinigung, in der der Mensch die Verwandtschaft mit der Welt fühlt, mit ihr identisch wird und dadurch, was entscheidend ist, seine Heimat wiederfindet.

Dieses Verwandtschaftsgefühl mit der Welt zeigt sich, wie aus dem ersten Satz des Zitats hervorgeht, in dem Gefühl der Verbundenheit mit einem Land und in der Liebe zu einigen Menschen. Versteht man dieses Verbundenheitsgefühl mit einem Land zugleich als ein Verweis auf das Verbundenheitsgefühl mit der Natur, dann tritt hier kein Widerspruch auf, und es werden stattdessen die beiden Seiten sichtbar, die in der Heimat der Seele als Ziel menschlichen Strebens zusammenfließen: die Natur und der Mitmensch. Das bedeutet: Die Heimat der Seele ist dort zu finden, wo die Natur zur schwesterlichen Mutter und der Mensch zum Bruder wird und dergestalt die größte innere Nähe zu beiden empfunden werden kann.

Die verwandtschaftliche Beziehung des Menschen zur Natur und zum Mitmenschen ist daher nicht äußerlich, sondern im Sinne einer Blutsverwandtschaft als ein ursprüngliches Verbundensein zu verstehen, bei der das ‚gleiche Blut in den Adern fließt' und deshalb eine Vereinigung in dem Relativen des Verschiedenen überhaupt möglich ist. Anders gesagt: Der Mensch kann Camus zufolge nur deshalb in der Natur und im Mitmenschen ein- und aufgehen und darin zu ihnen zurückkehren, weil diese ihm nicht grundsätzlich fremd gegenüberstehen, sondern er mit ihnen von vornherein als andere in der Einheit und Identität des Eigenen verbunden ist. Der Reinigungsprozeß des Menschen gelingt, d. h. er stellt die Unversehrtheit und Integrität seines Wesens wieder her, wenn er seine ursprüngliche Bindung einerseits in seinem Sich-Hingeben an die Natur und andererseits in der Liebe zum Mitmenschen realisiert und dergestalt mit jedem von beiden eine Verschmelzung bzw. Vermählung stattfindet.

Neben der Sonne[20] und dem Wasser[21] wird von Camus auch der Wind als ein ursprungserschließendes Element angesehen, durch das der Mensch das Menschliche seines Wesens in seiner Ent-Menschlichung erfüllen kann, die zu ihrer Kehrseite gleichsam eine Ver-Natürlichung hat:

> „Jetzt aber, stundenlang vom Wind gepeitscht und geschüttelt, betäubt und ermattet, ging mir das Gefühl für die Oberfläche, die meinen Leib zusammenhielt, verloren. Der Wind hatte mich geschliffen wie Flut und Ebbe einen Kiesel und hatte mich bis zur nackten Seele verbraucht. Ich war nur noch ein Teil von jener Kraft, die mit mir tat, was sie wollte, und mich immer entschiedener in Besitz nahm, bis ich ihr schließlich ganz gehörte, so daß mein Blut im gleichen Rhythmus pulste und dröhnte wie das mächtige allgegenwärtige Herz der Natur. Der Wind verwandelte mich in ein Zubehör meiner kahlen und verdorrten Umgebung; seine flüchtige Umarmung versteinerte mich, bis ich, Stein unter Steinen, einsam wie eine Säule oder ein Öl-

19 Vgl. dazu Camus: Tagebücher 1935–1951, 139.

20 Camus: Hochzeit des Lichts, 87. Und: Der Fremde. Reinbek bei Hamburg 1969, 58, 60 f.

21 Vgl. dazu etwa: Camus: Hochzeit des Lichts, 79 f.; Camus: Heimkehr nach Tipasa, 195 f. In: Literarische Essays, 123–203. Camus: Die Ehebrecherin, 125.

> baum unter dem Sonnenhimmel stand. (...) Nie habe ich in einem solchen Maße beides zugleich, meine eigne Auflösung und mein Vorhandensein in der Welt, empfunden.“[22]

Wie aus dem Zitat hervorgeht, ist die Rückkehr des Menschen in seinen Ursprung, die Natur, analog zu dem im Höhlengleichnis Platons Geschilderten, ein mühsamer Prozeß, den der Mensch nicht von sich aus, sei es aus Neugierde, sei es aus Einsicht, auf sich nimmt, sondern der vielmehr einen Führer, dort den bereits wissenden Philosophen, hier den Wind, zu seiner Voraussetzung hat, der seinen heilsamen Zwang ausübt und ihn zu sich heran- und heraufzieht. Die Kraft des Windes ist daher so enorm, daß der Mensch von ihr mitgerissen und vollständig von ihr in Anspruch genommen wird, bis er schließlich sogar mit ihr identisch ist. Er ist dann, wie Camus in einer häufig von ihm verwendeten Umschreibung formuliert, ein „Stein unter Steinen“,[23] d. h. er ist in die Wahrheit des Urstoffes zurückgekehrt, bei der Einfachheit, Gleichförmigkeit und Unbeweglichkeit zu finden sind, die allein Glück, Stille und Frieden gewähren können.

Allerdings gelingt dem Menschen diese Rückkehr nicht nur mittels der natürlichen Urkräfte, erfüllt sich sein Verlangen nach Einheit doch auch in der Liebe zum Mitmenschen. In ihr erkennt der Mensch den geliebten Anderen bedingungslos an, er öffnet sich ihm und sieht im hinwendenden Zuwenden zugleich von sich ab. Camus zufolge kommt der Mensch daher zu sich und zum Menschlichen seines Wesens, wenn er sich verliert und im anderen seiner selbst, der geliebten Person, aufgeht:

> „Nicht die Moral, sondern die Erfüllung. Und es gibt keine andere Erfüllung als die der Liebe, das heißt, die des Verzichts auf sich selbst und des Tods für die Welt. Den Weg zu Ende gehen. *Verschwinden*. In der Liebe aufgehen. Dann wird es die Kraft der Liebe sein, die schafft, und nicht mehr ich. Sich auflösen. Sich zerstückeln. Sich in der Erfüllung und in der Leidenschaft der Wahrheit vernichten.“[24]

Diese negativ anmutenden Wendungen wie z. B. „zerstückeln“ und „vernichten“ dürfen nicht abwertend beurteilt werden, als ob Camus mit ihnen eine kritisch-distanzierende Haltung zum Prozeß des Verschwindens einnehmen würde. Sie sind vielmehr von dem leitenden Gesichtspunkt der intensivsten Liebe aus zu betrachten, von dem aus sie ihre Bedeutung erhalten. Kommt der Mensch mit Hilfe der ursprünglichen Naturkräfte oder der Liebe zu seiner ursprünglichen Einheit zurück, findet er die Heimat seiner Seele wieder.[25] Allerdings muß, um Mißverständnisse zu vermeiden, betont werden, daß die-

---

22 Camus: Hochzeit des Lichts, 87; vgl. auch 117 f.

23 Vgl. Camus: Der Mensch in der Revolte. Essays. Reinbek bei Hamburg 1969, 26; Camus: Der glückliche Tod. Reinbek bei Hamburg 1983, 135 f.

24 Camus: Tagebücher 1935–1951, 292. Den Höhepunkt der Liebe sieht Camus daher konsequenterweise in der erotischen Vereinigung. Vgl. dazu Tagebücher 1935–1951, 119.

25 Ist dem Menschen der Weg zum Ursprung über die Natur versperrt, befindet er sich in der aussichtslosen Lage, nicht mehr in seine „wahre Heimat“ gelangen zu können. Diese Situation wird drastisch von Camus in der *Pest* geschildert: „Mitten in dieser Anhäufung von Toten, dem Bimmeln der Krankenwagen, den Warnungen des sogenannten Schicksals, dem hartnäckigen Stampfen der Angst und dem schrecklichen Aufruhr ihres Herzens hatte eine Stimme nicht aufgehört, diese von Entsetzen heimgesuchten Menschen zu wecken und ihnen zuzuraunen, daß sie ihre Wahrheit wiederfinden müßten. Für sie alle befand sich die wahre Heimat jenseits der Mauern

ses verwandtschaftliche ursprüngliche Zusammengehören von Mensch und Welt, bei dem ein „Bündnis von Mensch und Erde“ besteht,[26] in einer Art ‚Naturzustand‘, christlich gesagt, im Paradies, vorzufinden war. Aus diesem ist der Mensch, wie im nächsten Abschnitt ausgeführt wird, in einer „Sünde ohne Gott“ herausgefallen, wodurch sein Wesen einen Riß bekommen hat und entzweit wurde.

3. Das „Absurde ist die Sünde ohne Gott“

Der Mensch kann Camus zufolge nur in seltenen Augenblicken die Heimat seiner Seele wiederfinden, weil er ein zerrissenes Wesen ist, das im Absurden lebend eine sinnlich-körperliche und eine geistige Seite hat. Während die sinnliche Seite ihn gleichsam auf dem Rücken der Liebe zum Mitmenschen und der Hingabe an die Natur bisweilen zu seinem eigenen Ursprung zurückführen kann, treibt ihn die geistige weiter voran und zieht ihn unermüdlich von diesem fort. Um diesen konstitutionellen Riß bzw. Zwiespalt zu erklären, der im Unterschied zu der Unversehrtheit menschlichen Wesens und der Einheit seiner selbst besteht, verweist Camus im *Mythos von Sisyphos* auf die menschliche „Sünde ohne Gott“, genauer gesagt, er wagt „das Ungeheuerliche auszusprechen“: „das Absurde ist die Sünde ohne Gott“ (39).

Zum Verständnis dieser Aussage versuche ich im folgenden zwei Leitfragen zu beantworten. Die erste lautet: Was meint „Sünde ohne Gott“? Die zweite heißt: Wie deutet Camus das Absurde? Sie steht im Zusammenhang mit der Frage nach der Genese des Absurden.

Analog zu der christlichen Auffassung, daß der Mensch aus dem ursprünglichen Stand der Unschuld und der Integrität seines Wesens aufgrund eigenen Vergehens in den Stand der Schuld und Sünde gefallen ist, von dem er nur durch den Mittler Jesus Christus erlöst und wieder re-integriert werden kann, ist auch für Camus der Mensch innerhalb eines anthropozentrischen Modells zunächst ein integres Wesen, dessen Seele aus seiner Heimat heraus- und in die Heimatlosigkeit hinabfiel. Dieser Vorgang des prinzipiellen Schuldigwerdens wird von Camus als „Sünde ohne Gott“ bezeichnet, denn entsprechend zu der in der *Genesis* geschilderten Mißachtung des Verbotes, nicht vom Baum der Erkenntnis des Guten und Bösen zu essen, übertritt auch für Camus der Mensch in seinem Drang nach Erkenntnis die geltenden Grenzen und fällt dabei aus seiner ursprünglichen Einheit mit der Natur heraus. In der Konsequenz zerbricht mit

---

dieser erstickten Stadt. Sie war in den duftenden Sträuchern auf den Hügeln, im Meer, in den freien Ländern und im Gewicht der Liebe. Und zu ihr, zum Glück wollten sie zurück und sich voll Ekel von allem anderen abwenden.“ Camus: Die Pest, 196.
Der Zusammenhang zwischen der Liebe und Heimat wird in den sehnsuchtsvoll-klagenden Worten Victorias an Diego in dem Drama „Der Belagerungszustand“ ausgesprochen: „Wo ist die Zeit, da ich eine Stimme in mir ‚Heimat‘ rufen hörte, sobald du erschienst?“ Der Belagerungszustand, 162. In: Dramen. Hamburg 1959, 117–186.

26 Camus: Hochzeit des Lichts, 121.

dem „Bündnis zwischen Mensch und Erde“ zugleich auch sein Wesen, das nun eine grundsätzliche Entzweiung ist, die erst mit seinem Tod in der Wiedervereinigung mit der Natur in ihre Einheit eingehen kann. Für Camus besteht daher die Sünde, wie er im *Mythos von Sisyphos* schreibt, „nicht so sehr im Wissen (in dieser Hinsicht sind alle unschuldig) wie im Verlangen nach Wissen. Gerade das aber ist die einzige Sünde, von der der absurde Mensch spürt, daß sie zugleich seine Schuld und seine Unschuld ist.“[1]

Der Mensch versucht seinen Wissensdurst dadurch zu stillen, daß er auf die Welt hin ausschreitet. Dabei lädt er die Schuld auf sich, aus dem übergeordneten Ganzen der Natur, von dem er ein Teil ist, herauszutreten und ihm den Rücken zuzukehren. Diese Schuld kommt ihm selbst nicht zu Bewußtsein, weshalb er sie als solche nicht für sich annehmen kann: „Man möchte ihn zur Erkenntnis seiner Schuld führen. Er fühlt sich unschuldig. Offen gesagt: er fühlt nur diese seine unersetzliche Unschuld.“[2]

Die Grundsituation des Menschen zeichnet sich aus dieser Sicht durch ein schuldig-unschuldiges Unterwegssein in der Fremde aus, bei dem der Mensch sehnsuchtsvoll nach seiner Heimat verlangt. Mit jedem Schritt, mit dem er sich von seiner Heimat entfernt, wächst auch sein Gefühl der Heimatlosigkeit, und es entsteht in ihm die Bereitschaft, die Erfahrung des Absurden zu machen. Camus hat daher in seiner „inexistentielle(n) Philosophie“, wie er sein Denken, das „den Zustand des ‚Menschen ohne...‘ umschreiben will“, die Intention, diese menschliche Grundsituation in einer „Philosophie des Exils“ zu beschreiben und das bedeutet, Heimat vom Standpunkt des Heimatlosen aus in den Blick zu nehmen.[3]

Auf diesem Hintergrund ist es möglich, die zweite Leitfrage ‚Wie deutet Camus das Absurde?‘, die im Zusammenhang mit der Frage nach der Genese des Absurden steht, zu beantworten.

Für Camus ist im *Mythos von Sisyphos* das Absurde der Ausgangspunkt seiner Überlegungen.[4] Das bedeutet allerdings nicht, daß er ihn apodiktisch voraussetzt oder dogmatisch konstatiert. Vielmehr versteht er seine Darstellung selbst als einen „Versuch“, in dem der „Sinn für das Absurde“ ausgelegt wird.[5] Diese Auslegung hat für Camus „etwas Vorläufiges“, wie er in dem kleinen Abschnitt bemerkt, der in der deutschen Ausgabe dem gesamten Text des *Mythos von Sisyphos* vorangestellt ist. Und er fährt an dieser Stelle fort: „Man wird es hier nur mit der Beschreibung eines geistigen Übels im Reinzustande zu tun haben.“[6]

Diese Aussage kann leicht mißverstanden werden, erweckt sie doch den Anschein, als würde Camus durch das Wörtchen „nur“ eine Abwertung seines eigenen deskripti-

---

1 Ebd., 46.
2 Ebd., 48.
3 Vgl. dazu: Camus: Tagebücher 1935–1951, 183.
4 Neben dem *Mythos von Sisyphos* zählt Camus auch sein Drama *Caligula* und der Roman *Der Fremde* zu seinen „drei Absurden“. Vgl. dazu seine Tagebuchaufzeichnung vom 21.2.41. Ebd., 115.
5 Camus: Der Mythos von Sisyphos, 8.
6 Ebd. Vgl. dazu Camus' Äußerung in einem Interview mit Gabriel D'Aubarède, das am 10. Mai 1951 in *Les Nouvelles littéraires* (1342/3) veröffentlicht wurde.

ven Verfahrens vornehmen. Davon kann nicht die Rede sein, entscheidet er sich doch sehr entschieden und bewußt für diese Methode. So schreibt er an anderer Stelle im *Mythos von Sisyphos*:

> „Für den absurden Menschen geht es nicht mehr um Erklärungen und Lösungen, sondern um Erfahrungen und Beschreibungen. Alles beginnt mit einer scharfsichtigen Gleichgültigkeit. Beschreiben – das ist der letzte Ehrgeiz eines absurden Denkens.“[7]

In einer Welt ohne Transzendenz auf etwas außermenschlich Jenseitiges und ohne ewige Werte und Qualitäten, ist alles gleichgültig, d. h. gleich wertvoll und beachtenswert.[8]

Die deskriptive Methode Camus' will der Gleich-gültigkeit aller Dinge entsprechen, indem sie die Dinge in der Welt nicht mit Hilfe von Erklärungen und Begründungen in eine starre, endgültige Form bringt, sondern sie in ihrer Komplexität und Vielfalt bewahrt. Die Analyse und Deskription versucht daher nicht, die Dinge und Sachverhalte zu selektieren und von außen zu beurteilen. Sie sieht sich stattdessen der Mannigfaltigkeit und dem unendlichen Reichtum der Welt gegenüber, den sie in einem möglichst intensiven und wertfreien Sinne betrachten will.[9]

Camus bestimmt daher seine Methode als eine „der Analyse“ und nicht als eine der Erkenntnis. Die von ihm im *Mythos von Sisyphos* „definierte Methode gibt zu, daß jede wirkliche Erkenntnis unmöglich ist. Wir können immer nur Erscheinungsformen auf-

---

7 Camus: Der Mythos von Sisyphos, 80.

8 Hier stellt sich ein großes Problem im Denken Camus', das von ihm nicht überzeugend gelöst ist. Aus der Gleichwertigkeit der Handlungen kann die Unterscheidung in Verbrechen und Nicht-Verbrechen nicht erfolgen, und auch das Absurde versagt als verbindliche, gar allgemeingültige Möglichkeit einer Beurteilung. Die folgende Äußerung von Camus sehe ich daher als reine rhetorische Bekundung an: „Das Absurde befreit nicht, es bindet. Es rechtfertigt nicht alle Handlungen. Alles ist erlaubt – das bedeutet nicht, daß nichts verboten wäre. Das Absurde gibt nur den Folgen dieser Handlungen ihre Gleichwertigkeit. Es empfiehlt nicht das Verbrechen – das wäre kindisch, aber es gibt dem Gewissen seine Nutzlosigkeit wieder. Ebenso ist, wenn alle Erfahrungen gleichgültig sind, die der Pflicht doch genauso berechtigt wie jede andere. Man kann auch aus Laune tugendhaft sein.“ Ebd., 60.
Daß Camus selbst mit diesem Bekenntnis, das man ohne auf theoretische Schwierigkeiten bei ihm zu stoßen, inhaltlich in sein Gegensatz verkehren könnte, nicht überzeugt gewesen war, wird durch die Wiederaufnahme dieses Problems in seinem 10 Jahre später erschienenen Buch *Der Mensch in der Revolte* deutlich. Hier schreibt er bereits zu Beginn: „Wenn man aus dem Gefühl des Absurden zunächst eine Regel für das Handeln abzuleiten beabsichtigt, macht es den Mord zum mindesten indifferent und infolgedessen möglich. Wenn man an nichts glaubt, wenn nichts einen Sinn hat und wenn wir keinen Wert bejahen können, ist alles möglich und nichts von Wichtigkeit.“ Camus: Der Mensch in der Revolte, 8 f. Hier lehnt er den überlegten Mord ab: Indem er ihn in seiner Argumentation mit dem Selbstmord im *Sisyphos* parallelisiert, kommt er zu dem Schluß, daß beide ein Aushalten im Absurden verhindern. Allerdings ist m. E. auf diesem Weg eine Unterscheidung zwischen Taten und Straftaten nicht möglich.

9 Vgl. dazu: „Die Auslegung ist vergänglich, aber der sinnliche Eindruck bleibt und mit ihm die unaufhörlichen Anrufe eines quantitativ unerschöpflichen Universums.“ (Camus: Der Mythos von Sisyphos, 80)

zählen und das Klima spürbar machen.“[10] Dieses Klima ist das der Absurdität, das Camus, wie Annemarie Pieper herausarbeitet, „phänomenologisch im Durchgang durch seine verschiedenen Erscheinungsformen nicht nur spürbar (...) machen, sondern auch auf den Begriff (...) bringen“[11] will.

Ausgangspunkt für Camus' Aufweis der Genese des Absurden ist die alltägliche Situation des Menschen. In ihr hat der Mensch zumeist einen vertrauten unproblematischen Bezug zur Welt, der von einer fraglos akzeptierten Sinnhaftigkeit bestimmt ist. Er bewegt sich in einer „Kette alltäglicher Gebärden“,[12] bei der die einzelnen Handlungen und Verhaltensweisen ohne die Frage nach dem ‚Warum‘ nahtlos und selbstverständlich aneinandergereiht sind. Plötzlich und ohne erkennbaren Grund kann diese Kette allerdings reißen, d. h. es kann den Menschen das „Gefühl der Absurdität“ „an einer beliebigen Straßenecke anspringen“.[13] Der Rhythmus, der bisher das tägliche Leben geregelt und gelenkt hat, trägt nicht mehr, und stattdessen beginnt sich in ihm ein *Überdruß* auszubreiten:

> „Der Überdruß ist das Ende eines mechanischen Lebens, gleichzeitig aber auch der Anfang einer Bewußtseinsregung. Er weckt das Bewußtsein und bereitet den nächsten Schritt vor. Der nächste Schritt ist die unbewußte Umkehr in die Kette oder das endgültige Erwachen. Schließlich führt dieses Erwachen mit der Zeit folgerichtig zu der Lösung: Selbstmord oder Wiederherstellung.“[14]

Camus macht deutlich, daß das Absurde zunächst *als Gefühl* im Menschen aufkommt, wodurch er aus der starren Regelmäßigkeit seines Alltags herausgerissen wird. Er vermag, in Distanz zu seinem gewohnten Verhalten zu treten und hat nun prinzipiell zwei Möglichkeiten: entweder wieder unmittelbar in die üblichen Gewohnheiten zurückzufallen oder sich in einer absurden Welt bewußt zu werden. Was ist darunter zu verstehen?

Der Mensch befindet sich, Camus zufolge, in einem Bezug zur Welt, zu den anderen Menschen und zu sich selbst. Er ist folglich immer schon auf ihn begegnendes Seiendes ausgerichtet, in das er im Laufe der Jahrhunderte stets von neuem einen Sinn hineingelegt hat. Auf diese Weise lebte er fraglos in einem vertrauten Zusammenhang. Indem der Mensch nun erwacht und sich seine Situation zu Bewußtsein bringt, erkennt er den „trügerischen Sinn“, den er in das Seiende hineingelegt hat:

> „Eine Sekunde lang verstehen wir die Welt nicht mehr: jahrhundertelang haben wir in ihr nur die Bilder und Gestalten gesehen, die wir zuvor in sie hineingelegt hatten, und nun verfügen wir nicht mehr über die Kraft, von diesem Kunstgriff Gebrauch zu machen. Die Welt entgleitet uns: sie wird wieder sie selbst.“[15]

---

10 Ebd., 16.
11 Pieper: Albert Camus, 88.
12 Camus: Der Mythos von Sisyphos, 16.
13 Ebd., 15.
14 Ebd., 16 f.
15 Ebd., 18.

Ein Mensch, der vom Gefühl des Absurden ergriffen ist, verliert die Fähigkeit, auf überkommene Deutungen fraglos zurückzugreifen, um sich mit ihrer Hilfe die Naturdinge zurechtzulegen. Stattdessen verzichtet er auf traditionelle Interpretationen, was die Konsequenz in sich birgt, daß ihm die Welt entgleitet: „Die gewohnheitsmäßig maskierten Kulissen werden wieder, was sie wirklich sind. Sie rücken uns fern."[16] Die Folge davon ist für den Menschen ein *Fremdsein*, das sich nicht nur auf die Welt und die Natur, sondern auch auf den Umgang mit den bisher vertrauten Menschen und mit sich selbst ausweitet:

> „Auch die Menschen sondern Unmenschliches ab. (...) Ein Mensch spricht hinter einer Glaswand ins Telefon, man hört ihn nicht, man sieht nur sein sinnloses Mienenspiel: man fragt sich, warum er lebt. Dieses Unbehagen vor der Unmenschlichkeit des Menschen selbst, dieser unberechenbare Sturz vor dem Bilde dessen, was wir sind (...), ist auch das Absurde. Auch der Fremde, der uns in gewissen Augenblicken in einem Spiegel begegnet, der vertraute und doch beunruhigende Bruder, den wir auf unseren eigenen Photographien sehen, ist wiederum das Absurde."[17]

Die Welt, die bisher vom Menschen eine menschliche Sinndeutung erhalten hat, wird für den absurden Menschen zum Unsinnigen, und das meint, zu der Gesamtheit des Seienden ohne Sinn. Auf diese Weise stehen sich die beiden Relata ‚die Welt, die an sich nicht vernünftig ist' und der ‚Mensch, der ein Bedürfnis und ein Verlangen nach Sinn hat', gegenüber. Tritt der Mensch in einen Bezug zur Welt, dann geht allererst das Absurde hervor: „Das Absurde entsteht aus dieser Gegenüberstellung des Menschen, der fragt, und der Welt, die vernunftwidrig schweigt."[18] Das bedeutet, daß die Welt an sich betrachtet keineswegs absurd ist, sondern erst durch das glühende Verlangen des Menschen nach Klarheit widersinnig und vernunftwidrig wird. Sie läuft der menschlichen Vernunft entgegen, stellt sich gleichsam quer, und gibt keine Antwort auf seine Fragen.

Das Absurde kann von hier aus als ein Begriff, der aus einem Vergleich entsteht und damit, wie Wolfgang Müller-Lauter betont, als ein „Relationsbegriff" gefaßt werden: „Die Relation besteht in einem Mißverhältnis, disproportion (...): die Welt hat in sich keinen Sinn, den der menschliche Geist doch in ihr zu sehen begehrt."[19]

Diese Sinnlosigkeit der Welt und die völlige Absurdität des Lebens tritt dem Menschen angesichts des Todes mit besonderer Klarheit ins Bewußtsein, da er jedes Bilden

---

16 Ebd.

17 Ebd.

18 Ebd., 29; vgl. ferner 23. An anderer Stelle schreibt er: „Bei jedem entsteht die Absurdität durch einen Vergleich. Ich darf also wohl sagen, daß das Gefühl der Absurdität nicht aus der einfachen Untersuchung einer Tatsache oder eines Eindrucks entsteht, sondern daß es seinen Ursprung in einem Vergleich hat, in einem Vergleich zwischen einem Tatbestand und einer bestimmten Realität, zwischen einer Handlung und der Welt, die stärker ist als sie. Das Absurde ist im wesentlichen ein Zwiespalt. Es ist weder in dem einen noch in dem anderen verglichenen Element enthalten. Es entsteht durch deren Gegenüberstellung." (30f.) Vgl. darüber hinaus 46.

19 Wolfgang Müller-Lauter: Thesen zum Begriff des Absurden bei Albert Camus (1961/1962), 120. In: Wege der deutschen Camus-Rezeption. Hrsg. v. Heinz Robert Schlette. Darmstadt 1975, 116–131.

von Sinnzusammenhängen absurd erscheinen läßt.[20] Camus etabliert auf diese Weise im Ausgang von der subjektiven Befindlichkeit des Menschen einen Dualismus, in dem die beiden getrennten Bereiche ‚Ich‘ und ‚Welt‘ zwar über das Absurde in Zusammenhang stehen, aber nicht mehr vermittelt werden. Das Absurde stiftet die Einheit dieser Paradoxie, die aber keine lebendige Einheit, sondern eine konstruierte darstellt.

Ein weiteres kommt hinzu: Auch wenn Camus betont, daß das Absurde aus dem Gegensatz von Ich und Welt resultiert, so läßt sich doch nicht leugnen, daß das Ich das Absurde allererst konstituiert. Aus ihm, d. i. aus seinem subjektiven Empfinden und Bewußtsein, geht das Absurde hervor, und vom Ich her denkt Camus das Absurde, auch wenn er dies leugnen würde. Ohne Ich gäbe es trotzdem die Welt; ohne Welt gäbe es aber kein Ich. Das Ich aufgeben bedeutet daher, diejenige Instanz zu leugnen, die subjektiv die Differenz hervorbringt und die sie theoretisch aufrecht erhält.

Die Notwendigkeit für das Festhalten und Aushalten im Absurden kann daher als Reduktion des Menschen auf eine Hypostasierung gedeutet werden, die sich zum Absoluten aufspreizt. Die Methode Camus’ wird dergestalt doch zur Lehre, der Ausgangspunkt wird zum Grundbefund.

Rückblickend können im wesentlichen folgende Elemente, die bei der Genese des Absurden aufeinander folgen und eine innere Einheit bilden, genannt werden: das Fraglichwerden des gewohnten und vertrauten Lebens durch den Überdruß, das Fremdsein der Natur, dem Mitmenschen und sich selbst gegenüber, die Widersinnigkeit der Welt angesichts des nach Sinn verlangenden Menschen, das Absurde als Zwiespalt und Vergleich.

Die oben formulierte These Camus’: das „Absurde ist die Sünde ohne Gott“, läßt sich von hier aus vollends klären. Kommt in dem Selbstverständlichen alltäglicher Sinn- und Handlungszusammenhänge plötzlich ein Riß hinein, der sich derart vergrößert, daß er einen Bruch im Menschen aufgrund seines Gefühls des Fremdseins herbeiführt, dann entfernt sich der Mensch von der Einheit seines eigenen Ursprungs, und er wird in der „Sünde ohne Gott“ sündig. Dieses schuldig-unschuldige Sündigwerden ist das Absurde, denn in ihm tritt nun das „Heimweh nach der Einheit, dieses Verlangen nach dem Absoluten“ und die schweigende Welt in ein „Zwiegespräch“, „das mit der ganzen Logik enden muß, deren eine Existenz fähig ist.“[21]

20 Vgl. Camus: Der Mythos von Sisyphos, 17, 52.
21 Ebd., 20 und 29.

4. Das „Glück“ des Sisyphos

Der Mensch hat Camus zufolge prinzipiell drei Möglichkeiten, wie er sich angesichts des Absurden verhalten kann. Er kann erstens Selbstmord verüben, zweitens „philosophischen Selbstmord“ vollziehen und drittens die von Camus intendierte Haltung einnehmen, die das Festhalten und Sich-Behaupten im Absurden bedeutet und im „Glück“ des Sisyphos gipfelt.

Der faktische Selbstmord wird von Camus kritisiert und zurückgewiesen, weil er eine Handlung ist, die die absurde Erfahrung nicht annimmt, sondern ihr stattdessen ausweicht und es, das Absurde, „auf seine Art auf(hebt). Er zieht es mit in den gleichen Tod.“[1] Das bedeutet, daß dem mit größtmöglicher Intensität und Anstrengung zu leistendem Festhalten am Absurden, das für Camus der Maßstab bei der Beurteilung der verschiedenen Verhaltensweisen ist, beim konkreten Selbstmord, durch den sich der Mensch entzieht, nicht entsprochen wird. Auch am „philosophischen Selbstmord“ übt Camus aus diesem Grund Kritik. Er besteht darin, vom Absurden auszugehen und vor ihm doch zugleich durch eine „gewaltsame Hoffnung“ zu fliehen. Als Beispiele dieser Haltung führt Camus Sören Kierkegaard, Léon Schestow und Karl Jaspers an. Durch „eine sonderbare Überlegung vergöttlichen sie das, was sie zerschmettert, und sie finden einen Grund zur Hoffnung in dem, was sie hilflos macht.“[2] Das bedeutet, daß diese Philosophen das Absurde zwar erkennen, es aber doch zugleich in einem Sprung ohne Rechtfertigung „vergöttlichen“ und dadurch die Hoffnung auf etwas, was über den Menschen hinausgeht, bewahren. Sobald aber der Begriff des Absurden

> „(...) sich in ein Sprungbrett zur Ewigkeit verwandelt, ist er nicht mehr auf die menschliche Klarheit angewiesen. Dann ist das Absurde nicht mehr die Evidenz, die der Mensch feststellt und nicht anerkennt. Der Kampf ist dann vermieden. Der Mensch integriert das Absurde und löscht damit sein eigentliches Wesen aus: Auflehnung, Zerrissenheit und Zwiespalt. Dieser Sprung ist ein heimliches Ausweichen.“[3]

In diesem Zitat tritt bereits Camus’ Position, die die dritte mögliche Verhaltensweise des Menschen angesichts der Absurdität des Lebens bedeutet, hervor. Sie fordert dazu auf, das Absurde zu erkennen und trotzdem den Kampf mit ihm nicht aufzugeben, sondern sich gegen es aufzulehnen und zu revoltieren. Hier wird das wechselweise Zusammengehören der theoretischen und praktischen Dimension im Denken Camus’ sichtbar. Denn der Mensch hat für ihn nicht nur zu einem Bewußtsein des Absurden zu gelangen und seine Logik zu verstehen, er muß diese Erkenntnis auch in sein Handeln übernehmen, und das bedeutet, sich gerade gegen sie zu stellen und sich mit ihr nicht einverstanden zu erklären.

Der absurde Mensch sagt Ja zu beiden Seiten, und es gelingt ihm, sich der Herausforderung „Bewußtsein und Auflehnung“ zu stellen. Im folgenden möchte ich diesen

---

1 Camus: Der Mythos von Sisyphos, 49.
2 Ebd., 32.
3 Ebd., 35.

absurden Menschen zunächst im Blick auf den Einzelnen, mythisch veranschaulicht durch Sisyphos, und im Anschluß daran im Blick auf den Mitmenschen, mythisch veranschaulicht durch Prometheus, untersuchen.

Der Titel *Der Mythos von Sisyphos* dient Camus nicht nur als *Buch*titel seines 1942 in Frankreich erschienenen „Versuchs über das Absurde“, es ist zugleich die *Kapitel*überschrift des letzten Kapitels des gleichnamigen Buches. Hier legt Camus auf wenigen Seiten seine Deutung von Sisyphos vor, der für ihn der Inbegriff und die Verkörperung des absurden Menschen ist und der seine Antwort auf die Grundfrage, die er in den Mittelpunkt des gesamten Buches gerückt hat, darstellt. Diese Frage, „ob das Leben sich lohne oder nicht“, ist die Frage nach dem Sinn des Lebens, und sie ist „der Handlungen wegen, zu denen sie verpflichtet, für Camus bedeutender und wichtiger als jede andere Frage.[4] Verneint man sie, so muß man sich fragen, ob man am Leben bleiben und weiterleben oder Selbstmord begehen will.

Bereits über 2000 Jahre vor Camus hat Platon im 7. Buch der *Politeia* (514a–518b) in seinem berühmten Höhlengleichnis auf eine anschauliche Weise den Vorgang des Aufstiegs, der Anabasis, und den Vorgang des Abstiegs, der Katabasis, beschrieben. Es ist hier nicht der Ort, dieses Gleichnis auszulegen, aber es kann wenigstens an den ersten Satz erinnert werden, in dem Platon seine Intention benennt. Hier sagt Sokrates, daß er den „Weg von der Unbildung zur Bildung“ verdeutlichen möchte, also auf die Paideia, den umfassenden und umfangreichen Bildungsgang des Philosophen, aufmerksam machen will.

In den vier Phasen des Gleichnisses, in denen die Lage der Gefangenen, die Befreiung von ihren Fesseln, das Hinausführen aus der Höhle ans Licht der Sonne und die Rückkehr in die Höhle beschrieben werden, zeigt Platon das Zusammengehören von Theorie und Praxis auf, also die Einheit von Einsicht und Tun, die bereits sein Lehrer Sokrates auf die Formel ‚Wissen ist Tugend‘ gebracht hat. Während Platon allerdings sein Gleichnis in einem Modell etabliert, das alles, was ist, in zwei Welten teilt – einerseits in die Welt der Doxa und des Werdens, andererseits in die Welt der Noesis und des Scheins – geht Camus von einer Welt ohne Gott und ohne jede über- bzw. außermenschliche Weise menschlichen Transzendierens aus, da es für ihn nur eine Welt gibt, innerhalb deren der Mensch ausschreiten kann.

Sisyphos, der „Held des Absurden“, kann als idealtypische Repräsentation eines absurden Menschen gekennzeichnet werden. Er wurde bekanntlich von den Göttern dazu verurteilt, unter großen Mühen einen gewaltigen Felsblock den Berg hinaufzuwälzen, von dessen Gipfel aus er wieder hinunterrollt. Sisyphos muß daher erneut ins Tal hinabsteigen und die sinnlose, ewig wiederkehrende Arbeit auf sich nehmen.

Camus rechtfertigt seine eigene Deutung des Mythos damit, daß vom Leben des Sisyphos in der Unterwelt nichts weiter gesagt werden würde und Mythen darüber hinaus dazu da seien, „von der Phantasie belebt zu werden.“[5] Den qualvollen Aufstieg des Sisyphos zum Gipfel beschreibt Camus mit folgenden Worten:

---

4 Ebd., 9.

5 Ebd., 99.

> „So sehen wir nur, wie ein angespannter Körper sich anstrengt, den gewaltigen Stein fortzubewegen, ihn hinaufzuwälzen und mit ihm wieder und wieder einen Abhang zu erklimmen; wir sehen das verzerrte Gesicht, die Wange, die sich an den Stein schmiegt, sehen, wie eine Schulter sich gegen den erdbedeckten Koloß legt, wie ein Fuß ihn stemmt und der Arm die Bewegung aufnimmt, wir erleben die ganze menschliche Selbstsicherheit zweier erdbeschmutzter Hände.“[6]

Dieses von Camus gezeichnete Bild des Aufstiegs steht für die größtmögliche Anstrengung des Menschen, der Erde einen menschlichen Sinn abringen zu wollen. In seinem äußersten Streben nach einer Einheit nimmt der Mensch die qualvolle Mühe auf sich, sich gegen die Unsinnigkeit des Steins mit all den ihm zur Verfügung stehenden Kräften seines Bedürfnisses nach Sinn zu stemmen. In seiner Aufwärtsbewegung hin zum Gipfel will er seine Heimat finden und seinen Anspruch auf eine Einheit, in der er als ein Teil eingebunden ist, einlösen.

Sein Bedürfnis nach einem Sinn läßt sich allerdings mit dem Stein nicht vereinbaren. Denn äußerlich scheinbar mit ihm in einer sinnhaften Einheit zusammengefügt, wie die Wendungen des Anschmiegens der Wange, des Gegenlehnens der Schulter und des Aufnehmens der steinernen Bewegung durch den Arm anzeigen könnten, bleibt sein Verlangen doch gegen die Schwerkraft des riesigen Steins gerichtet und mit ihr unvereinbar.

> „Schließlich ist nach dieser langen Anstrengung (gemessen an einem Raum, der keinen Himmel, und an einer Zeit, die keine Tiefe kennt) das Ziel erreicht. Und nun sieht *Sisyphos*, wie der Stein im Nu in jene Tiefe rollt, aus der er ihn wieder auf den Gipfel wälzen muß. Er geht in die Ebene hinunter.“[7]

Das Herabrollen des Steins symbolisiert die Unmöglichkeit für den Menschen, seine Heimat finden zu können. Zwar kann und soll er mit der höchsten Anstrengung in Beziehung zu der Welt treten, obwohl sie sich seinem Drang nach Erkenntnis entzieht, allerdings nicht mit der falschen Hoffnung, daß er dieses Herabrollen verhindern könnte. Der Stein kann nicht liegenbleiben, und er muß wieder hinuntergehen.

Während Homer bei den drei Phasen des Geschehens, dem steilen Aufstieg, dem kurzen Verweilen auf dem Gipfel und dem Abstieg insbesondere die schreckliche Mühe und das Entsetzliche hervorhebt, interessiert sich Camus hauptsächlich für diesen Rückweg des Sisyphos.[8] Denn während dieser kurzen Zeitspanne seiner „Pause“, in der Sisyphos den Stein nicht den Berg hinaufwälzen muß, tritt ihm sein Schicksal klar und deutlich vor Augen. Es ist „die Stunde des Bewußtseins“, in der er „das ganze Ausmaß seiner unseligen Lage“ erkennt:

> „In diesen Augenblicken, in denen er den Gipfel verläßt (...) ist er seinem Schicksal überlegen. Er ist stärker als sein Fels. (...) *Sisyphos*, der ohnmächtige und rebellische Prolet der Götter, kennt das ganze Ausmaß seiner unseligen Lage: über sie denkt er während des Ab-

---

6 Ebd.

7 Ebd.

8 Vgl. dazu Homer: Odyssee, 11. Gesang 593 ff. Und: Camus: Der Mythos von Sisyphos, 99.

stiegs nach. Das Wissen, das seine eigentliche Qual bewirken sollte, vollendet gleichzeitig seinen Sieg. Es gibt kein Schicksal, das durch Verachtung nicht überwunden werden kann."[9]

Der absurde Mensch vermag die größte Anstrengung bewußt auf sich zu nehmen. Mit der Einsicht in seine Situation wächst in ihm auch die Erkenntnis, daß er sich seinem Schicksal, dem Urteilsspruch der Götter bzw. der Absurdität der Welt, nicht entziehen kann und sein Sieg gerade darin besteht, es revoltierend anzunehmen. Er sagt Nein zu einer qualitativen Ausdeutung der Welt und bejaht im Gegenzug entschieden die menschliche Erde und die menschliche Zeit in ihrer Vergänglichkeit.

Das Spezifische von Camus' Interpretation des Sisyphos besteht nun konsequentermaßen darin, daß er ihn als „glücklich" bezeichnet, und zwar gerade deswegen, weil er seine Situation als absurde durchschaut und sie dennoch bewußt bejaht. Das bedeutet: Sisyphos findet sich mit seiner Situation nicht einfach bloß ab und akzeptiert sie notgedrungen, er macht sie stattdessen zu seiner persönlichen Angelegenheit. Er eignet sich das ihm auferlegte „übergeordnete Schicksal" an und verwandelt es in sein eigenes „persönliches Geschick": „Darin besteht die ganze verschwiegene Freude des *Sisyphos*. Sein Schicksal gehört ihm. Sein Fels ist seine Sache."[10]

In diesem Akt der Anverwandlung der ihm aufgezwungenen absurden Strafe verwirklicht Sisyphos sein menschliches Leben und realisiert seine Freiheit als Handlungsfreiheit. Er vollzieht keinen „philosophischen Selbstmord" durch eine blinde Flucht in übermenschliche Hoffnungen und Spekulationen, weil er „von dem rein menschlichen Ursprung alles Menschlichen" überzeugt ist und deshalb weiß, daß es nur die Zeitspanne seines endlichen Lebens gibt und das Unterwegssein in der Heimatlosigkeit.[11]

Sisyphos weiß folglich, daß er Heimat, das Absolute oder die Einheit nicht in seinem Leben erreichen kann und macht sich sein Unterwegssein selbst zum Ziel. Die „Reihe unzusammenhängender Taten" werden „sein Schicksal (...), seine ureigene Schöpfung, die in seiner Erinnerung geeint ist und durch den Tod alsbald besiegelt wird."[12] Sisyphos geht freiwillig den Weg gemäß der *conditio humana* „immer unterwegs" sein zu müssen und stellt sich darin stets von neuem und immer wieder der Herausforderung, die im Hier und Jetzt liegt. Heimat liegt für den absurden Menschen nicht mehr außerhalb oder jenseits menschlichen Weges, sie wird vielmehr dann realisiert, wenn der Mensch in seiner Heimatlosigkeit zu wohnen beginnt. Bejaht der absurde Mensch sich und sein Schicksal, dann zieht er das Unbedingte aus der Unerreichbarkeit eines höchsten Ziels in die Akzeptanz des Gehens seines Weges, das unermüdlich für ihn auf sich genommen werden muß. Auf diese Weise macht der absurde Mensch „aus dem Schicksal eine menschliche Angelegenheit, die unter Menschen geregelt werden muß."[13]

---

9 Camus: Der Mythos von Sisyphos, 99.
10 Ebd., 100.
11 Vgl. ebd., 101.
12 Ebd.
13 Ebd., 100.

5. Die „Revolte“ des Prometheus

Der Mensch sieht sich nicht wie Sisyphos allein dem Absurden gegenüber, lebt er doch unter anderen Menschen, die ebenfalls dazu verurteilt sind, ihren Stein den Berg hinauf zu wälzen. Erkennt er dies, kann er sich mit ihnen mittels der Solidarität verbinden und zu einer Gemeinschaft zusammenschließen, die ein „Gegengewicht zum Absurden“ darstellt, indem sie gegen es ankämpft:

> „Und wenn wir uns dafür entscheiden, dieser Gemeinschaft zu dienen, entscheiden wir uns dafür, dem Dialog zu dienen, bis zum Absurden, aller Politik der Lüge oder des Schweigens zum Trotz. Auf diese Weise ist man mit den anderen frei.“[1]

Camus veranschaulicht diesen Dienst am Dialog, der den Stachel der Empörung in sich trägt, in seinem Essayband *Der Mensch in der Revolte* an der mythischen Gestalt des Prometheus:

> „(...) so erinnert der Mythos von Prometheus daran, daß jede Einschränkung des Menschen nur vorübergehend sein kann und daß man dem Menschen nur dient, wenn man ihm ganz dient. (...) Der gefesselte Held bewahrt inmitten von Blitzen und göttlichem Donner seinen ruhigen Glauben an den Menschen. Und so ist er härter als der Fels und geduldiger als der Geier. Mehr als seine Revolte gegen die Götter hat diese lange, geduldige Beharrlichkeit Wert für uns.“[2]

Der Dienst am Dialog erweist sich von hier aus betrachtet als ein ‚totaler‘ Dienst am Mitmenschen, der durch nichts und niemanden zu erschüttern ist und der nicht nur gelegentlich, hier oder da, auftritt, sondern mit dem Menschen als solchen in der Kontinuität seines Handelns verbunden ist. Der Mensch, dem diese Haltung zu eigen ist, ist der Mensch in der Revolte, wobei die Wendung ‚in der Revolte‘ keine Situationsbeschreibung meint, die durch eine andere wie z. B. ‚in der Defensive‘ oder ‚in der Bejahung‘ ergänzt oder ersetzt werden könnte; vielmehr ist der Mensch in der Revolte, was im französischen Titel „L'Homme révolté“ deutlicher zum Ausdruck kommt, derjenige Mensch, der prinzipiell aufrührerisch und revoltierend ist, also der Mensch, dessen Wesensverfassung durch die Möglichkeit seines Revoltierens gekennzeichnet ist:

> „In unserer täglichen Erfahrung spielt die Revolte die gleiche Rolle wie das ‚Cogito‘ auf dem Gebiet des Denkens: sie ist die erste Selbstverständlichkeit. Aber diese Selbstverständlichkeit entreißt den einzelnen seiner Einsamkeit. Sie ist ein Gemeinplatz, die den ersten Wert auf allen Menschen gründet. Ich empöre mich, also sind wir.“[3]

Der Einzelne vermag sich nicht nur wegen eines Unrechts, das er selbst erlitten hat, zu empören, die Revolte kann auch beim Anblick der Unterdrückung eines anderen ausbrechen. Diese Fähigkeit der Identifikation mit dem Mitmenschen hebt den Menschen

---

1 Camus: Tagebücher 1935–1951, 213. Vgl. dazu: „In der Erfahrung des Absurden ist das Leid individuell. Von der Bewegung der Revolte ausgehend, wird ihm bewußt, kollektiver Natur zu sein; es ist das Abenteuer aller.“ Camus: Der Mensch in der Revolte, 21.

2 Camus: Heimkehr nach Tipasa, 159.

3 Camus: Der Mensch in der Revolte, 21.

über sich selbst und seine Einsamkeit hinaus und ermöglicht es ihm, sich im anderen zu „übersteigern“, besser gesagt, in der Solidarität des „nous sommes“, die „in Ketten erwacht“, sich auf den anderen Menschen hin zu überschreiten.[4]

Camus deutet die in diesem Sinne verstandene Revolte als eine, in der Bejahung und Verneinung in größtmöglicher Spannung zueinander stehen, ja stehen müssen, wenn sie nicht in eine Fehlform abgleiten will. „Was ist ein Mensch in der Revolte? Ein Mensch, der nein sagt. Aber wenn er ablehnt, verzichtet er doch nicht, er ist auch ein Mensch, der ja sagt aus erster Regung heraus.“[5] Dieses gleichzeitige Ja und Nein macht Camus zu Beginn seiner Ausführungen am Beispiel des rebellierenden Sklaven deutlich. Sein ‚Nein‘ einem Befehl gegenüber impliziert „das Bestehen einer Grenze“, die der Befehlende aus seiner Sicht in unerträglicher Weise überschritten hat. Zu gleicher Zeit, in der der Sklave kategorisch dieses unrechtmäßige Eindringen zurückweist, verspürt er in sich aber auch die Gewißheit „Recht zu haben auf…“ und bestätigt darin „gleichzeitig mit der Grenze alles, was er jenseits von ihr vermutet und schützen will.“[6] Für Camus ist mit der Revolte daher eine „Bewußtwerdung“ verbunden, und zwar als „plötzlich durchbrechende Erkenntnis, daß im Menschen etwas ist, womit der Mensch sich identifizieren kann, sei es nur eine Zeitlang.“[7] In der Revolte erfährt der Mensch den Grundwert der Solidarität, und es wird ihm möglich, sich auf weitere Werte „fern des Heiligen und seiner absoluten Werte“ zu beziehen.

In *Der Mensch in der Revolte* geht es Camus im folgenden darum, zwei unterschiedliche Auffassungen des Begriffs Revolte, nämlich einerseits die „metaphysische Revolte“ und andererseits die „historische Revolte“ jeweils zu kennzeichnen und dabei aufzuweisen, wie sie entgegen ihrer richtigen Voraussetzung dennoch entarten und das Verständnis der Revolte pervertieren.

> „Die metaphysische Revolte ist die Bewegung, mit der ein Mensch sich gegen seine Lebensbedingung und die ganze Schöpfung auflehnt. Sie ist metaphysisch, weil sie die Ziele des Menschen und der Schöpfung bestreitet.“[8] Der metaphysische Rebell lehnt nicht nur entschieden Gott und die Schöpfung ab, er empört sich darüber hinaus über das „Leben, das ihm als Mensch bereitet ist.“[9]

Das bedeutet, daß der Mensch einerseits gegen Gott und jegliches über- und außermenschliche Sein rebelliert und andererseits zugleich das Sein des Menschen in seiner Bedingtheit in seine Revolte einbezieht. In dieser Bezugnahme auf das Insgesamt des Seins erweist sich die Revolte als „metaphysisch“, erstreckt sie sich doch – analog zur Tradition der abendländischen Metaphysik – auf das Seiende als solches und die fundamentalen Bedingungen alles Seienden überhaupt und des menschlichen Seienden.

---

4 Vgl. dazu: Camus: Der Mensch in der Revolte, 17.
5 Ebd., 14.
6 Vgl. ebd.
7 Ebd., 15.
8 Ebd., 22.
9 Ebd.

Auch wenn die metaphysische Revolte geschichtlich betrachtet bereits bei Prometheus, Epikur und Lukrez auftritt, ist sie primär gegen Ende des 18. Jahrhunderts zu verorten. Hier macht sie in drei wichtigen Etappen einen „großen Ansturm auf einen feindlichen Himmel“, in denen für Camus de Sade, Iwan Karamasow und Friedrich Nietzsche von zentraler Bedeutung sind.

Während de Sade „von seiner Logik in eine gesetzlose Welt geführt (wird), wo die maßlose Triebkraft des Verlangens allein herrscht“ und Freiheit dergestalt zum „Verbrechen“ entartet,[10] tritt zwar Iwan Karamasow in seiner Auflehnung zu Recht für den Menschen ein, allerdings hält auch er die erforderliche Spannung zwischen Ja und Nein nicht aus, wodurch auch bei ihm die Revolte entartet. Seine Haltung mündet in die totale Bejahung jeglicher Unverbindlichkeit, die in der Wendung ‚Alles ist erlaubt‘, ihren Ausdruck findet und in ihrem ‚Schlepptau‘ die Legitimation des Mordes mit sich führt.[11]

Nietzsche, dessen Philosophie auf der Revolte aufbaut, d. h. der im Anschluß an Max Stirner den Tod Gottes in seiner Zeit als Faktum erkennt und ausspricht, überträgt dem Menschen voll und ganz die Verantwortung für sein Handeln:

> „Sobald der Mensch nicht mehr an Gott noch an das unsterbliche Leben glaubt, wird er ‚verantwortlich für alles, was er lebt, für alles, was unter Schmerzen geboren, dem Leiden am Leben ausgesetzt ist‘. Ihm allein kommt es zu, die Ordnung und das Gesetz zu finden.“[12]

In der Konsequenz rückt Nietzsche den Menschen an die Stelle Gottes, ersetzt ihn also, indem er den Menschen als Schöpfer vergöttlicht. Der „Wille zur Macht“ endet für Camus folglich wie Pascals *Pensées* in einer Wette, bei der der Mensch auf Dionysos und die Erde setzt, um alles gewinnen zu können.[13]

Von hierher wird deutlich, daß für Camus die Revolte dann entartet, wenn der Mensch maßlos wird, seine Grenzen überschreitet und sich in seiner „Unmäßigkeit nach dem Absoluten“[14] selbst zu Gott aufschwingt und nun über Leben und Tod befehlen will. Das Bestehende wird dann von ihm bedingungslos bejaht oder verneint:

> „Jedesmal, wenn sie die Abweisung alles Bestehenden, das absolute Nein vergöttlicht, tötet sie. Jedesmal, wenn sie blind das Bestehende gutheißt und das absolute Ja ausruft, tötet sie. Der Haß gegen den Schöpfer kann in den Haß gegen die Schöpfung umschlagen oder in die ausschließliche und aufreizende Liebe zum Bestehenden. In beiden Fällen jedoch mündet sie in den Mord ein und verliert das Recht, sich Revolte zu nennen.“[15]

Die Revolte wird zur Revolution, und der Nihilismus führt in seiner Vollendung die Legitimation von Verbrechen, Mord und Tyrannei herbei. Auf diese Weise überschreitet der Mensch angesichts des Absurden sich selbst nicht in seiner Empörung auf den Mitmenschen und verbündet sich mit ihm in Solidarität, vielmehr leugnet er das Ab-

---

10 Vgl. Camus: Der Mensch in der Revolte, 32–41.
11 Vgl. ebd., 49 f.
12 Ebd., 59 f., vgl. auch 58.
13 Vgl. ebd., 62 f.
14 Ebd., 84.
15 Ebd.

surde, indem er das Wirkliche unter das Joch einer Idee stellt und es dazu zwingt, so zu sein oder zu werden, wie es das Einlösen der Idee erforderlich macht.

Auch in der historischen Revolte, bei der die Geschichte an die Stelle Gottes rückt und ihn ersetzt, entartet die Revolte, wenn sie die Geschichte verabsolutiert. In einem umfangreichen Kapitel spannt Camus dabei historisch den Bogen vom 21. Januar 1793, dem Tag der Hinrichtung Ludwig XVI. unter der Guillotine bis hin zu Marx, Hegel und dem Faschismus im 20. Jahrhundert. Die entartete Revolte ordnet ihre Utopie, nach der die Geschichte auf ein letztes Ziel, dem Guten oder einer gerechten Gesellschaft, voranschreitet, jedes Geschehen und jeden Wert mit Gewalt und Terror unter. Die Revolution ist daher „die logische Folge der metaphysischen Revolte", die rücksichtslos nicht die Einheit, sondern die „historische Ganzheit" der Welt durchsetzen will und dabei nihilistische und terroristische Züge trägt.[16] Die „mit der Geschichte ringende Revolte" fügt daher den Einsichten der metaphysischen Revolte („Ich empöre mich, also sind wir" und „Wir sind allein") hinzu: „statt zu töten und zu sterben, um das Sein hervorzubringen, das wir nicht sind, müssen wir leben und leben lassen, um zu schaffen, was wir sind."[17]

Camus zufolge ist nur das „mittelmeerische Denken" des Maßes und der Grenze dazu geeignet, dem revolutionären Denken entgegenzutreten. Es entartet nicht zu einer Fehlform, ist es doch wie in der französischen Wendung „la pensée de midi" besser zum Vorschein gelangt, ein mittleres Denken bzw. ein Denken der Mitte, das zwei extreme Seiten in sich zusammenfaßt. Das mittelmeerische Denken darf allerdings nicht als ein mittelmäßiges mißverstanden werden, vielmehr stellt es – analog zur aristotelischen Konzeption der Mesotes – unter axiologischer Perspektive ein Extrem dar, in dem das Beste und das Gute seinen Ausdruck findet. Eine wirkliche Revolte kann für Camus daher auf das Maß nicht verzichten, in der die größtmögliche, stets von neuem aufzubauende komplementäre Spannung zwischen Akzeptanz und Ablehnung eines Wertes zum Austrag kommt, ja zum Austrag kommen muß. Denn die Revolte, die das Maß selbst ist, ist geradezu der Inbegriff dieses unlösbaren Konfliktes und Spannungsverhältnisses. Dauernd an das Böse stoßend, versucht sie nicht das Absolute zu erreichen, sondern zielt

> „(...) auf das Relative ab und kann nur eine gewisse Würde im Verein mit der relativen Gerechtigkeit versprechen. Sie setzt sich für eine Grenze ein, an der die Gemeinschaft der Menschen errichtet wird. Ihre Welt ist die des Relativen. (...) Zwischen Gott und der Geschichte (...) bahnt sie sich einen schwierigen Weg, wo die Widersprüche gelebt und überwunden werden können."[18]

Nemesis, die Göttin des Maßes, wird für Camus daher „Symbol dieser Grenze" und Kaliajew und seine Brüder erweisen sich als Repräsentanten und „einzige Richtschnur"

---

16 Vgl. Camus: Der Mensch in der Revolte, 87.
17 Ebd., 204.
18 Ebd., 235; vgl. 245.

einer Haltung, die heutzutage allein ursprünglich und von Bedeutung ist: „leben und sterben lassen und, um Mensch zu sein, sich weigern, Gott zu sein.“[19]

Von hierher kann Camus im letzten Abschnitt von *Der Mensch in der Revolte* mit seinem emphatischen Bekenntnis zur Liebe zur Welt und darin zum Mitmenschen und zur Natur seinen geistigen Standort benennen, der jenseits jeglichen Nihilismus' und brutalen Terrors zu finden ist. Dieses Bekenntnis ist aus meiner Sicht gleichbedeutend mit Camus' Bekenntnis zur Heimat, die als unerreichbare Einheit-in-Differenz die wechselweise aufeinander bezogenen Seiten zwischen Ja und Nein, Natur und Geschichte, Körper und Geist in sich vereinigt:

> „Auf der Mittagshöhe des Denkens lehnt der Revoltierende so die Göttlichkeit ab, um die gemeinsamen Kämpfe und das gemeinsame Schicksal zu teilen. Wir entscheiden uns für Ithaka, die treue Erde, das kühne und nüchterne Denken, die klare Tat, die Großzügigkeit des wissenden Menschen. Im Lichte bleibt die Welt unsere erste und letzte Liebe. Unsere Brüder atmen unter dem gleichen Himmel wie wir; die Gerechtigkeit lebt. Dann erwacht die sonderbare Freude, die zu leben und zu sterben hilft und die auf später zu verschieben, wir uns fortan weigern. Auf der schmerzensreichen Erde ist sie die bittere Nahrung, der rauhe Meerwind, das alte und das neue Morgenrot.“[20]

---

19 Camus: Der Mensch in der Revolte, 248; vgl. 240 und 247.

20 Ebd., 248.

6. Die Bedeutung der Sehn-Suche des Menschen für den Menschen als Heim-weg

Eine anthropozentrische Konzeption, der die Grundstruktur der Sehn-Suche des Menschen immanent ist, sieht die Wirklichkeit des Menschen in seinem Heimatlos-Sein. Der Mensch ist hier von vornherein durch die anthropinale Grundtatsache einer absurden Kluft bzw. Zerrissenheit ausgezeichnet, an der der Mensch mit größtmöglichem Einsatz festzuhalten hat, um seine Autonomie verwirklichen zu können. So schreibt Camus in einer Tagebuchnotiz Ende 1942 mit der Überschrift „Entwicklung des Absurden" geradezu programmatisch:

> „1) ob die Hauptsorge das Verlangen nach Einheit ist; 2) ob die Welt (oder Gott) dem nicht genügen kann. Am Menschen ist es, sich eine Einheit zu schaffen, sei es in der Abkehr von der Welt, sei es innerhalb der Welt. So werden eine Moral und eine Askese wiederhergestellt, die genauer zu bestimmen bleiben."[1]

Eine Versöhnung im christlichen Sinne ist von hier aus unmöglich, ist doch ein übergeordnetes Ganzes, das die im Endlichen herrschende Kluft übergreift und integriert, verloren gegangen. Der Mensch, der von der Natur kraft seines Verlangens nach Wissen abgetrennt ist und das Bündnis von Mensch und Erde zerrissen hat, bleibt in der Unhintergehbarkeit der Faktizität des Absurden stehend entzweit zurück und kann nun die Selbstidentifikation mit dem eigenen Schicksal als Ziel seines Unterwegsseins begreifen. Anders gesagt: Die Einheit-in-Mannigfaltigkeit ist auseinandergebrochen, wodurch der Mensch nicht mehr als ein Teil in einem gefügten Ganzen eingebunden ist und stattdessen die wesentliche Differenz innerhalb seines Wesens das unumstößliche Faktum seiner Verfaßtheit darstellt. Verwirklicht der Mensch dergestalt sein Gehen und Wohnen in seiner Sehn-Suche nach der unerreichbaren Heimat, gelingt es ihm, in der Heimatlosigkeit heimisch zu werden, und das meint, er akzeptiert den unermüdlichen Kampf, der Welt angesichts des Absurden Schritt für Schritt ein Stück mehr Menschlichkeit abzuringen. Die wahre Heimat wird dann die Möglichkeit des Erinnerns an eine verlorengegangene Einheit, die der Mensch mit der Natur und mit seinen Mitmenschen hatte.

Camus' Philosophie erweist sich als das paradoxe Bemühen, dem Menschen einerseits seine Grundsituation des Absurden eindringlich vor Augen zu führen und ihm andererseits das Bild einer Heimat zu zeichnen, die es ihm möglich macht, diese Grundsituation auszuhalten. Auf diese Weise hat, wie Camus in seinem dritten Brief an einen

1 Camus: Tagebücher 1935–1951, 156. Vgl. Camus: Der Mythos von Sisyphos, 47: „(...) diese beiden Gewißheiten – mein Verlangen nach Absolutem und nach Einheit und das Unvermögen, diese Welt auf ein rationales, vernunftgemäßes Prinzip zurückzuführen – kann ich nicht miteinander vereinigen."

deutschen Freund schreibt, „mein Gedächtnis (..) die übereinandergelagerten Bilder verschmolzen, um ein einziges Antlitz daraus zu machen, das meiner großen Heimat."[2]

In der Entsprechung zu seiner Doppelstruktur wohnt der Mensch einerseits aufgrund seiner heimischen Seite in der Zwiefalt der Geborgenheit, aus der heraus er gemäß der Tendenz seines Wesens zu einem Sich-Binden eine möglichst tiefe Geborgenheit erringen möchte, und er bewegt sich andererseits auf einer Vielzahl von Wegen, von denen ich als Hauptwege das Wandern in der Natur, das Gehen auf der Straße, das Fahren auf der Straße und das Surfen im Netz oben herausgestellt und charakterisiert habe. Bei diesen Wegen handelt es sich um differente Weisen des In-Beziehung-Seins zwischen Mensch und Welt, in denen spezifische Ausgestaltungen seiner konstitutionellen Verfaßtheit als Heim-zum-Raum, Heim-zur-Zeit und Heim-zum-Mitheim sichtbar gemacht werden können. Der Mensch, der bewußt oder unbewußt immer schon sich ortet und darin sich als Heim-zum-Raum verwirklicht, kann die Vielfalt seiner Gehweisen in der Geborgenheit integrieren und sie dadurch vertiefen, wenn er die jeweils sachlich und zeitlich Spätere an die Frühere(n) zurückbindet.

Im Denken Camus' wird das menschliche Sich-Orten auf den Hauptwegen des Wanderns in der Natur, des Gehens auf der Straße und des Fahrens auf der Straße vollzogen, legt doch seine Ausdeutung der mythischen Gestalt des Sisyphos den Menschen auf das Wandern in der Natur fest, und in seiner Ausdeutung des Prometheus nimmt der Mensch sein Unterwegssein innerhalb der beiden letztgenannten Hauptwege auf sich.

Sisyphos gelingt es, im Absurden auszuharren und ihm erfolgreich die Stirn zu bieten. Er steigt den Berg unermüdlich hinauf und wieder hinunter, ohne dem Kampf auszuweichen. In dem immerwährenden Kreislauf seiner Bewegungen vollzieht er ein Unterwegssein, das nicht auf ein außerhalb liegendes Ziel ausgerichtet ist, sondern sich selbst intendiert. Das bedeutet, daß Sisyphos dann sein Glück findet, wenn er sich von der verhängten Strafe an den sinnlosen Prozeß mechanischer Wiederholung gefesselt zu sein, befreit, indem er den Automatismus des gleichförmigen Hinauf und Hinunter in ein Bejahen der ewigen Wiederkehr von Handlungszusammenhängen verwandelt, die er in der Freiheit seines Handelns eint. Sisyphos qualifiziert folglich das Quantitative einer bloßen Repetition mit jedem Schritt, mit dem er seine Freiheit gewinnt, und gelangt dadurch zu einem Bejahen seines zyklischen Ausschreitens, bei dem die sog. Ewigkeit in die Intensität des Erlebens des Augenblicks hinein verlegt wird und das Gehen selber das Ziel ist. In der Rückbezogenheit seines Gehens auf das Eigene seiner selbst bringt Sisyphos zugleich seine eigene Geschichte hervor, in der sein Sinnbedürfnis in einem von ihm geschaffenen Sinnzusammenhang gestillt ist und die Freiheit über den Stein siegt:

> „Übrig bleibt ein Schicksal, bei dem nur das Ende verhängnisvoll ist. Abgesehen von diesem einzigen Verhängnis des Todes ist alles, Freude oder Glück, Freiheit. Es bleibt eine Welt, deren einziger Herr der Mensch ist. Was ihn bannte, war die Illusion einer anderen Welt."[3]

---

2 Camus: Briefe an einen deutschen Freund, 25. In diese Richtung der Auslegung weist auch Pieper: Camus, 169.

3 Camus: Der Mythos von Sisyphos, 97.

Im Unterschied zum Wandern in der Natur in einer theozentrischen Ausdeutung der Welt, bei der das Selbst in einem untrennbaren Bezug zu Gott steht und eine Selbstgesetzgebung das Göttliche im Menschen anzielt, folglich stets eine Auto-Theo-nomie meint, richtet sich das Selbst in der anthropozentrischen Konzeption Camus' einer Auto-nomie auf das Menschliche des Menschen. In Entsprechung löst der Mensch das Heimische seines Wesens hier nicht als Heim-Gott, sondern als *Heim-Mensch* ein. Das bedeutet, daß der Mensch sich in diesem Denken ausschließlich an den Menschen und dessen Wahrheit bindet, ja in der Rückbindung an das Eigene sich mit sich selbst konfrontiert und darin zu sich zu kommen versucht. Die von Sisyphos mühsam errungene Autonomie bringt daher das stets von neuem erfolgende Überschreiten des Menschen in Richtung auf sein Selbst zum Ausdruck, bei dem sich mit jedem Schritt der Kreis erneut schließt und das freie Überschreiten des absurden Menschen auf sich selbst gelingt. In der ewigen Wiederkehr dieses spezifischen Sich-Ausrichtens auf das Eigene bringt der Mensch die Qualifizierung des Quantitativen hervor, das mit Hilfe der Spirale als Verbindung und Verbund des Kreises veranschaulicht werden kann.

Blickt man von oben auf diese Figur wird der Kreis als ein Überschritt des Menschen und als ein Akt seiner Selbstgesetzgebung sichtbar, während sie von der Seite betrachtet die Höherwindung und darin die Einung der zuvor unzusammenhängenden Sinngebungen in einer eigenen Geschichte symbolisiert. Der Mensch verläßt hier folglich nicht einmalig das Menschliche und erreicht das Außermenschlich-Göttliche, er ist vielmehr in ständig sich wiederholenden Anläufen unterwegs zu sich selbst, wodurch das Gehen seines Weges zum Ziel wird. In dieser Weise der Rückwendung integriert der Mensch das Fremde, den Stein, im Eigenen. Dabei siegt der Geist über die Natur, indem er, gegen sie revoltierend, sich zugleich mit ihr identifiziert: „Ein Gesicht, das sich so nahe am Stein abmüht, ist selber bereits Stein!“[4]

Das Bild des Steinwerdens von Sisyphos ist zwar äußerlich das Gleiche, wie es Camus zur Kennzeichnung der ursprünglichen Einheit zwischen Mensch und Natur verwendet,[5] es bewegt sich allerdings in einer anderen Dimension und zielt nicht auf denselben Sachverhalt. Denn Sisyphos macht gerade deutlich, daß der Mensch nur Mensch sein kann, wenn er die von ihm begangene „Sünde ohne Gott“ akzeptiert, sich trotz aller Akzeptanz gegen sie empört und an seinem Verlangen nach Heimat mit dem Bewußtsein festhält, sie letztlich nicht erreichen zu können. Sisyphos ent-menschlicht sich folglich nicht, indem er eine unmenschliche Haltung annimmt, die die Un-zerrissenheit seines Wesens zu ihrer Voraussetzung hätte, vielmehr bewährt er sich gerade darin als Mensch, daß er in seinem Unterwegssein, bei dem er sich auf sich selbst ausrichtet, sein Heimweh entschieden bejaht und klar an ihm festhält.

---

4 Der Mythos von Sisyphos, 99.

5 Vgl. dazu den 2. Abschnitt „Die ‚Heimat der Seele‘“ des vorliegenden Paragraphen und paradigmatisch folgende Stelle: „Der Wind verwandelte mich in ein Zubehör meiner kahlen und verdorrten Umgebung; seine flüchtige Umarmung versteinerte mich, bis ich, Stein unter Steinen, einsam wie eine Säule oder ein Ölbaum unter dem Sommerhimmel stand.“ Camus: Hochzeit des Lichts, 87.

Der Mensch, der sich sein Wesen dergestalt als Sehn-Suche erzählt, kann Geborgenheit, Ruhe und Vertrauen im vollen Sinne nicht finden, weil er gemäß der Tendenz seines Wesens größtmögliches ‚Streben nach‘ sein muß, ohne ins Erstrebte selbst jemals eingehen zu können:

> „Wenn ich Baum unter den Bäumen wäre, Katze unter den Tieren, dann hätte dieses Leben einen Sinn oder vielmehr: dieses Problem bestünde überhaupt nicht, denn dann wäre ich ein Teil dieser Welt. Ich *wäre* diese Welt, zu der ich mich jetzt mit meinem ganzen Bewußtsein und mit meinem ganzen Anspruch auf Vertrautheit in Gegensatz befinde.“[6]

Ein weiteres kommt hinzu: Von der Deutung des Menschen als Heim-weg aus betrachtet, versteht Camus den Menschen nicht nur als Heim-Mensch, der auf dem Hauptweg des Wanderns in der Natur unterwegs ist, sondern er weist ihm auch den Weg, der zu den Hauptwegen, dem Gehen auf der Straße und dem Fahren auf der Straße, führt. Denn während Sisyphos seinen mühsamen Kampf um Autonomie einsam ausficht und darin dem im Bezug zur Natur charakteristischen Gehen entspricht, verbündet sich Prometheus mit seinen Mitmenschen, um angesichts des Absurden gemeinsam gegen es zu revoltieren. Prometheus erkennt, daß er in seiner Revolte nicht allein für sich steht, sondern daß sie den anderen einbezieht, der sich ebenfalls gegen seine konstitutionelle Verfaßtheit und die aller anderen Menschen auflehnt. Auf diese Weise wird die autonom erfolgte Sinnstiftung einer eigenen Geschichte im Absurden, die mittels der Spirale als Verbindung und Verbund des Kreises veranschaulicht wurde, auf den Mitmenschen hin geöffnet und das einsame Unterwegssein, bei dem im Gehen das Ziel lag, in ein gemeinsames umgedeutet. Dabei bricht der Kreis auf und die Spirale wird in die Linearität einer Strecke aufgerollt.

Mensch und Mitmensch verfolgen auf ihr die sie aneinander bindende Aufgabe, stets von neuem ihre Freiheit zu verwirklichen und miteinander in der Quantität ihrer Endlichkeit für Menschlichkeit einzutreten und Leid zu vermindern. Diese Haltung veranschaulicht Camus in der *Pest* an dem Arzt Dr. Rieux, der mit wenigen Gleichgesinnten pflichtbewußt den hoffnungslosen Kampf gegen die Krankheit führt, um den einen oder anderen Menschen retten zu können oder wenigstens den ‚Schaden‘ zu mildern:

> „Rieux riß sich zusammen. Hier, in der täglichen Arbeit, war die Gewißheit. Das übrige hing an Fäden und unbedeutenden Bewegungen, dabei konnte man sich nicht aufhalten. Ausschlaggebend war, daß man seiner Pflicht gewissenhaft nachkam.“[7]

Vom Menschen als Heim-weg aus gesehen ist diese Festlegung des Menschen auf den rein menschlichen Weg mit den genannten Hauptwegen eine Engführung der vielfältigen Weisen menschlichen Wohnens und Gehens. Aufgrund der Setzung ‚das Reich des Menschen ist von dieser Welt‘, die die Forderung ‚der Mensch soll der Erde treu bleiben‘ nach sich zieht, schneidet sich der Mensch von der Möglichkeit ab, beim Wandern in der Natur in die Nähe des Göttlichen gelangen zu können. Auf diese Weise wird die Frage nach dem Ursprung und die Frage ‚woher komme ich?‘, von deren Beantwortung

6 Camus: Der Mythos von Sisyphos, 47.
7 Camus: Die Pest, 29.

die Frage ‚wohin gehe ich?' abhängt, nicht aufgeworfen, anders gesagt, es wird nicht der Versuch unternommen, eine Erzählung zu schaffen, in der diese Fragen sinnvoll gedeutet und die Antworten verantwortet werden. Das Nichtberücksichtigen dieser Fragen verhindert daher die Rückkehr als Rückgang in den Urgrund, und sie nimmt den Menschen jede Hoffnung, die über den Tod hinaus weist.

Das Gesagte kann aus einer anderen Perspektive in den Blick genommen werden. Zwar nimmt bei Camus das Gespür für das Eingebundensein in den Sinnzusammenhang ‚Natur' theoretisch einen hohen Stellenwert ein – denn Camus betont, wie gezeigt, ausdrücklich das Einswerden mit der Natur –, aber es wird nicht ‚gespurt', d. h. es wird dem Menschen nicht aufgewiesen, wohin ihn dieses Gespür in der Enge seines rein menschlichen Sich-Ausrichtens leiten soll. Die Sehn-Suche des Menschen hält den Menschen folglich auf dem Laufenden und wird seinem Unterwegssein gerecht, ohne ihm allerdings die Erfüllung seines tiefsten Sehnens, die ein Bejahen des Todes im Aufgehen des Übermenschlich-Göttlichen zur Folge hätte, zu gewähren.

Der Mensch löst die Doppelstruktur seines Wesens nicht nur in seiner wesentlichen Beziehung zum Raum, sondern auch zur Zeit in vielfachen Weisen ein. Seine Zeitigung geschieht daher nicht in einer einmaligen, unverwechselbaren meßbaren Ausformung, vielmehr entspricht sie dem spezifischen Vollzug seines Wohnens und Gehens. Während das Heimische seiner Verfaßtheit dem Menschen ein Unterwegs-im-Ruhen gewährt, löst er das Weghafte seines Wesens als ein Heim-im-Fließen ein. Und zwar geschieht dies auf den vier Hauptwegen, wobei jeder Weise des Gehens auf einem Hauptweg eine Weise der menschlichen Zeitigung entspricht, die oben als Stillstehen, Abfließen, Abstürzen und Ausspielen benannt und gekennzeichnet wurden.

Eine anthropozentrische Konzeption, wie sie Camus vertritt, nimmt primär die drei erstgenannten Weisen der Zeitigung in den Blick, die sie ausschließlich im Raum des Quantitativen etabliert. Aus meiner Sicht vermag der Mensch, der beim Wandern in der Natur sich vom Fremden ab- und dem Eigenen zukehrt, in der Stille seines Klanges zu stehen, wo ‚seine' Zeit und die durch ihn hindurch sprechende zyklische Zeit übereinstimmen. Er weckt dabei sein Gefühl für sein Eingebundensein in einer gefügten Ordnung und gewinnt vielleicht darüber hinaus sogar das Gespür, sich nicht selbst zu verdanken. Mit jedem Schritt, mit dem er sich der Natur öffnet, schreitet er höher und tiefer auf seinem spiraligen Weg zum Ewigen empor und hinein. Er ahnt, daß die menschliche Zeit unaufhebbar an das Ewige zurückgebunden ist und daß er in ständig neuen Anläufen das Ewige im Zeitlichen, wie umgekehrt das Zeitliche im Ewigen berühren kann.

Camus zieht die Ewigkeit, bildlich gesagt, vom Himmel auf die Erde herunter und verlegt sie der Möglichkeit nach in die zeitlich engen Grenzen menschlichen Lebens:

> „Jetzt aber spürte er in seinen klarsichtigen Stunden wenigstens, daß die Zeit ihm gehörte und daß in dem kurzen Abstand, der zwischen dem roten und dem grünen Meer lag, etwas Ewiges in jeder Sekunde sich für ihn abzeichnete. Ebensowenig wie ein übermenschliches Glück sah er eine Ewigkeit außerhalb der Kurve der Tage vor sich. Das Glück war menschlich und die Ewigkeit alltäglich. Es kam einzig darauf an, daß man in aller Bescheidenheit sein Herz auf

den Rhythmus der Tage abzustimmen verstand, anstatt diesen den Figurationen unserer Hoffnung unterordnen zu wollen."[8]

Insbesondere im vorletzten Satz wird deutlich, daß Camus das beim Wandern in der Natur möglich werdende Gespür für eine ‚Zeit', die über den Tod hinaus weist, weil sie vor, nach und über dem Menschen immer schon ist, entschieden ablehnt. Er bricht folglich – was von der Deutung des Menschen als Heim-weg aus betrachtet eine Reduktion darstellt – den für den Menschen letztlich nicht zu ergründenden Bezug zwischen einer qualitativ verstandenen Ewigkeit und der Zeitspanne menschlichen Lebens auseinander, ‚heiligt' das lange Leben und die „klarsichtigen Stunden" und kann dadurch an der Kategorie des Qualitativen im Raum des Quantitativen festhalten.

Darüber hinaus führt Camus' Fokussierung auf die Dauer im Augenblick zu einer Verengung, in der die Hoffnung, die ein Grundphänomen menschlichen Seins ist und die für den Menschen nicht zuletzt in niederdrückenden Situationen von enormer Bedeutung ist, nicht angemessen beurteilt werden kann. In der Konsequenz seines Ansatzes wird nämlich die von der Gegenwart auf die Zukunft gerichtete Perspektive abgewertet, da der Mensch, der sie einnimmt, sich aus Camus' Sicht nicht schonungslos mit dem Wissen und dem faktisch Gegebenen konfrontiert, sondern das vermeintlich Kommende über den Augenblick stellt.[9] Hoffnung wird von Camus daher ausschließlich negativ als Flucht aus dem Absurden in einen Bereich, der ewig und jenseitig ist, verstanden. Sie ist für ihn in ihrer Zukunftsorientierung projektiv, statisch und fiktiv – eine Einschätzung, die dem dynamischen, sich der statischen Fixierung geradezu entziehenden Charakter der Hoffnung nicht gerecht wird und ihren Gehalt verkennt.[10]

Wie der Mensch aufgrund seines Leibes von vornherein in den Raum eingeführt ist und mit seiner Eigenbewegung zugleich seine Zeitigung vollzieht, so ist der Mitmensch unwiderruflich im Menschen konstitutionell präsent, ob er sich dessen bewußt ist oder nicht. Das heißt: Der Mensch ist als Heim-weg wesensmäßig ein Heim-zum-Mitheim, wodurch ihm der Mitmensch als untrennbares Korrelat stets in seinem Weghaften und Heimischen immer schon vorgezeichnet ist. Während das Vertrauen das Grundphänomen ist, das den Mitmenschen beim Wohnen an uns bindet, treten in der Gewohnheit der bestehenden Moral unterschiedliche Weisen des Sich-Begegnens entsprechend der unterschiedlichen Weisen des Gehens hervor. Gemäß der konträren Gegenwesenhaftigkeit menschlichen Seins führt das Vertrauen und das Gewohnte ihre andere Seite, das Mißtrauen und das Ungewohnte, mit sich. Als ein Unterwegs-im-Vertrauen und ein Heim-im-Gewohnten vermag der Mensch der Möglichkeit seines Wesens gerecht zu werden und seinen Willen gemäß der latent vorliegenden Tendenz auf Vertrauen und Gewohnheit auszurichten und darin den Prozeß des Tieferwerdens im Öffnen und Eingehen auf den Anderen auf sich zu nehmen.

---

8 Camus: Der glückliche Tod, 109.

9 Vgl. dazu: Camus: Der Mythos von Sisyphos, 51 f.

10 Vgl. dazu die Dissertation von Günter Matthias Tripp: Absurdität und Hoffnung. Studien zum Werk von Albert Camus und Ernst Bloch. Berlin 1968.

Camus legt das Miteinander des Menschen auf die Hauptwege des Wanderns in der Natur, des Gehens auf der Straße und des Fahrens auf der Straße fest, wobei jede Weise des Gehens auf einem Hauptweg eine Weise der menschlichen Begegnung bedeutet, die oben als Einwohnen, Streifen und Einsitzen charakterisiert wurden. Darüber hinaus zeichnet er die Liebe in ihren unterschiedlichen Ausformungen bis hin zur erotischen Liebe aus, in der die Hinwendung zum Anderen geschieht und der Mensch im Absehen und Aufgeben seiner selbst sich zugleich gewinnt. Ich möchte hier nicht das Vorrecht des Primats des Vertrauens gegenüber dem der Liebe abwägen oder mich gar gegen die Bedeutung und den Gehalt der Liebe aussprechen. Im Gegenteil. M. E. hat die Liebe als ein Grundphänomen eine Ursprünglichkeit wie das Vertrauen; allerdings bildet sie gleichsam nicht die Basis bzw. das Fundament, von dem her der Mensch dem Mitmenschen begegnet. Denn der Mensch vertraut zunächst dem Anderen und kann sich ihm dann zuwenden, aber er liebt ihn zunächst nicht, um ihm dann zu vertrauen.

Überblickt man die anthropozentrische Konzeption Camus' wird deutlich, daß der Mensch, der hier sein Unterwegssein auf den Hauptwegen: das Wandern in der Natur und das Gehen und das Fahren auf der Straße vollzieht und das Heimische seines Wesens als Heim-Mensch versteht, sich ausschließlich an das Reich des Menschen bindet und darin – in Entsprechung zum einheitlichen Strukturzusammenhang der Sehn-Suche des Menschen – eine Weise des Überschreitens vollzieht, der die Strukturelemente der *Inversion* und der *Transversion* immanent sind. Das bedeutet, daß im Denken Camus', in dem das Absurde als Apriori sachlich am Anfang steht, was die Deutung des Menschen als eines nach Heimat, Einheit und Absolutem verlangenden Wesens nach sich zieht, der Mensch zunächst eine Einkehr ins eigene Innere auf sich nimmt, um schließlich auf Welt hin ausschreiten zu können.

Diese Transversion führt den Menschen – im Unterschied zur rein qualitativen Transversion beim Surfen im Netz – nicht über den Menschen als solchen hinaus, indem sie einen qualitativen Sprung begünstigt, sie bewegt sich vielmehr im Quantitativen und bewirkt darin qualitative Differenzen. Auf diese Weise wird der Horizont des Menschen, seine Endlichkeit, nicht aufgebrochen, um die Grenze zwischen Erde und Himmel verschwinden zu lassen und einen Übermenschen anzuzielen, sondern er wird statt dessen explizit akzeptiert, um innerhalb seiner Grenzen ausharren und kämpfen zu können.

Ein weiteres kommt hinzu: Auch wenn es dem Menschen in seltenen Augenblicken möglich ist, eine ursprüngliche Einheit seiner selbst – etwa, wie gezeigt, in der Liebe zu einem Mitmenschen oder im Aufgehen in der Natur – herzustellen und seine Heimat scheinbar zu finden, so darf er, um des Absurden und der ihm allein gemäßen Wesensverfassung als „Auflehnung, Zerrissenheit, Zwiespalt"[11] willen, seine konstitutionell bedingte Kluft nicht schließen wollen, sondern er muß unter Aufbietung all seiner Kräfte an dem Ziel ‚Heimat' festhalten und weiter sehnend nach ihr suchen, obwohl er genau weiß, daß er sein Heimweh nicht wirklich stillen und Heimat nicht tatsächlich hervorbringen kann. Anders gesagt: Der Mensch muß versuchen, den „Sprung", wie

11 Camus: Der Mythos von Sisyphos, 35.

Camus unter Rückgriff auf Kierkegaard sagen kann, „in all seinen verschiedenen Formen, der Sturz ins Göttliche oder ins Ewige, die Hingabe an die Illusionen des Alltags oder der Idee (zu vermeiden) – alle diese Schirme verbergen das Absurde“[12] und „in dem kaum meßbaren Augenblick vor dem Sprung“ revoltierend ausharren: „Die Redlichkeit besteht darin, sich auf diesem schwindelnden Grat zu halten; alles andere ist Ausflucht.“[13]

Im Unterschied zu einem theozentrischen Denken, dem die Grundstruktur die Heim-Kehr zu Gott immanent ist, sind in einem anthropozentrischen Modell daher eine Reversion und eine Konversion im engeren Sinne nicht möglich. Denn würde der Mensch hier seine Einheit tatsächlich herstellen und die absurde Kluft seines Wesens in irgendeiner Weise überbrücken, dann würde er seine Sehn-Suche durch Selbstmord beenden. Er würde – bildlich gesagt – die Pfeiler des Anthropozentrismus sprengen, zurückkehren und in diesem ‚Zurück‘ wieder zu Gott heimkehren und mit und bei ihm sein.

Das Sich-Ausrichten, das vom Menschen im Denken Camus’ vollzogen wird, läßt sich daher nicht als ein Hinein-Hinüber kennzeichnen, sondern als ein *Hinein-Darüber*. Das bedeutet, daß das menschliche Transzendieren in der Immanenz menschlicher Wahrheit sich in Richtung auf das Eigene als ein ‚Hinein‘ verwirklicht, von dem aus es auf den Anderen oder auch die Natur ausschreiten kann. Und es wird als ein ‚Darüber‘ im ‚Da‘, dem Reich des Menschen, vollzogen, und zwar in der Bewegung des Dar*über*. Der Mensch, der nicht auf eine über ihm stehende, qualitativ differente ‚Größe‘ ausschreitet, bewegt sich Schritt für Schritt zu sich und darin über sich hinaus in der qualitativ ausgedeuteten Quantität seiner Endlichkeit.

Bewußtseinsgeschichtlich betrachtet ist es nur ein kleiner, aber entscheidender Schritt, der vom Anthropozentrismus konsequent hin zu einem Trans-Anthropozentrismus führt. Denn hat der Mensch erst einmal Gott hinter sich gelassen und sich allein zum Ausgangspunkt und Ziel seines Unterwegsseins gemacht, ist es nur eine Frage der Zeit, bis der Gedanke von der Verbesserung schließlich zur Überwindung dieses Menschen in seiner Bedingtheit führt und der Über-Mensch als höchste und größte Möglichkeit angezielt wird.

---

12 Ebd., 77.
13 Ebd., 46.

§ 6: Die Welt im Netz

Die Spätphilosophie Vilém Flussers läßt sich als sein denkerisches Bemühen deuten, die Grenzen, die dem Menschen bisher auferlegt waren und/oder die er sich selbst auferlegt hatte, zu überwinden; und das heißt die menschlichen, politischen und biologischen Bedingungen, denen er unterworfen war (bzw. ist), kritisch, ironisch oder auch spielerisch zu beleuchten, um ihre fraglose Akzeptanz zu erschüttern und eine Art ‚heilsame' Verwirrung zu stiften.[1] Anders gesagt: Flusser hat in seinem späten Denken die Intention, den Menschen aus seiner bisherigen durch Unterwürfigkeit zu kennzeichnenden Einstellung zu befreien und dazu beizutragen, daß er sich aufrichtet, sich nicht mehr als Subjekt, sondern als ein „Projekt" versteht und annimmt, für das, wie im folgenden ausgeführt wird, das Entwerfen alternativer Menschen und Welten kennzeichnend ist.

Flussers Denken steht aus dieser Sicht für eine Konzeption, der es um die Verneinung des bisherigen Menschen und das Hervorbringen des ‚neuen' bzw. ‚anderen' Menschen geht. Er repräsentiert dadurch eine Hauptstoßrichtung innerhalb des gegenwärtigen Denkens, die insbesondere auf den Feldern der Medientheorie, der Gentechnologie und der Künstlichen Intelligenz-Forschung radikal mit der Tradition des Abendlandes bricht und in einem Neubeginn die Kehrtwende zum Über-Menschen, wie man diesen über dem Menschen in grundsätzlicher Verschiedenheit stehenden Nichtmehrmenschen nennen kann, zu vollziehen versucht.[2]

Die Texte dieser Protagonisten, bei denen neben Vilém Flusser stellvertretend Marvin Minsky, Hans Moravec, Ray Kurzweil und John Leslie genannt werden können, haben keinen wissenschaftlichen Status im traditionellen Sinne, der durch Argumentation und Überprüfbarkeit ausgezeichnet ist, vielmehr beinhalten sie eine hohe spekulative Kraft, die das Künftige bildlich-mehrdeutig vorwegnimmt. Sie führen uns auf diese Weise Visionen kommenden Lebens vor Augen, die über ihren u-topischen Gehalt hinaus durch Überhöhung gekennzeichnet sind. In diesen Visionen bringt der Mensch das

---

1 Vgl. Flusser: Vom Subjekt zum Projekt, 133.

2 Vgl. dazu meine beiden Aufsätze: Der Weg Zarathustras als der Weg über den Menschen. Nietzsches Überwindung der Anthropozentrizität als philosophische Herausforderung unserer Zeit. In: Nietzscheforschung Bd. 9. Hrsg. von Volker Gerhardt und Renate Reschke. Berlin 1992, 31–46. Und: „Vom Subjekt zum Projekt". Verluste des Mensch-Seins in der „Post-Anthropologie" Vilém Flussers. In: Anthropologie der Medien – Mensch und Kommunikationstechnologien. Hrsg. von Jörg Albertz. Berlin 2002, 51–64.

vermeintlich Menschliche seines Wesens hervor, wodurch es ihm gelingen soll, sein Leben und Handeln zu erfüllen und sich gleichsam zu erlösen.[3]

Entgegen der Intention dieser Protagonisten bin ich allerdings nicht der Auffassung, daß wir es bei diesen Visionen mit Realisationen des Menschlichen vom Menschen zu tun haben. Im Gegenteil. Wie die Kennzeichnung des neuen Menschen als Über-Menschen bereits anzeigt, ist dieser grundsätzlich vom bisherigen Menschen verschieden. Er wird vom Menschen selbst, sei es gentechnisch oder computerunterstützt, hervorgebracht und ist mit solchen Fähigkeiten ausgestattet, die wir auf dem Stand, auf dem wir heute stehen, letztlich nicht wirklich erfassen können. Es ist daher von einem Sprung auszugehen, der vom bisherigen zum kommenden Menschen hinführt, wodurch das „Über-" in der Wendung Über-Mensch nicht graduell die gesteigerten Fähigkeiten benennt, sondern die qualitative Differenz zwischen Mensch und entworfenem Menschen zum Ausdruck bringt.

Der Vorgang des Entwerfens wird als der des Freiwerdens interpretiert, im Zuge dessen der Mensch sich von Natur, Notwendigkeit, Körper und Bedingtheit löst. Anschaulich beschreibt Flusser diesen Befreiungsprozeß in seiner Fragment gebliebenen Untersuchung *Menschwerdung*, die er durch seinen jähen Unfalltod am 27.11.1991 nicht zum Abschluß bringen konnte, als den des Bodenloswerdens:

> „Alles Begreifen, Behandeln und Anwenden ist, so gesehen, nichts als ein Enthüllen, ein Entfernen von Hüllen, letzten Endes des Bodens unter dem Rücken, der Rückendeckung. Aus der Vogelperspektive betrachtet, ist Aufrichtigkeit ein Sich-Hineinlassen ins Bodenlose – sich nicht mehr auf einen Grund zu verlassen – und in diesem unheimlichen Sinn ein vogelähnliches Schweben."[4]

---

3 Das Wort ‚erlösen' verweist auf die religiöse Denkfigur, die z. B. Flussers Texten immanent ist. Akzentuiert gesagt haben wir es bei ihm mit einem säkularisierten, transanthropologischen Erlöser zu tun, der dem Menschen seine Visionen des Über-Menschen (d. i. der kommende Mensch als „Projekt") vorstellt und auf Nachfolge hofft. Daneben sollen seine Visionen Möglichkeiten darstellen, durch die wir allererst wieder Gottes ansichtig werden. (Vgl. dazu insb. Vilém Flusser: Ins Universum der technischen Bilder. 5. Aufl. Göttingen 1996, 166 und 172)
Zu dieser Interpretationsrichtung vgl. die Untersuchung von Elisabeth Neswald: Medien-Theologie. Das Werk Vilém Flussers. Köln/Weimar/Wien 1998. Sie sieht als das zentrale Problem in Flussers Texten „die Spannung zwischen Sinnverlust und Sinnbedürfnis. Die daraus entstehende Suche nach dem Sinn bzw. nach einer übergeordneten sinnstiftenden Instanz nimmt bei Flusser die Form der diffusen religiösen Sehnsucht an. (...) Die diffuse Religiosität der zunächst ungerichteten Sinnsehnsucht bezieht sich nicht auf Gottesglauben oder auf die etablierten Religionen, sondern auf die Vorstellungen von Sein, Sinn und Wahrheit und daher, wenn auch unausgesprochen, auf das Erlebnis von Transzendenz." (3)

4 Flusser: Menschwerdung, 270. Vgl. dazu auch seine „philosophische Autobiographie" *Bodenlos*, Bensheim/Düsseldorf 1992, 9–12. Man erkennt hier deutlich die inhaltlich-sprachliche Nähe Flussers zu Friedrich Nietzsche, für den das Freiwerden des Geistes von seinen bisherigen moralischen Fesseln von zentraler Bedeutung ist. Nietzsche umschreibt dieses Freisein, das der Leib im Zuge eines langwierigen Prozesses der Selbstüberwindungen anzielt, etwa mit Hilfe des „Fliegens", das die in der Höhe erreichte Distanz zu den anderen, moralisch gefesselten Menschen an-

Ich habe mich bei den Vertretern eines Trans-Anthropozentrismus für die Analyse der Grundstrukturen des Denkens von Flusser entschieden, weil er *zum einen* in allen Lebensphasen die Bedeutung von Heimat in kritischer Distanz reflektiert. Dieses Erkenntnisinteresse ist zunächst sicherlich biographisch motiviert, mußte er doch als Prager Jude 1939 nach dem Einmarsch der deutschen Wehrmacht in Prag zunächst nach England und ein Jahr darauf nach Brasilien emigrieren. Erst über 30 Jahre später, 1972, entschloß er sich dazu, wieder nach Europa zurückzukehren, zuerst nach Italien und dann bis zu seinem Tod 1991 nach Südfrankreich. Heimat ist, um seine Position wenigstens anzudeuten, nichts als „eine von Geheimnissen umwobene Wohnung", die im Unbewußten ankert:

> „Wird dieses Geheimnis als Banalität durch Vertriebenwerden gelüftet, dann öffnet sich ein anderes, ‚sublimeres', nämlich das des freien, verantwortungsvollen Daseins mit anderen. Sollte die Epoche der Heimaten vorüber sein, dann ist ein bewußteres, vorurteilsloseres, offeneres Leben zu erwarten."[5]

Offenheit setzt für Flusser – und auch hier stimme ich, was ich zeigen werde, nicht mit ihm überein – demnach Heimatlosigkeit voraus, die es dem Menschen ermöglicht, Bindungen nach seiner Wahl einzugehen und Verantwortung für die Menschen zu übernehmen, für die er sie tragen möchte.

Zum anderen repräsentiert Flusser geradezu paradigmatisch eine bestimmte Weise zeitgenössischen Denkens, die die natürlichen Grenzen des Menschen, seien sie körperlich, seelisch-geistig oder auch emotional bedingt, überwinden möchte, um einen neuen, anderen Menschen hervorbringen zu können. Der Mensch, der, bewußtseinsgeschichtlich betrachtet, spätestens seit der poststrukturalistischen Philosophie in Frankreich, insbesondere seit Michel Foucault ‚zerfallen' ist, läßt weder Gott noch den Menschen als erstes Fundament und als das höchste Maß gelten, sondern den Über-Menschen, der qualitativ vom bisherigen Menschen differiert.

Strukturell betrachtet steht daher in dieser trans-anthropozentrischen Position am Anfang der spekulative Satz ‚Der Über-Mensch soll sein', der seine Begründung durch den Aufweis des Ist-Zustandes des jetzigen Menschen erfährt und je nach Position in seiner inhaltlichen Kennzeichnung differiert. Anders gesagt: Die Notwendigkeit der Hervorbringung eines neuen Menschen wird über die Kennzeichnung des vermeintlich Faktischen, des Sturzes des bisherigen Menschen in eine Krisenzeit, die einen Umbruch in eine neue Zeit einfordert, begründet.

Dieser Über-Mensch gewinnt seine Konturen konsequenterweise weniger positiv durch die Qualitäten, die man ihm zuspricht, als vielmehr negativ durch die Abkehr von

---

zeigt: „wer einst fliegen lernen will, der muss erst stehn und gehn und laufen und klettern und tanzen lernen". (4, 244)

5 Flusser: Heimat und Heimatlosigkeit: Das brasilianische Beispiel, 49 f. In: Christa Dericum und Philipp Wambolt (Hrsg.): Heimat und Heimatlosigkeit. Berlin 1987, 41–50. Bei diesem Beitrag handelt es sich um einen Vortrag, den Flusser bei dem II. Internationalen Kornhaus-Seminar, Weiler/Allgäu, das vom 23.8. bis 29.8.1985 stattfand, gehalten hatte. Er ist die gekürzte Fassung des Kapitels „Wohnung beziehen in der Heimatlosigkeit", der in Flussers Autobiographie *Bodenlos*, 247–264, erschienen ist.

dem, was der Mensch nicht mehr sein soll. Der spekulative Satz ‚Der Über-Mensch soll sein' hat als Kehrseite daher die Verneinung ‚Der Mensch soll nicht in der Weise x des bisherigen Menschen sein'.

Darüber hinaus bin ich der Auffassung, daß in Flussers Denken – gemäß der Kapitelüberschrift – die *Welt im Netz* das Grundthema darstellt. So sind für ihn idealtypisch zwei Weisen, in denen die technischen Bilder verteilt werden können, voneinander abzuheben: die herkömmliche, dem Fernsehen, Radio und der Presse zukommende „faschistische Schaltung", und die dialogisch ausgerichtete „telematische Schaltung".[6] Während die erstgenannte Weise der Schaltung ein Entscheidungszentrum hat, von dem aus die Informationen gesendet werden, die wiederum die Zuschauer bzw. Zuhörer negativ beeinflussen können, ist die von Flusser geforderte telematische dezentral angelegt und macht dadurch allererst eine „echte, direkte Demokratie" möglich.[7] Die faschistische Schaltung bringt daher den abzulehnenden Schaltplan des Bündels zum Ausdruck, wohingegen die telematische das Netz repräsentiert.

Wird sein Denken als eines gedeutet, in dem die Welt im Netz das Grundthema darstellt, dann bezieht sich das Bild des Netzes allerdings nicht nur auf die von ihm geforderte Medienstruktur, sondern darüber hinaus auch auf die Weise des neuen Umgangs mit der menschlichen, politischen und biologischen Bedingtheit. Das bedeutet: Nachdem der Mensch schrittweise den „Glauben an die Solidität der Dingwelt" und „den Glauben an die Solidität des Subjekts in dieser Dingwelt" abgebaut hat, bis er und die Dinge schließlich in Punkte zerfallen sind, vermag er das neue Zusammensetzen dieser Punkte, das Komputieren, auf sich zu nehmen.[8] Bei diesem Vorgang des Synthetisierens geschieht eine Verknotung eines kalkulatorischen Netzes, d. h. es geschieht in der Bedeutungs- und Sinngebung eine Verdichtung innerhalb eines dialogischen Netzes.

---

6 Zum tieferen Verständnis vgl. dazu das ausführlichere Zitat: „Die Verteilung der Bilder kann auf zwei Arten erfolgen: Entweder gibt es zentrale Sender, die dann über Relais gehen und in die Privaträume der Empfänger dringen. Ich nenne das die ‚faschistische Schaltung', weil diese Schaltung bündelweise vor sich geht. In solch einer Situation befinden sich die Entscheidungszentren bei den Sendern, und diese wiederum können die Empfänger mit den Informationen, die sie ausstrahlen, manipulieren. Es gibt aber auch dialogisch geschaltete Kabel, zweiseitige Kabel, solche, die mir erlauben, zugleich zu empfangen und zu senden. Eine solche dialogische Schaltungsform nennt man gewöhnlich die ‚telematische Schaltung'. Aufgrund dieser würde eine echte, direkte Demokratie möglich werden, ohne gewählte Vertreter. In der gegenwärtigen Kommunikationsrevolution sind also zwei vollkommen gegensätzliche Tendenzen angelegt, eine zur Zentralisation und eine zur totalen Dezentralisation. Welche überhand nehmen wird, weiß ich nicht, doch es sieht so aus, als würde die zentralisierende gewinnen." Flusser: Bern, 1988, 37 f. In: Zwiegespräche. Interviews 1967–1991. Hrsg. v. Klaus Sander. Göttingen 1996, 34–40. In diesen Sätzen spricht Flusser deutlich seine Zweifel an einer vermeintlich positiv verlaufenden Entwicklung des Kommenden aus. Die Bewertungen des nach der gegenwärtigen Krise erfolgten Umbruchs variieren nicht nur in den Phasen von Flussers Denken, sondern auch innerhalb dieser Phasen. Beim späten Flusser, der hier zugrundegelegt wird, gewinnt die optimistische Zukunftseinschätzung die Oberhand.

7 Vgl. Flusser: Bern, 1988, 37 f.

8 Vgl. Flusser: Vom Subjekt zum Projekt, 12 f.

Die Wirklichkeit erweist sich aus dieser Sicht als ein Netz, in das wir buchstäblich verstrickt sind, und es wird die Aufgabe des Menschen, praktisch an der Vernetzung der konkreten Beziehungen zu arbeiten und die Knoten näher aneinander heranrücken zu lassen, um der entropischen Tendenz entgegenwirken zu können.

Bei der Herausarbeitung einer Grundstruktur des Flusserschen Denkens beziehe ich mich hauptsächlich auf seine Spätphilosophie, genauer gesagt, auf seine letzte groß angelegte Untersuchung *Vom Subjekt zum Projekt*,[9] die er zwar aufgrund seines Unfalltodes nicht beenden konnte, an der die Arbeit aber so weit vorangeschritten war, daß sie einen sinnvollen Abschluß erhalten konnte. Durch diese Fokussierung kann man demnach nicht, und das soll eigens betont werden, seinem Gesamtwerk gerecht werden, dessen Untersuchung und Würdigung in sachlich-wissenschaftlicher Weise allererst in seinen Anfängen steht,[10] aber es gelingt am ehesten, das zeitgenössische Denken eines Trans-Anthropozentrismus, das es repräsentiert, in Blick auf das vorliegende Thema zu kennzeichnen.

Beschäftigte sich Flusser während seines Aufenthaltes in Brasilien seit dem Ende der fünfziger, Anfang der sechziger Jahre vor allem mit den Themen Brasilien,[11] Judentum und – begünstigt durch seine ab 1963 erhaltene Professur für Kommunikationsphilosophie – mit Kommunikation, was in seinen Büchern *Lingua e realidade* (1963), *A história do diabo*[12] (1965), *Filosofia da lingages*[13] (1966) und *Da religiosidade*[14] (1967) do-

---

9 Diese Schrift wurde zusammen mit der ebenfalls Fragment gebliebenen Untersuchung *Menschwerdung* im 3. Band der *Schriften* Flussers, hrsg. von Stefan Bollmann und Edith Flusser, Bensheim und Düsseldorf 1994, veröffentlicht.

10 Mit dem sukzessiven Erscheinen der *Schriften* Flussers, die von Stefan Bollmann und Flussers Ehefrau Edith Flusser seit Beginn der neunziger Jahre im Bollmann Verlag und vom langjährigen Freund Flussers Andreas Müller-Pohle in Göttingen in der *Edition Flusser* herausgegeben werden, verbessert sich die Möglichkeit eines gründlichen, lückenlosen Studiums seiner Texte. So weit es mir bekannt ist, wurde bisher noch keine systematische Untersuchung seines Denkens vorgelegt. Eine Ausnahme bildet die in jüngster Zeit erschienene Untersuchung von Elisabeth Neswald, von der ich mich allerdings in wichtigen Punkten distanziere. Auffallend ist die Polarität unter den Flusser-Interpreten. Entweder er wird positiv, beinahe überschwenglich rezipiert, oder aber scharf, nicht selten mit polemischem Ton, abgelehnt. Zu der erstgenannten Gruppe vgl. paradigmatisch Aleida Assmann: Rezension von Vilém Flusser: „Die Schrift". In: Poetica 20, 1988, 284–288. Frank Lucht: Eine neue Einbildungskraft? Über Flusser. In: Merkur 47, 2, 1993, 893–897. Mark Terkessidis: Medienphilophobie. In: Symptome. Zeitschrift für epistemologische Bausteine 11, 1993, 38–45. Zur zweiten vgl.: Jürgen Felix: Rezension von Vilém Flussers: Schriften. In: Medienwissenschaft 2, 1995, 158–161. Thomas Knöfel: Vom Überfluß der Schrift zum Fließen der Bilder. In: Ästhetik und Kommunikation 23, 1994, 93–96.

11 Hier wäre eine eigene Untersuchung notwendig, die die Frage verfolgt, in welcher Weise sich bei dem von Flusser in den Blick genommenen neuen Menschen Brasiliens bereits Ansatzpunkte für die in seiner Spätphilosophie angezielte Überwindung des Menschen finden lassen.

12 Erstveröffentlichung Sao Paulo 1965. Das deutsche Original ist unter dem Titel *Die Geschichte des Teufels* 1993 in Göttingen erschienen.

13 Campos de Jordao 1966.

14 Sao Paulo 1967. Der Teil „Warten auf Kafka" ist 1995 in dem Sammelband *Jude sein. Essays, Briefe, Fiktionen* (Mannheim 1995, 166–179) erschienen.

kumentiert wird, dehnt sich sein Interesse, soweit man das heute bereits einschätzen kann, mit seiner Rückkehr nach Europa 1972 auf die Migration, die neuen Medien und die Fotografie aus. Seine kritisch-skeptische Einstellung im Hinblick auf die rasante Entwicklung der Medien und der mit ihr einhergehende Übergang in die Zeit der „Nachgeschichte", legt er in dem 1981 in Brasilien erschienenen gleichnamigen Buch und im *Lob der Oberflächlichkeit* vor und seine theoretischen Überlegungen zur Fotografie in dem Essay *Für eine Philosophie der Fotografie*[15] 1983. Bezeichnet Flusser in seiner „Gebrauchsanweisung" zur „Nachgeschichte" seinen Diskurs als einen „aus Verzweiflung in Hoffnung", allerdings in eine „sehr leise Hoffnung",[16] spürt er in den späteren Schriften konsequent Ansatzpunkte auf, die diese Hoffnung weiter am Leben erhalten und mit deren Hilfe das „Abenteuer" und „Wagnis" des Kommenden.[17] So entfaltet sich seine Medienphilosophie der Hoffnung, die angesichts der Gefahren und kulturpessimistisch zu bewertenden Möglichkeiten den Blick gleichsam auf ihre andere Seite lenkt, um visionär solches vorwegzunehmen, was sein könnte und sollte.

Diese Ausrichtung Flussers wurde nicht zuletzt durch die Begegnung mit dem Künstler Louis Bec begünstigt, mit dem er gemeinsam 1987 die Publikation *Vampyroteuthis infernalis* vorlegte.[18] Sie deutet sich bereits in dem 1985 erschienenen Buch *Ins Universum der technischen Bilder*[19] an und findet ihren Höhepunkt in den oben genannten, Fragment gebliebenen Arbeiten *Vom Subjekt zum Projekt* und *Menschwerdung*.

1. Vilém Flussers Trans-Anthropozentrismus und die Wende „Vom Subjekt zum Projekt"

Bevor im Blick auf unser Leitthema das Denken Flussers ausgelegt wird, möchte ich eine Vorbemerkung voranstellen, weil ich davon ausgehe, daß es einen geringeren Bekanntheitsgrad als das von Augustinus und Camus hat. Dabei geht es primär um die Haltung bzw. den Denkstil Flussers, der sich von der Strenge, Klarheit und Systematik, die man von einem Philosophen zumeist erwartet, unterscheidet.

---

15 Dieses Buch, das 1983 in Göttingen erschienen ist, gehört sicherlich zu den bekanntesten Texten Flussers.

16 Flusser: Nachgeschichte. Eine korrigierte Geschichtsschreibung. Hrsg. v. Stefan Bollmann und Edith Flusser. Frankfurt am Main 1997, 10. (= Schriften Bd. 2. Hrsg. v. Stefan Bollmann und Edith Flusser. Bensheim/Düsseldorf 1993)

17 Vgl. dazu: Flusser: Vom Subjekt zum Projekt, 29, 41.

18 Vilém Flusser/Louis Bec: Vampyroteuthis infernalis. Eine Abhandlung samt Befund des Institut Scientifique de Recherche Paranaturaliste. 2. Aufl. Göttingen 1993. Vgl. ferner: Flusser: Kunst und Computer. In: ders.: Lob der Oberflächlichkeit. Für eine Phänomenologie der Medien. Bensheim/Düsseldorf 1993, 259–264.

19 Flusser: Ins Universum der technischen Bilder. (Göttingen 1992.) 5. Aufl. Göttingen 1996.

Vilém Flusser ist kein Philosoph, der mit terminologischer Schärfe und gedanklicher Strenge operiert, der also seine Gedanken möglichst klar und widerspruchsfrei darzulegen versucht. Das Gegenteil ist der Fall.

Vilém Flusser ist ein *Provokateur*. Häufig überakzentuiert, zumeist stilisiert, spielerisch, ironisch und auf Wirkung bedacht, trägt er seine Einsichten, Thesen und Ideen vor.[1] So geht es ihm auch nicht um ein kritisches Hinterfragen, ein Abwägen oder ein Vermitteln zwischen zwei Positionen, es geht ihm um die Propagierung einer vermeintlichen Tatsache, die sich, wenn man genauer hinschaut, im Raum der Vermutung bewegt. Flussers These vom „Ende der Geschichte" wird auf diese Weise ebenso zum Faktum, wie die Heraufkunft der neuen Zeit, die sog. „Nachgeschichte". Der Horizont des Möglichen und des Wahrscheinlichen wird so zum unhintergehbaren Ist-Zustand, er wird zur Wahrheit und zum Faktischen.[2]

Flusser vollzieht eine „Bewegung in die *Ironie*"[3] hinein. Mit dieser Haltung will er Dingen, Sachverhalten und Gegebenheiten nicht möglichst ‚nahe' kommen und ihnen ‚auf den Grund gehen', vielmehr intendiert er eine ironische Haltung, die ihn von diesen Bedingungen und Bedingtheiten weg in eine oben gelegene, gleichsam mit anderen Augen gesehene andere Welt führt, also es ihm erlaubt, aus kritischer Distanz einen möglichst großen Überblick zu gewinnen. Eröffnet er sich diesen Freiraum des Bodenloswerdens, steigt er in die Empörung empor, die gleichbedeutend mit der Bewegung der Emigration ist.[4] Und hier entdeckt er analog zum Fotografen, „daß es nicht darum geht, einen vorzüglichen Standpunkt einzunehmen, sondern darum, so viele Standpunkte wie

---

1 So deutet etwa Stefan Bollmann, der Herausgeber vieler Schriften Flussers, den Denkstil Flussers als „jenes Doppelspiel von Identifikation und Distanz (...), das gute Philosophie heute auszeichnet." Und Bollmann schreibt weiter: „Wie der Fotograf identifiziert sich der Philosoph Flusser letztlich mit keiner von ihm eingenommenen Position, sondern springt von Position zu Position, ohne dadurch etwa nur deren Austauschbarkeit beweisen zu wollen. Flusser beim Denken zu beobachten heißt vielmehr, der Stakkato-Bewegung des methodischen Zweifels zuzusehen, für den es keine letzte Gewißheit mehr geben kann. Flussers Denken ist radikalisiertes Möglichkeitsdenken und deshalb immer auf dem Sprung." Vorwort, 9. In: Vilém Flusser: Medienkultur. Hrsg. von Stefan Bollmann. Frankfurt am Main 1997, 7–18. Auch wenn ich diese These im Hinblick auf Flusser nicht verallgemeinern würde, immerhin hält er unverrückbar an bestimmten Einsichten fest, wird in ihr doch im Verweis auf die Offenheit seines Denkens etwas Richtiges gesagt.

2 Frauke Tomczak schreibt in ihrer fundierten Rezension von Flussers Buch *Vom Subjekt zum Projekt. Menschwerdung*: „Ein neues Stilmittel durchzieht dieses Werk Flussers: der Imperativ des vermeintlich Faktischen. Zu feiern *ist* also die Ersetzung des linearen, an der Schrift orientierten geschichtlichen Denkens durch das digitale punkt- und flächenförmige Komputieren von schwirrenden Punkten im Nichts, die Ersetzung des Sinnes/der Werte durch die reine Funktion, die Ersetzung der Geschichte durch formalisierte Systeme – eine Feier im Pathos der ‚Bewegung des Komputierens, des Synthetisierens von Welten und Menschen'." Der Biß des Porzellanhundes, 898. In: Deutsche Zeitschrift für Philosophie 43, 1995/5, 897–900.

3 Vilém Flusser: Für eine Philosophie der Emigration, 31. In: Freiheit des Migranten. Einsprüche gegen den Nationalismus. Hrsg. von Stefan Bollmann. Bensheim/Düsseldorf 1994, 31–34; (Herv. K. J.)

4 Vgl. ebd., 32 ff.

möglich zu realisieren."[5] Er entdeckt, daß, wie es vor ihm bereits Nietzsche aufgezeigt hat, die Multiperspektivität menschlichen Erkennens mit dem Verlust des Glaubens an eine absolute Wahrheit bzw. an ein objektiv gültiges Wahrheitskriterium einhergeht. Wahrheit fächert sich in dieser ästhetischen Position in die Vielzahl eingenommener Standpunkte auf, bei der die Schönheit „das einzig annehmbare Wahrheitskriterium" wird: „Je schöner der digitale Schein ist, desto wirklicher und wahrer sind die projizierten alternativen Welten."[6]

Vilém Flusser ist auch ein *Seismograph*. Ihn zeichnet das Gespür für das aus, was kommt, vorsichtiger gesagt, für das, was kommen könnte. So sagt er selbst in einem Gespräch, das er am 19.3.1988 mit Gerhard Johann Lischka im Kunstmuseum in Bern geführt hat:

> „Ich mache (...) nicht eigentlich Vorschläge, sondern was ich versuche zu tun, ist, die gegenwärtigen Tendenzen so gut wie möglich zu konstatieren und dann ein klein wenig nach vorne zu projizieren. Ich hoffe, daß nichts von dem, was ich sage, utopisch ist, sondern daß alles, was ich sage, jetzt angelegte Möglichkeiten sind."[7]

Aus dieser Äußerung geht die Intention Flussers hervor, zeitgemäß zu philosophieren, und das bedeutet, im Hier und Jetzt Entwicklungen aufzuspüren und sie auf Zukunft hin auszulegen. Flusser geht es folglich nicht um ein philosophisches Grundthema oder um ein spitzfindiges Detailproblem der Philosophie, er macht sich vielmehr den Aufweis von Tendenzen der geistigen Situation der Zeit zur Aufgabe, um sie voran- und vorauszudenken.

Vilém Flusser ist darüber hinaus ein begnadeter *Sprachschöpfer*. Er hört auf Bedeutungen der Worte, legt ihnen eigene Bedeutungen bei und läßt sich nicht von Festschreibungen leiten, die bereits mit ihnen verbunden sind. So überschreibt er zum Beispiel in seinem wichtigen Buch *Die Schrift* das erste Kapitel mit „Überschrift" und bezeichnet damit nicht den Titel, wie man spontan denken würde, sondern das „Nachdenken und das Schreiben über die Schrift",[8] also solches, was man über die Schrift denkend erfassen kann. Und er bildet, um die von ihm in den Blick genommenen neuen Phänomene adäquat zur Sprache bringen zu können, Neologismen. So spricht er zum Beispiel von „Telematik" als der Bewegung des Näherbringens von solchem, was in der Ferne liegt.

Überblickt man die vorgenommene Kennzeichnung des Denkstils Flussers, dann könnte leicht der Eindruck entstehen, daß es Flusser weniger auf den Inhalt als auf die Wirkung angekommen ist. Allerdings wäre dieser Eindruck falsch, denn Inhalt und Wirkung lassen sich aus seiner Haltung heraus gar nicht trennen, kann der Inhalt doch nur dann beim Rezipienten ‚ankommen', wenn er ‚wirkt' und seine Bedeutung zu entfalten vermag. Das heißt: Flusser hat sich zwar vieler rhetorischer Mittel bedient, um

---

5 Flusser: Für eine Philosophie der Fotografie, 35.

6 Vilém Flusser: Digitaler Schein, 158. In: Florian Rötzer (Hrsg.): Digitaler Schein. Ästhetik der elektronischen Medien. Frankfurt am Main 1991, 147–159.

7 Flusser: Bern, 1988, 34.

8 Flusser: Die Schrift. Hat Schreiben Zukunft? 4. Aufl. Göttingen 1992, 9.

seine Gedanken möglichst ‚öffentlichkeitswirksam' plazieren zu können, allerdings ist der Vorwurf unhaltbar, er sei ausschließlich auf Wirkung bedacht gewesen.

Darüber hinaus sehe ich in meiner kritischen Sympathie für sein Denken angesichts der Aufgabenstellung der vorliegenden Arbeit primär die Aufgabe darin, seine Gedanken aus diesem rhetorischen Kontext herauszuschälen und sie kritisch zu prüfen.

Wird Flussers Denken als geradezu idealtypische Repräsentation eines Trans-Anthropozentrismus' gedeutet, dann geschieht dies gegen seine eigenen Formulierungen, die ihn eher als Vertreter eines anthropologischen Modells erscheinen lassen. So schreibt er:

> „Die neue Zivilisation soll den Menschen nicht mehr in und mit Masken als Individuum identifizieren, sondern dank kreativer Ballung überhaupt erst das spezifisch Menschliche aus den zwischenmenschlichen Beziehungen projizieren. Es läßt sich demnach zwar von einem ‚Tod' der Wirtschaft, der Politik und des menschlichen Subjekts sprechen, aber nur in jenem Sinn, in dem bei einem Schmetterling vom Tod der Larve die Rede sein kann. Eine so entworfene Stadt ist jener Ort, an dem der aufrechte Mensch aus dem Subjekt hervorbricht."[9]

Hier geht es nicht darum, dieses Zitat auszulegen, vielmehr soll auf die Aussage, daß „das spezifisch Menschliche aus den zwischenmenschlichen Beziehungen" zu projizieren ist, hingewiesen werden. Nimmt man sie aus dem Kontext heraus, scheint Flusser die Vermenschlichung des Menschen im Sinne einer Humanisierung voranzutreiben. Diese Annahme ist allerdings falsch, denn für Flusser sind die biologischen Bedingungen und Bedingtheiten des Menschen nicht zu akzeptieren, weil sie ihn einschränken und unterwerfen, d. h. funktionell verarmen und geistig verkommen lassen. Stattdessen muß ein Ausweg aus dem Spiel der Natur gesucht werden: Der Mensch muß gezielt in es eingreifen und muß projizieren, um sich aus seiner Unterwürfigkeit befreien zu können. Die Grenzen, die die Natur dem Menschen auferlegt hat, sollen auf diese Weise nicht verschoben werden, um seinen Handlungsspielraum zu erweitern, vielmehr soll sich der Mensch grundsätzlich von seinen ihn niederdrückenden natürlich-biologischen Fesseln lösen, um sich aufrichten zu können.

Versucht man diese Grenzen kurz und bündig auszusprechen, könnte man sagen: an die Stelle von Natur, Blut, Notwendigkeit, Materie und Körper hat Kunst, Wahl, Freiheit und Geist zu treten.

Ich bin nicht der Auffassung, daß dadurch allererst das spezifisch Menschliche sichtbar wird und sich „die Menschwerdung" konkretisiert.[10] Im Gegenteil. Ich gehe so weit zu behaupten: Flusser versteht selbst nicht, was er sagt. Der Mensch, der sich als Projekt aufrichtet, löst das Menschliche des Menschen geradezu auf und verschwindet, wie gezeigt wird, im Netz. Der Mensch macht sich nun zu demjenigen Entwurf, den er sein möchte, und zwar möglichst unabhängig von all den natürlichen Vorgaben, die ihn bisher unvermeidlich gebunden haben. Er wird zu einer ‚geistigen Größe', d. h. zu einem

---

9 Flusser: Vom Subjekt zum Projekt, 59.

10 Vgl. ebd., 95.

„Knotenpunkt" in einem Relationengefüge, der sich nicht als ein ‚ich' zu identifizieren vermag, sondern sich im ‚wir' aufhebt.[11]

Dieser Schritt vom Menschen zum trans-anthropologischen Über-Menschen ist die Wende „Vom Subjekt zum Projekt", die Flusser zufolge heutzutage festgestellt werden kann:

> „Eine neue, post-humanistische, ‚post-moderne' Anthropologie befindet sich im Entstehen. Nachdem wir uns als ein Nichts im Nichts aufgeklärt haben, als Knoten vernetzter Relationen, die nichts verbindet, können wir überhaupt erst beginnen, dieses Nichts zu verneinen. Eine derartige negative Anthropologie (‚Neg-anthropologie') ist nicht etwa nur eine theoretische philosophische Sicht (ein negativer Glaube), sondern vor allem eine Praxis."[12]

Flusser zufolge ist der Mensch, wie unten gezeigt werden wird, bei seinem Glauben an die Solidität des Menschen und der Dingwelt und bei seiner Suche nach einem Grund sowohl auf der Objekt- als auch auf der Subjektseite auf nichts gestoßen.[13] Denn beide Seiten haben sich aufgelöst, genauer gesagt, sie sind entsprechend der entropischen Tendenz der Wirklichkeit, die Flusser in Anwendung des zweiten Hauptsatzes der Thermodynamik auf kulturelle Gegebenheiten in ihnen zu erkennen glaubt, in Relationsfelder zersetzt worden, wodurch die Linie zum Punkt, der letztlich ein Nichts ist, wurde. Und hier in dieser Nulldimensionalität ist es möglich, entweder in lähmende Apathie zu verfallen, oder aber schöpferisch mit diesen Punkten umzugehen, zur Tat zu schreiten und aus diesen den Menschen und die Welt nach eigenen Vorstellungen neu zusammenzusetzen.

Um diesen Vorgang genauer zu untersuchen, sollen in den nächsten Abschnitten folgende Leitfragen beantwortet werden. Warum soll sich der Mensch von einem Subjekt in ein Projekt aufrichten? Was heißt projizieren? Was wird projiziert? Wer ist derjenige, der projiziert?

---

11 Vgl. dazu ebd., 126.

12 Ebd., 18.

13 Vgl. zum folgenden ebd., 16f.

2. Vorgeschichte – Geschichte – Nachgeschichte

Will man die Intention Flussers verstehen und den systematischen Ort erfassen, den seine Gedanken der Überwindung des Menschen haben, dann ist es erforderlich, wenigstens in groben Zügen die drei Phasen der Entwicklung des Menschen zu umreißen, die Flusser zufolge für den vergangenen, den gegenwärtigen und den künftigen Menschen und seine Deutung der Welt kennzeichnend sind. Diese drei Phasen, die er die Vorgeschichte, die Geschichte und die Nachgeschichte nennt, stellen jeweils nach einem Umbruch eine markante Etappe dar, die durch je eigene Qualitäten gekennzeichnet ist.[1] Hier klingt bereits an, daß Flusser weder die Menschheitsgeschichte noch die Spezies Mensch integrativ ausdeutet, indem er einen Zustand aus dem anderen hervorgehen und in ihm aufgehoben sein läßt, sondern jeweils Krisen annimmt, die einen radikalen Umbruch herbeiführen, wodurch das Neue qualitativ vom Alten differiert.

Den Zeitraum, den er bei der Unterscheidung der drei Phasen im Blick hat, erstreckt sich vom Beginn des Auftretens des Menschen bis in unsere Zeit und dem nun beginnenden neuen Weg in die „telematische Informationsgesellschaft“, wie er mit einem Neologismus die dialogisch vernetzte und dezentrale Mediengesellschaft kennzeichnet. Menschliche Existenz ist für ihn an das Vorhandensein von Codes gekoppelt, wobei er unter einem Code „ein System aus Symbolen“ versteht, dessen Zweck darin besteht, „Kommunikation zwischen Menschen zu ermöglichen“:[2] „Wo immer man Codes entdeckt, kann man auf menschliche Gegenwart schließen.“[3] Das hat seinen Grund darin, daß der Mensch, wie Flusser ohne Verweis auf die grundlegenden Untersuchungen von Ernst Cassirer deutlich macht, ein symbolisches Wesen ist und beispielsweise seine Sprache und seine Gesten Ausdruck einer bestimmten Weltdeutung und spezifischen Lebensweise sind.

Hier wird deutlich, daß menschliches Reden an Codes gebunden ist, also an Ordnungsgefüge, die auf der Grundlage menschlicher Symbole entstehen:

> „Da Symbole Phänomene sind, welche andere Phänomene ersetzen (‚bedeuten‘), ist die Kommunikation ein Ersatz: Sie ersetzt das Erlebnis des von ihr ‚Gemeinten‘. Menschen müssen sich miteinander durch Codes verständigen, weil sie den unmittelbaren Kontakt mit der Bedeutung der Symbole verloren haben. Der Mensch ist ein ‚verfremdetes‘ Tier, muß Symbole schaffen und sie in Codes ordnen, will er den Abgrund zwischen sich und der ‚Welt‘ zu überbrücken versuchen. Er muß zu ‚vermitteln‘ versuchen, er muß versuchen, der ‚Welt‘ eine Bedeutung zu geben.“[4]

Das bedeutet, daß sich für Flusser der Mensch stets in der Welt zu orientieren hat und ihr eine Deutung geben muß. Diese Weltgewinnung geschieht über Symbole und deren

---

1 Ich beziehe mich auf das 3-Phasenmodell und nicht auf das von Flusser häufig auch verwendete fünfstufige, weil es. schärfer die Hauptetappen voneinander abhebt. Zum fünfstufigen Phasenmodell vgl. z. B. Flusser: Ins Universum der technischen Bilder, 10–14.

2 Vgl. Flusser: Die kodifizierte Welt, 23. In: Medienkultur. Frankfurt am Main 1997, 21–66.

3 Ebd., 23.

4 Ebd.

Ordnungsmuster, die Codes. Sie ermöglichen allererst eine Verständigung zwischen den Menschen, weil die Unmittelbarkeit, die zwischen Symbol und Mensch bestand und die verlorengegangen ist, nun durch sie gleichsam aufgefangen wird. Anders gesagt: Auch wenn der Mensch den Gehalt und die Aussagekraft des Symbols nicht mehr direkt erfassen kann, bewegt er sich doch in einem von Symbolen besetzten Zusammenhang, der ihn trägt und ihn mit dem anderen Menschen verbindet. Auf dem Weg der Bedeutungsstiftung überwindet der Mensch die ursprüngliche Kluft zwischen sich und der Welt und zwischen sich und seinem Mitmenschen.

Flusser zufolge können in dem bisherigen Bestehen des Menschen, wie oben bereits gesagt wurde, drei große Etappen herausgearbeitet werden, in denen ganz und gar verschiedene *Weltdeutungen*, *Lebensweisen* und *Bewußtseinslagen* realisiert werden, kurz gesagt, ganz und gar verschiedene Codes zum Ausdruck kommen.

Der Mensch der *Vorgeschichte* hatte ein *bildliches* Denken. Seine „Sachlagen" übersetzte er sich direkt in Bilder, also in Oberflächen, deren Bedeutung von ihm mit einem Blick erfaßt werden konnte. Jede Sachlage – sei es z. B. ein Spaziergang, eine Jagd oder ein Treffen mit einem anderen Stamm – bedeutete eine „Szene", stand also für ein komplexeres Phänomen, das in der dargestellten Szene auf Grundsätzliches reduziert wurde. Ein Bild synchronisiert, wie Flusser schreibt, „die Sachlage, die es als Szene bedeutet. Aber nach dem erfassenden Blick muß das Auge im Bild analysierend wandern, um seine Bedeutung tatsächlich zu empfangen, es muß die ‚Synchronizität diachronisieren.'"[5] Einfach gesagt, kommt in diesem Zitat zum Ausdruck, daß in jedem Bild, das direkt aufgefaßt, also verstanden werden kann, viele Detailinformationen enthalten sind, die nacheinander, eben nach dem direkten Erfassen, allererst aufgerollt und aufgeschlüsselt werden können. Die Codes waren daher zweidimensional: sie verwiesen als Sachlagen auf Szenen, wie umgekehrt die Szenen Sachlagen ersetzten.

Flusser verwendet zur Kennzeichnung dieses geistigen Vorgangs der Verbildlichung der Welt in der Vorgeschichte den Ausdruck der „Imagination", der im wörtlichen Sinne zu verstehen ist. Wie er im Gespräch mit Gerhard Johann Lischka sagt, bedeutet er, „sich vor die Welt stellen und sie sich ansehen".[6] Das heißt, daß der Mensch nicht in der Welt aufgeht, sondern ‚einen Schritt zurücktritt', auf seine Umwelt blickt und sie ver-bildet, indem er sich Bilder von ihr als Abstraktionen dieser gegenständlichen Welt macht.

Der Mensch der Vorgeschichte lebte Jahrtausende lang in dieser Welt der Bilder, in der für Flusser „die Zeit in der Welt (fließt), wie die Augen im Bild wandern."[7] Der Mensch sah in der Natur, in der Physis, den Kreislauf der ewigen Wiederkehr des Gleichen, in der es kein absolutes und endgültiges Ende gibt, sondern nur ein stetiges Neubeginnen und ein Wiederaufleben nach einem Vergehen. Dieser zyklischen Zeitvorstellung, der eine Kreisstruktur immanent ist, entspricht die Magie, die die Dinge gemäß

---

5 Flusser: Die kodifizierte Welt, 24.
6 Flusser: Bern, 1988, 37.
7 Flusser: Die kodifizierte Welt, 24.

diesem Kreislauf des Werdens anordnet. In dieser „magischen Daseinsform" war die „,Welt' eine Menge von Szenen, welche magisches Verhalten fordern."[8]

Vor etwa 6000 Jahren endete mit der Erfindung der Schrift die Vorgeschichte, und es begann die *Geschichte*, ein Umbruch mit weitreichenden Konsequenzen. An den frühesten Texten, den keilförmigen mesopotamischen Ziegeln läßt sich aufzeigen, daß die lineare Schrift aus Bildern und in der Gegenstellung zu Bildern entstanden ist und daß sie beabsichtigte, eben diese Bilder zu beschreiben, um sie zu erklären.[9] Die Erfindung der Schrift bestand daher für Flusser „nicht so sehr in der Erfindung neuer Symbole, sondern im Aufrollen des Bildes in Linien (,Zeilen')."[10]

Das in der Vorgeschichte aus mehreren Symbolen bestehende Bild wird nun neu geordnet, es wird gezählt und kalkuliert. Die Zeile „rollt die Szene auf und verwandelt sie in eine Erzählung. Sie ,erklärt' die Szene, indem sie jedes einzelne Symbol klar und deutlich (clara et distincta perceptio) aufzählt. Daher meint die Zeile (der ,Text') nicht unmittelbar die Sachlage, sondern sie meint die Szene des Bildes, welches ihrerseits die ,konkrete Sachlage' meint."[11] Flusser bringt in diesem Zitat zum Ausdruck, daß die Schrift die Unmittelbarkeit der Szene in Einzelteile zerlegt und sie hintereinander, eben Symbol für Symbol, anordnet. Die Zeile steht daher zunächst für eine spezifische Szene und ist folglich weiter von der unmittelbaren Sachlage entfernt als das Bild in der imaginären Welt der Vorgeschichte.

Bevor ich Flussers Gedankengang weiter darlege, soll dieser strittige Punkt wenigstens fragend problematisiert werden. Ist es denn zuzugestehen, daß mit dem Aufkommen der Schrift die Unmittelbarkeit des magischen Bilderdenkens vermittelter wurde und die Distanz, die in der Vorgeschichte zwischen konkretem Erlebnis und Bild bestanden hat und die sich nun in der Geschichte auf das konkrete Erlebnis und den Text bezieht, um einiges größer geworden ist? Ist es in einem ,echten' Lesen nicht geradezu möglich, jegliche Distanz zu überbrücken, sich in den Text zu ,versenken' und das geschilderte Erlebnis sich zu eigen zu machen, also es direkt und unmittelbar nachzuerleben? Kann man den Text, wenn man in diesem Sinne liest, dann überhaupt als „um einen Schritt weiter vom konkreten Erlebnis entfernt als Bilder"[12] ansehen? Immerhin muß in der Vorgeschichte das Auge, wie Flusser bereits oben zitiert, auch „nach dem erfassenden Blick (...) im Bild analysierend wandern, um seine Bedeutung tatsächlich zu empfangen, es muß die ,Synchronizität diachronisieren'."[13] Auch ein Wort, das die Sachlage ,Spaziergang' zum Ausdruck bringt, kann sofort erfaßt werden. Erst wenn die Sachlagen komplexer und differenzierter werden, erhöht sich die Diachronie, der erforderliche Einsatz zum Lesen eines Bild oder eines Textes.

Ich komme zu Flussers Gedankengang zurück. Das Lesen eines Textes geschieht entlang der Zeile. Wir nehmen die Wörter nacheinander gemäß ihrer Anordnung in der

---

[8] Flusser: Die kodifizierte Welt, 24.

[9] Vgl. Flusser: Bern, 1988, 36.

[10] Flusser: Die kodifizierte Welt, 25

[11] Ebd.

[12] Ebd.

[13] Ebd., 24.

Zeile auf, d. h. wir empfangen deren Einzelbedeutung und schreiten lesend voran, um dem linearen Code entsprechend am Ende der Zeile die Gesamtbotschaft zu erhalten. Wir imaginieren nicht mehr wie der Mensch der Vor-geschichte, sondern wir „konzipieren", d. h. wir bilden uns Konzepte i. S. von Begriffen, die Bedeutung von ‚Ideen' haben. Für Flusser hat das „eine neue Zeiterfahrung zur Folge, nämlich die einer linearen Zeit, eines Stroms des unwiderruflichen Fortschritts, der dramatischen Unwiederholbarkeit, des Entwurfs: kurz der Geschichte."[14]

Das mit der Erfindung der Schrift möglich gewordene Lesen wird von hierher nicht als eine Tätigkeit des Menschen unter und neben zahlreichen anderen Tätigkeiten, sei es spazierengehen, schwimmen oder reiten, verstanden, es wird vielmehr als primäres Medium gedeutet, durch das hindurch der Mensch Zeit, Bewußtsein und Welt sieht. Die Linearität des Lesens sprengt daher die Kreisstruktur der zyklischen Zeit in die Linearität einer Zeitstrecke auf, die das Entstehen der Kennzeichen von einseitiger Gerichtetheit, Fortschrittsdenken und Irreversibilität begünstigt und Erklärungen, die in der Tiefenstruktur der Oberfläche, der semantischen Ebene, fundiert sind, hervorbringt. Dabei entsteht „das historische Bewußtsein", das in einem langsamen und schwierigen Prozeß das magische Bewußtsein bis in unsere Zeit hinein überwindet.[15]

Wesentlicher Faktor bei der Durchsetzung des textlichen Denkens gegen das bildliche Denken, bei dem die Welt nicht mehr als eine Menge von Szenen, sondern als Begriffe von Szenen aufgefaßt wurde, war der Buchdruck, durch den Manuskripte erstmals erschwinglich wurden und ein aufsteigendes Bürgertum die Möglichkeit bekam,

> „(...) zum historischen Bewußtsein der Eliten vorzudringen. Und die Industrierevolution, welche die ‚heidnische' Dorfbevölkerung aus ihrem magischen Dasein riß, um sie als Massen um Maschinen zu ballen, programmierte diese Masse dank Volksschule und Presse mit linearen Codes. In den sogenannten ‚entwickelten' Ländern wurde die geschichtliche Bewußtseinsebene im Lauf des 19. Jahrhunderts allgemeingültig, für den Rest der Menschheit dagegen wird sie das erst im Moment, weil dies der Zeitpunkt ist, zu dem das Alphabet als universaler Code tatsächlich zu funktionieren beginnt. (...) Der Sieg der Texte über die Bilder – der Wissenschaft über die Magie – ist ein Ereignis der jüngsten Vergangenheit und weit entfernt, als abgeschlossen angesehen werden zu können."[16]

Flusser fixiert demnach seinen Blick nicht ausschließlich auf die westlichen Industrienationen, sondern er betrachtet den Vorgang der Umwandlung in ein textlich-lineares Denken als einen weltweiten Prozeß, der bisher noch zu keinem Abschluß gekommen ist.

---

14 Ebd., 26.

15 Vgl. ebd. Diese These Flussers, daß die Erfindung der Schrift die Entstehung des historischen Bewußtseins zur Folge hat, genauer gesagt, daß das historische Bewußtsein kausal aus der Schrift hervorgeht, erscheint mir äußerst problematisch. M. E. besteht zwischen beiden ein wechselseitiges Bedingungsverhältnis, weshalb eine Veränderung einer bestimmten Einstellung eine Auswirkung auf die Schrift hat, wie umgekehrt eine über einen langen Zeitraum ausgeübte spezifische Weise des Schreibens auch spezifische Auswirkungen auf die psychisch-intellektuelle Verfaßtheit hat.

16 Ebd., 26 f.

Flusser zufolge stehen wir auf der Schwelle zu einer neuen Denkart und Lebensweise, wir stehen auf der Schwelle zur „*Nachgeschichte*". Dieser „Übergang aus der gutenbergschen in die elektromagnetische Kultur"[17] bedeutet ein „Umkodieren des Denkens aus Buchstaben in Zahlen."[18] Er kommt einer Wende, einem radikalen Umbruch gleich, bei dem wir all das verlieren, was uns bisher als westliches Erbe wertvoll war. Der Umbruch ist daher von unglaublichen Ausmaßen, er ist geradezu als eine „informatische Revolution" einzustufen, durch den das „Abenteuer der Menschwerdung (..) mit uns in eine neue Phase eingetreten" ist:[19] Diese „informatische Revolution ist eine politische: die Stadt (polis) geht unter; und sie ist eine kulturelle Revolution: die Schreibkultur geht unter."[20]

Die grundsätzliche Schwierigkeit, das Kommende beschreiben zu wollen, liegt darin, es auf dem Boden des Bisherigen tun zu müssen, also Beschreibungs- und Annäherungskriterien zu wählen, die der neuen, völlig anders gearteten Qualität des Künftigen nicht gerecht werden können: „Es beschreiben wollen heißt, es ins alte Denken hineinzwingen wollen, heißt zeigen, wie das Kommende notwendigerweise (kausal) aus dem Alten hervorkommt, heißt vom Alten aus erklären."[21] Es ist daher geradezu ein Sprung notwendig, durch den wir in das Künftige hineinversetzt werden. Sind wir erst einmal in ihm gelandet, dürfen wir allerdings nicht den Fehler begehen, es beschreiben, besser gesagt, es erklären zu wollen. Denn für Flusser ist das Neue des Neuen gerade durch seine Nicht-Erzählbarkeit und Nicht-Erklärbarkeit ausgezeichnet. Erklären bedeutet Zusammenhänge herzustellen und Gründe aufzuzeigen, von denen das Zu-Erklärende getragen wird. Aber das Neue am Neuen ist

> „(...) gerade die Sinnlosigkeit (...) es erklären zu wollen. Die Aufklärung hat sich ausgelaufen, und es ist nichts mehr am Neuen zu erklären. Es gibt nichts Dunkles an ihm, es ist durchsichtig wie ein Netz. Nichts steckt dahinter."[22]

Nimmt man diese These ernst und bezieht sie auf Flussers Denken, dann müßte man ihn prinzipiell fragen, warum er zahlreiche Aufsätze und Bücher geschrieben hat, die den Übergang von der Geschichte in die Nachgeschichte in den Blick nehmen, also streng genommen, doch erklärend, nämlich ‚übergangserklärend', verfahren und die das Neue am Neuen zwar nur zu entwerfen versuchen, letztlich aber im Entwurf des Künftigen auch Plausibilitäten entwickeln müssen, also – wenn auch nur rudimentär – Erklärungsbedarf einfordern, wollen sie nicht willkürlich und als Ausgeburt einer bloßen Phantasterei erscheinen.

Für Flusser ist diese künftige Welt der Nachgeschichte eine Welt der Oberfläche, in der Bilder an die Stelle von alphabetischen Texten gerückt sind. Allerdings dürfen die

---

17 Vgl. Flusser: Die Schrift, 56.
18 Flusser: Vom Subjekt zum Projekt, 9.
19 Flusser: Die Schrift, 56. Und: Flusser: Digitaler Schein, 157.
20 Flusser: Die Schrift, 117.
21 Ebd., 148.
22 Ebd.

neuen Bilder nicht mit den alten Bildern verwechselt werden, sind es doch technische Bilder, die aus Kalkulationen („calculi" = Steinchen) entstehen:

> „(Die) neuen Bilder, (...) diese tönenden Geschichten auf Bildschirmen: Das sind keine Bilder im alten Sinne, das sind keine Flächen, sondern Mosaike, die aus Punkten zusammengesetzt sind. Wir denken nicht mehr bildlich, aber auch nicht mehr linear, sondern wir denken punktuell. So kommen wir wieder auf den Netzcharakter des Denkens zurück. Wir denken (...) ‚kalkulatorisch', wir zerlegen alles in Steinchen – *calculi* – und setzen diese Steinchen wieder zusammen. Zusammensetzen heißt ‚komputieren'. Wir kalkulieren, um zu komputieren. Nur sind komputierte Bilder keine vorgestellten Bilder, keine Vorstellungen, sondern Komputationen."[23]

Flusser macht hier deutlich, daß die neuen technischen Bilder nicht Abbildungen einer vorfindbaren Wirklichkeit sind, sondern Projektionen aus Kalkulationen. Sie werden im Vorgang des Projizierens aus quantifizierbaren Elementen, den Calculi, neu zusammengesetzt und stehen nicht mehr für die Welt schlechthin, sondern für die Modelle des Entwerfenden. Sie sind als bloße Kalkulationen ein eigenständig hervorgebrachtes Mosaik aus Punktelementen, das beim Komputieren, dem Vorgang des Zusammensetzens des zuvor Zerzählten, möglich wird. Dies bringt die neue Lesart zum Ausdruck: die Lesart des Komputierens. Der Mensch als Projekt, der diese Aufgabe des Synthetisierens neuer Bilder auf sich nimmt, ist durch das „Einbilden" zu charakterisieren,[24] das wörtlich als „ins Bild hineingeben" und „ins Bild setzen" zu verstehen ist.[25]

Dies führt zu einer Uminterpretation des bisherigen Lesers im kommenden Leser, der Flusser zufolge nun schöpferisch mit dem ihm zur Verfügung stehenden Material umgeht:

> „Der künftige ‚Leser' sitzt vor dem Schirm um die gelagerten Informationen abzurufen. Es geht nicht mehr um ein passives Auflesen (Aufklauben) von Informationsbrocken entlang einer vorgeschriebenen Zeile. Es geht vielmehr um ein aktives Knüpfen von Querverbindungen zwischen den verfügbaren Informationselementen. Es ist der ‚Leser' selbst, der aus den gelagerten Informationselementen die von ihm beabsichtigte Information überhaupt erst herstellt. Bei dieser Informationsproduktion verfügt der ‚Leser' über verschiedene Knüpfmethoden, die ihm von der künstlichen Intelligenz vorgeschlagen werden (gegenwärtig ‚Menüs' genannte Abrufmethoden), aber er kann auch seine eigenen Kriterien dabei zur Anwendung bringen."[26]

Flusser veranschaulicht diese Vorstellung, wie oben bereits angeführt, an einem Beispiel: Wenn ein Leser Interesse an Wissenschaftsgeschichte hätte, dann bilden die Informationen nicht mehr eine chronologische Abfolge, bei dem das zeitlich Frühere durch das Spätere erklärt werden kann, vielmehr stehen sie in einem Verhältnis der Gleichzeitigkeit zueinander. Konkret gesagt:

---

23 Jörg Albrecht: Vom Ende der bürgerlichen Kultur. Ein Gespräch mit Vilém Flusser, 41. In: über flusser. Die Fest-Schrift zum 70. von Vilém Flusser. Hrsg. v. Volker Rapsch. Düsseldorf 1990, 35–51.

24 Flusser spricht auch vom „techno-imaginieren". Flusser: Die kodifizierte Welt, 28.

25 Vgl. dazu: Flusser: Bern, 1988, 37.

26 Flusser: Die Schrift, 150.

„Nach unserer gegenwärtigen Les- und Denkart steht etwa ‚Aristoteles' vor ‚Newton'. Dem künftigen ‚Leser' hingegen, stehen ‚Aristoteles' und ‚Newton', beide digital umcodiert, gleichzeitig zur Verfügung. Er kann daher beide Systeme zugleich abrufen, und zwar so, daß sie sich überdecken und gegenseitig stören. Im System ‚Newton' wird zum Beispiel die ‚Trägheit' gegen das ‚Motiv' im System ‚Aristoteles' anstoßen, und das Prinzip ‚Gerechtigkeit' im System des Aristoteles wird gegen die Kausalketten im System Newtons stoßen. Der ‚Leser' wird die beiden überlagerten Systeme so manipulieren können, daß Zwischenstadien entstehen, worauf das System des Aristoteles ebenso aus dem Newtons emportauchen kann wie das Newtonsche System aus dem des Aristoteles. Der ‚Leser' wird zwar aus den ihm verfügbaren Daten erfahren, daß tatsächlich das Newtonsche System jünger ist als das des Aristoteles, er wird die ‚Geschichte' ebensogut umdrehen können."[27]

Es wird deutlich, daß das Nacheinander, der Fortschritt, die Irreversibilität, das Prozeßhafte, das Werden, also all die Kategorien, die der Geschichte immanent sind, mit der Umcodierung ihre Bedeutung verlieren. Stattdessen ist der Mensch nun dazu aufgefordert, in einem freien schöpferischen Spiel seine eigenen Modelle im Netz hervorzubringen. Daher gibt es beim künftigen Leser auch kein Geschichtsbewußtsein mehr, also das „Bewußtsein, in einen dramatischen und unwiderruflichen Zeitstrom getaucht zu sein", vielmehr steht er „darüber, um seine eigenen Zeitströme zu knüpfen. Er liest nicht eine Zeile entlang, sondern er spinnt seine eigenen Netze."[28]

Das, was heutzutage als „Krise der Werte" bezeichnet wird, kann daher von Flusser als Ausdruck dieses Übergangs „aus der Welt der Erklärungen (...) in die techno-imaginäre Welt der ‚Modelle'" angesehen werden: „Der ‚Glaube an Texte' – an Erklärungen, an Theorien, an Ideologien – geht verloren, weil die Texte, wie einst die Bilder, als ‚Vermittlungen' erkannt werden."[29]

Auf diesem Hintergrund wird der systematische Ort, den seine Gedanken zur Überwindung des Menschen haben, sichtbar. Der Mensch der Nachgeschichte, der sich als projektive Existenz versteht und einzulösen versucht, stellt sich gegen die von ihm erkannte entropische Tendenz der Wirklichkeit und setzt nicht nur die Welt nach seinen Vorstellungen ins Bild, sondern auch sich selbst. Er akzeptiert folglich weder die „Tendenz zur Gleichförmigkeit, zum Informationsverlust",[30] noch nimmt er Gegebenheiten als gleichsam ‚natürliche Grenzen' hin, sondern er versucht, dem Zufall und Vergehen zu trotzen und sich zu dem zu machen, der er sein möchte. Auf diese Weise schafft er die Welt und den Über-Menschen im freien Spiel nach seinen eigenen Vorstellungen und treibt seine eigene Überwindung voran.

Die oben aufgeworfene Leitfrage ‚Warum soll sich der Mensch von einem Subjekt in ein Projekt aufrichten?' findet hier eine Antwort. Der Mensch, der sich in der Geschichte als Subjekt den Zwängen und Erfordernissen, die diese Etappe mit sich führte, unterordnen mußte und dem Zufall und dem Zerfallen der Natur bzw. der Welt hilflos ausgeliefert war, hat in Flussers Philosophie der Hoffnung und des Traums die Mög-

27 Ebd., 151.
28 Ebd.
29 Flusser: Die kodifizierte Welt, 28.
30 Vilém Flusser: Streuen und Raffen, 255. In: Lob der Oberflächlichkeit, 253–258.

lichkeit diese ‚hinter' und ‚unter' sich zu lassen, um bewußt in die ästhetische Freiheit, die die Nachgeschichte ihm eröffnet, eintreten zu können. Er richtet sich auf, stellt sich über alle Vorgaben und beginnt nach seinen Vorstellungen die Netze, in die er sich selbst einspinnt, hervorzubringen.

3. Das Projizieren

Flusser ist kein Denker, der seine Begriffe terminologisch eindeutig faßt, um sie dem Rezipienten möglichst exakt zur Kenntnis zu bringen; vielmehr läßt sich häufig der Bedeutungsgehalt seiner Worte allererst durch ihre Verwendung erschließen. Auch eines der wichtigsten Grundworte seiner kulturtheoretischen Überlegungen, das Projizieren, wird von ihm nicht präzise bestimmt. Dazu gehört es, daß er auf eine inhaltliche Auseinandersetzung mit philosophischen Positionen verzichtet, in denen das Projizieren bzw. das Entwerfen von Bedeutung ist. So wird – ohne daß er es erwähnt – bereits von Immanuel Kant die „Revolution der Denkart" in der Erkenntnis derart begründet, daß „die Vernunft nur das einsieht, was sie selbst nach ihrem Entwurfe hervorbringt", wodurch er die Bestimmung des Menschen als eines autonomen, der Aufklärung fähigen und bedürftigen Wesens kennzeichnet.[1] Und für Martin Heidegger ist in seiner „existenzialen Analytik des Daseins" in *Sein und Zeit* im Paragraphen 31: „*Das Da-sein als Verstehen*" der Entwurf der Akt des Seinsverstehens, der dasjenige, woraufhin sich der Mensch ausrichtet, inhaltlich-thematisch nicht fixiert, um den Möglichkeitscharakter des Entworfenen zu wahren: „Das Verstehen ist, als Entwerfen, die Seinsart des Daseins, in der es seine Möglichkeiten als Möglichkeiten *ist*."[2]

Auch im „existentialistischen Humanismus" Jean-Paul Sartres ist der Entwurf, *le projét*, ein Schlüsselwort. Es verweist angesichts des konstitutionellen Freiseins des Menschen auf das Insgesamt der entworfenen Ziele, durch die der Mensch in der Situation seine Freiheit realisiert und sich und die Welt wählt. Auf diese Weise fügt er die Dinge in einen Bedeutungszusammenhang ein, durch den die Welt zu seiner Welt gemacht wird, in der er sich einsetzen kann. Das Freisein des Menschen bedeutet für Sartre daher ein Sich-Wählenmüssen, das in der Selbstbestimmung, d. i. dem Entwurf seiner selbst, geschieht.[3]

Ohne auf wichtige Unterschiede zwischen diesen Philosophen eingehen zu wollen, läßt sich aus diesen wenigen Andeutungen doch bereits erkennen, daß Flusser unausgesprochen an die hier vorgelegten Grundbestimmungen, die dem Projekt bzw. dem Entwurf zukommen, anknüpft. So ist das Entwerfen erstens mit dem konstitutionellen Freisein des Menschen verbunden; zweitens bringt es die Autonomie bzw. Selbstbestimmung des Menschen zum Ausdruck; und drittens geschieht es in dem

1 Kant: KrV, B XIII.
2 Heidegger: Sein und Zeit, 145. Vgl. zum Problemzusammenhang insb. 142–148.
3 Vgl. dazu insb. im vierten Hauptteil von Sartres philosophischem Hauptwerk *Das Sein und das Nichts* im ersten Kapitel „Abschnitt II. Freiheit und Geworfenheit: Die Situation", 610–696.

menschlichen Sich-Ausrichten auf Ziele, durch das die Freiheit realisiert wird. Im folgenden geht es darum, Flussers Verständnis des Projizierens herauszuarbeiten und zu fragen, ob und inwiefern diese Grundbestimmungen für es Relevanz besitzen.

Flusser stellt zu Beginn seiner Untersuchung *Vom Subjekt zum Projekt* die These auf, daß der Mensch seine Gesetze, seien es „die buchstäblichen Gottesgesetze oder die numerischen Naturgesetze", selbst hervorgebracht hat, er also ihr Schöpfer gewesen ist.[4] Diese These wird von ihm als ein „Verdacht" geäußert, der sich immer mehr verdichtet und der in den folgenden Fragen sichtbar wird:

> „Wie kommt es, daß die Gesetze nach den Regeln menschlicher Codes gebaut sind? Warum befolgt ‚Du sollst nicht töten' die Regeln der deutschen (oder hebräischen) Grammatik und der freie Fall die Regeln der Arithmetik? Sieht nicht alles so aus, als hätten wir selbst die Gesetze kodifiziert, sie dann projiziert, um sie mittels Offenbarung und Entdeckung wieder zurückzuholen?"[5]

Das bedeutet, daß für Flusser kein Gesetz unabhängig vom Menschen besteht, folglich er als ihr Urheber anzusehen ist: Er fixiert sie schriftlich nach seinen Regeln und entwirft in diesem Prozeß Gott und die Dinge aus sich heraus und bindet sie schließlich durch eine neue ‚Erfindung', hier die Offenbarung, dort die Entdeckung, wieder an sich zurück.

Sobald der Mensch diesen Vorgang entlarvt und eine Haltung anzunehmen vermag, bei der er sich kritisch zur bisherigen Geschichte verhält, hat er die Möglichkeit, sich auch nicht mehr als ein Subjekt, sondern als ein „Projekt" der Gesetze anzunehmen, und das bedeutet, die Unterwürfigkeit, die bisher in der Weise des Sich-Beugens vor Gott oder den Dingen bestand, in eine Aufrichtigkeit umzuwandeln. In der Erkenntnis ‚die Gesetze hat der Mensch selbst aufgestellt' gewinnt er zugleich die kritische Distanz, die es ihm ermöglicht, das Projizieren bewußt zu betreiben und von nun an Modelle selbst zu entwerfen, also den Punkt und die Punktelemente sinngebend zu verwandeln. Was heißt das?

Flusser zufolge hat in der Neuzeit, zu der Nikolaus von Kues die Grundlage gelegt hat, ein gewaltiger Umbruch stattgefunden, in dem sich das bisherige buchstäbliche Denken in ein numerisches Denken verwandelte. Die modernen Menschen – und Flusser verwendet das Wort ‚modern' synonym mit ‚neuzeitlich' – haben bei diesem Prozeß des Umcodierens aus Buchstaben in Zahlen stets den Glauben an die Dinge gewahrt, und das heißt, sie waren davon überzeugt, daß „die Dinge irgendwo und irgendwie ‚fest' sind" und man ihnen auf den Grund kommen kann. Dieser Glaube ist heutzutage verloren, denn unabhängig davon, wie tief das numerische Denken in die Dinge einzudringen versucht, so gelang es ihm doch nicht, einen festen Grund auszumachen. Stattdessen „hat es die Dinge zu Nebelschwaden aufgelöst, die im Nichts schweben. Aber das ist noch nicht das Entscheidende. Während es sich über die Dinge beugte, hat es sich selbst zu im Nichts schwebenden Nebelschwaden aufgelöst."[6]

---

4 Vgl. zu den folgenden Ausführungen Flusser: Vom Subjekt zum Projekt, 9 ff.

5 Ebd., 10.

6 Ebd., 11.

Der Vorgang der Auflösung ist für Flusser demnach sowohl auf der Seite der Dingwelt als auch auf der Seite der Objektwelt festzustellen. So geht einerseits die Dingwelt in Relationsfelder auf, und andererseits wird das Subjekt, das sich selbst zum Objekt macht,

> „(...) kalkulierbar, nicht nur als physische und physiologische, sondern auch als mentale, soziale und kulturelle ‚Sache'. Alle seine Parameter werden analysierbar, in Punkte zersetzbar: die Wahrnehmungen in Reize, das Verhalten in Aktome, die Entscheidungen in Dezideme, die Sprache in Phoneme, die Kulturen in Kultureme."[7]

Das Kalkulieren, das, wie gesagt, auf das lateinische Wort *calculi*: kleine Steinchen zurückgeht, benennt demnach das rechnende Zerzählen, durch das die Linie in Punkte zerfällt und das Individuum zu einem Divisum wird:

> „Als Objekt des Kalkulierens zerfließt der Mensch in sich einander überschneidende Netze von physiologischen, psychischen, sozialen und kulturellen Relationen; und der Mensch als Subjekt des Kalkulierens löst sich im Kalkulieren selbst auf. Das ist der berüchtigte ‚Tod des Humanismus'."[8]

Diese Auflösung ist gegenwärtig vollzogen und mit ihm geht die Moderne in die Post-Moderne über. Und hier entsteht der Freiraum, in den der Mensch eintreten kann, präziser gesagt, eintreten muß, um alternative Welten und Menschen zu projizieren. Denn die Veränderung des Menschen von einem Subjekt in ein Projekt ist nicht, wie Flusser betont,

> „(...) die Folge irgendeiner ‚freien Entscheidung'. Wir sind dazu gezwungen, ebenso wie sich unsere entfernten Vorfahren gezwungen sahen, sich auf zwei Beine zu stellen, weil die damals eintretende ökologische Katastrophe sie dazu nötigte, die Zwischenräume zwischen den schütter gewordenen Bäumen irgendwie zu durchqueren."[9]

Wagt der Mensch daher den unvermeidlichen „Schritt ins weite offene Feld der Möglichkeiten", dann kann das Analysieren und Zerlegen der Dingwelt und des Menschen in eine Bewegung des Komputierens umgesetzt werden, also „des Synthetisierens von Welten und Menschen".[10] Anders gesagt: Ist der Mensch bewußtseinsgeschichtlich erst einmal bis zur Nulldimensionalität vorgedrungen, kann er in lähmenden Kulturpessimismus verfallen, oder aber die dringliche Aufgabe auf sich nehmen, aus diesem Nichts einen neuen Sinn hervorzubringen und sinngebend zu wirken. Er kann also „Modelle projizieren (..), welche das Erkennen, Verhalten und Erleben der Gesellschaft steuern."[11]

Das Projizieren ist demnach die schöpferische Praxis, in der der Mensch im geistigen Hervorbringen einer eigenen Welt am Netz, in dem der sich befindet, mitwirkt und die Möglichkeit ihrer Konkretisierung eröffnet. Im Projizieren richtet sich der Mensch nach

---

7 Ebd., 17.
8 Ebd.
9 Flusser: Digitaler Schein, 157.
10 Ebd.
11 Flusser: Vom Subjekt zum Projekt, 20.

vorne auf ein Ziel aus, wobei ‚nach vorne' zwar zeitlich im Sinne von ‚auf die Zukunft hin' zu verstehen ist und einen u-topischen Zielpunkt anzeigt, der allerdings topisch und konkret werden soll. Das Projizierte ist als Hervorgebrachtes dadurch das Mögliche, das aufgrund des hohen Realisationsgehaltes das Konkrete mit sich führt und das, wie Flusser immer wieder betont, geradezu im Gegensatz zum Abstrakten steht.[12] Das heißt: Sobald der Mensch sich nach vorne ausrichtet, ist er bereits dort, macht das Unmögliche zum Möglichen und verdichtet die Wahrscheinlichkeit, so daß dieses zuvor für unmöglich Gegoltene in seinem Möglichwerden konkret wird.

In Flussers Entwürfen geht es demnach um mögliche Utopien, deren Möglichkeit möglichst real ist. So schreibt er:

> „An dieser Stelle wird es notwendig, den hypothetischen Charakter dieses Versuches zu betonen. Bei dem Bedenken möglich gewordener Entwürfe handelt es sich selbst um einen Entwurf, um den Versuch, Möglichkeiten zu komputieren, um sie einer Konkretisierung näher zu bringen. So wie diese Möglichkeiten im Verlauf dieses Versuchs projiziert werden, sind sie selbstredend sehr weit davon entfernt, das Konkrete zu erreichen. Sie sind bestenfalls zum Konkreten tendierende Abstraktionen, Träume, welche nach anderen Träumenden rufen, um sich ballen zu können und dadurch möglicher zu werden. Dies auszusprechen ist auch eine der Voraussetzungen für ein aufrichtiges Leben."[13]

Hier deutet sich bereits an, daß das Möglicherwerden einer Projektion davon abhängig ist, daß sie die Projektion von anderen wird. Erst wenn möglichst viele Menschen für eine Projektion eintreten und zu ihrer Verdichtung führen, kann sie sich ‚durchsetzen' und für eine gewisse Zeit Akzeptanz finden.[14]

Flussers Entwürfe einer künftigen telematischen Gesellschaft sind aus dieser Sicht Träume eines besseren Lebens, also die Vorwegnahme solcher Möglichkeiten einer erwünschten Entwicklung, die seiner Hoffnung Ausdruck geben. Bevor ich auf die Frage zu sprechen komme, was projiziert wird, soll – gespiegelt an Hans Jonas – auf ein darin enthaltenes methodisches Problem aufmerksam gemacht werden.

Hans Jonas, der in seinem wichtigen Buch *Das Prinzip Verantwortung* den „Versuch einer Ethik für die technologische Zivilisation" vorlegt, nimmt im Methodischen eine Umkehrung vor. Es geht ihm zunächst nicht um das Bonum, das Gute, sondern um das Malum, das Böse. Mittels der „Heuristik der Furcht" versucht er zur Erkenntnis dessen zu gelangen, was wir vermeiden sollen. Hinzu kommt die Vorschrift, „daß der *Unheilsprophezeiung mehr Gehör zu geben ist als der Heilsprophezeiung*".[15] Die Gründe, die ihn zu dieser Vorschrift führen lassen (etwa das Irreversible und die kumulative Dyna-

---

12 Vgl. dazu z. B. die Äußerung Flussers: „Das Projizieren ist ein Vorgang, dank dessen aus Abstraktionen (Punkten) immer konkreter werdende Welten projiziert werden. Das kalkulierende Denken konkretisiert sich." Ebd., 27.

13 Ebd., 42.

14 Flusser vertritt von hierher eine konsenstheoretische Position mit den beiden Implikationen: 1. „alle Erkenntnis und alle Werte (sind) Projektionen aus einem vorübergehenden Konsensus" und 2. Freiheit besteht darin, „am Ausarbeiten des Konsensus und seinem Projizieren teilzunehmen". Ebd., 27.

15 Vgl. Jonas: Das Prinzip Verantwortung, 63 ff. und 70.

mik technischer Entwicklungen), sind für unseren Zusammenhang weniger von Bedeutung, wichtig ist aber die Intention, die die Methode verfolgt: den Hinweis auf die äußersten Gefahren, um das Böse zu verhindern.

Flusser verhält sich, wie bereits gesagt, methodisch antipodisch: Sein Denken ist Ausdruck eines Traum- bzw. Wunschdenkens, das sich an den positiven Möglichkeiten, die im Künftigen liegen können, orientiert. M. E. wäre es sinnvoller und methodisch angebrachter, zunächst den Möglichkeitsraum des Künftigen denkerisch freizulegen und möglichst unvoreingenommen das Phänomen ‚künftige Gesellschaft' zu betrachten, um im Anschluß daran im Abwägen des Wahrscheinlichen, dem Erhofften einen höheren Grad möglicher Realisation zuweisen zu können. Dies leistet weder Jonas noch Flusser, da der erstgenannte im Primat des Malum mögliche positive Entwicklungen außer acht läßt und Flusser im Primat des Bonum die Augen vor dem kommenden Übel verschließt.

Mit diesem Einwand bezüglich der Methode spricht man allerdings nicht grundsätzlich gegen die Intention Flussers. Im Gegenteil. Jedes Eintreten für ein besseres Leben ist eine Erzählung, in der ein Einzelner seine Auffassung vom Sein und Sollen des Menschen formuliert und die Anthropologie und Ontologie sich mit der Ethik vereinigt. Verzichtet man daher auf das Erzählen, verzichtet der Mensch auf das Eigenste des Menschen, sich selbst zu deuten und das Handeln gemäß dieser Deutung zu motivieren. Daher stimme ich zwar mit Flusser in dem Bemühen um die möglichst beste Erzählung, die ein aufrichtiges Leben gewähren kann, überein, die vorgelegte Erzählung versucht allerdings den Menschen als Heim-weg und nicht als ein Knotenpunkt in einem Relationsnetz zu verantworten, weil durch sie allein die Vielzahl möglicher Wege, die in die Tiefe führen, dem Menschen offensteht.

Betrachtet man von hier aus die oben mit Hilfe von Kant, Heidegger und Sartre herausgehobenen Grundbestimmungen, die dem Projizieren zukommen, dann finden sich in Flussers Umschreibungen keine weiteren Bestimmungen, mit denen er die Spezifik seiner Deutung kenntlich macht. Zwar hat das Projizieren für ihn auch die Implikation ‚Freisein', allerdings primär nicht im konstitutionellen Sinne bezüglich des Wesens des Menschen, sondern auf sein Handeln als Handlungsfreiheit bezogen. Aufgrund der Faktizität der kulturgeschichtlichen Situation ergeht an den Menschen die Forderung, die „existentielle Veränderung von Subjekt in Projekt"[16] auf sich zu nehmen und den Zwang des Gegebenen in das Ja des Willens umzuwandeln. Gelingt dies dem Menschen, dann tritt seine Selbstbestimmung bzw. Autonomie, die die zweite Grundbestimmung des Projizierens benennt, hervor.

---

16 Flusser: Digitaler Schein, 157.

Auch wenn diese Denkfigur zunächst an Kant erinnert, hat sie im Denken Flussers keine wirkliche Entsprechung. Der Mensch ist für ihn kein vernünftiges Wesen, das kraft der Vernunft stets auch über sich hinaus als Individuum weist, sondern ein Informationen verarbeitender, weitergebender, kurz: prozessierender Knotenpunkt. Die Selbstgesetzgebung Kants, die jedem vernünftigen Wesen möglich ist und die der Willkür des Einzelnen in der Pflicht theoretisch eine Grenze setzt, wird bei Flusser, da ihm der verbindliche Bezugspunkt im Menschen fehlt, zu einem freien Spiel im Zustand der Bodenlosigkeit, in dem es möglichst viele und intensive Positionen einzunehmen gilt. Das ‚Selbst' in der ‚Selbstgesetzgebung' ist hier verschwunden, und zurück bleibt das Leben in einer „aufgerissenen Wunde"[17] und – aus einer anderen Perspektive gesagt – eine Vielzahl von „Möglichkeiten dank dichter Streuung",[18] die zur Verwirklichung aufrufen.

Die Konsequenz aus dieser radikalisierten Form einer singulären Gesetzgebung läßt sich anhand der dritten Grundbestimmung, die dem Projizieren zukommt, andeuten. So wird bei Flusser das Sich-Ausrichten auf Ziele, worin die Freiheit realisiert wird, ausschließlich zu einem Sich-Ausrichten auf eigene Ziele, die das Absehen von willkürlich-egoistischen Motiven nicht bedenkt und daher letztlich allen Zielen den gleichen Status und die gleiche Wertigkeit zugestehen muß. Hinzu kommt, daß durch das Fehlen jeglichen überindividuellen Gesichtspunktes die Singularität der Gesetzgebung jederzeit in die Totalität eines Egozentrismus umschlagen kann, bei dem das Absehen von sich selbst völlig außer acht gelassen wird.

4. Häuser entwerfen

Wurde im vorigen Abschnitt zu klären versucht, was unter dem ‚Projizieren' zu verstehen ist, stellt sich nun einerseits die Frage nach dem, was überhaupt projiziert werden kann – und angesichts des Themas der vorliegenden Arbeit – andererseits die spezifischere Frage, wie Flussers Entwurf kommender Häuser, in denen der künftige Mensch wohnt, aussieht.

Die erste Frage läßt sich kurz und bündig beantworten: Beliebiges kann projiziert werden. Das bedeutet, daß den Vorstellungen des Menschen, der computerunterstützt sich selbst und die Welt generiert, keine Grenzen gesetzt sind und dasjenige hier realisierbar ist, was in der Alltagswelt, in der sich Menschen leiblich begegnen, ein bloß abwehrendes Kopfschütteln hervorruft, weil es ‚phantastisch', ‚irreal', ‚abstrus' und ‚aberwitzig' erscheint. Deutlich hebt Flusser diese Unbegrenztheit möglicher Projektionen in folgendem Zitat hervor:

---

17 Flusser: Lob der Oberflächlichkeit. Für eine Phänomenologie der Medien. Bensheim/Düsseldorf 1993, 35.

18 Flusser: Digitaler Schein, 156.

> „In diesen projizierten Welten ist alles, das mathematisch denkbar, auch tatsächlich machbar, selbst das, was in der Umwelt ‚unmöglich' ist wie vierdimensionale Körper oder Mandelbrotmännchen. Noch sind die Computer technisch nicht so weit aber nichts steht prinzipiell im Weg, um das zu realisieren."[1]

An dieser Stelle ist es wichtig, die Perspektive zu benennen, von der aus Flusser seine Aussage vornimmt. So betrachtet er grundsätzlich das Synthetisieren möglicher Welten, d. h. es geht ihm nicht darum, einen möglichst wahrscheinlichen Entwurf vorzustellen, der „nach anderen Träumenden" verlangt, um die Möglichkeit seiner Realisation zu verdichten, vielmehr verweist er darauf, daß es zunächst – auf einer grundlegenden Ebene – keine Einschränkung beim Zusammensetzen neuer Informationen gibt.

Bevor die zweite Frage nach dem spezifischen Charakter des Entwerfens künftiger Häuser beantwortet wird, möchte ich die Methode Flussers kurz kennzeichnen, mit der er sich jedem konkreten Entwurf nähert.

Flusser geht in jedem Kapitel, in dem er einen spezifischen Entwurf vorstellt, methodisch in zwei Schritten vor. Zunächst kennzeichnet er unter der Perspektive des Leitthemas die gegenwärtige Situation und zeigt darüber hinaus zumeist deren Genese auf. Von dieser Interpretation des Ist-Zustandes hebt er zweitens seinen Entwurf ab, dessen Plausibilität er auf dem Hintergrund der im ersten Schritt vorgenommenen Kennzeichnung gewinnen möchte.[2] Ihm ist jeweils eine These implizit, die nicht argumentativ gestützt wird, sondern von Flusser wie ein Axiom behandelt wird. Formal sind dadurch zwei Ansatzpunkte einer Kritik gegeben, der eine bei seiner Analyse und der andere bei seinem synthetisierenden Traum, wie man Flussers jeweiligen Entwurf mit seinem utopischen Gehalt bezeichnen kann. Da es zunächst um ein Verständnis seiner Position geht, skizziere ich sowohl die kritisch-entlarvende als auch die konstruktive Seite seines Denkens und bringe sie insbesondere im letzten Abschnitt „Die Bedeutung der ‚Welt im Netz' für den Menschen als Heim-weg" mit der vorliegenden Deutung des Menschen in Verbindung.

In dem Kapitel „Häuser entwerfen" kommt Flussers anthropologische Grundthese in folgendem Satz zum Ausdruck: „Wir sind wohnende Tiere, sei es in Nestern, Höhlen, Zelten, sei es in Häusern, über- und nebeneinander geschichteten Würfeln, sei es in Wohnwagen oder unter Brücken."[3] Für diese These gibt er im nächsten Satz eine Begründung: „Denn ohne einen gewohnten, gewöhnlichen Ort könnten wir nichts erfahren."[4] Das Wohnen ist demnach Flusser zufolge die Bedingung der Möglichkeit der Erfahrung des Menschen. Es bindet ihn an einen vertrauten Ort, an dem er sich wohl und geborgen fühlt. Von diesem Ort geht der Mensch aus,

---

1 Flusser: Digitaler Schein, 155.

2 In der Schrift *Vom Subjekt zum Projekt* stellt Flusser acht Entwürfe vor, die die Themen Städte, Häuser, Familien, Körper, Sex, Kinder, Technik und Arbeit betreffen. Im 8. Kapitel „Technik entwerfen" macht er deutlich, daß es sich hierbei um „Schalen des Zwiebelgebildes ‚Selbst'" handelt (133).

3 Flusser: Vom Subjekt zum Projekt, 61.

4 Ebd.

„(...) um die Welt zu erfahren, und kehrt heim, um das Erfahrene zu prozessieren. Er zieht aus, um die Welt zu finden, und kehrt heim, um sich selbst wiederzufinden. In der Welt jedoch verliert er sich, um die Welt bei seiner Heimkunft zu verlieren.“[5]

Gäbe es daher einen Menschen, der sich ausschließlich in seinem Haus aufhalten würde, käme es zum Weltverlust. Andererseits würde ein wohnungs- und heimatloser Mensch im Chaos irren, und es käme zu seinem Selbstverlust. Die Pendelbewegung zwischen Haus und Welt, die für das Individuum unverzichtbar ist, wäre in beiden Fällen unterbrochen, was Flusser zufolge in der Gegenwart tatsächlich festzustellen ist: Die „Dialektik des Bewußtseins“, wie er diesen Prozeß unter Rückgriff auf Hegel und Sartre benennt, hat heute ihre Bedeutung verloren. Es wird deutlich: Flusser konstatiert zunächst die Notwendigkeit des Wohnenmüssens, die die Bedingung für das Oszillieren zwischen Haus und Welt ist und tritt im nächsten Schritt auf der Grundlage des Faktischen: ‚das Sich-Bewegen zwischen Haus und Welt ist zum Stillstand gekommen‘, für ein neues Wohnen, das der gegenwärtigen Lebenssituation des Menschen entspricht, ein.

Der Bedeutungsverlust der Pendelbewegung ist im wesentlichen auf zwei Vorgänge zurückzuführen: einerseits ist das Individuum in eine Vielzahl miteinander verwobener und einander überschneidender Funktionsnetze zerfallen, und andererseits sind die Häuser als „durchlöcherte Ruinen“ anzusehen, in die von allen Seiten bereits Kabel eindringen.[6] Anschaulich spricht Flusser daher von einem Erdbeben, „in dessen Verlauf das Individuum zusammengestürzt ist“. Es versucht sich nun allerdings nicht aufzurichten, sondern es will, und das ist das Groteske, weiter in dem zerstörten Haus hocken. Das gegenwärtige Sich-Aufhalten im Haus ist Flusser zufolge daher im strengen Sinne nicht als ein Wohnen zu bezeichnen, ist es doch vielmehr Ausdruck der Unbehaustheit des heutigen Menschen, die die Intersubjektivität lediglich hemmt, anstatt sie zu fördern.

Aus dem Konstatieren des unwiderrufbar Faktischen: ‚die Individuen und die Häuser sind zusammengestürzt‘, erwächst Flusser zufolge die Notwendigkeit, neue Häuser zu entwerfen, in denen eine dem heutigen Menschen gemäße Weise des Wohnens seinen Ausdruck findet. Daher ist, wie er ausdrücklich betont, sein Vorschlag eines Hausentwurfs auch nicht „vom heilen Haus her, sondern vom zitternden Hocken in Winkeln nach dem Erdbeben her“ zu kritisieren und kommt einer „Sanierungsaktion“ gleich.[7] Anders gesagt: Da die bisherige Basis gelingenden Wohnens unwiderrufbar zerstört ist, muß der Mensch neue Häuser entwerfen, die den bewußtseinsgeschichtlichen Gegebenheiten seiner Zeit gerecht werden und dadurch ein neues und anderes Wohnen wieder möglich machen. Diese Gegebenheiten sind auf der Seite des Menschen seine erforderliche Selbstdeutung als Knotenpunkt in einem dialogisch-intersubjektiven Netz und Relationsfeld, dem auf der anderen Seite ein zu entwerfendes Haus entsprechen soll, das die „offene Vernetzung von Kompetenzen“[8] begünstigt.

---

5 Ebd., 62.

6 Vgl. ebd., 72 f. Zum folgenden siehe ebd.

7 Vgl. ebd., 73.

8 Ebd.

Um dies zu verdeutlichen, skizziere ich im folgenden kurz Flussers Analyse des bisherigen Hauses und hebe davon seine Projektion des künftigen, intersubjektiven Hauses ab.

Das bisherige „heile" Haus ist aus den Grundelementen: Dach, Mauern, Fenstern und Türen zusammengesetzt. Von diesen zeichnet Flusser besonders das Dach aus, das er als „ein Werkzeug für Untertanen" deutet:

> „Es soll das Subjekt vom Herrscher sichtbar unterscheiden und dadurch vor ihm schützen. Der Herrscher soll transzendent bleiben, gleichgültig, ob dieser Herrscher ein Gott oder die Natur ist. Seine Gesetze, gleichgültig, ob es sich um Gebote oder Naturgesetze handelt, sollen unter dem Dach wenigstens nicht ebenso dringlich sein wie darüber. Das Dach soll verbergen (Höhle) oder decken (Zelte)."[9]

Die Funktion des Daches liegt demnach primär in seinem Schutz, den es dem Menschen vor all dem, was er als ‚über' sich stehend empfindet, bietet. Die Kehrseite des Schutzes vor Bedrohungen von oben liegt unten in dem Sich-Verbergenkönnen des Menschen vor dem Beherrschten.

Auf dem Hintergrund dieser Funktionsbestimmung des Daches formuliert Flusser seine These: „Aufrecht und aufrichtig Lebende brauchen keine Dächer. Das Subjekt braucht sie."[10] Flusser zufolge hat der Mensch, der sich von allen ihn bestimmenden und ihn unterdrückenden Vorgaben befreit, die Haltung des Duckens und Verkriechens nicht mehr nötig. Er macht sich nicht ‚klein', sondern richtet sich auf und gewinnt dadurch eine Haltung, die durch Aufrichtigkeit gekennzeichnet ist. Das zu entwerfende Haus, das von dem sich entwerfenden Menschen bewohnt werden soll, braucht daher für Flusser auch kein Dach mehr zu haben.

Auch den Mauern kommt eine Schutzfunktion zu. So fühlt sich der „seßhafte Untertan", wie Flusser schreibt, „nicht nur von oben bedroht, sondern auch von allen Seiten. Die Mauer soll ihn (und seine nächsten Mithäftlinge) vor dem Ausland schützen. Sie soll für ihn haften, ihn definieren."[11] Die Mauer, die einen Schutz vor seitlichen Bedrohungen bietet, ist eine Grenze, durch die das Ausland vor dem Inland, das „Unheil vom Heiligen" abgehalten wird. Sie trennt die nahen Freunde von den fernen Feinden ab, wendet sich folglich mit ihrer auf Heimlichkeit zielenden Innenwand an „Häftlinge" und mit ihrer politischen Außenwand an „‚gefährliche' (draußen fahrende) potentielle Immigranten".[12]

Von hierher ergeht für Flusser an aufrecht und aufrichtig Lebende folgende Aufgabe: Sie „sind am Niederreißen aller Mauern engagiert, weil sie in ihnen Unterbrechungen zwischenmenschlicher Beziehungen erkennen. Heimat und Heimlichtuerei sind ihnen zuwider."[13] Der Mensch als Projekt beugt sich nicht mehr über das Unten und schottet sich nicht durch eine ihn vermeintlich schützende Grenze seitlich von anderen ab, viel-

---

9 Ebd., 63.
10 Ebd.
11 Ebd., 64.
12 Vgl. ebd.
13 Ebd.

mehr öffnet er sich grundsätzlich dem Dialogischen. Das heißt, er nimmt eine Haltung ein, die es ihm erlaubt, gemäß seiner Kompetenz Beziehungen zu knüpfen – und zwar ohne sich zuvor gleichsam willkürlich eine Einschränkung auferlegt zu haben; und er ist offen für den und die Anderen, ohne durch eine ihn einschnürende Angst und ihn einengende Vorurteile gewissermaßen ‚blockiert' zu sein. Das künftige Haus wird daher weder ein Dach noch Mauern besitzen.

Fenster und Türen sind für Flusser im „heilen" Haus als „zwei Arten von Mauerlöchern" zu verstehen. Während das Fenster der „Ausschau" dient und als „ein Werkzeug zum gefahrlosen und daher erfahrungslosen Erkennen" gefaßt werden kann, ist die Tür eine Maueröffnung, die die „Zufahrt" ermöglicht.[14] Sie regelt den Verkehr mit der Öffentlichkeit und korrigiert und vertieft die durch den Blick aus dem Fenster gewonnene Theorie durch die Türerfahrung, die der Mensch gewinnt, wenn er über die Schwelle tritt. Theorie und Praxis, Fenster und Tür, treten dergestalt in ein Spannungsverhältnis und machen eine Synchronisation erforderlich.

Konnte man früher davon ausgehen, daß der Mensch bei seiner Rückkehr eine offene Tür vorfindet, ist diese Hoffnung heutzutage, wie Flusser ironisch-polemisch aufdeckt, angesichts der Heimtücke der Heimat, nicht mehr berechtigt. Denn das „häuslich verkapselte Subjekt", das sich in seinem Heim einschließt, führt mit seinem Einschluß zugleich einen Abschluß herbei, durch den es den Mitmenschen ausgrenzt. Es zieht sich isoliert und verstört auf die Trümmer der Vorstellung eines „heilen" Hauses zurück und achtet heimtückisch und hinterhältig darauf, daß ihm niemand zu nahe tritt. Der Geist eines Menschen, der Flusser zufolge das bisherige Haus bewohnt hat, zeichnet sich demnach durch sein Ressentiment aus: Er tritt nicht nach draußen und öffnet und weitet sich, sondern er ‚bewegt sich in seinem eigenen Saft' und gräbt den Groll bzw. Haß, den er seinen Mitmenschen gegenüber empfindet, tief in sich hinein, bis er bei einer passenden Gelegenheit – z. B. wenn der Mitbewohner gerade das Haus verlassen hat – hervorkommt und er hämisch-hinterhältig die Tür abschließen kann.[15] Der Mensch, der aufrecht und aufrichtig lebt, läßt die Heimlichtuerei ‚hinter' und ‚unter' sich, weshalb das Haus, in dem er wohnt, weder Fenster noch Türen haben wird.

Versucht man mit Flusser das künftige intersubjektive Haus zu umreißen, dann kommt ihm angesichts des bisher Gesagten kein Funktionsteil zu, das das bisherige „heile" Haus aufzuweisen hatte. Es besitzt weder Dach noch Mauern, weder Fenster noch Türen. Wie kann man sich mit Flusser diesen offenen Raum künftigen Lebens vorstellen? Und kritisch gefragt: Ist es möglich, bei diesem Entwurf noch von einem ‚Haus' zu sprechen? Und kann in einem solchem Haus überhaupt ‚gewohnt' werden?

Ich komme zur ersten Frage. Das intersubjektive Haus muß Gitter haben, „denn sie sind das Alpha und Omega des künftigen Hauses, wie es das Dach beim alten Haus

---

[14] Vgl. ebd., 65. Zum folgenden siehe ebd.

[15] Vgl. hierzu Nietzsches Aufweis *Zur Genealogie der Moral* aus dem Ressentiment im *Sklavenaufstand in der Moral* (insb. 5, 270–274) und Schelers Untersuchung *Das Ressentiment im Aufbau der Moralen* (in: Vom Umsturz der Werte. Abhandlungen und Aufsätze. 5. Aufl. Bern und München 1972, 33–147), in denen je spezifisch die Bedeutung des Ressentiments für das (Wert)verhalten des Menschen erkannt wird.

war".[16] Gitter sind Vorrichtungen, die die Filter- und Zensurfunktion übernehmen, d. h. sie sorgen dafür, daß das Haus nicht „sperrangelweit" offen steht und einige Informationen nicht hinein gelangen können, während andere ungehindert passieren dürfen. „Von solchen kriteriösen, zensurierenden Gittern hat", wie Flusser schreibt, „leider jeder Hausentwurf auszugehen", denn nur so wird es möglich, und hier zeigt sich die Zielvorstellung Flussers, neue Informationen zu erzeugen.[17]

Dieser leitende Gesichtspunkt: ‚Der Mensch als Projekt soll in einem kreativen Dialog neue Informationen prozessieren', steht demnach auch beim Entwerfen der neuen Häuser sachlich an erster Stelle. Er wird erst dann verständlich, wenn das Haus bzw. die Häuser nicht isoliert betrachtet werden, sondern als Element bzw. Elemente, die die künftige Stadt bilden.

Wie Flusser in dem Kapitel „Städte entwerfen" ausführt, hat die Stadt einen theoretischen Raum zu öffnen, der – orientiert am Vorbild Athens – die Theorie über die Politik und die Wirtschaft stellt. Dieser theoretische Raum ist als ein Relationsnetz anzusehen, das aus einer Fülle von Relationsfeldern besteht. Auch die zwischenmenschlichen dialogischen Beziehungen bringen eines dieser Felder zum Ausdruck, mit denen sie vielfach und „auf beinahe unvorstellbar komplexe Weise" vernetzt sind (zum Beispiel mit dem elektromagnetischen, dem psychischen oder dem ökologischen).[18] Aufgrund der entropischen Tendenz des zwischenmenschlichen Netzes dürfen die Informationen nicht lediglich verbraucht oder gar zerstört werden, sondern sie sind, wenn man dem Prozeß des Zerfallens in immer größere Wahrscheinlichkeit entgegenwirken will, stets von neuem herzustellen, was eine permanente Sinngebung bedeutet. Um dies zu leisten, darf das Stadtnetz nicht so geschaltet sein, „daß es zwar das allgemeine intersubjektive Relationsnetz krümmt (verdichtet), aber dabei die gleichmäßige Streuung der Knoten beibehält, (denn) so können keine neuen Informationen entstehen", vielmehr muß es „Informationsgefälle" (Täler und Hügel) einbauen: „Jedes Wellental muß eine spezifische Kompetenz haben (über spezifische Informationen verfügen), und die einzelnen Kompetenzen müssen miteinander zur Prozessierung neuer Informationen dialogisieren können."[19]

Ein Stadtmodell, dem dieser Schaltplan zugrunde liegt, ist im echten Sinne des Wortes u-topisch, d. h. es hat keinen geographisch angebbaren Ort, an dem es lokalisiert werden kann. Stattdessen entsteht die zu entwerfende Stadt „überall und immer", wo sich zwischenmenschliche Beziehungen ballen und die „verstreuten Knoten des zwischenmenschlichen Netzes einander nähergebracht werden"[20]. Aus diesem Grund müssen die künftigen Entwerfer von Städten – und hier versucht Flusser mit seiner Wahl des Bildes wieder zu provozieren – „Staubsauger" projizieren, die die Aufgabe der „Attraktion" übernehmen. Sie sollen die distrahierten Beziehungen, die in der verein-

---

16 Flusser: Vom Subjekt zum Projekt, 67.
17 Vgl. ebd.
18 Diese Beispiele werden von Flusser angeführt. Vgl. hierzu und zum folgenden ebd., 49 ff.
19 Ebd., 68.
20 Vgl. ebd.

samten Masse bestehen, einsaugen und das neue geballte Aneinanderrücken gewährleisten.[21]

Auf diesem Hintergrund kann zu der eingangs gestellten Frage: ‚Wie kann man sich mit Flusser das zu entwerfende Haus, diesen offenen Raum neuen Wohnens, vorstellen?‘ zurückgekehrt werden.

Die zukünftigen Häuser sind die „Wellentäler“,[22] die sich, wie angedeutet, durch jeweils eine bestimmte Kompetenz auszeichnen. Diese Kompetenz ist die Bedingung für einen erfolgreichen Dialog, der zum Prozessieren neuer Informationen führen kann. Sie ermöglicht den Zusammenhalt der Bewohner eines Hauses untereinander, die sich nicht mehr selbstverständlich aus Blutsverwandten zusammensetzen, sondern sich aufgrund von Wahlverwandtschaften zusammenschließen. Jede in einem Haus lebende Gruppe bildet daher aufgrund ihrer „Spielkompetenz“ einen „Kompetenzknoten“: „Die Bindung innerhalb dieses Knotens wird stark sein, weil die Einzelknoten innerhalb des Gruppenknotens eng aneinander geballt sind, aber es wird Kompetenzspannungen geben.“[23] Die Bewohner befinden sich demnach, Flusser zufolge, in einem Spiel eingebunden, bei dem sie miteinander um den interessantesten Spielzug ringen, und zwar nicht nur sie, sondern die ganze Stadt.

Um die Kompetenz zu wahren, muß sich der Bewohner vor einem Überflutetwerden mit unnötigen Informationen schützen, wie umgekehrt er die für ihn wichtigen Informationen weitergeben muß. Diese Funktion des Sicherns und Absicherns der Kompetenz kommt den bereits genannten Gittern zu, die nicht genormt und austauschbar sind, sondern jeweils einem bestimmten Haus entsprechen. Das zu entwerfende Haus wird als ein Knoten von Kabeln allerdings nicht nur aus den Gittern bestehen, es wird auch Apparate haben, die diese Kabel gezielt beeinflussen, und es wird über Datenkanäle verfügen, die die Verbindung zu anderen Häusern und damit zu anderen Kompetenzen ermöglichen. Daher wird die künftige Stadt

> „(…) allen Meinungen Häuser zuweisen müssen, und in diesem Sinn wird Urbanismus der Architektur vorangehen müssen: Urbanismus als Entwurf für Meinungsverschiedenheiten und als Strategie zum Vermeiden einer ‚Majorität‘, einer Mehrheitsmeinung. So also hat das künftige Haus zu funktionieren: als Dissens zur Stadt, als Ausbuchtung für minoritäre Meinung.“[24]

Jedes einzelne Haus spielt innerhalb des großen Spiels, an dem die ganze Stadt beteiligt ist, sein eigenes Spiel, im Zuge dessen es neue Informationen prozessiert, die seine Meinung widerspiegeln.

Das Engagement der Bewohner eines Hauses für ihr Spiel führt allerdings nicht zu ihrem Rückzug, im Gegenteil, es macht das Haus attraktiv und ermöglicht es, daß immer weitere zwischenmenschliche Beziehungen an es geknüpft werden. „Es wird die

---

21 Vgl. ebd., 68 f.

22 Vgl. dazu auch: Flusser: Die Stadt als Wellental in der Bilderflut. In: Medienkultur, 175–182.

23 Flusser: Vom Subjekt zum Projekt, 70.

24 Ebd., 67.

Tendenz haben, überhaupt alle Beziehungen an sich zu ziehen, und in diesem Sinn wird es allen offenstehen."[25] Eine Tendenz, der mit Hilfe der Gitter entgegengewirkt wird.

Überblickt man diesen Hausentwurf Flussers, dann zeichnet er sich primär durch seine entschiedene Abkehr von der Schutzfunktion aus, die das bisherige Haus für den Menschen hatte. Dieses Beschützt- und Behütetsein wird von ihm als Schwäche gedeutet, da sie eine Haltung begünstigt, die als ein Sich-Ducken und Sich-Beugen umschrieben werden kann. Darüber hinaus resultiert aus dieser Schutzfunktion eine grundsätzliche Abtrennung des Einzelnen von seinen Mitmenschen, die zwangsläufig die Ab- und Ausgrenzung des Subjektes von seinesgleichen mit sich führt. Mit der Abkehr geht eine Einkehr in eine aufrichtige Haltung einher, die sich durch Offenheit und das bewußte Aufgeben jeder vermeintlichen Stütze auszeichnet. An die Stelle des Individuums tritt das Projekt, das diese Lage annimmt und in der Konsequenz die stets von neuem zu realisierende Intersubjektivität zu konkretisieren versucht. Der Mensch ist nun nicht mehr der Einzelne, der sich selbst zu verwirklichen versucht, er ist demnach kein Ich angesichts eines Du, sondern er wird zu einem ‚Wir', das rückhaltlos für den anderen geöffnet ist und sich darüber selbst vergißt.

Die eingangs formulierten Fragen: ‚Ist es möglich bei diesem Entwurf noch von einem ‚Haus' zu sprechen?' und: ‚Kann in einem solchen Haus überhaupt ‚gewohnt' werden? deuten mit den Worten „noch" und „überhaupt" bereits meine Position an: Das Haus wird bei Flusser, in solcher Weise von den Implikationen befreit, die ihm bisher zukommen, das es bei ihm nur noch ein bekanntes Wort für seinen Traum künftigen Offenseins ist, das aufgrund seiner radikalen Umdeutung, die gleichbedeutend mit einer semantischen ‚Entleerung' ist, letztlich zur bloßen Worthülse verkommt. Das intersubjektive Haus Flussers ist die Kabelstätte, durch das es mit anderen Stätten verbunden ist und am großen Spiel des Prozessierens neuer Informationen mitwirken kann. Das Gleiche gilt für das Wohnen. Es meint bei Flusser eine Bindung mit einem ‚Haus' einzugehen, die über die Kompetenz gewährleistet ist. Gleichgesinnte ‚wohnen' miteinander, d. h. sie finden sich zu Wahlverwandtschaften zusammen und führen miteinander kreative und offene Dialoge. Flusser befreit auf diese Weise das Wohnen ebenfalls derart von seinem bisherigen Bedeutungsgehalt, einem Menschen Geborgenheit in seiner wesentlichen Beziehung zum Raum zu gewähren, daß es für ihn vermutlich nur den einen Grund geben kann, weiter an diesem Wort festzuhalten, um dasjenige, von dem er sich distanzieren möchte, anzeigen zu können.

Betrachtet man auf diesem Hintergrund die These Flussers, daß das bisherige Haus, das eine behütende Funktion hat und den Menschen schützt und ihm Geborgenheit gibt, endgültig verloren ist, dann können prinzipiell zwei Einwände erhoben werden. Erstens ist der Aufweis des Faktischen kein stichhaltiges Argument für die Richtigkeit des Faktischen. Im Gegenteil. Das Geschäft des Philosophen besteht gerade darin, dieses Faktische kritisch zu prüfen, und das heißt, sich von ihm mittels einer aus der Tradition angeeigneten Position, die für den Philosophen in der Gegenwart Gültigkeit hat, zu distanzieren und sie als eigene zu vertreten.

25 Ebd., 70.

Zweitens ist die von Flusser formulierte Alternative falsch gestellt. Es geht nicht um das sentimentale Wiederbeleben eines dem Tode geweihten ruinösen Hauses, wie es Flusser einseitig-polemisch zum Ausdruck bringt, es geht stattdessen darum, den Menschen als Heim-weg zu deuten, damit er sich ein gutes Leben, das den Willen zur Tiefe hat und ihn einzulösen versucht, erzählen kann.

Bevor diese Position ausgeführt wird, möchte ich das angedeutete Auflösen des Einzelnen, das Verschwinden des Ichs zugunsten des ,Wir' deutlicher aufweisen.

5. Vom ,ich' und ,du' zum ,wir'

Für Flusser soll die bisherige Anthropologie des Individuums in eine negative Anthropologie des reinen Dialogs verwandelt werden, in der die Kapsel des Ichs aufgebrochen wird und die Selbstaufhebung im Anderen gelingen kann.[1] In der Konsequenz hat sich der Mensch aus der Sicht Flussers nicht mehr als ein Individuum zu deuten, das als ein ,ich' einem ,du' begegnen kann, vielmehr soll er als das spezifisch Menschliche gerade die Überwindung seiner abstrakten Individualitätsmauern erkennen, im Zuge dessen allererst das ,wir' hervortreten kann.

In diesen Sätzen wird bereits aufgrund der häufigen Verwendung des Wortes „sollen" auf den imperativischen Charakter, der ihnen immanent ist, verwiesen. Flusser stellt Forderungen an den bisherigen Menschen, die sich gleichsam ,negativ' aus der Abkehr vom vermeintlichen entropischen Fehlweg ergeben, den der bisherige Mensch eingeschlagen hat. Diese Forderungen werden allerdings nicht eigens begründet, ja, sie entbehren letztlich einer Fundierung, weshalb sie den Status von Plädoyers, Hoffnungen und Wünschen haben, die einen hohen hypothetischen Gehalt beinhalten und höchst subjektiv gefärbt sind. Sie können über Flusser hinaus lediglich dann ihre Bedeutung entfalten, wenn es gelingt, sie in überzeugende Erzählungen eines besseren Lebens zu verwandeln.

Ein weiteres Problem kann aufgezeigt werden. Flusser verzichtet darauf, in der Auseinandersetzung mit der philosophischen Tradition, sei es im Anknüpfen an die Mikrokosmosidee, sei es im Anknüpfen an unterschiedliche Positionen, die das Ausdifferenzieren des wechselweisen Verhältnisses von Individuum und Gemeinschaft je spezifisch in den Blick nehmen, ein Verständnis vom Individuum zu gewinnen, das seinen Einsichten und Problemhorizonten gerecht wird. Stattdessen arbeitet er mit einem von Vorurteilen behafteten Verständnis, das eine inhaltliche Reduktion i. S. einer unzulässigen Engführung aufweist. Im folgenden geht es nicht darum, diese problematische Ausdeutung des Einzelnen mit einer adäquaten ins Gespräch zu bringen, um sie auf diesem Wege korrigieren zu können; stattdessen wird sie als das Sprungbrett des Flusserschen Denkens akzeptiert, von dem aus er zu seinem Eigenen, seiner Vision der Überwindung des Einzelnen im ,wir', gelangen möchte. Diese Projektion, die das Verschwinden des

---

1 Vgl. ebd., 113.

einzelnen Menschen im Netz anzeigt, wird im Abschnitt „Die Bedeutung der Welt im Netz für den Menschen als Heim-weg" kritisch betrachtet.

Folgende Leitfragen versuche ich in diesem Abschnitt zu beantworten: Wie kennzeichnet Flusser das Individuum, das bisher leitend für die Identifikation des Menschen gewesen ist? Was versteht er unter dem reinen Dialog? Wie kann für Flusser der Mensch die Enge des Ichs, das in Beziehung mit einem Du steht, durchbrechen und zum ‚Wir' gelangen?

Flusser nimmt keine Begriffsklärung des Wortes Individuum vor, vielmehr verwendet er es im umgangssprachlichen Sinne bei seiner Charakterisierung der bisherigen Zivilisation für den einzelnen Menschen, der sich als dieser besondere Einzelne begreift. So schreibt er:

> „Die bisherige Zivilisation war ein System, dank dessen Masken hergestellt wurden, mit denen und in denen sich die Knoten im zwischenmenschlichen Beziehungsfeld als Individuen identifizieren konnten. Sie war ein Instrument zum Erzeugen von ‚Identitäten'."[2]

Das Individuum ist aus dieser Sicht das Produkt einer gezielt vorgenommenen Identitätsbildung, die mittels Masken geschieht, die eigens zu diesem Zweck hergestellt wurden. Das bedeutet, daß sich die Identifikation des Menschen als Individuum (‚ich bin dieses Ich') nicht individualgeschichtlich herausbildet, sondern Ergebnis einer kulturellen Entwicklung ist, die über das Tragen von Masken zustande kommen konnte.

Diese Masken sind für Flusser „reifizierte Beziehungen", d. h. sie bringen, obwohl sie jeweils eine bestimmte Identifikationsleistung für den Einzelnen bieten, letztlich eine bestimmte typische zwischenmenschliche Beziehung zum Ausdruck: So kann z. B. die Maske ‚Mutter' als reifizierte Mutter-Tochter-Beziehung gedeutet werden oder die Maske ‚Lehrer' als Lehrer-Schüler-Verhältnis. In dem Aufweis der Beziehungen, die hinter den Masken stehen und ihnen ihre Bedeutung geben, erweist sich das „hinter den Masken verbergende Individuum" als nichts. Denn: „nimmt man eine Maske nach der anderen ab, so bleibt nichts übrig."[3]

In dieser Situation des Verfalls der Masken befindet sich Flusser zufolge die gegenwärtige Zivilisation. Die zwischenmenschlichen Beziehungen können vom Einzelnen nicht mehr identifiziert werden, sie trennen sich buchstäblich von ihm ab und verstreuen sich in alle Richtungen, was eine „Lockerung der Intersubjektivität" und als Kehrseite eine „vermassende Vereinsamung" zur Folge hat.[4] Will man diesen Prozeß nicht kulturpessimistisch bewerten und in Lähmung verfallen, ist ihm entgegenzuwirken. Und hier erhält Flussers Versuch der Überwindung des ‚Ich' und ‚Du' im ‚Wir' seine Plausibilität. Er nimmt die Gegebenheiten der geistigen Situation unser gegenwärtigen Zeit ernst und stellt seine Alternative dar, die angesichts des massenhaft festzustellenden Rückzugs von Einzelnen als Ausdruck des Auflösens von Bindungen dringend erforderlich ist.

---

2 Ebd., 54. Zum folgenden siehe ebd.
3 Ebd.
4 Ebd.

Ein weiteres kommt hinzu: Dieser alternative Weg, durch den sich die Menschen aus einer Gruppe von einsamen Individuen in einen vernetzten Dialog verwandeln können, ist der Weg vom Subjekt zum Projekt. Das bedeutet, daß Flusser den Begriff des Subjektes nicht ausschließlich erkenntnistheoretisch verwendet, um die Gegenüberstellung eines Objektes anzuzeigen, vielmehr gebraucht er ihn eher – allerdings formal verstanden – im aristotelischen Sinne als Substanz, wodurch der Einzelne zum Träger bestimmter Funktionen (d. s. Masken) wird.

Die von hierher synonym von Flusser gedeuteten Begriffe ‚Individuum‘ und ‚Subjekt‘ täuschen dem Menschen einen Halt- bzw. Stützpunkt vor, von dem aus sie sich der Objektwelt und dem Mitmenschen zuwenden können. Genauer betrachtet sind sie für Flusser Glaubensprodukte, die als Abstraktionen der Fiktion ‚Solidität‘ dienen und sich nicht der Tatsache stellen, daß es letztlich nur vielfach miteinander vernetzte Relationsfelder gibt. Der Mensch muß sein „Selbst“ daher als eine „‚digitale Streuung‘, als eine Verwirklichung von Möglichkeiten dank dichter Streuung“ begreifen: „Wir müssen uns als Krümmungen oder Ausbuchtungen im Feld einander kreuzender, vor allem zwischenmenschlicher Relationen verstehen. Auch wir sind ‚digitale Komputationen‘ aus schwirrenden Punktemöglichkeiten.“[5] Nimmt der Mensch diese mit dem Glaubensverlust einhergehende Umdeutung auf sich und versucht er, sie in seinem Handeln zu verwirklichen, stürzt er zunächst ins Bodenlose. Er verliert jegliche Orientierung, und es geht alles, wie Flusser schreibt, „verloren, was bisher ‚menschlich‘ genannt wurde“.[6]

Die oben aufgeworfene Frage: „Wie kann für Flusser der Mensch die Enge des Ichs, das in Beziehung mit einem Du steht, durchbrechen und zum ‚Wir‘ gelangen?“ kann auf diesem Hintergrund beantwortet werden: Er muß sich zunächst der Wahrheit stellen, und das heißt, den radikalen Glaubensverlust akzeptieren, auf dessen Hintergrund es ihm unmöglich wird, sich zu identifizieren. Gelingt ihm dies, kann er damit beginnen, sich zu setzen als Knotenpunkt „eines dialogischen Netzes und dieses intersubjektive Netz als ein Relationsfeld hinzunehmen, von dem aus auf andere Felder Projektionen entworfen werden, wobei sich hinterrücks diese Felder wieder mit dem projektierenden vernetzen.“[7] Was heißt das?

Versteht sich der Mensch als ein Knotenpunkt innerhalb eines Beziehungsnetzes, dann zieht er sich als ein Ich nicht auf dieses Ich zurück und schottet sich von seinen Mitmenschen ab, vielmehr erkennt er, daß er von vornherein die Möglichkeit von Bindungen hat, die es auch zu realisieren gilt. Er wohnt daher nicht in einem primär dem Schutz dienenden Haus, sondern bindet sich in seiner Offenheit für den anderen aus freien Stücken an ihn. Das bedeutet, daß für Flusser, der in der Konsequenz gegen Blutsverwandtschaft und für Wahlverwandtschaft eintritt,[8] der Mensch all seine Bedingungen und Bedingtheiten, die sich in der Natur, dem Körper und der Materie manifestieren, zu überwinden hat, um darin sich selbst überwinden zu können. Gelingt dem

---

[5] Flusser: Digitaler Schein, 156.

[6] Vgl. Flusser: Vom Subjekt zum Projekt, 23.

[7] Ebd., 26.

[8] Vgl. dazu das Kapitel „Familien entwerfen“ in Flussers Buch *Vom Subjekt zum Projekt*, 75–88.

Menschen diese Loslösung, dann hebt er sein Selbst auf die Ebene der zwischenmenschlichen Beziehung, und er tritt in den Dienst der Kunst, des Geistes und der Freiheit. Auf diese Weise soll etwa an die Stelle der Selbstgewißheit die „Selbstvergessenheit" treten, an die Stelle der Selbstbefriedigung das „Sich-aufheben im anderen" und an die Stelle der Trennung zwischen den Menschen das „orgastische Ineinandergreifen", was Flusser insbesondere in den Kapiteln „Körper entwerfen", „Sex entwerfen" und „Kinder entwerfen" ausführt. Die bisherige Anthropologie des Individuums verwandelt sich dergestalt, wie ich es nennen möchte, in eine *intersubjektive Trans-Anthropologie des flüchtigen ‚wir'.* Hier kann auf Flusser verwiesen werden, der das Grundanliegen seines ganzen Buches darin sieht,

> „(...) dieses flüchtige und unfaßbare ‚wir' – diesen Ort der Entscheidung und Verantwortung – zu festigen und zu fassen. Zu zeigen, daß nur dieses ‚wir' konkret ist und daß ‚ich und du' flüchtige Abstraktionen daraus sind. Es geht in diesem ganzen Buch darum, die Kapsel des ‚ich' und des ‚du' ebenso aufzubrechen wie jene des ‚es', das Subjekt als ebenso unhaltbar auszuweisen wie das Objekt und damit dem konkreten ‚wir' das Feld zu öffnen."[9]

An dieser Stelle ist auf einen Widerspruch hinzuweisen, den Flusser vermutlich selbst erkannt hat, indem er davon spricht, „keine befriedigende Antwort" gegeben zu haben. Wird als Träger der Verantwortung nicht das Subjekt angesehen, sondern das ‚wir', das darüber hinaus als vorübergehend und flüchtig charakterisiert wird, weil es notwendigerweise wieder in ein ‚ich' und ‚du' auseinanderfallen muß, dann kann dieses ‚wir' nicht den „Ort der Entscheidung und Verantwortung" festigen und fassen. Es mag zwar ideell eine Entscheidung treffen, läßt aber theoretisch in seiner Flüchtigkeit die Möglichkeit nicht mehr zu, einen Täter zu benennen, der für das Tun verantwortlich ist und daher zur Verantwortung gezogen wird. Der Schuldige kann nicht eindeutig ausfindig gemacht werden, weshalb dieses ‚wir' den Ort der Unentschiedenheit und Verantwortungslosigkeit, d. h. den Ort jenseits der Moral in dem freien Spiel der Projektionen anzeigt. Flusser ist daher auf einem Irrweg, wenn er zu einer echten Verantwortung über das ‚wir' gelangen möchte, und wir uns, wie er schreibt,

> „(...) nicht mehr in dieser Weise aus der Affäre ziehen können, wenn wir die ‚Scheidung' zwischen ‚ich' und ‚du' nicht mehr durchführen können (...). Alles spricht jedoch dafür, daß es für uns immer schwieriger wird, uns vor Entscheidung und Verantwortung in die Ich-Kapsel zurückzuziehen."[10]

---

9 Ebd., 126. Hier möchte ich auf die ‚Elite' hinweisen, die für Flusser eine große Bedeutung hat und die theoretisch m. E. im Widerspruch zu diesem Auflösen des ‚ich' und ‚du' im ‚wir' steht. „Diese Elite entwirft Modelle, nach denen sich die Menge richtet, ohne die Modelle entziffern zu können." (Alpha-numerische Gesellschaft, 33) Das bedeutet, daß Flusser wenige Verantwortungsträger auszeichnet, die das lineare, literarische und buchstäbliche Bewußtsein hinter sich gelassen haben und nun z. B. „Werbungen, Filme und politische Programme nach strukturellen Kriterien (programmieren), ohne daß sich die Manipulierten davon Rechenschaft ablegen könnten." (Digitaler Schein, 151. Vgl. auch 153) Falls Flusser die Präsenz der Elite grundsätzlich für notwendig hält, öffnet er innerhalb seines Ansatzes gerade nicht das Feld für das konkrete ‚wir', sondern er etabliert wenige ‚ichs', die über den Vielen und dem ‚wir' stehen.

10 Flusser: Vom Subjekt zum Projekt, 126 f.

Auf diesem Hintergrund kann die oben aufgeworfene Frage: „Was versteht Flusser unter dem ‚reinen Dialog'?" beantwortet werden.

Der reine Dialog ist, wie Flusser formuliert, „das rückhaltlose Öffnen des einen für den anderen und das kreative Überholen der Alterität, des eigenen Todes und des Todes des anderen."[11] Menschen, die sich bedingungslos einander öffnen und schließlich aneinander binden, erfassen den anderen nicht in seiner Andersheit, im Gegenteil, sie überwinden die mit ‚ich' und ‚du' gegebenen Grenzen und verbinden und vereinigen sich in einem geistigen Zustand jenseits des Selbst: „Dann nämlich fallen die Grenzen zwischen Ästhetik, Ethik und Erkenntnis weg, und es entsteht ein Zustand der Selbstvergessenheit, in welchem Kunst, Politik und Wissenschaft in schöpferischem Taumel verschwimmen."[12]

In dieser ‚überrationalen' Geisteshaltung, die Flussers „Mentalisation" intendiert, wie er den Vorgang der Beherrschung und Dienstbarmachung des Körpers mit gleichzeitiger Vergeistigung benennt,[13] verschwindet auch das kritische Geschäft der Philosophie und, grundsätzlich gesagt, das Widerspruchsprinzip. Zwei kontradiktorisch einander entgegengesetzte Urteile, die das Ausgesprochenwerden eines Satzes im Gegensatz zu einem behaupteten Satz erforderlich machen, fallen im selbstvergessenen Zugleich zusammen. Es entsteht der Wir-Raum ohne wahr und falsch, in dem der Mensch als *homo individualis et socialis* nicht stets von neuem das schwierige Verhältnis zwischen Eigenem und Fremdem, zwischen Individualität und Gemeinschaft zu klären hat, sondern über sich und jegliche Andersheit hinaus zu gelangen beabsichtigt. Mit dieser Überwindung der Alterität überwindet der Mensch den Menschen und er wird, wie man in Anlehnung an Nikolaus von Kues sagen könnte, der Nicht-Andere, der sich förmlich zu Gott aufgeschwungen hat und alles in allem und nichts in allem ist. Flusser irrt sich daher, wenn er das Zusichkommen des Einzelnen in der Selbstvergessenheit des ‚wir' als Möglichkeit deutet, wiederum Gott erblicken zu können:

> „Alle vortelematischen Bilder (...) sind Holzwege, die von Gott wegführen. Die telematischen, dialogisch synthetisierten Bilder hingegen sind ‚Medien' von Mensch zu Mensch, durch welche hindurch ich des Antlitzes des anderen ansichtig werde. Und durch dieses Antlitz hindurch wieder Gottes ansichtig werde."[14]

Der Mensch, der im telematisch geschalteten Informationsnetz mit seinen Mitmenschen in Verbindung tritt, sieht nicht den unverwechselbar Anderen und durch ihn hindurch Gott, sondern er hat eine Ansicht von einem anderen, die die Summe von Punktelementen auf einer Oberfläche darstellt. Denkt man Flusser zu Ende, ermöglicht seine Position daher gerade nicht den Weg vom Mitmenschen zu Gott, sondern er spricht nach dem Tod Gottes nun auch den Tod des Mitmenschen im flüchtigen ‚wir' aus.

---

11 Ebd., 113.

12 Ebd., 115.

13 Flusser zufolge ist die „bereits einsetzende Umdrehung der Beziehung ‚Nervensystem – restlicher Körper' zu vollenden, um die Menschwerdung zu konkretisieren." Ebd., 15.

14 Flusser: Ins Universum der technischen Bilder, 172.

6. Die Bedeutung der Welt im Netz für den Menschen als Heim-weg

Eine trans-anthropozentrische Konzeption, der die Grundstruktur einer Welt im Netz immanent ist, hat – systematisch betrachtet – zu ihrem Telos den Über-Menschen einer neuen und anderen Welt, der mit dem Verschwinden des bisherigen Menschen und der bisherigen Ausdeutungen des Raums, der Zeit und des Mitmenschen einhergeht. Begründet wird dieses Ziel durch die Beurteilung des Alten, das durch Entropie, Zerfall, Mangel, Abstraktion, Sinnlosigkeit und Vergehen gekennzeichnet wird. Der Anfang, mit dessen Hilfe das Ziel erreicht werden soll, geschieht nicht in einem Anknüpfen und Wiederbeleben vergangener Qualitäten, wird er doch für einen radikalen Neubeginn gehalten, den Flusser in unterschiedlichen Wendungen etwa als „Mutation unseres In-der-Welt-Seins",[1] als „Paradigmenwechsel"[2] und „gewaltigen Umbruch"[3] umschreibt. In ihm wagt der Mensch den „Sprung ins Neue"[4] und nimmt den unvermeidbaren Schritt auf sich, von der „Geschichte" bewußt in die „Nachgeschichte" zu gelangen und sich in einem neuen Sinne zu verwirklichen.

Das Verschwinden des bisherigen Menschen im Neubeginn hat zu seiner Kehrseite daher das Setzen des Entwerfenden, der im freien Spiel mit den Punktelementen, aus denen die Welt besteht, seine Entwürfe synthetisieren kann:

> „Die technischen Bilder sind Ausdruck des Versuchs, die Punktelemente um uns herum und in unserem Bewußtsein auf Oberflächen zu raffen, um die zwischen ihnen klaffenden Intervalle zu stopfen; des Versuchs, Elemente wie Photonen oder Elektronen einerseits und Informationsbits andererseits in Bilder zu setzen. So etwas können weder die Hände noch die Augen, noch die Finger leisten. Denn die Elemente sind weder faßbar, noch sind sie sichtbar oder greifbar. Deshalb müssen Apparate erfunden werden, die für uns das Unfaßbare fassen, das Unsichtbare imaginieren, das Unbegreifliche konzipieren können. Und diese Apparate müssen, um von uns kontrolliert werden zu können, mit Tasten versehen werden."[5]

An die Stelle des alten Menschen, der sich als ein Subjekt und als ein ‚ich' verstanden hat, rückt nun ein körperunabhängiger Knotenpunkt, durch den „Informationen fließen, dort verarbeitet und provisorisch gespeichert werden, um weitergegeben zu werden."[6] Dieser neue Über-Mensch, der durch einen „Bewußtseinssprung" gegenüber dem alten Menschen ausgezeichnet ist,[7] verdichtet in sich möglichst viele Beziehungen, d. h. er knüpft mit anderen Knoten Verbindungen, um Informationen empfangen und weiterleiten zu können. Ja, er will mit ihnen neue „substanzlose Botschaften" allererst „schaf-

---

1 Ebd., 9.

2 Flusser: Paradigmenwechsel. In: Medienkultur, 190–201. (Erstveröffentlichung unter dem Titel „Wonach?". In: Nach der Postmoderne. Hrsg. v. Andreas Steffens. Düsseldorf/Bensheim 1992.)

3 Flusser: Bilderstatus, 75. In: Medienkultur, 69–82.

4 Flusser: Ins Universum der technischen Bilder, 20.

5 Ebd., 21.

6 Flusser: Vom Subjekt zum Projekt, 14.

7 Vgl. Flusser: Ins Universum der technischen Bilder, 27.

fen",[8] d. h. er will gemeinsam mit anderen sich am schöpferischen Spiel des Hervorbringens neuer Informationen beteiligen, um sich durch es hindurch finden zu können. Auf diese Weise werden „alle Menschen am kreativen Prozeß beteiligt sein, ihre Intuitionen und Inspirationen an den in den Apparaten verkörperten Theorien heuristisch prüfen und dabei Informationen erzeugen, von deren Reichtum wir vorläufig keine Ahnung haben."[9]

Diese Informationen können, wenn sie sich in Krümmungen ballen, die Städte bilden, in denen die Menschen ‚wohnen'. Anders gesagt: War für den bisherigen Menschen das Erleben von Realität stets an seine Leiblichkeit gebunden, ist für den künftigen Menschen nun das ‚real', was in dem Informationsnetz, in dem er eingewoben ist, eine spezifische Dichte und Ballung erreicht hat:

> „Übrig bleibt, daß alles digital ist, also daß alles als eine mehr oder weniger dichte Streuung von Punktelementen, von Bits, angesehen werden muß. Dadurch wird es möglich, den Begriff ‚real' in dem Sinne zu relativieren, daß etwas desto realer ist, je dichter die Streuung ist, und desto potentieller, je schütterer sie ist."[10]

Die künftige Stadt, in der der kommende Mensch ‚lebt', ist dergestalt ein durch telematische Vernetzung errichteter Beziehungsballungsraum, in den jeder Einzelne einbezogen ist. Zwar ist es denkbar, daß jemand außerhalb dieses dichten Raums wohnt, er ist aber in diesem Außerhalb für andere nicht „attraktiv" und besitzt daher keine ‚Realität'. Kurz gesagt: Er ist nicht, weil er keine Beziehungen eingeht, mittels derer er an andere heranrückt und sich Bedeutung gibt.

In dieser Konzeption ist die Welt der Sache nach das erste Fundament. Es gibt nichts außer diesem Informationengewebe, das alles, was ist, einbezieht. Es löst den erfahrbaren Raum, die erfahrbare Zeit und den konkreten Anderen in seine Oberflächenstruktur auf und führt in dem Zugleich des Abrufbaren und zu Projizierenden jeden möglichen Ortes, Zeitpunktes oder Mitmenschen letztlich zur Allpräsenz des Unräumlichen, Unzeitlichen und Unmenschlichen.[11] Anders gesagt: Die Totalität des Raums, der Zeit und des Mitmenschen im Punktum, der letztlich ein Nichts ist, zieht diese Dimensionen in

---

8 Vgl. ebd., 113.

9 Ebd.

10 Flusser: Digitaler Schein, 156.

11 Auch wenn ich der Überzeugung bin, daß bei Flusser der Mensch, der sich als Projekt verwirklicht, die neue sinnstiftende ‚Instanz' wird und nicht der Computer, wie es Neswald behauptet, stimme ich mit ihr doch bezüglich der Konsequenzen hinsichtlich des Raums und der Zeit überein. So schreibt sie: „Der Weg von der vollkommen aufgelösten Wirklichkeit, in der es weder Sinn noch Wahrheit gibt, zu der neuen, sinnvollen Welt ereignet sich durch die Benennung einer neuen sinnstiftenden Instanz und die Neubegründung der Welt. Die Stelle dieser neuen Instanz nimmt der Computer ein, dem die Fähigkeit zugesprochen wird, die ungenügende und aufgelöste Welt auf eine neue Weise zusammenzufügen, die Herrschaft der Zeit aufzuheben und durch die telematische Vernetzung die beziehungslosen Bestandteile der Welt sowie die vereinzelten Menschen im Netz zusammenzufügen. In dieser neuen Welt sind Raum und Zeit außer Kraft gesetzt, und das im Netz aufgehobene Ich taucht ein in die das Universum durchwebenden Ströme der Informationen." Neswald: Medien-Theologie, 9.

den Schein einer künstlichen Welt, in der nichts gegeben ist, sondern alles künstlich hergestellt wird. In ihm verschwinden sie und begünstigen mit ihrem Verschwinden das freie Spiel, durch das in reinen Dialogen eine neue Zeit, ein neuer Ort und neue Menschen entstehen können. Will man diesem Totalnetz einen Namen geben, läßt es sich als ‚Welt' bezeichnen, also als das Totum der Einzelinformationen, das zumeist in verdichteten Streuungen auftritt, in denen der Mensch ‚lebt' und ‚handelt'.

Die einfachen Anführungszeichen verweisen auf die strukturelle Identität, den die Worte in ihrer semantischen Differenz in ihren unterschiedlichen Kontexten – dort Geschichte, hier Nachgeschichte – zum Ausdruck bringen. Innerhalb der Nachgeschichte verwendet, sind sie auf der Oberfläche des Informationsprozesses verortet, von dem her sie ihre Bestimmung und Bestimmtheit haben, und in der Geschichte verweisen sie auf die Tiefenstruktur, die der Mensch als Heim-weg und als volitives, emotionales und intellektuelles Wesen hervorbringen kann.

Im folgenden geht es darum, diese Konzeption eines Trans-Anthropozentrismus anhand der im ersten Teil dieser Arbeit aufgewiesenen Dimensionen des Menschen als Heim-weg kritisch zu prüfen.

Im Menschen als Heim-weg kommt – konstitutionell bedingt – der Streit zwischen seinen wechselweise aufeinander bezogenen Wesenszügen zum Austrag. Das Unterwegssein des Menschen ist an ein Heimischsein gebunden, wie umgekehrt das Heimischsein ein Unterwegssein aus sich hervorgehen läßt, wodurch permanent ein Konflikt wesensmäßig präsent ist. Gemäß der im Primärphänomen Heim- liegenden Tendenz zu einem Sich-Binden stehen beide Seiten nicht unentschieden nebeneinander, ergeht doch aus ihr an den Menschen die Forderung, seinen Willen entsprechend dieser Tendenz auszurichten und in seinem Weghaften das Heimische zu wahren.

Bezieht man diese anthropo-ontologische Verfaßtheit auf das Sich-Orten des Menschen, findet er sich zunächst und zumeist nicht in einem Raum der Geborgenheit vor, er muß diesen vielmehr in seinem Ringen mit der Ungeborgenheit allererst eigentätig hervorbringen und die wesentliche Beziehung zum Raum, die er als Heim-zum-Raum ist, dergestalt realisieren. Die Geborgenheit kann ihre volle Tiefe entfalten, wenn der Mensch entsprechend seiner Verfaßtheit die Weisen des Unterwegsseins auf den Hauptwegen einlöst, und das bedeutet, das Wandern in der Natur der Sache nach als in räumlicher, zeitlicher und mitmenschlicher Hinsicht erste Bewegungsart zu vollziehen, zu der schrittweise die weiteren Bewegungsarten des Gehens auf der Straße, des Fahrens auf der Straße und des Surfens im Netz hinzukommen.

Und hier wird bereits die Bedingtheit des Flusserschen Denkens sichtbar. Es deutet die menschliche Bewegungsart ausschließlich als diejenige, die innerhalb des Hauptweges des Surfens im Netz unabhängig von den anderen vollzogen wird bzw. zu vollziehen ist. Nimmt der Mensch in dieser Weise sein Gehen und Handeln auf sich, bewegt er sich auf der Oberfläche, oder, wie man mit Flusser sagen kann, im digitalen Schein. Das Bewegen ist nicht i. S. einer leiblich vermittelten Bewegung zu verstehen, hat es als Bezugspunkt doch nicht den Leib, sondern das mentale Vermögen des Menschen. In der Konsequenz ist hier der Mensch primär durch ein geistiges Stehen zu kennzeichnen, von dem aus und zu dem hin Informationsfäden gesponnen werden, die seinen ‚Ort des Wohnens‘ bezeichnen.

Das Gefühl der Geborgenheit dringt hierbei nicht in alle Fasern seines Seins ein, seien sie emotionaler, volitiver oder intellektueller Natur, und in die Tiefe seines Heimischseins vor, weil es ausschließlich an diese mentale Dimension des Menschen gekoppelt ist. Ja, im strengen Sinne wird es bei einer solchen mentozentrischen Konzeption sinnlos, von Geborgenheit zu sprechen, weil Geborgenheit eine Kategorie ist, die an den Ort, die Zeit und den Mitmenschen gebunden ist. So kann man sich zwar z. B. in diesem Zimmer geborgen fühlen, weil es einem vertraut ist und man buchstäblich in ihm jeden Fleck kennt, in dem reinen Unterwegs des Informationenknüpfens, für das strukturell betrachtet das Ankommen konstitutiv ist, wird dies mit dem Verlust des Verweilens im heimischen Stehen allerdings unmöglich. Anders gesagt: Geborgenheit kann erst dort entstehen, wo der Mensch das Pendeln zwischen Wohnen und Gehen verwirklicht, seine Struktur nicht auseinanderbricht und eine Seite verabsolutiert.

Der Mensch zeitigt sich entsprechend der Weise, in der er wohnt und geht. Während das Wohnen ihm ein Unterwegs-im-Ruhen ermöglicht, vollzieht er, wie oben aufgewiesen, die Zeit als ein Heim-im-Fließen im Stillstehen, Abfließen, Abstürzen und Ausspielen. Eine mentozentrische Konzeption wie sie Flusser repräsentiert, öffnet den Menschen nicht auf die Vielfalt dieser möglichen Zeiterfahrungen, sondern sie legt ihn auf das Ausspielen fest. Das bedeutet: Mit der Überwindung der einstigen zyklischen Zeitvorstellung der ewigen Wiederkehr des Gleichen, die Flusser mit dem Bild des Rades veranschaulicht und dem Zerfall der Linearität der Zeit und ihrer dreidimensionalen Ausdehnung in Vergangenheit, Gegenwart und Zukunft wird die Zeit jetzt zur Sandzeit umgedeutet, in der Erlebnisse und Ereignisse nicht wiederkehren oder gar eine Kette bilden, vielmehr alles, was ist, eine Reihe von Zufällen darstellt. Der Mensch, der in diese Sandzeit hineinversetzt ist, kann gegen sie spielen und das bedeutet, „den Zufall in Absicht umzustülpen“:

> „Der Mensch kann die allgemeine Tendenz zur Gleichförmigkeit, zum Wahrscheinlichen verneinen und absichtlich immer komplexere Formen (‚Informationen‘), immer Unwahrscheinlicheres erzeugen. Er kann in den Sandhaufen – in dem er sich befindet und dessen Teil er ist – eingreifen und die Körner zwingen, sich immer unwahrscheinlicher zu gestalten. Er kann sie ‚komputieren‘. Er kann dem Wärmetod (dem Tod überhaupt) dank Kunst die Stirn bieten. Er kann Schöpfer werden.“[12]

An der theoretischen Präferenz der Sandzeit ändert auch Flussers Einsicht in die Gleichzeitigkeit der differierenden Zeitformen im Bewußtsein nichts. Denn auch wenn Flusser einerseits betont, daß sich die drei Zeitformen der Radzeit, der Stromzeit und der Sandzeit im Bewußtsein überlagern, folglich zugleich im Menschen präsent sind, so hebt er andererseits doch die Sandzeit als die der Wirklichkeit und Kontingenz entsprechende Weise menschlichen Handelns hervor. So schreibt er:

> „Die hier miteinander verglichenen drei Zeitformen (i.e. Radzeit, Stromzeit, Sandhaufenzeit; K. J.) bilden keine Reihenfolge. Sie überdecken einander in unserem Bewußtsein. Die Radzeit

[12] Flusser: Drei Zeiten, 294 f.

schlägt den Rhythmus unseres täglichen Lebens, die Stromzeit beherrscht unsere Entscheidungen und Taten, und nur in seltenen Augenblicken sind wir überhaupt fähig, die Sandzeit zu integrieren. In solchen Augenblicken erkennen wir unsere Menschenwürde: Wir können uns als Künstler (als Schaffende) provisorisch gegen die geistlose Sturheit empören, in welche wir getaucht sind."[13]

Würde Flusser seine eigene Position in ihrer Konsequenz durchdenken, dann könnte er diese Gleichzeitigkeit der Zeiterfahrungen im menschlichen Bewußtsein nicht mit den Prämissen seines Ansatzes begründen. So ergeht an den durch das mentale Vermögen ausgezeichneten Menschen, der sich als Projekt annehmen will, doch die Forderung, Körper, Materie und Natur hinter sich zu lassen, und das bedeutet die Rad- und Strom- bzw. Flußzeit zu überwinden, um in einem Sprung in die neue Etappe menschlicher, genauer gesagt, über-menschlicher Entwicklung einzutreten. Und nach diesem vollzogenen Bewußtseinssprung werden ihm Erfahrungen, die aus der Permanenz ewiger Wiederkehr und der Rasanz fortschrittlicher, irreversibler Linearität resultieren, als Fesseln erscheinen, die es möglichst schnell abzuwerfen gilt.

Hier kann daher an Flussers Beschreibung des künftigen Lesers erinnert werden. Er ist z. B. in seiner Auseinandersetzung und Aneignung der Positionen von Aristoteles und Newton nicht an einer vergleichenden Bezugnahme interessiert, bei der das Frühere etwa in bestimmter Hinsicht in Relation zum Späteren gesetzt wird; er hat sie vielmehr gleichzeitig präsent und kann nach seinen Vorstellungen in einem freien Spiel neue Informationen aus diesen sich überschneidenden Systemen hervorgehen lassen.[14] Auf diese Weise läßt er ein Denken hinter sich, das Erklärungen und Begründungen, die aufgrund eines objektiven Sachverhaltes bestehen, intendiert und setzt an seine Stelle die Manipulationsfähigkeit eines Einzelnen, für den weder Vergangenheit noch Zukunft Bedeutung haben:

„Denn es gibt ja keine Zukunft mehr, wo alles zu Gegenwart geworden ist. Was einmal Zukunft war, sind jetzt gegenwärtige Spielmöglichkeiten. Alle Informationen stehen mir zur augenblicklichen Verfügung. Ich kann, bei entsprechendem Tastendruck, die Kathedrale von Reims mit dem Lincoln Center zusammenmischen und hieraus neue Informationen synthetisieren. Oder ich kann die von Jesus verwendeten Gleichnisse in Bilder übersetzen und sie mit Bachschen Kantaten zur Deckung bringen. Kurz, das ganze Universum steht mir an meinem Terminal als eine gigantische Spielwiese bereit."[15]

Vom Menschen als Heim-weg aus betrachtet, ist diese Festlegung des Menschen auf die Verfügbarkeit und Allgegenwart von Informationen, aus der heraus neue entstehen können, eine Verengung, die entgegen der Intention Flussers gerade nicht zu einer Erweiterung seiner Möglichkeiten führt.

So wird durch sie die Summe abrufbarer Daten gleichsam bis zum Maximum gesteigert, die Einverleibung bzw. wirkliche Aneignung dieser Daten, die ein Wohnen und Gehen in der Weise des Wanderns zu ihrer Voraussetzung hat, wird dadurch allerdings

---

13 Ebd., 295.

14 Vgl. dazu Flusser: Die Schrift, 151 und siehe das Kapitel „Ausspielen" im § 2: Sich–Zeitigen.

15 Flusser: Ins Universum der technischen Bilder, 139.

nicht gewährt. Denn bevor der Mensch eine Information sich zu ‚eigen' gemacht hat, und das heißt, zeitlich betrachtet, sich ihr zu ‚widmen', sich ‚für sie Zeit zu nehmen', oder – in einer anderen Wendung – sich ‚auf sie einzulassen', ist er in dem Zeitlosen seines Nicht-Ortes und dem Unaufhaltsamen seiner Transversion über diese bereits hinaus in Richtung auf die nächste ausgeschritten.

Letztlich hält er sich in dem reinen Unterwegs, in dem er sich verwirklicht, daher weder bei diesem noch bei jenem auf, sondern im *Dazwischen-Darüber*. Er verweilt nicht an einer Sache und läßt sie und seine Einsicht ‚reifen', vielmehr bewegt er sich nach seinen Vorstellungen zwischen ihr und der nächsten, ist also in dem Dazwischen seines geistigen Stehens stets auf ein Darüber gerichtet. Beide Elemente bilden eine unzerreißbare Struktureinheit, die jeglichem Abstürzen der Zeit beim Surfen im Netz immanent ist. Der Mensch, der auf diese Nulldimensionalität festgelegt wird und darin von einer gelebten Vergangenheit, Gegenwart und Zukunft abgeschnitten ist, verstellt sich ebenso den Weg, der in die Nähe seines Ursprunges und seines eigenen Weges führt, wie den Weg, den er gehen muß, um äußere, von ihm gesetzte Ziele zu erreichen.

Der Mensch ist als Heim-weg konstitutionell ein Heim-zum-Mitheim, dem der Mitmensch, ob er sich dessen bewußt ist oder nicht, immer schon einwohnt. So kann er dem Anderen einerseits in seinem Wohnen im Vertrauen und andererseits in den Weisen seines Gehens in der Gewohnheit der herrschenden Moral begegnen. Entsprechend der konträren Gegenwesenhaftigkeit seiner Struktur, die die Tendenz zum Sich-Binden bereits latent hat, führt das Vertrauen die andere Seite seiner selbst, das Mißtrauen, stets mit sich, wie das Gewohnte das Ungewohnte in sich birgt. In der Zwiefalt des Vertrauens und der Zwiefalt des Gewohnten läßt der Mensch als Unterwegs-im-Vertrauen und als Heim-im-Gewohnten die Bandbreite möglicher Begegnungsarten hervorgehen, die die Vielfalt menschlichen Miteinanderseinkönnens bedeuten.

Flusser legt das Miteinander des Menschen auf den Weg das Surfen im Netz fest, in dem allein das Spinnen, wie diese spezifische Art des Miteinanders oben gekennzeichnet wurde, möglich ist. Der Mensch bewegt sich hier geistig in dem Netz, das die Welt ist, und zieht als Spinner den anderen mittels Informationen, die eine besondere Attraktivität haben, an sich. Kunstvoll spinnt er den Anderen mit den von ihm erzeugten Fäden ein und läßt ihn dadurch zum Gespinst werden. Im wechselweisen Auswerfen und Anziehen der geschaffenen Projektionen können sie schließlich so dicht zusammenrükken, daß das ‚ich' und das ‚du' sich im ‚wir' auflöst.

Das Sich-Binden des Menschen an seinen Mitmenschen, das im Menschen als Heimweg in dem Grundphänomen Vertrauen sichtbar gemacht werden kann, wird bei Flusser zu einem Vernetzen, das den Mitmenschen als einen Einzelknoten mit einer spezifischen Kompetenz auffaßt, mit dem man über die Gemeinsamkeit der Kompetenz ‚vertraut' ist. Das bedeutet, daß das Binden hier nicht quer durch alle Vermögen des Menschen hindurchdringt, sondern vielmehr ein ‚Zusammenhalten' meint, das in der Übereinstimmung von Interessen möglich wird. Der Mensch öffnet sich hier dem Anderen, um mit ihm eine Interessengemeinschaft einzugehen, die jederzeit, wenn das Interesse

,erlahmt', wieder gelöst werden kann.[16] Ein Verständnis von Vertrauen, das aus der Tiefe des menschlichen Wesens hervordringt, ihn trägt und ihn auf den Anderen hin sich bewegen läßt, hat hier keinen Ort. Um dies zu verdeutlichen, möchte ich an Flussers Schilderung erinnern, wie man sich die kleine Gruppe von Menschen, die das künftige Haus bewohnen, vorstellen kann:

> „Das Haus wird eher wie eine kleine Gruppe von Menschen aussehen (wie eine ,Familie'), worin gespielt wird. Die Gruppe wird dank einer gemeinsamen Spielkompetenz zusammengehalten, sie wird einen Kompetenzknoten bilden. Die Bindung innerhalb dieses Knotens wird stark sein, weil die Einzelknoten innerhalb des Gruppenknotens eng aneinander geballt sind, aber es wird innerhalb der Gruppe Kompetenzspannungen geben. Das Spiel, für das sich das Haus engagiert, besteht im Erzeugen von Informationen (Unwahrscheinlichkeiten), und zwar so, daß jede einzelne erzeugte Information als ein Zug in einem Spiel zu sehen ist, an dem die ganze Stadt engagiert ist."[17]

Versucht man Flusser gerecht zu werden, muß auf eine andere Argumentationslinie innerhalb seines Denkens aufmerksam gemacht werden, die im Widerspruch zu seiner These des Auflösens des ,ich' und ,du' im ,wir' steht und die das Problem der Verantwortung betrifft. Ich komme hier kurz auf sie zu sprechen, weil man von ihr her, wenn Flusser sie ohne Widerspruch zu seinem Gesamtkonzept aufrecht erhalten könnte, Einwände zu meinen Thesen, daß Flusser die Wege des Menschen zu seinen Mitmenschen auf den Weg des Spinnens festlegt und daß das Grundphänomen Vertrauen in Flussers Konzeption nicht erfaßt werden kann, formulieren könnte.

Flusser zufolge ist das Ende des Humanismus' gekommen, also einer Ethik, die sich seiner Ansicht nach auf „eine Klasse, beispielsweise auf die Klasse Mensch, bezieht" und die die „Idee der allgemeinen Verantwortung"[18] impliziert. Bei dieser Art der Ver-

---

16 Hierzu gehört es, daß in Flussers Überlegungen zur Ethik die Freiheit in einem neuen Sinne ausgedeutet wird. Jeder Mensch wird bei seiner Geburt in eine bestimmte Lebenswelt hineinversetzt, die zunächst bestimmte Bindungen nach sich zieht: etwa an eine Familie, an ein Milieu oder eine geschichtlich-einmalige Situation. Die Freiheit besteht für Flusser nun gerade darin, diese nicht einfach fraglos zu akzeptieren und zu bejahen, sondern „sich von diesen Bindungen zu befreien und neue freiwillig einzugehen". (Flusser: München, 1991, 241. In: Zwiegespräche, 225–242) Es ist demnach ein Befreiungsprozeß notwendig, in dem sich der Mensch von all dem, was ihn zuvor gleichsam gefesselt hat, löst, um schließlich autonom, als jemand, der nun frei von allen ihm auferlegten Bindungen ist, seine eigenen, ihm entsprechenden Bindungen einzugehen. Flusser macht ernst damit, daß jede Bindung nur durch den Einsatz der beteiligten Personen eine Anerkennung finden kann. Keine Bindung besteht von Geburt an, sie wird erst hervorgebracht. Das schließt, wie Flusser verdeutlicht, natürlich nicht aus, „daß ich die gefundenen Bindungen aufhebe und zu gemachten gestalte". (Flusser: München, 1991, 241.) Aber hier ist, wie gesagt, zunächst der Befreiungsprozeß notwendig, um in einem freien Akt zu meinen Verwandten bewußt ja sagen zu können.
Hier wird man die Frage stellen müssen, ob in Gegenstellung zu Flussers Position die Familie nicht in gewisser Weise geheiligt ist, und zwar deshalb, weil die Bindungen, die hier bestehen, letztlich niemals aufgelöst werden können, also sogar dann Bestand haben, wenn sie aufgelöst erscheinen, wenn also kein Kontakt mehr zwischen Familienmitgliedern besteht.

17 Flusser: Vom Subjekt zum Projekt, 70.

18 Flusser: München, 1991, 240.

antwortung bin ich für jeden und, scharf gesagt, gleichzeitig für niemanden verantwortlich. Das verantwortliche Subjekt bezieht sich hier auf die Menschheit und verliert dabei den konkreten Einzelnen aus dem Blick. An die Stelle dieses Humanismus' hat für Flusser daher „eine persönliche, intersubjektive Verantwortung“ zu treten:

> „Die Ethik erhält dann das Kriterium der Nähe. Je näher mir jemand örtlich, zeitlich, aber auch thematisch steht, desto mehr Verantwortung trage ich für ihn und desto mehr Verantwortung trägt er für mich. Diese Verantwortung ist etwas Gegenseitiges.“[19]

Den Gegenstand bzw. das Objekt der Verantwortung findet Flusser in der Nahsphäre, also in dem engen, besser gesagt, nahen und nächsten Bereich, in dem der Andere mir als unverwechselbar Nächster begegnet.

Flusser sagt 1991 in einem Gespräch mit Florian Rötzer, daß er hier etwas Altes zum Ausdruck bringt, nämlich die Nächstenliebe. Allerdings, und damit kommt eine neue Seite ins Spiel, deutet er den Begriff Nähe – und damit auch den Begriff der Nächstenliebe – in einem anderen Sinne. In der von ihm angezielten Telematik bedeutet die Vorsilbe ‚Tele-‘ „das Näherbringen des Entfernten. Ethisch heißt das“, wie Flusser sagt, daß mich „das Ferne nichts angeht. Ich muß es näher bringen, damit es mich angeht.“[20] Das bedeutet, daß die Vorsilbe Tele-, die für das Weite und die Ferne steht, den Anspruch zum Ausdruck bringt, der an den Einzelnen ergeht. Er befindet sich nämlich nicht schon von vornherein in einem Raum der Nähe unter und mit seinem Nächsten, er hat ihn vielmehr allererst hervorzubringen – auch dort, wo man bisher den Nächsten nicht vermutet hat: in der Ferne.

In Flussers Proxemik, in seinem Verständnis von Nähe, geht es demnach um die Entfernung, also um die Aufhebung von Weite und Distanz, um mir den Unbekannten und bisher Fremden nahezubringen.[21] Dabei kommt der Kompetenz eine entscheidende Bedeutung zu, die mir die Grenzen meiner Möglichkeiten vor Augen führt und die das Korrektiv darstellt, um nicht jeden näherrücken lassen zu wollen und doch wieder der Idee der allgemeinen Verantwortung zu verfallen.[22]

---

19 Ebd.

20 Ebd.

21 „‚Tele-‘ bedeutet das Näherbringen von Entferntem, und nicht nur von entfernten Ereignissen, sondern auch von entfernten Menschen, wir sind dank Telematik mit einer großen Zahl anderer verbunden, in denen wir uns verwirklichen können und die sich in uns verwirklichen können. Es entsteht ein dialogisches Verhältnis zwischen einst Entfernten und jetzt Nähergebrachten.“ Vilém Flusser: Die Informationsgesellschaft als Regenwurm, 77. In: Kultur und Technik im 21. Jahrhundert. Frankfurt am Main 1993.
„Der Humanismus stirbt, und statt dessen kommt eine verantwortliche Verbindung mit einst ferngestandenen anderen. Das ist eine seltsame Rückkehr aus dem Humanismus in die Nächstenliebe. Allerdings nicht in jene Nächstenliebe, die das Juden-Christentum meint, nämlich den mir gegebenen Nächsten, sondern jetzt die Liebe, die Verantwortung für den mir nahegebrachten Entfernten.“ Flusser: Die Informationsgesellschaft als Regenwurm, 78.

22 Hier zeigt sich ein Widerspruch im Denken Flussers: zum einen hält er es für „ein verantwortungsloses Geschwätz, wenn ich mich jetzt für die Befreiung von Tibet engagiere“. Zum anderen ist er davon überzeugt, daß wir „dank Telematik mit einer großen Zahl anderer verbunden sind“.

Flussers Versuch, eine neue intersubjektive Verantwortung zu etablieren, läßt sich als ein denkerischer Rückfall in die Phase der von ihm „Geschichte" genannten Zeit deuten. In einer Welt des digitalen Scheins, in der Gleichgültigkeit herrscht und keine Wertigkeiten festzustellen sind, ist die Kategorie der Verantwortung ebenso wie die Kategorie des Vertrauens bedeutungslos. Würde er beide bedenken, müßte er sie in einem Konzept etablieren, dem über die semiotisch-bildliche Oberflächenstruktur hinaus eine semantische Struktur zugrunde liegt, durch die allererst Versuche des Erklärens, Deutens und Wertens möglich werden.

Überblickt man diese Position, wird deutlich, daß der Mensch, der das Weghafte seines Wesens ausschließlich auf dem Hauptweg des Surfens im Netz einlöst, sich das Heimische seiner Verfaßtheit als *Heim-Welt* erzählt. Das bedeutet, daß er sich ausschließlich an eine Welt bindet, die ein Informationsnetz ist, und daß er es als seine größte Chance ansieht, auf sie hin sich zu entwerfen, genauer gesagt, in seinen Entwürfen zu seiner Verwirklichung in der Überwindung seiner selbst beizutragen. In diesem Projizieren wird das spezifische Strukturelement des Strukturzusammenhangs der Welt im Netz als *Transversion* sichtbar. Denn weder kann hier, wie z. B. bei der Heim-Kehr zu Gott, eine Reversion im Sinne einer Rückkehr zum Eigenen und darin – zum strukturell zu denkenden – Göttlichen gelingen, noch wird eine Inversion als Einkehr ins Innere, noch eine Konversion als die mit dem Göttlichen gelingende Wende ins Zusammen erstrebt, vielmehr geht es gerade darum, sich selbst in der Wende über sich hinaus ‚hinter' und ‚unter' sich zu lassen. Der Mensch, der sich nach vorne auf solches hin entwirft, was er und die Welt sein möchte, kehrt sich von sich selbst ab und schreitet in der Richtung des ‚trans', die der Transversion zukommt, über und jenseits seiner selbst hinaus.

Bildlich betrachtet läßt sich diese Art der Transversion daher weder als Verbindung und Verbund von Kreis und Spirale noch als Linie bzw. Strecke veranschaulichen, sondern am ehesten als ein Punkt, der mit dem Verschwinden des Raums, der Zeit und des Mitmenschen zugleich das Verschwinden von Heimat nach sich zieht. Der Mensch, der sein Gehen auf dem Weg des Surfens im Netz verwirklicht und das Heimische seines Wesens als Heim-Welt, hat sich von allen anderen Wegen abgeschnitten und sich Erfahrungsqualitäten, die ihm als Heim-Gott und Heim-Mensch möglich sind, verschlossen. Auf diese Weise legt er sich auf das reine Unterwegssein in der Welt fest und verliert mit dieser Fixierung einerseits die Möglichkeit einer Rückbindung – und sei es im eigenen Inneren – und andererseits die Möglichkeit eines aus der Tiefe seines Wesens kommenden und sich bis zur Oberfläche erstreckenden Pendelns zwischen den beiden Seiten seines Wesens, aus der allein Heimat hervorgehen kann.

(München, 1991, 241) Warum soll es jemandem dann grundsätzlich nicht möglich sein, sich auch in einem Tibeter zu verwirklichen und in ein dialogisches Verhältnis mit ihm einzutreten?

Schlußbetrachtung

Mit einer Philosophie der Heimat soll die Intuition verfolgt werden, daß das Grundanliegen der Philosophie darin besteht, eine Deutung des Menschen zu erzählen, die sich in seinem Leben und Handeln zu bewähren hat. Die Heimat des Menschen zeigt sich auf diesem Hintergrund zunächst als ein aus seiner anthropo-ontologischen Verfaßtheit hervorgehendes Verhältnis, in dem die wechselweise aufeinander bezogenen Wesenszüge, hier das Heimischsein, dort das Unterwegssein, in größtmöglicher Spannung zueinander stehen. Um diese lebendige Spannung hervorzubringen, muß der Mensch sowohl seinem Gespür für die ihm immanente Tendenz zu einem Sich-Binden nachgehen und sich in Richtung auf Tiefe und Fülle der genannten Grundphänomene überschreiten, als auch zugleich seinen Bezug zum Raum, zur Zeit und zum Mitmenschen dadurch verwirklichen, daß er während seines Gehens auf seinen Wegen dieses Gespür intensiv verspürt. Gelingt ihm dies, zeigt sich, daß Heimat nicht als ein konstitutionell bedingtes Verhältnis zu verstehen ist, das sachlich, objektiv, allgemeingültig und ungeschichtlich ist, vielmehr seine Eigenart gerade in dem aufgrund des Sich-Bindens möglichen Berührtwerdens liegt. So kann sich der Mensch als Heim-weg mit allen Fasern seines Seins an eine Heimat binden, die ihn anrührt, weil sie ihn angeht, wie umgekehrt er an ihr rühren kann, wenn er auf sie zugeht.

Das Heimischsein, das als das Primärphänomen das Unheimische und Heimatlose stets mit sich führt, kann daher niemals in einer unbeweglichen und starren Haltung des Menschen gewonnen werden, es muß vielmehr in ständig neuen Eroberungsbewegungen beim Ausschreiten in die Welt hinaus errungen und emotional und intellektuell einverleibt werden. Von hierher ergeht an den Menschen die Forderung, in seinem Denken und konkreten Tun das schwierige Geschäft des spannungsreichen Ausbalancierens der beiden Seiten seiner Grundstruktur auf sich zu nehmen und an der Verwirklichung seiner Heimat sein Leben lang zu arbeiten. Bei diesem Prozeß der Beheimatung, den ich *Verheimung* nennen möchte, versucht der Mensch folglich, sich selbst als Heim-weg einzulösen und seine Identität in der Entfaltung der ihm einwohnenden Bezüge zum Raum, zur Zeit und zum Mitmenschen zu finden.

Versteht man die Philosophie der Heimat in diesem Sinne, erweist sich die Heimat der Philosophie als die Frage danach, wie der Mensch bisher vom Menschen als Heimweg aus betrachtet sein Wesen gedeutet hat. Die Heimat der Philosophie ist dann eine philosophische Reflexion über die grundlegenden Wege, die in der bisherigen Geschichte der Philosophie beschritten wurden, um sich der Heimat, und sei es in Gestalt des Unheimischen, zu nähern und dadurch in je charakteristischer Weise die anthropo-ontologische Grundstruktur Heim-weg zu verwirklichen. Anders gesagt: In jedem zentralen Weg der Philosophie, sei es dem des Theozentrismus', des Anthropozentrismus' oder des Trans-Anthropozentrismus', wird die Heimat des Menschen in je eigener Ausdeutung in den Blick genommen, und zwar entsprechend der Weise, in der aus der Gesamtstruktur Heim-weg je ein Moment buchstäblich herausgebrochen wird und dadurch eine Engführung stattfindet, die die Gefahr der Radikalisierung und Verabsolutierung einer partiellen Wesensmöglichkeit darstellt.

Um das Gesagte zu präzisieren zu können, rekapituliere und vertiefe ich zunächst die in der Analyse der Grundstrukturen des Denkens von Augustinus, Camus und Flusser gewonnenen Einsichten.

Die dem Denken des frühen Augustinus immanente Grundstruktur der Heim-Kehr zu Gott, die idealtypisch in jedem Theozentrismus aufgewiesen werden kann, bricht anschaulich gesagt von der anthropo-ontologischen Gesamtstruktur Heim-weg die Seite des Heim- ab und legt die Möglichkeiten des Menschen auf sie fest. Der Mensch schränkt sich dergestalt auf sein Heimischsein ein, um sein Verhältnis zum Göttlichen, das er in seinem Wohnen in und mit Gott hat, verwirklichen zu können. Er radikalisiert das Wohnen, indem er in der Bewegung des Hinein-Hinüber tiefer in Richtung auf das Göttliche ausschreitet und sich dabei seinem Ursprung, der für den Philosophen Geheimnis bleiben muß, zu nähern versucht.[1]

In der mangelhaften Nichtberücksichtigung des Unterwegsseins des Menschen, das nicht im Hineingehen ins Innere, sondern im Hinausgehen in die Welt geschieht, durch das z. B. eine Begegnung mit anderen Menschen im Einander-Streifen auf der Straße möglich wird, legt sich der Mensch auf sich und auf seine wesentliche Beziehung zu Gott fest, in der die Kategorie des Anderen ungenügend theoretisch bedacht wird. Nur das Wandern bleibt ihm erhalten, weil er hierin sich selbst und Gott begegnen kann. Der Mensch schottet sich auf diese Weise gleichsam theoretisch legitimiert von seinen Mitmenschen ab und verstellt sich einen Zugang zu den Erfahrungsqualitäten, die im Gehen, Fahren und Surfen liegen.

Camus' Denken, das als idealtypische Repräsentation eines Anthropozentrismus' gedeutet werden kann, dem die Grundstruktur die Sehn-Suche des Menschen zugrundeliegt, verschließt die Tür zum Haus Gottes und öffnet dem Menschen statt dessen die Wege, in denen er bemüht ist, sich auf sich selbst auszurichten. Es bricht von der anthropo-ontologischen Grundstruktur Heimweg auf der Seite des Heim-, die das Primärphänomen darstellt, die Dimension Heim-Gott weg und macht es dem Menschen dadurch unmöglich, in die Nähe seines Ursprungs gelangen zu können. Der Mensch legt sein Wohnen als Heim-Mensch auf ein Wohnen im Haus des Menschen fest und wendet sich den Möglichkeiten zu, die aus seinem Weghaften hervorgehen können.

1 Geradezu beispielhaft hat Wilhelm Weischedel formuliert, daß ein Denken, das sich „im Zeitalter des Nihilismus und der radikalen Fraglichkeit (..) doch noch dem Gott zuwendet", arm ist, weil es vom Gott nicht mehr weiß, als daß er Geheimnis ist: „Gott, das Vonwoher, ist Geheimnis und der Mensch hat es abschiedlich als Geheimnis zu wahren." Weischedel: Der Gott der Philosophen, Bd. 2, 257.

Auf diese Weise bewegt er sich in seinem Sich-Ausrichten auf ein Hinein-Darüber hauptsächlich auf den Hauptwegen des Wanderns in der Natur und des Gehens und Fahrens auf der Straße. In der Nichtberücksichtigung der Dimension des Heim-Göttlichen, die in der vertikalen Bewegung des Überschreitens realisiert wird, verstellt er sich die Möglichkeit, Geborgenheit, Ruhe und Vertrauen finden zu können und rückt im Gegenzug die Ungeborgenheit, die Unruhe und das Mißtrauen theoretisch an die erste Stelle. Die Grundphänomene werden dadurch nicht in ihrer Fülle erfahrbar, sondern das Aushalten und Verharren in ihren privativen Ausgestaltungsformen zur Forderung erhoben, der die menschliche Grundhaltung entsprechen soll.

Dem späten Denken Flussers, das einen Trans-Anthropozentrismus idealtypisch zum Ausdruck bringt, ist die Grundstruktur die Welt im Netz immanent. Es bricht aus der Gesamtstruktur Heim-weg nicht nur auf der Seite des Heim- die Dimension Heim-Gott, sondern auch die Dimension Heim-Mensch weg und verabsolutiert im Gegenzug die Dimension Heim-Welt. Darüber hinaus legt dieses Denken das Unterwegssein des Menschen hauptsächlich auf den Hauptweg des Surfens im Netz fest und versperrt ihm dadurch die anderen Wege, die ihm etwa beim Wandern in der Natur und beim Gehen und Fahren auf der Straße zugänglich wären.

Dementsprechend kann der Mensch weder im Haus Gottes noch im Haus des Menschen wohnen, bindet er sich in seiner Bewegung des Dazwischen-Darüber letztlich doch an keinen Ort. Sein Wohnen kommt daher immer zu spät oder zu früh, weil es dort ist, wo es noch nicht sein kann oder erst sein sollte und das in dem Rastlosen seines Wesens immer noch weiter aussteht. Auch verhindert es mit seinem Nichtberücksichtigen unmittelbarer leiblich vermittelter Erfahrungen Weisen des Begegnens, die im Einwohnen, Streifen und Einsitzen liegen und Weisen des Zeitigens, die im Stillstehen, Abfließen und Abstürzen möglich sind. Die Grundphänomene Geborgenheit, Ruhe und Vertrauen können dadurch weder in ihrer Fülle noch in ihren privativen Ausgestaltungsformen als zu erstrebende Qualitäten entdeckt werden, da sie zu Kategorien werden, die in dieser Grundstruktur überhaupt keinen Ort haben.

Legt man diese drei Grundmodelle philosophischen Denkens, den Theozentrismus, den Anthropozentrismus und den Trans-Anthropozentrismus anhand der ihnen jeweils wesentlichen Grundstruktur der Heim-Kehr zu Gott, der Sehn-Suche des Menschen und der Welt im Netz auf dem Hintergrund der Deutung des Menschen als Heim-weg aus und nimmt man zu ihnen Stellung, dann vermag erstens, wie im Gesagten bereits angedeutet, keine von ihnen die Gesamtstruktur Heim-weg in sich zu vereinigen; und zweitens vermag keine von ihnen – entgegen der Selbstauskunft ihres jeweiligen Repräsentanten – Heimat in ihrer Wesentlichkeit zu denken. Ich verdeutliche die beiden Thesen.

In der theozentrischen Grundstruktur Heim-Kehr zu Gott ist die Abkehr vom Draußen eine Hinwendung zum Heimischen, in das der Mensch vermittels seines Inneren schrittweise in Richtung auf das Göttliche hinein und hinüber zu gelangen versucht. Der Mensch kann hier seine Heimat nicht ohne Gott verwirklichen, da er Richtung, Ziel und Inhalt seines Wollens ist. Versucht der Mensch entsprechend seiner wesensmäßigen Bestimmtheit und Bestimmung als Geschöpf Gottes seine wahre Heimat zu finden, kehrt er einem möglichen Unterwegssein auf den Hauptwegen den Rücken zu und nimmt die

Wanderung in das Heimische seines Wesens in der Nähe Gottes auf sich. Heimat verwirklicht sich dann, wenn die Heim-Kehr zu Gott realisiert ist und der Mensch folglich im Haus Gottes wohnen kann.

In der anthropozentrischen Grundstruktur der Sehn-Suche des Menschen wird Heimat dann realisiert, wenn es dem Menschen gelingt, sein unermüdliches Suchen auf sich zu nehmen und permanent danach zu streben, zu sich zu gelangen. Heimat erfüllt sich aus dieser Sicht in dem Sehnen nach einer Heimat, die niemals zu erreichen ist. Anders gesagt: Der Mensch, der hier im Unheimischen und Heimatlosen zu Hause ist, wohnt in seinem Unterwegssein und hält darin Heimat als Ziel aufrecht, das seinem Willen Richtung gibt.

In der trans-anthropozentrischen Grundstruktur der Welt im Netz verschwindet Heimat. Sie ist das Wort für ein ‚etwas', das es längst nicht mehr gibt. Nichts außer dem Netz, in dem alles, einschließlich des Menschen, eingebunden ist, ist real. Er bewegt sich in ihm im reinen geistig-mentalen Unterwegs, wo die Kategorie der Heimat bedeutungslos ist. Das Gesagte läßt sich formelhaft folgendermaßen fassen:

- Im *Theozentrismus* ist der Mensch zur wahren Heimat verdammt.
- Im *Anthropozentrismus* ist der Mensch zur Heimatlosigkeit verdammt.
- Im *Trans-Anthropozentrismus* ist der Mensch zum bloßen Unterwegssein verdammt.

Es zeigt sich: In diesen Grundmodellen verwirklicht sich Heimat in der Weise, in der der Mensch jeweils die Grundstruktur, der eine spezifische Deutung seines Seins immanent ist, zu verwirklichen versucht und darin der anthropo-ontologischen Bestimmtheit seines Wesens in der Bestimmung seines Wollens und Handelns entsprechen will. Auf diese Weise bezieht sich jedes Grundmodell mit der ihm eigenen Grundstruktur auf ein bestimmtes Strukturelement des Strukturzusammenhangs Heim-weg und läßt entsprechend Heimat aus dem Einlösen dieses Strukturelementes hervorgehen:

Die Heim-Kehr zu Gott fokussiert die Möglichkeiten des Menschen auf die Seite des Heim- und das Wandern in der Natur. Die Sehn-Suche des Menschen macht mit dem Unterwegssein des Menschen ernst und öffnet ihm den Zugang zu den Hauptwegen des Wandern in der Natur und des Gehens und Fahrens auf der Straße. Und die Welt im Netz reduziert die Vielfalt möglicher Weisen des Wohnens und Gehens auf den Weg des Surfens im Netz.

In der Gesamtstruktur Heim-weg zeigen sich die genannten Strukturelemente in ihrer wesentlichen Zusammengehörigkeit, durch die allein Heimat in ihrer Wesentlichkeit gedacht werden kann. So zieht das Heimische und das Wandern in der Natur den Menschen in seine eigene Tiefe hinein und öffnet ihn auf Transzendenz. Im Gehen und Fahren auf der Straße tritt er nach draußen, bewegt sich in der Horizontalen und verfolgt nicht-eigene Ziele, bis er sich schließlich beim Surfen im Netz im schönen Schein der Oberfläche mental auf solches hin zu entwerfen versucht, was er und die Welt sein könnte. Angesichts der anthropo-ontologischen Doppelstruktur Heim-weg läßt sich der Mensch auf keine dieser Verabsolutierungen eines Strukturelementes festlegen. Im Gegenteil. Er vereinigt in sich diese scheinbar divergierenden Ausgestaltungsformen seiner selbst und zeichnet sich gerade dadurch aus, die größtmögliche Spannung zwischen Tiefe und Oberfläche, Transzendenz und Immanenz, Gehen und Wohnen, hervorbringen zu können.

Und von hierher ist auch Heimat in ihrer Wesentlichkeit zu denken. Sie geht aufgrund ihres wesensmäßigen Zusammengehörens mit dem Menschen als Heim-weg aus seiner konstitutionellen Verfaßtheit hervor und wird entsprechend der Weise, in der er diese annimmt, verwirklicht. Heimat in ihrer vollen Wesensmöglichkeit entsteht, wenn der Mensch ebenso der im Heimischen liegenden Tendenz des Sich-Bindens entsprechen will, wie die im Unterwegssein möglichen, vielfältigen Weisen des Sich-Ausrichtens zu realisieren sich bemüht und dabei – weil das Heimische das Primärphänomen ist – seine Wege an Tiefe zurückbindet. Das bedeutet, daß Heimat nicht im unentschiedenen Zugleich von Wohnen und Gehen besteht, sondern zunächst ein Wohnen in einem in der Nähe seines Ursprungs liegenden Hauses erforderlich macht, in dem die ursprüngliche Rückbindung und der Weg zurück als Wende zum Heim erfahren werden kann. Wird der Mensch von diesem in den Grundphänomenen der Geborgenheit, der Ruhe und des Vertrauens spürbar werdenden ursprünglichen Verbundensein angerührt, verirrt er sich nicht auf der Vielzahl seiner Wege des Sich-Ortens, Sich-Zeitigens und Sich-Begegnens oder er findet aus einem nicht wieder heraus, vielmehr wird er geleitet von dem Gespür für die Tendenz seines Wesens, jeden Weg an diese zurückzubinden und ihn dadurch in seiner Bedingtheit durchschauen zu können. Heimat entsteht dort, und hier gerät erneut der Prozeß der Verheimung in den Blick, wo dieses Gespür aus der Tiefe des Menschen hervorquillt, und sie wird mit jedem Schritt, mit dem er sich, durchdrungen von dieser primären Verbundenheit, die Welt in Eroberungsbewegungen aneignet, entfaltet.

Blickt man auf diesem Hintergrund erneut auf die Konzeption für die Augustinus, Camus und Flusser einstehen, kann die oben formulierte These ‚keine von ihnen vermag Heimat in ihrer Wesentlichkeit zu denken' erhellt werden.

Heimat geht weder, wie es Augustinus intendiert, in der wahren Heimat des Ursprungs menschlichen Seins, Lebens und Denkens auf und dadurch in der Festlegung auf das Heimische des Menschen, noch läßt sie sich, wie es Camus intendiert, angesichts der menschlichen Grundsituation des Lebens im Unheimischen als Zielpunkt der unermüdlichen Suche des Menschen aufrecht erhalten, und dadurch in der Festlegung auf das Unterwegssein des Menschen, noch ist sie angesichts des menschlichen Sich-Bewegens in mentalen Entwürfen, wie es Flusser intendiert, ein bloßes Wort für einen Sachverhalt, der sich schon lange ausgelebt hat, und durch eine Festlegung auf den Hauptweg das Surfen im Netz ersetzt werden muß, vielmehr findet sie dann ihr Eigenes, wenn diese drei ‚Heimaten' ihre Heimat finden, und das bedeutet, daß ihre Einheitlichkeit und Zusammengehörigkeit, die aus der Gesamtstruktur Heim-weg hervorgeht, erkannt wird. Die genannte These muß daher differenziert werden. Entsprechend dem qualitativen Abstand zum Primärphänomen Heim- kann eine Art ‚Stufenverhältnis' festgestellt werden: Am wenigsten kann der Trans-Anthropozentrismus Heimat in ihrer Wesentlichkeit denken, etwas mehr gelingt es dem Anthropozentrismus, am ehesten dem Theozentrismus.

Tritt man für eine Deutung des Menschen als Heim-weg ein und für ein Verständnis von Heimat als das aus dieser Verfaßtheit resultierende Spannungsverhältnis zwischen Wohnen und Gehen, verfolgt man ein integratives Konzept, das die bisherigen in der Philosophie begangenen Denkwege nicht ausschließt, vielmehr ihre Einheit-in-Differenz sichtbar macht. Die Einheit wird über das nicht zu beweisende, nur zu erzählende Faktum eines ursprünglichen Gebundenseins gewährt, aus dem die Offenheit in der Verschiedenheit der Wege resultiert. Jedes Sich-Ausrichten des Menschen birgt daher in sich eine Bindung, ist folglich, scheinbar widersprüchlich formuliert, ‚ein gebundenes Offensein für', durch das Heimat hervorgebracht wird. Hat der Mensch grundsätzlich das Gespür für diese ursprüngliche Bindung und bindet er in seinem Gehen den Weg, auf dem er sich befindet, an den jeweils sachlich und zeitlich vorangehenden Hauptweg zurück, dann verwirklicht er nicht nur die Möglichkeiten des Vertiefens seines Wesens, er verschließt sich darüber hinaus auch nicht den technischen Entwicklungen seiner Zeit. Denn wie z. B. das Surfen im Netz ein Hauptweg ist, der erst in jüngster Zeit aufgrund des rasanten Fortschritts in der Computertechnologie möglich wurde, führt er in seiner Verabsolutierung zu einem Verkümmern menschlicher Bewegungsarten. Wird er allerdings als ein weiterer Weg angesehen, der sachlich und zeitlich nach dem Wandern in der Natur und dem Gehen und dem Fahren auf der Straße begangen werden soll, er also diese zu seiner Voraussetzung hat, gelingt es, weder in blinder Fortschrittsgläubigkeit noch im starren Beharren auf Erreichtem aufzugehen, sondern für eine friedliche Koexistenz der Hauptwege einzutreten, deren Integration vom Heimischen des Menschen aus geschieht.

Beziehe ich mich auf diesem Hintergrund erneut auf den Titel der vorliegenden Arbeit *Philosophie der Heimat – Heimat der Philosophie*, dann wird von einer anderen Perspektive aus wiederum das untrennbare Zusammengehören dieser beiden Wendungen sichtbar. Eine Philosophie der Heimat bedenkt die Seinsverfaßtheit des Menschen als Heim-weg, von der her die Aufgabe ansichtig wird, diese Deutung im konkreten Leben und Handeln zu übernehmen und ihr gemäß zu wohnen *und* zu gehen.

Die Philosophie verliert daher umgekehrt ihre Heimat, wenn sie sich selbst der ihr eigenen Möglichkeit des Aufweises der *conditio humana* im vorgestellten Sinne beraubt, um darin die anthropo-ontologische Dimension mit der ethischen verschränken zu können. Der Verlust der Heimat der Philosophie hat dann sukzessive das Auflösen der Philosophie selbst zur Folge, was an den Grundmodellen des Theozentrismus', des Anthropozentrismus' und des Trans-Anthropozentrismus' sichtbar wird.

Denn während bei Augustinus Philosophie (als Weisheit verstanden) danach strebt, die wahre Heimat zu denken, zu sehen und zu lieben und zunächst metaphysisches und dann rationales Wissen zu suchen, intendiert Camus eine „Philosophie des Exils" bzw. eine „inexistentielle Philosophie", die die Gotteserkenntnis außer acht läßt und statt dessen „nur den Zustand des ‚Menschen ohne' ... umschreiben will".[2] Bei Flusser liegt nun weder eine theoretische Präferenz der wahren Heimat noch des Exils vor, aus der das Verständnis der Philosophie resultiert, vielmehr wird die Philosophie als solche

2 Camus: Tagebücher 1935–1951, 183.

überwunden. Denn für ihn sind „mit dem Überschreiten der Texte alte Programme wie z. B. Politik, Philosophie, Wissenschaft außer Kraft gesetzt (...), ohne von neuen Programmen ersetzt zu werden.“[3]

Auf dem Hintergrund der Deutung des Menschen als Heim-weg sieht sich der Philosoph daher einer widersprüchlichen Aufgabe gegenüber, die der Widersprüchlichkeit menschlichen Wesens entspricht: Er kann nicht heimkehren, weil er sich erobernd in die Welt hinaus bewegen muß; und er kann nicht draußen umherstreifen, weil er zurückkehren und den Ort seines Ursprungs suchen muß. So ist er im Haus des Wissens unterwegs, ohne darin bleiben zu können; und er öffnet sich draußen der Welt, um sich liebend auf Weisheit richten zu können. Will der Mensch daher Mensch sein und seiner Seinsverfaßtheit entsprechen, hat er zu philosophieren und das untrennbare Zusammengehören von Wohnen und Gehen auf sich zu nehmen.

1. Sich-Vertiefen

Ich möchte mich zum Schluß dem Vorgang des Tieferwerdens und dem ‚Erzählen‘ zuwenden, das die Weise des Redens ist, die dem Menschen die Möglichkeit seines Sich-Vertiefens eröffnet. Diese Ausführungen haben etwas Vorläufiges, weil sie als ein erster Versuch zu verstehen sind, der auf die Spuren der tiefen Erzählung aufmerksam machen will. Letztlich bedürfen sie aber einer eigenen Untersuchung, in der der innere Zusammenhang zwischen dem Erzählen und den unterschiedlichen Wohnformen und Gehwegen aufgewiesen und reflektiert wird.

Die Deutung des Menschen als Heim-weg ist eine Erzählung. Eine Erzählung hat nichts mit Willkür oder bloßem Subjektivismus zu tun, sondern sie entspringt der Notwendigkeit, an der Nahtstelle zwischen dem Sein des Menschen und seinem Handeln, zwischen einer Deutung des Menschen und der ihr immanenten Praxis, Wesentliches zur Sprache zu bringen. Anders gesagt: Versucht der Philosoph in einer anthropo-ontologischen Dimension das Wesen des Menschen zu erfassen, aus dem in einer ethischen Dimension sein gutes und richtiges Leben abgeleitet werden kann, dann sollte er sich für das Erzählen als die Weise des Redens und Denkens entscheiden, die diesen Dimensionen Ausdruck verleiht. Denn mit der Entscheidung für das Erzählen geht die Einsicht einher, daß die vorgelegte Deutung nicht zu beweisen, sondern selbst nur aufweisend ist und verantwortet werden muß.

Der Beweis bewegt sich auf der Oberfläche. Das Erzählen dringt in die Tiefe: Es bindet die unterschiedlichen Arten des Gehens auf den Hauptwegen zusammen und ermöglicht es dem Menschen, sich in der Vielfalt seiner Bindungs- und Ausrichtungsmöglichkeiten als *Einheit*-in-Mannigfaltigkeit begreifen zu können. Ein Mensch, der nicht erzählt, steht daher in der Gefahr, sich auf *einen* Weg oder *eine* Wohnform festzulegen und in der Enge und in der Starre sich selbst zu reduzieren.

---

3 Flusser: Die kodifizierte Welt, 28.

Das Wort ‚Tiefe' ist mißverständlich. Es kann dabei an das Bild eines tiefen Brunnens gedacht werden, dessen Grund für den in ihn Hinabschauenden nicht zu erkennen ist, weil er in der Dunkelheit zu verschwinden scheint. Die Tiefe verweist hier auf die Unmöglichkeit eines letzten Wissens,[1] das ausschließlich Gott vorbehalten bleibt. Auch kann das Adjektiv ‚tief' für dunkel und verworren stehen; ein tiefer Gedanke besticht dann nicht durch seine Klarheit, sondern durch seine Undeutlichkeit und mangelnde Präzision.

Wenn hier von der Tiefe bzw. dem Prozeß des Tieferwerdens des Menschen gesprochen wird, verstehe ich darunter weder die dem Menschen verwehrte Einsicht in die ersten Ursachen noch das Vortäuschen vermeintlichen Wissens aufgrund der Unfähigkeit zu einer klaren Äußerung, sondern die Komplexität und Vielgestaltigkeit, die ein Mensch aus sich selbst hervorzubringen vermag. Das bedeutet, daß ein Mensch dann ‚tief' werden kann, wenn er weit nach innen und weit nach draußen geht und die größtmögliche Spannung zwischen seinen Wesensseiten herzustellen versucht.

Bei dem Prozeß des Tieferwerdens kann der Mensch allerdings seine Tiefe niemals völlig ausschöpfen, bleibt diesem doch stets das Moment des bisher Unerreichten immanent. So hat der Mensch permanent weiter nach dem zu streben, was er bisher noch nicht erreicht hat, und das heißt, er muß in seinem Gebundensein weiter auf die Welt in Eroberungsbewegungen hin ausschreiten, um nicht in einer begrenzten Oberfläche auf der Stelle zu treten. In dieser Unerschöpflichkeit und Ungreifbarkeit der menschlichen Tiefe erweist sich die Verheimung des Menschen als eine lebenslange Aufgabe, die erst mit dem Tod gewaltsam abreißt.

In dem integrativen Akt des Erzählens entscheidet sich der Mensch daher für die Möglichkeit seines Sich-Vertiefens, die ihm in dem annehmenden Übernehmen der Deutung des Menschen als Heim-weg gelingen kann. Mit dieser Entscheidung wird eine Haltung eingenommen, die von Wahrhaftigkeit getragen sein muß, weil, wie gezeigt wird, die Übereinstimmung zwischen der Person und seiner Erzählung erforderlich ist, um überhaupt erzählen zu können. Löst der Mensch diese Haltung während seines Heimisch- und Unterwegsseins ein, wird er einer Vielfalt von Wahrheiten gerecht, die der Vielfalt der Weisen seines Wohnens und Gehens entsprechen. Denn je nach dem Weg, den er beschreitet, und je nach der Art des Wohnens, die er realisiert, liegt ein anderes Verständnis von Wahrheit vor, das hier seine Gültigkeit hat. So wird Wahrheit, etwa beim Wandern in der Natur, aufgrund der Selbstbezogenheit primär als Redlichkeit bzw. subjektive Wahrheit ausgedeutet, während beim Gehen auf der Straße, Wahrheit aufgrund von eindeutigen Festlegungen im Modus Entweder-Oder, rechts oder links in einer rationalen, disjunktiv-widerspruchsfreien Ebene zum Ausdruck.

Aus dem Gesagten wird deutlich, daß wir uns streng genommen zwei Erzählungen gegenübersehen. Einerseits ist die vorliegende Deutung des Menschen als Erzählung zu verstehen, die sich in einem appellativen Horizont bewegt. In ihm soll andererseits aufgrund der Plausibilität dieser Deutung die Forderung an den Einzelnen sichtbar werden, sich selbst in der Vieldimensionalität eigenen Wohnens und Gehens zu erfassen und

---

[1] Vgl. Römer 11,33.

sich als Heim-weg einzulösen. Wer dies auf sich nimmt, der erzählt: er ist unterwegs und kehrt heim, beides unaufhebbar zugleich. Die Leitgedanken bzw. Leitthesen, die den Ausführungen zugrundeliegen, sind folgende:

1. Die Erzählung ist die dem Menschen als Heim-weg bei seinem Prozeß des Sich-Vertiefens angemessene Weise seines Redens.
2. Die Dringlichkeit dieser Deutung des Menschen und der Weise seines Redens als Erzählung besteht in unserer Zeit mehr denn je.
3. Die Erzählung fällt bewußtseinsgeschichtlich nicht zurück. Man kann auf sie beim Verstehen des menschlichen Seins und Handelns nicht verzichten.

Um diese Gedanken zu verdeutlichen, gehe ich im folgenden in drei Schritten vor. In einem ersten Schritt versuche ich, die Dringlichkeit des Erzählenmüssens trotz der Behauptung vom Ende der Erzählung, wie es von Benjamin und Adorno verkündet wurde, einsichtig zu machen. Darüber hinaus setze ich mich von Lyotards Verständnis der „Meta-Erzählungen", die er auch „große Erzählungen" nennt, ab.

In einem zweiten Schritt bewege ich mich auf den Spuren der tiefen Erzählung. Dabei soll nicht nur grundsätzlich danach gefragt werden, was unter Erzählen zu verstehen ist, sondern es wird auch der Erzähler selbst und die Weise seines Redens untersucht. Desweiteren wird der Blick auf den im Erzählvorgang präsenten Zuhörer gelenkt und die Frage gestellt, warum überhaupt erzählt werden soll.

In einem dritten Schritt versuche ich den inneren Zusammenhang zwischen dem Erzählen und der Wahrheit kurz in den Blick zu nehmen, die sich in diesem Bezug in die Vielheit von Wahrheiten auffächert.

2. Das Ende des Erzählens

Der Mensch ist Heim-weg. Wohnend und gehend ist er, strukturell gesehen, das Zugleich von Heimischsein und Unterwegssein, das wesentlich ein Zwischen ist. Im Wohnen zieht er sich in das Haus zurück, beim Gehen öffnet er die Tür, tritt nach draußen und durchschreitet seine Welt. Wie das Haus den Weg benötigt, um es erreichen zu können, benötigt der Weg das Haus, um den Menschen von ihm aus aufnehmen zu können. Zwar ist eine Welt denkbar, in der es nur Wege und keine Häuser gäbe, aber wünschenswert wäre sie nicht. Sie würde den Menschen in die Endlosigkeit seines Gehens hineinzwingen, ohne ihm die Möglichkeit seines Sich-Bindens zu gewähren.

Die Wege, auf denen sich der Mensch bewegt, stehen für verschiedene Deutungen, die er sich von sich, seinem Mitmenschen und der Welt machen kann. Sie stehen darüber hinaus für verschiedene Deutungen des Raums und der Zeit. Es gibt viele Wege, die begangen werden können, vier davon: das Wandern in der Natur, das Gehen und das Fahren auf der Straße und das Surfen im Netz haben eine besondere Bedeutung. Sie sind charakteristische Etappen innerhalb des sukzessive sich vollziehenden Prozesses der Überwindung des Menschen. Während der Mensch beim Wandern sich selbst ge-

gennübertreten kann und darin sich selbst gewinnt, wird er in den anderen Bewegungsarten zunehmend entäußert und dergestalt je stärker vom Sog des ihn Bestimmenden, sei es des Gehweges, der Straße oder des Netzes, mitgerissen.

Der Mensch läßt sich auf keine dieser Weisen des Sich-Bewegens festlegen, vermag er sie doch in das Insgesamt seiner Leiblichkeit zu integrieren, das heißt, er vermag sie in eine Erzählung zusammenzubinden, wenn der seinem Wesen entfremdetere Weg die anderen (den anderen) zu seiner Voraussetzung hat. So kann der Mensch nur gesund bleiben, wenn er z. B. das Wandern, das Gehen und das Fahren auf der Straße zu seiner Haltung gemacht hat, bevor er das Surfen im Netz einübt. Dieses Vorgegebensein der jeweils vorausgehenden Gangarten ist daher nicht temporal und entwicklungsmäßig, sondern grundsätzlich zu verstehen: Wir sollten jeweils als Wandernde unser Unterwegssein einlösen, bevor wir die anderen Bewegungsarten vollziehen.

Das Wandern ist daher die Bedingung für das Gehen auf der Straße; beide sind die Bedingung für das Fahren auf der Straße; alle drei sind die für das Surfen im Netz. Das bedeutet nicht, daß der Mensch mit dem Auto einkaufen fahren muß, bevor er sich ins Internet einklicken kann. Es bedeutet vielmehr, daß der mit diesen Bewegungsarten stetig anwachsende Verlust der Erfahrung in der Rückbindung an diejenigen Bewegungsart(en), die geringere Verluste verzeichnet, aufgehoben werden sollte. Hier kann man an einen Gedanken anknüpfen, den Schelling in seinem Dialog *Clara* formuliert hat: „Vielleicht erfordert doch eine jede Natur auch eine eigens temperierte Einsicht, bei der sie sich allein wohl befinden kann.“[1] Wendet man das von Schelling Gesagte auf unseren Zusammenhang an, dann hat derjenige Mensch „eine eigens temperierte Einsicht“ und befindet sich „wohl“, der sukzessive die Haltung, die einen größeren Erfahrungsverlust beinhaltet, aus sich hervorgehen läßt.

Die doppelte Verwendung des Wortes „sollte“ in den vorangegangenen Sätzen „Wir sollten jeweils als Wandernde unser Unterwegssein einlösen …“ und „… der mit diesen Bewegungsarten stetig anwachsende Verlust der Erfahrung (sollte) in der Rückbindung an diejenige(n) Bewegungsart(en), die geringere Verluste verzeichnet, aufgehoben werden“, macht bereits deutlich, daß das Vorgegebensein der mit einem höheren Erfahrungsgrad gesättigten Stufe nicht bewiesen werden kann, sondern eine Forderung darstellt, die an die Deutung des Menschen als Heim-weg gebunden ist. Nur wenn wir diese Deutung angesichts des im ersten Teil der Arbeit vorgelegten Phänomenaufweises nicht ablehnen und sie uns einleuchtet, können wir diese Forderung akzeptieren. Was heißt das?

Nur der Mensch, der erzählt, will in seinem Haus wohnen und sich beim Gehen auf seinen Wegen nicht verlieren. Wer nicht erzählt, kehrt nicht heim. Er geht nur geradeaus und richtet sich nach den Richtungen aus, die bereits vorhanden sind. Im Erzählen bejahen und bekräftigen wir das Band unseres Gebundenseins und glauben insofern an

---

1 Friedrich Wilhelm Joseph von Schelling: Clara. Über den Zusammenhang der Natur mit der Geisterwelt. Andechs o. J., 76.
In diese Richtung weist auch Hölderlin, wenn er schreibt: „Denn es hasset/Der sinnende Gott/Unzeitiges Wachstum“. Aus dem Motivkreis der „Titanen“, IV, 218. Zit. n.: Heidegger: Was ist Metaphysik? 157.

eine Wahrheit, die über das Faktische der äußeren Wege hinaus in eine Dimension verweist, für die wir mit unserer Person einstehen müssen. Das behauptete Ende der Erzählung bedeutet folglich das Verschwinden des Menschen, der sich als Heim-weg deutet, wie es in der Umkehrung zugleich das Eintreten für die Deutung des Menschen darstellt, der in der Natur, auf der Straße und dem Netz zuhause ist. Es bedeutet auch das Verschwinden von Heimat, die als *erzählte* und *erzählbare* Welt des Einzelnen mit dieser Deutung wesentlich zusammengehört.

Der Mensch als Heim- ist an Erzählungen gebunden, die um ihn als Zentrum herum bereits bestehen. Es ist die gelebte Wirklichkeit der Vergangenheit und der Gegenwart, die Erzähltradition, in der er steht, aus deren Fülle er wählt und auf die er in der vergegenwärtigenden Erinnerung hören kann. Hier hat er die Möglichkeit, sich im Aneignen von Bewährtem seine Distanz zu den Gewohnheiten seiner Zeit zu wahren und für solches einzutreten, was seine Geschichte ist. Diese ist nichts bloß Gestriges, deren Zeit bereits ausgelebt ist, sondern sie ist als ein Reichtum an Geschichten die Fülle von Deutungsmöglichkeiten und Sinnzusammenhängen, die einen Bezug zu ihm haben. In seinem Aneignen, bei dem er seine eigene Erzählung hervorbringt, kann er die erzählte Welt auf Zukunft hin öffnen und seinem Wohnen und Gehen Tiefe und Sinn geben.

Für den Menschen als -weg ist die Welt erzählbar. Er deutet sie in seinem Sinne und bringt mit dieser Deutung seine Erzählung hervor. In ihr spricht er eine seiner Wahrheiten aus, die er während seines Unterwegsseins auf einem bestimmten Weg einlöst. Der Mensch sprengt durch die Vielfalt dieser Erzählungen in der Vielfalt seiner Wege allerdings nicht die Wahrheit in die Luft, um der Wüste des Beliebigen Platz zu machen. Vielmehr münden sie alle in die *tiefe Erzählung* menschlichen Lebens ein, in der der Einzelne die Wahrheit seines Lebens auszusprechen versucht. In der tiefen Erzählung laufen Umwege, Seitenwege und Hauptwege eines Menschen ebenso zusammen, wie Wege, die nicht begangen werden konnten, weil die Zeit nicht reif oder bereits vorüber war. In sie geht aber auch die erzählte Welt der Heimat ein, an die der Mensch als Heim- gebunden ist. So ist sie die große Deutung des Einzelnen, mit der er sich zu seinem Leben verhält, ja verhalten muß, wenn er sich selbst als Mensch entsprechen will.

Um die Wichtigkeit des dem Menschen möglichen Prozesses seines Sich-Vertiefens im erzählenden Zusammenbinden seiner Komplexität trotz des vermeintlichen Endes der Erzählung deutlich machen zu können, setze ich mich zunächst von Jean-François Lyotards These vom Ende der „Meta-Erzählung", die er auch „große Erzählung" nennt, ab. Ich beginne mit ihr, weil sie, obwohl zeitlich früher, dennoch aufgrund der terminologischen Nähe sachlich näher zu dem bisher Gesagten zu stehen scheint. Die zweite zielt auf die These vom Ende der Erzählung, wie sie insbesondere von Walter Benjamin und Theodor W. Adorno vertreten wurde.

a) Das Ende der „Meta-Erzählungen"

Jean-François Lyotard stellt in seinem Buch *Das postmoderne Wissen*, das man geradezu als seine Programmschrift zum philosophischen Begriff der Postmoderne bezeichnen kann, die Hypothese auf, daß der Glaube an die Meta-Erzählungen, die er auch „große Erzählungen" nennt, vorbei ist: „In äußerster Vereinfachung kann man sagen: ‚Postmoderne' bedeutet, daß man den Meta-Erzählungen keinen Glauben mehr schenkt."[2] Wie ein Jahrhundert zuvor Nietzsche das geschichtliche Faktum der Wirkungslosigkeit Gottes festgestellt hat, kann Lyotard für die Moderne das geschichtliche Faktum der Wirkungslosigkeit von Leit- bzw. Einheitsideen herausheben. Akzentuiert läßt sich Lyotards Position in Anlehnung an Nietzsches Formel vom Tod Gottes auf die Formel ‚Die Meta-Erzählungen sind tot!' bringen.

Sein „Metadiskurs" bezieht sich dabei auf drei große Meta-Erzählungen: die „Dialektik des Geistes" (im Idealismus), die „Hermeneutik des Sinns" bzw. des Sinnverstehens (in der Hermeneutik und im Historismus) und die „Emanzipation des vernünftigen oder arbeitenden Subjektes" (in der Aufklärung und im Marxismus).[3] Diese Erzählungen können, wie Lyotard in seinem 1981 gehaltenen Vortrag *Regeln und Paradoxa* unterstreicht, ihrem Anspruch gemäß nicht mehr „einen politischen, sozialen und kulturellen Zusammenhang gewährleisten."[4] Und er fährt fort:

> „Wir befinden uns in einer Situation, in der wir kein großes Vertrauen in diese Erzählungen setzen. Wir sollen uns der Sinnfrage stellen und haben doch nicht mehr die Möglichkeit, sie – wie die Schule der Aufklärung – mit der Hoffnung auf die Emanzipation der Menschheit oder – wie die Schule des deutschen Idealismus – mit der Hoffnung auf die Emanzipation des Geistes zu beantworten, noch auch mit der Praxis des Proletariats, die schließlich zum Aufbau einer transparenten Gesellschaft führen sollte. Sogar der Kapitalismus, der liberale oder neo-liberale Diskurs scheinen mir in der heutigen Situation wenig glaubwürdig: d. h. nicht etwa, der Kapitalismus sei zu Ende, sondern bedeutet im Gegenteil, daß er nicht mehr weiß, wie er sich legitimieren soll. Seine alte Legitimation ‚alle werden reicher' ist nicht mehr glaubhaft."[5]

Jeder Meta-Erzählung ist aus dieser Sicht eine Geschichtsphilosophie immanent, die zeitliche und räumliche Geschehnisse mittels ihrer jeweils leitenden Idee in eine zu-

---

2 Vgl. Jean-François Lyotard: Das postmoderne Wissen. Ein Bericht. 2. Aufl. Wien 1993, 14. Vgl. hierzu die modifizierte, eher abgeschwächte und der Intention Lyotards weniger gerecht werdende Übersetzung: „Bei extremer Vereinfachung hält man die Skepsis gegenüber den Metaerzählungen für ‚postmodern'."

3 Lyotard: Das postmoderne Wissen, 13. Vgl. dazu die leicht veränderte Exemplifizierung der Meta-Erzählungen in Lyotards Vortrag *Regeln und Paradoxa*: Die große Erzählung „gibt es seit der Französischen Revolution in der Erzählung von der Emanzipation oder auch im deutschen Denken im Diskurs von der Verwirklichung des Geistes. Ebenso gibt es die Erzählung vom Reichtum, von der politischen Ökonomie des Kapitalismus. Alle diese Diskurse sind durch die Erzählung des Marxismus gewissermaßen neu organisiert und verstärkt worden". Jean-François Lyotard: Regeln und Paradoxa, 98. In: Philosophie und Malerei im Zeitalter ihres Experimentierens. Berlin 1986, 97–107.

4 Ebd., 98.

5 Ebd., 98 f.

sammenhängende Einheit hineingezwängt hat. Ausgehend von Vorstellungen wie Ganzheit und Zentrum wurde dadurch die zeitliche Abfolge etwa in dem schrittweisen Prozeß des Zu-sich-selbst-Kommens des Geistes ausgedeutet und darin in eine Fortschrittsordnung gepreßt. Und die räumliche Ausdehnung wurde von einem Zentrum aus strukturiert und in Besitz genommen.

In der unübersichtlich gewordenen Welt gibt es für Lyotard keine Zentren und keinen vorformulierten Sinn mehr, der in das Innerste einer konstruierten Welt hinein aufgezeigt werden kann. Die Welt ist vielmehr dezentriert und in eine Vielfalt von Facetten pluralistisch aufgefächert. In ihr gibt es einen permanenten Prozeß der Spaltung und Aufteilung, den man nur multiperspektivisch betrachten kann. Dieser Verlust der Einheit und diese Auflösung des Ganzen ist nicht zu beklagen. Im Gegenteil. Die Erfahrung der „Delegitimierung", also des Abbaus alter Legitimationen, mußte durchlebt werden, um zu einer neuen Idee und Praxis, und zwar nicht der des Konsens, sondern der der Gerechtigkeit,[6] kommen zu können.[7] Dieser Delegitimierungsprozeß ist gelungen: „Man kann heute sagen, daß diese Trauerarbeit abgeschlossen ist. Sie muß nicht wieder begonnen werden. (...) Die Sehnsucht nach der verlorenen Erzählung ist für den Großteil der Menschen selbst verloren."[8]

Bereits dieser kurze Einblick in das Verständnis der großen Erzählung bzw. Meta-Erzählung bei Lyotard bringt zum Ausdruck, daß das vorliegende Verständnis der tiefen Erzählung sich nicht mit seinem deckt. Im Gegenteil. M. E. ist die tiefe Erzählung für den Einzelnen gerade der Inbegriff der zunächst nur ihm zukommenden, eigenen Erzählung, die für ihn tief ist, weil er durch sie und in ihr seine Bedeutung gewinnt. Nach dem Wirkungsloswerden der Meta-Erzählungen im Sinne Lyotards ist bewußtseinsgeschichtlich der Raum eröffnet, in dem der Einzelne eintreten kann, um gleichsam auf dem Rücken der erzählten Zeit je für sich seine eigene Verbindlichkeit erzählen zu können. Auf diese Weise entsteht eine Vielzahl von tiefen Erzählungen, die die je spezifische Haltung und Einstellung, die der Mensch bei seinem Wohnen und Gehen gewinnt, zum Ausdruck bringt. Anders gesagt: Macht man damit ernst, daß die Wirklichkeit in eine Vielheit von Heimaten des Menschen als Heim-weg aufgefächert ist, sie also pluralistisch und polyzentrisch ist, dann findet sich in ihr die Heterogenität tiefer Erzählun-

---

6 Lyotard wendet sich mit seinem Verständnis von Gerechtigkeit explizit gegen die Diskursethik Habermas': „Der Konsens ist ein veralteter und suspekter Wert geworden, nicht aber die Gerechtigkeit. Man muß also zu einer Idee und einer Praxis der Gerechtigkeit gelangen, die nicht an jene des Konsens gebunden ist." Lyotard: Das postmoderne Wissen, 190.

7 Daher hat für Welsch die postmoderne Philosophie „dieser Lyotardschen Konzeption zufolge eine dreifache Aufgabe. Erstens hat sie die Verabschiedung der Einheitsobsessionen darzustellen und zu legitimieren. (...) Zweitens hat sie die Struktur effektiver Pluralität zu exponieren. Sie deckt die Heterogenität auf und lehrt verstehen, daß letzte Einheit gar nicht anders als repressiv und totalitär erreicht werden könnte. (...) Und drittens hat die postmoderne Philosophie dann die internen Probleme einer Konzeption bzw. Verfassung radikaler Pluralität zu klären. Vielfalt und Heterogenität produzieren unweigerlich Konflikte. Wie kann man mit ihnen im Sinn von Gerechtigkeit umgehen?" Wolfgang Welsch: Unsere postmoderne Moderne. 2. durchges. Aufl. Weinheim 1988, 36.

8 Lyotard: Das postmoderne Wissen, 122.

gen. Von hierher erweist sich die sog. große Erzählung Lyotards im Rückblick geradezu als ‚kleine' Erzählung, die endlich durch die tiefe Erzählung des Menschen als Heimweg abgelöst werden mußte.

Die tiefen Erzählungen stehen nicht unvermittelt nebeneinander, haben also trotz ihrer Pluralität keine Zersplitterung zu ihrer Konsequenz, weil in sie die erzählte und erzählbare Heimat des Einzelnen einfließen. Die erzählte Heimat ist die Erzähltradition, die nicht neu einem Einzelnen, sondern einer kulturell miteinander verbundenen Menschengruppe, zu der er gehört, zukommen kann. Zwar geht der Einzelne je neu mit dieser Tradition um und macht sie nicht zuletzt durch seine Deutungen der unterschiedlichen Weisen des Gehens als Ausdruck seiner erzählbaren Welt zu einer nur ihm zukommenden Handlung mit den unterschiedlichsten Handlungssträngen, allerdings bleibt er stets und unhintergehbar durch die Erzähltradition auf den Anderen und die Anderen bezogen.

Die tiefe Erzählung hat daher in ihrer Individualitätsbezogenheit aufgrund ihres Wurzelns in einem gemeinsamen Boden von Lebens-, Handelns- und Denkformen auch eine verbindende Kraft, die die Einzelnen nicht totalitär in eine Einheit zwingt, aber ihnen die Möglichkeit gibt, im Hören auf das Wort des Anderen diese in sich aufzunehmen und dadurch in den gemeinsamen Horizont des Verstehenkönnens einzutreten. Das Reden des Anderen hat dann trotz aller Differenz auch eine Verbundenheit und Verbindung zu dem, was ich erzähle und wofür ich eintrete.

b) Das Ende der traditionellen Erzählung

Die Proklamation des Endes der traditionellen Erzählung wurde vor allem von Walter Benjamin und Theodor W. Adorno vorgelegt. Sie bedeutet nicht das Eintreten für ihren endgültigen Tod, sondern nur für ihr Enden insbesondere angesichts des Krieges und seiner Folgen. Nicht zuletzt durch seine Schrecken und Untaten ist der Mensch in solche Dimensionen vorgedrungen, in denen der Bereich des Sagbaren überschritten wird und sich das Unsagbare weitet.

So hat Walter Benjamin in seinen Essays *Erfahrung und Armut*,[9] erschienen 1933, und *Der Erzähler*,[10] erschienen 1936, eindringlich die geistige Situation seiner Zeit geschildert, die zu einer Krise der Erfahrung und in Zusammenhang damit zu einer Krise des Erzählens seit dem Ende des ersten Weltkrieges geführt hat. Darüber hinaus hat er die mit dieser Krise einhergehenden Verluste geschildert, die dem Menschen der Moderne zu eigen sind. Anschaulich beschreibt er in dem zuletzt genannten Essay den Verlust der tradierten Erfahrung, die von den Älteren an Jüngere übergeben wurde und die ein Wissen eigener Art, nämlich eine Lebensweisheit darstellt:

---

9 Walter Benjamin: Erfahrung und Armut. In: Ges. Schriften Bd. II/1. Frankfurt am Main 1977, 213–219.

10 Walter Benjamin: Der Erzähler. Betrachtungen zum Werk Nikolai Lesskows. Ges. Schriften Bd. II/2. Frankfurt am Main 1977, 438–465.

„In unseren Lesebüchern stand die Fabel vom alten Mann, der auf dem Sterbebette den Söhnen weismacht, in seinem Weinberg sei ein Schatz verborgen. Sie sollten nur nachgraben. Sie gruben, aber keine Spur von Schatz. Als jedoch der Herbst kommt, trägt der Weinberg wie kein anderer im ganzen Land. Da merken sie, der Vater gibt ihnen eine Erfahrung mit: Nicht im Golde steckt der Segen sondern im Fleiß. Solche Erfahrungen hat man uns drohend oder begütigend, so lange wir heranwuchsen entgegengehalten: ‚Grüner Junge, er will schon mitreden.' ‚Du wirst's schon noch erfahren.' Man wußte auch genau, was Erfahrung war: immer hatten die älteren Leute sie an die jüngeren gegeben. In Kürze, mit der Autorität des Alters, in Sprichwörtern; weitschweifig mit seiner Redseligkeit, in Geschichten. (...) Wo ist das alles hin? Wer trifft noch auf Leute, die rechtschaffen etwas erzählen können? Wo kommen von Sterbenden heute noch so haltbare Worte, die wie ein Ring von Geschlecht zu Geschlecht wandern?"[11]

In diesen Sätzen berührt sich das oben Gesagte mit Benjamin. Das Verschwinden des in der Tradition liegenden Erfahrungswissens, der Lebensweisheit, bedeutet ein Verschwinden der erzählten Welt. Sie führt darüber hinaus zugleich zu einem Verschwinden der anderen Seite der Heimat, der erzählbaren Welt. Denn der Mensch, der die Schrecken des Krieges miterleben mußte, kam verstummt aus ihm zurück. Er war ärmer an mitteilbarer Erfahrung, weil all das, was ihm vor dem Krieg als tradierte Erfahrung Orientierung und Halt gegeben hatte, im Krieg selbst schonungslos entlarvt wurde: „Denn nie sind Erfahrungen gründlicher Lügen gestraft worden als die strategischen durch den Stellungskrieg, die wirtschaftlichen durch die Inflation, die körperlichen durch die Hunger, die sittlichen durch die Machthaber."[12]

Nicht zuletzt die rasante Entwicklung der Technik und die mit ihr einhergehenden neuen Möglichkeiten der Kriegsführung begünstigten diesen Verlust des Glaubens an eine redliche Erzählung und führten zu einer Armut und Armseligkeit, die sich nicht nur auf den Einzelnen bezieht, sondern auf die Menschheit schlechthin. Dem von Lyotard konstatierten Wirkungsloswerden der Meta-Erzählungen geht folglich bei Benjamin die Feststellung des geschichtlichen Faktums des Wirkungsloswerdens der Menschheitserfahrungen und der Einzelerfahrungen und mit ihr das Aufkommen der großen und der kleinen Armut voraus. Diese Entwicklung wird von Benjamin nicht als Chance für einen Neuanfang begrüßt, sondern als „Barbarentum" bezeichnet und entschieden abgelehnt.[13]

Ein weiteres kommt hinzu: Der Mensch, der zuvor seine Wege in seiner Bindung an die Tradition seines Wohnraums gehen konnte, löst sich von dieser Rückbindung ab und dadurch in gewissem Sinne auf: Er steht nun, wie Benjamin schreibt, „in der Mitte, in einem Kraftfeld zerstörender Ströme und Explosionen, der winzige gebrechliche Menschenkörper".[14] Über das Leben des Menschen hinweg treibt die Logik des Krieges

---

11 Benjamin: Erfahrung und Armut, 213–214. Und an anderer Stelle heißt es: „Arm sind wir geworden. Ein Stück des Menschheitserbes nach dem anderen haben wir dahingegeben, oft um ein Hundertstel des Wertes im Leihhaus hinterlegen müssen, um die kleine Münze des ‚Aktuellen' dafür vorgestreckt zu bekommen." (219)

12 Ebd., 214.

13 Vgl. ebd., 215 f.

14 Ebd., 214. Auch: Der Erzähler, 439.

ihr unmenschliches Spiel, wodurch der Tod des Einzelnen bedeutungslos wird. Die Gegner rücken im Krieg aufgrund der auf Distanz ausgelegten Waffen so weit voneinander weg, daß das Töten von der sinnlichen Erfahrung des Tötenden abgetrennt wird.[15] Er gibt einen Schuß ab, mit dessen Wirkung er gleichsam nichts mehr zu tun hat. Dieses Verschwinden des Todes führt zu einem Verschwinden des Erzählers, da beide untrennbar miteinander verbunden sind: Am Ursprung des Erzählten steht die Autorität, die noch der ärmste Mensch im Sterben für seine Mitmenschen besitzt.

Der Verlust des Todes zeigt die Unmenschlichkeit, der der Mensch im Krieg ausgesetzt ist, da nun die Autorität, die der Andere in seinem Sterben fraglos besessen hat, hinfällig geworden ist. Sie kann nicht in Worte gefaßt werden, so sehr führt sie zur Sprachlosigkeit, zum Nichtsagbaren und Inadäquaten jeglichen Sagens. Der Mensch, der eher Informationen Glauben schenkt, statt Erzählungen zu vertrauen, führt das Ende der Erzählung herbei. Auf diese Weise siegt, wie man ergänzen kann, der Realismus über den Nominalismus.

In seinem 1954 erschienenen Essay über den „Standort des Erzählers im zeitgenössischen Roman"[16] vertritt auch Adorno die These vom Zerfallen der Erfahrung und dem mit diesem einhergehenden Verschwinden des Erzählers. Die „Stellung des Erzählers" kann seiner Ansicht nach durch eine Paradoxie bezeichnet werden: „es läßt sich nicht mehr erzählen, während die Form des Romans Erzählung verlangt".[17] Das bedeutet, daß vom Standpunkt des Erzählers aus die fraglose Gegebenheit des Gegenständlichen, in das man sich versenken kann, hinfällig geworden ist. Und von der Sache her wurde dem Roman durch die Reportage, die Medien der Kulturindustrie (insbesondere dem Film), vieles entzogen, weshalb er sich Adorno zufolge auf all das, was nicht durch den Bericht abgedeckt wird, konzentrieren müßte.[18] Auf diesem Hintergrund hebt Adorno seine These von der Unmöglichkeit des Anspruchs des Erzählers ab, als Individuum noch etwas über den Weltlauf sagen zu können. Denn:

> „Zerfallen ist die Identität der Erfahrung, das in sich kontinuierliche und artikulierte Leben, das die Haltung des Erzählers einzig gestattet. Man braucht nur die Unmöglichkeit sich zu vergegenwärtigen, daß irgendeiner, der am Krieg teilnahm, von ihm so erzählte, wie früher einer von seinen Abenteuern erzählen mochte. (…) Etwas erzählen heißt ja: etwas Besonderes zu sagen haben, und gerade das wird von der verwalteten Welt, von Standardisierung und Immergleichheit verhindert."[19]

Hier wird Adornos kultur- und gesellschaftskritische Perspektive sichtbar. Die gesellschaftliche Gegebenheit, die durch „universale Entfremdung und Selbstentfremdung"[20]

---

15 Diesen Sachverhalt hat Konrad Lorenz in seiner Untersuchung *Das sogenannte Böse. Zur Naturgeschichte der Aggression* (München 1984) aus der Sicht der Verhaltensforschung näher beschrieben.

16 Theodor W. Adorno: Der Standort des Erzählers im zeitgenössischen Roman. In: Noten zur Literatur. Hrsg. von Rolf Tiedemann. Frankfurt am Main 1998, 41–48.

17 Adorno: Der Standort des Erzählers, 41.

18 Vgl. ebd.

19 Ebd., 42.

20 Ebd., 46.

gekennzeichnet werden kann, macht den Roman, genauer gesagt, den realistischen Roman, mehr denn je notwendig, also denjenigen, der nicht blind die Fassade reproduziert, sondern die Wirklichkeit freizulegen versucht. Der Erzähler, dessen Erfahrung zerfallen ist, muß sich dieser Realität stellen, und das bedeutet, die eigene Ohnmacht zu durchschauen und eine zweite Sprache über der entfremdeten ersten Sprache zu sprechen: „eine zerfallene assoziative Dingsprache".[21]

M. E. ist die These der beiden Philosophen vom Ende der traditionellen Erzählung mit ihren drei Implikationen nicht zuletzt vor dem Hintergrund der Brutalität des Krieges und des Aufkommens der Kulturindustrie zu verstehen, allerdings ist sie dennoch abzulehnen:

Die erste Implikation, daß es Geschehnisse gibt, die nicht erzählt werden können, bringt zum Ausdruck, daß es solches gibt, was jenseits der Intention der Deutbarkeit des Menschen liegt. Dem kann nicht zugestimmt werden. Denn das Etablieren des Schrekkens im Jenseits des Sagens entzieht es der Möglichkeit, sich zu ihm verhalten zu können und vergrößert darin das Schreckliche. In der Möglichkeit, sich zu ihm verhalten zu können, fußt auch zugleich die Forderung, sich zu ihm verhalten zu sollen: Nur im Erzählen kann man um das Sagbare im Unsagbaren ringen, nur in ihm kann der Schrecken abgelehnt werden. Das Erzählen wird zu einer ethischen Haltung, die das ‚Nein zum Krieg' entschieden zum Ausdruck bringen kann. Geschieht dies, wird der Krieg nicht verharmlost oder als unsagbar ausgesondert, sondern er bleibt in der Erzählung als permanent drohende Gefahr präsent.

Die zweite Implikation, daß das Erfahrungswissen verschwunden ist, verweist auf die Quelle der Erzählung, die Erfahrung, die für Benjamin und Adorno, sowohl auf den Einzelnen als auch auf die Menschheit bezogen, versiegt ist. Bewegt man sich auf dem Boden des vermeintlich Faktischen, dann nimmt dieser Erfahrungsverlust stetig zu, und er wird seinen Gipfel wohl dann erreichen, wenn das Verschwinden des menschlichen Körpers gelingen würde.[22] M. E. ist die Tatsächlichkeit des Faktischen kein Beleg für die Richtigkeit dieses Verschwindens, werden doch dabei wesentliche Möglichkeiten übersehen, die der Mensch, wenn er ein gutes Leben führen und infolgedessen erzählen möchte, verwirklichen kann. Versucht er sich als Heim-weg einzulösen, dann ist er darum bemüht, die Fülle an Erfahrungen, die ihm bei seinem Wohnen und den Weisen des Sich-Bewegens möglich sind, auch zu realisieren. Der Grad der Sättigung dieser Erfahrungen nimmt in der Reihenfolge der Bewegungsarten des Wanderns in der Natur, des Gehens und des Fahrens auf der Straße und des Surfens im Netz stetig ab. Die Akzeptanz des Verschwindens der Erfahrung bedeutet eine Fixierung des Menschen auf die letztgenannte Gangart. Sie engt seinen Handlungsspielraum ein und reduziert ihn auf das Gespenstische bloßen Informationsaustausches. Integriert er diese Weise des Gehens demgegenüber in das Insgesamt seines Handelns, erfährt sie in ihrer Verbindlichkeit zugleich eine Relativierung.

---

21 Ebd., 47.

22 Andererseits darf man nicht die gegenläufige Bewegung im Cyberspace vergessen, bei der quasi künstlich dem Menschen wieder Erfahrungen vermittelt werden.

Auch mit der dritten Implikation, der von beiden Philosophen in den Blick genommenen Auflösung des Erzählers, kann nicht übereingestimmt werden. Dies hat seinen Grund darin, daß ich beim Wunsch des Einzelnen ansetze, sein Leben deuten und mitteilen zu wollen. Jeder einzelne Mensch arbeitet sein ganzes Leben lang an seiner großen Erzählung, in die er stets von neuem Abschnitte einfügt, Erlebtes in den Hintergrund rückt, schlimmstenfalls leugnet, Neues stärker akzentuiert und betont. Die Auflösung des Erzählers käme der Unmöglichkeit gleich, diese Selbstdeutung vornehmen zu können, und würde den Menschen auf den Bruchstücken seiner Einzelerlebnisse sitzenbleiben lassen. Er wäre nicht mehr in der Lage, seine bisherigen Weisen des Wohnens und Gehens in das Insgesamt seines Lebens einzufügen, um dadurch nur den ihm eigenen, unverwechselbaren Lebenslauf hervorzubringen. Ja, das Wort ‚Lebenslauf' wäre im strengen Sinne sinnlos. Es könnte nur noch von Lebenspunkten gesprochen werden, die ohne inneren Zusammenhang einander ablösen und die die bloße Summe eines Leben bezeichnen.

Die These vom Auflösen des Erzählers ist als eine weitere Erzählung zu verstehen. Sie gerät in einen Selbstwiderspruch, weil sie solches ablehnt, was sie nur mit den Mitteln des Abgelehnten zum Ausdruck bringen kann. Darüber hinaus ist sie, insbesondere bei Adorno, eher als eine Versuchsanordnung zu verstehen, die der Notwendigkeit des Etablierens eines Erzählers nicht entgegenläuft, sondern nur die Art und Weise verdeutlichen will, wie er zu bestimmen (bzw. nicht zu bestimmen) ist. Diese These kann dementsprechend nur auf einem theoretischen Standpunkt vertreten werden, der sich selbst wieder zurücknimmt. Doch letztlich kommen – trotz aller theoretischen Einwände – auch die postmodernen Schriftsteller wieder zum Erzählen zurück, wie man an ihren herausragenden Exponenten Umberto Eco, Jorge Luis Borges, Italo Calvino und William Burroughs unschwer erkennen kann.[23]

23 Die These vom Verschwinden der Erzählung findet heutzutage ihre Radikalisierung in der postmodernen Literaturtheorie und, allgemeiner gesagt, in der postmodernen Ästhetik. Paradigmatisch möchte ich wenigstens die Position von Roland Barthes anführen: „Ich stelle mir eine antistrukturale Kritik vor; sie würde nicht der Ordnung, sondern der Unordnung des Werkes nachgehen; dazu genügte es schon, wenn jedes Werk wie eine Enzyklopädie betrachtet würde: kann nicht jeder Text durch die Zahl der disparaten Objekte (des Wissens, der Sinnlichkeit) definiert werden, die er mit Hilfe einfacher Figuren der Angrenzung (...) in Szene setzt? Wie die Enzyklopädie reiht das Werk eine Liste von heterogenen Gegenständen auf, und diese Liste ist die Antistruktur des Werkes, seine im Dunkeln liegende, außer sich geratene Polygraphie." Roland Barthes: Über mich selbst. München 1987, 161 ff.

3. Auf den Spuren der tiefen Erzählung

Der Mensch wohnt nicht nur in seinem Haus, sondern er öffnet auch die Tür, tritt über die Schwelle und erobert sich die Welt. In diesem Ausgespanntsein zwischen seinem Heim, dem Unterwegssein und der Zurückkehr ist er ein Zwischen-sein, das sich weder nur durch Ruhe noch nur durch Bewegung auszeichnet, sondern beides strukturell zugleich in sich vereinigt. Zwar ist sowohl eine Welt denkbar, in der die Menschen ausschließlich in ihrem Haus verharren, als auch eine Welt, in der sie ausschließlich umherziehen. In beiden Welten entfaltet der Mensch m. E. nicht seine Möglichkeiten, die in der Verwirklichung seiner Doppelstruktur liegen: Der Mensch, der ausschließlich wohnt, erstarrt in der Enge seines Horizontes; der Mensch, der sich ausschließlich bewegt, verkümmert, weil er sich in der Weitläufigkeit seines Tuns verliert.

Beide Extremtypen führen in der Radikalisierung jeweils der einen Seite menschlichen Wesens kein gutes Leben. Sie stellen sich nicht der ethischen Herausforderung, stets von neuem das schwierige Ausbalancieren zwischen den vielfältigen Akten des Sich-Bindens und des Sich-Ausrichtens auf sich zu nehmen und dafür im konkreten Lebensvollzug einzustehen, sondern sie schließen sich ein oder sie laufen davon. Im Einschließen oder Weglaufen vermeiden sie es, die Vielfalt ihrer Handlungsvollzüge zu vereinen, um sie in ihrem Tun bewahrheiten zu können. Stattdessen bestätigen sie sich und ihr Tun selbst oder finden Bestätigung bei weiteren Miteingeschlossenen oder Mitläufern.[1]

Paul Ricœur versucht in seiner grundlegenden Untersuchung „Das Selbst als ein Anderer" in der sechsten Abhandlung „Das Selbst und die narrative Identität" die „Behauptung zu rechtfertigen, daß die narrative Theorie (...) eine Schlüsselstellung zwischen Handlungstheorie und ethischer Theorie einnimmt".[2] Aus seiner Sicht bedarf sie einer Revision, die sich allerdings nicht nur auf das Verhältnis zwischen Handlung und Handelndem, sondern auch auf den Begriff der Handlung selbst bezieht. Dabei gilt es für Ricœur,

> „(...) eine Hierarchie von Praxiseinheiten aufzuweisen, die – jede auf ihrer Ebene – ein spezifisches Organisationsprinzip besitzen, das eine Vielfalt von logischen Verknüpfungen in sich schließt. 1. Die ersten zusammengesetzten Einheiten sind jene, die den Namen von *Praktiken* verdienen (...). Die geläufigsten Beispiele sind Berufe, Künste und Spiele (...)."[3]

Das gleiche Verhältnis von Praxis und Erzählung wiederholt sich für ihn „auf einer höheren Organisationsstufe", die eine Art „Zwischenstufe zwischen Praktiken (Berufe, Spiele, Künste) und umfassendem Lebensentwurf" darstellt: „Lebenspläne werden wir diejenigen großflächigen praktischen Einheiten nennen, die wir als Berufsleben, Famili-

---

1 Zu Recht wirft daher Paul Ricœur die Fragen auf: „Wie könnte schließlich ein Handlungssubjekt seinem eigenen, als Ganzes genommenem Leben eine ethische Qualifikation verleihen, wenn dieses Leben nicht zusammengefaßt wäre, und wie könnte es zusammengefaßt sein, wenn nicht genau in Form einer Erzählung?" Paul Ricœur: Das Selbst als ein Anderer. München 1996, 194.

2 Ebd., 187.

3 Ebd., 188.

enleben, Freizeitleben usw. bezeichnen."[4] Auf der dritten Stufe findet sich das, was Ricœur im Anschluß an MacIntyre die „narrative Einheit eines Lebens" nennt. Was diesen Begriff betrifft, so muß man für Ricœur „auch in ihm ein unbeständiges Gemisch von Phantasiegebilde und lebendiger Erfahrung sehen. Gerade wegen des flüchtigen Charakters des wirklichen Lebens bedürfen wir der Hilfe der Fiktion, um letzteres rückblikkend nachträglich zu organisieren".[5]

Von der Deutung des Menschen als Heim-weg aus kann im Unterschied zu Ricœurs Hierarchiebildung grundsätzlich ein Handeln im Haus von einem Handeln auf den Wegen unterschieden werden. Erstgenanntes ermöglicht es dem Menschen, sich auf das Verstehen der eigenen tiefen Erzählung einzulassen und ihren Sinn zu erfassen, während der Mensch bei seinem Unterwegssein permanent neuen ‚Stoff' aufnimmt und sich in neue Geschichten verstrickt. Diese müssen in der Ruhe des Wohnens in das Insgesamt der bisherigen Erzählung integriert werden, um erneut ein einverleibendes Aufnehmen weiterer Ereignisse und Erlebnisse zu ermöglichen. Arbeitet der Mensch dergestalt sein Leben lang an seiner tiefen Erzählung, steht er in der Dialektik zwischen einem aneignenden Übernehmen des Neuen, bisher Unbekannten auf den Wegen und einem übernehmenden Aneignen, in dem dieses in die bisherige „narrative Einheit eines Lebens" eingefügt wird.

Hier klingt bereits das untrennbare Zusammengehören zwischen der anthropo-ontologischen Dimension und der ethischen Dimension an, die über das Erzählen gewährleistet ist. Möchte ich das Wesen des Menschen als Heim-weg verantworten, dann habe ich auch die hieraus resultierende Verwirklichung dieser Deutung in meine Verantwortung hineinzunehmen. Dieses Übernehmen und Einstehen für den vorliegenden Strukturraufweis des Menschen geschieht in der Weise des Redens als Erzählen. Im Erzählen versteht sich der Mensch als Heim-weg einer Heimat und tritt entschieden für dieses Selbstverständnis ein. Das heißt, der Mensch öffnet sich im Erzählen auf den Anderen hin, indem er ihm sein Sein und Handeln zu Gehör bringt oder ihm zu lesen gibt. Dem Erzählen ist daher der zwiefache Appell immanent, die menschliche Doppelstruktur zu erkennen und sie im Leben einzulösen.

Um dies zu verdeutlichen, versuche ich mich in diesem Abschnitt der tiefen Erzählung zu nähern. Diese Annäherung ist eine Suche nach ihren Spuren, die sich beim Erzähler, der Wahrhaftigkeit, dem Zuhörer, dem Grund des Erzählens und dem Erzählen aufweisen lassen. Anders gesagt: Die Frage nach der tiefen Erzählung läßt sich in fünf Fragen auffächern:

a) Wie kann der Erzähler charakterisiert werden?
b) Wie wird erzählt?
c) Wem wird etwas erzählt?
d) Warum wird erzählt?
e) Was bedeutet erzählen?

---

4 Ebd., 193.
5 Ebd., 199.

Die Antworten auf diese Fragen, die in den folgenden Abschnitten gegeben werden (a–e), legen jeweils einen Blick auf die tiefe Erzählung und darin auf den Menschen als Heim-weg einer Heimat frei.

a) Der Erzähler in seiner Heimat

Der Erzähler ist nicht derjenige Mensch, der ausschließlich auf den Wegen umherzieht – es sei denn, er wollte nicht erzählen, sondern berichten und vorlesen –, er ist auch nicht derjenige Mensch, der ausschließlich in seinem Haus wohnt, es sei denn, er wollte nicht erzählen, sondern dichten, vielmehr schöpft er aus der Erfahrungsfülle und Erfahrungsvielfalt seines Wohnens und Gehens. Er lebt aus Geschichten und in Geschichten, weil er sich selbst als Heim-weg gedeutet und übernommen hat. Er ist ein Erzähler in seiner Heimat, weil er mit der ihn bindenden und ihn tragenden Welt zusammengehört. Der Erzähler findet sich in einer Heimat der Erzählungen vor, wie umgekehrt er seine Heimat durch Erzählungen hervorbringt.

In dem bereits genannten Essay *Der Erzähler* führt Benjamin zwei archaische Erzählertypen an, die ich als Repräsentanten jeweils einer dieser Seiten der menschlichen Doppelstruktur deute: den „seßhaften Ackerbauern“, der das Wohnen des Menschen idealtypisch einlöst, und den „handeltreibenden Seemann“, der das Unterwegssein idealtypisch verwirklicht.[6] Diese beiden Erzählertypen stehen für bestimmte Lebenskreise mit ihren unterschiedlichen Erfahrungshorizonten.

> „‚Wenn einer eine Reise tut, so kann er was erzählen‘, sagt der Volksmund und denkt sich den Erzähler als einen, der von weither kommt. Aber nicht weniger gern hört man dem zu, der, redlich sich nährend, im Lande geblieben ist und dessen Geschichten und Überlieferungen kennt.“[7]

Für Benjamin hat sich in jedem dieser beiden Lebenskreise ein eigener Stamm von Erzählern herausgebildet, wobei aus dem ersten, wie er beispielhaft anführt, etwa Hebel und Gotthelf hervorgehen und aus dem zweiten Autoren wie z. B. Sealsfield und Gerstäcker: „Im übrigen aber handelt es sich bei jenen Stämmen, wie gesagt, nur um Grundtypen. Die reale Erstreckung des Reiches der Erzählungen in seiner ganzen historischen Breite ist nicht ohne die innigste Durchdringung dieser beiden archaischen Typen denkbar. Eine solche Durchdringung hat ganz besonders das Mittelalter in seiner Handwerksverfassung zustande gebracht. Der seßhafte Meister und die wandernden Burschen werkten in den gleichen Stuben zusammen; und jeder Meister war Wanderbursche gewesen, bevor er in seiner Heimat oder in der Fremde sich niederließ. Wenn Bauern und Seeleute Altmeister des Erzählens gewesen sind, so war der Handwerksstand seine hohe Schule. In ihm verband sich die Kunde von der Ferne, wie der Vielge-

---

6 Vgl. Benjamin: Der Erzähler, 439 ff.

7 Ebd., 440.

wanderte sie nach Hause bringt, mit der Kunde aus der Vergangenheit, wie sie am liebsten dem Seßhaften sich anvertraut."[8]

Benjamin hebt hier sehr anschaulich die aus der strukturellen Verfaßtheit des Menschen her zu verstehenden Erzählertypen heraus und weist gleichzeitig auf ihre wechselweise Beeinflussung hin, die er als „innigste Durchdringung" bezeichnet. Wie der Mensch in seinem Gehen zugleich wohnt und in seinem Wohnen gehend ist, so lassen sich die aus der Verfaßtheit resultierenden, anthropo-ontologisch zu verstehenden Erzählertypen nicht voneinander trennen. Das bedeutet: Der Mensch, der erzählt, verweist in seinem Erzählen auf sein Wesen und spricht durch sich hindurch gleichsam als Bauer oder als Seemann. Die sprachliche Festlegung auf ‚Bauer' oder ‚Seemann' führt nicht zur Präferenz eines Erzählertypus', sondern hält die Notwendigkeit der gleichzeitigen Präsenz beider aufrecht. Nur durch das Aushalten seines Zwischen-seins reißt der Mensch seine Doppelstruktur nicht auseinander und verhindert einen Zustand der Verkümmerung oder der Starre.

Positiv gewendet eröffnet der Erzähler folglich durch seine Geschichte hindurch einen Einblick in die Weise, wie er sein Leben deutet und mit welcher leitenden Idee er es bewältigt. Ja, er zeigt mittels der Geschichte, wie er selbst ist und wie er (oder etwas) sein soll. Denn aufgrund der über die Wahrhaftigkeit verbürgten Übereinstimmung zwischen Erzähler und Erzähltem steht er nicht in Distanz zum Gesagten, sondern er spricht sich durch es hindurch selbst aus. So schreibt Wilhelm Schapp zu Recht:

> „Das Wesentliche, was wir von den Menschen kennen, scheinen ihre Geschichten und die Geschichten um sie zu sein. Durch seine Geschichte kommen wir mit einem Selbst in Berührung. An seine Stelle drängt sich uns seine Geschichte auf als sein Eigentliches."[9]

Eine Erzählung nimmt daher zwar stets von neuem einen fremden, von außen herangetragenen Stoff auf, integriert ihn aber und gibt in ihrer Bezogenheit auf die Heimat des Erzählers zunächst und zuvor Zeugnis von ihm und seiner Welt ab. Der Erzähler bringt in seiner Erzählung seine Erfahrungen und Erlebnisse zur Sprache, die entsprechend seiner Gehweisen und Wohnformen auch unterschiedliche Grade der Entfremdung aufweisen können. So kann er z. B. in einem Abschnitt seiner Erzählung einerseits auf Begriffe, deren Bedeutungsgehalt eindeutig festgelegt ist, verzichten und stattdessen im Hören auf Schwingungen und Nuancen das Sagbare weiten. Andererseits kann er in einem anderen Abschnitt der Exaktheit und Strenge der Begrifflichkeit und der Gedankenführung, die in den objektiven Wissenschaften notwendig ist, Rechnung tragen. All die verschiedenartigen Rede- und Denkarten fügt er in seine Erzählung ein, wobei dieser Akt der Einfügung gleichbedeutend mit einem Bindungsakt ist. Der Erzähler, der das Verstehen seines Lebens intendiert, verläßt in seiner unaufhebbaren Bindung an Konvention diese dennoch graduell, um der Eigenart seines Stiftens von Heimat Ausdruck geben zu können. In der Erzählung bringt er die Deutung seiner Welt hervor, die im Akt des Erzählens den Zuhörer zu sich hereinnehmen kann.

---

8 Ebd., 440.

9 Wilhelm Schapp: In Geschichten verstrickt. Zum Sein von Mensch und Ding. Hamburg 1953, 105.

Es zeigt sich: Der Erzähler ist ein Mittler menschlichen Seins und Sollens. Er erkennt sich als Heim-weg, nimmt diese Deutung an und baut nun sein ganzes Leben an seiner tiefen Erzählung, die ihm Halt und Bedeutung gibt. Die Übersicht und Beweglichkeit seines Geistes, die er kraft dieser erzählenden Einbindung seiner Erlebnisse und Erfahrungen gewinnt, lassen ihn das Unkonventionelle im Konventionellen sehen und öffnen ihm den Weg, durch den er die Grenzen des Sagbaren ins Unsagbare weiten kann. Auf diese Weise entfaltet er den Möglichkeitsraum des Menschen und führt ihm mit dieser Entfaltung zugleich solches vor Augen, was für die Wahrung dieses Raums getan werden sollte.

b) Die Wahrhaftigkeit

Die Frage nach der Wahrhaftigkeit des Erzählers ist die Frage nach dem Wie des Erzählens. Der Mensch hat eine Fülle von Möglichkeiten, wie er sich einem Gegenstand zu nähern vermag. So kann er ihn kritisch beäugen und die Distanz zu ihm wahren, sei es in ironischer Betrachtung, sei es in skeptischer Kühle. Oder er spielt mit ihm, versetzt ihn z. B. in diesen oder in jenen Kontext, treibt seine Verwirrversuche und überläßt es dem Zuhörer oder Leser, wie er selbst mit ihm umzugehen wünscht. Oder er nimmt ihn nicht ernst: er lacht über ihn, sagt dieses, schreibt jenes, ohne mit seiner Person hinter dem Geäußerten zu stehen.

Das Erzählen kann zwar diese Elemente in sich aufnehmen, getragen wird es allerdings von einer Haltung, die durch Wahrhaftigkeit zu kennzeichnen ist. Die Wahrhaftigkeit garantiert die Übereinstimmung zwischen der Person und seinem Sagen. Sie verbürgt die Rückbindung der Erfahrungen an den Erzähler. Bleibt Wahrhaftigkeit aus, wird es sinnlos, vom Erzählen zu sprechen. Auf diesen untrennbaren Zusammenhang zwischen Erzähler und Erzählung, der über die Wahrhaftigkeit garantiert wird, verweist indirekt Wilhelm Schapp, wenn er behauptet: „Die Geschichte steht für den Mann.“[10] Er meint damit, daß man „den letztmöglichen Zugang zu dem Menschen über Geschichten von ihm haben“ kann, eine These, die Schapp nur formulieren kann, wenn er die Wahrhaftigkeit bereits voraussetzt.

Um die Bedeutung der Wahrhaftigkeit zu präzisieren, möchte ich an die Unterscheidung zwischen Glauben und Wissen, wie sie Karl Jaspers im Rahmen seiner sechs Vorlesungen *Der philosophische Glaube* herausgearbeitet hat, anknüpfen. Jaspers zufolge wird im Glauben eine andere Weise der Wahrheit vertreten als im Wissen. So steht der glaubende Giordano Bruno für eine Wahrheit ein, „die durch Widerruf leidet“, während der wissende Galilei eine Wahrheit ausspricht, „deren Widerruf sie nicht antastet“:

> „Beide taten etwas dem Sinne der von ihnen vertretenen Wahrheit Angemessenes. Wahrheit, aus der ich lebe, ist nur dadurch, daß ich mit ihr identisch werde; sie ist in ihrer Erscheinung geschichtlich, in ihrer objektiven Aussagbarkeit nicht allgemeingültig, aber sie ist unbedingt.

---

10 Ebd., 103; vgl. ferner 103–106.

> Wahrheit, deren Richtigkeit ich beweisen kann, besteht ohne mich selber; sie ist allgemeingültig, ungeschichtlich, zeitlos, aber nicht unbedingt, vielmehr bezogen auf Voraussetzungen und Methoden der Erkenntnis im Zusammenhang des Endlichen."[11]

Giordano Bruno war von seiner Wahrheit überzeugt, die er nicht beweisen konnte, weil sie nicht im Raum wissenschaftlicher Erkenntnis ihren Ort hat. Sie mußte sich in seinem Tun bewahrheiten, um nicht nur gesagt, sondern durch den Vollzug allererst hervorgebracht zu werden. Galilei hingegen konnte widerrufen, weil die Gültigkeit seiner Wahrheit ohnehin nicht an den Einsatz seiner Person gebunden war und unabhängig von ihm bestand.

So treffend dieses Verständnis der unbedingten Wahrheit ist, so problematisch ist es andererseits. Dadurch daß der Mitmensch als Korrekturmoment hier außer acht gelassen wird, kann jeder Einzelne unter Berufung auf seine subjektive Wahrheit deren Gültigkeit vertreten. Drastisch gesagt, vermag dies der Kamikazeflieger ebenso wie Jesus oder irgendein anderer selbsternannter Märtyrer, der bis zum Äußersten für seinen Glauben eintritt. Jeder von ihnen steht bedingungslos für seine Überzeugung ein, ohne sich beirren zu lassen und vom eingeschlagenen Weg abzuweichen. Die Radikalität dieser Haltung kommt einerseits durch diese Abwesenheit des Anderen zustande und andererseits durch die hier vorliegende Art der Selbstbezogenheit, die nicht mit Autonomie verwechselt werden darf. Das ‚Gesetz', dem der von der unbedingten Wahrheit überzeugte Einzelne gehorcht, ist nicht eine Art überindividuelles Sittengesetz, sondern ausschließlich sein eigenes, das schlimmstenfalls seine Wurzeln in den dunkelsten Trieben haben kann.

Die Bestimmungen, mit denen Jaspers diese Art des Glaubens zu deuten versucht, treffen auch auf die Wahrhaftigkeit zu. Der wahrhaftige Erzähler ist derjenige Mensch, der mit dem, was er sagt, identisch ist. Er steht für seine Erzählung ein und gibt ihr durch sein Leben hindurch ihre Wahrheit. Diese ist nicht allgemeingültig, sondern in der Bindung an den Erzähler und seine Erzähltradition primär auf ihn und seinen spezifischen Kontext bezogen. Dies führt zwangsläufig die Geschichtlichkeit des Erzählten vor Augen, durch die es zunächst an eine bestimmte Raum-Zeit-Stelle mit diesem unverwechselbaren Menschen gebunden ist.

Der Erzähler geht in zweifacher Weise der Gefahr, die in der Hermetik der Wahrhaftigkeit des Eigenen liegt, aus dem Weg. Zum einen öffnet er sich in seiner Bezogenheit auf die erzählte Welt für eine Wahrheit, die der Geschichte seiner Heimat immanent ist. In dieser Verbindung mit einer ihn umgreifenden Tradition hat er bereits den Weg der Isolation verlassen und läßt durch sich hindurch solches zu Wort kommen, woraufhin sich seine Mitmenschen, die ebenfalls in dieser Verbindung stehen, öffnen können. Der Sprachraum, den die Erzählung hervorbringt, ist der Lebensraum, der den Erzähler, die Zuhörer oder die Leser aufgenommen hat und weiter in sich aufnimmt. Die erlebte und gelebte Wirklichkeit des Menschen, sein Wohnen und Gehen, münden in diesen ein und gehen aus ihm wieder hervor.

---

11 Karl Jaspers: Der philosophische Glaube. Neuausg. München 1974, 11.

Zum anderen hat der Leser oder Zuhörer die Möglichkeit, sich zu dem Erzählten zu verhalten. So kann er dem Erzähler eine andere Variation zu Gehör bringen und ihm die Chance zur Korrektur seiner Haltung bieten. Oder er kann sich selbst in Frage stellen und seine bisher gewohnte Einstellung überdenken. Er öffnet sich dann dem Appell, der vom Erzählten ausgeht, und macht ihn vielleicht sogar zu seinem eigenen, an dem er an seiner eigenen Geschichte weiterfeilt. Es wird deutlich: Die Wahrhaftigkeit ist eine notwendige Bedingung für das Erzählen des Menschen als Heim-weg. Bleibt diese aus, unterscheidet sich die Geschichte vom Erzähler, und sie wird zu einem Bericht, der von jedem vorgelesen werden kann.

Der Mensch, der erzählt, wendet sich mit seiner Deutung und seinem Appell an einen Hörer, um ihn von seiner Wahrheit zu überzeugen. Dabei spricht er nicht nur die intellektuelle, sondern auch die emotionale Seite im Menschen an. Verbürgt die Wahrhaftigkeit einerseits die Identität zwischen Erzählung und Erzähler, verbürgt sie darüber hinaus andererseits die Redlichkeit gegenüber dem Mitmenschen. Denn der Erzähler wendet sich nicht an ihn, um ihn zu instrumentalisieren und für seine Zwecke zu gebrauchen, gar zu mißbrauchen, vielmehr geht es ihm aufrichtig um seine eigene Geschichte, deren Wahrheitsgehalt sich zu bewähren hat. Die Wahrhaftigkeit des Erzählers, die als Bedingung der Möglichkeit des Erzählens angesehen werden kann, sieht sich in diesem Verhalten des Hörers zum Erzählten mit der Wahrhaftigkeit eines anderen Erzählers konfrontiert. Diese Konfrontation ermöglicht den Streit um eine Wahrheit, die in der Rückbindung an den Menschen als Heim-weg zum Streit um Wohnformen, Schrittfolgen und die sie verbindende leitende Idee werden kann.

c) Zuhören und Lesen

Dem Erzählen wohnt von vornherein der Andere ein, weil es nicht in einem Selbstgespräch aufgeht, sondern den Mitmenschen als Zuhörenden oder Lesenden zur Erfüllung seiner Deutungs- und Appellfunktion benötigt.[12] Setzt sich der Erzähler der Erzählsituation aus, führt die Erzählung ihm den Anderen leibhaftig zu, und es verwirklicht sich je spezifisch die genannte Vorzeichnung. Die Frage ‚wem wird erzählt?‘ ist daher nicht die Frage nach einem konkreten Menschen, der diese oder jene Eigenschaften hat, sondern es ist die Frage nach dem Zuhören oder Lesen, durch das der Andere an dem Erzählen selbst beteiligt ist.

Die Gegenwärtigung des Vergangenen und des Kommenden bringt es mit sich, daß das Geschehen für den Zuhörer oder Leser nicht als etwas Abgeschlossenes abgetan werden kann, dessen Zeit bereits vorüber ist, oder als etwas Künftiges, dessen Verwirklichung erst noch aussteht, sondern daß es unmittelbar auf ihn einwirkt und Bedeutung im Hier und Jetzt seines Lebens einfordert.[13] Das heißt: Der mimetische Charakter des

---

12 Aus Gründen der Einfachheit spreche ich im folgenden nur vom Zuhörer (oder vom Leser), wenn auch der Leser (bzw. Zuhörer) mitgedacht ist.

13 Franz K. Stanzel hebt im Rahmen seiner Unterscheidung der Typen von Erzählsituationen die „berichtende Erzählung“ von der „szenischen“ (mimetischen) Darstellung ab. Dabei verweist er

Erzählens läßt das Geschehen den Hörenden unmittelbar präsent vor seinem inneren geistigen Auge erscheinen, wodurch er in eine Auseinandersetzung mit ihm hineinversetzt wird. Er wird, wie man unter Rückgriff auf Stanzel sagen kann, in den Bann des Geschehens gezogen:

> „Hier wird der Leser zum Augenzeugen des Geschehens, indem er sich mit Hilfe seiner Vorstellung in jene Gestalt versetzt (...). Das Geschehen wird im Ablauf seiner Einzelheiten wie gegenwärtig dargestellt, wodurch der Leser gezwungen wird, das Geschehen gleichsam *in actu* mitzuerleben. Anteilnahme, Schrecken, Spannung, Ungewißheit kennzeichnen die Wirkung dieser Version auf den Leser."[14]

Der Erzähler gibt seine Einstellung nicht in einem sachlichen Bericht wieder, sondern er bricht im Erzählen die Distanz zum Anderen auf, zieht ihn in die Erzählung hinein und läßt ihn das Geschehen erleiden. Und hier tritt erneut die Dringlichkeit des Erzählens in unserer Zeit hervor. Das Erzählen vermag wie keine andere Weise des Redens die Appellfunktion auszuüben, weil es nicht nur die intellektuelle Ebene des Menschen anspricht, sondern auch sein Gefühl motiviert.

M. E. hat Hans Jonas zu Recht darauf aufmerksam gemacht, daß für eine Verantwortungsethik neben einer objektiven Komponente, die die Geltung des Gebots gewährleistet, auch eine subjektive Komponente nötig ist, die den Menschen für den Anspruch einer Sache öffnet. Eine Theorie der Verantwortung hat Jonas zufolge daher

> „(...) beides ins Auge zu fassen: den *rationalen* Grund der Verpflichtung, das heißt das legitimierende Prinzip hinter dem Anspruch auf ein verbindliches ‚Soll', und den *psychologischen* Grund seiner Fähigkeit, den Willen zu bewegen, das heißt für ein Subjekt die Ursache zu werden, sein Handeln von ihm bestimmen zu *lassen*."[15]

Der rationale Grund, der die Objektivität der Sollensforderung zum Ausdruck bringt, garantiert für sich allein noch nicht die Empfänglichkeit des Menschen für diese Forderung. Erst wenn das „Gefühl der Verantwortlichkeit" im Menschen aufkommt und er den Anspruch dieser objektiven Sollensforderung vernehmen kann, vermag er ihn auch in seinen eigenen, subjektiven Willen zu übernehmen.[16] Der rationale Grund ist ohne diese subjektive Seite daher wirkungslos.

---

auf die Relevanz der Vergangenheit für die berichtende Erzählung, die von der szenischen Darstellung aufgehoben wird: „In der berichtenden Erzählung sind es Hinweise auf den Berichtvorgang, die das Erzählte vom Standpunkt eines Erzählers uns als Vergangenes erscheinen lassen. In der szenischen Darstellung treten dafür Orts- und Zeitangaben ein, die eine genaue Orientierung des Lesers, der sich auf dem Schauplatz des Geschehens gegenwärtig glaubt, ermöglichen." Franz K. Stanzel: Typische Formen des Romans. 9. Aufl. Göttingen 1979, 14.

14 Ebd., 13 f.

15 Jonas: Das Prinzip Verantwortung, 163.

16 Daher schreibt Jonas in *Das Prinzip Verantwortung*: „(...) nicht das Sittengesetz motiviert das sittliche Handeln, sondern der Appell des möglichen An-sich-Guten in der Welt, das meinem Willen gegenübersteht und Gehör verlangt – *gemäß* dem Sittengesetz." (162) Von hierher wird verständlich, warum Jonas die elterliche Verantwortung als „Urbild" (234), „Archetyp" (189) und „Prototyp" (236) aller Verantwortung bezeichnet. Sie zeigt nicht nur auf, daß Verantwortung ein nicht-reziprokes Verhältnis ist, bei dem das „immanente Seinsollen des Säuglings, das jeder

Auch wenn Jonas im Rahmen seiner Verantwortungsethik nicht auf das Erzählen und die Erzählung hingewiesen hat, vereinigt sie doch in sich geradezu idealtypisch diese beiden Seiten. So vermag der Erzähler die Emotionalität des Zuhörers anzurühren und ihn für das gute Leben, das er schildert, empfänglich zu machen. Der Zuhörer erlebt dadurch zunächst einen motivierenden Zugang, durch den er sich dem Gehalt und der leitenden Idee der Erzählung öffnen kann. Auf diesem Weg kann er als nächstes das Gesagte einer kritischen Prüfung unterziehen und nach der Gültigkeit des Gebots, die sachlich am Anfang steht, fragen.[17] Auf diese Weise konfrontiert er die Erzählung mit seiner eigenen, ohne ihr zu verfallen.

Ich sage es noch einmal anders: Die Erzählung versetzt den Erzähler und den Hörer in die Offenheit seines Redens, in der zunächst der Erzähler zu Wort kommt. Im Akt des Erzählens gibt er sich selbst Bedeutung, indem er seiner tiefen Erzählung eine Bedeutung gibt. Sie wird zu einem Appell, der den Anderen dazu auffordert, die im Erzählen vorgenommene Auslegung des Geschehensverlaufs anzuhören. Die Haltung des Erzählers, die seiner Geschichte immanent ist, soll ein Verständnis für ihn wecken, ohne den Hörer zu bevormunden.[18] Sie will seine Moral sichtbar machen und nicht das Sichtbare zeigen, das ohnehin jeder wahrnehmen kann. In diesem Sichtbarwerdenlassen dessen, was dem Erzähler auf seinen vielfachen, teils verschlungenen, teils gefährlichen, teils abseitigen Wegen widerfahren ist, wünscht er sich die Übereinstimmung mit der Haltung des Zuhörers. Im Erzählen rührt er an Mensch und Ding, deren Nähe ihn zuvor berührt haben. Er verdichtet sie, formt sie in einem Handlungszusammenhang und hofft nun auf ein Anrühren, in dem sich sein Bezug zu seinem Mitmenschen, den er als Heim-zum-Mitheim ist, bewährt.

Der Hörer wird, wenn es eine gute Geschichte ist, von ihr zu sich hereingezogen. Im Angerührtwerden öffnet er sich auf sie hin und nimmt sie in sich auf. Er bereichert sich, indem er in Distanz zu seiner eigenen Erzählung tritt, um sie in dieser Distanznahme verändert wiederum zu seiner Geschichte machen zu können. Das heißt nicht, daß er das Gehörte unkritisch übernimmt. Im Gegenteil. Allererst aus dem Aufeinandertreffen zweier Haltungen, bei der sich zunächst eine in einer Erzählung an die andere wendet, kann überhaupt so etwas wie Kritik hervorgehen. Der Aufforderung des Erzählers: ‚Dies ist meine Haltung, hör sie dir an, mach sie dir zu eigen', kann der Zuhörer, wenn er sich in die Offenheit des Redens begibt, seine eigene Aufforderung entgegenhalten, die im Extremfall im Widerspruch zu der des Erzählers steht. Im Streit um die beste der beiden Haltungen gelingt eine Befreiung, die dem Einzelnen bei seinen Weisen des Sich-Ausrichtens behilflich ist.

Es wird deutlich: Nur der Mensch, der hört, öffnet sich einem Anspruch. Er sieht von sich ab und läßt sich auf etwas ein, das sein Handeln fordert. Dieses besteht nicht in einem Sich-selbst-Verlieren im Gehörten, sondern in einem Tätigwerden, das aus der

---

Atemzug verkündet, (...) zum transitiven Tunsollen Anderer" wird (240), sondern sie bringt darüber hinaus das Komplementäre des Rationalen und Emotionalen zum Ausdruck.

17 In diese Richtung weist auch Schapp. Vgl. ders.: In Geschichten verstrickt, 119.

18 Bereits Aristoteles hat in dem 13. Abschnitt seiner *Poetik* davor gewarnt, daß ein Dichter in einer Tragödie das Publikum bevormundet.

Spannung zwischen dem Anspruch des Vernommenen und dem Anspruch des bisher Vernommenen hervorgeht. In dem Vollzug des Tätigseins gewinnen wir unsere Identität.[19]

Sowohl der Mensch, der sich in seinem Haus einschließt, ohne die Tür zu öffnen, als auch der Mensch, der auf den Straßen unterwegs ist, ohne jemals Rast zu machen, vermeidet eine Identitätsbildung. Der eine erstarrt in seinem Wohnen, der andere verkümmert in seinem Gehen. So können beide weder zuhören noch lesen, weil die Starre und die Verkümmerung die Empfänglichkeit ihrer Seele verhindert. Bewegungs- und leblos sind sie ausschließlich auf sich selbst bezogen und überhören und übersehen die Heimat der Erzählungen, in der sie eingebunden sind und mit deren Hilfe sie ihre Geschichte schaffen können. Die Identitätsstiftung geht nicht aus dieser kargen Selbstbezogenheit hervor, sondern sie erwächst aus der Fülle seiner Bindungs- und Ausrichtungsmöglichkeiten, die sich ihm in seinem Handeln eröffnen.

d) Deuten und Appellieren

Jede Deutung des Menschen hat sich im Handeln des Menschen zu bewähren. Die Bewährung zielt nicht auf die Durchschlagskraft von Taten nach dem Motto ‚was sich durchsetzt und siegt, hat sich bewährt', sondern auf das Wahren dessen, was wir als das dem Menschen Eigene verantworten möchten. Dieses ist für mich die Vielfalt seiner Weisen des Wohnens und Gehens, die angesichts der geistigen Situation der Zeit mehr denn je bedroht ist. Anders gesagt: Im Erzählen des Wohnens und der Weisen des Sich-Bewegens schwingt ein ethischer Appell mit. Bleibt dieser aus, erlischt das Erzählen und wird zum Bericht.

Dem Gesagten liegt die Überzeugung zugrunde, daß die anthropo-ontologische Verfaßtheit des Menschen zwangsläufig die ethische Dimension mit sich führt. Jeder Strukturaufweis kommt darin zu seiner Wahrheit, daß er gelebt wird. Verstehe ich beispielsweise den Menschen ausschließlich als technische Existenz, die ohne Bezug zu anderen Weisen des Gehens allein in Funktionalität und jenseits von Schicksal und Zufall stehend in der Notwendigkeit aufgeht, dann hat man dieses Verständnis auch in der Wirklichkeit seines gelebten und erlebten Lebens zu übernehmen und hier zu verantworten.[20] Das bedeutet, daß man die in der Reduktion geschehende Verabsolutierung eines Weges als Ausdruck seiner primären Gangart akzeptieren müßte und sie als Inbegriff des guten Lebens zu deuten hätte. Dies möchte ich auf dem Hintergrund des in dieser Arbeit vorgelegten Strukturaufweises des Menschen nicht tun. Denn m. E. hat sich der Mensch in seinem Handeln als Heim-weg zu ergreifen, um ein gutes Leben, das auf Tiefe ausgerichtet ist, führen zu können.

19 Vgl. dazu: Peter Kemp: Das Unersetzliche. Eine Technologie-Ethik. Berlin 1992, 74.

20 Die Verfehlungen, die sich z. B. aus der Deutung des Menschen als Homo faber für dessen eigene Lebenswirklichkeit ergeben, hat Max Frisch literarisch anschaulich in dem gleichnamigen Buch geschildert.

Um die Dringlichkeit dieser beiden Wesenszüge des Erzählens, das Deuten und das Appellieren, für den Menschen aufzuzeigen, möchte ich das Erzählen von der Weise des Redens, wie es in den Naturwissenschaften üblich ist, kurz abheben.

Der Naturwissenschaftler erzählt nicht, der Naturwissenschaftler liest vor. Er hält das Buch seines Wissens in den Händen, fährt mit seinen Augen die Buchstaben entlang und setzt sie zu Worten, Teilsätzen und Sätzen zusammen. Sein Reden dringt nicht in ihn selbst ein, weil das Gesagte von seiner Person getrennt ist. So stützt er sich auf seine Vorgaben, gibt Zeile für Zeile den bestehenden Text wieder und stellt sich ganz und gar in den Dienst des geschriebenen, fixierten Wortes. Er ist ein Botschafter des Faktischen, der ausschließlich das übermittelt, was auch ein anderer Mensch übermitteln könnte, wenn er seinen Platz als Vorleser einnehmen würde.

In dieser Kennzeichnung der Weise des naturwissenschaftlichen Redens als Vorlesen wird sichtbar, daß die Variation eines Faktums nicht intendiert ist, es sei denn, man gibt das Vorlesen selbst auf. Darüber hinaus kann sich der Naturwissenschaftler zwar versprechen und aus Unachtsamkeit etwas Falsches mitteilen, sein Fehler wird dem aufmerksamen Zuhörer allerdings nicht entgehen. Falls doch, ändert dies an der Richtigkeit des Geschriebenen nichts. Der Nächste wird vielleicht fehlerfrei vorlesen und das Geschriebene so wiedergeben, wie es fixiert ist und von jedem überprüft werden kann.

Das Vorlesen sagt nur das, was sagbar ist, weil es geschrieben wurde. Der Vorleser stiftet daher in seinem Reden keine Welt, sondern er bringt die zu Gehör, die in seinem Buch niedergeschrieben ist. In dieser Welt kennt er sich aus, weil eindeutig ist, was hier feststeht. Die begriffliche Schärfe und die Strenge der Gedankenführung ermöglichen es dem Vorleser, allein mit seiner Stimme gegenwärtig sein zu müssen. Sein Leben und Erleben findet an einem anderen Ort statt, dort wo er die Welt auf sich bezieht. Die auf Objektivität gerichtete, allgemeine Wahrheit des naturwissenschaftlichen Erkennens ist auf Wahrhaftigkeit nicht angewiesen. Anschaulich gesagt, kann der größte Schuft der beste Naturwissenschaftler sein, dessen Erkenntnisse durch seine unredliche Einstellung nicht berührt werden.

Deute ich den Menschen als Heim-weg, der im Erzählen, das von der Haltung der Wahrhaftigkeit getragen wird, sich selbst und darin die Wahrheit seines Tuns mitteilt, dann kann das wissenschaftliche Erkennen als ein Weg der Wahrheitsfindung verstanden werden, der vom Zugang her später als das ursprüngliche Erleben ist. In ihm verzichtet der Mensch auf das Deuten seines Seins und der mit dieser Deutung verbundenen Vorstellung eines guten Lebens und erklärt stattdessen einen Gegenstand.

An dieser Stelle läßt sich die Bedeutung des Erzählens präzisieren.

Das tiefe Erzählen ist der Vorgang, bei dem die anthropo-ontologische und die ethische Ausdeutung eines Menschen gelingt. Es nimmt alle Weisen des Redens, die aus dieser Deutung hervorgehen, in sich auf. In einer Umkehrung der Blickrichtung bedeutet das für den Menschen, daß er dem Erzählen auf keinem seiner Wege entkommen kann und er sich auch als wissenschaftliche Existenz darin bewegt. In diese Richtung weist Wilhelm Schapps *Philosophie der Geschichten*, in der weder der Einzelne noch die Philosophie dem Verstricktsein in Geschichten entkommen kann. Schapp zufolge befinden sich die Geschichten nicht in einer physikalischen Welt, sondern umgekehrt, die physikalische Welt befindet sich in einer Vielzahl von Geschichten verstrickt. Diese Position ist dem Menschen gemäß. Sie sagt nicht, daß es keine Objektivität gibt, sondern bringt zum Ausdruck, daß letztlich jedes Wissen im Raum der Interpretation etabliert ist und an das Erzählen rückgebunden bleibt.

Die Anthropo-Ontologie und die mit ihr verbundene Ethik kann sich folglich dem Anspruch der (Natur-)Wissenschaft verweigern, mit der Art ihres Redens die ganze Wahrheit über den Menschen sagen zu können. Sie verweist daher über das vermeintlich Faktische hinaus in eine Dimension, von der aus dieses Faktische integriert wird und der Mensch das sein soll, was er der Möglichkeit nach auch sein kann.

Versteht man nämlich die Methoden, Gesetze, Hypothesen und Vereinbarungen der Wissenschaften als Inbegriff eines wichtigen und bedeutenden Weges der Wahrheitsfindung, dann wird dieser aufgrund seines Rückgebundenseins an das Wohnen und Gehen des Menschen in seiner Bedingtheit und Relativität sichtbar, ohne daß seine Notwendigkeit und Geltung aufgehoben werden müßte. Er wird weder zum einzigen noch zum letzten Weg, vielmehr behauptet er sein relatives Recht im Insgesamt menschlicher Wirklichkeit.

e) Das Erzählen

Jeder Mensch lebt nicht nur in Geschichten und ist, wie der Buchtitel von Wilhelm Schapp treffend lautet, *In Geschichten verstrickt*, er bringt auch seine eigenen Geschichten auf dem Boden seiner Geschichte hervor.[21] Erzählen ist die vom Menschen als Heim-weg vorgenommene Weise des Deutens seines Heimisch- und Unterwegsseins. Dieses Deuten ist eine Verhältnisnahme, die einerseits aufgrund seines Heimhaften in seinem Verhalten zu seiner bereits erzählten Heimat geschieht und andererseits aufgrund seines Wegcharakters in seinem Verhalten zu seiner erzählbaren Heimat besteht. In die tiefe Erzählung fließen diese beiden Seiten der Heimat, das Erzählte und das Erzählbare, ein. Das Erzählen ist daher die mit dem Einzelnen verbundene, in die tiefe Erzählung einmündende Ausdeutung der erlebten und gelebten Welt seiner Heimat, an die er gebunden ist und zu der er in dieser Bindung eine innere Beziehung hat.

Peter Kemp hat in seiner mich überzeugenden „Technologie-Ethik" mit dem Titel *Das Unersetzliche* aus dem Jahre 1992 die Bedeutung der narrativen Sprache und der Erzählung für eine zeitgenössische Ethik herausgearbeitet. Dabei berührt sich sein Verständnis von Erzählung bzw. Erzählen wesentlich mit meinem. So schreibt er:

> „Die bedeutungsvolle Erzählung ist ein narrativer Verlauf, der den Verlauf des Lebens selbst mit der ihm eigenen ethisch-praktischen Prägnanz wiedergibt. Insofern ist sie die Inszenierung einer Idee mit ethischer Perspektive. Damit wird sie zum Modell der Existenz, das einen ethi-

---

[21] Vgl. ferner Wilhelm Schapp: Wissen in Geschichten. Zur Metaphysik der Naturwissenschaften. Wiesbaden 1976.

schen Appell ausdrückt und hilft, uns selbst zu verstehen und den Weg durchs Leben zu finden.“[22]

Auch wenn Kemp die Doppelstruktur des Menschen nicht herausgearbeitet hat, läßt sich seine Deutung der Erzählung doch auf diese beziehen. In jeder Weise des Wohnens manifestiert sich eine bestimmte Weise der Selbstdeutung, mit deren Hilfe wir uns bei unserem Unterwegssein orientieren können. Wohnend und gehend schreibt der Mensch an seiner tiefen Erzählung, die mit Kemp als „bedeutungsvolle Erzählung“ bezeichnet werden kann. Diese Erzählung ist geradezu ein „Modell der Existenz“, weil sie uns appellativ die Weise vor Augen führt, wie wir zu leben haben und in welche Richtung wir uns wenden müssen. Würde der Mensch auf das Erzählen verzichten, würde er aufhören, sittlich zu sein. Er würde sich fraglos in den gewohnten Bahnen bewegen, ohne durch eine Forderung an ein gutes Leben, das aus der Deutung seines Seins hervorgeht, herausgefordert zu werden.

Das von Benjamin und Adorno beklagte Ende des traditionellen Erzählers ist von hierher, gleichsam tiefer betrachtet, gleichbedeutend mit einer Klage über das Ende von Heimat. Denn der Mensch findet einerseits eine Heimat seiner Erzählungen vor, die ihn trägt und ihm Orientierung bietet, wie er andererseits diese Heimat seiner Erzählungen erfindet, indem er sie auf sich als Einzelnen bezieht und sie durch sich hindurch bei seinem Wohnen und Gehen neu hervorbringt.[23] Geht der Erzähler verloren, dann wird der Mensch aus der Heimat seiner Erzählungen vertrieben. Er schweift in der Fremde der Informationen umher, in der es keinen Halt mehr gibt, weil die Haltung, die das Deuten und Appellieren benötigt, mit ihm verlorengeht.

Hier wird erneut die Dringlichkeit der Deutung des Menschen als Heim-weg sichtbar. Will der Mensch nicht ein Leben führen, das ihn auf einen Weg, etwa den des Surfens im Netz festlegt, dann muß er für das Erzählen als seine Sprache eintreten, durch die allein er sich für das Wohnen und die anderen Weisen des Gehens offenhalten kann. Ein Verlust der narrativen Sprache kommt daher einem Verlust seiner Möglichkeit gleich, ein gutes Leben führen zu können, das von Wahrhaftigkeit getragen ist und auf Tiefe ausgerichtet ist.

Die Bindung an die Heimat der Erzählungen bringt es mit sich, daß das Erzählen nicht in einem bloßen Auflisten von Fakten besteht und so zu einem Sammeln von Daten wird, die vorgelesen werden könnten, sondern daß in ihm über Fakten hinausgegangen wird, indem das Erzählen diese in der Perspektive des Erzählers zu einer neuen

---

22 Kemp: Das Unersetzliche, 77.

23 Die vorliegenden Darlegungen berühren sich in einigen Punkten mit Gedanken, die Klaus Wiegerling in seinem schmalen, aber dichten Beitrag *Die Erzählbarkeit der Welt* anführt. Beispielsweise findet auch für Wiegerling von der Sache her, ohne daß er die Wendung verwendet, in der Heimat der Erzählungen die Vermittlung des Einzelnen zwischen seiner Individualität und der Gemeinschaft statt. So schreibt er: „Zuletzt ist diese (erzählte) Welt immer schon einem ursprünglichen Sinne gesellschaftlich vermittelt, insofern sie sprachlich ist. Und als sprachliche erweist sie sich nicht nur als individualgeschichtliche, sondern auch als gruppengeschichtliche.“ Klaus Wiegerling: Die Erzählbarkeit der Welt, 34. In: Die Erzählbarkeit der Welt. Lebach 1989, 10–34.

Einheit zusammenfügt. Eine Erzählung ist daher keine Wolke der Phantasie und kein Nebel der Fiktion: sie ist Stiftung von Heimat eines Menschen, in der er seinem Leben Einheit, Sinn und Tiefe gibt. In ihr verdichtet der Mensch seine eigene Welt, und zwar nicht im Sinne eines bloßen Wunschtraumes, auch wenn Elemente davon einfließen können, sondern als Interpretation seiner nur ihm zukommenden Geschichte. Fragt man daher: Was ist Gegenstand des Erzählens der großen Erzählung, dann kann ich darauf antworten: die Vielfalt des Lebens eines Menschen, also all das, was von ihm bei seinem Wohnen und den Weisen seines Sich-Bewegens erfahren werden kann.

Von hierher wird sichtbar, daß dieses Erzählen zunächst ein Selbstgespräch ist. Es richtet sich auf das aus, worauf sich der Einzelne ausrichtet, nimmt folglich das in den Blick, was er anblickt. Diese vielleicht tautologisch anmutenden Wendungen sollen zum Ausdruck bringen, daß ausschließlich der Einzelne den Inhalt seiner tiefen Erzählung festlegt und schließlich preisgibt. Für jeden Einzelnen haben bestimmte Geschehnisse, Erlebnisse und Begegnungen eine entscheidende Bedeutung, die zu diesem Lebenslauf beigetragen haben. Es ist die Geschichte eines Menschen, die hier thematisch wird, in der Gegenwärtigung des Vergangenen, aber auch in der Gegenwärtigung des Kommenden.[24]

Die Gegenwärtigung des Geschehens, die im Akt des Erzählens stattfindet, zieht es aus seiner zeitlichen und räumlichen Ferne in die Unmittelbarkeit des Nacherlebens. Der Zuhörer erfährt über die Handlung hinaus den spezifischen Blick des Erzählers, durch den sie allererst ihren Zuschnitt erhält. Dieser Blick kann sich auch sehnend auf die Zukunft richten und den Menschen in der Gegenwärtigung des Kommenden über die Faktizität seines Hier und Jetzt hinausheben. Die Erzählung kann ihm solches vor Augen führen, was quer zu dem steht, was er bisher vollbracht oder wie er sich verhalten hat. Nimmt der Zuhörer es ernst und richtet seinen Willen auf dieses aus, dann kann er seiner tiefen Erzählung vielleicht sogar ein neues Kapitel, wenigstens aber einen neuen Abschnitt einfügen.[25]

Kennzeichne ich das Erzählen als ein Selbstgespräch, bedeutet dies nicht, daß der Einzelne sich gleichsam autistisch sein Leben vor Augen führt und in dieser erzählen-

---

24 Zur Bedeutung der Zeit beim Erzählen gibt es eine Fülle an Untersuchungen. Für die Literatur- bzw. Sprachwissenschaft möchte ich besonders die Arbeit von Harald Weinrich hervorheben. In der Philosophie ragt die dreibändige, profunde Untersuchung von Paul Ricœur heraus. Vgl. Harald Weinrich: Tempus. Besprochene und erzählte Welt. 2. Aufl. Stuttgart 1971. Und: Paul Ricœur: Zeit und Erzählung. Bd. 1: Zeit und historische Erzählung. München 1988. Bd. 2: Zeit und literarische Erzählung. München 1989. Bd. 3: Die erzählte Zeit. München 1991.

25 Das Denken von Ernst Bloch steht, beinahe idealtypisch, für den Abschnitt einer tiefen Erzählung, der in der Gegenwärtigung dessen, was noch nicht ist, aber sein kann, dieses erzählend vorbereiten möchte. Nicht umsonst schreibt Bloch in seinem Vorwort von *Das Prinzip Hoffnung*, daß dieses Buch „von nichts anderem als vom Hoffen über den gewordenen Tag hinaus (handelt). Das Thema der fünf Teile dieses Werkes (...) sind die Träume vom besseren Leben“ (9). In dieser Fokussierung des Blicks auf das „Noch-Nicht“ übersieht Bloch die Verwirklichung der Heimat im Leben des Einzelnen, wenn er sich als Heim-weg einlöst. Heimat ist als Korrelat des Menschen stets geworden und mit ihm realisiert – und nicht als „noch ungewordene, noch ungelungene“ ein bloßes „Utopikum“.

den Selbstbezugnahme nur sich selbst Gehör schenkt. Vielmehr ist der Mensch als Heim-weg ein Heim-zum-Mitheim, und die ihm zukommende Weise seines Redens weist in Entsprechung auch von vornherein diese strukturelle Vorzeichnung des Anderen auf: Der Zuhörer oder Leser wohnt dem Erzählen ebenso ein, wie der Mitmensch dem Menschen. Vielleicht könnte man hier einwenden, daß jemand sehr gut allein auf einem Sessel sitzen kann und sich selbst laut eine Geschichte erzählt, allerdings zielt dieser Einwand ebenso am Charakter des Erzählens vorbei, wie wenn jemand von der Liebe behaupten würde, sie erschöpfe sich in der Selbstliebe. Erst die Präsenz des Anderen, auf den sich das Erzählen ausrichtet, erfüllt die dem Erzählen einwohnende Vorzeichnung des Hörers.

Dieser Vorzeichnung des Anderen widerspricht nicht der Tatsache, daß der Einzelne zunächst in einem Selbstgespräch die Geschichte seines Lebens entwirft. Dabei rückt er, je nach der Eigenart seiner Persönlichkeit und dem Verlauf seines Lebens diese oder jene *Heimworte* und diese oder jene *Heimidee* in den Vordergrund. Während das Heimwort die in der Veränderung eines Lebens sich hindurchziehende Wiederkehr ihm zukommender inhaltlich wesensverwandter Wohnformen und Schrittfolgen benennt, zielt die Heimidee auf die Einheitlichkeit des Wohnens und Gehens dieses Lebens, auf Grund derer ein Verständnis der Heimworte möglich wird. Das bedeutet: Bei jedem Erzählen schwingt die Haltung eines Autors mit, von der her das Gesagte diese unverwechselbare Ausdeutung erfährt. Es ist der Standpunkt des Erzählers, besser gesagt, der tiefere Antrieb für sein Erzählen, von dem her es durchpulst wird. Die Heimidee versucht diesen leitenden Gesichtspunkt, der alle Schichten eines Menschen durchdringt und sein Wohnen und Gehen bestimmt, zu benennen. So kann die Heimidee für den einen Menschen z. B. die Liebe sein, während sie für einen anderen die Gerechtigkeit ist. Von dieser Heimidee, die sich entwicklungsgeschichtlich ändern kann, hängt der appellative Charakter der Erzählung maßgeblich ab. Verzichtet der Mensch auf Heimworte und auf eine Heimidee, zerfällt sein Leben in Partikularitäten und er ist nicht mehr in der Lage, sich selbst zu verstehen.

Der Vorgang des Entwerfens seiner tiefen Erzählung ist für den Menschen niemals abgeschlossen. Permanent entdeckt er ein neues Detail oder erkennt eine Facette, die er bisher noch nicht wahrgenommen hat. In seinem Interesse an Einzelheiten und dem Besonderen eines Vorgangs, fügt er permanent Neues hinzu und streicht oder ersetzt Altes. Darüber hinaus variiert er den Anfang, die Mitte und den Schluß seiner Erzählung je nach Lebensalter und Lebenserfahrung, die er gewinnen oder nicht gewinnen konnte. So hat er trotz der Heimworte und der Heimidee prinzipiell die Wahl, wie er erzählen möchte, wodurch er auch jedes Thema, zu dem er Stellung bezieht, unterschiedlich erzählen kann. Zudem erscheint ihm beispielsweise im Rückblick der Ereignisverlauf des beruflichen Werdegangs anders als zu Beginn des Arbeitens, wie die Kindheit von dem, der sie kaum überwunden hat, in anderen Farben gemalt wird als vom Greis. Diese entwicklungsgeschichtlich bedingte Veränderung der Einstellung im Wohnen und Gehen des Menschen begünstigt die Lebendigkeit der Erzählung.

Ein weiteres kommt hinzu. Der Mensch, der zum Zeitpunkt seines Erzählens mit dem von ihm aufgrund der Heimworte und der Heimidee in den Blick genommenen Geschehensverlauf seines Lebens identisch ist, zeichnet sich durch eine Haltung aus, die durch Wahrhaftigkeit bestimmt ist. Das bedeutet, daß seine Geschichte auch wirklich seine eigene Geschichte ist und sich in ihr der Wille ausspricht, angesichts der Möglichkeit des Menschen, Heim-weg zu sein, diese auch zu realisieren. In der Erzählung stimmt folglich die anthropo-ontologische Auffassung vom Menschen als Zugleich von Unterwegssein und Heimischsein mit der in der Erzählung vorgenommenen ethischen Ausrichtung überein. Anders gesagt: Der Mensch sagt nicht dieses und will letztlich jenes, sondern er setzt sich erzählend mit seiner Person für das von ihm Vertretene ein. Der Wahrhaftigkeit des Erzählers widerspricht nicht, daß trotz aller Rückbindung des Erzählten an sein Leben die Variation, das Maskenhafte und das Spielerische bestehen bleibt. Dies liegt in der Offenheit des Erzählvorgangs selbst begründet, durch die ihm erzählerisch keine Grenzen auferlegt sind. Nur die letzte Grenze, die in der Stilisierung seiner Heimidee liegt, kann er nicht überschreiten, hat er doch mit ihr eine bestimmte Haltung gewählt, die sich im Erzählen zu bewähren hat.

Und hier klingt der tiefere Sinn, der dem Erzählen innewohnt, an. Der Erzähler, der in seiner Erzählung für die in dem Boden seiner Heimworte und seiner Heimidee wurzelnde Orientierung einsteht, setzt im Vorgang des Erzählens seine Wahl letztlich einer Bewährungsprobe aus, die bestanden werden kann oder auch nicht.[26] Die Entscheidung über das Bestandenhaben kann er nicht allein treffen, weil der Zuhörer beim Entscheiden wesentlich einbezogen ist. Der ethische Appell, der sich an ihn richtet, muß von ihm auch vernommen werden. Das Vernehmen meint kein passives Aufnehmen, durch das gleichsam ein Gedanke wirkungslos rezipiert wird, es bewirkt vielmehr eine Veränderung in seinem Sein. Aus dieser Sicht hat sich eine Erzählung dann bewährt, wenn der Zuhörer verändert aus der Erzählsituation herausgeht und sich für den an ihn gerichteten Appell empfänglich gezeigt hat. Ist dem Zuhörer auf diese Weise das Erzählte überantwortet, webt er es in seine Erzählung ein und wendet sich deutend und appellierend an den nächsten Zuhörenden.

Zusammenfassend läßt sich das Erzählen folgendermaßen charakterisieren: Im Erzählen bejaht der Mensch die Heimat seiner erzählten Welt und setzt sie als erzählbare in seinem Sinne fort. Auf diese Weise öffnet er sich in seinem Gebundensein für das Neue, das er aufgrund seiner heimischen Seite in die dynamische Einheit seiner tiefen Erzählung integrieren kann. Dieses ‚Neue' kann, wenn es ihm beim Gehen auf der Straße begegnet, eine Tatsache oder aber, wenn er es beim Surfen im Netz prozessiert, eine reine Projektion sein. In die tiefe Erzählung münden daher Fakten ebenso wie Imaginär-Fiktives ein. Im Erzählen sind der Erzähler und der Zuhörer wesentlich aufeinan-

---

26 Hier kann zum Verständnis von Geschichten Hermann Lübbe angeführt werden. Für Lübbe sind Geschichten „Vorgänge, die zu etwas führen, was als solches keiner, der handelnd beteiligt war, gewollt hat, was nicht ausschließt, daß ihm, was schließlich eintritt, gelegen kommt. Geschichten sind Vorgänge, die der Handlungsraison der Beteiligten sich nicht fügen. Sie sind nicht handlungsrational." Hermann Lübbe: Was aus Handlungen Geschichten macht: Handlungsinterferenz; Heterogonie der Zwecke; Widerfahrnis; Handlungsgemengelagen; Zufall, 38. In: Vernünftiges Denken. Studien zur praktischen Philosophie und Wissenschaftstheorie. Hrsg. von Jürgen Mittelstraß und Manfred Riedel. Berlin/New York 1978, 237–250.

der bezogen: Der Erzähler gibt ihm seine Heimworte und seine Heimidee preis, aber nicht im Sinne einer bloßen Mitteilung, will er doch den Zuhörer von seiner Haltung überzeugen und ihn dafür gewinnen, sie zu übernehmen und erzählend weiterzugeben.

4. Wahrheit und Erzählung

Sieht man Wahrheit und Erzählung in einem inneren Zusammenhang, ist es unvermeidlich, wenigstens kurz auf Platon einzugehen, der ja bekanntlich Dichter als Lügner bezeichnet hat.

Bereits im frühen Dialog *Euthyphron* zweifelt Sokrates an der Wahrheit des Mythos. Der Priester Euthyphron, der definieren soll, was Frömmigkeit ist, und die These aufstellt: ‚fromm ist, die Übeltäter zu verfolgen', verweist auf das Beispiel der Götter, genauer gesagt, auf Zeus, der seinen eigenen Vater bestraft (und dieser wiederum seinen Vater und so fort). Sokrates akzeptiert allerdings nicht selbstverständlich den Wahrheitsgehalt des Mythos, sondern stellt ihn entschieden in Frage:

> „Auch Krieg, glaubst du also wirklich, daß die Götter haben gegeneinander und gewaltige Feindschaften und Schlachten und viel anderes dergleichen, wie es von den Dichtern erzählt wird (...)? Dies alles wollen wir für wahr erklären, Euthyphron?" (6c)[1]

In diesem zweifelnden Fragen wird die Gegenstellung zwischen erzählendem Mythos und aufklärender Philosophie, zwischen Vertrauen in das überlieferte Wort und solchem in die Vernunft deutlich. Sie setzt einen bereits bei Xenophanes und Heraklit beginnenden Aufklärungsprozeß fort, der im 19. Jahrhundert – bewußtseinsgeschichtlich betrachtet – zum Abschluß gekommen ist und bei dem die Vernunft (bzw. die vernünftige Philosophie) über die Religion, die im Abendland in eine Offenbarungsreligion eingemündet war, als Sieger hervorgetreten ist.[2] Übrig bleibt höchstens der schale Aufguß eines Gottes der Philosophen, den etwa Blaise Pascal entschieden zurückweist. So sagt er in seinem *Mémorial*: „Dieu d'Abraham, Dieu d'Isaac, Dieu de Jacob – non des philosophes et des savants."[3]

Sokrates stellt allerdings nicht nur den Wahrheitsgehalt des Mythos entschieden in Frage, sondern auch den der Dichtung. So wendet er sich in der *Politeia* deutlich gegen Homer (606e–607a) und Hesiod (377e), aber auch gegen Euripides (568a–b).

---

1 Platon: Euthyphron, 365. In: Platon. Werke in 8 Bänden. Griech. und deutsch. Bd. 1: Ion u. a. 2. Aufl. Darmstadt 1990, 351–397.

2 Wilhelm Weischedel hat in seiner groß angelegten Untersuchung *Der Gott der Philosophen. Grundlegung einer Philosophischen Theologie im Zeitalter des Nihilismus* (München 1979) im ersten Band „Wesen, Aufstieg und Verfall der Philosophischen Theologie" dargelegt, die insb. bei Feuerbach, Marx, Nietzsche und Heidegger je spezifisch überwunden wird. Im zweiten Band *Abgrenzung und Grundlegung* versucht er – trotz dieser geschichtlichen Situation – eine Philosophische Theologie zu entwerfen, ohne sich dabei auf den Offenbarungsglauben zu stützen.

3 Zit. n. Weischedel: Der Gott der Philosophen, Bd. 1, XVIII.

Der Maßstab, von dem her diese Kritik an der Dichtung erfolgt, ist im 2. und 3. Buch der *Politeia* ein ethischer, nämlich der des Nutzens (bzw. Schadens) für das Handeln des Menschen. Für Platon darf nur Gutes dargestellt werden, um die Seele des Menschen, vor allem des Kindes, auch auf das Gute ausrichten zu können. Dies geschieht allerdings in der Dichtung seiner Zeit nicht. Denn in ihr wird Gott nicht als Ursache von allem Guten herausgestellt und als der Gute geschildert, der als Vorbild dienen kann, vielmehr bringt man in ihr zum Ausdruck, wie er mit anderen Göttern in kriegerische Verbrechen verstrickt ist und gute und schlechte Taten ausübt.

Im 10. Buch ist der Maßstab ein epistemologischer, nämlich der des Wissens und der der Wahrheit. Das ‚Wissen' des Nachbildners, also das Wissen des Erzählers, ist letztlich kein Wissen. Der Nachbildner hat von dem, was er nachbildet, weder eine richtige Vorstellung (im Unterschied zu den Herstellern) noch eine Einsicht (im Unterschied zu den Gebrauchenden), hat also weder Wissen noch eine richtige Meinung. Bei seiner Nachahmung ist er ausschließlich darauf bedacht, in welcher Gestalt es der unwissenden Menge schön erscheint (vgl. 602b). Das Urteil von Platon ist daher eindeutig: Wir wollen es

> „(…) als sicher annehmen, daß man sich um diese Dichtkunst nicht ernsthaft bemühen dürfe, als ob sie selbst ernsthaft sei und die Wahrheit treffe, daß vielmehr der Hörer, der um die richtige Verfassung seiner selbst besorgt ist, sich gar sehr vor ihr zu hüten und so von der Dichtkunst zu denken habe, wie wir es ausgesprochen haben." (608b)[4]

Hier zeigt sich ein eingeschränktes Verständnis von Dichtung, das eng mit dem, was Platon unter Wahrheit versteht, zusammenhängt. Geht man nicht von der Wirklichkeit des handelnden Menschen, sondern von der Wahrheit des ausschließlich mit Hilfe der Vernunft Erfaßbaren aus, dann ist die Mimesis der Dichter ein bloßes Scheingebilde, das auf Unkenntnis beruht und keineswegs eine ernsthafte Tätigkeit darstellt.[5] Sie hat nicht die Fähigkeit, die Handlungen des Menschen kritisch zu hinterfragen und darauf zu hören, was die Vernunft als Bestes befiehlt, sondern sie bezieht sich auf das Leiden und das Ungebärdige und fördert dadurch den unvernünftigen Teil der Seele.[6] Kurz gesagt: Die Dichtung macht den Menschen schlechter und unglückseliger – und nicht besser und glückseliger.[7]

Auch wenn Platon nicht zu Unrecht die Mimesis als das der Dichtung Eigene gekennzeichnet hat, so wird in ihr dadurch doch nicht das Erkennen ausgeschaltet. Im Gegenteil. Wie Aristoteles in seiner *Poetik* treffend herausgearbeitet hat, ist die Dichtung natürlich auf die Wirklichkeit des Menschen bezogen, allerdings nicht, um sie bloß zu reproduzieren oder gar in Phantastereien zu ignorieren, sondern um durch sie hindurch die Realität allererst erkennen zu können. Im Zuhören bzw. Lesen des Gedichteten kann sich für Aristoteles der Mensch daher als Erkennender erweisen und einen Schritt auf den Weg hin zum Schauen des Göttlichen, des unbewegten Bewegers, tätigen, in dem

4 Platon: Der Staat, 835. In: Werke in 8 Bänden. 4. Band: Der Staat. 2. Aufl. Darmstadt 1990.
5 Vgl. Platon: Politeia 602b.
6 Vgl. ebd. 604d.
7 Vgl. ebd. 606d.

die höchste Glückseligkeit als höchste Aktualität seines Geistes liegt. Bereits das Aufnehmen von Dichtung bereitet ihm Freude und Lust, worin graduell dieser innere Zusammenhang zwischen der Bestimmung des Menschen als Geist und der Verwirklichung dieser Bestimmung, die im höchsten Glück seine Erfüllung findet, angezeigt wird.

Die von Platon behauptete Gegenstellung, hier das Unwissen der nachahmenden Dichter, dort das Wissen der vernünftigen Philosophen, zielt daher am Erzählen des Menschen als Heim-weg vorbei. Sie vermag in ihrer schroffen Entgegensetzung nicht den Charakter des Wissens, wie er dem Erzählen immanent ist, zu fassen. Dieses Wissen ist die Weisheit, die als anthropo-ontologische und ethische Geistigkeit die Verantwortung für den Menschen und sein Handeln übernehmen möchte. Die Entscheidung für diese Art des Wissens ist die Entscheidung für die Deutung des Menschen als Heimweg und die mit dieser Deutung untrennbar verbundene Vorstellung eines guten Lebens.

Anders gesagt: Wenn ich von der tiefen Erzählung spreche, in die die Geschichten eines Lebens einmünden, unterlaufe ich den von Platon formulierten Gegensatz zwischen Dichtung und Wahrheit bzw. Wissen und Unwissen.[8] Denn das Gespür für das im Heimischen des Menschen wurzelnde Gehaltensein ermöglicht es dem Menschen, sich eine Vielzahl von Wahrheiten zu erobern, ohne sich auf eine zu reduzieren.

Geht der Mensch daher z. B. auf der Straße und folgt den Regeln der Straßenverkehrsordnung, dann kann er sich nur richtig oder falsch verhalten. Überträgt man dies auf das Feld des Denkens, läßt sich über Tatsachen und Fakten nicht streiten – nur über deren Interpretation. Beim Gehen auf der Straße sind demnach die Geschichten, die sich hier erzählen lassen, von keinem oder einem nur geringen Grad an Fiktion durchdrungen, während beim Surfen im Netz demgegenüber jegliches Agieren einer prozessierenden Imagination unterworfen werden kann, wodurch die Geschichten einen hohen Grad an Fiktion aufweisen können.

Diese Geschichten, die miteinander verwoben und verflochten sind, haben in der heimischen Seite des Menschen ihre integrale Mitte, insofern aus ihr die Fähigkeit des Zusammenbindens und Zusammenfügens hervorgeht. Der Mensch als Heim-weg sollte das beim Entstehen seiner tiefen Erzählung möglich werdende Vereinen der unter-

---

8 Alasdair MacIntyre deutet in seiner Untersuchung *Der Verlust der Tugend. Zur moralischen Krise der Gegenwart* (Frankfurt am Main/New York 1987) Lebensgeschichten als „dargestellte Erzählungen", „in der die Figuren auch die Autoren sind" (287). Allerdings besteht für ihn zu Recht ein „Unterschied zwischen imaginären und wirklichen Figuren", der „im Umfang ihrer Autorschaft an dieser Form und an ihren eigenen Taten" (287) liegt.
Paul Ricœur stellt sich in der genannten Untersuchung *Das Selbst als ein Anderer* demgegenüber den schwierigen Problemen, die „mit der Idee einer Refiguration des Lebens und die Fiktion zusammenhängen" (195).
Den Unterschied dieser beiden Auffassungen stellt Greisch akzentuiert heraus. Vgl. dazu: Jean Greisch: „Versprechen dürfen": unterwegs zu einer phänomenologischen Hermeneutik des Versprechens, 248 f. Vgl. zum „Erzählen" ferner vom selben Autor: Das Fest des Erzählens. In: Bernhard Casper und Walter Sparn (Hrsg.): Alltag und Transzendenz. Studien zur religiösen Erfahrung in der gegenwärtigen Gesellschaft. Freiburg/München 1992, 215–239.

schiedlichen Wissensarten auf sich nehmen und keinen dieser Wege verabsolutieren. Auf diese Weise ist der Mensch von seinem Gespür für sein Gehaltensein durchdrungen und weitet und vertieft seine Selbsterkenntnis in der Einsicht in die Vielfalt seines Wohnens und Gehens. So kommt die Wahrheit, die dem Erzähler zugänglich ist, einerseits auf ihn bei seinem Wohnen zu und steht als erzählte für ihn offen, andererseits kann sie auf seinen Wegen beschritten werden, wodurch er sie gehend als erzählbare hervorbringt.

Literaturverzeichnis

Adorno, Theodor W.: Negative Dialektik. Frankfurt am Main 1966.

— : Noten zur Literatur. Hrsg. von Rolf Tiedemann. Frankfurt am Main 1998.

Albrecht, Jörg: Vom Ende der bürgerlichen Kultur. Ein Gespräch mit Vilém Flusser. In: über flusser. Die Fest-Schrift zum 70. von Vilém Flusser. Hrsg. v. Volker Rapsch. Mit einem Essay von Abraham Moles. Düsseldorf 1990, 35–51.

Alter, Peter: Nationalismus. Frankfurt am Main 1985.

Améry, Jean: Jenseits von Schuld und Sühne. Bewältigungsversuche eines Überwältigten. 2. Aufl. Stuttgart 1980.

Anders, Günther: Die Antiquiertheit des Menschen. Bd. I: Über die Seele im Zeitalter der zweiten industriellen Revolution. Bd. II: Über die Zerstörung des Lebens im Zeitalter der dritten industriellen Revolution. (Lizenzausg.) Zürich 1984.

Andresen, Carl: Bibliographia Augustiniana. 2. völlig neubearb. Aufl. Darmstadt 1973.

— (Hrsg.): Zum Augustin-Gespräch der Gegenwart. Mit Bibliographie. Darmstadt 1962. (2. Aufl. in 2 Bänden: 1. Bd. Darmstadt 1975; 2. Bd. Darmstadt 1981)

Assmann, Aleida: Rezension von Vilém Flusser: „Die Schrift". In: Poetica 20, 1988, 284–288.

Augustini, Sancti Aurelii. Opera omnia. Corpus Christianorum. Series Latina. Turnhout 1954 ff.

Augustinus, Aurelius: Die Ordnung. Erste deutsche Übertragung von Carl Johann Perl. 4. Aufl. Paderborn 1966.

— : Der freie Wille. In deutscher Sprache von Carl Johann Perl. Paderborn 1972.

— : Die Retractationen in zwei Büchern. Retractationum libri duo. In deutscher Sprache von Carl Johann Perl. Paderborn 1976.

— : De beata vita. Über das Glück. Lateinisch/deutsch. Übersetzungen, Anmerkungen und Nachwort von Ingeborg Schwarz-Kirchenbauer und Willi Schwarz. Stuttgart 1982.

— : Selbstgespräche. Von der Unsterblichkeit der Seele. Lateinisch und deutsch. Gestaltung des lateinischen Textes von Harald Fuchs. Einführung, Übertragung, Erläuterungen und Anmerkungen von Hanspeter Müller. München und Zürich 1986.

— : Bekenntnisse. Vollständige Ausgabe. Eingeleitet und übertragen von Wilhelm Thimme. 6. Aufl. München 1992.

Bachelard, Gaston: L'Intuition de l'instant. Paris 1932.

— : Poetik des Raumes. Aus dem Frz. von Kurt Leonhard. 5. Aufl. Frankfurt am Main 1999.

Barthes, Roland: Über mich selbst. München 1987.

Bavel, T. von: Répertoire bibliographique de S. Augustin 1950–1960. Steenbrugge 1963.

Beierwaltes, Werner: Platonismus und Idealismus. Frankfurt am Main 1972.

— : Identität und Differenz. Frankfurt am Main 1980.

— : Regio Beatitudinis. Zu Augustins Begriff des glückseligen Lebens. Heidelberg 1981.

Benjamin, Walter: Erfahrung und Armut. In: Ges. Schriften Bd. II, 1. Hrsg. von Rolf Tiedemann und Hermann Schweppenhäuser. Frankfurt am Main 1977, 213–219.

— : Der Erzähler: In. Ges. Schriften Bd. II, 2. Hrsg. von Rolf Tiedemann und Hermann Schweppenhäuser. Frankfurt am Main 1977, 438–465.

Berger, Peter L. u. a.: Das Unbehagen in der Modernität. Frankfurt am Main/New York 1975.

Bergson, Henri: Einführung in die Metaphysik. Französisch-deutsch. Hrsg., übersetzt und eingeleitet von Sabine S. Gehlhaar. Cuxhaven 1988.

— : Denken und schöpferisches Werden. Aufsätze und Vorträge. Neuaufl. Hamburg 1993.

Binswanger, Ludwig: Das Raumproblem in der Psychopathologie. In: Ausgewählte Vorträge und Aufsätze. 2. Bd. Bern 1955, 174–225.

— : Drei Formen mißglückten Daseins. Verstiegenheit, Verschrobenheit, Manieriertheit. Tübingen 1956.

— : Grundformen der Erkenntnis menschlichen Daseins. 3. Aufl. München 1963.

Biran, Maine de: L'influence de l'habitude sur la faculté de penser. (1802). Œuvres. Hrsg. v. Pierre Tisserand. Bd. 2. Paris 1922.

Bloch, Ernst: Das Prinzip Hoffnung. In 5 Teilen. Frankfurt am Main 1985.

Blumenberg, Hans: Schiffbruch mit Zuschauer – Paradigma einer Daseinsmetapher. Frankfurt am Main 1979.

Boll, F. : Vita contemplativa. Heidelberg 1922.

Bollmann, Stefan: Vorwort. In: Vilém Flusser: Medienkultur. Hrsg. v. Stefan Bollmann. Frankfurt am Main 1997, 7–18.

Bollnow, Otto Friedrich: Unruhe und Geborgenheit im Weltbild neuerer Dichter. Stuttgart 1953.

— : Das Wesen der Stimmungen. 3. durchges. und erw. Aufl. Freiburg 1956.

— : Wesen und Wandel der Tugenden. Frankfurt am Main 1958.

— : Neue Geborgenheit. Das Problem einer Überwindung des Existentialismus. 2. Aufl. Stuttgart 1960.

— : Mensch und Raum. 7. Aufl. Stuttgart/Berlin/Köln 1977.

— : Anthropologische Pädagogik (1971). 3. durchges. Aufl. Stuttgart 1983.

Böhme, Gernot: Zeit und Zahl. Studien zur Zeittheorie bei Platon, Aristoteles, Leibniz und Kant. Frankfurt am Main 1974.

Brand, Gerd: Die Lebenswelt. Eine Philosophie des konkreten Apriori. Berlin 1971.

Bredow, Wilfried von und Foltin, Hans-Friedrich: Zwiespältige Zufluchten. Zur Renaissance des Heimatgefühls. Berlin/Bonn 1981.

Buber, Martin: Urdistanz und Beziehung. 4. Aufl. Heidelberg 1978.

— : Das Problem des Menschen. 5. verb. Aufl. Heidelberg 1982.

— : Ich und Du. 13. Aufl. Gerlingen 1997.

Bundeszentrale für politische Bildung (Hrsg.): Heimat. Analysen, Themen, Perspektiven. Schriftenreihe Bd. 294/I. Gesamtkonzeption Cremer, Willi und Klein, Ansgar. Bonn 1990.

Buytendijk, Frederick J. J.: Wesen und Sinn des Spiels. Das Spielen der Menschen und der Tiere als Erscheinungsform der Lebenstriebe. Berlin 1934.

Camus, Albert: Die Pest. Einzig berechtigte, vom Verfasser autorisierte Übertragung ins Deutsche von Guido G. Meister. Hamburg 1950.

— : Der Mythos von Sisyphos. Ein Versuch über das Absurde. Mit einem kommentierenden Essay von Liselotte Richter. Deutsch von Hans Georg Brenner und Wolfdietrich Rasch. Hamburg 1959.

— : Literarische Essays. Licht und Schatten. Deutsch von Guido G. Meister. Hochzeit des Lichts. Deutsch von Peter Gan. Heimkehr nach Tipasa. Deutsch von Monique Lang. Reinbek bei Hamburg 1959.

— : Dramen. Ins Deutsche übertragen von Guido G. Meister. Hamburg 1962.
— : Essais. Hrsg. v. Roger Quilliot und Louis Faucon. Bibliothèque de la Pléiade. Paris 1965.
— : Der Fremde. Übertragen ins Deutsche von Georg Goyert und Hans Georg Brenner. Reinbek bei Hamburg 1969.
— : Der Mensch in der Revolte. Essays. Aus dem Frz. übertragen von Justus Streller, neu bearb. von Georges Schlocker unter Mitarbeit von François Bondy. Reinbek bei Hamburg 1969.
— : Tagebücher 1935–1951. Aus dem Frz. übertragen von Guido G. Meister. Hamburg 1972.
— : Le premier Camus suivi de Ecrits de jeunesse d'Albert Camus. Hrsg. v. P. Viallaneix. Cahiers Albert Camus 2. Paris 1973.
— : Christliche Metaphysik und Neoplatonismus. Diplôme d'Études Supérieures de Philosophie. Aus dem Nachlaß herausgegeben, übersetzt und eingeleitet von Michael Lauble. Reinbek bei Hamburg 1978.
— : Fragen der Zeit. Deutsch von Guido G. Meister. Hamburg 1977.
— : Der glückliche Tod. Deutsch von Eva Rechel-Mertens. Nachwort und Anmerkungen von Jean Sarocchi. Reinbek bei Hamburg 1983.
Carr, Herbert Wildon: Henri Bergson: The Philosophy of Change. New York 1970.
Casper, Bernhard: Das dialogische Denken. Eine Untersuchung der religionsphilosophischen Bedeutung Franz Rosenzweigs, Ferdinand Ebners und Martin Bubers. Freiburg/Basel/Wien 1967.
Cassirer, Ernst: Philosophie der symbolischen Formen. 3 Teile. Sonderausg. 9. Aufl. Darmstadt 1994.
Claesges, Ulrich: Zweideutigkeiten in Husserls Lebenswelt-Begriff. In: Perspektiven transzendentalphänomenologischer Forschungen. Den Haag 1972, 85–101.
Claessens, Dieter: Instinkt, Psyche, Geltung. 2. Aufl. Köln/Opladen 1970.
Courcelle, Pierre: Die Entdeckung des christlichen Neuplatonismus. In: Zum Augustin-Gespräch der Gegenwart. Hrsg. v. Carl Andresen. Darmstadt 1962, 125–161.
Di Méglio, Ingrid: Antireligiosität und Kryptotheologie bei A. Camus. Bonn 1975.
Deleuze, Gilles und Guattari, Felix: Rhizom. Berlin 1977.
Descartes, René: Meditationen über die Grundlagen der Philosophie. Auf Grund der Ausgabe von Artur Buchenau neu herausgegeben von Lüder Gäbe. Durchges. v. Hans Günter Zekl. 2. Aufl. Hamburg 1977.
Dürckheim, Karlfried von: Untersuchungen zum gelebten Raum. In: Neue Psych. Studien Bd. 6, H. 4, München 1932, 381–480.
Dux, Günther: Die Zeit in der Geschichte. Ihre Entwicklungslogik vom Mythos zur Weltzeit. Frankfurt am Main 1989.
Eco, Umberto: Nachschrift zum „Namen der Rose". München/Wien 1984.
Eliade, Mircea: Das Heilige und das Profane. Vom Wesen des Religiösen. Frankfurt am Main 1984.
Eppler, Erhard: Ende oder Wende. Von der Machbarkeit des Notwendigen. München 1976.
Erikson, Erik H.: Identität und Lebenszyklus. 3. Aufsätze. Übers. von Käte Hügel. Frankfurt am Main 1998.
Erziehung und Leben. Vier Beiträge zur pädagogischen Bewegung des frühen 20. Jahrhundert. Von Karl Heinz Günther, Horst Roche, Konrad Mohr, Arnold Stenzel. Mit einem Vorwort von Otto Friedrich Bollnow. Heidelberg 1960.
Felix, Jürgen: Rezension von Vilém Flussers Schriften. In: Medienwissenschaft 2, 1955, 158–161.

Fellmann, Ferdinand: Gelebte Philosophie in Deutschland. Denkformen der Lebensweltphänomenologie und der kritischen Theorie. Freiburg/München 1983.

Feuerbach, Ludwig: Studienausgabe. Hrsg. v. Erich Thies. Frankfurt am Main 1975.

Fink, Eugen: Oase des Glücks. Gedanken zu einer Ontologie des Spiels. Freiburg 1957.

— : Spiel als Weltsymbol. Stuttgart 1960.

Flasch, Kurt: Was ist Zeit? Augustinus von Hippo. Das XI. Buch der Confessiones. Historisch-philosophische Studie. Text – Übersetzung – Kommentar. Frankfurt am Main 1993.

Flusser, Vilém: Lingua e realidade. Sao Paulo 1963.

— : Filosofia da lingages. Campos de Jordao 1966.

— : Da religiosidade. Sao Paulo 1967.

— : Für eine Philosophie der Fotografie. Göttingen 1983.

— : Die Zeit als Rad und Fluss. Basler Zeitung. 1. Dezember 1988, Nr. 283.

— : Heimat und Heimatlosigkeit. Das brasilianische Beispiel. In: Dericum, Christa und Wambolt, Philipp (Hrsg.): Heimat und Heimatlosigkeit. Berlin 1987, 41–50.

— : Die Schrift. Hat Schreiben Zukunft? 4. Aufl. Göttingen 1992.

— : Die Geschichte des Teufels. Göttingen 1993.

— : Lob der Oberflächlichkeit. Für eine Phänomenologie der Medien. Hrsg. v. Stefan Bollmann und Edith Flusser. Bensheim/Düsseldorf 1993. (= Schriften Bd. 1)

— : Die Informationsgesellschaft als Regenwurm. In: Kultur und Technik im 21. Jahrhundert. Frankfurt am Main 1993. (= Schriftenreihe des Wissenschaftszentrums Nordrhein-Westfalen)

— : Vom Subjekt zum Projekt. Menschwerdung. Bensheim und Düsseldorf 1994.

— : Freiheit des Migranten. Einsprüche gegen den Nationalismus. Hrsg. v. Stefan Bollmann. Bensheim/Düsseldorf 1994.

— : Jude sein. Essays, Briefe, Fiktionen. Hrsg. v. Stefan Bollmann und Edith Flusser. Mannheim 1995.

— : Ins Universum der technischen Bilder. 5. Aufl. Göttingen 1996.

— : Zwiegespräche. Interviews 1967–1991. Hrsg. von Klaus Sander. Göttingen 1996.

— : Bodenlos. Eine philosophische Autobiographie. Bensheim/Düsseldorf 1996.

— : Nachgeschichte. Eine korrigierte Geschichtsschreibung. Hrsg. v. Stefan Bollmann und Edith Flusser. Frankfurt am Main 1997. (= Schriften Bd. 2. Hrsg. v. Stefan Bollmann und Edith Flusser. Bensheim/Düsseldorf 1993)

— : Medienkultur. Frankfurt am Main 1997.

— und Bec, Louis: Vampyroteuthis infernalis. Eine Abhandlung samt Befund des Institut Scientifique de Recherche Paranaturaliste. 2. Aufl. Göttingen 1993.

Funke, Gerhard: Gewohnheit als philosophisches Problem. In: Philosophisches Jahrbuch, 67. Jg., München 1959, 327–364.

— : Ethos: Gewohnheit, Sitte, Sittlichkeit: In: Archiv für Rechts- und Sozialphilosophie, Bd. 47, 1961, 1–80.

Gadamer, Hans-Georg und Vogler, Paul: Neue Anthropologie. 7 Bände. Stuttgart/München 1972/75.

— : Wahrheit und Methode. Grundzüge einer philosophischen Hermeneutik. 5. durchges. und erw. Aufl. Tübingen 1986.

— : Gesammelte Werke Bd. 4, Neuere Philosophie II: Probleme, Gestalten. Tübingen 1987, 119–136.

Gehlen, Arnold: Der Mensch. Seine Natur und seine Stellung in der Welt. 12. Aufl. Wiesbaden 1978.

— : Philosophische Anthropologie und Handlungslehre. Hrsg. v. Karl-Siegbert Rehberg unter Mitwirkung von Heinrich Wahlen und Albert Bilo. Frankfurt am Main 1983. (= Arnold Gehlen. Gesamtausgabe Bd. 4)

— : Anthropologische und sozialpsychologische Untersuchungen. Reinbek bei Hamburg 1986.

Gent, Werner: Die Philosophie des Raumes und der Zeit. Historische, kritische und analytische Untersuchungen. 2 Bde. Hildesheim 1962.

— : Das Problem der Zeit. Eine historische und systematische Untersuchung. Hildesheim 1965.

Geyser, Joseph: Die erkenntnistheoretischen Anschauungen Augustins zu Beginn seiner schriftstellerischen Tätigkeit. In: „Aurelius Augustinus". Festschrift der Görres-Gesellschaft zum 1500. Todestag des heiligen Augustinus. Hrsg. von Martin Grabmann und Joseph Mausbach, Köln 1930, 63–84.

Gosztonyi, Alexander: Der Raum. Geschichte seiner Probleme in Philosophie und Wissenschaften. 2 Bde. Freiburg/München 1976.

Greisch, Jean: Das Fest des Erzählens. In: Bernhard Casper und Walter Sparn (Hrsg.): Alltag und Transzendenz. Studien zur religiösen Erfahrung in der gegenwärtigen Gesellschaft. Freiburg/München 1992, 215–239

— : „,Versprechen dürfen'. Fünf phänomenologisch-hermeneutische Variationen". In: P. Koslowski und R. Schenk (Hrsg.): Jahrbuch für Philosophie des Forschungsinstituts für Philosophie Hannover, Bd. 9, 1998, Wien 1997, 75–96.

— : „Versprechen dürfen": unterwegs zu einer phänomenologischen Hermeneutik des Versprechens. In: Richard Schenk (Hrsg.): Kontinuität der Person. Zum Versprechen und Vertrauen. Stuttgart-Bad Canstatt 1998, 241–270.

Greverus, Ina-Maria: Der territoriale Mensch. Ein literaturanthropologischer Versuch zum Heimatphänomen. Frankfurt am Main 1972.

Gruhl, Herbert: Ein Planet wird geplündert. Die Schreckensbilanz unserer Politik. Frankfurt am Main 1978.

Guzzoni, Ute: Wohnen und Wandern. Düsseldorf 1999.

Hartmann, Nicolai: Ethik. 2. Aufl. Berlin und Leipzig 1935.

— : Einführung in die Philosophie. Nachdruck Hannover 1962.

Hauke, Harry: Die anthropologische Funktion des Vertrauens und seine Bedeutung für die Erziehung. Tübingen 1956.

Hausmann, Manfred: Einer muß wachen. Frankfurt am Main 1950.

Hegel, Georg Wilhelm Friedrich: Vorlesungen über die Geschichte der Philosophie. Sämtliche Werke. Jubiläumsausgabe in zwanzig Bänden. Auf Grund des von Ludwig Boumann u. a. besorgten Originaldruckes im Faksimileverfahren neu hrsg. v. Hermann Glockner. 19. Bd. Stuttgart – Bad Cannstatt 1965.

Heidegger, Martin: Was heisst Denken? 4. durchges. Aufl. Tübingen 1944.

— : Hebel der Hausfreund. Pfullingen 1957.

— : Vom Wesen des Grundes. 5. Aufl. Frankfurt am Main 1965.

— : Zeit und Sein. In: ders.: Zur Sache des Denkens. 2. Aufl. Tübingen 1976, 1–25.

— : Sein und Zeit. 14. durchges. Aufl. mit den Randbemerkungen aus dem Handexemplar des Autors im Anhang. Tübingen 1977.

— : Metaphysische Anfangsgründe der Logik im Ausgang von Leibniz. Gesamtausg. II. Abt.: Vorlesungen 1923–1944. Bd. 26. Hrsg. v. Klaus Held. Frankfurt am Main 1978.

Heidegger, Martin: Prolegomena zur Geschichte des Zeitbegriffs. Hrsg. v. Petra Jaeger. Frankfurt am Main 1979.

— : Holzwege. 6. Aufl. Frankfurt am Main 1980.

— : Die Grundbegriffe der Metaphysik. Welt – Endlichkeit – Einsamkeit. (= Gesamtausg.; II. Abt.: Vorlesungen 1923–1941. Bd. 29/30) Frankfurt am Main 1983.

— : Vorträge und Aufsätze. 5. Aufl. Pfullingen 1985.

— : Der Satz vom Grund. 6. Aufl. Pfullingen 1986.

— : Unterwegs zur Sprache. 8. Aufl. Pfullingen 1986.

— : Einführung in die Metaphysik. 5. durchges. Aufl. Tübingen 1987.

— : Der Begriff der Zeit. Vortrag vor der Marburger Theologenschaft. Hrsg. v. H. Tietjen. Tübingen 1989.

Heinz, Marion: Zeitlichkeit und Temporalität. Die Konstitution der Existenz und die Grundlegung einer temporalen Ontologie im Frühwerk Martin Heideggers. Amsterdam/Würzburg 1982.

Henry, P.: Plotin et l'Occident. Spicilegium sacrum Lovaniense 15, Louvain 1934.

Herder, Johann Gottfried: Metakritik zur Kritik der reinen Vernunft (1799). Berlin (Ost) 1955.

Herrmann, Friedrich-Wilhelm von: Der Begriff der Phänomenologie bei Heidegger und Husserl. 2. Aufl. Frankfurt am Main 1988.

Hessen, J.: Augustins Metaphysik der Erkenntnis. Berlin/Bonn 1931.

Holte, R.: Béatitude et Sagesse. Augustin et le problème de la fin de l'homme dans la philosophie ancienne. Paris 1962.

Hufnagel, Erwin: Aspekte der Schelerschen Personlehre. In: Kant-Studien, 65. Jg., H. 4, 1974, 436–456.

— : Einführung in die Hermeneutik. St. Augustin 2000.

Huizinga, Johan: Homo ludens. Vom Ursprung der Kultur im Spiel. Aus dem Niederländischen von H. Nachod. 14. Aufl. Reinbek 1981.

Husserl, Edmund: Vorlesungen zur Phänomenologie des inneren Zeitbewußtseins. Hrsg. v. Martin Heidegger. In: Jahrbuch für Philosophie und phänomenologische Forschung, Bd. 9, 1928, 367–498.

— : Die Krisis der europäischen Wissenschaften und die transzendentale Phänomenologie. Eine Einleitung in die phänomenologische Philosophie. Hrsg. v. Walter Biemel. 2. Aufl. Den Haag 1962. (= Husserliana. Edmund Husserl. Gesammelte Werke Bd. VI. Auf Grund des Nachlasses veröffentlicht in Gemeinschaft mit dem Husserl-Archiv an der Universität Köln vom Husserl-Archiv (Louvain) unter Leitung von H.L. von Breda)

— : Zur Phänomenologie des inneren Zeitbewußtseins (1893–1917). Hrsg. v. Rudolf Boehm. Den Haag 1966. (= Husserliana. Edmund Husserl. Gesammelte Werke Bd. 10)

— : Die Krisis der europäischen Wissenschaften und die transzendentale Phänomenologie. Eine Einleitung in die phänomenologische Philosophie. Hrsg., eingeleitet und mit Registern versehen von Elisabeth Ströker. 2. verb. Aufl. Hamburg 1982.

— : Logische Untersuchungen. Den Haag 1984. (= Husserliana Bd. XIX/1. Logische Untersuchungen. 2. Bd., 1. Teil: Untersuchungen zur Phänomenologie und Theorie der Erkenntnis. Auf Grund des Nachlasses veröffentlicht vom Husserl-Archiv (Leuven) in Verbindung mit Rudolf Boehm unter Leitung von Samuel Ijsseling).

James, William: Das pluralistische Universum. Leipzig 1914.

Jammer, Max: Das Problem des Raumes. Die Entwicklung der Raumtheorien. Darmstadt 1960.

Janouch, Gustav: Gespräche mit Kafka. Aufzeichnungen und Erinnerungen. Erw. Ausgabe. Frankfurt am Main 1968.

Jansen, P. Bernhard: Zur Lehre des hl. Augustinus von dem Erkennen der Rationes aeternae. In: „Aurelius Augustinus". Festschrift der Görres-Gesellschaft zum 1500. Todestag des heiligen

Augustinus. Herausgegeben von Martin Grabmann und Joseph Mausbach, Köln 1930, 111–136.

Janssen, Paul: Geschichte und Lebenswelt. Ein Beitrag zur Diskussion von Husserls Spätwerk. Den Haag 1970.

Jaspers, Karl: Der philosophische Glaube. Neuausg. München 1974.

— : Notizen zu Martin Heidegger. München 1978.

— : Von der Wahrheit. Philosophische Logik. Erster Band. Neuausg. München/Zürich 1991.

Jeschke, Hans: A. Camus – Bild einer geistigen Existenz. In: Die neueren Sprachen 1, 1958, 459–473.

Joisten, Karen: Die Überwindung der Anthropozentrizität durch Friedrich Nietzsche. Würzburg 1994.

— : „Vom Subjekt zum Projekt". Verluste des Mensch-Seins in der „Post-Anthropologie" Vilém Flussers. In: Anthropologie der Medien – Mensch und Kommunikationstechnologien. Hrsg. v. Jörg Albertz. Berlin 2002, 51–64.

— : Der Weg Zarathustras als der Weg über den Menschen. Nietzsches Überwindung der Anthropozentrizität als philosophische Herausforderung unserer Zeit. In: Nietzscheforschung. Jahrbuch der Nietzsche-Gesellschaft Bd. 9. Hrsg. von Volker Gerhardt und Renate Reschke. Berlin 2002, 31–46.

— und Pavic, Celko: Abschied vom Ganzen? Sonderbände 25 und 26 der Synthesis Philosophica. Zagreb 1998.

Jonas, Hans: Das Prinzip Verantwortung. Versuch einer Ethik für die technologische Zivilisation. 5. Aufl. Frankfurt am Main 1984.

Kampits, Peter: Der Mythos vom Menschen. Zum Atheismus und Humanismus Albert Camus'. Salzburg 1968.

— : Gottloses Menschentum bei Camus und Sartre. In: Der moderne Atheismus. Anstoß zum Christsein. Hrsg. v. Ludwig Klein. München 1970, 61–72.

— : Sartre und die Frage nach dem Anderen. Eine sozialontologische Untersuchung. Wien/München 1975.

Kant, Immanuel: Werke in 10 Bänden. Hrsg. v. Wilhelm Weischedel. Darmstadt 1983.

Kaulbach, Friedrich: Sprachen der ewigen Wiederkunft. Die Denksituationen des Philosophen Nietzsche und ihre Sprachstile. Würzburg 1985.

Kemp, Peter: Das Unersetzliche. Eine Technologie-Ethik. Aus dem Dänischen von Heinz Kulas. Berlin 1992.

Kettering, Emil: NÄHE. Das Denken Martin Heideggers. Pfullingen 1987.

Kierkegaard, Sören: Abschließende unwissenschaftliche Nachschrift. 2 Bde. Düsseldorf/Köln 1957/58.

— : Der Begriff Angst. Übersetzt, mit Einleitung und Kommentar herausgegeben von Hans Rochol. Hamburg 1984.

Klages, Ludwig: Charakterkunde II. Mit einem Kommentar von Hans Eggert Schröder. Hrsg. von Ernst Frauchiger u. a. Bonn 1979. (= Sämtliche Werke Bd. 5)

Knöfel, Thomas: Vom Überfluß der Schrift zum Fließen der Bilder. In: Ästhetik und Kommunikation 23, 1994, 93–96.

Körner, Franz: Die Entwicklung Augustins von der Anamnesis- zur Illuminationslehre im Lichte seines Innerlichkeitsprinzips. In: Theol. Quartalsschrift 134, 1954, 397–447.

— : Das Sein und der Mensch. Die existentielle Seinsentdeckung des jungen Augustin. Grundlagen zur Erhellung seiner Ontologie. Freiburg/München 1959.

— : Homo viator. Ein neuer Betrag zur Entwicklungsgeschichte Augustins (Contra Academicos II 2,5). In: Salzburger Jahrbuch für Phil., Bd. V/VI, 1961/62, 89–134.

Krämer, Hans-Joachim: Grundfragen der aristotelischen Theologie. In: Theologie und Philosophie 44, 1969, 363–382; 481–505.

Landgrebe, Ludwig: Phänomenologie und Geschichte. Gütersloh 1967.

Lauble, Michael: Albert Camus' philosophische Examensschrift im Kontext der Grundstruktur seines Denkens. In: Albert Camus: Christliche Metaphysik und Neoplatonismus. Diplôme d'Études Supérieures de Philosophie, 1936. Aus dem Nachlaß herausgegeben, übersetzt und eingeleitet von Michael Lauble. Reinbek bei Hamburg 1978, 7–22.

— : Vom Evangelium zur Metaphysik. Über A. Camus' philosophische Examensschrift. In: ders.: Der unbekannte Camus. Düsseldorf 1979, 36–73.

— : Sinnverlangen und Welterfahrung. Albert Camus' Philosophie der Endlichkeit. Düsseldorf 1984.

Lindemann, Klaus (Hrsg.): „Heimat". Gedichte und Prosa. Stuttgart 1992.

Linschoten, J.: Die Strasse und die unendliche Ferne. In: Situation I. Beiträge zur phänomenologischen Psychologie und Psychopathologie. Hrsg. v. J. H. van den Berg u. a. Utrecht/Antwerpen 1954, 235–260.

Lipps, Theodor: Ästhetik. 2 Bde. Hamburg/Leipzig 1903 und 1906.

Löhrer, M.: Der Glaubensbegriff des hl. Augustinus in seinen ersten Schriften bis zu den Confessiones. Einsiedeln 1955.

Löwith, Karl: Das Individuum in der Rolle des Mitmenschen. 3. Aufl. Darmstadt 1969. (Auch in: ders.: Mensch und Menschenwelt. Beiträge zur Anthropologie. Hrsg. v. Klaus Stichweh. In: Sämtliche Schriften. Hrsg. v. Klaus Stichweh und Marc B. de Launay. Stuttgart 1981, 9–197.)

Lorenz, Konrad: Das sogenannte Böse. Zur Naturgeschichte der Aggression. München 1984.

Lorenz, Rudolf: Gnade und Erkenntnis bei Augustin. In: Zum Augustin-Gespräch der Gegenwart II. Hrsg. v. Carl Andresen. Darmstadt 1981, 43–125.

Lucht, Frank: Eine neue Einbildungskraft? Über Flusser. In: Merkur 47, 2, 1993, 893–897.

Lübbe, Hermann: Was aus Handlungen Geschichten macht: Handlungsinterferenz; Heterogonie der Zwecke; Widerfahrnis; Handlungsgemengelagen; Zufall. In: Vernünftiges Denken. Studien zur praktischen Philosophie und Wissenschaftstheorie. Hrsg. v. Jürgen Mittelstraß und Manfred Riedel. Berlin/New York 1978, 237–250.

— : Im Zug der Zeit. Verkürzter Aufenthalt in der Gegenwart. Berlin/New York/Heidelberg 1992.

Luhmann, Niklas: Die Zukunft kann nicht beginnen. Temporalstrukturen der modernen Gesellschaft. In: Peter Sloterdijk (Hrsg.): Berichte zur Lage der Zukunft. Frankfurt am Main 1990, 119–150.

Lyotard, Jean-François: Philosophie und Malerei im Zeitalter ihres Experimentierens. Aus dem Frz. von Marianne Darbe. Berlin 1986.

— : Der Widerstreit. München 1987.

— : Das postmoderne Wissen. Ein Bericht. Aus dem Frz. von Otto Pfersmann. Hrsg. von Peter Engelmann. 2. Aufl. Wien 1993.

MacIntyre, Alasdair: Der Verlust der Tugend. Zur moralischen Krise der Gegenwart. Frankfurt am Main/New York 1987.

Marcel, Gabriel: Homo viator. Philosophie der Hoffnung. Düsseldorf 1949.

Marx, Karl: Die deutsche Ideologie (1845/46). In: Die Frühschriften. Hrsg. v. Siegfried Landshut. Stuttgart 1971, 339–485.

— : Ökonomisch-Philosophische Manuskripte (1844). In: Karl Marx/Friedrich Engels Werke. Bd. 40. Berlin 1985, 465–588.

Meadows, Dennis L. u. a.: Die Grenzen des Wachstums. Bericht des Club of Rome zur Lage der Menschheit. Stuttgart 1972.

Merleau-Ponty, Maurice: Phänomenologie der Wahrnehmung. Berlin 1965.

Meyer, Rudolf W.: Studien zum Zeitproblem in der Philosophie des 20. Jahrhunderts. Phänomenologische Forschungen. Hrsg. v. Ernst W. Orth, Bd. 13, München/Freiburg 1982.

— (Hrsg.): Das Zeitproblem im 20. Jahrhundert. Bern und München 1964.

Miethe, Terry L.: Augustinian bibliography 1970–1980. Westport (Conn.)/London 1983.

Minkowski, Eugène: Vers une Cosmologie. Paris 1936.

— : Die gelebte Zeit. Bd. I: Über den zeitlichen Aspekt des Lebens. Salzburg 1971. (= Neues Forum. Das Bild des Menschen in der Wissenschaft. Hrsg. v. Wilhelm Josef Revers und Jean Gebser Bd. 11)

— : Die gelebte Zeit. Bd. II. Über den zeitlichen Aspekt psychopathologischer Phänomene. Salzburg 1972. (= Neues Forum Bd. 13)

Minski, Marvin: Mentopolis. Stuttgart 1990.

Müller, Hanspeter: Augustins Soliloquien. Einleitung, Text und Erläuterungen. Bern-Bümpliz 1954. (= Diss. Basel)

Müller-Lauter, Wolfgang: Thesen zum Begriff des Absurden bei Albert Camus. (1961/1962). In: Wege der deutschen Camus-Rezeption. Hrsg. v. Heinz Robert Schlette. Darmstadt 1975, 116–131.

Müller-Wichmann, Christiane: Zeitnot. Untersuchungen zum ‚Freizeitproblem' und seiner pädagogischen Zugänglichkeit. Weinheim/Basel 1984.

Neswald, Elisabeth: Medien-Theologie. Das Werk Vilém Flussers. Köln/Weimar/Wien 1998.

Nietzsche, Friedrich: Sämtliche Werke. Kritische Studienausgabe in 15 Bänden. Hrsg. von G. Colli und M. Montinari. Berlin/New York/München 1980.

Nitschke, August: Angst und Vertrauen. Die Sammlung, Monatsschrift für Kultur und Erziehung, 7. Jg. 1952, 175 ff.

Neverla, Irene: Fernseh-Zeit. Zuschauer zwischen Zeitkalkül und Zeitvertreib. München 1992.

Neumeyer, Michael: Heimat. Zu Geschichte und Begriff eines Phänomens. Kiel 1992.

Novalis: Schriften. Hrsg. v. J. Minor. Jena 1923.

Pestalozzi, Heinrich: Wie Gertrud ihre Kinder lehrt. Ein Versuch, den Müttern Anleitung zu geben, ihre Kinder selbst zu unterrichten. Baden-Baden 1947.

Peursen, C. A. van: L'horizon. In: Situation I. Beiträge zur phänomenologischen Psychologie und Psychopathologie. Hrsg. v. H. J. van den Berg u. a. Utrecht/Antwerpen 1954, 204–234.

Picard, Max: Zerstörte und unzerstörbare Welt. Erlenbach-Zürich 1951.

Pieper, Annemarie: Geschichte und Ewigkeit bei Sören Kierkegaard. Das Zeitproblem der pseudonymen Schriften. Meisenheim am Glan 1968.

— : Albert Camus. München 1984.

Piepmeier, Rainer: Philosophische Aspekte des Heimatbegriffs. In: Heimat. Analysen, Themen, Perspektiven. Bundeszentrale für politische Bildung (Hrsg.). Schriftenreihe Bd. 294/I. Gesamtkonzeption Willi Cremer, Ansgar Klein. Bonn 1990, 91–108.

Platon: Werke in acht Bänden. Griechisch und deutsch. Hrsg. v. Gunther Eigler. 2. Aufl. 1990.

Plessner, Helmuth: Die Stufen des Organischen und der Mensch. Einleitung in die philosophische Anthropologie. 3. Aufl. Berlin/New York 1975.

— : Die Frage nach der Conditio humana. Aufsätze zur philosophischen Anthropologie. Frankfurt am Main 1976

Pöggeler, Otto: Heidegger und das Problem der Zeit. In: L'héritage de Kant. Mélanges philosophiques offerts au P. Marcel Régnier. Paris 1982, 287–307.

Popper, Karl Raimund: Objektive Erkenntnis. Ein evolutionärer Entwurf. 4. und erg. Aufl. nach einer Übers. v. Hermann Vetter. Hamburg 1984.

Rapsch, Volker (Hrsg.): über flusser. Die Fest-Schrift zum 70. von Vilém Flusser. Hrsg. von Volker Rapsch. Mit einem Essay von Abraham Moles. Düsseldorf 1990.

Rauscher, Josef: Martin Heidegger und das Prinzip der Widerspruchsfreiheit. (= Vortrag. Gehalten am 15.5.1991 auf der Tagung „Martin Heidegger. Denken und Handeln" an der Johannes Gutenberg-Universität Mainz)

Ricœur Paul: Phénoménologie existentielle. In: Encyclopédie Française, Vol. 19, Paris 1957, 19.10.8–19.10.12.

— : Husserl und der Sinn der Geschichte. In: Husserl. Hrsg. von Hermann Noack. Darmstadt 1973, 231–276.

— : Zeit und Erzählung. Bd. 1: Zeit und historische Erzählung. Aus dem Frz. von Rainer Rochlitz. München 1988. Bd. 2: Zeit und literarische Erzählung. Aus dem Frz. von Rainer Rochlitz. München 1989. Bd. 3: Die erzählte Zeit. Aus dem Frz. von Andreas Knop. München 1991.

— : Das Selbst als ein Anderer. Aus dem Frz. von Jean Greisch in Zusammenarbeit mit Thomas Bedorf und Birgit Schaaff. München 1996.

Risch, Claudia: Die Rolle der Zeit in der Ästhetik H. G. Gadamers und R. Ingardens. In: Zeitschrift für Ästhetik und Allgemeine Kunstwissenschaft, 30/1, 1985, 119–137.

Rohrmoser, Günter: Emanzipation und Freiheit. München 1970.

Rombach, Friedrich: Strukturanthropologie. „Der menschliche Mensch". Freiburg/München 1987.

Rothacker, Erich: Philosophische Anthropologie. 5. Aufl. Bonn 1982.

Rousseau, Jean-Jacques: Emil oder Über die Erziehung. In neuer deutscher Fassung besorgt von Ludwig Schmidts. Vollst. Ausg. 5. Aufl. Paderborn u. a. 1981.

Rötzer, Florian (Hrsg.): Digitaler Schein. Ästhetik der elektronischen Medien. Frankfurt am Main 1991.

Sartre, Jean-Paul: Das Sein und das Nichts. Versuch einer phänomenologischen Ontologie. Reinbek bei Hamburg 1962.

— : Gesammelte Dramen. Reinbek bei Hamburg 1969.

— : Drei Essays. Ist der Existentialismus ein Humanismus? Materialismus und Revolution. Betrachtungen zur Judenfrage. Mit einem Nachwort von Walter Schmiele. Ulm 1983.

Schapp, Wilhelm: In Geschichten verstrickt. Zum Sein von Mensch und Ding. Hamburg 1953.

— : Wissen in Geschichten. Zur Metaphysik der Naturwissenschaften. Wiesbaden 1976.

— : Philosophie der Geschichten. Frankfurt am Main 1981.

Scheler, Max: Der Formalismus in der Ethik und die materiale Wertethik. Neuer Versuch der Grundlegung eines ethischen Personalismus. 6. durchges. Aufl. Bern 1980.

— : Schriften aus dem Nachlaß, Bd. I., Zur Ethik und Erkenntnislehre. 2. durchges. und erw. Aufl. mit einem Anhang hrsg. v. Maria Scheler. Bern 1957. (= Gesammelte Werke Bd. 10)

— Philosophische Weltanschauung. 3. durchges. Aufl. Hrsg. v. Maria Scheler. Bern und München 1968.

— : Vom Umsturz der Werte. Abhandlungen und Aufsätze. 5. Aufl. Bern und München 1972. (= Gesammelte Werke Bd. 3)

— : Wesen und Formen der Sympathie. Die deutsche Philosophie der Gegenwart. Hrsg. mit einem Anhang von Manfred S. Frings. Bern und München 1973. (= Gesammelte Werke Bd. 7)

— : Die Stellung des Menschen im Kosmos. In: Späte Schriften. Mit einem Anhang hrsg. v. Manfred S. Frings. Bern 1976, 7–71.

Schelling, Friedrich Wilhelm Joseph von: Clara. Über den Zusammenhang der Natur mit der Geisterwelt. Hrsg. v. Konrad Diezfelbinger. Andechs o. J.

Schlechta, Karl: Nietzsches grosser Mittag. Frankfurt am Main 1954.

Schlette, Heinz Robert: Alberts Camus' philosophische Examensschrift „Christliche Metaphysik und Neuplatonismus“. In: Aporie und Glaube. Schriften zur Philosophie und Theologie. München 1970, 152–162.

— (Hrsg.): Wege der deutschen Camus-Rezeption. Darmstadt 1975. (= Wege der Forschung Bd. CCCCXLI)

Schottlaender, Rudolf: Theorie des Vertrauens. Berlin 1957.

Schrey, Heinz-Horst: Dialogisches Denken. 2. Aufl. Darmstadt 1983.

Schütz, Alfred und Luckmann, Thomas: Strukturen der Lebenswelt. Band 1 und 2. Frankfurt am Main 1979 und 1984.

Schulz, Walter: Der Gott der Philosophen in der neuzeitlichen Metaphysik. 7. Aufl. Pfullingen 1982.

Searle, John R.: Geist, Gehirn und Wissenschaft. Frankfurt am Main 1986.

Senger, Hans Gerhard: Die Sprache der Metaphysik. In: Nikolaus von Kues. Einführung in sein philosophisches Denken. Hrsg. v. Klaus Jacobi. Freiburg/München 1979, 74–100.

Sherover, Charles M.: Heidegger, Kant and Time. Bloomington/London 1971.

Sledaczek, Franz M.: Die Selbsterkenntnis als Grundlage der Philosophie nach dem heiligen Augustinus. Scholastik 5, 1930, 329 ff.

Söhngen, Gottlieb: Der Aufbau der augustinischen Gedächtnislehre. In: „Aurelius Augustinus“. Festschrift der Görres-Gesellschaft zum 1500. Todestag des heiligen Augustinus. Herausgegeben von Martin Grabmann und Joseph Mausbach, Köln 1930, 15 ff.

— : Die neuplatonische Scholastik und Mystik der Teilhabe bei Plotin, Phil. Jahrbuch 49, 1936, 98–120.

Speck, Josef: Albert Camus: Die Grundantinomien des menschlichen Daseins. In: Grundprobleme der großen Philosophen. Philosophie der Gegenwart V. Hrsg. von Josef Speck. 2. durchges. Aufl. Göttingen 1992, 126–177.

Spiegelberg, Herbert: The Phenomenological Movement. A Historical Introduction. 3rd rev.and enl. Ed. The Hague 1982.

Spranger, Eduard: Der Bildungswert der Heimatkunde. Mit einem Anhang „Volkstum und Erziehung“. Leipzig 1943.

Stanzel, Franz K.: Typische Formen des Romans. 9. Aufl. Göttingen 1979.

Stenzel, Arnold: Die anthropologische Funktion des Wanderns und ihre pädagogische Bedeutung. In: Anthropologie und Leben. Vier Beiträge zur pädagogischen Bewegung des frühen 20. Jahrhunderts. Von Karl Heinz Günther u. a. Mit einem Vorwort von Otto Friedrich Bollnow. Heidelberg 1960, 96–122.

Ströker, Elisabeth: Philosophische Untersuchungen zum Raum. Frankfurt am Main 1965.

Straus, Erwin: Die Formen des Räumlichen. In: Gesammelte Schriften. Berlin/Göttingen/Heidelberg 1960, 141–178. Hrsg. v. J. H. van den Berg u. a., Utrecht/Antwerpen 1954, 204–234.

— : Vom Sinn der Sinne. 2. verm. Aufl. Berlin/Göttingen/Heidelberg 1956.

Teichert, Dieter: Erfahrung, Erinnerung, Erkenntnis. Untersuchungen zum Wahrheitsbegriff der Hermeneutik Gadamers. Stuttgart 1991.

Terkessidis, Mark: Medienphilophobie. In: Symptome. Zeitschrift für epistemologische Bausteine 11, 1993, 38–45.

Theunissen, Michael: Der Andere. Studien zur Sozialontologie der Gegenwart. 2. um eine Vorr. verm. Aufl. Berlin 1977.

Tilliette, Xavier und Métraux, Alexandre: Maurice Merleau-Ponty: Das Problem des Sinnes. In: Grundprobleme der großen Philosophen. Philosophie der Gegenwart II, 3. Aufl. Göttingen 1991, 181–230.

Tomczak, Frauke: Der Biß des Porzellanhundes. In: Deutsche Zeitschrift für Philosophie 43, 1995/6, 897–900.

Totok, Wilhelm: Handbuch der Geschichte der Philosophie. Bd. 2: Mittelalter. Frankfurt am Main 1973, 115–162.

Treziak, Heinz: Heimat der Philosophie. Zur Rückbindung des Denkens an den Ort seines Entstehens. In: Heimat der Philosophie. Symposion 1985 in Meßkirch. Hrsg. v. der Stadt Meßkirch. O. J., 112–130.

Tripp, Günter Matthias: Absurdität und Hoffnung. Studien zum Werk von Albert Camus und Ernst Bloch. Berlin 1968.

Tugendhat, Ernst: Heidegger und Bergson über die Zeit. In: Das Argument 34, 1992, 573–584.

Virilio, Paul: Fahren fahren fahren ... Aus dem Frz. übersetzt von Ulrich Raulf. Berlin 1978.

Vollmer, Gerhard: Evolutionäre Erkenntnistheorie. 5. Aufl. Stuttgart 1990.

Waldenfels, Bernhard: Das Zwischenreich des Dialogs. Sozialphilosophische Untersuchungen im Anschluß an Edmund Husserl. Den Haag 1971.

— : Phänomenologie in Frankreich. Frankfurt am Main 1983.

— : In den Netzen der Lebenswelt. 2. Aufl. Frankfurt am Main 1994.

— u. a. (Hrsg.): Phänomenologie und Marxismus. Bd. 1–4. Frankfurt am Main 1977–79.

Walser, Martin: Heimatkunde. Aufsätze und Reden. Frankfurt am Main 1968.

Weinrich, Harald: Tempus. Besprochene und erzählte Welt. 2. völlig neubearb. Aufl. Stuttgart 1971.

Weischedel, Wilhelm: Der Gott der Philosophen. Grundlegung einer Philosophischen Theologie im Zeitalter des Nihilismus. Bd. 1: Wesen, Aufstieg und Verfall der Philosophischen Theologie. München 1979. Bd. 2: Abgrenzung und Grundlegung. München 1979.

Welsch, Wolfgang: Unsere postmoderne Moderne. 2. durchges. Aufl. Weinheim 1988.

Whitehead, Alfred North: Prozeß und Realität. Entwurf einer Kosmologie. Frankfurt am Main 1987.

Wiener, Norbert: Newtonian und Bergsonian Time. In: ders.: Cybernetics: Or Control and Communication in the Animal and the Machine. New York 1948, 40–56.

Wiegerling, Klaus: Die Erzählbarkeit der Welt. Lebach 1989.

Winkler, Eike und Schweikhardt, Josef: Expedition Mensch. Streifzüge durch die Anthropologie. Wien 1982.

Wisser, Richard: Der „blinde Fleck“ im Fernsehen oder Das Fernsehen und sein Schatten. In: Fernsehen – Ein Medium sieht sich selbst. Hrsg. von Werner Brüssau, Dieter Stolte und Richard Wisser. Mainz 1976, 371–401.

— : Philosophische Wegweisung. Versionen und Perspektiven. Würzburg 1996.

— : Kein Mensch ist einerlei. Spektrum und Aspekte „kritisch-krisischer Anthropologie“. Würzburg 1997.

— : Vom Weg-Charakter philosophischen Denkens. Geschichtliche Kontexte und menschliche Kontakte. Würzburg 1999.

Wittgenstein, Ludwig: Tractatus logico-philosophicus. Tagebücher 1914–1916. Philosophische Untersuchungen. Neu durchges. v. Joachim Schulte. Frankfurt am Main 1981, 225–580.

— : Werkausgabe in 8 Bänden. Frankfurt am Main 1984.

Wittmann, Leopold: ASCENSUS. Der Aufstieg zur Transzendenz in der Metaphysik Augustins. München 1980.

Wohlfahrt, Karl Anton: NOVERIM ME – NOVERIM TE. Die Begründung der Metaphysik in der Selbstauslegung des Geistes bei Augustinus. Meisenheim 1969.

Wohlfart, Günter: Der Augenblick. Zeit und ästhetische Erfahrung bei Kant, Hegel, Nietzsche und Heidegger mit einem Exkurs zu Proust. Freiburg/München 1982.

— : Der Augenblick. Zum Begriff der ekstatischen Einheit der Zeitlichkeit bei Heidegger. In: Allgemeine Zeitschrift für Philosophie 7, 1982, 27–55.

Wust, Peter: Ungewißheit und Wagnis. 8. Aufl. München 1986.

Personenregister

A

B

C

D

E

F

G

H

J

K

R

S

T

V

W

X

Kursiv gesetzte Seitenzahlen beziehen sich auf den Fußnotentext.